COMPTABILITÉ GÉNÉRALE

RAYMOND GUILLOUZO
Maître de conférences de sciences de gestion à l'université Rennes-II-Haute-Bretagne.

LUCIEN JAFFRÉ
Professeur agrégé d'économie et de gestion à l'université de Bretagne-Sud et expert-comptable.

PIERRE JUGUET
Professeur certifié d'économie et de gestion à l'université de Bretagne-Sud.

HACHETTE
Supérieur

LES FONDAMENTAUX

LA BIBLIOTHÈQUE DE L'ÉTUDIANT

Collection créée et animée par Caroline Benoist-Lucy

Dans la même collection :

Économie, Gestion

2 **Relations économiques internationales** (J.-L. Mucchielli)
3 **Économie politique / 1. Introduction à l'analyse économique** (J. Généreux)
4 **Économie politique / 2. Microéconomie** (J. Généreux)
5 **Économie politique / 3. Macroéconomie** (J. Généreux)
20 **Comprendre les mathématiques financières / Cours et exercices résolus** (D. Schlacther)
31 **Économie de l'entreprise** (X. Richet)
61 **Économie générale** (E. Bosserelle)
92 **Économie de l'environnement** (L. Abdelmalki, P. Mundler)
115 **Les politiques sociales en France** (P. Valtriani)
125 **Problèmes économiques contemporains / Les pays en développement** (F. Teulon)
128 **Économie européenne** (D. Redor)
138 **Économie monétaire européenne** (J. Trotignon, B. Yvars)
150 **Comptabilité de gestion** (A. Amintas, R. Guillouzo)
154 **Microéconomie – Cours et exercices résolus** (A. Luzi)

43 quai de Grenelle, 75905 Paris cedex 15.

www.hachette-education.com

I.S.B.N. 978-2-0114-5845-2

Sommaire

CORRIGÉ DES EXERCICES

Introduction

La comptabilité se définit généralement comme ***l'art de tenir les comptes***. C'est un système d'organisation de l'information financière permettant :

– la saisie, le classement et l'enregistrement des transactions des entités ;

– la présentation d'états reflétant une *image fidèle* du patrimoine, de la situation financière et du résultat de ces entités.

HISTORIQUE DE LA COMPTABILITÉ

Si des bribes de comptabilité peuvent être décelées dès l'Antiquité comme en témoigne la civilisation Inca, ces pratiques se limitent à des recensements spécifiques ou à l'enregistrement de mouvements de trésorerie. Il s'agit d'une comptabilité tenue en « ***partie simple*** ».

La comptabilité en « ***partie double*** » n'apparaît qu'au Moyen Âge et doit beaucoup aux travaux d'un moine italien, Luca Pacioli, publiés dans un ouvrage de 1494.

En France, les prescriptions de Pacioli sont recommandées par Colbert, mais la normalisation comptable n'intervient qu'en 1946, sous l'égide d'une commission, composée notamment d'experts-comptables, qui élabore le premier plan comptable. Le plan comptable général (PCG) est un ensemble de règles et de modalités permettant de remplir correctement les fonctions comptables : il constitue l'ouvrage de référence.

Le plan comptable de 1947 sera révisé en 1957 et rendu obligatoire en 1960. Le plan en vigueur à l'heure actuelle date de 1999, actualisé des règlements émis par le Conseil de la Règlementation Comptable (CRC) et rendus obligatoires à compter du 01/01/2005.

RÔLE DE LA COMPTABILITÉ

Le rôle dévolu à la comptabilité est double.

- Elle a un **rôle interne** : la comptabilité, sous ses différentes formes, permet aux gestionnaires :
  - – de connaître la valeur patrimoniale de l'entreprise ;
  - – de connaître le montant et l'origine des résultats ;
  - – d'apprécier les conséquences des décisions prises ;
  - – de connaître la position de l'entreprise vis-à-vis des tiers.

- Elle a un **rôle externe** : certaines informations comptables produites par l'entreprise sont communiquées à ses partenaires commerciaux (clients, fournisseurs, banques), à ses partenaires sociaux et à l'administration fiscale.

  La comptabilité constitue d'une part, un ***outil de gestion*** destiné à éclairer les dirigeants de l'entreprise et d'autre part, un ***système de communication*** destiné à informer ses partenaires.

PRINCIPES DE BASE DE LA COMPTABILITÉ

La tenue d'une comptabilité exige le respect de plusieurs principes de base :

– Le principe d'***image fidèle*** : les documents comptables doivent refléter une image fidèle de la situation de l'entreprise.

– Le principe de ***sincérité*** : l'information restituée doit résulter d'une application de bonne foi des règles et procédures.

– Le principe de ***prudence*** : il intègre la notion d'incertitude inhérente à certaines opérations et consiste à comptabiliser une charge dès lors que son existence est probable, mais à ne prendre en compte un gain que s'il est effectivement réalisé.

– Le principe de ***permanence des méthodes*** : la présentation des documents et les critères d'évaluation ne doivent pas être modifiés d'une période à l'autre pour assurer la cohérence de l'information dans le temps.

– Le principe de ***continuité*** : l'activité est supposée continuer de fonctionner à long terme, dans un contexte économique sans perturbation majeure.

1

Le bilan, photographie comptable du patrimoine

La connaissance de la structure et de la valeur du patrimoine de l'entreprise intéresse non seulement ses dirigeants mais également les propriétaires, les banquiers, les créanciers, les salariés, l'État, etc.

La comptabilité propose une synthèse de la situation patrimoniale de l'entreprise en regroupant l'ensemble des éléments qui la composent au sein d'un tableau unique : le ***bilan***.

1. Le patrimoine et sa traduction comptable

Le patrimoine est une notion juridique qui englobe l'ensemble des ***droits*** et des ***obligations*** d'une personne physique ou morale.

Pour exercer son activité, l'entreprise est conduite à acquérir divers biens (terrains, machines, véhicules...), à approvisionner des stocks, à détenir des créances sur ses clients, à effectuer des dépôts sur son compte en banque, etc. Ces éléments représentent ses ***avoirs***, c'est-à-dire les ***droits*** (de propriété et de créance) dont dispose l'entreprise.

Une partie de leur financement est généralement assurée par le recours à des fonds empruntés ou ***dettes*** : emprunts auprès de banques, crédits obtenus des fournisseurs, etc.

La valeur nette du patrimoine – ou ***situation nette*** – est la différence entre d'une part, les biens et valeurs détenus et d'autre part, les dettes contractées. Elle correspond, d'un point de vue comptable, aux ***capitaux propres***.

Les capitaux propres et les dettes constituent l'ensemble des ***ressources*** mises en œuvre par l'entreprise. Ils représentent parallèlement ses ***engagements***, c'est-à-dire ses ***obligations*** vis-à-vis de ses propriétaires (capitaux propres) et de ses créanciers (dettes).

Les biens et les créances indiquent les ***emplois*** faits de ces ressources. Ces emplois sont dits ***provisoires***, car ils sont susceptibles de transformations ou de réaffectations.

2. Le bilan, représentation comptable du patrimoine

Le bilan est un document comptable normalisé qui exprime – à un moment donné – la situation patrimoniale de l'entreprise. La période de douze mois séparant deux bilans réglementaires successifs porte le nom d'***exercice comptable*** et coïncide généralement avec l'année civile.

Le bilan se présente sous la forme d'un tableau à deux côtés qui constitue une « photographie » des éléments positifs et négatifs du patrimoine.

ACTIF	Montants	**PASSIF**	Montants
Actif immobilisé		Capitaux propres	
Actif circulant		Dettes	
TOTAL ACTIF		TOTAL PASSIF	

La partie gauche, appelée ***actif***, recense les éléments ayant une « valeur économique positive » et exprime l'emploi des ressources de l'entreprise. Les éléments qui composent l'actif sont classés en fonction de leur ***destination*** (actifs immobilisés et circulants).

Les éléments ayant une « valeur économique négative » sont regroupés dans la partie droite, appelée ***passif***. Ils sont classés en fonction de leur ***origine*** (capitaux propres et dettes).

L'ordre de classification des comptes d'actif répond à un principe de ***liquidité croissante*** et celui des comptes de passif obéit à un principe d'***exigibilité croissante***.

L'égalité entre actif et passif doit toujours être vérifiée car ***à tout emploi correspond une ressource***, et réciproquement.

Bilan de l'entreprise X au {date}

ACTIF (emploi des ressources)	PASSIF (origine des ressources)
Actif immobilisé Les actifs immobilisés sont constitués par les biens et valeurs qui concourent à l'activité et ont donc vocation à rester durablement dans l'entreprise. Ils sont classés en trois rubriques : – les **immobilisations incorporelles** sont des éléments n'ayant pas d'existence physique (frais d'établissement, fonds de commerce, brevets de fabrication, licences, etc.) ; – les **immobilisations corporelles** sont des éléments ayant une existence matérielle (terrains, constructions, matériels et outillages, mobiliers, etc.) ; – les **immobilisations financières** sont des éléments représentant des avoirs à caractère financier (prêts consentis, participations dans d'autres firmes, etc.).	**Capitaux propres** Les capitaux propres représentent les ressources de l'entreprise, apportées par ses propriétaires ou générées par son activité. Ils regroupent : – le **capital** ou montant global des apports ; – les **réserves**, constituées des bénéfices antérieurs conservés dans l'entreprise ; – le **résultat** de l'exercice. **Provisions** (cf. chapitre 10).
Actif circulant Les actifs circulants correspondent aux éléments qui participent au cycle d'exploitation de l'entreprise et sont, de ce fait, appelés à se renouveler fréquemment. On distingue les composantes principales suivantes : – les **stocks** sont des éléments destinés à être consommés ou vendus : matières premières, produits finis, marchandises, produits en cours de fabrication… ; – les **créances** matérialisent les délais de paiement accordés aux clients et représentent donc des sommes dues à court terme à l'entreprise ; – les **valeurs mobilières de placement** sont des titres achetés en vue de réaliser un gain à brève échéance ; – les **disponibilités** représentent les éléments présents dans le patrimoine sous forme de liquidités. – les **charges constatées d'avance** (cf. chapitre 11).	**Dettes** Les **dettes** sont les ressources mises à la disposition de l'entreprise par les tiers. Elles comprennent : – les **dettes financières**, contractées auprès d'établissements financiers (emprunts, etc.) ; – les **dettes d'exploitation**, relatives aux acquisitions de biens et services (fournisseurs), au travail des salariés (personnel, organismes sociaux) et aux impôts exigibles (État) ; – les **autres dettes** ; – les **produits constatés d'avance** (cf. chapitre 11).
TOTAL ACTIF	**TOTAL PASSIF**

Thème d'étude

Le 1er janvier de l'année N, Édouard Lancelot, Viviane Dulac et Norbert Arthur décident de créer une société à responsabilité limitée (SARL) qui a pour dénomination la SARL Merlin.

L'activité de cette entreprise repose sur la fabrication et la commercialisation de deux articles jetables à base de pâte à papier : des mouchoirs discrètement parfumés et des serviettes de table.

Afin de ne privilégier personne et de disposer du même nombre de parts sociales, les trois créateurs apportent chacun à cette affaire 400 000 €. Les contributions sont les suivantes :

– **Édouard Lancelot** dépose à la Société générale, sur le compte bancaire de l'entreprise, 400 000 € prélevés sur ses fonds personnels ;

– **Viviane Dulac** cède à l'entreprise un terrain et un bâtiment dont elle est propriétaire, évalués respectivement à 50 000 € et 350 000 € ;

– **Norbert Arthur** transmet à la SARL Merlin l'entreprise individuelle qu'il exploitait jusqu'alors et dont les éléments sont les suivants :

– un brevet de fabrication évalué 43 000 € ;

– des logiciels pour une valeur de 11 600 € et un système informatique valant 60 000 € ;

– une chaîne de fabrication évaluée 317 000 € ;

– un emprunt d'un montant initial de 500 000 €, contracté auprès de la BNP, dont 140 000 € ont déjà été remboursés. Il reste 8 ans d'échéances trimestrielles et le taux d'intérêt est de 6 % ;

Emprunt auprès de la BNP
(extrait du tableau d'amortissement)

Date	Reste dû	Échéance		
		Remboursement	Intérêts	Total
01/N	360 000	11 250	360 000 × 6 % × 1/4 = 5 400	16 650
04/N	348 750	11 250	348 750 × 6 % × 1/4 = 5 231	16 481
07/N	337 500	11 250	337 500 × 6 % × 1/4 = 5 062	16 312
10/N	326 250	11 250	326 250 × 6 % × 1/4 = 4 894	16 144
01/N + 1	315 000	11 250	315 000 × 6 % × 1/4 = 4 725	15 975

– il reste à régler 153 600 € à deux fournisseurs de matières premières (Fasson : 17 000 € et Chemical : 136 600 €) ;

– les clients Castet et Solero doivent respectivement 25 000 € et 50 000 € ;

– les stocks suivants font aussi partie de l'apport : matières premières Rauma 75 000 € ; matières premières Stora 37 000 € ; produits finis mouchoirs 40 000 € ; produits finis serviettes de table 30 000 € ;

– l'entreprise individuelle Arthur a prêté, le 11/12/N – 1, 50 000 € à un salarié, remboursables en 2 ans. La SARL Merlin percevra les remboursements semestriels correspondants. Les intérêts sont à 5 %.

Prêt au salarié
(extrait du tableau de remboursement)

Date	Reste dû	Remboursement	Intérêts	Total
01/06/N	50 000	12 500	1 250	13 750
01/12/N	37 500	12 500	938	13 438
01/06/N + 1	25 000	12 500	625	13 125

– la taxe professionnelle due par l'entreprise Arthur sera réglée par la SARL Merlin : 25 000 € ;
– évaluation à 200 000 € du fonds commercial apporté par l'entreprise Arthur.

Présentons le bilan de création de la SARL Merlin

un poste (→ Brevet) — une rubrique (→ Actif immobilisé) — le total des apports nets (→ 1 200 000)

Bilan de création

ACTIF	Montants	PASSIF	Montants
Actif immobilisé		**Capitaux propres**	
Fonds commercial	200 000	Capital social	1 200 000
Brevet	43 000		
Logiciels	11 600		
Terrain	50 000		
Bâtiment	350 000		
Matériel de bureau et informatique	60 000		
Matériel industriel	317 000		
Prêt au salarié	50 000		
Total 1	**1 081 600**	**Total 1**	**1 200 000**
Actif circulant		**Dettes**	
Stock de matières premières	112 000	Emprunt BNP	360 000
Stock de produits finis	70 000	Fournisseurs	153 600
Clients (créances)	75 000	État (Impôt dû)	25 000
Disponibilités (banque)	400 000		
Total 2	**657 000**	**Total 2**	**538 600**
TOTAL ACTIF	**1 738 600**	**TOTAL PASSIF**	**1 738 600**

Total actif = Total passif
Emplois = Ressources

La situation nette de l'entreprise ou valeur patrimoniale de l'entreprise s'obtient de deux manières :

– total des apports nets : (3 × 400 000) : **1 200 000**

– total des emplois – total des dettes : (1 738 600 – 538 600) : **1 200 000**

Le bilan décrit les deux faces d'une même réalité : tout élément possédé (actif) a nécessairement une origine de financement (passif).

Les apporteurs du capital jouissent d'un ***droit de propriété*** sur l'entreprise : ils investissent en espérant rentabiliser leurs apports sur les bénéfices futurs réalisés par la société.

Les prêteurs (exemple de la BNP dans ce thème d'étude) détiennent un ***droit de créance*** sur l'entreprise mais ne peuvent intervenir dans sa gestion.

Exercices

Exercice 1

La société Pym, constituée le 01/09/N, détient le patrimoine suivant : dépôt en banque : 6 700 € ; espèces en caisse : 1 400 € ; stock de marchandises : 3 500 € (apport de l'un des associés) ; créances sur les clients : 2 700 € (apport de l'un des associés) ; titres de participation : 1 500 € (actions destinées à être conservées durablement) ; matériel de transport : 5 800 € ; terrain : 9 000 €.

Sachant que l'installation de la société PYM a été financée à hauteur de 50 % par un emprunt bancaire, présentez le bilan d'ouverture.

Exercice 2

Les éléments du patrimoine de Melchior Gaspard, négociant en vins à Blaye, vous sont communiqués le 01/09/N : entrepôt : 30 000 € ; matériel industriel : 15 000 € ; studio à Carnac-Plage : 35 000 € ; emprunt bancaire : 12 000 € (pour l'achat de rayonnages) ; compte bancaire professionnel : 4 000 € ; Opel Vectra turbo-diesel : 13 000 € (pour ses déplacements privés) ; dette vis-à-vis de Château Petrus : 21 000 € (pour l'achat de vins à revendre) ; aquarelle de Marie Laurencin : 6 000 € (pour décorer le studio carnacois) ; stock de bouteilles de vin : 75 000 € ; capital de l'entreprise : 91 000 € ; emprunt bancaire : 11 000 € (pour l'achat du studio à Carnac).

Présentez le bilan de l'entreprise individuelle de Melchior Gaspard.

2

Le compte, outil d'analyse des opérations

Le bilan présente la situation de l'entreprise à un instant précis et constitue donc une approche statique. Or, à chaque mouvement, c'est-à-dire à chaque opération réalisée avec un partenaire économique, la composition du patrimoine se modifie.

La répétition de l'élaboration du bilan après chaque flux serait une tâche particulièrement astreignante et d'un intérêt limité pour l'entreprise. Aussi, la comptabilité a prévu un outil simple permettant un suivi de la situation de chaque élément : le ***compte***.

1. La notion de flux économique

Comme tout organisme vivant, l'entreprise évolue dans un environnement avec lequel elle est en relation : elle procède quotidiennement à des opérations d'échange – qualifiées de ***flux économiques*** – avec d'autres agents économiques. Ses principaux partenaires sont : les associés ou actionnaires, les salariés, les fournisseurs, les clients, les banques, l'État et les organismes sociaux.

On distingue deux types de flux :

- les **flux réels** correspondent à des mouvements de biens ou de services et peuvent être :
  – des ***flux entrants*** : marchandises ou matières premières achetées, prestation d'une agence de publicité ou d'un transporteur, etc.
  – des ***flux sortants*** : ventes de marchandises ou de produits finis, réalisation d'une étude de marché pour un client, etc.
- les **flux monétaires** constituent le plus souvent la contrepartie financière d'un flux réel et peuvent être entrants (exemple : paiement d'un client) ou sortants (exemple : règlement d'un fournisseur). Certains flux monétaires, toutefois, ne

sont pas la contrepartie d'un flux réel : règlement des impôts dus, octroi d'une subvention, etc.

Il convient de conserver une trace de tous ces flux car chacun d'eux affecte le patrimoine de l'entreprise et rend, de fait, caduc le bilan précédemment élaboré.

2. L'analyse des flux en termes d'emplois-ressources

Analysée du seul point de vue de l'entreprise – c'est l'approche retenue en comptabilité –, chaque opération peut être ramenée à un flux unique qui est identifié par son point de départ (ou origine), sa nature, son montant et son point d'arrivée (ou destination).

La décomposition de chaque flux sur cette base autorise un raisonnement en termes d'emplois et de ressources.

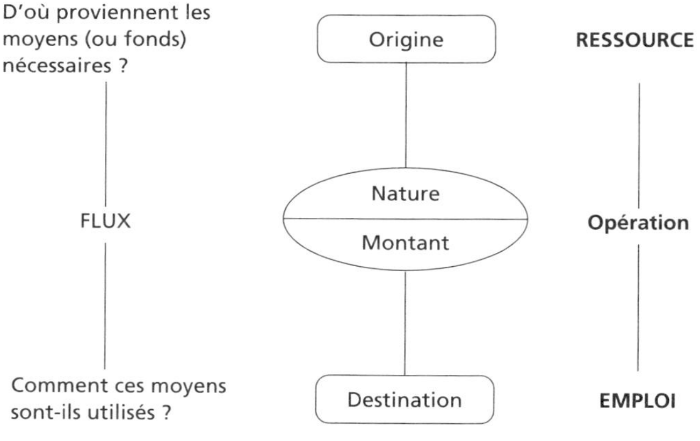

Il est à noter qu'un même élément (exemple : compte en banque) peut être sollicité à plusieurs reprises, soit en emploi, soit en ressource.

L'activité de l'entreprise se résumant en une succession d'opérations, il reste à traduire ces mouvements en un langage synthétique : c'est l'objet de la comptabilité.

3. L'enregistrement des opérations dans les comptes

Pour l'enregistrement des diverses opérations, la comptabilité retient un regroupement des emplois et des ressources – par catégories homogènes – au sein de tableaux appelés comptes (exemples : compte caisse, compte fournisseurs).

Présentation schématique du compte

Les opérations sont enregistrées dans des comptes en « T ». Par convention, la partie gauche porte le nom de ***débit***, celle de droite, de ***crédit***.

Le fonctionnement du compte

L'***imputation*** (ou mouvement) est l'inscription d'une somme dans un compte, au débit ou au crédit.

Les emplois sont portés dans la partie gauche du compte (débit) et les ressources dans la partie droite (crédit).

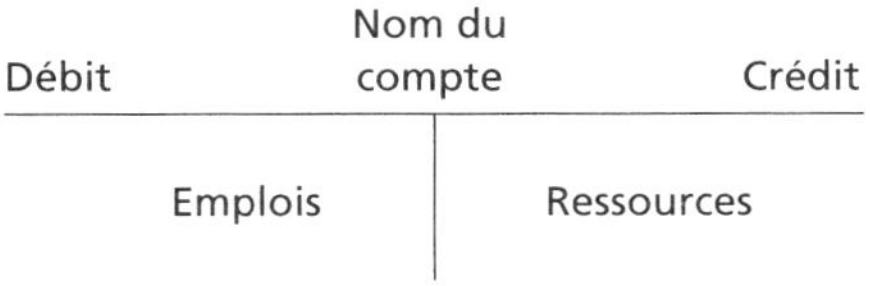

Les comptes d'actif et de passif répondent à des ***mécanismes inverses*** :

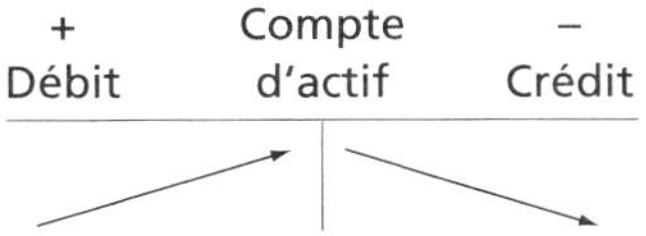

Les comptes d'actif augmentent au débit et diminuent au crédit

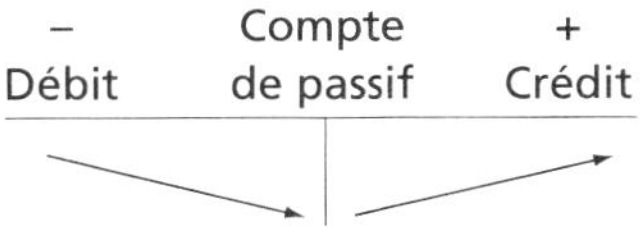

Les comptes de passif augmentent au crédit et diminuent au débit

Le solde du compte

Le ***solde*** d'un compte est la différence entre le total des sommes inscrites au débit et le total de celles inscrites au crédit. Trois cas sont envisageables :

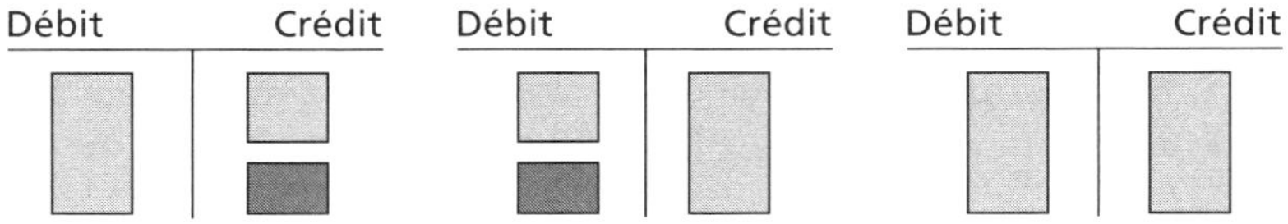

Total débits > Total crédits → solde débiteur

Total débits < Total crédits → solde créditeur

Total débits = Total crédits → solde nul

Présentation détaillée du compte

Le PCG propose un tracé normalisé du compte :

Débit		**Nom de compte**			**Crédit**
Date	Libellé	Montant	Date	Libellé	Montant
01/m	*solde initial débiteur*[1]	....	01/m	*solde initial créditeur*[1]	....
	....	....		....	....
	... *(mouvements)* ...	....		.... *(mouvements)*	....
	....	....		....	....
31/m	*solde final créditeur*[2]	....	31/m	*solde final débiteur*[2]	....
	total débit	....		total crédit	....

1. En début et fin de période, le solde est soit débiteur, soit créditeur (voire nul).
2. En fin de période, le positionnement du solde final permet d'équilibrer le compte.

Le principe de la comptabilité en partie double

Chaque opération intéresse au moins deux comptes : l'un qui est débité, l'autre qui est crédité de la même somme. Ce double mouvement caractérise la comptabilité en partie double qui se fonde sur le principe suivant :

À chaque emploi est associée une ressource équivalente

Dès lors, les deux règles suivantes doivent toujours être vérifiées :

– pour chaque opération : **total débit = total crédit**
– pour l'ensemble des opérations : **total des débits = total des crédits**

Thème d'étude

Au cours de la première semaine qui suit sa création, la SARL Merlin réalise les opérations suivantes :

1. Acquisition d'un camion Renault au prix de 110 000 € dont 50 000 € sont réglés immédiatement par chèque. Merlin a obtenu un délai de paiement de 30 jours pour le solde dû qui sera réglé fin février ;

2. Afin de pouvoir effectuer quelques petits règlements, la société retire 5 000 € de la banque pour alimenter la caisse ;

3. Une des créances apportées par Norbert Arthur est arrivée à échéance : le client Castet établit un chèque de 25 000 € à l'ordre de Merlin. Ce chèque est déposé le jour même à la banque, la Société générale ;

4. Merlin rédige un chèque bancaire de 17 000 € au nom du fournisseur Fasson, la dette envers ce fournisseur étant arrivée à échéance ;

5. Pour assurer un approvisionnement régulier en matières premières, la SARL Merlin acquiert 50 % du capital de la société ICP, fabricant de pâte à papier. Cette prise de participation s'élève à 62 000 €, réglés par chèque bancaire ;

6. En prévision d'un prochain investissement dans une seconde ligne de fabrication, Merlin emprunte 100 000 € auprès du Crédit commercial de France (CCF). Cette somme est virée sur son compte bancaire à la Société générale.

Emprunt de 100 000 € auprès du CCF (07/01/N) – 6 % sur 4 ans
(extrait du tableau d'amortissement)

Date	Reste dû	Échéance		
		Remboursement	Intérêts	Total
01/04/N	100 000	6 250	100 000 × 6 % × 1/4 = 1 500	7 750
01/07/N	93 750	6 250	93 750 × 6 % × 1/4 = 1 406	7 656
01/10/N	87 500	6 250	87 500 × 6 % × 1/4 = 1 312	7 562
01/01/N + 1	81 250	6 250	81 250 × 6 % × 1/4 = 1 219	7 469

■ Élaborons un tableau synthétisant ces opérations

Tableau d'évolution du patrimoine

		Opérations de la semaine						
	Situation initiale	1	2	3	4	5	6	Situation finale
Brevet	43 000							43 000
Logiciels	11 600							11 600
Fonds commercial	200 000							200 000
Terrain	50 000							50 000
Bâtiment	350 000							350 000
Matériel industriel	317 000							317 000
Matériel de transport		+ 110 000						110 000
Matériel de bureau	60 000							60 000
Titres de participation						+ 62 000		62 000
Prêt au salarié	50 000							50 000
Stock matières premières	112 000							112 000
Stock produits finis	70 000							70 000
Clients	75 000			– 25 000				50 000
Banque	400 000	– 50 000	– 5 000	+ 25 000	– 17 000	– 62 000	+ 100 000	391 000
Caisse			+ 5 000					5 000
Capital	1 200 000							1 200 000
Emprunt	360 000						+ 100 000	460 000
Fournisseurs	153 600	+ 60 000			– 17 000			196 600
État, impôts et taxes	25 000							25 000

Ce tableau montre que chaque opération comptable se traduit par le mouvement d'au moins deux postes.

■ Analysons ces opérations en termes d'emplois-ressources

n°	Opérations	Emplois		Ressources	
1	Acquisition d'un camion (110 000 €) : règlement de 50 000 € par chèque bancaire, le solde dans 30 jours.	Acquisition de matériel de transport.	110 000	Compte à la banque, *et* crédit du fournisseur d'immobilisation.	50 000 60 000
2	Retrait de la banque pour alimenter la caisse : 5 000 €.	Dépôt en caisse.	5 000	Compte à la banque.	5 000

3	Règlement par un client d'une créance de 25 000 €, par chèque remis à la banque.	Dépôt du chèque à la banque.	25 000	Extinction de la créance sur le client Castet.	25 000
4	Règlement, par chèque bancaire, d'une dette de 17 000 € vis-à-vis d'un fournisseur.	Extinction de la dette fournisseur Fasson.	17 000	Diminution du compte en banque.	17 000
5	Acquisition de 50 % de la société ICP, soit 62 000 € réglés par chèque bancaire.	Prise de participation (immobilisation financière).	62 000	Diminution du compte en banque.	62 000
6	Emprunt de 100 000 € auprès du CCF, cette somme étant virée sur le compte bancaire.	Virement sur le compte de l'entreprise à la banque.	100 000	Emprunt auprès du CCF (dette financière).	100 000
	Totaux	**Emplois**	319 000	**Ressources**	319 000

À partir de ce tableau d'analyse, nous constatons que :

– un emploi provient soit d'une augmentation d'actif, soit d'une diminution de passif ;

– une ressource provient soit d'une augmentation de passif, soit d'une diminution d'actif.

■ Enregistrons ces opérations dans les comptes de l'entreprise

Deux présentations du compte seront utilisées : le tracé détaillé pour le compte « banque » et le tracé schématique pour les autres comptes.

Avant d'aborder l'enregistrement des opérations ci-dessus, il convient de ***reporter la situation initiale de chaque poste***.

Les comptes figurant à l'actif sont des comptes à solde débiteur tandis que les comptes figurant au passif sont des comptes à solde créditeur.

Un solde initial débiteur est reporté au débit et inversement. En arrêté des comptes, un solde final débiteur est porté au crédit pour une présentation du compte en équilibre (la démarche est inverse dans l'hypothèse d'un solde créditeur).

Banque					
Débit					**Crédit**
Date	Libellé	Montant	Date	Libellé	Montant
01/m	*solde initial débiteur*	400 000	①	paiement partiel camionnette	50 000
③	règlement du client	25 000	②	retrait pour la caisse	5 000
⑥	virement de l'emprunt auprès du CEPME	100 000	④	règlement d'un fournisseur	17 000
			⑤	paiement de la prise de participation	62 000
			j/m	*solde final débiteur*	391 000
	total débit	525 000		total crédit	525 000

Matériel de transport

Débit	Crédit
① 110 000	
	110 000 *solde débiteur*
110 000	110 000

Dettes fournisseurs

Débit	Crédit
④ 17 000	153 600 *solde initial*
solde créditeur 196 600	60 000 ①
213 600	213 600

Caisse

Débit	Crédit
② 5 000	
	5 000 *solde débiteur*
5 000	5 000

Créanciers clients

Débit	Crédit
solde initial 75 000	25 000 ③
	50 000
75 000	75 000

Titres de participation

Débit	Crédit
⑤ 62 000	
	62 000 *solde débiteur*
62 000	62 000

Emprunt à long terme

Débit	Crédit
	360 000 *solde initial*
solde créditeur 460 000	100 000 ⑥
460 000	460 000

Le solde indique la nouvelle valeur de chaque poste concerné par les différentes opérations. La valeur des éléments non présentés dans ce corrigé n'a pas varié par rapport à la situation initiale (cf. bilan de création).

Élaborons le bilan après les opérations de la première semaine

Bilan de l'entreprise Merlin après l'opération 6

ACTIF	Montants	PASSIF	Montants
Actif immobilisé		**Capitaux propres**	
Fonds commercial	200 000	Capital social	1 200 000
Brevet	43 000		
Logiciels	11 600		
Terrain	50 000		
Bâtiment	350 000		
Matériel industriel	317 000		
Matériel de transport	110 000		
Matériel de bureau	60 000		
Prêt au salarié	50 000		
Titres de participation	62 000		
Total 1	**1 253 600**	**Total 1**	**1 200 000**
Actif circulant		**Dettes financières**	
Stock matières premières	112 000	Emprunt BNP	360 000
Stock produits finis	70 000	Emprunt CCF	100 000
Clients	50 000	**Autres dettes**	
Banque	391 000	Fournisseurs	196 600
Caisse	5 000	État, impôt dû	25 000
Total 2	**628 000**	**Total 2**	**681 600**
TOTAL ACTIF	**1 881 600**	**TOTAL PASSIF**	**1 881 600**

La situation nette de l'entreprise Merlin n'a pas changé :
- total des apports nets : (3 × 400 000) : 1 200 000 € ou,
- total des emplois – total des dettes (1 881 600 – 681 600) : 1 200 000 €

Ce constat s'explique par le fait qu'aucune des six opérations de la première semaine de janvier n'a généré de résultat (bénéfice ou perte).

Exercices

Exercice 1

Alain Salat crée un commerce de matériel informatique le 01/01/N. À cette fin :
- il apporte en capital 40 000 € déposés sur un compte au Crédit Lyonnais ;
- il met à la disposition de son entreprise un véhicule commercial évalué à 6 000 € ;
- il obtient un emprunt de 15 000 € de sa banque, versés sur le compte de l'entreprise.

Courant janvier, avant l'ouverture à sa clientèle, Alain Salat :
- rachète par chèque à son prédécesseur un stock d'ordinateurs : 45 000 € ;
- retire 1 000 € de la banque pour alimenter la caisse de sa société ;
- équipe le bureau d'un réseau informatique, réglé par chèque : 1 500 € ;
- achète, par chèque, divers logiciels destinés au réseau informatique : 11 000 €.

1. Enregistrez ces opérations dans les comptes de l'entreprise.
2. Présentez le bilan de l'entreprise fin janvier.

Exercice 2

Gustave Lavocat est prestataire de services. On vous transmet ses bilans au 1er et au 8 janvier N.

ACTIF	1/1/N	8/1/N	PASSIF	1/1/N	8/1/N
Actif immobilisé			**Capitaux propres**		
Constructions	40 000	40 000	Capital	45 000	70 000
Matériel informatique	20 000	25 000			
Matériel de transport	6 000	13 000			
Actif circulant			**Dettes**		
Créances clients	5 700	1 000	Emprunts	20 000	18 000
Banque	5 000	12 400	Fournisseurs	8 200	4 200
Caisse	500	800	État	4 000	0
Total	**77 200**	**92 200**	**Total**	**77 200**	**92 200**

1. Sachant que chacune des 8 opérations de cette semaine a donné lieu à un mouvement bancaire, dressez le tableau d'évolution du patrimoine et le tableau des emplois/ressources.
2. Présentez le compte banque de l'entreprise Lavocat (cadre normalisé).

3

Le compte de résultat, synthèse de l'activité

Les mouvements analysés précédemment ne sont pas générateurs de résultat car ils n'affectent que la composition du patrimoine. Dans la pratique, bon nombre d'opérations ont pour conséquence d'enrichir ou d'appauvrir l'entreprise dont l'activité, qu'elle soit commerciale, artisanale, industrielle ou de services, aboutit à l'émergence d'un bénéfice ou d'une perte.

La comptabilité permet d'expliquer l'obtention du résultat, en mettant en parallèle les charges et les produits liés à l'activité d'une période donnée dans un tableau synthétique : le ***compte de résultat***.

1. L'analyse de l'activité de l'entreprise en termes de charges et de produits

L'activité quotidienne de l'entreprise se traduit par la consommation de biens ou services (charges) et la génération de ressources liées (produits). Ces mouvements influencent le résultat et il importe de les enregistrer dans les comptes dits de gestion.

A. Les emplois consommés : les charges

Dans le cadre de son activité, toute entreprise est amenée à engager des frais de fonctionnement qui ont deux origines principales :

– l'acquisition de biens en vue de la revente (achats de marchandises) ;

– la consommation de biens ou services (achats de matières premières, salaires et charges sociales, frais de transport, de publicité, intérêts d'emprunts, etc.).

Ces éléments, qui représentent des ***emplois définitifs***, sont appelés ***charges***. Ils sont source d'***appauvrissement*** et viennent ***diminuer le résultat*** de l'entreprise.

B. Les ressources nées de l'activité : les produits

L'activité de l'entreprise génère des recettes, principalement constituées par les ventes de marchandises, de produits finis ou de services.

Ces ***ressources internes*** sont appelées des produits. Elles sont source d'***enrichissement*** et viennent ***augmenter le résultat*** de l'entreprise.

C. Le fonctionnement des comptes de gestion

Les comptes de charges et de produits constituent les ***comptes de gestion***. Tout comme pour les comptes de situation (ou de bilan), les mouvements concernant un élément donné sont enregistrés au sein d'un même cadre (ou compte).

+ Débit	Compte de charges – Crédit	– Débit	Compte de produits + Crédit
Augmentations des emplois définitifs	Diminutions des emplois définitifs	Diminutions des ressources internes	Augmentations des ressources internes

Nota. Il importe de ne pas confondre :

– les comptes d'immobilisations (biens durables concourant à l'activité, comme le matériel de bureau) et les comptes de charges (biens ou services consommés dans le cadre de l'activité, tels que les fournitures de bureau) ;

– les comptes de charges (exemple : charges de personnel) et les comptes de dettes résultant de ces charges (exemple : rémunérations dues au personnel).

2. La présentation du compte de résultat

Les charges consommées et les produits générés sont regroupés au sein d'un tableau : le ***compte de résultat***. Ce document explique comment l'entreprise dégage des bénéfices ou, au contraire, subit des pertes.

C'est un « *film* » de l'activité de l'entreprise au cours d'une période donnée.

Les charges et les produits sont regroupés en trois catégories principales :

– les ***produits et charges d'exploitation*** concernent les éléments liés à l'activité normale et courante de l'entreprise ;

– les ***produits et charges financiers*** concernent les éléments liés aux opérations de placement ou de financement (exemple : intérêts des emprunts) ;

– les ***produits et charges exceptionnels*** ne sont pas liés à l'activité normale et courante et n'ont pas un caractère répétitif.

La prise en compte d'une charge ou d'un produit est indépendante de son règlement ou de son encaissement.

A. Présentation en compte (ou juxtaposée)

Compte de résultat

CHARGES (Emplois consommés) — **PRODUITS** (Ressources générées)

Éléments	Montants	Éléments	Montants
Charges d'exploitation Charges financières Charges exceptionnelles	Ce Cf Cx	Produits d'exploitation Produits financiers Produits exceptionnels	Pe Pf Px
Total des charges	**Ce + Cf + Cx**	**Total des produits**	**Pe + Pf + Px**
Bénéfice		**Perte**	
TOTAL GÉNÉRAL		**TOTAL GÉNÉRAL**	

Le positionnement du résultat (bénéfice ou perte) répond à une préoccupation de présentation équilibrée du document.

B. Présentation en liste

Elle repose sur le rapprochement des produits et des charges par type d'éléments et met en évidence des résultats intermédiaires.

Éléments	Montants	Soldes
Produits d'exploitation Charges d'exploitation	Pe Ce	
Résultat d'exploitation	Pe – Ce	RE
Produits financiers Charges financières	Pf Cf	
Résultat financier	Pf – Cf	RF
Résultat courant		RE + RF = RC
Produits exceptionnels Charges exceptionnelles	Px Cx	
Résultat exceptionnel	Px – Cx	RX
Total des produits	Pe + Pf + Px	
Total des charges	Ce + Cf + Cx	
Résultat net	(Pe + Pf + Px) – (Ce + Cf + Cx)	RC + RX = R Net

3. L'incidence des stocks sur le résultat

Les ventes de marchandises réalisées par une entreprise commerciale au cours d'un exercice donné ne se résument pas en l'écoulement des achats de la période considérée : certaines marchandises écoulées proviennent du stock d'ouverture tandis que d'autres, achetées au cours de la période mais non encore revendues, constituent le stock en fin d'exercice. De même, dans une entreprise industrielle, la consommation de matières premières ne coïncide que très rarement avec le volume des achats de la période, et les produits finis vendus peuvent provenir pour partie du stock de début d'exercice tandis que le stock de clôture reçoit la production non écoulée.

Ce constat montre la nécessité de prendre en compte les variations de stocks, qui influent directement sur le montant du résultat.

A. L'approche comptable des stocks

Il existe deux catégories principales de stocks :

– les ***stocks d'approvisionnement***, qui correspondent aux stocks liés aux achats de l'entreprise : stocks de matières premières, de marchandises, de pièces détachées, de fournitures, d'emballages, etc. ;

– les ***stocks de production***, qui correspondent aux stocks liés aux fabrications de l'entreprise : stocks de produits finis, de produits en cours, de travaux en cours.

Pour permettre une connaissance à tout moment de la valeur de l'existant en stock, la logique voudrait que l'on inscrive le mouvement chaque fois que nécessaire dans un compte de stocks en le débitant de chaque entrée et en le créditant à chaque sortie (notion d'***inventaire permanent***).

Dans la pratique, cette option n'est pas opératoire en raison de la difficulté de détermination du coût d'entrée en stock, c'est-à-dire le prix d'achat augmenté des frais accessoires liés à l'achat (frais de courtage, de transport, d'assurance, etc.). L'approche retenue consiste à assimiler les **achats** à des ***charges*** et les ***ventes*** à des ***produits*** et à mettre en sommeil les comptes ***stocks*** au cours de l'exercice.

La ***variation d'un stock*** au cours de l'exercice correspond à la différence entre le stock initial et le stock final. Le ***stock initial*** est le stock existant au premier jour de l'exercice comptable en cours : il est obtenu par report du stock final de l'exercice précédent. Le ***stock final*** est le stock constaté au dernier jour de l'exercice étudié. Il est obtenu par un ***inventaire physique***, qui consiste à dénombrer les quantités qui restent en stock à la clôture de l'exercice et à les valoriser à leur coût d'entrée (notion d'***inventaire intermittent***).

B. Le cas de l'entreprise commerciale

L'activité d'une entreprise commerciale consiste à acheter des marchandises pour les revendre en l'état, c'est-à-dire sans opération de transformation.

Les marchandises achetées au cours de la période ne peuvent être considérées comme des charges que si elles sont revendues. Parallèlement, les marchandises qui ont été prélevées sur le stock existant pour alimenter les ventes sont assimilables à une charge de la période considérée, car cette opération traduit une sortie de valeur que l'on peut évaluer au coût d'achat de ces mêmes marchandises.

Aussi, il convient de déterminer la consommation de marchandises au cours de la période considérée :

Marchandises consommées
= Stock initial + Achats de marchandises – Stock final
= Achats de marchandises + (Stock initial – Stock final)

Marchandises consommées
= Achats de marchandises + Variation de stocks

- **Si le stock final est supérieur** au stock initial, une partie des achats de la période considérée a été stockée. Il convient de ***diminuer les charges de l'exercice*** de cette part non consommée des achats, correspondant à une ***augmentation de stock*** (stockage) disponible pour l'exercice suivant.
- **Si le stock final est inférieur** au stock initial, les ventes de la période considérée ont été supérieures aux achats de cette même période : il a fallu puiser dans le stock initial. Cette ***diminution de stock*** (déstockage) vient donc ***augmenter les charges*** de l'exercice.

<table>
<tr><td>Charges d'achat
des marchandises vendues (2)
=
Achats de marchandises
+
Variation du stock de marchandises</td><td>Produits des ventes de l'exercice (1)
=
Ventes de marchandises</td></tr>
<tr><td colspan="2">(1) – (2) = Marge sur coût d'achat (ou marge commerciale) (3)</td></tr>
<tr><td>Autres charges de l'exercice (5)</td><td>Autres produits de l'exercice (4)</td></tr>
<tr><td colspan="2">(3) + (4) – (5) = Résultat de l'exercice</td></tr>
</table>

C. Le cas de l'entreprise industrielle

L'activité d'une entreprise industrielle consiste à vendre des produits finis élaborés à partir de matières premières ou de produits intermédiaires.

Dans la réalité, la production d'un exercice a peu de chances d'être strictement équivalente aux ventes de produits finis enregistrées au cours de cette période. Or, les charges constatées correspondent à la production effectivement réalisée qu'il convient de déterminer :

Production effective = Stock final + Production vendue – Stock initial
Production effective = Production vendue + (Stock final – Stock initial)
Production effective = Production vendue + Variation de stocks

Production effective = Production vendue + Production stockée

- **Si le stock final de produits finis est supérieur** au stock initial, la production de l'exercice est égale à la production vendue (ou ventes de produits finis) majorée de la part stockée.
- **Si le stock final de produits finis est inférieur** au stock initial, la production de l'exercice est égale à la production vendue diminuée de la part déstockée.

<table>
<tr><td>Charges de production des produits fabriqués au cours de l'exercice (2)
=
Achats de matières premières
+ Variation du stock de mat. premières
+ Autres charges de production</td><td>Valeur de la production réalisée au cours de l'exercice (1)
=
Production vendue
+ Production stockée</td></tr>
<tr><td colspan="2">(1) – (2) = Marge sur coût de production (3)</td></tr>
<tr><td>Autres charges de l'exercice (5)</td><td>Autres produits de l'exercice (4)</td></tr>
<tr><td colspan="2">(3) + (4) + (5) = Résultat de l'exercice</td></tr>
</table>

Thème d'étude

L'activité du mois de janvier est exclusivement consacrée à la réalisation d'une commande spécifique émanant de la chaîne hôtelière Évasion et portant sur la fabrication de serviettes de table comportant le logo de cette société.

Les éléments de cette opération sont les suivants :

– achat de pâte à papier Tartas : 120 000 €, *intégralement consommée* dans le cadre de cette commande ;

– salaires et charges sociales de janvier : 70 000 € de salaires bruts, dont 14 532 € de charges salariales (Urssaf : 10 500 €, Assedic : 2 107 €, retraite complémentaire : 1 925 €). Les charges patronales s'élèvent à 27 374 € (Urssaf : 20 720 €, Assedic : 3 766 €, retraite complémentaire : 2 888 €) ;

– frais généraux d'exploitation (électricité, téléphone, assurance, etc.) : 30 000 € ;

– la société Merlin adresse à son client Évasion une facture de 320 000 €, correspondant à la vente de la *totalité* de la production.

Au cours du mois de janvier, Merlin a réglé 16 650 €, dont 5 400 € d'intérêts, au titre de remboursement d'une échéance de l'emprunt BNP.

Lors de la livraison à Évasion, le chauffeur de Merlin a écopé de 600 € d'amende pour deux infractions. Ces contraventions ont été réglées en espèces.

Conditions de règlement :

Le fournisseur de pâte à papier sera payé fin mars. Évasion a réglé 30 % au comptant par chèque bancaire fin janvier et réglera le reste fin mars. Les salaires sont payés à la fin du mois. Les charges sociales seront réglées le 15 avril aux organismes sociaux. Les frais généraux sont payés par chèques bancaires, moitié fin janvier, moitié fin mars.

N.B. : Ces conditions de règlement resteront identiques pour la suite du thème.

Présentons le compte de résultat du mois de janvier

CHARGES	Montants	PRODUITS	Montants
Charges d'exploitation		*Produits d'exploitation*	
Achat de matières prem.	120 000	Vente de produits finis	320 000
Salaires bruts	70 000	(Chiffre d'affaires)	
Charges soc. patronales	27 374		
Frais généraux	30 000		
Total 1	**247 374**	**Total 1**	**320 000**
Charges financières		*Produits financiers*	–
Intérêts de l'emprunt	5 400		
Total 2	**5 400**	**Total 2**	–
Charges exceptionnelles		*Produits exceptionnels*	–
Amendes	600		
Total 3	**600**	**Total 3**	–
Total des charges	**253 374**	**Total des produits**	**320 000**
Bénéfice	**66 626**		
TOTAL GÉNÉRAL	**320 000**	**TOTAL GÉNÉRAL**	**320 000**

Nota. L'échéance de l'emprunt BNP implique le remboursement d'une quote-part du capital emprunté (diminution de la dette) et le versement d'intérêts (charge financière).

Pour le mois de février N, l'entreprise Merlin a encore obtenu une commande spécifique importante de la part de la centrale d'achats Price. Elle doit fabriquer des mouchoirs comportant des motifs « fleurs » en six coloris. Cette fabrication a nécessité :

– 150 000 € de pâte à papier Rauma dont 75 000 € provenant du stock de départ, le complément ayant été acheté au cours du mois ;

– 135 000 € de pâte à papier Stora dont 120 000 € achetés au cours du mois, le reste provenant du stock initial. Stock fin février : 22 000 € ;

– des frais de personnel qui s'élèvent à 100 000 € de salaires bruts dont 20 760 € de charges salariales (Urssaf : 15 000 €, Assedic : 3 010 €, retraite complémentaire : 2 750 €). Les charges patronales s'élèvent à 39 105 € (Urssaf : 29 600 €, Assedic : 5 380 €, retraite complémentaire : 4 125 €).

– des frais généraux qui ont été de 67 000 €.

Le chiffre d'affaires réalisé au mois de février (ventes de mouchoirs) s'est élevé à 620 000 €, sachant que la moitié des mouchoirs en stock au départ et toute la production de février ont été écoulées.

Un chèque est émis fin février pour régler, comme convenu, le solde du prix du camion Renault acheté début janvier.

Présentons le compte de résultat du mois de février

CHARGES	Montants	PRODUITS	Montants
Charges d'exploitation		*Produits d'exploitation*	
Achat de la mat. Rauma	75 000	Ventes de produits finis	620 000
Variation stock Rauma[1]	75 000	Production stockée[3]	– 20 000
Achat de la mat. Stora	120 000		
Variation stock Stora[2]	15 000		
Salaires bruts	100 000		
Charges soc. patronales	39 105		
Frais généraux	67 000		
Total 1	**491 105**	**Total 1**	**600 000**
Charges financières	–	*Produits financiers*	–
Total 2	–	**Total 2**	–
Charges exceptionnelles	–	*Produits exceptionnels*	–
Total 3	–	**Total 3**	–
Total des charges	**491 105**	**Total des produits**	**600 000**
Bénéfice	**108 895**		
TOTAL GÉNÉRAL	**600 000**	**TOTAL GÉNÉRAL**	**600 000**

1. SI – SF = 75 000 – 0 2. SI – SF = 37 000 – 22 000 3. SF – SI = 20 000 – 40 000

Nota. Le règlement du solde du prix de la camionnette ne constitue pas une charge, liée à l'activité de février, mais a pour objet le remboursement d'une dette.

Exercices

Exercice 1

La société **ANARES** vous communique les informations suivantes :

1. Achats de marchandises annuels : 60 500 € ;
2. Salaires bruts annuels : 22 700 € ;
3. Les charges patronales représentent 40 % des salaires bruts ;
4. Loyers mensuels payés : 350 € ;

5. ANARES a revendu les marchandises achetées avec une marge de 40 % par rapport au prix d'achat ;

6. ANARES a effectué une campagne publicitaire représentant 2 % du chiffre d'affaires annuel ;

7. ANARES facture à ses clients des frais de transport égaux à 5 % du prix de vente de la marchandise ;

8. Les honoraires du comptable représentent 1 % du chiffre d'affaires annuel ;

9. Chaque facture trimestrielle de FRANCE-TELECOM s'élève en moyenne à 120 € ;

1. Présentez le compte de résultat à la fin de l'année

NB : chiffre d'affaires = montant des ventes de marchandises

Exercice 2

La société Ugo fabrique des calottes de casques de moto à partir d'une matière première unique : le polyuréthane. On vous communique les renseignements suivants pour son exercice N :

Nature	Montants
Ventes de calottes	212 100
Achats de polyuréthane	61 300
Services extérieurs	51 100
Impôts	27 800
Charges de personnel	78 500
Autres charges d'exploitation	12 100
Autres produits d'exploitation	6 900
Charges financières	10 100
Produits financiers	2 900
Charges exceptionnelles	5 500
Produits exceptionnels	14 000
Stock de calottes au 01/01/N	26 600

Nature	Montants
Stock de calottes au 31/12/N	20 300
Stock de polyuréthane au 01/01/N	9 800
Stock de polyuréthane au 31/12/N	11 100

1. Calculez les variations de stocks.

2. Présentez le compte de résultat en liste.

4

L'organisation comptable générale

La réitération des opérations et les contraintes d'ordre légal et fiscal plaident pour une normalisation des procédures et des documents comptables. Le ***plan comptable général*** est l'outil de référence d'aide à la réalisation de tâches comptables divisibles en grandes étapes, se traduisant par l'élaboration du ***journal***, du ***grand livre*** et de la ***balance***. Ce dernier document permet d'établir deux tableaux synthétiques déjà présentés : le bilan et le compte de résultat.

1. Le plan comptable général

A. Les objectifs du plan comptable général

Le plan comptable général, adopté par un arrêté ministériel du 27 avril 1982 a fait l'objet d'une refonte en 1999. Il est désormais actualisé par les règlements édictés par le Conseil de la Règlementation Comptable (CRC). Il est obligatoire pour toutes les entreprises industrielles et commerciales, y compris les entreprises individuelles. Le PCG vise à :

– une ***harmonisation de l'information comptable***, tant au niveau de la terminologie que des procédures ou des documents synthétiques ;

– une adaptation aux ***moyens informatisés*** de traitement de l'information ;

– une ***harmonisation internationale des pratiques comptables*** par l'adoption de règlements du CRC en convergence avec les normes comptables internationales IAS/IFRS (International Accounting Standard / International Financial Reporting Standards) et l'application des directives et règlements européens.

– une ***adaptation à la taille et aux besoins*** de l'entreprise : trois systèmes, prenant en compte la taille de l'entreprise, sont proposés :

Systèmes	Entités concernées	Comptes concernés[1]
abrégé	petites entreprises	comptes en caractères gras
de base	entreprises de taille moyenne	comptes en caractères noirs
développé	grandes entreprises	tous les comptes

1. À compter de ce chapitre, le lecteur devra se munir d'une liste des comptes du plan comptable général. Ce document – autorisé aux examens – est vendu en librairie à un prix d'environ 3 €.

B. La structuration du plan de comptes

■ Les classes

Les comptes sont rassemblés en huit classes homogènes :

Comptes de bilan	*classe 1* *classe 2* *classe 3* *classe 4* *classe 5*	Comptes de capitaux Comptes d'immobilisations Comptes de stocks et en-cours Comptes de tiers Comptes financiers
Comptes de gestion	*classe 6* *classe 7*	Comptes de charges Comptes de produits
	classe 8	Comptes spéciaux

■ la codification

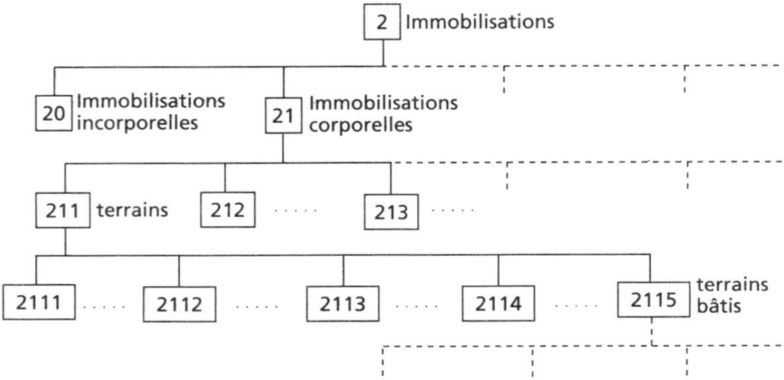

Chaque compte est identifié par un numéro et la codification retenue répond aux règles du ***classement décimal***.

Chaque subdivision rassemble au maximum 10 comptes (numérotation de 0 à 9).

La précision de l'information restituée est directement liée au nombre de chiffres composant le code du compte.

La codification recèle certaines particularités :

– le zéro terminal repère un *compte de regroupement :*

410 – Clients et comptes rattachés

– le 9 terminal indique une position « *anormale* » :

409 – Fournisseurs débiteurs

– un 8 en seconde position identifie un compte d'amortissements :

2813 – Amortissements des constructions (213 – Constructions)

– un 9 en seconde position repère un compte de dépréciations :

4914 – Dépréciations des comptes clients

– une symétrie logique est établie entre les comptes de charges et les comptes de produits :

66 – Charges financières → **76** – Produits financiers

2. Les principales étapes du travail comptable : le système classique

L'organisation comptable d'une entreprise peut être divisée en deux étapes principales qui reposent sur la périodicité des tâches :

– quotidiennement, les opérations sont enregistrées dans le journal puis reportées dans le grand livre, à partir des documents de base (factures, souches de chèques, bons de caisse, fiches de paie, etc.) ;

– périodiquement, la balance est établie à partir des totaux des débits et crédits des différents comptes ouverts au grand livre. Une balance qui, à son tour, permet d'élaborer le bilan et le compte de résultat.

A. Le journal

Le journal (ou livre-journal) enregistre au jour le jour, dans l'ordre chronologique, ***toutes les opérations*** réalisées par l'entreprise.

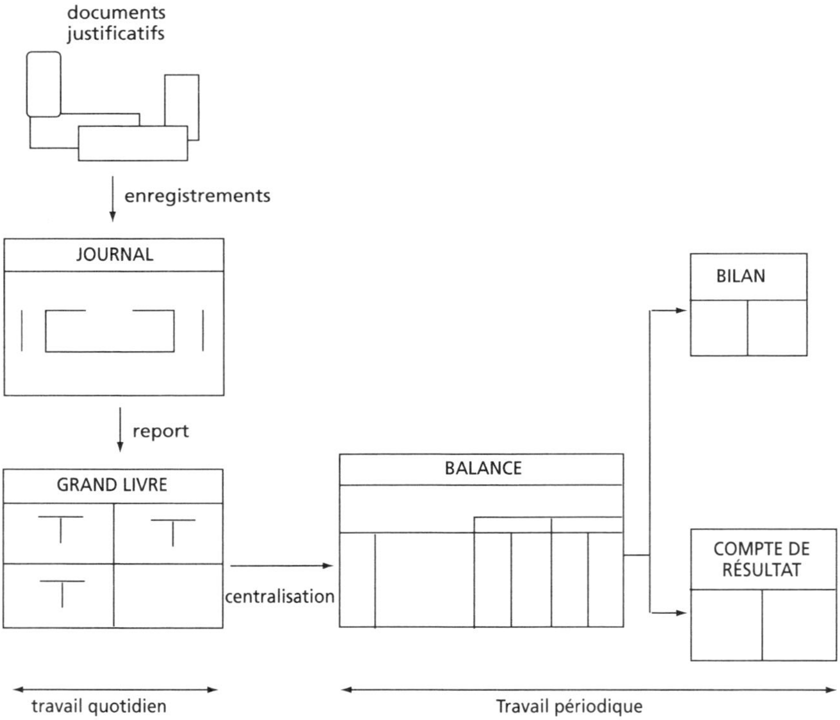

Le journal est un document ***obligatoire*** qui peut être appelé à servir de preuve devant un tribunal. Aussi, il doit être relié et tenu sans blanc ni altération d'aucune sorte. Depuis le décret du 26/02/2002, le journal n'est plus nécessairement côté et paraphé par le greffier du tribunal de commerce.

Il est divisé en articles (ou écritures comptables) : chaque article correspondant à l'enregistrement d'une opération.

Le libellé est une explication résumée qui indique la référence précise du ou des documents de base (facture, chèque, etc.).

En bas de page, les colonnes débit et crédit sont totalisées et les montants reportés en haut de la page suivante.

débit	crédit	date	débit	crédit
n° de compte		nom du compte à débiter	montant	
	n° de compte	nom du compte à créditer		montant
		— libellé —		

Nota. Le journal et les autres documents présentés dans cette partie le sont sous leur forme traditionnelle. Il reste bien entendu que les tâches comptables se trouvent très largement informatisées et les différents logiciels peuvent adopter des masques de saisie personnalisés.

Le journal remplit un quadruple rôle :

– il met en évidence l'***analyse comptable*** de chaque opération, ce qui facilite les recherches ultérieures ;

– il constitue un ***relais*** entre les documents de base (chèques, factures, etc.) et les comptes du grand livre ;

– il autorise un ***contrôle arithmétique*** des opérations (total débits = total crédits) ;

– il permet un ***contrôle chronologique*** des opérations.

B. Le grand livre

Le grand livre est un document qui regroupe l'***ensemble des comptes ouverts*** dans une entreprise. Comme le journal, le grand livre est un document dont la tenue est obligatoire.

Le grand livre permet de visualiser les différents mouvements concernant chaque compte ouvert dans l'entreprise et de déterminer, à tout moment, la situation nette de ce compte par le calcul de son solde.

Nota. Les comptes *411 – Clients* et *401 – Fournisseurs* sont des comptes ***collectifs*** où sont enregistrés tous les mouvements comptables concernant les transactions commerciales et les règlements liés. Ils constituent une synthèse des comptes individuels ouverts pour chaque client et chaque fournisseur, qui permettent d'assurer un suivi personnalisé de la situation de l'entreprise vis-à vis de ces tiers. Les comptes ***individuels*** sont regroupés dans les grands livres auxiliaires.

Grand livre de l'entreprise X

COMPTES DE BILAN			
Comptes d'actif		Comptes de passif	
Débit {*n*° & *nom*} Crédit	D+ C–	Débit {*n*° & *nom*} Crédit	D– C+
.... emplois | .... ressources	↗ | ↘	.... emplois | .... ressources	↘ | ↗
COMPTES DE GESTION			
Comptes de charges		Comptes de produits	
Débit {*n*° & *nom*} Crédit	D+ C–	Débit {*n*° & *nom*} Crédit	D– C+
.... emplois | .... ressources	↗ | ↘	.... emplois | .... ressources	↘ | ↗

C. La balance

La balance est un tableau qui reprend, dans l'ordre du plan comptable, tous les comptes du grand livre.

Balance de l'entreprise X au {date}

N° des comptes	Noms des comptes	TOTAUX		SOLDES	
		Débits	Crédits	Débiteurs	Créditeurs
....	....	....	....	....	....
	Totaux	....	....	....	....

La balance est un outil de ***contrôle*** qui autorise la vérification du principe de la partie double à partir de deux égalités fondamentales :

Total des débits = Total des crédits
Total des soldes débiteurs = Total des soldes créditeurs

Ce rôle de vérification des enregistrements réalisés explique que la balance est généralement établie chaque fin de mois.

Le bilan et le compte de résultat sont établis à partir de ce document.

D. Les documents de synthèse

– Le ***bilan*** regroupe les soldes des comptes de situation (classe 1 à 5) et son résultat exprime l'évolution du patrimoine depuis le dernier bilan établi (cf. chapitre 1).

– Le ***compte de résultat*** rassemble les soldes des comptes de gestion (classes 6 et 7) et son résultat s'obtient par différence entre les charges et les produits de la période considérée (cf. chapitre 3).

Le bilan et le compte de résultat doivent être établis au moins une fois l'an. C'est également le cas de l'annexe légale, constituée d'un ensemble de documents explicatifs de certaines informations contenues dans le bilan et le compte de résultat.

Thème d'étude

Nous reprenons chronologiquement toutes les opérations présentées au cours des trois premiers chapitres pour mettre en évidence les principales étapes du travail comptable.

On précise, concernant les stocks, que les éléments à retenir sont les suivants :

	Stock initial (1/01/N)	**Stock final (28/02/N)**
Matière première Rauma	75 000	0
Matière première Stora	37 000	22 000
Matière première Tartas	0	0
Produits finis « mouchoirs »	40 000	20 000
Produits finis « serviettes »	30 000	30 000

■ **Présentons le journal de la SARL Merlin (selon un format d'édition utilisé par les logiciels comptables).**

• **Enregistrement des opérations de création de la SARL Merlin (cf. chap 1)**

Date	Intitulé des comptes	Débits	Crédits
01/01/N	512 – Banque 101 – Capital *– Apport de Lancelot –*	400 000	 400 000

01/01/N	211 – Terrains 213 – Constructions 101 – Capital *– Apport de Dulac –*	50 000 350 000	 400 000
01/01/N	2051 – Brevets 2052 – Logiciels 2183 – Matériel de bureau et informatique 215 – Matériel industriel 411 – Clients 3111 – Stock de matières premières Rauma 3112 – Stock de matières premières Stora 3551 – Stock de produits finis mouchoirs 3552 – Stock de produits finis serviettes 274 – Prêts 207 – Fonds commercial 1641 – Emprunt BNP 401 – Fournisseurs 440 – État 101 – Capital *– Apport d'Arthur –*	43 000 11 600 60 000 317 000 75 000 75 000 37 000 40 000 30 000 50 000 200 000	 360 000 153 600 25 000 400 000
	À reporter	1 738 600	1 738 600

- **Enregistrement des opérations de la première semaine de janvier (cf. chap. 2)**

(N.B. : Par simplification, toutes les opérations de janvier et février seront datées du dernier jour de la période d'étude.)

	Reports	1 738 600	1 738 600
07/01/N	2182 – Matériel de transport 404 – Fournisseurs d'immobilisations *– Acquisition camion Renault –*	110 000	 110 000
07/01/N	404 – Fournisseurs d'immobilisations 512 – Banque *– Règlement partiel camion Renault –*	50 000	 50 000
07/01/N	530 – Caisse 512 – Banque *– Retrait pour la caisse –*	5 000	 5 000
07/01/N	512 – Banque 411 – Client Castet *– Règlement de Castet –*	25 000	 25 000
07/01/N	401 – Fournisseur Fasson 512 – Banque *– Règlement à Fasson –*	17 000	 17 000

07/01/N	261 – Titres de participation 512 – Banque *– Achat titres ICP –*	62 000	 62 000
07/01/N	512 – Banque 1642 – Emprunt CCF *– Nouvel emprunt –*	100 000	 100 000
	À reporter	2 107 600	2 107 600

• **Enregistrement des autres opérations de janvier (cf. chap. 3)**

	Reports	2 107 600	2 107 600
31/01/N	6013 – Achat de matières premières Tartas 401 – Fournisseur Tartas *– Facture de Tartas –*	120 000	 120 000
31/01/N	641 – Rémunérations du personnel 421 – Personnel– rémun. dues 431 – Sécurité sociale 4371 – Assedic 4372 – Organismes de retraite *– Salaires bruts de janvier –*	70 000	 55 468 10 500 2 107 1 925
31/01/N	645 – Charges de Sécurité soc. et de prévoyance 431 – Sécurité sociale 4371 – Assedic 4372 – Organismes de retraite *– Charges patronales de janvier –*	27 374	 20 720 3 766 2 888
31/01/N	421 – Personnel – rémunérations dues 512 – Banque *– Règlement des salaires nets de janvier –*	55 468	 55 468
31/01/N	61/62 – Charges externes 401 – Fournisseurs *– Frais généraux de janvier –*	30 000	 30 000
31/01/N	401 – Fournisseurs 512 – Banque *– Règlement 50 % frais généraux –*	15 000	 15 000
31/01/N	411 – Client Évasion 7012 – Ventes de produits finis serviettes *– Vente à Évasion –*	320 000	 320 000
31/01/N	512 – Banque 411 – Client Évasion *– Règlement 30 % d'Évasion –*	96 000	 96 000

31/01/N	1641 – Emprunt BNP 661 – Charges d'intérêts 512 – Banque *– Règlement annuité –*	11 250 5 400	 16 650
31/01/N	678 – Autres charges exceptionnelles 530 – Caisse *– Amende –*	600	 600
	À reporter	2 858 692	2 858 692

• **Enregistrement au journal des opérations de février (cf. chap 3)**

	Reports	2 858 692	2 858 692
28/02/N	6011 – Achat de matières premières Rauma 401 – Fournisseur Rauma *– Facture de Rauma –*	75 000	 75 000
28/02/N	6012 – Achat de matières premières Stora 401 – Fournisseur Stora *– Facture de Stora –*	120 000	 120 000
28/02/N	641 – Rémunérations du personnel 421– Personnel – rémun. dues 431 – Sécurité sociale 4371 – Assedic 4372 – Organismes de retraite *– Salaires bruts de février –*	100 000	 79 240 15 000 3 010 2 750
28/02/N	645 – Charges de Sécurité soc. et de prév. 431 – Sécurité sociale 4371 – Assedic 4372 – Organismes de retraite *– Charges patronales de février –*	39 105	 29 600 5 380 4 125
28/02/N	421 – Personnel – rémunérations dues 512 – Banque *– Règlement des salaires nets de février –*	79 240	 79 240
28/02/N	61/62 – Charges externes 401 – Fournisseurs *– Frais généraux de février –*	67 000	 67 000
28/02/N	401 – Fournisseurs 512 – Banque *– Règlement 50 % frais généraux –*	33 500	 33 500
28/02/N	411 – Client Price 7011 – Ventes de mouchoirs *– Vente à Price –*	620 000	 620 000

28/02/N	512 – Banque 411 – Client Price *– Règlement 30 % de Price –*	186 000	 186 000
28/02/N	404 – Fournisseurs d'immobilisations 512 – Banque *– Règlement solde camion Renault –*	60 000	 60 000
28/02/N	60311 – Variation Stock MP Rauma 60312 – Variation Stock MP Stora 3111 Stock initial MP Rauma 3112 Stock initial MP Stora *Pour annulation des stocks initiaux*	75 000 37 000	 75 000 37 000
28/02/N	3111 – Stock Final MP Stora 60311 Variation Stock MP Stora *Pour constatation stock final MP*	22 000	 22 000
28/02/N	71351 – Production stockée PF Mouchoirs 3551 Stock initial PF Mouchoirs *Pour annulation stock initial mouchoirs*	40 000	 40 000
28/02/N	3551 – Stock Final PF Mouchoirs 71351 Production stockée PF Mouchoirs *Pour constatation stock final mouchoirs*	20 000	 20 000
	À reporter	4 432 537	4 432 537

Nota. Aucune écriture n'a été passée s'il n'y a pas eu de modification dans le stock : ex. produits finis « serviettes ».

Grand livre des comptes au 28 février

Actif

2051 Brevets	
43 000	

Solde débiteur = 43 000

215 Matériel industriel	
317 000	

Solde débiteur = 317 000

3111 Stock MP Rauma	
75 000	75 000

Solde = 0

512 Banque	
400 000	50 000
25 000	5 000
100 000	17 000
96 000	62 000
186 000	55 468
	15 000
	16 650

2052 Logiciels	
11 600	

Solde débiteur = 11 600

2182 Matériel de transport	
110 000	

Solde débiteur = 110 000

3112 Stock MP Stora	
37 000	37 000
22 000	

Solde débiteur = 22 000

207 Fonds commercial

200 000	

Solde débiteur = 200 000

2183 Matériel bureau & info

60 000	

Solde débiteur = 60 000

3551 Stock PF mouchoirs

40 000	40 000
20 000	

Solde débiteur = 20 000

512 Banque (suite)

	79 240
	33 500
	60 000

Solde débiteur = 413 142

211 Terrains

50 000	

Solde débiteur = 50 000

261 Titres de participation

62 000	

Solde débiteur = 62 000

3552 Stock PF serviettes

30 000	

Solde débiteur = 30 000

530 Caisse

5 000	600

Solde débiteur = 4 400

213 Constructions

350 000	

Solde débiteur = 350 000

274 Prêts

50 000	

Solde débiteur = 50 000

411 Clients

75 000	25 000
320 000	96 000
620 000	186 000

Solde débiteur = 708 000

Passif

101 Capital

	400 000
	400 000
	400 000

Solde créditeur = 1 200 000

401 Fournisseurs

17 000	153 600
15 000	120 000
33 500	30 000
	75 000
	120 000
	67 000

Solde créditeur = 500 100

421 Personnel – rémunérations dues

55 468	55 468
79 240	79 240

Solde nul

4371 Assedic

	2 107
	3 766
	3 010
	5 380

Solde créditeur = 14 263

431 Sécurité sociale

	10 500
	20 720
	15 000
	29 600

Solde créditeur = 75 820

1641 Emprunt BNP

11 250	360 000

Solde créditeur = 348 750

4372 Organismes de retraite

	1 925
	2 888
	2 750
	4 125

Solde créditeur = 11 688

404 Fournisseurs immobilisations

60 000	110 000
50 000	

Solde nul

1642 Emprunt CCF

	100 000

Solde créditeur = 100 000

440 Etat

	25 000

Solde créditeur = 25 000

Charges

6011 Achats Rauma

75 000	

Solde débiteur = 75 000

6013 Achats Tartas

120 000	

Solde débiteur = 120 000

641 Rémunérations du personnel

70 000	
100 000	

Solde débiteur = 170 000

661 Charges d'intérêts

5 400	

Solde débiteur = 5 400

6012 Achats Stora		61/62 Charges externes		645 Charges de Sécurité sociale		678 Charges exceptionnelles	
120 000		30 000		27 374		600	
		67 000		39 105			
Solde débiteur = 120 000		Solde débiteur = 97 000		Solde débiteur = 66 479		Solde débiteur = 600	

60311 Variation Stock MP Rauma		60312 Variation Stock MP Stora	
75 000		37 000	22 000
Solde débiteur = 75 000		Solde débiteur = 15 000	

Produits

7011 Ventes mouchoirs		7012 Ventes serviettes		71351 Production stockée Mouchoirs	
	620 000		320 000	40 000	20 000
Solde créditeur = 620 000		Solde créditeur = 320 000		Solde débiteur = 20 000	

■ Présentation de la balance générale de la SARL Merlin au 28 février

N° des comptes	Libellés des comptes	Mouvements		Soldes	
		Débit	Crédit	Débit	Crédit
101000	Capital		1 200 000		1 200 000
164100	Emprunt BNP	11 250	360 000		348 750
164200	Emprunt CCF		100 000		100 000
205100	Brevets	43 000		43 000	
205200	Logiciels	11 600		11 600	
207000	Fonds commercial	200 000		200 000	
211000	Terrains	50 000		50 000	
213000	Constructions	350 000		350 000	
215000	Matériel industriel	317 000		317 000	
218200	Matériel de transport	110 000		110 000	
218300	Matériel de bur. & info.	60 000		60 000	
261000	Titres de participation	62 000		62 000	
274000	Prêts	50 000			
311100	Stock mat. première Rauma	75 000	75 000		
311200	Stock mat. première Stora	59 000	37 000	22 000	
355100	Stock prod. finis mouchoirs	60 000	40 000	20 000	
355200	Stock prod. finis serviettes	30 000		30 000	
401000	Fournisseurs	65 500	565 600		500 100
404000	Fournisseurs d'immob.	110 000	110 000		
411000	Clients	1 015 000	307 000	708 000	
421000	Personnel – rémun. dues	134 708	134 708		

431000	Sécurité sociale		75 820		75 820
437100	Assedic		14 263		14 263
437200	Organismes de retraite		11 688		11 688
440000	État		25 000		25 000
512000	Banque	807 000	393 858	413 142	
530000	Caisse	5 000	600	4 400	
601100	Achats mat. prem. Rauma	75 000		75 000	
601200	Achats mat. prem. Stora	120 000		120 000	
601300	Achats mat. prem. Tartas	120 000		120 000	
603110	Variation stock Rauma	75 000		75 000	
603120	Variation stock Stora	37 000	22 000	15 000	
61/62	Charges externes	97 000		97 000	
641000	Rémun. du personnel	170 000		170 000	
645000	Charges de Sécurité soc.	66 479		66 479	
661000	Charges d'intérêts	5 400		5 400	
678000	Charges exceptionnelles	600		600	
701100	Ventes prod. finis mouchoirs		620 000		620 000
701200	Ventes prod. finis serviettes		320 000		320 000
713510	Production stockée mouchoirs	40 000	20 000	20 000	
Totaux balance générale		**4 432 537**	**4 432 537**	**3 215 621**	**3 215 621**

Nota. Le bilan et le compte de résultat peuvent être présentés au 28 février N à partir des deux colonnes « soldes » de la balance ainsi obtenue. Le résultat comptable à obtenir est un bénéfice de 175 521 euros.

Exercice

La société Adis fabrique des confitures à partir de fruits achetés à des coopératives agricoles et commercialise des gâteaux acquis auprès de producteurs locaux.
Le bilan d'Adis au 1er janvier N se présente comme suit (voir page 52) :
Au cours des premiers jours de l'exercice N, Adis a effectué les opérations suivantes :

1. Vente à crédit de confitures au client Kargo (facture V100) : 8 900 € ;
2. Achat moitié à crédit, moitié par chèque de fruits à Vital (facture A100) : 2 800 € ;
3. Réception de l'avis de taxe professionnelle à payer plus tard : 570 € ;
4. Prélèvement bancaire pour un remboursement d'emprunt égal à 5 % de l'emprunt dû, majoré de 45 € d'intérêts ;
5. Paiement de la dette vis-à-vis de la Sécurité sociale (chèque 51) ;
6. Achat à crédit d'un four au fournisseur Xeb (facture A101) : 2 700 € ;
7. Perception d'une subvention du Conseil régional, versée à la banque : 450 € ;
8. Achat par chèque d'un logiciel de comptabilité (facture A102) : 470 € ;

9. Vente de gâteaux moitié à crédit, moitié par chèque au client Boxo : (facture V101) : 1 700 € ;
10. Achat par chèque de gadgets publicitaires destinés aux clients : (facture A103) : 230 € ;
11. Paiement par virement bancaire (virement VI1) des salaires : 3 500 € ;
12. Paiement par chèque (54) de la dette vis-à-vis de l'État, figurant au bilan ;
13. Réception du chèque du client Kargo en règlement de la facture du 1 ;
14. Achat de sucre à confiture à crédit au fournisseur Tandi (facture A104) : 750 € ;
15. Réception de la facture de France Télécom à régler plus tard (facture A105) : 80 € ;
16. Dépôt d'espèces à la banque (pièce de caisse 20) : 400 € ;
17. Paiement par chèque de la facture de France Télécom du 15 (chèque 55) ;
18. Paiement de la taxe professionnelle constatée en 3 par chèque 56 ;
19. Réception d'un chèque du client Saby : 900 € ;

1. Enregistrez ces opérations au journal d'Adis.

2. Présentez le grand livre puis la balance par soldes d'Adis à l'issue de ces opérations.

3. Sachant que les stocks sont les suivants après ces opérations : matières premières 2 300 €, produits finis 2 000 €, marchandises 1 100 €, présentez le bilan en prenant en compte les stocks pour leurs valeurs finales et le compte de résultat en intégrant les variations des stocks.

ACTIF	Montants	PASSIF	Montants
Actif immobilisé		**Capitaux propres**	
Fonds commercial	25 000	Capital	37 000
Installations techniques	20 000		
Matériel de bureau	8 000		
Actif circulant		**Dettes**	
Stock de matières premières	200	Emprunt	30 000
Stock de produits finis	7 000	Fournisseurs	5 500
Stock de marchandises	2 000	Sécurité sociale	400
Créances clients	7 000	État	250
Banque	3 500		
Caisse	450		
TOTAL	**73 150**	**TOTAL**	**73 150**

Nota. La prise en compte du stock final et de la variation de stock donne lieu à des enregistrements qui seront détaillés dans la troisième partie de l'ouvrage.

5

Les opérations d'achat et de vente

La facture, établie par le vendeur, constitue le document de base de l'enregistrement comptable.

Ce document – appelé ***facture doit*** – comporte obligatoirement le montant de la TVA, les réductions accordées ou les majorations dues.

Les modifications intervenant après cette facturation et visant à alléger la dette du client donnent généralement lieu à l'édition d'une ***facture d'avoir***.

1. La TVA et l'enregistrement de la facture simple

A. La taxe sur la valeur ajoutée (TVA)

La TVA est un impôt indirect qui frappe la quasi-totalité des biens et services consommés. Elle représente près de la moitié des ressources fiscales de l'État.

Trois taux de TVA sont actuellement en vigueur :

– le ***taux particulier*** (2,1 %) s'applique aux médicaments remboursés par la Sécurité sociale, aux produits sanguins et aux publications périodiques de presse ;

– le ***taux réduit*** (5,5 %) concerne les produits de première nécessité ainsi que les produits et services de consommation courante ;

– le ***taux normal*** (19,6 %) est applicable à tous les autres produits.

La TVA est payée par le consommateur final et collectée par les entreprises.

B. L'enregistrement de la facture simple

Les transactions portant sur des biens et services – revendus en l'état ou consommés au cours du processus de production – constituent des charges pour l'acheteur et des produits pour le vendeur (les acquisitions d'immobilisations seront étudiées dans le chapitre 8).

La TVA collectée sur les ventes représente une dette vis-à-vis de l'État et figure au passif du bilan : *C4457 – État, TVA collectée*.

La TVA déductible sur les achats constitue une créance sur l'État et figure à l'actif du bilan : *D4456 – État, TVA déductible*.

Montant de la TVA = Montant HT × Taux de TVA
Montant TTC (toutes taxes comprises) = Montant HT + Montant de la TVA

Comptabilité de l'acheteur

D6xx	Charges[1]	HT	
D4456	État, TVA déductible	TVA	
C401	Fournisseurs		TTC

Comptabilité du vendeur

D411	Clients	TTC	
C70x	Ventes…		HT
C4457	État, TVA collectée		TVA

1. 60x Achats / 61x Services extérieurs / 62x Autres services extérieurs.

Au compte de résultat, les charges et les produits sont comptabilisés hors taxes. Au bilan, les comptes « Clients » et « Fournisseurs » figurent pour leur montant TTC (car le net à payer inclut la TVA).

2. Les réductions et majorations sur facture

A. Les réductions sur facture

■ Les principales formes de réductions

Il convient de distinguer les réductions commerciales et la réduction financière.

• Les réductions à caractère commercial

– Le ***rabais*** est une réduction ponctuelle accordée pour dédommager un client : défaut de qualité, allongement du délai de livraison, etc.

– La ***remise*** est une réduction habituelle liée aux quantités achetées ou à la profession du client.

– La ***ristourne*** est une réduction sur l'ensemble des opérations faites avec un client au cours d'une période donnée (prime de fidélité).

- **La réduction à caractère financier**

L'***escompte de règlement*** est une réduction accordée au client qui règle ses achats avant l'échéance normale (paiement anticipé).

■ L'enregistrement des factures comportant des réductions

Les réductions commerciales figurant sur une ***facture doit*** n'apparaissent jamais dans la comptabilité ; seul le net commercial est enregistré.

Net commercial = Montant brut HT – Réductions commerciales

L'escompte de règlement constitue une charge financière pour le vendeur et un produit financier pour l'acheteur : il est toujours enregistré en comptabilité.

Montant net HT = Net commercial – Escompte de règlement

Comptabilité de l'acheteur

D6xx	Charges	X	
D4456	État, TVA déductible	X	
C765	Escomptes obtenus		X
C401	Fournisseurs		X

Comptabilité du vendeur

D411	Clients	X	
D665	Escomptes accordés	X	
C70x	Ventes…		X
C4457	État, TVA collectée		X

B. Les frais accessoires

Les frais accessoires sont des frais supplémentaires à la charge de l'acheteur, il s'agit le plus souvent de frais de transport.

– Comptabilisation au niveau de l'acheteur : *D624 – Transports de biens et transports collectifs du personnel.*

– Comptabilisation au niveau du vendeur : *C7085 – Ports et frais accessoires facturés* (solution préconisée par le Conseil national de la comptabilité).

3. La facture d'avoir

A. Les réductions commerciales et financière « hors facture »

Qu'elle soit commerciale ou financière, la réduction fait l'objet d'un enregistrement comptable dès lors qu'elle fait l'objet d'une ***facture d'avoir***.

Les rabais, remises et ristournes s'analysent comme :

– une diminution des ventes au niveau du fournisseur *: D709 – Rabais, remises et ristournes accordés sur ventes (RRRA) ;*

– une diminution des achats au niveau du client *: C609 – Rabais, remises et ristournes obtenus sur achats (RRRO).*

L'escompte de règlement obéit aux mêmes règles d'enregistrement que dans le cas de la facture doit (charges ou produits financiers).

Ces réductions modifiant la base de calcul de la TVA, il convient de régulariser la TVA collectée ou déductible.

Comptabilité de l'acheteur

D401	Fournisseurs	X	
C609	RRRO		X
C765	Escomptes obtenus		X
C4456	État, TVA déductible		X

Comptabilité du vendeur

D709	RRRA	X	
D665	Escomptes accordés	X	
D4457	État, TVA collectée	X	
C411	Clients		X

B. Les retours sur achats

Les retours sont comptabilisés directement en diminution des charges (C60x) et des produits (D70x) et s'enregistrent comme l'inverse d'une facture doit.

Thème d'étude

L'activité du mois de mars est à nouveau consacrée exclusivement à la réalisation d'une commande de serviettes pour le client Évasion. Pour cette opération, les factures suivantes ont été reçues ou émises :

Fournisseur

Client

Société Tartas
GRENOBLE
Doit
SARL Merlin
Facture N° 687
Grenoble, le 1er mars N

Désignation	Quantité	PU	Montant
Pâte à papier	2 500 rlx	160	400 000
Total brut			400 000
Remise client 10 %			40 000
1er net			360 000
Remise spéciale 5 %			18 000
Net commercial			342 000
Transport à votre charge			8 000
Total hors taxes			350 000
TVA 19,6 %			68 600
Net à payer TTC			**418 600**

Valeur en votre règlement à 60 jours fin de mois.

Société Tartas
GRENOBLE
Avoir
SARL Merlin
Avoir N° A687
Grenoble, le 12 mars N

Désignation	Quantité	PU	Montant
Pâte retournée	625 rlx	160	100 000
Brut retourné			100 000
Remise 10 %			10 000
1er net retourné			90 000
Remise spéciale 5 %			4 500
Net commercial retourné			85 500
TVA 19,6 %			16 758
Net à votre crédit			**102 258**

Valeur à 60 jours fin de mois.

SARL Merlin
Doit
Évasion
Chaîne hôtelière
Facture N° V03001
Le 25 mars N

Désignation	Quantité	PU	Montant
Lots de serviettes de table	28 800	25,0	720 000
Total brut			720 000
Remise client 10 %			72 000
Net commercial			648 000
Transport facturé			6 000
Montant hors taxes			654 000
TVA 19,6 %			128 184
Montant TTC			**782 184**

Valeur 30 % à réception.
Le solde à 60 jours fin de mois par traite.

SARL Merlin
Avoir
Évasion
Chaîne hôtelière
Avoir N° A001
Le 31 mars N

Ristourne sur votre chiffre d'affaires HT du premier trimestre N : janvier : 320 000 mars : 648 000	
1 % jusqu'à 800 000	8 000,00
2 % au-delà	3 360,00
Ristourne hors taxes	11 360,00
TVA 19,6 %	2 226,56
Net à votre crédit	**13 586,56**

Valeur à 60 jours fin de mois.

Enregistrons au journal ces factures

	Reports	4 432 537,00	4 432 537,00
02/03/N	6013 – Achats matières premières Tartas 6241 – Transports sur achats 4456 – État, TVA déductible 401 – Fournisseur Tartas *– Facture 687 –*	342 000,00 8 000,00 68 600,00	 418 600,00
13/03/N	401 – Fournisseur Tartas 6013 – Achats matières premières Tartas 4456 – État, TVA déductible *– Avoir A687 –*	102 258,00	 85 500,00 16 758,00
25/03/N	411 – Client Évasion 7012 – Ventes produits finis serviettes 7085 – Ports facturés 4457 – Etat, TVA collectée *– Facture V03001 –*	782 184,00	 648 000,00 6 000,00 128 184,00
31/03/N	709 – RRR accordés sur ventes 4457 – État, TVA collectée 411 – Client Évasion *– Avoir A001 –*	11 360,00 2 226,56	 13 586,56
	À reporter	5 749 165,56	5 749 165,56

Exercice

La société Linea, grossiste en textiles, a réalisé en octobre les opérations suivantes, toutes assujetties à une TVA de 19,6 % :

– **02/10/N :** facture V112 de Linea à Vêtimax : 200 unités Logo à 43,00 € HT l'unité et 300 unités Mika à 41,00 € HT l'unité. Conditions de vente : remise de 8 % et port de 250,00 € HT ;

– **03/10/N :** facture V113 de Linea à Raille, montant net à payer : 26 965,77 €. Conditions de vente : remise de 8 % et escompte de 2 % ;

– **04/10/N :** facture A23 de Maille Usine à Linea, montant net à payer : 224 806,96 €. Conditions de vente : remise de 5 % et escompte de 1 % ; frais de port : 1500 € HT ;

– **05/10/N :** facture d'avoir AV123 de Linea à Vêtimax pour retour de marchandises : 50 unités Logo à 43,00 € HT et 50 unités Mika à 41,00 € HT l'unité. Conditions de reprise : remise de 8 % ;

– **06/10/N :** facture d'avoir AV124 de Linea à Carry pour remise oubliée sur facture antérieure – montant net : 1 025,10 € TTC ;

– **08/10/N :** facture d'avoir AV125 de Fil2000 à Linea pour escompte de règlement : escompte de 2 % – montant brut de la facture doit d'origine : 9 500 € HT ;

– **09/10/N :** facture V118 de Linea à Sportville : 200 unités Xray à 33,00 € HT l'unité, 100 unités Mood à 32,00 € HT l'unité et 150 unités Lax à 30,00 € HT l'unité. Conditions de vente : remises successives de 5 et 2 % ;

– **10/10/N :** facture d'avoir AV90 de Linea à Sporting pour ristourne sur chiffre d'affaires, chiffre d'affaires réalisé : 175 000 € HT. Conditions : 1 % sur la tranche de 0 à 50 000 €, 1,5 % sur la tranche de 50 000 à 100 000 €, 2 % sur la tranche de 100 000 à 150 000 € et 2,5 % sur l'excédent.

Enregistrez ces opérations dans la comptabilité de Linea.

6

Les opérations de règlement

Les opérations d'achat et de vente peuvent faire l'objet d'un règlement ***immédiat*** (au comptant) ou ***différé*** (à terme). Les moyens de paiement disponibles sont divers : espèces, chèque, virement, prélèvement automatique etc.

Les règlements à terme, très largement pratiqués, donnent souvent lieu à l'établissement d'un document particulier : ***l'effet de commerce***, instrument de recouvrement de créances et de crédit.

1. Les règlements en espèces, par chèque et virement

A. Les règlements en espèces

Les ***pièces de caisse*** constatent les mouvements du compte Caisse.

Débit	**53 – Caisse** Crédit
Entrées d'espèces	Sorties d'espèces
Solde débiteur ou nul	

Ce mode de règlement porte sur des montants limités : les transactions commerciales supérieures à 750 € et le paiement de salaires mensuels excédant 1 500 € doivent en effet s'effectuer par chèque ou virement.

B. Les règlements bancaires ou postaux

Les commerçants sont tenus de détenir un compte, à la banque ou aux chèques postaux, qui ouvre droit à divers moyens de paiement dont :

- le **chèque** : c'est un écrit par lequel une personne ***(le tireur)*** qui a des fonds déposés chez un banquier ***(le tiré)*** lui donne l'ordre de payer une somme d'argent au profit d'une personne désignée ***(le bénéficiaire)***. Le dépôt de chèques sur le compte bancaire de l'entreprise se fait périodiquement et donne lieu à l'établissement d'un ***bordereau de remise de chèques*** ;
- le **virement bancaire** : c'est un écrit par lequel une personne ***(le donneur d'ordre)*** qui a des fonds déposés chez un banquier ***(le tiré)*** lui donne l'ordre de prélever et de transférer une somme d'argent sur le compte d'une autre personne ***(le bénéficiaire)*** ;
- le **prélèvement automatique** : c'est un virement permanent au profit d'une personne déterminée.

Débit	**512 – Banque** Crédit
Dépôt d'espèces Encaissement de chèques Réception de virements	Retrait d'espèces Émission de chèques Ordre de virement

C. L'état de rapprochement bancaire

■ Le principe de l'état de rapprochement

Le compte « Banque » tenu par l'entreprise et le compte « Entreprise » tenu par la banque, qui sont deux comptes réciproques, devraient présenter, à une date donnée, des soldes identiques et de sens contraire. Dans la réalité, c'est rarement le cas, car il existe des décalages dans l'enregistrement de certaines opérations, au niveau des deux comptabilités. À titre d'exemple, la banque peut ne pas avoir connaissance des derniers chèques émis par l'entreprise et non présentés en paiement, sans oublier les risques d'erreurs ou d'omissions.

Aussi, l'entreprise procède périodiquement à une comparaison du compte « 512 Banque » et du relevé bancaire pour vérifier la concordance de ces comptes.

■ La méthode d'élaboration de l'état de rapprochement

L'état de rapprochement s'effectue en trois étapes principales :

– pointage des sommes identiques sur le relevé bancaire et sur le compte « Banque » ;

– établissement de l'état de rapprochement proprement dit, par la mise en évidence des sommes qui ne figurent que sur l'un des documents ;

– enregistrement dans la comptabilité de l'entreprise des mouvements absents du compte « Banque » mais figurant sur le relevé bancaire de l'entreprise.

2. Les règlements par effet de commerce

Si les opérations à crédit peuvent être réglées, à l'échéance, par chèque ou virement, elles donnent lieu, le plus souvent, à l'établissement d'effets de commerce, documents qui présentent l'intérêt d'apporter une meilleure garantie de paiement à l'échéance tout en constituant un instrument de crédit.

A. La création d'un effet de commerce

■ Le principe des effets de commerce

Il existe deux formes principales d'effets de commerce :

- la **lettre de change** ou **traite**, qui est la forme la plus ancienne et la plus répandue, est un écrit par lequel une personne ***(le tireur)*** donne l'ordre à une autre personne (***le tiré***) de verser, à une date déterminée, une somme d'argent à une autre personne ou à lui-même ***(le bénéficiaire)*** ;
- le **billet à ordre** est un écrit par lequel une personne ***(le souscripteur)*** s'engage à verser, à une date déterminée, une somme d'argent à une autre personne ***(le bénéficiaire)***.

À la différence de la lettre de change, l'initiative de l'émission du billet à ordre émane du client (et non du fournisseur).

■ Le traitement comptable des effets de commerce

Il convient d'enregistrer le changement de nature de la créance (ou de la dette), matérialisé par la création de la lettre de change.

Comptabilité du tireur

D413	Clients – Effets à recevoir	X	
C411	Clients		X

Comptabilité du tiré

D401	Fournisseurs	X	
C403	Fournisseurs – Effets à payer		X

B. Circulation et paiement de l'effet de commerce

Trois possibilités s'offrent au détenteur de l'effet de commerce : attendre l'échéance, le négocier auprès de sa banque ou l'endosser au profit d'un tiers.

Le client, de son côté, doit régler, à l'échéance, le montant de l'effet, par prélèvement bancaire au profit du dernier bénéficiaire.

■ La remise à l'encaissement

La remise à l'encaissement consiste, pour le bénéficiaire, à attendre la date d'échéance et à confier à sa banque l'encaissement auprès de la banque du débiteur. Elle assure le recouvrement en échange d'une commission.

Le traitement comptable comporte généralement deux étapes :

– l'enregistrement de la remise à l'encaissement de l'effet auprès de la banque, généralement quelques jours avant l'échéance ;

– l'enregistrement de l'avis d'encaissement reçu de la banque, les commissions prélevées étant soumises à TVA.

Comptabilité du bénéficiaire

D5113		Effets à l'encaissement	X	
	C413	Clients – Effets à recevoir		X
D512		Banque	X	
D627		Services bancaires	X	
D4456		État, TVA déductible	X	
	C5113	Effets à l'encaissement		X

■ La remise à l'escompte

L'escompte consiste pour le bénéficiaire de l'effet à le vendre avant l'échéance à sa banque. En échange de ce service, la banque va prélever une somme, appelée ***agio***, composée de trois éléments :

– ***l'escompte***, intérêt rémunérant la mise à disposition anticipée du montant de l'effet ;

– les services bancaires ou ***commissions*** ;
– la ***TVA*** calculée uniquement sur les commissions.

Comptabilité du bénéficiaire

D5114		Effets à l'escompte	X	
	C413	Clients – Effets à recevoir		X

D512		Banque	X	
D627		Services bancaires	X	
D4456		État, TVA déductible	X	
D661		Charges d'intérêts	X	
	C5114	Effets à l'escompte		X

■ L'endossement

L'endossement consiste, pour le bénéficiaire, à se servir de l'effet de commerce pour éteindre une dette vis-à-vis d'un créancier.

Comptabilité de l'ancien bénéficiaire

D401	Fournisseurs	X	
C413	Clients – Effets à recevoir		X

Comptabilité du nouveau bénéficiaire

D413	Clients – Effets à recevoir	X	
C411	Clients		X

Nota. La lettre de change-relevé, le crédit de mobilisation des créances commerciales ou le bordereau de cession de créances commerciales sont d'autres formes de mobilisation de créances dont la spécificité doit être prise en compte dans l'enregistrement comptable (cf. J.-J. Friédrich, *Comptabilité générale et Gestion des entreprises*, Hachette, Collection « HU », 2004).

C. Les incidents de règlement des effets

À l'échéance, le tiré peut connaître des difficultés qui ne lui permettent pas d'honorer ses engagements. Deux situations principales sont envisageables :
– le tiré sollicite un report de l'échéance : l'effet est renouvelé ;
– le tiré, sans prévenir, est défaillant à l'échéance : l'effet est impayé.

Le renouvellement de l'effet

Le tiré prévoit qu'il ne pourra payer l'effet à l'échéance et propose de reporter la date limite de règlement. Sous réserve de l'accord du créancier, il est alors procédé :

– à l'annulation du premier effet (ou à la modification de la date d'échéance sur l'effet initial) ;

– au tirage d'un nouvel effet d'un montant nominal supérieur car il intègre des intérêts de retard (soumis à TVA) correspondant à la période de prorogation d'échéance.

Comptabilité du bénéficiaire — **Comptabilité du tiré**

Annulation du premier effet

D411	Clients	X		**D403**	Fournisseurs – Effets à payer	X	
C413	Clients – Effets à recevoir		X	**C401**	Fournisseurs		X

Tirage du nouvel effet

D413	Clients – Effets à recevoir	X		**D401**	Fournisseurs	X	
C411	Clients		X	**D661**	Charges d'intérêts	X	
C763	Revenus des autres créances		X	**D4456**	État, TVA déductible	X	
C4457	État, TVA collectée		X	**C403**	Fournisseurs – Effets à payer		X

Le non-paiement de l'effet

Le tiré n'a pas fait connaître au tireur son incapacité à respecter l'échéance. La banque du bénéficiaire informe ce dernier de la défaillance du débiteur et prélève des frais qui sont portés à la charge du tiré. Les deux partenaires devront ultérieurement déterminer d'autres modalités de règlement.

• Le cas de l'effet remis à l'encaissement

L'effet non honoré à l'échéance est annulé et les frais prélevés par la banque du bénéficiaire sont intégrés à la dette du client.

Comptabilité du bénéficiaire

D411	Clients	X	
C5113	Effets à l'encaissement		X
C512	Banque		X

Comptabilité du tiré

D627	Services bancaires	X	
D4456	État, TVA déductible	X	
D403	Fournisseurs – Effets à payer	X	
C401	Fournisseurs		X

- **Le cas de l'effet escompté**

La banque est devenue propriétaire de l'effet mais le bénéficiaire reste garant du paiement à l'échéance. Aussi, la banque prélève sur le compte du remettant le montant nominal de l'effet majoré des frais d'impayé.

Comptabilité du bénéficiaire

D411	Clients	X		← montant total de la créance sur le client
C512	Banque		X	← prélèvement de la banque (nominal + frais)

L'enregistrement dans la comptabilité du tiré est identique au cas précédent.

- **Le cas de l'effet endossé**

Le bénéficiaire (endossataire) informe le tireur (endosseur) du non-paiement et réclame à ce dernier le nominal de l'effet augmenté des frais supportés.

Thème d'étude

Au cours du mois de mars, la société Merlin a effectué divers règlements et reçu les paiements suivants :

1. Acceptation le 2 mars de la traite Tartas de 120 000 € échéant au 25 mars ;

2. Acompte de 100 000 € versé au fournisseur RML le 2 mars par chèque n° 95 pour commande de la ligne de fabrication RX26 qui sera livrée plus tard ;

3. Acceptation le 2 mars par le client Évasion de la lettre de change n° 1 suivante ;

SARL MERLIN
56 BROCELIANDE

Contre cette LETTRE DE CHANGE
stipulée SANS FRAIS
veuillez payer la somme indiquée
ci-dessous à l'ordre de : **nous-mêmes**

mention
L.C.R
s'il y a lieu

À BROCELIANDE LE

MONTANT POUR CONTRÔLE	DATE DE CRÉATION	ÉCHÉANCE	L.C.R. seulement REF TIRÉ	€ MONTANT
224 000,00	**01 mars N**	**31 mars N**		**224 000,00**

R.I.B du TIRÉ

code établ	code guichet	N° compte	de RIB
208	30003	1616887	18

NOM et ADRESSE du TIRÉ : **Société Évasion**
51 REIMS

DOMICILIATION : **Crédit Lyonnais**

valeur en :

Signature

Acceptée le 2 mars N

N° 01

ACCEPTATION OU AVAL

ne pas écrire au-dessous de cette ligne **MERLIN**

4. Acceptation le 18 mars par le client Price du mois de février de la traite n° 2 correspondant à 70 % de sa facture à échéance du 30 avril. Elle est remise à l'escompte le 26 mars. L'avis de crédit bancaire parvient à l'entreprise le 29 mars et comporte des agios : intérêts à 8 % l'an soit 3 375 € et 30 € HT de frais bancaires ;

5. Règlement par la banque de la traite du fournisseur Tartas échue au 25 (cf. **1.**) ;

6. Remise à l'encaissement le 25 mars de la traite n° 1 ;

7. Remise à l'encaissement le 28 mars du chèque de la facture n° V03001 à Évasion soit 30 % de son montant : 234 655,20 € ;

8. Le 30 mars, comptabilisation des factures de frais généraux du mois : 100 000 € HT ;

9. Le 31 mars, règlement de la moitié des frais généraux du mois : 3 118 € en espèces (pièce de caisse n° 1) et 56 682 € par chèques 103 à 108 ;

10. Le 31 mars, règlement par chèques 109 à 111 du solde des frais généraux de janvier : 15 000 € ;

11. Règlement le 31 mars de la créance de 50 000 € sur Solero, composante de l'apport d'Arthur. Le chèque est remis à l'encaissement ;

12. Avis de crédit reçu de la banque le 31 mars indiquant que le montant du chèque Évasion (opération 7) est porté sur notre compte ;

13. Règlement le 31 mars de la dette de 136 600 € à Chemical, composante de l'apport d'Arthur, par chèque bancaire n° 102.

Enregistrons ces règlements au journal

	Reports	5 749 165,56	5 749 165,56
02/03/N	401 – Fournisseur Tartas 403 – Fournisseurs – Effets à payer *– Acceptation traite Tartas –*	120 000,00	 120 000,00
02/03/N	238 – Avances sur commandes d'immobilisations 512 – Banque *– Acompte à RML par chèque 95 –*	100 000,00	 100 000,00
02/03/N	413 – Clients – Effets à recevoir 411 – Client Évasion *– Lettre de change 1 au 31 mars –*	224 000,00	 224 000,00
18/03/N	413 – Clients – Effets à recevoir 411 – Client Price *– Lettre de change 2 au 30 avril –*	434 000,00	 434 000,00
25/03/N	403 – Fournisseurs – Effets à payer 512 – Banque *– Avis de débit pour traite Tartas –*	120 000,00	 120 000,00
25/03/N	5113 – Effets à l'encaissement 413 – Clients – Effets à recevoir *– Lettre de change 1 à l'encaissement –*	224 000,00	 224 000,00
26/03/N	5114 – Effets à l'escompte 413 – Clients – Effets à recevoir *– Lettre de change 2 à l'escompte –*	434 000,00	 434 000,00
28/03/N	5112 – Chèques à encaisser 411 – Client Évasion *– Règlement 30 % des ventes de mars –*	234 655,20	 234 655,20
29/03/N	512 – Banque 661 – Charges d'intérêts 627 – Services bancaires 4456 – État, TVA déductible 5114 – Effets à l'escompte *– Avis de crédit pour lettre de change 2 –*	430 589,12 3 375,00 30,00 5,88	 434 000,00
30/03/N	61/62 – Charges externes 4456 – État, TVA déductible 401 – Fournisseurs *– Frais généraux de mars –*	100 000,00 19 600,00	 119 600,00

31/03/N	401 – Fournisseurs 512 – Banque 530 – Caisse *– Chèques 103 à 108 et pièce de caisse 1 –*	59 800,00	 56 682,00 3 118,00
31/03/N	401 – Fournisseurs 512 – Banque *– Chèques 109 à 111 –*	15 000,00	 15 000,00
31/03/N	5112 – Chèques à encaisser 411 – Client Solero *– Remise à l'encaissement –*	50 000,00	 50 000,00
31/03/N	512 – Banque 5112 – Chèques à encaisser *– Avis de crédit –*	234 655,20	 234 655,20
31/03/N	401 – Fournisseur 512 – Banque *– Avoir A001 –*	136 600,00	 136 600,00
	À reporter	8 689 475,96	8 689 475,96

Exercices

Exercice 1

Le 01/12, le comptable de la société Jardin reçoit le relevé suivant de la banque :

Date	Nature de l'opération	Débit	Crédit
	Solde précédent		**71 200**
02/11	Chèque 8484	5 800	
03/11	Chèque 8486	2 900	
06/11	Chèque 8487	600	
07/11	Remise chèques		12 000
09/11	Chèque 8485	4 700	
09/11	Retrait d'espèces	1 000	
10/11	Effets payés à échéance	35 600	
12/11	Carte bancaire : garage SHELL	200	
15/11	Prélèvement EDF	1 700	
16/11	Bordereau d'escompte net[1]		24 680
16/11	Chèque 8489	20 400	

19/11	Remise chèques		45 200
22/11	Chèque 8491	12 500	
23/11	Virement de Dupont		5 300
24/11	Chèque 8490	15 300	
30/11	Intérêts sur SICAV		1 320
	Totaux	**100 700**	**159 700**
	Votre nouveau solde	**59 000**	

1. Escompte : 283,82 € et commissions : 36,18 € TTC.

À cette même date, le compte banque de Jardin se présente ainsi :

Dates	Libellés	Débit	Crédit
01/11	**Solde débiteur**	**65 400**	
01/11	Chèque 8485		4 700
02/11	Chèque 8486		2 900
05/11	Chèque 8487		600
06/11	Remise de chèques	12 000	
07/11	Chèque 8488		700
08/11	Retrait CB		1 000
09/11	CB essence		200
12/11	Chèque 8489		20 400
13/11	Remise à l'escompte	25 000	
14/11	Effets à payer		35 600
15/11	Prélèvement EDF		1 700
16/11	Remise chèques	45 200	
19/11	Chèque 8490		15 300
20/11	Chèque 8491		12 500
26/11	Chèque 8492		4 500
30/11	Virements bancaires		43 700
	Totaux	**147 600**	**143 800**

1. Présentez l'état de rapprochement au 30 novembre.

2. Procédez aux enregistrements qui conviennent chez Jardin.

Exercice 2

La société Body a réalisé les opérations suivantes, toutes assujetties à une TVA de 19,6 % :

– **05/05/N :** ventes de marchandises au client Dixo : 6 319,66 € HT, facture 51 ;

– **06/05/N :** ventes de marchandises au client Balb : 5 308,93 € HT, facture 52 ;

– **07/05/N :** ventes de marchandises au client Simm : 5 134,49 € HT, facture 53 ;
– **09/05/N :** tirage de la lettre de change n° 18 sur Dixo ;
– **10/05/N :** réception du billet à ordre n° 23 souscrit par Balb ;
– **11/05/N :** tirage de la lettre de change n° 19 sur Simm ;
– **15/05/N :** endossement de la lettre de change n° 19 à l'ordre du fournisseur Ormen ;
– **30/06/N :** remise à l'escompte de la lettre de change n° 18 à la BNP ;
– **08/07/N :** réception de l'avis de crédit de la BNP concernant la remise à l'escompte du 30 juin : escompte : 119,67 € ; commissions bancaires HT : 16 €, TVA sur commissions : 19,6 % ;
– **12/07/N :** remise à l'encaissement du billet à ordre n° 23 auprès de la BNP ;
– **19/07/N :** réception de l'avis de crédit de la BNP concernant la remise à l'encaissement du 12 juillet : commissions bancaires HT : 16 €, TVA sur commissions : 19,6 % ;
– **20/07/N :** achats de marchandises au fournisseur Vetix : 17 491,67 € HT, facture 17 ;
– **21/07/N :** achats de marchandises au fournisseur Otto : 37 520,89 € HT, facture 18 ;
– **22/07/N :** souscription du billet à ordre n° 235 au profit de Vetix : 17 491,67 € HT, facture 17 ;
– **23/07/N :** acceptation de la lettre de change n° 148 tirée par Otto : 37 520, 89 €, facture 18 ;
– **05/08/N :** réception de l'avis de débit de la BNP concernant le paiement de la lettre de change n° 235 et du billet à ordre n° 148 ;
– **08/08/N :** courrier du client Tuttin annonçant qu'il ne pourra honorer la lettre de change n° 390 d'un montant de 43 560 €, tirée en juin et venant à échéance le 10 août. Il demande le tirage d'une nouvelle traite au 10 septembre ;
– **10/08/N :** tirage de Body sur Tuttin de la lettre de change n° 433 qui comprend des intérêts de retard à 8 %.

Enregistrez ces opérations dans le journal de Body.

7

Les opérations de rémunération du personnel

Le personnel de l'entreprise regroupe toutes les personnes sous contrat de travail (ou d'apprentissage). La rémunération qui nécessite, chaque mois, de nombreux calculs se traduit par l'édition d'un document obligatoire : ***le bulletin de salaire***.

Les charges de personnel sont constituées :
- de l'ensemble des ***rémunérations brutes*** du personnel de l'entreprise ;
- des ***charges patronales*** liées à ces rémunérations.

1. Le salaire et les cotisations liées au salaire

A. Les composantes du salaire brut

L'employeur peut décompter du salaire les absences constatées au cours du mois.

Salaire de base	Forfaitaire ou mensualisé (151,67 heures × taux horaire).
Heures supplémentaires	Calculées sur la base de 35 heures hebdomadaires : – majoration de 25 % de la 36e à la 43e heure (1) ; – majoration de 50 % à compter de la 44e heure.
Primes, gratifications	Compléments au salaire : treizième mois, primes d'ancienneté, de rendement, de risque, etc.
Avantages en nature	Biens et services fournis par l'employeur gratuitement ou pour un prix inférieur à leur valeur réelle : nourriture, logement, véhicule, etc.

(1) Dans les entreprises de « 20 salariés au plus », une majoration de salaire de 10 % est appliquée de la 36e à la 39e heure (régime dérogatoire applicable jusqu'au 31/12/2008).

Salaire brut = Salaire de base
+ Heures supplémentaires
+ Primes et gratifications
+ Avantages en nature
– Absences décomptées

B. Les retenues sur le salaire

■ Les cotisations salariales

Elles ont pour objet la protection des salariés contre certains risques (maladie, invalidité, vieillesse, chômage, décès, etc.). Leur calcul (cf. tableau du paragraphe C) est effectué par l'employeur, qui les prélève sur le salaire brut pour les reverser aux organismes sociaux. On distingue quatre catégories principales de cotisations :

– les cotisations de Sécurité sociale versées à l'Urssaf ;

– les cotisations d'assurance chômage recouvrées par l'Assedic ;

– les cotisations de retraite complémentaire versées à des organismes indépendants (AGIRC, ARRCO…) ;

– les cotisations dites de solidarité – CSG (contribution sociale généralisée) et contribution au RDS (remboursement de la dette sociale) – également versées à l'Urssaf.

Salaire net = Salaire brut – Cotisations salariales

Les autres retenues sur le salaire

– Les ***avances et acomptes*** : si le salarié a bénéficié du versement anticipé d'une partie du salaire, ce montant est déduit du salaire net.

– Les ***oppositions sur salaire*** : la somme – déterminée par un jugement de saisie-arrêt – est prélevée par l'employeur et versée directement au créancier.

– Les ***avantages en nature*** : pris en compte pour le calcul des cotisations, ils doivent être retranchés du salaire net car ils sont octroyés en nature.

Salaire à payer = Salaire net
+ Indemnités
– Avantages en nature
– Avances et acomptes
– Oppositions

N.B. Les indemnités sont destinées à dédommager le salarié, elles ne sont pas soumises à cotisations.

Pour la détermination du montant du salaire imposable, il convient de réintégrer la CSG (en partie) et la contribution au RDS car ces cotisations sont soumises à l'impôt.

Salaire imposable = Salaire net + CSG (fraction) + CRDS

C. Les cotisations patronales

L'employeur contribue également au financement des organismes sociaux (cf. tableau page suivante). Les cotisations patronales représentent approximativement 40 % du salaire brut.

Charges de personnel = Salaires bruts + Cotisations patronales

Pour déterminer le coût du travail salarié, il convient d'ajouter certaines charges fiscales (taxe d'apprentissage, taxe de formation continue) qui sont enregistrées dans un compte 63 et payées annuellement.

Principales charges sur les salaires au 31 décembre 2006

	Base de calcul (en euros)	Part salariale	Part patronale
C. S. G.	97 % du salaire total	7,50 % [1]	–
C. R. D. S.	97 % du salaire total	0,50 % [2]	–
Sécurité sociale :			
– assurance maladie	Salaire brut	0,75 %	12,80 %
– assurance vieillesse	Salaire brut	0,10 %	1,60 %
« « « « « «	de 0 à 2 589	6,65 %	8,30 %
– allocations familiales	Salaire brut	–	5,40 %
– accidents du travail	Salaire brut	–	(variable)
– contribution de solidarité pour l'autonomie	Salaire brut	–	0,30 %
Assédic			
– chômage (tranche A + B)	de 0 à 10 356	2,44 %	4,04 %
– AGS (FNGS)	de 0 à 10 356	–	0,15 %
APEC (cadres)	de 2 589 à 10 356	0,024 %	0,036 %
Retraite complémentaire			
• non-cadres			
– ARRCO – tranche 1	de 0 à 2 589	3,00 %	4,50 %
– ARRCO – tranche 2	de 2 589 à 7 767	8,00 %	12,00 %
– AGFF – tranche 1	de 0 à 2 589	0,80 %	1,20 %
– AGFF – tranche 2	de 2 589 à 7 767	0,90 %	1,30 %
• cadres			
– ARRCO tranche A	de 0 à 2 589	3,00 %	4,50 %
– AGIRC tranche B	de 2 589 à 7 767	7,70 %	12,60 %
– AGFF tranche A	de 0 à 2 589	0,80 %	1,20 %
– AGFF tranche B	de 2 589 à 7 767	0,90 %	1,30 %
– Contrib. Except. temporaire	de 0 à 20 712	0,13 %	0,22 %
Assurance décès (cadres)	de 0 à 2 589	–	1,50 %
FNAL (Aide au logement)			
– tous employeurs	de 0 à 2 589	–	0,10 %
– + de 9 salariés	Salaire brut	–	0,40 %

[1] Dont 2,40 % non déductible et 5,10 % déductible du revenu imposable
[2] Non déductible du revenu imposable

Nota : les taux ci-dessous et le plafond de la sécurité sociale sont généralement révisés une fois par an.
le plafond mensuel de Sécurité Sociale est de 2 589 € au 01/10/2006.

2. L'enregistrement de la paie

Il est réalisé à partir du ***livre de paie*** qui est un registre regroupant l'ensemble des informations relatives aux bulletins de salaire individuels.

Comptabilisation des salaires

D641		Rémunérations du personnel	salaire brut	
	C421	Personnel – rémunérations dues		salaire à payer
	C425	Personnel – Avances et acomptes		montant avances
	C427	Personnel – Oppositions		montant opp.
	C431	Sécurité sociale		cotis. salariales
	C437	Autres organismes sociaux		cotis. salariales

Comptabilisation des cotisations patronales

D645		Charges de Sécurité sociale et de prévoyance	X	
	C431	Sécurité sociale		X
	C437	Autres organismes sociaux		X

Comptabilisation du paiement du salaire

D421		Personnel – rémunérations dues	salaire à payer	
	C512	Banque		salaire à payer

Comptabilisation du règlement des cotisations salariales et patronales

D431		Sécurité sociale	cotis. sal. et patr.	
D437		Autres organismes sociaux	cotis. sal. et patr.	
	C512	Banque		total cotisations

Ce règlement aux organismes sociaux intervient au cours du mois suivant si l'effectif est supérieur à neuf salariés et au cours du trimestre suivant dans les autres cas.

Thème d'étude

Les salaires sont établis le 30 mars et réglés au personnel par chèque le 31 mars. Des acomptes sur salaires ont été versés le 15 mars par chèque pour 25 457,34 €.

Le journal de paie (ou journal des salaires) du mois de mars comporte plusieurs folios. Le dernier, qui concerne Deravi et Ternas, récapitule toutes les données du mois

LIVRE DE PAIE			MARS N				FOLIO X			
			Cotisations salariales							
Noms Prénoms	Salaires bruts	Charges Patronales	Urssaf	Assedic	Retraite compl.	Total	Salaires nets	Acomptes versés	Rembours. Frais dépl.	Net à payer
Report Folio X – 1	139 317,41	55 038,37	20 898,00	4 193,53	3 831,30	28 922,83	110 394,58	25 000,00	3 672,71	89 067,29
Deravi Jean	1 400,00	555,66	213,64	34,16	53,20	301,00	1 099,00	228,67	35,48	905,81
Ternas Lionel	3 119,23	1 302,18	475,99	76,11	145,57	697,68	2 421,55	228,67	35,48	2 228,36
Total mars	**143 836,64**	**56 896,21**	**21 587,63**	**4 303,81**	**4 030,08**	**29 921,51**	**113 915,13**	**25 457,34**	**3 743,67**	**92 201,46**
Ventilation des charges patronales										
Urssaf		– 42 991,54	42 991,54							
Assedic		– 7 707,14		7 707,14						
Retraite complémentaire		– 6 197,53			6 197,53					
Totaux organismes sociaux		0	**64 579,17**	**12 010,94**	**10 227,60**					

Par souci de simplification, le premier bordereau de versement aux organismes sociaux est trimestriel. Les suivants seront mensuels, comme dans toute entreprise comptant plus de neuf salariés.

Les bulletins de salaires de Deravi et Ternas sont présentés ci-après.

Ces deux salariés sont "non-cadres".

Bulletin de salaire

Merlin

Emploi	
Date d'entrée	01/01/N
N°SS 1610335101089	

M	**Jean DERAVI**
Adresse	**12, allée des Acacias**
Ville	**ETREVILLE**

Période du 01/03/N	au 31/03/N
Payé le	31/03/N

	Heures	Taux horaire	Montants
Salaire de base			1 400,00
HS 10 %			
HS 25 %			
HS 50 %			
Primes			
		Salaire brut	**1 400,00**

Intitulés	Part salariale			Part patronale		
	Base	Taux	Montant	Base	Taux	Montant
Urssaf ←			213,64			417,20
CSG	1 358,00	7,50 %	101,85			
Maladie	1 400,00	0,75 %	10,50	1 400,00	12,80 %	179,20
Vieillesse plafonnée	1 400,00	6,65 %	93,10	1 400,00	8,30 %	116,20
Vieillesse déplafonnée	1 400,00	0,10 %	1,40	1 400,00	1,60 %	22,40
Accidents du travail				1 400,00	1,30 %	18,20
Allocations familiales				1 400,00	5,40 %	75,60
Aide au logement plafonnée				1 400,00	0,10 %	1,40
CSA				1 400,00	0,30 %	4,20
CRDS	1 358,00	0,50 %	6,79			
Assedic ←			34,16			58,66
Chômage	1 400,00	2,44 %	34,16	1 400,00	4,04 %	56,56
AGS (FNGS)				1 400,00	0,15 %	2,10
Retraite complémentaire ←			53,20			79,80
Non-cadres	1 400,00	3,00%	42,00	1 400,00	4,50 %	63,00
Cadres tranche A						
Cadres tranche B						
Apec						
Assurance décès						
CET						
AGFF tranche A	1 400,00	0,80 %	11,20	1 400,00	1,20 %	16,80
AGFF tranche B						

Total cotisations	salariales	**301,00**	patronales	**555,66**
Salaire net		**1 099,00**		
Autres sommes				
à déduire		228,67		
à verser		35,48		
Salaire net à payer		**905,81**		

Salaire imposable

du mois	**1 138,38**
de l'année	**3 399,26**

À conserver
sans limitation de durée

Bulletin de salaire

Merlin

Emploi	
Date d'entrée	01/01/N
N°SS 1610335101089	

M	**Lionel TERNAS**
Adresse	**4, rue Laennec**
Ville	**MARICOURT**

Période du 01/03/N	au 31/03/N
Payé le	31/03/N

	Heures	Taux horaire	Montants
Salaire de base	151,67	19,00	2 881,73
HS 10 %	10,00	23,75	237,50
HS 25 %			
HS 50 %			
Primes			
		Salaire brut	**3 119,23**

Intitulés	Part salariale			Part patronale		
	Base	Taux	Montant	Base	Taux	Montant
Urssaf ←			475,99			929,53
CSG	3 025,65	7,50 %	226,92			
Maladie	3 119,23	0,75 %	23,39	3 119,23	12,80 %	399,26
Vieillesse plafonnée	3 119,23	6,65 %	207,43	3 119,23	8,30 %	258,90
Vieillesse déplafonnée	3 119,23	0,10 %	3,12	3 119,23	1,60 %	49,91
Accidents du travail				3 119,23	1,30 %	40,55
Allocations familiales				3 119,23	5,40 %	168,44
Aide au logement plafonnée				3 119,23	0,10 %	3,12
CSA				3 119,23	0,30 %	9,36
CRDS	3 025,65	0,50 %	15,13			
Assedic ←			76,11			130,70
Chômage	3 119,23	2,44 %	76,11	3 119,23	4,04 %	126,02
AGS (FNGS)				3 119,23	0,15 %	4,68
Retraite complémentaire ←			145,57			241,95
Non-cadres Tranche A	2 589,00	3,00 %	77,67	3 119,23	4,50 %	140,37
Non-cadres Tranche B	530,23	8,00 %	42,42	530,23	12,00 %	63,63
Cadres tranche A						
Cadres tranche B						
Apec						
Assurance décès						
CET						
AGFF tranche A	2 589,00	0,80 %	20,71	2 589,00	1,20 %	31,07
AGFF tranche B	530,23	0,90 %	4,77	530,23	1,30 %	6,89

Total cotisations	**salariales**	**697,68**	**patronales**	**1 302,18**
Salaire net		**2 421,55**		
Autres sommes				
à déduire		228,67		
à verser		35,48		
Salaire net à payer		**2 228,36**		

Salaire imposable	
du mois	**2 509,30**
de l'année	**5 188,25**

À conserver
sans limitation de durée

■ Enregistrons les charges de personnel au journal

	Reports	8 689 475,96	8 689 475,96
15/03/N	425 – Personnel – avances et acomptes	25 457,34	
	512 – Banque		25 457,34
	– Acomptes par chèques –		
30/03/N	6411 – Salaires	143 836,64	
	6247 – Transports collectifs du personnel	3 743,68	
	421 – Personnel – rémunérations dues		92 201,46
	425 – Personnel – avances et acomptes		25 457,34
	431 – Sécurité sociale		21 587,63
	4371 – Assedic		4 303,81
	4372 – Organismes de retraite		4 030,08
	– Salaires bruts de mars –		
30/03/N	645 – Charges de Sécurité sociale et de prévoyance	56 896,21	
	431 – Sécurité sociale		42 991,54
	4371 – Assedic		7 707,14
	4372 – Organismes de retraite		6 197,53
	– Charges patronales de mars –		
30/03/N	421 – Personnel – rémunérations dues	92 201,46	
	512 – Banque		92 201,46
	– Salaires nets par chèques –		
	À reporter	9 011 611,29	9 011 611,29

Exercice

La société Cavus, négociante en textiles, emploie deux personnes : Damien Guillermic, cadre commercial, et Coralie Primas, secrétaire.

Pour le mois de janvier N, les données relatives à ces deux salariés vous sont fournies dans le tableau page suivante.

Renseignements complémentaires sur Cavus :
numéro Siret : 034360692 ; numéro Urssaf : 860236T ; code NAF : 511L ; convention collective : commerce en gros ; taux d'accidents du travail : 1,3 % ; année de création de la société : N – 6 ; durée légale du travail : 35 heures.

	Damien Guillermic 3, rue Richard Lenoir 33000 Bordeaux date d'entrée : 01/10/N – 3	**Coralie Primas** 1, rue de Paris 33000 Bordeaux date d'entrée : 01/10/N – 4
Salaire de base	3 050	1 752,81
Heures supplémentaires normales		8
Heures supplémentaires 25 %		4
Heures supplémentaires 50 %		2
Prime début d'année	200	100
Indemnité de transport	75	

1. Présentez les bulletins de salaire de ces deux salariés.
2. Enregistrez les salaires et les cotisations patronales.

8

Autres opérations courantes

Au cours d'une période donnée, les opérations réalisées par une entreprise sont très diverses. Certaines ne posent pas de problèmes particuliers d'enregistrement. D'autres, en revanche, obéissent à des mécanismes plus complexes, car elles requièrent des calculs préalables ou présentent plusieurs alternatives. C'est le cas notamment d'opérations découlant des achats et des ventes comme ***la consignation des emballages*** ou le ***reversement de la TVA due*** au Trésor. Il en est de même des opérations d'***investissement*** et de ***financement***.

1. Les opérations liées aux achats-ventes

A. Les emballages commerciaux consignés

Les emballages consignés sont des emballages récupérables qui assurent le conditionnement des biens livrés. Ils sont mis temporairement à la disposition du client et sont ensuite récupérés par le fournisseur selon des conditions déterminées lors de la transaction commerciale.

■ La consignation des emballages

La consignation repose sur le prêt, par le fournisseur, d'emballages à son client moyennant le versement d'une somme en garantie (souvent supérieure à la valeur réelle du bien). Cette opération est habituellement intégrée dans la facturation des biens contenus dans les emballages. La consignation vient augmenter la créance du fournisseur (prix de la consignation), mais constitue parallèlement une dette conditionnelle envers le client (remboursement de la somme avancée si l'emballage est restitué) ; au niveau du client, le raisonnement est inverse.

Assimilable à un dépôt de garantie et non à une cession, la consignation n'est pas soumise à TVA.

Comptabilité du fournisseur

D 411	Clients	X	
C 4196	Clients-Dettes pour emballages consignés		X

Comptabilité du client

D 4096	Fournisseurs – Créances pour emballages à rendre	X	
C 401	Fournisseurs		X

■ La restitution des emballages consignés

Les emballages peuvent être repris au prix de consignation ou à un prix inférieur. Dans les deux cas, le fournisseur établit une facture d'avoir.

- **Les emballages repris au prix de consignation**

L'opération s'analyse comme une annulation de la consignation.

Comptabilité du fournisseur

D 4196	Clients – Dettes pour emballages consignés	X	
C 411	Clients		X

Comptabilité du client

D 401	Fournisseurs	X	
C 4096	Fournisseurs – Créances pour emballages à rendre		X

- **Les emballages repris à un prix inférieur au prix de consignation**

La différence de prix constitue un produit *(boni)* pour le fournisseur et une charge *(mali)* pour le client. Cet élément est soumis à la TVA.

Comptabilité du fournisseur

D 4196	Clients – Dettes pour emballages consignés	X	
C 7086	Bonis sur reprise d'emball. consignés		X
C 4457	État, TVA collectée		X
C 411	Clients		X

Comptabilité du client

D 6136	Malis sur emballages	X	
D 4456	État, TVA déductible	X	
D 401	Fournisseurs	X	
C 4096	Fournisseurs – Créances pour emballages à rendre		X

- **La non-restitution des emballages consignés**

L'emballage fait l'objet d'une facturation auprès du client et l'opération est soumise à la TVA. Dans la pratique, le fournisseur n'augmente pas le prix initial de la consignation et le produit de la vente se trouve réduit du montant de la TVA.

Comptabilité du fournisseur

D 4196	Clients – Dettes pour emball. consignés	X	
C 7088	Autres produits d'activités annexes		X
C 4457	État, TVA collectée		X

Comptabilité du client

D 6026	Achats d'emballages	X	
D 4456	État, TVA déductible	X	
C 4096	Fournisseurs – Créances pour emballages à rendre		X

B. Le règlement de la TVA due

Son rôle de collecteur d'impôt oblige l'entreprise à constater chaque fin de mois ou de trimestre (selon le régime de TVA et le montant annuel de la taxe due) sa position par rapport au Trésor public.

■ La détermination de la TVA à décaisser

La TVA due au titre d'un mois donné s'obtient par le calcul suivant :

TVA à décaisser = TVA collectée – TVA déductible

La TVA collectée (ou exigible) regroupe la TVA facturée sur les ventes de biens, les prestations de services et les cessions d'immobilisations.

La TVA déductible (ou récupérable) est celle qui a été réglée sur les acquisitions d'immobilisations et autres biens et services.

Si le résultat obtenu est négatif (TVA exigible < TVA récupérable), l'entreprise dispose d'un crédit de TVA qui sera imputé le mois suivant.

Nota.

– Toutes les exportations sont exonérées de TVA.

– Toutes les importations sont soumises à TVA récupérable. Si les achats proviennent de l'UE, la TVA est versée au Trésor public (TVA intracommunautaire). Dans le cas d'achats hors UE, la TVA est réglée directement lors du passage en douane.

– La TVA sur les acquisitions de véhicules de tourisme n'est pas déductible.

– Le PCG opère une distinction entre la *TVA déductible sur immobilisations [44562]* et la *TVA déductible sur les autres biens et services [44566].*

■ Le mécanisme comptable

- **La mise en évidence du montant dû**

La compensation entre la TVA exigible (collectée) et la TVA récupérable (déductible) s'opère en soldant les comptes ouverts au cours du mois [4457, 4452,

44562, 44566 et éventuellement 44567]. Le montant net est viré au compte *4455 – État, TVA à décaisser* (ou *44567 – Crédit de TVA à reporter*).

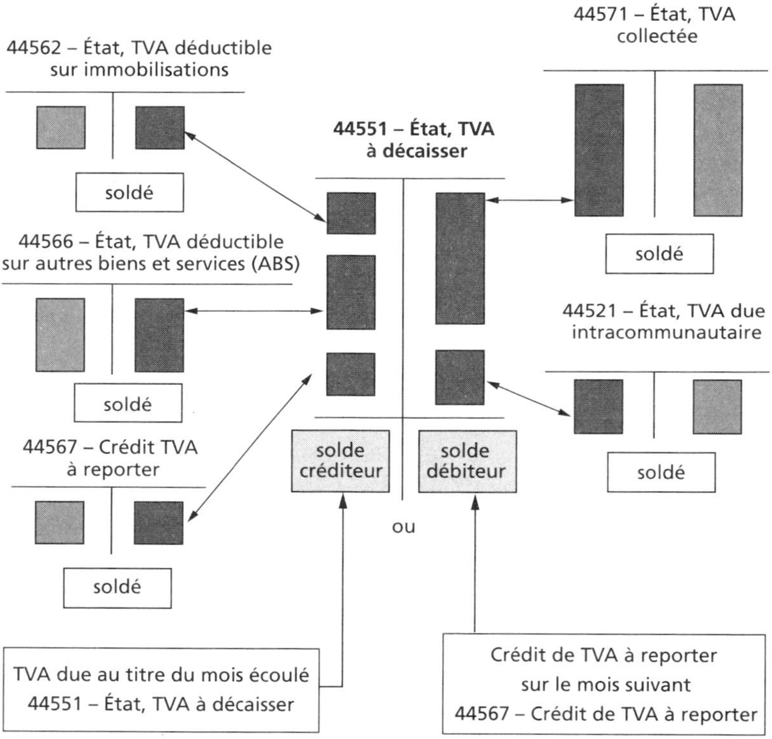

• **L'enregistrement du règlement effectué auprès du Trésor**

Le règlement de la TVA due doit intervenir avant le 25 du mois suivant ; il est accompagné d'un document récapitulatif : la déclaration de chiffre d'affaires.

D 44551		État, TVA à décaisser	X	
	C 512	Banque		X

2. Les opérations d'investissement

Une opération constitue un investissement dès lors que l'acquisition porte sur une immobilisation incorporelle, corporelle ou financière.

A. L'acquisition d'immobilisations incorporelles et corporelles

Les immobilisations sont portées en comptabilité pour leur coût d'acquisition :

Coût à immobiliser = Prix d'acquisition hors taxes + frais accessoires

Les frais accessoires incluent les droits de douane, les frais de transport, d'installation et de montage nécessaires à la mise en service du bien.

Concernant les terrains et constructions, les droits d'enregistrement et les rémunérations d'intermédiaires ou honoraires de notaires sont également comptabilisés dans le coût à immobiliser. Toutefois, le droit comptable prévoit que l'entreprise peut opter pour une inscription directe en « Charges » de ces frais d'acquisition des immeubles (terrains et constructions).

D 2xx		Immobilisations...	X	
D 44562		État, TVA déduct. sur immob.	X	
D 63		Impôts, taxes et versements assimilés	X	
	C 404	Fournisseurs d'immob.		X
	C 44x	État		X
	C 467	Créditeurs divers		X

Le PCG distingue les fournisseurs d'immobilisations [404] des autres fournisseurs [401].

Dans l'hypothèse où l'immobilisation a été produite par l'entreprise elle-même, le bien est comptabilisé à son ***coût de production***.

Coût de production = Coût des matières consommées + Charges de fabrication

D 2xx		Immobilisation ...	X	
D 44562		État, TVA déduct. sur immob.	X	
	C 722	Production immobilisée		X
	C 44571	État, TVA collectée		X

Le compte « 231-Immobilisations en cours » est ouvert temporairement si la production (ou l'acquisition) se réalise en plusieurs étapes.

B. L'acquisition de titres et leur rémunération

Il existe trois catégories de titres : les titres de participation [261], les autres titres immobilisés [27x] et les valeurs mobilières de placement (VMP) [50x]. Cette dernière catégorie ne constitue pas une immobilisation financière, mais est classée en actifs circulants car elle correspond à un placement spéculatif et non à un investissement.

Les titres représentent soit des droits de propriété (parts sociales et actions), soit des droits de créance (obligations et bons de caisse ou du Trésor).

L'acquisition des titres

Ils sont enregistrés à leur prix d'achat (cours en bourse…), les frais liés à l'acquisition étant comptabilisés en charges.

D 261		Titres de participation	prix d'achat	
D 27x		Titres immobilisés	prix d'achat	
D 50x		Valeurs mob. de placement	prix d'achat	
D 627		Services bancaires	commissions HT	
D 44566		État, TVA déduct. sur ABS	TVA /commiss.	
	C 512	Banque		montant total

Les revenus des titres

Les actions et les parts sociales sont rémunérées par des ***dividendes***, en fonction du bénéfice réalisé par la société distributrice, tandis que les obligations et les bons de caisse ou du Trésor sont rémunérés par des ***intérêts***, déterminés par le contrat d'émission. Ces revenus correspondent à des produits financiers.

D 512		Banque	montant total	
	C 761	Produits de participation		dividendes
	C 762	Prod. des autres immob. financières		intérêts / div.
	C 764	Revenus des VMP		intérêts / div.

Complément : la cession des VMP

La cession de titres immobilisés ou de participation répond aux règles de cession des immobilisations (cf. chapitre 9). La cession des valeurs mobilières de placement (VMP) se traduit par :

– le débit du compte *667 – Charges nettes sur cessions de VMP,* si l'opération génère une moins-value ;

ou

– le crédit du compte *767 – Produits nets sur cessions de VMP,* dans le cas d'une plus-value.

3. Les opérations de financement

A. Les emprunts indivis

L'emprunt indivis est un emprunt contracté auprès d'un seul prêteur, généralement un établissement de crédit.

D 512		Banque	montant emprunt	
	C 164	Emprunts auprès des établissements de crédit		montant emprunt

Les modalités de remboursement sont nombreuses mais la forme la plus fréquente repose sur le versement d'annuités (ou mensualités...) constantes composées :

– d'une fraction du capital emprunté, l'amortissement ;

– d'une rémunération du service financier, les intérêts.

D 6611		Intérêts des emprunts et dettes	intérêts	
D 164		Emprunts auprès des établissements de crédit	amortissement	
	C 512	Banque		annuité

B. Le crédit-bail

Le crédit-bail est un contrat de location avec option d'achat d'un équipement mis à la disposition de l'entreprise par une société spécialisée. L'utilisateur a la jouissance du bien moyennant le versement de redevances. À l'échéance du contrat, il peut soit lever l'option d'achat, soit restituer le bien à la société de crédit-bail.

Le dépôt d'une caution

Le contrat de crédit-bail peut prévoir le versement d'une somme en garantie.

D 275		Dépôts et cautionnements	X	
	C 512	Banque		X

Le règlement des redevances

Les loyers facturés par la société de crédit-bail sont soumis à la TVA.

D 612		Redevances de crédit-bail	X	
D 44566		État, TVA déductible sur autres biens et services (ABS)	X	
	C 512	Banque		X

La levée de l'option d'achat

Le bien, réglé à la société de crédit-bail, entre dans le patrimoine de l'entreprise pour le prix d'acquisition et la caution est restituée.

D 21x		Immobilisation corporelle	X	
D 44562		État, TVA déductible sur immobilisation	X	
	C 275	Dépôts et cautionnements		X
	C 512	Banque		X

Thème d'étude

Au cours du mois de mars N, Merlin a également réalisé les opérations suivantes :

Acquisition d'immobilisations

PRÉSENCE INFO *Doit* *SARL Merlin* *Facture N° 786* *Le 18 mars N*	
Logiciel de gestion des stocks	18 000,00
Logiciel de paie	15 000,00
Frais d'installation	1 000,00
Total HT	34 000,00
TVA 19,6 %	6 664,00
Montant TTC	**40 664,00**
Valeur en votre règlement au 30 avril N ou au comptant avant le 24 mars sous escompte de 1 %.	

Chèque bancaire de 40 257,36 € établi le 22 mars en règlement de cette facture.

R.M.L. ST QUENTIN *Doit* *SARL Merlin* *Facture N° 274* *St Quentin, le 20 mars N*	
Ligne de fabrication RX 26	821 000,00
Transport	15 000,00
Frais d'installation	14 000,00
Total HT	850 000,00
TVA 19,6 %	166 600,00
Montant TTC	1 016 600,00
Emballages consignés	50 000,00
– Votre acompte du 3 mars	– 100 000,00
Net à payer	**966 600,00**
Valeur en notre traite ci-jointe au 30 juin N.	

Traite acceptée et retournée au fournisseur le 25 mars. Ce même jour, les emballages lui sont restitués et repris au prix de consignation.

Opérations sur titres de placement

02/03/N : achat de 18 Sicav Moneplus à 3 727 € l'unité. Les frais bancaires se sont élevés à 500 € HT (TVA 19,6 %).

18/03/N : revente, sans frais, de 15 Sicav Moneplus au cours unitaire de 3 832 €.

Souscription d'un contrat de crédit-bail

Merlin a souscrit un contrat de crédit-bail mobilier concernant un photocopieur couleur Toshiba. Les termes du contrat sont les suivants :

– valeur HT : 70 000 €, durée du contrat : 5 ans, début : 15 mars N ;

– 20 redevances trimestrielles de 5 500 € HT payables en début de période ;

– première redevance versée le 15 mars N, accompagnée d'un chèque de caution représentant 2 redevances HT ;

– valeur de levée d'option en fin de contrat : 4 000 € HT.

Déclaration de TVA au titre du mois de mars N

Elle est établie le 31 mars et reprend toutes les opérations du mois soumises à TVA.

Par souci de simplification, la TVA n'a pas été appliquée pour les mois de janvier et février.

Enregistrons les autres opérations courantes au journal

	Reports	9 011 611,29	9 011 611,29
02/03/N	503 – VMP actions	67 086,00	
	627 – Services bancaires	500,00	
	44566 – État, TVA déductible sur ABS	98,00	
	512 – Banque		67 684,00
	– Achat de 18 Moneplus à 3 727 € –		
15/03/N	612 – Redevances de crédit-bail	5 500,00	
	44566 – État, TVA déductible sur ABS	1 078,00	
	275 – Dépôts et cautionnements versés	11 000,00	
	401 – Fourn. société de crédit-bail		17 578,00
	– Crédit-bail photocopieur Toshiba –		
15/03/N	401 – Fournisseur société de crédit-bail	17 578,00	
	512 – Banque		17 578,00
	– Règlement crédit-bail –		
18/03/N	767 – Produits nets sur cessions de VMP	55 905,00	
	503 – VMP actions		55 905,00
	– Sortie de 15 Moneplus à 3 727 € –		
18/03/N	512 – Banque	57 480,00	
	767 – Prod. nets sur cessions de VMP		57 480,00
	– Cession de 15 Moneplus à 3 832 € –		
19/03/N	2051 – Logiciels	34 000,00	
	44562 – État, TVA déductible sur immob.	6 664,00	
	404 – Fournisseur Présence Info.		40 664,00
	– Facture 786 –		
21/03/N	215 – Matériel industriel	850 000,00	
	44562 – État, TVA déductible sur immob.	166 600,00	
	4096 – Fournisseur – créances pour emballages à rendre	50 000,00	
	404 – Fournisseur RML		966 600,00
	238 – Avances sur commandes d'immobilisations		100 000,00
	– Facture 274 –		

22/03/N	404 – Fournisseur Présence Info 512 – Banque 765 – Escomptes obtenus 44562 – État, TVA déductible sur immobilisations *– Règlement sous escompte[1] –*	40 664,00	 40 257,36 340,00 66,64
25/03/N	404 – Fournisseur RML 4096 – Fournisseurs – créances pour emballages à rendre *– Déconsignation d'emballages –*	50 000,00	 50 000,00
25/03/N	404 – Fournisseur RML 405 – Fournisseurs d'immobilisations – Effets à payer *– Acceptation traite RML –*	916 600,00	 916 600,00
31/03/N	44571 – État, TVA collectée 4456 – Crédit de TVA 44562 – État, TVA déductible sur immobilisations 44566 – État, TVA déductible sur ABS 758 – Produits divers de gestion courante *– Selon déclaration de mars –*	125 957,44 119 865,00	 173 197,36 72 623,88 1,20
	À reporter	11 588 186,73	11 588 186,73

1. Merlin règle au comptant et bénéficie donc de l'escompte.

■ Présentons de la déclaration de TVA au titre du mois de mars N

TVA collectée avec Évasion	(654 000 – 11 360) x 0,196	**125 957,44**
TVA déductible sur immob.	(34 000 – 340 x 0,196) + (850 000 x 0,196)	**173 197,36**
TVA déductible sur ABS	(68 600 – 16 758) + 19 600 + 5,88 + 98 + 1 078	**72 623,88**
	Crédit de TVA sur l'État[1]	**119 865,00**

1. Pour le calcul, la TVA collectée est arrondie à l'euro inférieur et la TVA déductible à l'euro supérieur.

Exercice

La société Caline, dont les opérations sont assujetties à une TVA de 19,6 %, vous demande d'enregistrer au journal les opérations suivantes :

1. Comptabilisation de la TVA à décaisser pour septembre :
État, TVA collectée : 135 788 € ; État, TVA déductible sur autres biens et services : 56 812 € ; État, TVA déductible sur immobilisations : 22 669 € ;

2. Achat, dans un but spéculatif, de 20 actions France Telecom à 19,60 € l'une et de 30 actions Peugeot à 47,7 € l'une. Les frais bancaires se sont élevés à 175 € HT. Le règlement global est effectué par prélèvement bancaire ;

3. Facture A8765 du fournisseur Kolan : marchandises 14 500 €, remise 5 %, transport 510 € HT, emballages consignés 600 €, règlement par lettre de change à 30 jours acceptée ce jour ;

4. Cession des titres France Telecom à 19,00 € l'un, avis de crédit de la banque : 369,75 € compte tenu des frais bancaires ;

5. Facture V991 au client Tarkan : marchandises 18 700 € HT, transport forfaitaire 350 € HT ; emballages consignés 700 €, règlement à 60 jours ;

6. Facture d'avoir AV5699 du fournisseur Milan concernant un retour d'emballages. Prix de consignation : 480 €, prix de déconsignation : 464 € ;

7. Facture d'avoir AV661 au client Huix concernant un retour d'emballages. Prix de consignation et de reprise : 1 570 € ;

8. Paiement par chèque 279 du premier loyer trimestriel d'un contrat de crédit-bail, soit 1 959,60 € HT, et d'un dépôt de garantie de 1 266,40 €.

9. Non-restitution des emballages consignés, par le client Tarkan (cf. opération 5). Établissement de la facture V770 par Caline ;

10. Paiement par prélèvement bancaire d'une annuité d'emprunt de 17 870 €, dont 3 445 € d'intérêts ;

11. Facture d'achat A564 d'un matériel informatique : 1 377 € HT ; frais de mise en service 85 € HT ; règlement immédiat par chèque bancaire.

Enregistrez ces opérations au journal de Caline.

9

Les amortissements

Au cours du temps, certains biens de l'actif immobilisé se déprécient progressivement et de manière irréversible, soit par usure, soit par obsolescence.

Cet amoindrissement de valeur est comptabilisé en fin d'exercice, par la constatation de l'**amortissement,** afin que le bilan reflète la valeur réelle du patrimoine.

1. Définition et méthodes d'amortissement

A. Le principe de l'amortissement

Un actif amortissable est un actif dont l'utilisation est déterminable. L'amortissement d'un actif est la répartition systématique de son montant amortissable en fonction de son utilisation (PCG, art. 322-1).

L'amortissement remplit une triple fonction en permettant de :

– corriger l'évaluation d'éléments d'actifs et donc, de respecter les principes de sincérité des comptes et d'image fidèle (fonction comptable) ;

– répartir le coût d'un investissement sur les différents exercices qui correspondent à la période d'utilisation de l'immobilisation (fonction économique) ;

– dégager les ressources nécessaires au renouvellement de l'immobilisation par l'enregistrement d'une charge non décaissée qui conduit à une rétention de bénéfices dans l'entreprise (fonction financière).

L'amortissement constitue une charge qui ne génère pas de mouvement de trésorerie. La quasi-totalité des immobilisations incorporelles et corporelles se déprécient avec le temps et sont donc amortissables. Le fonds de commerce, le droit au bail et les terrains qui ne sont pas à usage de carrière ne sont pas amortissables car ils ne subissent pas habituellement de diminution de valeur liée à l'usage ou au temps.

Le *plan d'amortissement,* établi lors de l'entrée du bien, est la traduction comptable de la répartition de la valeur amortissable d'un actif selon le rythme de consommation des avantages économiques attendus en fonction de son utilisation probable (PCG, art. 322-1). C'est un tableau prévisionnel traduisant l'étalement, par tranches annuelles, du montant amortissable.

Le *montant amortissable* (MA) est la valeur brute (coût d'acquisition) de l'actif, sous déduction de sa valeur résiduelle anticipée, c'est-à-dire la valeur estimée du bien à la fin de son utilisation dans l'entreprise. La *durée d'amortissement* de l'actif correspond à la durée prévue de son utilisation dans l'entité. Sa détermination est de la responsabilité du chef d'entreprise. L'*annuité d'amortissement* (A) est le montant de l'amortissement pratiqué à la fin d'un exercice comptable donné. La *valeur comptable nette* (V.C.N.) est la différence entre la valeur d'origine et le total des amortissements pratiqués.

Quand un actif est décomposable en plusieurs éléments de durées d'utilisation différentes, chaque composant est comptabilisé séparément et doit faire l'objet d'un *plan d'amortissement propre* (PCG, art. 322-4, applicable au 01/01/2005). A titre d'exemples, un avion, un bateau de croisière ou un bus peuvent être décomposés en trois éléments principaux : la structure de base, le moteur et l'aménagement intérieur.

B. L'amortissement linéaire

La méthode de l'amortissement linéaire (ou constant) consiste à étaler régulièrement la diminution de valeur du bien sur sa durée probable d'utilisation.

Le ***taux d'amortissement*** (t_ℓ) s'obtient en divisant 100 par la durée probable d'utilisation (d), exprimée en années.

Si la ***mise en service*** intervient en cours d'exercice (cas le plus fréquent), la première et la dernière annuités se calculent *prorata temporis,* c'est-à-dire en prenant en compte le nombre exact de jours d'utilisation dans l'exercice.

Tableau d'amortissement linéaire

Années	Base d'amortissement	Annuité d'amortissement	Amortissements cumulés	Valeur comptable nette
1	MA = Montant amortissable	$A1 = MA \times t_\ell$	$AC1 = A1$	$VCN1 = MA - AC1$
2	" " " "	$A2 = MA \times t_\ell$	$AC2 = A1 + A2$	$VCN2 = MA - AC2$
…	…………………	………………	………………	………………
…	…………………	………………	………………	………………
n	" " " "	$An = MA \times t_\ell$	$ACn = A1 + A2 + \ldots + An$	$VCNn = MA - ACn = 0$

C. L'amortissement dégressif

L'amortissement dégressif, en autorisant la pratique d'annuités plus importantes les premières années, correspond souvent mieux à la diminution de valeur effective des immobilisations. Sa création en 1960 s'inscrivait comme une incitation à investir.

Le Code général des impôts limite son application aux biens d'équipement achetés neufs et d'une durée d'utilisation au moins égale à trois ans.

Le ***taux d'amortissement dégressif*** (t_d) est obtenu en multipliant le taux linéaire (t_ℓ) par un coefficient fonction de la durée normale d'utilisation de l'immobilisation :

Durée d'utilisation	3 ou 4 ans	5 ou 6 ans	> 6 ans
Coefficient majorateur	1,25	1,75	2,25

L'***annuité d'amortissement*** est obtenue en appliquant le taux majoré (t_d) non pas à la valeur d'entrée (comme dans le cas de l'amortissement linéaire) mais à la valeur comptable nette en début d'année. Si l'acquisition se fait en cours d'exercice, la première annuité se fait *prorata temporis* mais, à la différence de l'amortissement linéaire :

– la date de référence est la ***date d'acquisition*** (et non de mise en service) ;

– le calcul se fait en mois entiers, mois d'acquisition inclus ;

– l'année d'acquisition compte pour une année complète quant à la durée d'utilisation prévue (nombre d'annuités = nombre d'années d'utilisation).

Tableau d'amortissement dégressif

Années	Base d'amort.	Annuité d'amort.	Amort. cumulés	Val. compt. nette
1	MA = Montant amortissable	A1 = MA × t_d	AC1 = A1	VCN1 = MA – AC1
2	VCN1	A2 = VCN1 × t_d	AC2 = A1+A2	VCN2 = MA – AC2
...	....	....	....	....
...	....	....	....	....
n	VCNn-1	An = VCNn-1	ACn = A1 + A2 + ... + An	VCNn = MA – ACn = 0

Quand l'annuité en mode dégressif devient inférieure à la valeur comptable nette divisée par le nombre d'années restant à courir, l'entreprise retient ce quotient comme annuité (retour au mode linéaire). En pratique, l'amortissement dégressif est un amortissement décroissant puis constant.

D. Dispositions particulières

■ La perte de valeur d'une immobilisation

L'entreprise doit vérifier à chaque clôture des comptes s'il existe un indice interne ou externe (obsolescence, valeur de marché, etc.) montrant qu'une immobilisation a connu une baisse significative de sa valeur. Si tel est le cas, un test de dépréciation, visant à comparer la valeur nette comptable et la valeur actuelle, est réalisé.

Quand la valeur actuelle d'une immobilisation ainsi déterminée est notablement inférieure à sa valeur nette comptable, cette dernière est ramenée à la valeur actuelle par le biais d'une dépréciation (cf. chapitre 10).

■ L'amortissement dérogatoire

L'amortissement dérogatoire ne correspond pas à l'objet normal d'un amortissement mais repose sur des dispositions réglementaires d'incitation à l'investissement, en autorisant des dotations plus importantes que celles des systèmes linéaire ou dégressif. L'amortissement dérogatoire proprement dit est constitué de la part excédant l'amortissement pour dépréciation. Les investissements pouvant bénéficier de ce système concernent principalement les immeubles anti-pollution, les matériels destinés à économiser l'énergie et les logiciels.

Les amortissements dérogatoires sont assimilés à des *provisions réglementées* et sont donc soumises aux mêmes règles d'enregistrement comptable (cf. chapitre 10).

2. Le traitement comptable des amortissements

A. Enregistrement de l'amortissement

D 68x		Dotations aux amortissements	X	
	C 28x	Amortissements des immobilisations		X

La diminution de valeur n'est pas enregistrée au crédit du compte d'immobilisation mais au crédit d'un compte *Amortissement des immobilisations* (28x) qui est ouvert pour chaque catégorie d'immobilisations amortissables. Le numéro de compte est obtenu en insérant un 8 en seconde position du compte d'immobilisation de référence.

B. Amortissement et cession d'un élément d'actif

La cession d'éléments d'actif est considérée comme une opération à caractère ***exceptionnel***. Elle résulte le plus souvent d'une décision de modifier une activité, de la moderniser ou de remplacer un équipement usagé.

L'enregistrement comptable de la cession d'une immobilisation amortissable comporte généralement trois étapes.

■ Entrée d'une valeur financière dans le patrimoine

Le prix de vente hors taxes de l'immobilisation s'enregistre dans un compte de produits exceptionnels *(775).*

D512/411…		Banque / Clients / …	X	
	C775	Produits des cessions d'éléments d'actif		X
	C44571	État, TVA collectée		X

■ Dotation complémentaire aux amortissements

Si la cession intervient en cours d'exercice, il convient d'enregistrer l'écriture de dotation correspondant à la période allant du début de l'exercice à la date de cession de l'immobilisation.

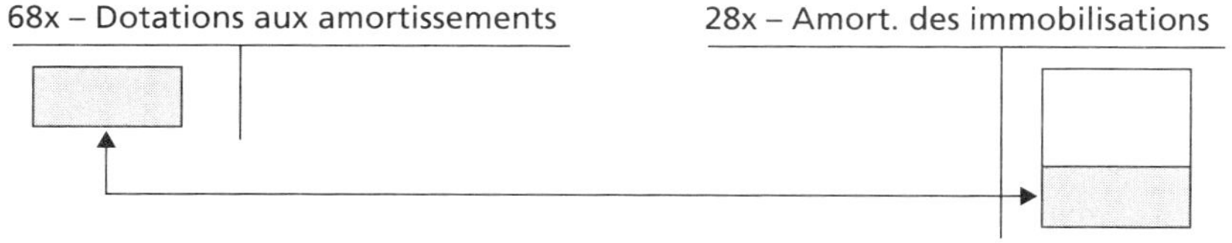

■ Sortie du bien du patrimoine

Le compte de l'immobilisation cédée et celui des amortissements correspondants sont soldés. La valeur comptable des éléments d'actifs cédés (VCEAC) correspond à la valeur du bien à la date de cession.

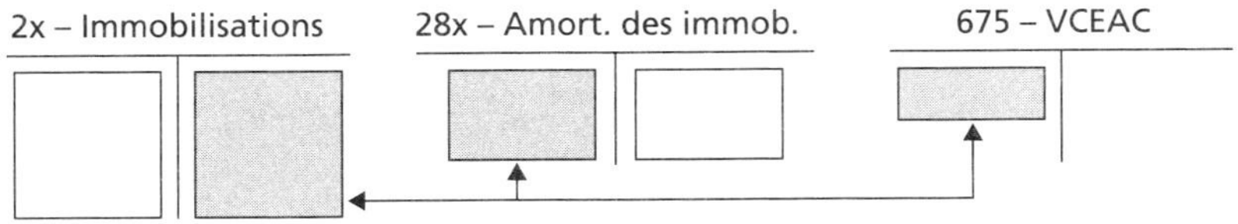

Il est à noter que la plus-value (ou moins-value) de cession n'apparaît pas en l'état mais indirectement dans le compte de résultat :

Plus-value (ou moins-value) de cession = 775 PCEA – 675 VCEAC

C. Amortissement et bilan

La prise en compte des amortissements se traduit comme suit à l'actif du bilan :

ACTIF				PASSIF
Éléments	Montant brut	Amortissements	Valeur nette	
.... 2x – Immobilisation X	Vo	$\sum$ ai	.... Vn = Vo – $\sum$ ai	
			Total Actif	

Thème d'étude

La balance des comptes établie au 31 décembre N avant les écritures spécifiques d'inventaire est présentée ci-après. Elle tient compte de ***toute la comptabilité de la SARL Merlin du 1er janvier au 31 décembre.***

Balance générale au 31 décembre N
Comptes de bilan

N° des comptes	Libellés des comptes	Mouvements		Soldes	
		Débit	Crédit	Débit	Crédit
101000	Capital		1 200 000		1 200 000
164100	Emprunt BNP	45 000	360 000		315 000
164200	Emprunt CCF	18 750	100 000		81 250
205100	Brevets	43 000		43 000	
205200	Logiciels	45 600		45 600	
207000	Fonds commercial	200 000		200 000	
211000	Terrains	50 000		50 000	
213000	Constructions	2 350 000		2 350 000	
213500	Agencements et installations des constructions	840 000		840 000	
215400	Matériel industriel	3 247 000		3 247 000	
215500	Outillage industriel	920 000		920 000	
218100	Agencements et aménagements divers	212 000		212 000	
218200	Matériel de transport	372 000		372 000	
218300	Matériel de bur. et info.	287 000		287 000	
218400	Mobilier	102 000		102 000	
238000	Avances et acomptes sur immob.	800 000	800 000		
261000	Titres de participations	62 000		62 000	
271000	Titres immobilisés	120 000		120 000	
274000	Prêts	50 000	25 000	25 000	
275000	Dépôts et cautionnements	45 000		45 000	
311100	Stock Rauma	75 000		75 000	
311200	Stock Stora	37 000		37 000	
355100	Stock mouchoirs	40 000		40 000	
355200	Stock serviettes	30 000		30 000	
401000	Fournisseurs	17 494 556	27 823 572		10 329 016
403000	Fourn. – Effets à payer	3 827 134	4 630 826		803 692
404000	Fourn. d'immob.	6 547 170	6 547 170		
405000	Fournisseurs d'immob. – Effets à payer	1 554 230	1 554 230		
409600	Fournisseurs – Créances pour emballages à rendre	92 120	78 272	13 848	

Balance générale au 31 décembre N
Comptes de bilan

411000	Clients	46 321 745	42 377 097	3 944 648	
413000	Clients-Effets à recevoir	22 979 104	18 431 730	4 547 374	
419600	Clients-Dettes pour emballages consignés	102 550	178 320		75 770
421000	Personnel-Rémun. dues	4 772 236	4 772 236		
425000	Personnel-Avances et acomptes	327 200	327 200		
431000	Urssaf	2 002 725	2 184 792		182 067
437100	Assedic	366 703	400 475		33 772
437200	Retraite complémentaire	275 918	301 002		25 084
445510	TVA à décaisser	1 567 289	1 567 289		
445620	TVA déductible sur immobilisations	1 554 270	1 554 270		
445660	TVA déductible sur ABS	4 516 550	4 137 994	378 556	
445670	Crédit de TVA à reporter	967 230	967 230		
445710	TVA collectée	7 259 553	7 919 512		659 959
447000	Autres impôts, taxes et versements	247 800	372 230		124 430
455100	Associés-comptes courants-principal		165 000		165 000
503000	VMP actions	637 820	596 654	41 166	
511200	Chèques à encaisser	12 724 375	12 256 358	468 017	
511300	Effets à l'encaissement	14 354 872	13 711 439	643 433	
511400	Effets à l'escompte	8 624 232	8 624 232		
512000	Banque	49 224 872	49 697 964		473 092
530000	Caisse	124 230	121 670	2 560	
Totaux comptes de bilan		**218 457 834**	**213 783 764**	**19 142 202**	**14 468 132**

Comptes de gestion

N° des comptes	Libellés des comptes	Mouvements		Soldes	
		Débit	Crédit	Débit	Crédit
601100	Achats pâte Rauma	5 295 584	97 159	5 198 425	
601200	Achats pâte Stora	5 727 825	54 278	5 673 547	
601300	Achats pâte Tartas	6 115 238	163 215	5 952 023	
602600	Achats d'emballages	271 254		271 254	
606100	Achats fournitures non stockables	629 277		629 277	
607000	Achats de marchandises	948 208	27 107	921 101	
612000	Redevances de crédit-bail mobilier	22 000		22 000	
613000	Locations	127 872		127 872	
615000	Entretien et réparations	624 270		624 270	

Comptes de gestion (suite)

616000	Primes d'assurance	227 135		227 135	
617000	Études et recherches	270 987		270 987	
621000	Personnel extérieur à l'entreprise	2 682 872		2 682 872	
622000	Rémun. d'intermédiaires	189 654		189 654	
623000	Publicité, publications…	2 527 318		2 527 318	
624000	Transp. et déplacements	526 396		526 396	
625000	Déplacements, missions, réceptions	131 211		131 211	
626000	Frais postaux et télécom.	845 132		845 132	
627000	Services bancaires	49 128		49 128	
635000	Autres impôts, taxes et versements	407 377		407 377	
641000	Rémun. du personnel	5 255 504		5 255 504	
645000	Charges de Sécurité soc.	2 233 445		2 233 445	
658000	Charges diverses de gestion courante	24 177		24 177	
661100	Intérêts des emprunts et dettes	83 239		83 239	
661600	Intérêts bancaires sur opérations de financement	22 878		22 878	
665000	Escomptes accordés	29 154		29 154	
671000	Charges exceptionnelles sur opérations de gestion	19 538		19 538	
678000	Autres charges exceptionnelles	8 732		8 732	
701100	Ventes de mouchoirs	2 682 718	19 957 572		17 274 854
701200	Ventes de serviettes	686 278	21 018 557		20 332 279
707000	Ventes de marchandises		1 197 300		1 197 300
708500	Ports facturés		792 320		792 320
709100	RRR accordés	282 386		282 386	
762400	Revenus des prêts		2 188		2 188
765000	Escomptes obtenus		32 854		32 854
767000	Prod. nets sur cessions de VMP		67 578		67 578
771000	Produits excep. sur opérations de gestion		12 729		12 729
775000	Produits des cessions d'éléments d'actif		150 000		150 000
791000	Transfert de charges d'exploitation		48 000		48 000
Totaux comptes de gestion		**38 946 787**	**43 620 857**	**35 236 032**	**39 910 102**
Report totaux comptes de bilan		**218 457 834**	**213 783 764**	**19 142 202**	**14 468 132**
Totaux généraux		**257 404 621**	**257 404 621**	**54 378 234**	**54 378 234**

Les données relatives aux immobilisations amortissables sont les suivantes :

Catégories	Date d'entrée	Valeur origine HT	Mode d'amort.	Durée d'amort.
Brevet	01/01/N	43 000	L	5
Logiciel 1 Logiciel 2	01/01/N 18/03/N	11 600 34 000	L L	2 4
Construction 1 Construction 2	01/01/N 01/10/N	350 000 2 000 000	L L	10 25
Agencements et aménag. des constr.	01/10/N	840 000	L	10
Matériel industriel 1* Matériel industriel 2 Matériel industriel 3	01/01/N 20/03/N 16/06/N	317 000 850 000 2 080 000	L D D	4 5 5
Outillage industriel	01/09/N	920 000	D	8
Agenc. et aménagements divers	01/07/N	212000	L	8
Matériel de transport 1 Matériel de transport 2	05/01/N 18/05/N	110 000 262 000	D D	5 5
Matériel de bur. et info. 1 Matériel de bur. et info. 2	01/01/N 01/06/N	60 000 227 000	L D	4 5
Mobilier	01/04/N	102000	L	10

* Cédé le 30/09/N pour 150 000 € HT. Le produit a été enregistré le jour même de la cession.

■ Déterminons les amortissements à pratiquer pour dépréciation des immobilisations fin N (montants arrondis à l'euro près)

Catégories	Calculs	Montants
Brevet	43 000 x 0,20	8 600
Logiciel 1 Logiciel 2	11 600 x 0,50 34 000 x 0,25 x 289/365	5 800 6 730
Construction 1 Construction 2	350 000 x 0,10 2 000 000 x 0,04 x 92/365	35 000 20 164
Agenc. et aménag. des constructions	840 000 x 0,10 x 92/365	21172
Matériel industriel 1 Matériel industriel 2 Matériel industriel 3	317 000 x 0,25 x 273/365 850 000 x 0,35 x 10/12 2 080 000 x 0,35 x 7/12	59 275 247 917 424 667
Outillage industriel	920 000 x 0,28125 x 4/12	86 250
Agencements et aménagements divers	212 000 x 0,125 x 184/365	13 359
Matériel de transport 1 Matériel de transport 2	110 000 x 0,35 262 000 x 0,35 x 8/12	38 500 61 133
Matériel de bureau et informatique 1 Matériel de bureau et informatique 2	60 000 x 0,25 227 000 x 0,35 x 7/12	15 000 46 346
Mobilier	102 000 x 0,10 x 275/365	7685
Totaux		**1 097 598**

Présentons le tableau d'amortissement de deux immobilisations

Logiciel 2 (système linéaire)

Années	Bases	Annuités	Val. compt.
N	34 000	6 730	27 270
N + 1	34 000	8 500	18 770
N + 2	34 000	8 500	10 270
N + 3	34 000	8 500	1 770
N + 4	34 000	1 770	0

Matériel industriel 2 (système dégressif)

Années	Bases	Annuités	Val. compt.
N	850 000	247 917	602 083
N + 1	602 083	210 729	391 354
N + 2	391 354	136 974	254 380
N + 3 *	254 380	127 190	127 190
N + 4	127 190	127 190	0

* Retour à la méthode linéaire, car : annuité dégressive (254 380 x 0,35) < annuité linéaire (254 380/2).

Passons les écritures d'inventaire

	Reports[1]	257 404 621	257 404 621
31/12/N	681 – Dotation aux amortissements	1 097 598	
	28051 – Amort. des brevets		8 600
	28052 – Amort. des logiciels		12 530
	2813 – Amort. des constructions		55 164
	28135 – Amort. des aménag. et agencements des constructions		21 172
	28154 – Amort. du mat. industriel		731 859
	28155 – Amort. de l'outillage indust.		86 250
	28181 – Amort. des agencements et aménagements divers		13 359
	28182 – Amort. du matériel de transp.		99 633
	28183 – Amort. du matériel de bur.		61 346
	et info.		7 685
	28184 – Amort. du mobilier		
	– Dotations éco. aux amort. –		
31/12/N	675 – VCEAC	257 725	
	28154 – Amort. du mat. industriel	59 275	
	2154 – Matériel industriel		317 000
	– Sortie du matériel cédé –		
	À reporter	258 819 219	258 819 219

1. Cf. totaux généraux de la balance avant inventaire.

Exercices

Exercice 1

La société **HENRY** possède un véhicule pour assurer les livraisons auprès de ses clients et démarcher les prospects. La facture d'achat était la suivante :

Garage PEUGEOT SA
Zone industrielle du Parc
33 000 Bordeaux

Doit

date : 01/04/N

Henry

Montant HT	15 000, 00
TVA 19,6 %	2 940, 00
Net à payer	17 940, 00

Sa durée d'utilisation normale est de 5 ans et le prix de cession prévisible est de 2 000,00 € à la fin de la 5e année. L'avantage économique attendu est de 80 000 km l'année 1, 60 000 km les années 2 et 3 et 50 000 km les années 4 et 5.

1. Présentez le plan d'amortissement basé sur l'utilisation du véhicule.

2. Comptabilisez l'amortissement pour N.

3. Présentez l'extrait de bilan au 31/12/N.

Ce véhicule est cédé le 01/12/N+1 avec une plus-value de 300 €.

4. Passez les écritures de cession.

Exercice 2

La société Huette, dont l'exercice comptable s'achève le 31 décembre, a acquis le 20/04/N – 1 un ensemble informatique d'une valeur hors taxes de 41 500 €, soumis à un taux de TVA de 19,6 %. Elle prévoit d'utiliser ce matériel pendant quatre ans.

1. Présentez le tableau d'amortissement dégressif du matériel.

Ce matériel est cédé le 15/10/N avec une moins-value de 1 500 €.

2. Passez les écritures de cession.

10

Les dépréciations et les provisions

Si l'amortissement constate des baisses de valeur à caractère irréversible, des diminutions de valeur de type *occasionnel* peuvent également affecter des éléments du patrimoine. De même, des événements survenus ou en cours peuvent laisser entrevoir des risques ou des charges à assumer lors des exercices suivants.

Les dépréciations et les provisions constatent respectivement la diminution (probable) de la valeur d'éléments d'actif et l'augmentation (probable) du passif exigible à terme.

À compter du 01/01/2005, la terminologie « dépréciations » a remplacé celle de « provisions pour dépréciation » pour l'ensemble des éléments d'actif. Le terme « provisions » se limite aux provisions pour risques et charges.

1. Les dépréciations des éléments d'actif

A. Le principe de la dépréciation

Une dépréciation est la constatation comptable d'un amoindrissement de la valeur d'un élément d'actif, résultant de causes dont les effets ne sont pas jugés irréversibles (PCG). La dépréciation correspond à une ***charge*** comportant quelques incertitudes quant à son montant et, parfois, quant à son existence même.

La détermination du montant de la dépréciation résulte le plus souvent de la confrontation :

– entre la valeur nette comptable et la valeur actuelle pour les immobilisations ;

– entre la valeur d'entrée inscrite à l'actif et la valeur estimée à l'inventaire pour les autres éléments d'actif.

La dépréciation est enregistrée au crédit d'un compte x9x – *Dépréciation de…*, décliné à partir du compte d'actif concerné.

B. Les différentes catégories de dépréciations

■ Les dépréciations des immobilisations corporelles et incorporelles

Des pertes de valeur significatives (valeur actuelle < valeur nette comptable) peuvent affecter des immobilisations amortissables (cf. chap. 9, 1. D.)
De même, certaines immobilisations incorporelles (fonds de commerce, etc.) ou corporelles (terrains) non amortissables peuvent connaître une dépréciation non liée à l'usage ou au temps : terrain jouxtant une déchetterie en construction, etc.

D 6816		Dotations aux dépréciations des immobilisations corporelles et incorporelles	X	
	C 29x	Dépréciations des…		X

■ Les dépréciations des stocks

Une baisse de la valeur des stocks finals de matières premières, de marchandises ou de produits finis peut provenir d'une chute des cours, d'une détérioration, d'un changement de mode et de goût, de l'apparition de produits de substitution, etc.

D 6817		Dotations aux dépréciations des actifs circulants	X	
	C 39x	Dépréciations des stocks de…		X

■ Les dépréciations des créances

Les créances détenues sur certains clients peuvent devenir en partie ou en totalité irrécouvrables (exemple : dépôt de bilan d'un client) et justifier l'enregistrement d'une dépréciation.

Le traitement comptable comporte deux étapes.

1) Le reclassement de la créance

D 416		Clients douteux	X	
	C 411	Clients		X

Il convient de séparer la créance douteuse (ou litigieuse) des créances ordinaires pour l'intégralité de la créance TTC.

2) La constatation de la dépréciation

D 6817	C 491	Dotations aux dépréciations des actifs circulants Dépréciation des comptes clients	X	X

Le montant de la dépréciation, égal à la perte probable, correspond à la fraction, considérée comme irrécouvrable, de la créance douteuse, sur une base HT.

Les dépréciations des titres

La valeur de négociation de titres de participation (compte 261), de titres immobilisés (comptes 271 et 272), ou de valeurs mobilières de placement (compte 50x) peut s'avérer, à la clôture de l'exercice, inférieure au prix d'acquisition des titres.

D 6866	C x9x	Dotations aux dépréciations des éléments financiers Dépréciations des...	X	X

C. Le suivi des dépréciations

Le bien déprécié ne figure plus dans le patrimoine de l'entreprise

Si le bien a été cédé ou la créance intégralement recouvrée, la dépréciation constatée devient sans objet. L'opération d'annulation se réalise par le débit du compte de dépréciation correspondant et le crédit d'un compte de produit (*78x - Reprise sur dépréciations*).

D x9x	C 78x	Dépréciation des... Reprises sur dépréciations...	X	X

Le bien déprécié figure toujours dans le patrimoine de l'entreprise

Trois cas sont envisageables :

– ***la dépréciation n'a pas varié,*** aucune écriture comptable n'est passée ;

– ***la dépréciation a augmenté,*** un complément doit être comptabilisé selon les mêmes règles que celles observées lors de la constatation de la dépréciation initiale ;

– ***la dépréciation a diminué,*** elle doit être revue à la baisse et l'écriture comptable correspond à une ***annulation*** partielle (voire totale) de la dépréciation.

2. Les provisions

A. Fondement des provisions

Ces provisions sont destinées à couvrir **des risques et des charges** que des événements survenus ou en cours rendent probables, nettement précisés quant à leur objet, mais dont la réalisation est incertaine (PCG).

Les ***risques*** potentiels peuvent être d'exploitation (litiges, garanties données aux clients, etc.), financiers (pertes de change, etc.) ou exceptionnels (amendes fiscales, etc.)

Les ***charges*** non encore nées mais très probables sont d'un tel montant qu'elles doivent être réparties sur plusieurs exercices : travaux de gros entretien, par exemple.

B. Comptabilisation des provisions

La provision à constituer est égale au montant estimé du risque ou de la charge. Les provisions pour risques et charges constituent :

– une ***charge*** d'exploitation, financière ou exceptionnelle (compte 68x) ;
– une ***dette*** latente assimilée à des réserves temporaires (compte 15x).

D 68x5		Dotations aux provisions pour risques et charges	XXX	
	C 1511	Provisions pour litiges		XXX
	....	....		....
	C 1572	Provisions pour gros entretien ou grandes révisions		XXX

Les ajustements relatifs aux provisions pour risques et charges obéissent aux mêmes règles que celles observées dans le cas des dépréciations.

Complément : Les provisions réglementées

Les provisions réglementées ne correspondent pas à l'objet normal de la provision mais relèvent de dispositions fiscales incitatives, permettant une économie d'impôt. Elles comprennent les provisions pour hausse des prix, pour fluctuation des cours, pour investissements ainsi que les amortissements dérogatoires.

Les provisions réglementées sont considérées, d'une part, comme des ***charges exceptionnelles*** (compte 687) et, d'autre part, comme des ***réserves*** (compte 14).

D 687		Dot. aux amortissements, aux dépréciations et aux provisions – charges exceptionnelles	X	
	C 14x	Provisions réglementées		X

Thème d'étude

La SARL Merlin a également procédé au recensement des autres éléments actifs et passifs de son patrimoine en vue de réaliser les divers redressements nécessaires.

L'inventaire des stocks au 31/12/N fournit les informations ci-dessous :

Stocks de matières premières, emballages et produits finis

Désignation	Valeur d'entrée	Observations
Pâte Rauma	452 370	Un lot acquis 38 270 € est non utilisable et devra être détruit.
Pâte Stora	651 130	Aucun problème à signaler.
Pâte Tartas	549 270	Un lot valant 47 320 € ne peut être utilisé ; sa valeur de cession est estimée à 10 000 €.
Emballages	64 200	Le quart des emballages inventoriés a perdu 50 % de sa valeur initiale.
Mouchoirs	834 270	Un lot d'une valeur de 82 600 € s'est détérioré et sera écoulé pour 40 000 €.
Serviettes de table	775 170	Un lot dont le coût de production est de 108 200 € devra être soldé pour 72 000 €.

L'état des créances douteuses ou insolvables au 31/12/N est le suivant :

Nom des clients	Montant TTC de la créance	Observations
Aussois	45 448	Ce client est en redressement judiciaire depuis octobre N. La SARL Merlin ne pense récupérer que 50 % de la créance.

Belledone	153 088	Le tribunal de commerce a prononcé la liquidation judiciaire de Belledone le 10/12/N. Cette créance est définitivement irrécouvrable.
Levona	253 552	La mise en redressement judiciaire le 27/11/N laisse prévoir une perte de 30 % sur cette créance.
Servoz	66 976	Ce client conteste l'intégralité de la facture et a saisi le tribunal de commerce qui semble lui donner raison. Le jugement sera prononcé en janvier N + 1.
Vanoise	425 776	Ce client connaît des difficultés et les informations recueillies auprès de l'administrateur judiciaire situe notre taux de recouvrement à 60 % de la créance.

Le portefeuille de titres détenus se présente comme suit au 31/12/N :

Nature des titres	Valeur d'entrée en portefeuille	Observations pour l'inventaire
Titres de participation Titres IPC	62 000	Cette société filiale est en plein essor et son résultat N est nettement bénéficiaire. La valeur actuelle de ces titres est estimée à 100 000 €.
Titres immobilisés Titres Bréhat	120 000	La société Bréhat connaît de sérieuses difficultés et sa situation nette se dégrade. La perte de valeur de cette société est estimée à 50 %.
Titres VMP Actions Sotema	162 066	Le cours unitaire moyen de l'action Sotema est de 136,80 € pour décembre N. La SARL Merlin détient 1 000 titres de cette société.

D'autres éléments nécessitent la constitution d'une provision :

– les frais de procédure relatifs à l'action intentée par le client Servoz devant le tribunal de commerce devraient s'élever à 8 000 €, selon l'avocat de la SARL Merlin ;

– un salarié a été licencié le 8 octobre N et a saisi le conseil des prud'hommes. L'avocat de la SARL Merlin prévoit que la société sera condamnée à verser 22 000 € d'indemnités et à régler environ 4 000 € de frais de procédure ;

– la SARL Merlin envisage de procéder en N + 2 à de gros travaux d'entretien sur le bâtiment apporté, lors de la création, par l'associé Arthur. Le devis s'élève à 350 000 € et une répartition égale de la charge sur les exercices N et N + 1 est programmée. Ces travaux ne prolongent pas la durée de vie de cette immobilisation.

Déterminons les dépréciations des stocks

Éléments	Stock final brut	Dépréciations à constater	
		Calculs	Montant
Matières premières			
Pâte Rauma	452 370		38 270
Pâte Stora	651 130		–
Pâte Tartas	549 270	47 320 – 10 000	37 320
Emballages	64 200	(64 200/4) x 0,50	8 025
Produits finis			
Mouchoirs	834 270	82 600 – 40 000	42 600
Serviettes	775 170	108 200 – 72 000	36 200
Totaux	3 326 410		162 415

Déterminons les dépréciations de créances

Clients	Créances TTC	Créances HT[1]	Dépréciations à constater	
			Taux	Montant
Aussois	45 448	38 000	50 %	19 000
Belledone	153 088	128 000	insolvable (perte définitive)	
Levona	253 552	212 000	30 %	63 600
Servoz	66 976	56 000	100 %	56 000
Vanoise	425 776	356 000	40 %	142 400
Totaux	944 840	790 000		281 000

1. Créances HT = Créances TTC / 1,196.

Déterminons les dépréciations des titres

Titres	Valeur d'entrée	Valeur d'inventaire	Dépréciation à constater
Titres de participation	62 000	100 000	–
Titres immobilisés	120 000	60 000	60 000
VMP (actions Sotema)	162 066	136 800	25 266
Totaux	344 066	296 800	85 266

■ Passons les écritures de constatation des dépréciations et des provisions

	Reports	258 819 219	258 819 219
31/12/N	681 – DAP – Charges d'exploitation	75 590	
	39111 – Dépréciation stocks Rauma		38 270
	39113 – Dépréciation stocks Tartas		37 320
	– Dépréciation des stocks de mat. prem. –		
31/12/N	681 – DAP – Charges d'exploitation	8 025	
	3926 – Dépréciation stocks emballages		8 025
	– Dépréciation des stocks d'emballages –		
31/12/N	681 – DAP – Charges d'exploitation	78 800	
	39551 – Dépréciation stocks mouchoirs		42 600
	39552 – Dépréciation stocks serviettes		36 200
	– Dépréciation stocks de prod. finis –		
31/12/N	416 – Clients douteux	791 752	
	411… – Client Aussois		45 448
	411… – Client Levona		253 552
	411… – Client Servoz		66 976
	411… – Client Vanoise		425 776
	– Reclass. de créances devenues douteuses –		
31/12/N	681 – DAP – Charges d'exploitation	281 000	
	491 – Dépréciation des comptes clients		281 000
	– Dépréciation des créances douteuses –		
31/12/N	654 – Perte sur créances irrécouvrables	128 000	
	44551 – État – TVA a décaisser	25 088	
	411… – Client Belledone		153 088
	– Client Belledone insolvable –		
31/12/N	686 – DAP – Charges financières	60 000	
	2971 – Dépréciation titres immobilisés		60 000
	– Dépréciation des titres Bréhat –		

31/12/N	686 – DAP – Charges financières 5903 – Dépréciation des VMP *– Dépréciation des titres Sotema –*	25 266	25 266
31/12/N	681 – DAP – Charges d'exploitation 151 – Provision pour litige *– Procédure client Servoz –*	8 000	8 000
31/12/N	681 – DAP – Charges d'exploitation 151 – Provision pour litige *– Procédure conseil des prud'hommes –*	26 000	26 000
31/12/N	681 – DAP – Charges d'exploitation 1572 – Prov. pour gros entretien *– quote-part affectée à l'exercice pour réparation toiture –*	175 000	175 000
	À reporter	260 501 740	260 501 740

Exercices

Exercice 1

La société Ribet a été créée le 1er/01/N – 2. Au 31/12/N – 2, la situation de certains clients est préoccupante et, prudemment, le comptable souhaite comptabiliser les dépréciations.

Noms	Créances TTC	Créances HT	Dépréciations (%)	Dépréciations (montants)
Maxi	2 392,00		20	
Billem	4 066,40		60	
Tomy	5 980,00		15	
Jack	1 794,00		30	
Lola	5 382,00		10	
Timo	8 372,00		40	
Totaux				

1. Complétez le tableau et enregistrez les dépréciations au 31/12/N – 2 (TVA : 19,6 %).

Un an plus tard, la situation de ces clients a évolué ainsi :

Noms	Informations
Maxi	Sa situation s'est détériorée : la perte probable est de 40 %.
Billem	A réglé sa dette le 23 juin N – 1.
Tomy	La perte probable est évaluée à 1 500 €.
Jack	Cette créance doit être considérée comme perdue.
Lola	On pense désormais récupérer 30 % de la créance.
Timo	À versé 3 015 € mais ne règlera plus rien.

Par ailleurs, le recouvrement des créances suivantes est devenu incertain en N – 1 :

Noms	Créances TTC	Perte probable
Gilles	8 970,00	10 %
Baba	3 588,00	60 %
Alix	11 362,00	40 %

2. Complétez le tableau ci-dessous au 31/12/N – 1.

3. Procédez aux enregistrements comptables nécessaires au 31/12/N – 1.

Tableau des créances douteuses au 31/12/N – 1

Noms	Créances TTC	Créances HT	DEP N – 2	DEP N – 1	DADP	RADP	Créances irrecouv. HT	TVA impayée
Maxi								
Billem								
Tomy								
Jack								
Lola								
Timo								
Gilles								
Baba								
Alix								
Totaux								

TIBOR KÁRPÁTI

CODE DE LA ROUTE

MEMO
PRIMO

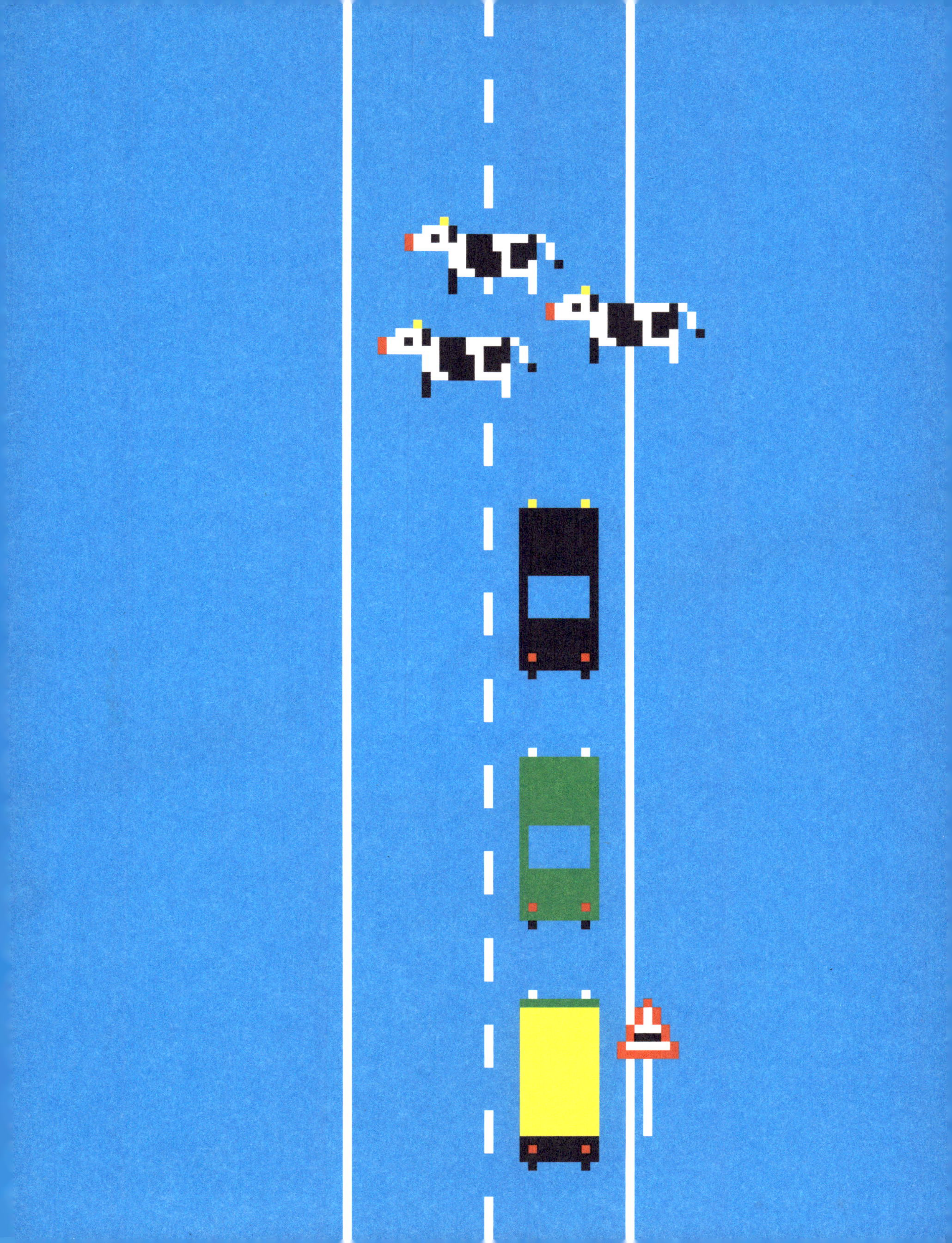

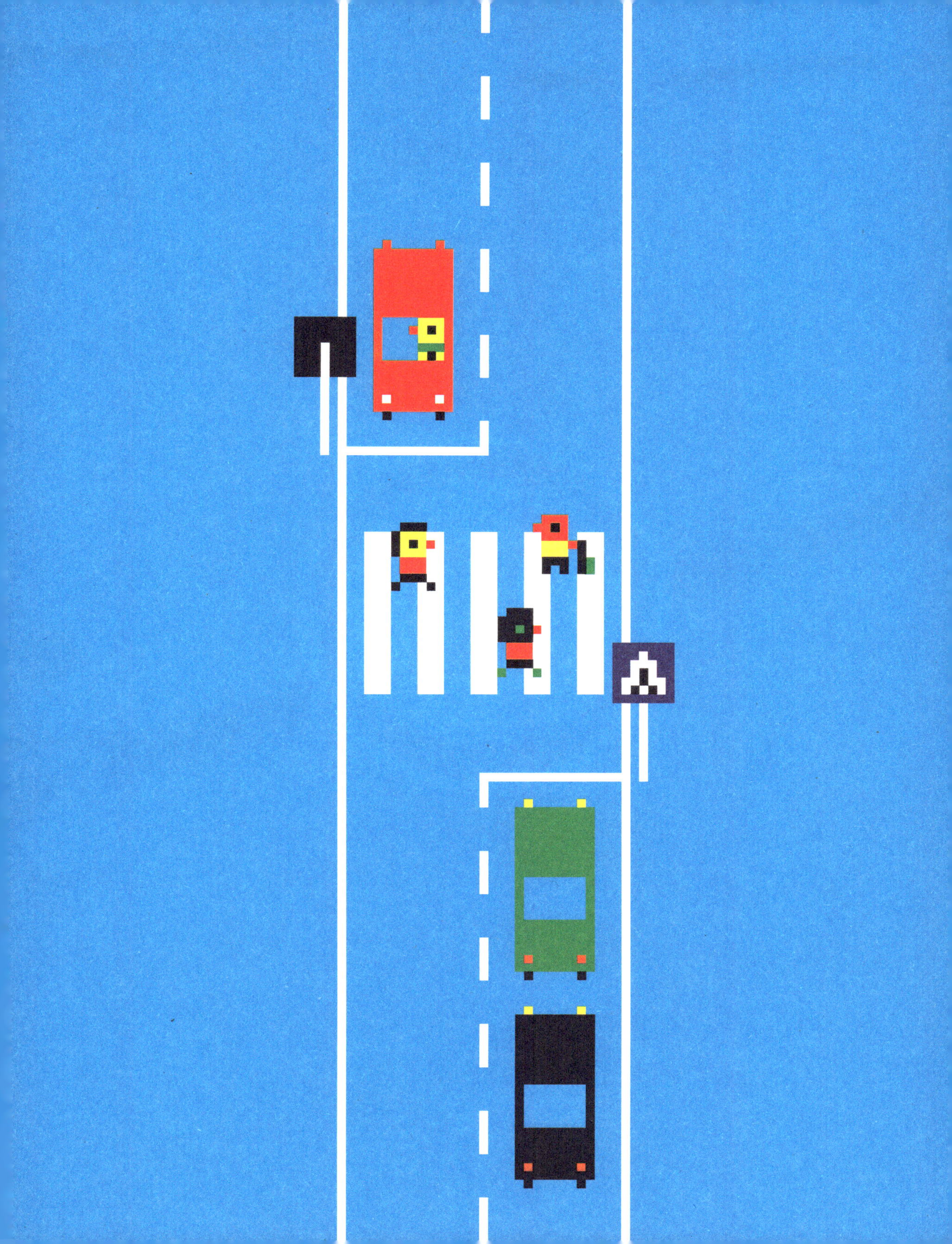

90

P

P

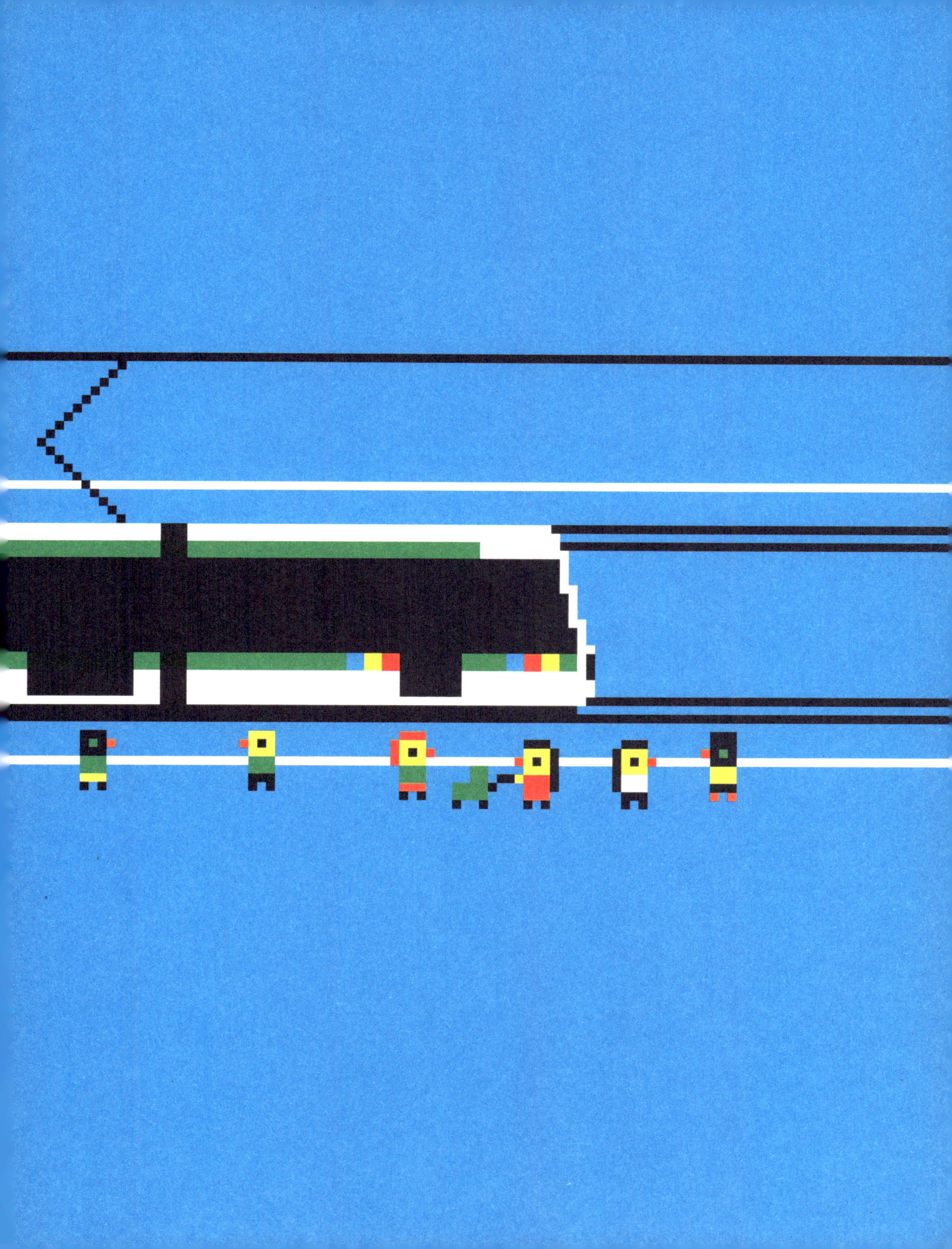

STOP

STOP

CÉDEZ LE PASSAGE
À L'INTERSECTION

ARRÊT
D'AUTOBUS

PASSAGE
D'ANIMAUX SAUVAGES

PASSAGE À NIVEAU
AVEC BARRIÈRES

CIRCULATION
À SENS UNIQUE

INTERDICTION
DE DÉPASSER

ENTRÉE
D'AUTOROUTE

STATIONNEMENT
INTERDIT

SENS
INTERDIT

IMPASSE

CIRCULATION
INTERDITE

ROUTE
PRIORITAIRE

ADVANCES IN LIMNOLOGY 66

Biology and Management of Coregonid Fishes – 2017

13th International Symposium on the Biology and Management of Coregonid Fishes, Bayfield, USA

edited by Jared T. Myers

with 98 figures, 48 tables, and 2 appendices

Schweizerbart Science Publishers, Stuttgart 2021

Advances in Limnology 66
Biology and Management of Coregonid Fishes – 2017
13th International Symposium on the Biology and Management of Coregonid Fishes, Bayfield, USA

Editor: Jared T. Myers
U.S. Fish and Wildlife Service
2800 Lake Shore Drive East
Ashland, WI 54806
USA
E-mail: jared_myers@fws.gov

We would be pleased to receive your comments on the content of this book: editors@schweizerbart.de

Front cover: Logo of the symposium

ISBN 978-3-510-47068-6
ISSN 1612-166X

Information on this title: www.schweizerbart.de/

Publisher: E. Schweizerbart'sche Verlagsbuchhandlung (Nägele u. Obermiller)
Johannesstr. 3A, 70176 Stuttgart, Germany
mail@schweizerbart.de
www.schweizerbart.de

∞ Printed on permanent paper conforming to ISO 9706-1994

Layout: Satzpunkt Ursula Ewert GmbH, Bayreuth
Printed in Germany by Nothaft Druck, Pentling, Germany

Contents

Habitat, trophic interactions, and ecosystem services

Aquaculture and rearing

Evolutionary ecology and genetics

Foreword

Jared T. Myers*

Since its inception, the Biology and Management of Coregonid Fishes has aimed to provide an open and encouraging forum that is capable of overcoming boundaries related to geography and language. The international symposia series and associated proceeding volumes have provided scientists and managers a platform to share observations related to this remarkable group of fish and the aquatic systems in which they reside. Beginning with the vision of Casimir Lindsey, the first international symposia was held in Winnipeg, Canada in 1969 (Lindsey & Woods, 1970). The second meeting, organized by Alexis Champigneulle and Konrad Dabrowski, was held in Thonon-les-Bains, France in 1984 (Dabrowski & Champigneulle, 1986). From there forward, the tradition has continued as a tri-annual event with host cities following the pattern of two in Europe and one in North America. After the 12th meeting was held in Listvyanka, Russia on Lake Baikal, the 13th International Symposium on the Biology and Management of Coregonid Fishes was held on the south shore of Lake Superior in the quaint fishing community of Bayfield, Wisconsin, USA. The opportunity to host both domestic and international colleagues from 10-15 September 2017 was the pleasure of the steering committee and created treasured friendships that lasted beyond the time together in Bayfield.

As a scientific institution that has existed without a parent organization, there have certainly been hurdles along the way to the many accomplishments of the Biology and Management of Coregonid Fishes. It is rather astounding that 526 manuscripts have been published through this forum (Figure 1) and it is this currency that serves as a lasting foundation for our collective understanding of coregonid fishes. The fact that each symposia has followed-through with publishing proceedings is a testament to those that committed to the peer-reviewed scientific process. Our ability to protect and sustain coregonids across North America, Europe, and Asia is enhanced by these efforts and every author, editor, and reviewer deserves our gratitude.

The conference in Bayfield was attended by 144 participants (Figure 2) that traveled from 12 different countries (ranked according to number of participants: USA, Canada, Finland, Austria, Germany, Russia, France, Sweden, Norway, Poland, Czech Republic, Latvia). Authors contributed a total of 78 oral presentations and 36 poster presentations, which were organized into the following theme areas: 1 – Fisheries management, 2 – Stock assessment and population dynamics, 3 – Habitat, trophic interactions, and ecosystem services,

Author's address:
U.S. Fish and Wildlife Service, 2800 Lake Shore Drive East, Ashland, WI 54806, USA
* Corresponding author: jared_myers@fws.gov

DOI: 10.1127/adv_limnol/2021/0084 1612-166X/21/0084 $ 1.00
www.schweizerbart.de

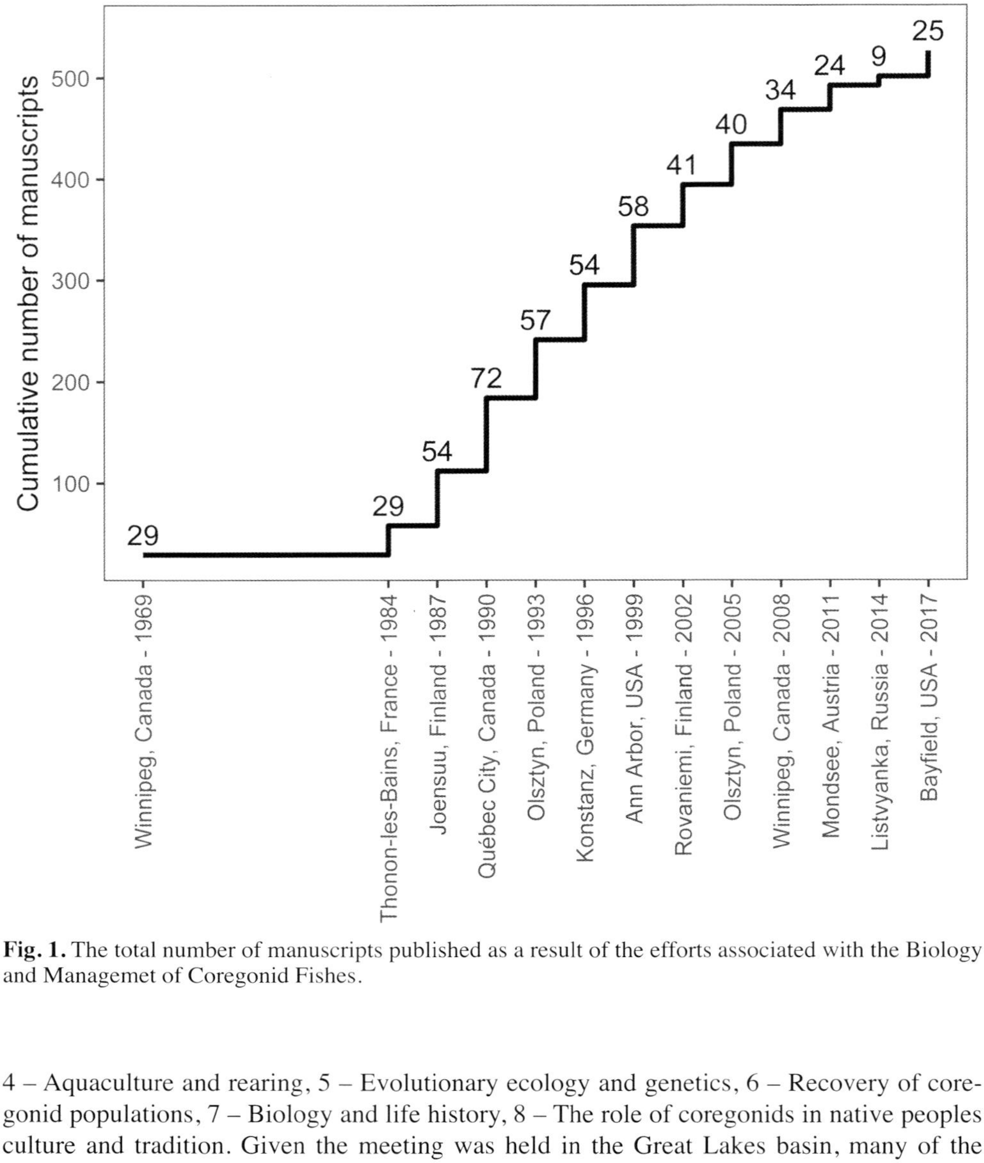

Fig. 1. The total number of manuscripts published as a result of the efforts associated with the Biology and Managemet of Coregonid Fishes.

4 – Aquaculture and rearing, 5 – Evolutionary ecology and genetics, 6 – Recovery of coregonid populations, 7 – Biology and life history, 8 – The role of coregonids in native peoples culture and tradition. Given the meeting was held in the Great Lakes basin, many of the contributions to the conference were from that region. Still, the 25 manuscripts that comprise the present volume represent a broad range of studies conducted across the northern hemisphere. We are confident this volume is a continuation of the proud tradition of the Biology and Management of Coregonid Fishes and will be a valued source of information for those committed to understanding, sustaining, and restoring this inspiring group of fish.

Acknowledgements

A number of volunteers devoted time and energy to make the conference a success and we are grateful for their efforts.

The 2017 symposium would not have been possible without the support of the following organizations:

Bayfield County Tourism
Fisheries and Oceans Canada
Great Lakes Indian Fish and Wildlife Commission
Great Lakes Fishery Commission
Great Lakes Fishery Trust
Little River Band of Ottawa Indians
Michigan Department of Natural Resources
Michigan Sea Grant
Minnesota Department of Natural Resources
Minnesota Sea Grant
Ontario Ministry of Natural Resources and Forestry
Red Cliff Band of Lake Superior Chippewa
Wisconsin Department of Natural Resources

The steering committee for the 13th International Symposium on the Biology and Management of Coregonid Fishes consisted of:

Chad Abel
Eric Berglund
Mark Ebener
Fritz Fischer
Ellen George
Cory Goldsworthy
Ben Michaels
Jared Myers
Thomas Pratt
Brad Ray
Michael Seider
Daniel Yule

Many reviewers and the following associate editors made this volume possible:

Jim Bence
Kimmo Kahilainen
Thomas Pratt
Jason Stockwell
Wendylee Stott
Ross Tallman
Julie Turgeon
Chris Vandergoot
Josef Wanzenböck
Brian Weidel
One anonymous associate editor

Fig. 2. Participants of the 13th International Symposium on the Biology and Management of Coregonid Fishes; Bayfield, Wisconsin, USA.

References

Lindsey, C. C. & Woods, C. S. (eds.), 1970: Biology of Coregonid Fishes. University of Manitoba Press, Winnipeg, Canada. 560 pp.

Dabrowski, K. & Champigneulle, A. (eds.), 1986: Advances in fishery biology: Biology, exploitation, rearing and propagation of coregonid fishes. – Arch. Hydrobiol. Spec. Issues Advanc. Limnol. 22: 386 pp.

Invited notes

Advanc. Limnol. **66**, p. 3–11
Biology and Management of Coregonid Fishes – 2017 **Note**

The role of dipnetting of migratory European whitefish (*Coregonus lavaretus*) in the local culture and traditions of the River Tornionjoki Valley

Markku Vaaraniemi[1], Jaakko Heikkilä[1], and Erkki Jokikokko[2,*]

With 2 figures

Abstract: Roasted whitefish on a stick is an excellent symbol of the living culture of fishing in the River Tornionjoki, the border river between Finland and Sweden. The migratory whitefish has historically been an important source of healthy food and income for local communities. The delay in the ascent of whitefish by one month in 30 years has raised concerns about the survival of the living culture of fishing, such as the traditional fishing method of dipnetting in the Kukkola rapids. Local communities have taken several initiatives to find ways to foster a sustainable whitefish stock and the traditional fishing culture of the River Torniojoki Valley. The latest cross-border initiative, a project called "The summer whitefish of the Tornio River Valley," has widely involved fishermen, scientists and other stakeholders working towards restoration of the migratory summer whitefish stocks and the culture of fishing.

Keywords: whitefish, fishing culture, dipnetting, Kukkola rapids

Whitefish and the local people

Generation after generation has grown up on the River Tornionjoki, passing down traditions, habits, and culture to their descendants. Often, the first dish that a local male learned to cook as a child was roasted whitefish on a stick (Figure 1a). Naturally, the mentors were fathers and grandfathers, because this delicious dish was traditionally cooked by fishermen themselves. Most youngsters also earned their first salary as a dipnetter. It was a big issue for a young boy when he was trusted to dipnet for the whole 24-hour fishing shift that is typical for this area. The village's teenage boys also charmed girls after dancing events by dipnetting and roasting whitefish in the middle of the night-less summer night near the Arctic Circle. Regardless of their national or international careers in adulthood, the Kukkola rapids have

Authors' addresses:
[1] ProSiika ry, Jokivarrentie 1718, 95520 Tornio, Finland
[2] Natural Resources Institute Finland, Laivurintie 6, 94450 Keminmaa, Finland
[*] Corresponding author: erkki.jokikokko@luke.fi

DOI: 10.1127/adv_limnol/2021/0081 1612-166X/21/0081 $ 1.75
www.schweizerbart.de

Fig. 1. Whitefish play a significant role in the culture along the River Tornionjoki. Roasting whitefish on a stick over an open fire and dipnetting the Kukkola rapids are unique traditions that give many residents their sense of place in the world. Photo Credit: Jaakko Heikkilä

been an important place for the people born in the village. Often, after retirement, people return to their family roots to continue fishing and once again become active members of the local community. The sharp contrast between working life and the childhood environment helps people to understand the value of the local cultural heritage from a broader perspective.

Whitefish and the River Tornionjoki

The River Tornio-Muoniojoki is one of the largest free-flowing systems in Northern Europe (Figure 2). The river flows 522 km from subarctic mountain regions through northern boreal forests and finally discharges into the northernmost Baltic Sea. The mean flow is 430 m^3 s^{-1} and the peak flow in May–June is over five times higher than the mean flow (Lapin ympäristökeskus, 2009). The river is ice-covered during the winter and the water is relatively clean. The River Tornionjoki is currently the most important spawning river for salmon (*Salmo salar*) in the Baltic Sea area (ICES, 2017). About ten fish species are actively fished from the river (Nylander & Pruuki, 1989). However, the whitefish is the second most important fish after the salmon for the river valley. The migratory whitefish stock forages in the brackish water of the Baltic Sea and ascends the lower reach of the river to spawn (Lehtonen, 1981). The migratory whitefish has an approximately thirty-year history of stocking in the River Tornionjoki. From the late 1960s to the end of the 1990s, about 1–2 million (annual mean) one-summer-old whitefish fingerlings were released into the river every year. The released fish were reared from the river's own stocks (Karttunen, 1991; Jokikokko & Huhmarniemi, 2014). The annual whitefish catch of the River Tornionjoki has fluctuated between 10,000 and 80,000 kg over recent decades (Palm et al., 2018). The Kukkola rapids form the largest place for catching whitefish on the river. The best recorded whitefish catch on the Finnish river bank of the Kukkola rapids has been 17,000 kg in a season (Alatalo, 2006). However, in recent years, the catches have slowly declined (Palm et al., 2018).

The first signs of the fixed settlement of the River Tornionjoki Valley and the foundations of Finnish language and culture date back to the early Middle Ages, and even from the 1000s (Vahtola, 1980). The valley has a common cultural background and a common language called "Meän kieli", a mixture of Finnish and Swedish. Today, the river valley is home to 80,000 people and the primary livelihoods are agriculture, forestry, mining, and tourism. The Transboundary River Agreement between Finland and Sweden regulates the environmental, water, and fishing issues of the border river on behalf of the two countries.

Whitefish and traditional dipnetting

After swimming about 20 km upstream from the river delta, whitefish reach the Kukkola rapids. There, they encounter traditional fishermen with dipnets (Figure 1b). The dipnet is a relic fishing method from the Middle Ages (Vilkuna, 1940). Dipnetting is carried out in rapids and places where the river flow is strong.

According to long experience, a successful fisherman needs "soft" hands, appropriate tools, and good luck. Whitefish swim upstream in the wide rapids and rest in pits or behind rocks in the quiet flow. Each of the 26 traditional dipnetting pits has an individual old name according to the characteristics of the flow and the rocky bottom. Knowing the pit, the fisherman dips the net downstream and brings it close to the rocky bottom without touching it. The fishermen are not able to see the fish, but can feel in their fingers when a whitefish swims into the dipnet. At that moment, the dipnet is slightly turned and the silvery coloured whitefish is lifted from the water.

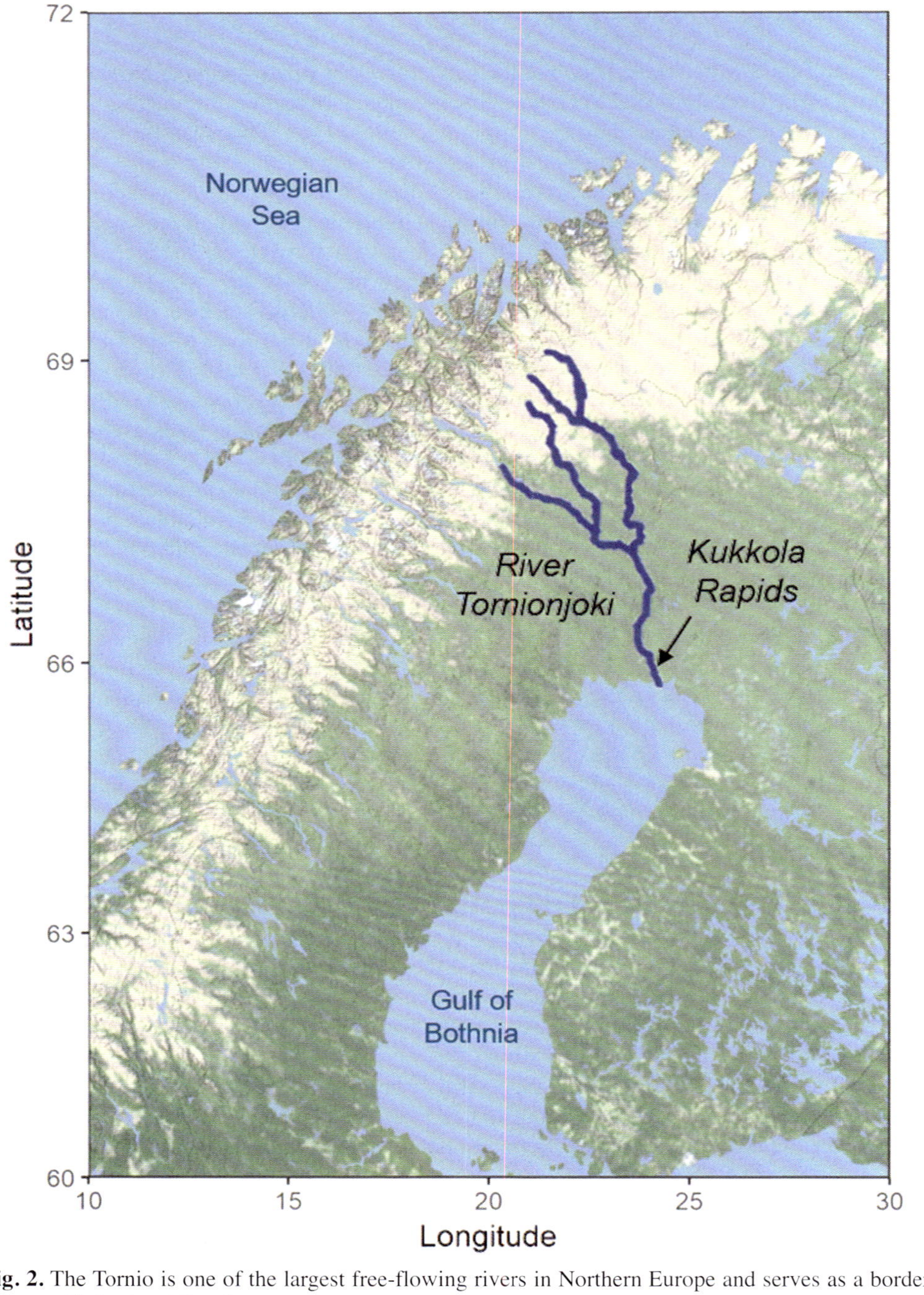

Fig. 2. The Tornio is one of the largest free-flowing rivers in Northern Europe and serves as a border between Finland and Sweden.

A simple-looking dipnet is a handmade piece of art, based on decades of field experience. Its bag-shaped net is attached to a flexible frame and the frame is fastened with string to a 6-metre-long customized wooden pole. The diameter of the oval frame is approximately 50 cm. The depth of the early hand-woven cotton yarn net was 80–100 cm and the average mesh size 30 mm from knot to knot. Although the dipnet model has remained the same for a long time, the cotton yarn and wood have been replaced by polyamide and steel. The modern pole is handmade of fibreglass. All the measures of the dipnet vary slightly according to the personal preferences of each fisherman.

The flow of the river fluctuates by hundreds of cubic metres during the summer (Finnish Environment Institute, hydrological observations). The whitefish changes its swimming routes in the rapids in relation to the flow. The traditional bridges and walkways are built to reach the active dipnetting pits. The building technology originates from the traditional salmon weirs, which have not been built since the 1960s due to their high building costs and low catches. These wooden constructions are built with human power, and they are strong enough to resist strong water flow and vibration.

Whitefish and local fishing associations

Today, dipnetting is regulated according to the transboundary agreement between Finland and Sweden. The 16 official fishing sites for traditional fishing are also listed in the agreement, and they are managed by fishing associations from both countries. In the past, villages developed around common fishing sites on the lower parts of the River Tornionjoki. All farmers who owned land beside the river and had their names on the 1664 taxation list were granted the original fishing rights based on a decision of the Swedish king Gustav III in 1773 (Lewenhaupt, 1892). On the Finnish riverbank of the Kukkola rapids, the fishing rights are owned by 16 original farms. Today, there are close to 200 shareholders, who are mainly descendants of the original farmers.

The local whitefish associations have organized fishing and construction work on behalf of the owners (shareholders) for several hundreds of years. The shareholders are responsible for supplying labour and hiring competent dipnetters for the fishing shifts. Women have mainly worked more with the processing of the fish. Today, the Kukkola rapids fishing association has 60 active dipnetters.

At the beginning of the catch season, when the whitefish catch is low, shareholders fish for their own consumption. During this period, the association has a tradition of allowing fishing by non-shareholders in the village. When the main run of the ascending whitefish begins, currently at the end of July or early August, the fishing is changed to a constant shift system (i.e., 24 hours a day, 7 days a week). During this period, dipnetting is only permitted for the shareholders. One shift lasts 24 hours, with 4–5 fishermen dipnetting per shift, and the catch is divided between the shareholders every evening at 6:00 pm. The dipnetting shifts and division of the catches are proportionally based on the share of ownership.

The forefathers developed a fair and smart system to divide the catch without weighing the fish. Fish are distributed between a certain number of piles, beginning with the largest fish of the catch. A lottery is used to define the owners of each pile to avoid any speculation. As a result, the number of kilograms per share and the size distribution of fish per share are also equal over the long run. This traditional procedure continues on the Finnish riverbank, even today.

Whitefish and the community

The three whitefish on the coat of arms of the former municipality of Karunki, the area of which extends to the Kukkola rapids, is an example of the many different roles of the whitefish in the local community, from local identity to local well-being.

The availability of healthy food was a crucial issue for people in the early days. The whitefish was a key source of protein, omega-3 fatty acids, and especially vitamin D. After salt was introduced in the 1200s, the value of fish generally increased (Valonen, 1978; Tervo, 2003). Salt enabled new preservation methods for year-round use. The fishermen also built "ice cellars" to extend the shelf-life of fish.

The dipnetters roasted the whitefish on a wooden stick over an open fire or cooked fish soup for their daily meal. They served whitefish soup to all the kids in the village. Other popular whitefish recipes in the area have included salted, smoked, and fried whitefish. For the locals, whitefish is more popular than salmon, because it contains less fat, it can be eaten more often, and cooked in many ways. Today, the same healthy food is available for the fishermen and local people, as well as for visitors.

The whitefish has also been important from an economic point of view for the local farms. In the past, dipnet fishing was an important way for farmers to obtain cash, and at the beginning of the 1800s, this fishing accounted for up to 50% of their total income (Virrankoski, 1955; Soininen, 1974), with agriculture forming the rest. The farms of the River Tornionjoki Valley have payed taxes from fishing since the 1500s. At the beginning of the 1900s, tithes of the catch were also taxed by the local church (Vilkuna, 1974). Sometimes, the farmers exchanged alcohol and work in sawmills or flour mills for salted fish. Nowadays, fishing has become more of a recreational activity.

Even though the situation is now different, the whitefish is still a topic of small talk and a source of disputes and identity. It unites local people in the form of food, social activity and recreation, and attracts visitors. Life in the village has been synchronized with fishing. The sharing out of the catch at 6:00 pm every evening brings people together, even today. At the end of July, the locals celebrate the main run of the ascending whitefish.

Fishing has often been, and still is, a source of disputes. Some information is available about a court where local fishermen disputed the ownership of a salmon rapids as early as the 1380s (Vahtola, 1980). A local saying describes the reasons and outcome as follows: "Envy can take the fish out of the water." The upstream fishermen have often blamed their downstream colleagues for overfishing. Over the years, the ownership of the traditional fishing rights has been challenged by many stakeholders, such as non-shareholder farms of the village and even the state, but with no success so far.

Challenges facing the whitefish stock and fishing culture

In 2009, the fishermen in the Kukkola rapids started to be extremely worried about the status of the summer whitefish. The main run into river had become delayed by one month over a 30-year period, and the number and size of the captured whitefish had declined (Palm et al., 2018). The reasons behind this change were unclear to the fishermen and they speculated about the possible factors. Has fishing pressure in the sea been too high and have gillnets been too dense? Are the recovered seal and cormorant stocks responsible for the changes? Did the observed changes indicate the effects of climate change and the associated rise in water temperatures, or something else? This alarming development of the whitefish stock was confirmed by other actors at the same time. The migratory whitefish was transferred from the category 'Vulnerable' to 'Endangered' (EN) on the Red List of Finnish Species in 2010 (Rassi et al., 2010). In 2012, the Finnish Ministry of Agriculture and Forestry initiated a nationwide working group and a research programme for the whitefish led by the Natural Resources Institute Finland.

According to the official Finnish statistics, the share of agriculture in the industrial structure of the country declined from 70% in 1920 to 4% in 2004 (Statistics Finland, 2007). In the 1950s, the village of Kukkola had dozens of dairy farms, but today there is only one sheep farm. Due to this development, young people have moved elsewhere in search of work, and dipnetting is increasingly carried out by aged and retired people. The transfer of traditional fishing knowledge to the next generation is no longer taking place naturally, from father to son. The traditional fishing is nowadays a form of recreational fishing, but it is nevertheless very important for the maintenance of the local heritage.

Since the 1950s, tourists and visitors have come to watch the traditional dipnetting, to hear genuine stories from the fishermen and to enjoy the fine taste of whitefish in the beautiful surroundings of the border river. The growing ecotourism and food trends are creating new opportunities to leverage this living culture of fishing and to foster it. In the experience economy, the value of the fish can be manifold compared to that of directly sold fish.

Community takes action

The whitefish has had a key role in local initiatives. In 2011, fishermen founded a cross-border association, ProSiika ry (ProWhitefish Association), to restore the whitefish stock and the traditional fishing and to increase awareness of whitefish conservation efforts. In 2011–2013, the association participated in the "Big Whitefish" human culture programme, which made the status of whitefish more widely known. In 2014, an active team from the ProWhitefish Association started to tackle multiple challenges by combining them all into one project.

After hard work, a local cross-border initiative, "The summer whitefish of the Tornio River Valley," received funding and combined 70 different collaborators working towards common goals. The objectives were to emphasize the importance of the traditional fishing methods and culture in the River Tornionjoki Valley and also to take steps towards improving the sustainability of the fishery.

In the research part of the project, a Finnish-Swedish group is seeking answers and recommendations for fishermen and other actors. This multinational team is a natural approach, because the whitefish does not recognize national borders and the common whitefish stock requires common management practices in all migration phases. The research topics concern whitefish migration behaviour in the river and fishing mortality, the location of spawning grounds, natural fry production, and evaluation of the possible impacts of sea fishing, climate change, seals, cormorants and other threats to stock structure and timing of the spawning migration. Radio transmitters and t-anchor tagging, egg pumping, side-scanning sonar, genetic studies, catch samples and catch statistics are being used to better appreciate the factors affecting whitefish.

Whitefish and the future

The role of the migratory whitefish in the local culture of the River Tornionjoki appears to have more important aspects than could originally have been imagined, from being a source of healthy food to a symbol of local identity and a topic of small talk. Even though its role has radically changed in the past hundreds of years, a sustainable whitefish stock is a crucial prerequisite for the future of the traditional fishing culture. This means that a strong enough stock must be preserved to continue its migration cycle and natural reproduction in the River Tornionjoki. Preparations should be made to encounter future challenges, whatever they may be, even though this might require fishing restrictions in both the sea and the river. Despite the difficulty, affecting human activities is nevertheless much easier, more reasonable and fruitful than trying to change nature.

Acknowledgements

We are very grateful to ProSiika ry, Kukkolankoski and other fishing associations of the lower Tornio River, and all the workers and partners of "The summer whitefish of the Tornio River Valley" project (https://summerwhitefish.wordpress.com) for their active participation in fostering our whitefish and cultural heritage. The financial support from the EU, the Regional Council of Lapland and the Norrbotten Region for the project has also been significant in fostering our whitefish and cultural heritage. We also thank Dr. Roy Siddall for language revision of the manuscript.

References

Alatalo, H., 2006: Pää vai pyrstö. Kukkolan kylä kosken äärellä. Kukkolan kyläyhdistys. Tornio. ISBN 952-92-0594-5, 125 p.

ICES, 2017: Report of the Baltic Salmon and Trout Assessment Working Group (WGBAST), 27 March–4 April 2017, Gdańsk, Poland. ICES CM 2017/ACOM:10. 298 p.

Jokikokko, E. & Huhmarniemi, A., 2014: The large-scale stocking of young anadromous whitefish (*Coregonus lavaretus*) and corresponding catches of returning spawners in the River Tornionjoki, northern Baltic Sea. – Fish. Mgmt. Ecol. 21: 250–258.

Karttunen, V., 1991: Tornion-Muonionjoen siika ja siian kalastus (Whitefish stocks and fisheries in the River Tornion-Muonionjoki). – Kalatutkimuksia-Fiskundersökningar 28. Riista- ja kalatalouden tutkimuslaitos, Helsinki. 72 p.

Lapin ympäristökeskus, 2009: Tornionjoen vesienhoitoalueen vesienhoitosuunnitelma vuoteen 2015. 158 p.

Lehtonen, H., 1981: Biology and stock assessment of Coregonids by the Baltic coast of Finland. – Finn. Fish. Res. 3: 31–83.

Lewenhaupt, S., 1892: Historik rörande det regale laxfisket i Torneå elf. Stockholm, 193 p.

Nylander, E. & Pruuki, V., 1989: Kalastustilastoja Tornionjoen vesistöstä vuosilta 1983–1985. (Statistics on fishing in the Tornionjoki River basin in 1983–1985). Riista- ja kalatalouden tutkimuslaitos, Helsinki. Monistettuja julkaisuja 89: 1–48.

Palm, S., Romakkaniemi, A., Dannewitz, J., Jokikokko, E., Pakarinen, T., Broman, A., 2018: Torneälvens bestånd av lax, havsöring och vandringssik – gemensamt svensk-finskt biologiskt underlag för bedömning av lämpliga fiskeregler under 2018. SLU ID: SLU.aqua.2018.5.5-81, 46 p.

Rassi, P., Hyvärinen, E., Juslén, A. & Mannerkoski, I., (eds.) 2010: The 2010 Red List of Finnish Species. Ympäristöministeriö & Suomen ympäristökeskus, Helsinki. 685 p.

Soininen, A. M., 1974: Vanha maataloutemme. Maatalous ja maatalousväestö Suomessa perinnäisen maatalouden loppukaudella 1720-luvulta 1870-luvulle. – Journal of the Scientific Agricultural Society of Finland 46. ISSN 0024-8835, pp. 1–459.

Statistics Finland (Tilastokeskus), 2007: From slash-and-burn fields to post-industrial society – 90 years of change in industrial structure. https://www.stat.fi/tup/suomi90/helmikuu_en.html

Tervo, N., 2003: Kukkola. Kylä Jylhäkosken rannalla. – Manuscript, unpublished. 138 p.

Vahtola, J., 1980: Tornionjoki- ja Kemijokilaakson asutuksen synty. – Studia Historica Septentrionalia 3. Rovaniemi, 563 p.

Valonen, N., 1978: Keskiajan kulttuurin iskostuminen Tornionlaaksoon. – In: Laatunen, S.-L. (ed.): Lännen maita ja Karjalan kyliä. Kalevalaseuran vuosikirja 58. – Porvoo, pp. 131–148.

Vilkuna, K., 1940: Siian lippoamisesta Tornionjoella. – In: Vilkuna, K., Vuorela, T., Teppo, H., Oja, A. (eds.): Kotiseutu 1940. – Forssan Kirjapaino Oy, Forssa, pp. 62–87.

Vilkuna, K., 1974: Lohi: Kemijoen ja sen lähialueen lohenkalastuksen historia. Helsinki. ISBN 951-1-01523-0, 423 p.

Virrankoski, P., 1955: Oulun läänin maatalous Ruotsin ajan lopulla. University of Helsinki. M.Sc. Thesis, 82 p. + 10 app.

Manuscript received: 14 December 2017
Revisions requested: 1 March 2018
Modified version received: 26 March 2018
Accepted: 29 March 2018

Advanc. Limnol. **66**, p. 13–22
Biology and Management of Coregonid Fishes – 2017

Note

Social media at #Coregonid2017: extending the reach of a small conference with Twitter and Periscope

Ellen George

With 1 figure and 1 table

Abstract: Using social media to enrich the scientific conference experience and communicate findings shared in presentations is becoming more common. Most conference social media efforts focus on text-based Twitter posts ("tweets") to share information; however, live video streaming platforms offer enormous opportunities for extending the reach of both oral and poster presentations. We organized a social media campaign for the 13th International Symposium on the Biology and Management of Coregonid Fishes in September 2017 in order to increase online participation of both attendees and people following remotely online. The campaign had three main components: 1) foster communication and collaboration between conference attendees through the hashtag #Coregonid2017; 2) allow remote viewers to participate in oral and poster presentations in real time by live streaming talks with Periscope for Twitter; and 3) archiving presentation videos on the Symposium's YouTube channel. We were able to greatly extend the reach of the conference using social media: although only 150 people attended the conference, a total of 32 unique accounts tweeted using the conference hashtag, live streamed videos received a total of 465 live views and 1099 replay views within four months following the conference, and recorded talks on the conference's YouTube channel had 742 views. A detailed description of how the campaign was planned and implemented, along with a collection of advice and tips for organizing social media campaigns for conferences, is included to help those interested in spearheading similar campaigns for future conferences.

Keywords: live streaming, analytics, video, case study, social media

Introduction

Use of social media at professional scientific conferences is increasing, and is becoming a popular way for organizations and attendees to create a richer, more interactive conference experience (Nason et al., 2015; Radmanesh & Kotsenas, 2016; Wilkinson et al., 2015). It has also allowed meetings to expand beyond the walls of the conference center by enabling people to participate from afar if they are unable to attend in person. Although many scientists have embraced social media in their personal lives, scientists using social media sites such as

Author's address:
Cornell University, Department of Natural Resources, 111 Fernow Hall, Ithaca, NY 14853, USA
* Corresponding author: emg239@cornell.edu

DOI: 10.1127/adv_limnol/2021/0082 1612-166X/21/0082 $ 2.50
www.schweizerbart.de

Twitter (http://www.twitter.com) for professional reasons are still in the minority (Collins et al., 2016). Still, participation on social media during conferences is growing, and more conference organizers are taking it upon themselves to plan social media campaigns from the beginning. Currently, most conference social media activity is focused on tweeting highlights and summaries from talks or sharing organizational information and updates from the conference organizers and attendees. While these text-based tweets and posts are certainly useful to those following the conference online, talk summaries and information are often cursory due to the inherent brevity of a 280 character tweet. Additionally, short summary tweets may inadvertently oversimplify or misconstrue the presenter's message. Newer live streaming video platforms integrated into various social media platforms are rarely utilized yet present enormous opportunities for extending the reach of a scientific conference. Additionally, as biological research becomes more global and researchers partner with coauthors from a greater diversity of nations (Govere, 2016), funding for conference travel remains limited and researchers are often unable to attend events in person. Social media and live video streaming platforms, therefore, are a ready resource for expanding the reach of future scientific conferences.

The 13th International Symposium on the Biology and Management of Coregonid Fishes (hereafter, "Coregonid Symposium") was held in Bayfield, Wisconsin from 10–15 September 2017. Coregonine fishes have a holarctic distribution and face similar challenges and management concerns throughout their wide range. Therefore, the purpose of this conference was to provide an opportunity for coregonine researchers from around the world to share current knowledge pertinent to restoration and to collaborate on a global scale. Recently, there has been increased interest in restoring coregonine populations in the Great Lakes region of North America, with more agencies and organizations becoming involved in coregonine research every year. The Coregonid Symposium is a small conference, with about 150 attendees from North America and Europe. It is only held every three years, and rarely in the United States. Because of this, the conference offered a rare opportunity for American and Canadian researchers from multiple agencies across the Great Lakes to share their research, collaborate on future Great Lakes restoration efforts and learn from the many European scientists also presenting at the meeting.

Unfortunately, many scientists integral to the coregonine restoration effort in the Great Lakes region were not able to attend due to funding or agency restrictions. In order to maximize their ability to learn from presenters and collaborate with other Great Lakes researchers, we decided to organize a social media campaign in order to 1) connect researchers before and during the conference on Twitter in hopes of forming collaborative networks that could be maintained afterwards; 2) live stream talks via Periscope (https://www.pscp.tv) so researchers unable to attend could participate in real time; and 3) archive talks on YouTube for future viewing and wider accessibility to non-Twitter users.

Methods: planning and implementing the social media campaign

We began planning the social media campaign three months before the conference. Our campaign consisted of three major parts: 1) establishing a social media presence on Twitter by creating and promoting the conference hashtag, #Coregonid2017; 2) live streaming talks and posters during the conference using the Periscope platform for Twitter; and 3) archiving recorded talks and posters on a conference YouTube channel for later viewing. All social media communications were administered through the previously established @greatlakescisco accounts on Twitter and Periscope.

Conference hashtag and Twitter presence

The conference hashtag #Coregonid2017 was chosen for simplicity. Although slightly longer than the 5–8 characters often recommended for conference hashtags (Shiffman, 2012), #Coregonid2017 had the advantage of being identical to our website URL, making it easy to remember. It was also unique, with no previous tweets existing with that hashtag, and clearly represented the subject matter and year of the conference. The conference hashtag was revealed and promoted on Twitter two months before the start of the conference. The hashtag was also included on all promotional material for the conference, such as being prominently displayed in large text on the welcoming header banner of the conference's website and included in email communications from conference organizers. During the conference, printed flyers advertising the hashtag were posted throughout the venue, and it was mentioned in announcements before the day's sessions began. Presenters were encouraged to include the hashtag and their personal Twitter handles on slides and posters.

One month before the conference began, daily informational tweets were posted featuring meeting information, conference events, keynote speaker profiles, area attractions and lodging, and facts about the history of coregonine fisheries and research in Lake Superior and northern Wisconsin. The purpose of these daily tweets was to create conversation about and anticipation for the conference, as well as convey important logistical information such as submission deadlines and travel arrangements.

Live streaming and video recording

Three weeks before the conference, all presenters were emailed a permission request form for audio and video recording. The form included the options to give permission for the talk to be live streamed via Twitter and Periscope, recorded for later upload to the conference YouTube channel, both, or neither. Presenters who did not return the form were assumed to have declined permission for both platforms. This enabled us to comply with the wide variety of agency and organization-specific video restrictions and the personal preferences of the speaker.

Equipment for live streaming, including an iPad tablet computer, extension cords, and tablet stand were provided by an audiovisual company contracted for the event. Because the conference venue did not have internet access, a wireless internet hotspot was generously donated by the local tourism office (Bayfield County Tourism). The lack of internet access was perhaps the largest challenge facing our social media campaign, and it would not have been possible without the cooperation of the local community.

During the conference, tweets promoting the day's schedule of live streamed talks were posted each morning to encourage more viewers. In addition, tweets announcing upcoming talks were posted 10–30 minutes before the start of each talk. These tweets were written and scheduled prior to the start of the conference using the social media management platform Hootsuite (https://www.hootsuite.com).

Both oral presentations and poster presentations were live streamed at the conference. While live streaming an oral presentation is not unheard of, live streaming poster presentations is a fairly new concept and required a different setup. Poster presentations were live streamed from an iPhone smart phone equipped with a dual head clip-on microphone. The presenter and poster title were introduced by the host, after which the presenter gave a short, approximately five minute overview of their poster. After the presentation, the host and other viewers, both in person and watching online via the Periscope app, were allowed to ask questions and discuss the poster with the presenter. Videos of poster presentations were saved on the iPhone and uploaded later to the conference's YouTube channel.

In addition to live streaming, talks were filmed on a camcorder for later uploading to the conference's YouTube channel (https://www.tinyurl.com/Coregonid2017). Filming with the camcorder in addition to live streaming was beneficial for two reasons: first, the camcorder video footage was higher quality than the live streaming video; and second, several speakers did not wish for their talks to be live streamed, but gave permission for their presentations to be uploaded to YouTube.

Results

Twitter and the conference hashtag #Coregonid2017

We were able to greatly expand the reach of our small conference by incorporating social media. Data on tweet activity from Twitter and video view activity from YouTube were downloaded on 10 January 2018, four months after the start of the conference. A total of 158 unique tweets were posted from the official administrative account (@greatlakescisco) between 14 August and 16 September 2017. These tweets yielded a total of 82,877 impressions, which is a measure how many times a certain tweet appears in a user's feed (Table 1). These tweets garnered a total of 526 likes and 136 retweets throughout the social media campaign, as well as 195 clicks on the hashtag #Coregonid2017, which would route followers to additional tweets about the conference posted by other accounts. The majority of the pre-conference tweets included information about the meeting, activities and accommodations in the Bayfield, WI area, and history of the local coregonine fishery. Engagement with these pre-conference tweets helped promote the meeting, initiate online conversation about the conference, and increase anticipation, excitement, and a sense of community among conference attendees. Because this was a small conference with only a small portion of the attendees initially members of Twitter before the conference began (22 attendees, or approx-

Table 1. Reach metrics of 158 tweets posted by the official conference account (@greatlakescisco) for the pre-conference period (14 August–8 September 2017) and during the conference (9 September–16 September 2017). Organic impressions represents the number of times users saw the tweet appear in their feed. Engagements measures the number of clicks on a particular tweet. Metrics from Twitter Analytics (https://www.analytics.twitter.com).

	Pre-Conference (N=46)		**During Conference (N=112)**	
	Total	Mean per tweet	Total	Mean per tweet
Organic impressions	28,316	615.6	54,561	487.2
Engagements	624	13.56	1665	14.9
Engagement rate	–	0.021%	–	0.026%
Retweets	49	1.1	87	0.78
Likes	203	4.4	323	2.9
Replies	12	0.26	28	0.25
Hashtag clicks	42	0.91	153	1.37
Media views	1050	22.82	1790	15.98

imately 14%), these pre-conference promotional tweets were instrumental in promoting online participation prior to the start of the meeting.

A total of 207 unique, original tweets (not retweets or comments) were posted using the hashtag #Coregonid2017 during the week of the conference. Approximately half of these tweets (49.8%, or 103 tweets) were posted by accounts other than the official conference account (@greatlakescisco). On average, each account posted a mean of 3.3 ± 4.1 unique, original tweets, with a maximum number of 20 from a single account. Tweets were posted by 31 different accounts from four countries (including eight US states and two Canadian provinces), cumulatively expanding the audience to thousands of other followers (Figure 1).

Bringing the conversation onto Twitter allowed several people who were not able to attend the conference to participate remotely. Of the 31 accounts tweeting with the hashtag

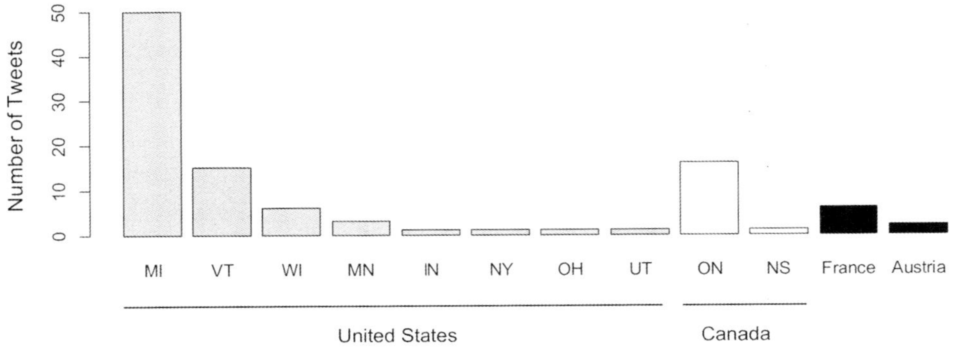

Fig: 1. Number of unique tweets posted by 31 accounts using the hashtag #Coregonid2017, organized by country of residence.

#Coregonid2017, a quarter (25%, or 8 accounts) represented people who were not at the meeting. As this figure only considers unique, original tweets, it does not include the many people not in attendance who were commenting, retweeting, or liking these posts, which further expanded the reach of the conference.

Live streaming and recorded video

Of the 79 oral presentations at the conference, approximately half (45.5%, or 36 presentations) were live streamed on Periscope. Additionally, seven poster presentations (20% of the total 35 poster presentations) were live streamed. These live streamed videos had a total of 465 live views and 1099 replay views, for a mean of 15.5 ± 16.2 SD live and 36.6 ± 25.3 SD replay views per video. The most watched live streamed video was that of an invited plenary speaker, with 87 live and 102 replay views. Viewers represented a variety of different home countries, with viewers that were confirmed as science professionals (i.e. not accidental viewers, Twitter bot trolls or other digital passers-by) hailing from France, Argentina, Sweden, two Canadian provinces (Ontario and New Brunswick) and six US States (New York, Michigan, Wisconsin, Indiana, Vermont, and Idaho).

All talks that were live streamed, with an additional four oral presentations that were not live streamed, were recorded and posted on YouTube. The 47 total videos on YouTube earned 742 total views, with a mean of 15.8 ± 14.3 SD views per video. The maximum number of views for a single video was 74, for the same plenary speaker mentioned above.

Although recording oral presentations for later viewing online has been done for years, live streaming of talks at scientific conferences is a relatively new phenomenon. The major advantage of live streaming talks at the Coregonid Symposium was that it allowed online viewers to interact with the presentations in real time. Online viewers were able to type comments and questions into the message box on the Periscope app. The live streaming moderator could then ask their questions of the speaker on their behalf if time allowed, or follow up later with an answer to their question. As the typed questions are only visible to the moderator, quality control consisted of the moderator simply choosing which questions were appropriate to be asked during the question and answer session. Live streaming provides a more authentic experience to online viewers, as it more closely simulates a real oral presentation experience to those unable to attend. In addition, online participants were able to join the complementary conversation happening in posted tweets as the conference was underway, mimicking the in-person discussion and networking that is a major benefit of attending professional conferences.

Another new use of live video employed at the Coregonid Symposium was live streaming poster presentations on Periscope. Although a staple at professional conferences in many fields, posters often have a limited reach and are of questionable value for science communication (Salzl et al., 2008). Their audience often consists of the few people who stop to briefly glance over the abstract and figures, or perhaps the judges of the student poster competition. By live streaming posters, the presenters were able to communicate their research beyond the confines of the poster social and to the outside world. Live videos of the seven poster presentations earned a total of 41 live and 263 replay views on Periscope, with a mean of 5.9 ± 4.1 SD live and 37.6 ± 25.7 SD replay views per video, far more than may be expected at a standard poster social at a small conference. Presenters were asked to give a short summary overview of their poster, which ensured that viewers would take away the main conclusions of the poster. The same benefits that live streaming brings to oral presentations were also available to the poster presenters; the online audience was able to ask questions in real time, and benefit from the discussion between the host, presenter, and in-person attendees. Finally, the recorded videos of the poster presentations were posted on YouTube for later sharing and viewing, further extending the reach of the poster. Poster presentations on YouTube earned a total of 142 views, for a mean of 20.3 ± 14.6 SD per video.

A final benefit of creating a social media presence was that the conversation about the conference continued online after the event was over. Several attendees of the conference started their own Twitter accounts during or just after the conference, influenced by the activity and discussions happening online. Additionally, a few attendees expressed interest in conducting similar social media campaigns, including live streaming oral and poster presentations, at other scientific conferences. In order to help those who are interested and share what we learned during #Coregonid2017, I have included some advice for future conference organizers below.

Advice for future conferences

This list of advice is based on our experiences during this conference and is certainly not comprehensive. If you are interested in organizing a social media campaign for your conference, additional tips and resources can be found in Shiffman's (2012) advice for conference organizers and Sopinka's (2015) and Ekins & Perlstein's (2014) guides for attendees.

Start early and work social media into the conference plan from the beginning.

If you are interested in organizing a similar social media or live streaming effort, contact the conference organizers several months before the start of the conference. Although some conferences have been able to cultivate a good social media presence without a centralized organizational effort, it is much easier to keep the conversation organized under a single official hashtag if you promote it early on. Furthermore, working with the conference organizers makes it easier to promote your hashtag on all possible materials, from the website to emails to printed schedule books and posters. Finally, working with the conference organizers gives you access to mailing lists for all presenters and attendees, allowing you to live stream many more talks than simply asking for volunteers on social media.

Promote early and often

Include your hashtag on all available promotional materials, like the top welcoming banner of the conference website, cover or first page of the program book, and in the footer of all official conference emails. Don't wait until the meeting begins to start tweeting – jump start the conversation online several weeks to months early to encourage greater participation, especially at smaller meetings.

Make sure the venue has adequate wireless internet access

A major hurdle facing the Coregonid Symposium social media campaign was the lack of wireless internet access at the venue. The entire live streaming effort was only made possible when a local community member offered to sponsor a wireless hotspot. If your venue does not have internet, contact businesses or government offices in the area and ask if they would be willing to be a sponsor. Offering wireless internet access to attendees free of charge is a great way to encourage online participation, and is a necessity for international visitors who may not have cellular data service in your country.

Rent tablets, cameras, tripods, and other equipment from a communications company

Quite often, the conference will already be contracting a communications vendor for items such as microphones, projectors, and laptop computers. These companies often rent audio-visual equipment as well, allowing you to keep your personal devices for your own use. Having multiple devices, such as a dedicated tablet for streaming and a smartphone or laptop for personal use, allows you to live stream while simultaneously monitoring video quality, responding to comments, posting updates, and blocking disruptive users on a secondary device.

Use existing networks and audiences to extend your reach

Tag journals, agencies, universities, etc. that may have attendees or speakers at your conference. Many of these organizations already have a social media presence with followers of their own, and tagging them will automatically increase the size of your potential audience.

Advertise live streaming and other online opportunities to non-social media users

Advertising your social media campaign or live streaming plan exclusively online limits your audience to those who are already using social media. Spread the word to those who may not be on social media, and include links and instructions on how to view live streamed talks.

Ask for permission

Distribute a permission waiver for audio and video recording or live streaming of talks prior to the conference. Many organizations restrict the content that they allow to be posted online, and by including a permission form you can be sure to honor those preferences. Also, many people are comfortable with their recorded talks being posted online after the conference but are uncomfortable with live streaming. Be a good ambassador for social media and ask for permission first.

Write and organize your posts ahead of time

Compose your promotional tweets, talk announcements, and informational updates ahead of time in a spreadsheet. Include columns for the speaker's social media handle or account name, other accounts to tag such as their employing agencies or universities, relevant hashtags, media or links to include, and the day and time the tweet should be posted. Schedule these tweets ahead of time in a social media management platform such as Hootsuite (http://www.hootsuite.com) or Tweetdeck (http://www.tweetdeck.twitter.com). Some platforms even include a batch upload option directly from a spreadsheet or text file.

Encourage the use of hashtags and handles on presentations and posters

This makes it easier for viewers to post summaries and comments about certain talks, and facilitates online networking by letting viewers know where to find you on social media.

Live stream poster presentations

All you need is a smartphone with a live-streaming app installed and a two-headed clip on microphone to live stream video of poster presentations. Begin by introducing the speaker and poster title, then have the presenter give a short 3–5 minute overview of their poster. End with a question and answer session, and invite those viewing online to submit questions for the speaker.

Think about what analytics you want before the social media campaign begins

Some metrics, including many mentioned in this paper, can be accessed after the conference using Twitter Analytics (http://www.analytics.twitter.com). However, if you are interested in more detailed information on tweets other than your own using a certain hashtag, would like to conduct social network analysis using software such as Netlytics (http://www.netlytics.com), or would like to download all text and metadata associated with each tweet, you will need to set up a tweet archiver before the conference begins. Due to Twitter's proprietary application programming interface (API), you are only able to download tweets from the past week or so. Start tracking your hashtag from the beginning, using Netlytics or another of the many free tweet archiver websites and plugins available.

Acknowledgements

Thank you to Nicole Wood (@WildlifeBioGal) for her invaluable guidance on live streaming and social media in general. Thank you to Mary Motiff (Bayfield Department of Tourism) for generously sponsoring the wireless internet hotspot that made the whole endeavor possible. And finally, thank you to Jared Myers, Dan Yule, and Mike Seider for believing in a crazy millennial and going to such great lengths to bring our vision into reality.

References

Collins, K., Shiffman, D. & Rock, J., 2016: How are scientists using social media in the workplace? – PLoS One 11: doi: 10.1371/journal.pone.0162680
guide-for-conference-organizers-and-twitter-users/
Ekins, S. & Perlstein, E. O., 2014: Ten simple rules of live tweeting at scientific conferences. – Plos Comput. Biol. 10: 1–4. doi: 10.1371/journal.pcbi.1003789
Eshenroder, R. L., Vecsei, P., Gorman, O. T., Yule, D. L., Pratt, T. C., Mandrak, N. E., Bunnell, D. B. & Muir, A. M., 2016: Ciscoes of the Laurentian Great Lakes and Lake Nipigon. Ann Arbor, MI.
Govere, E. M., 2016: The global science era. The Scientist. 1 May. https://www.the-scientist.com/?articles.view/articleNo/45858/title/The-Global-Science-Era/
Nason, G. J., O'Kelly, F., Bouchier-Hayes, D., Quinlan, D. M. & Manecksha, R. P., 2015: Twitter expands the reach and engagement of a national scientific meeting: the Irish Society of Urology. – Ir. J. Med. Sci. 184: 685–689. doi: 10.1007/s11845-015-1277-6
Radmanesh, X. A. & Kotsenas, A. L., 2016: Social media and scientific meetings: an analysis of Twitter use at the Annual Meeting of the American Society of Neuroradiology. – Am. J. Neuroradiol. 37: 25–27. doi: 10.3174/ajnr.A4168
Salzl, G., Gölder, S., Timmer, A., Marienhagen, J., Schölmerich, J. & Grossmann, J., 2008: Poster exhibitions at national conferences: education or farce? – Dtsch. Arztebl. Int. 105: 78–83. doi: 10.3238/arztebl.2008.0078
Shiffman, D., 2012: How to live-tweet a conference: a guide for conference organizers and Twitter users. Southern Fried Science. http://www.southernfriedscience.com/how-to-live-tweet-a-conference-a-
Sopinka, N. 2015: Try this! Tweeting the meeting. – Fisheries 40: 428–428. doi:10.1080/03632415.2015.1065157
Wilkinson, S. E., Basto, M. Y., Perovic, G., Lawrentschuk, N. & Murphy, D. G., 2015: The social media revolution is changing the conference experience: analytics and trends from eight international meetings. – BJU Int. 115: 839–846. doi: 10.1111/bju.12910

Manuscript received: 12 January 2018
Revisions requested: 18 April 2018
Modified version received: 29 June 2018
Accepted: 6 July 2018

Fisheries management

Advanc. Limnol. **66**, p. 25–46
Biology and Management of Coregonid Fishes – 2017

Article

Towards sustainable commercial vendace fisheries in Finland: lessons learned from educating stakeholders for management decision-making based on imprecise monitoring data

Timo J. Marjomäki[1,*], Pentti Valkeajärvi[2], Tapio Keskinen[2], Kari Muje[1], Olli Urpanen[3], and Juha Karjalainen[1]

With 3 figures and 4 tables

Abstract: The new Fishing Act in Finland stipulates that fisheries must be managed in an ecologically, economically, and socially sustainable manner based on the best available knowledge. A new regional body representing different stakeholders must prepare a management plan, enforce it, and monitor its impact with data on fisheries. To facilitate these objectives, representatives of different stakeholder groups and other relevant actors were educated for whole-lake-scale vendace (*Coregonus albula*) stock monitoring and commercial fisheries management planning, and decision-making. The education sessions consisted of lectures on stock monitoring methods and a practical exercise of preparing a monitoring plan and a commercial fishing code. These were then pressure tested and tuned further in management strategy evaluation (MSE); A simulation model was used to create a virtual vendace stock and associated fishing and stock monitoring data that incorporated realistic measurement errors and biases. The participants applied these imprecise data for regulating fishing according to their code. First, this paper provides an example of real vendace monitoring data from Lake Southern Konnevesi. The stock has been monitored with metrics such as yield (kg) and catch (individuals) per unit effort, age distribution, and size-at-age. Later on, density of newly hatched larvae after ice-off and pelagic fish density in autumn (consisting mainly of vendace and smelt) were estimated annually. Despite the considerable imprecision, all abundance indices correlated strongly and indicated the trend in vendace stock abundance. The larval density estimate gave some useful information for back-casting spawning stock abundance and forecasting recruitment. The participants of the exercise felt, based on their experience, that annual data on total commercial yield and fishing effort, YPUE from commercial gear, age-distribution of catch, and size-at-age are minimum annual information required for understanding relative stock fluctuations and for forecasting the potential for sustainable fishing for next season. These were considered cost-effective and heuristically simple to interpret. In certain demanding situations, they found stakeholder-independent information on larval density and vendace density from

Authors' addresses:
[1] University of Jyväskylä, Department of Biological and Environmental Science, P.O. Box 35, 40014 University of Jyväskylä, Finland
[2] Natural Resources Institute Finland, Survontie 9 A, 40500 Jyväskylä, Finland
[3] Metsähallitus, P.O. Box 36, 40101 Jyväskylä, Finland
[*] Corresponding author: timo.j.marjomaki@jyu.fi

DOI: 10.1127/adv_limnol/2021/0068 1612-166X/21/0068 $ 5.50

echo sounding useful, despite their higher cost and more ambiguous interpretation. The exercises generated valuable information on what should be included in a lake-specific commercial vendace fishing code and on an applicable management strategy for a quickly fluctuating vendace resource. The MSE turned out to be useful both in educating the participants about planning and decision-making and testing and fine-tuning the draft of a monitoring plan and fishing code.

Keywords: biological reference point, coregonid, harvest strategy, stock assessment, uncertainty

Introduction

Vendace (*Coregonus albula*) is the main target for inland commercial fishing in Finland (e.g., Marjomäki et al., 2016). It is a small pelagic planktivore (typically < 20 cm in length) with strongly density-dependent growth (Marjomäki & Kirjasniemi, 1995), and short life-span; age-5 and older individuals being observed infrequently (e.g., Viljanen, 1986). Nearly 100% of a cohort reaches sexual maturity by age-2 (Karjalainen et al., 2016).

The commercial fishing for vendace has evolved since the 1980s from subsistence and semi-commercial fishing performed locally by the village fishing-rights owners, to whole basin-, lake-, and even multi-lake-trawling and winter seining operations by commercial entrepreneurs. Currently, the commercial operators get access to fishing grounds by buying a license from local fishing-rights owners' associations. The estimated potential for ecologically sustainable yield of vendace in Finnish lakes is likely several times the annual yield, which is restricted by limited demand (Marjomäki et al., 2016). On average, the fishing mortality rate (F) is thus low due to self-regulation of effort by commercial fishers to meet the daily demand, but the potential for increasing F is certainly feasible if commercial fishers decide to increase effort regardless of decreasing CPUE (see "Sustainable Operation Window" in Marjomäki, 2003). Chronic mistrust and conflicts prevail between the commercial fishers and fishing-right owners. Therefore, getting licenses to wide enough fishing grounds has been difficult, especially for non-local fishers. Thus, the fishing mortality for vendace at present is spatially variable.

To tackle these problems in access and allocation, among others, the new Fishing Act in Finland, enacted in 2016, stipulated as a general objective that fisheries must be managed in an ecologically, economically, and socially sustainable manner based on the best available knowledge. Under the new Act, decisions are made at the regional level, through a committee that includes representatives of fishing-rights owners' associations within a larger water course, as well as recreational and commercial fishers. Amongst the duties of these committees is to prepare a management plan for the region, enforce it, and monitor its impact by reviewing data on fisheries. The plan must include a map of areas well suited for commercial fishing. Practically, the aim is to initiate the use of the Fisheries Management Cycle recommended by FAO (1995).

The vendace populations have been monitored by several methods (e.g., Helminen et al., 1993; Auvinen & Jurvelius, 1994; Marjomäki & Huolila, 1995; Urpanen et al., 2009): catch per unit effort, virtual population analysis, echo sounding, Leslie–DeLury depletion (mass removal), size-at-age (density-dependent growth), and density of newly hatched larvae. The information produced by these methods is prone to considerable random error and bias, but these are typically well understood. The metrics obtained from different methods correspond well with each other (e.g., low density – fast growth). Therefore, the information about population status is more reliable if several methods are used. So far, there has not been a routine cycle of data collection and stock assessments to support annual tactical fisheries management decisions (Fisheries Management Cycle) for vendace lakes. Rather, fishery stock assessments have occurred during various time-limited, academic projects aimed at scientific understanding of population dynamics. The utility and cost-effectiveness of different monitoring data for practical applications demanded by the new Fishing Act have not yet been tested.

In this article, we first use the exceptionally long time series for vendace in Lake Southern Konnevesi (later referred as Konnevesi) as an example dataset, which included information from different survey methods that could be part of a practical assessment program. Second, results from a project intended to elucidate the required knowledge for rational, information-based management of commercial vendace fishing are presented. Additional aims of the project were to educate and empower the different stakeholders to fully participate in policy- and decision-making processes, and to develop institutions and good practices for sustainable fisheries management. The approach of the project was based on an exercise where the participants were first familiarized with the monitoring methods and their typical biases and errors. Then they prepared a commercial fishing code and a detailed monitoring plan, for an imaginary vendace fishery. These were then exposed to Management Strategy Evaluation (MSE; *sensu* Punt et al., 2016), which was based on simulations of a dynamic vendace population and its associated monitoring data, with typical biases and errors incorporated into the modeling exercises. We report on the ability of stakeholder committees to internalize fishery concepts and decide on annual monitoring and management actions, which has implications for the successful implementation of the new Fishing Act.

Material and methods

Monitoring data example

The monitoring data stem from a Finnish national reference lake Konnevesi (62° 37' N, 26° 27' E), where Konneveden kalatutkimus ry (The Fish Research Society for Lake Konnevesi, http://www.konnevedenkalatutkimus.fi), Natural Resources Institute Finland (former Finnish Game and Fisheries Research Institute) and the University of Jyväskylä have been jointly developing fish stock monitoring methods for lakes since the end of the 1960s. The lake is oligotrophic (total P < 10 μg L^{-1}) and oligohumic (color content < 30 mg Pt L^{-1}). The water level of the lake is not regulated.

The relative abundance of Konnevesi vendace was monitored by fishing records: a voluntary group of seine and gillnet fishers recorded their daily fishing effort (number of seine hauls or gillnet nights) and yield (catch in mass units, kg) by species. The average yield per unit effort (YPUE) for vendace was calculated annually for the period July–October. The mesh size of seine cod end is typically 8–10 mm (from knot to knot) and therefore all vendace individuals in their second growing season or older (i.e., yearling and older; YAO) are fully recruited to this gear in most years. Age-0 vendace only partially recruited to seines, depending on growth. The gillnet mesh size is sparser (typically > 12 mm) and therefore age-0 vendace were absent from those catches. Daily records of effort and yield from trawling have been collected during the last few years. The trawl YPUE for YAO vendace was calculated as the yield per 10 ha swept in September with sparse cod-end mesh (13–15 mm). YPUE was also calculated for trawls fished in November (YOY and YAO vendace reported separately) with dense cod end mesh (10–11 mm).

Prior to the onset of spawning in October, random samples of vendace were collected annually from seines to gain information on the biological characteristics of the catch. The total length (precision 1 mm), fresh weight (precision 0.1 g), sex, maturity (based on visual inspection of gonads), and age (determined from scales) were recorded. The seine CPUE of YAO fish was used as an index of spawning stock biomass for year y, while the seine CPUE of age-1 fish in year y+1 served as an index of age-0 recruitment for year y.

A larval seine was used to estimate the density of vendace larvae in the littoral zone (DLs; individuals ha^{-1}) from 1984–2000. The sampling method was described in detail in Valkeajärvi & Bagge (1995). Since 1999, depth-zone-stratified sampling has been done with pushed bongo nets. Larval densities were estimated annually at 20 littoral and 10 pelagic sampling stations within the following two weeks after ice off and extrapolated to obtain a whole lake average density (DWLb; individuals ha^{-1}) (see Urpanen et al., 2009 for details). The DLs estimates from 1984–2000 were transformed to whole lake average density using the equation:

Littoral seining-based estimate of DWLb = DLs * LA * (1 + PPb / PLb) / TA,

where LA = littoral area (ha), PPb = the average proportion of larval population residing in pelagic zone estimated from all bongo samplings, PLb = the average proportion of larval population residing in littoral zone estimated from all bongo net samplings and TA = total lake area. Both seine and bongo sampling were carried out simultaneously in 1999 and 2000 to assess the relationship between DWLb and the transformed littoral seining-based estimate.

Echo sounding has been implemented since 1986 to survey the pelagic fish community, which consists mostly of vendace and smelt (*Osmerus eperlanus*) in Savolaisselkä basin of Konnevesi. A 1-km acoustic transect was sampled in the portion of the basin >15 m bathymetric depth. The survey was carried out at night, typically during the latter half of September. A field calibrated Simrad EY-M echo sounder with a single-beam, 70 kHz transducer and Hydroacoustic Data Acquisition (HADAS) software (Lindem Data Acquisition) were used from 1986–2010. A Simrad EK-60 echo sounder with a split-beam, 120 kHz transducer and Sonar 4-software (Balk & Lindem, Lindem Data Acquisition) were used from 2010–2016. The TVG-function 40logR was applied and the minimum threshold in SED considered as fish targets was set to –56 dB. The Amp-threshold for Sonar 4 was set to –60 dB.

Fisheries management education

Altogether, 17 invited "committees" consisting of 126 persons participated in education sessions. The committees were first assembled according to fishing-right owners, commercial fishers, management consultants, state fisheries officers, researchers, and fisheries science students. In the latter phase of the project, mixed committees representing all main stakeholder groups were formed.

The sessions consisted of three parts. In the first part, a lecture on the fishing and vendace stock monitoring methods was shared. Quality of the information provided by different data sources was emphasized within the session. Also, the reasons for random errors and biases and the consequences of uncertainty on the risk of incorrect interpretation were explained.

The second part consisted of preparing a commercial vendace fishing code for an imaginary lake with only limited historical data and very broad estimates of the potential for average sustainable commercial vendace yield. Examples of different estimates included the following; 1) The present commercial fisher thinks, based on his 10 year experience, that the potential for average sustainable commercial vendace yield is 200 tonnes yr^{-1}, 2) the fishing-right owners' association, based on their long experience with subsistence and recreational gillnetting, are of the opinion that the sustainable yield is closer to 100 tonnes, and 3) the resource biologists indicate that in this type of lake, the sustainable yield is likely within the range of 120–240 tonnes and emphasize that it is impossible to predict sustainable yield more closely because of the highly unpredictable occurrence and duration of natural low stock periods.

It was emphasized to the committees that the lake in question was not one of the lakes that they had been involved with in real life. This was important because it alienated the committee members from the actual situation and issues in their "home waters" and because the future management units will be so wide that the real committees will be involved in management of fisheries that they are not initially familiar with. Committees were tasked with developing a fishing code that could include objectives, strategy, annual tactics, harvest control rules, monitoring program, and license eligibility criteria. It was emphasized that the code should be detailed enough to serve as a manual for annual tactical operations within the strategy. Also, the imaginary budget for fishery monitoring was limited (annually a few thousand €) so that the participants had to balance their choice of monitoring methods with the information they needed.

In the third part (Figure 1), the code was exposed to management strategy evaluation (MSE) in a simulation-aided exercise. A dynamic, monthly updated, age-structured model was used to simulate a vendace population and its response to fishing. The principles of the population model are described in detail by Marjomäki (2005). The model incorporated the important features of highly density dependent growth and recruitment. The spawning stock–recruitment model could be humped (Ricker-type) or asymptotic (Beverton & Holt-type) and could incorporate a tendency for two year cyclicity (Marjomäki et al., 2014). The simulated impact of environmental variability on recruitment was set to realistic levels and its spectrum could be adjusted from white noise (random) to red (low-frequency cycles). In the fishing module, the catchabilities of different gear with size-based gear selectivity were modeled. Importantly, the behavior (monthly fishing effort) of fishers was made functionally dependent on yield per unit effort and consequently on stock density (Marjomäki et al., 1995) with a realistic level of unpredictable (random) variability around that function. Also, subsistence gillnetting for vendace was simulated, although its annual yield is typically very low compared to commercial trawling and seining and its effort declines quickly, compensatorily, with the decline in vendace stock (Marjomäki et al., 1995). The game operator used the YPUE data for gillnets to index the satisfaction of imaginary gillnetters.

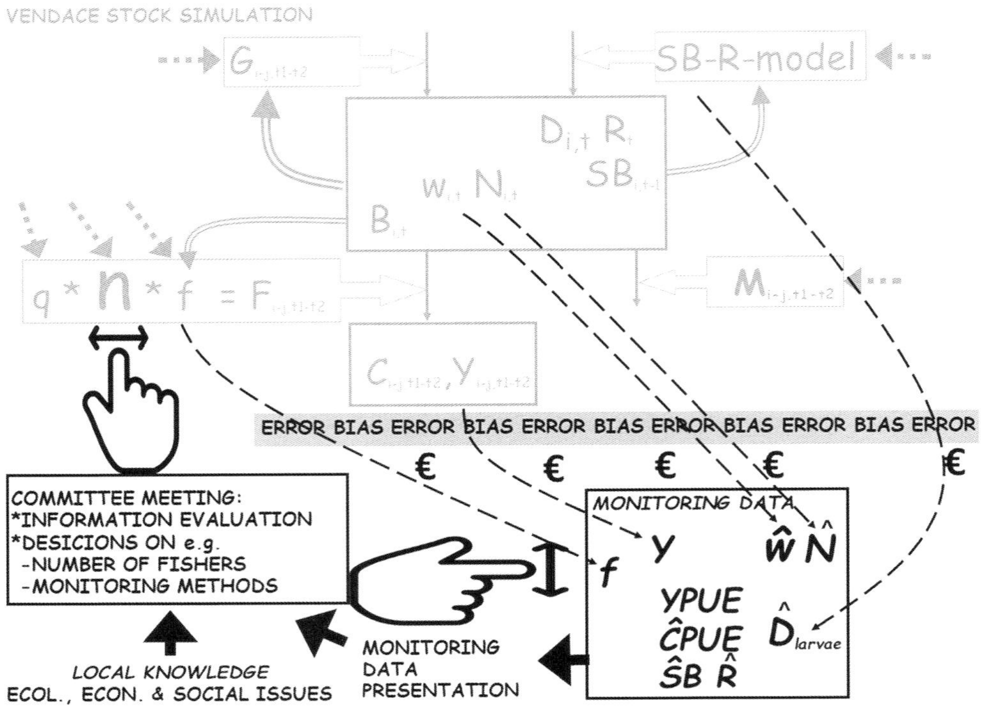

Fig. 1. A schematic diagram of the simulation aided management strategy evaluation for commercial vendace fisheries in a Finnish lake. Symbols: G = growth rate, SB = spawning stock biomass, R = recruitment, N = number of individuals, D = larval density, w = mean weight, B = biomass, q = catchability, n = number of fishing licenses, f = fishing effort, M = natural mortality, C = catch in numbers, Y = yield in kilograms, ^ = estimate, subscript i = age, subscript t = moment in time, € = cost. For model equation and examples of parameter sets see Marjomäki (2005).

The components of monitoring data were generated annually based on the population status. The available data items were: YPUE for trawl, seine, and gillnets; age structure and age-specific mean weight in catch samples of main commercial gear (trawl or winter seine); larval density estimate in spring based on whole lake bongo net sampling; average vendace density and biomass estimate from echo sounding. Thus, the indices were similar to what were described in the example of Konnevesi, with the exception of echo sounding data, which was elaborated further from the mere total pelagic fish density used in Konnevesi. It was assumed in the simulation that the vendace density estimate was extracted from a total pelagic fish density estimate based on target strength distributions and knowledge of vendace size structure from catch samples (e.g., as in Marjomäki & Huolila 1995). Importantly, realistic levels of random measurement error and bias, and thus uncertainty of the true stock status, were added to these monitoring data (Examples in Table 1).

Only the simulation model operator knew what parameter set was used to create the population, fishing and monitoring data. Even the operator did not know the real population and

Table 1. Examples of algorithms and parameters for adding random error and bias into different monitoring data items generated by the population simulation model. X = "true" value from simulation, ε = normally distributed random number, s = standard deviation, B = the bias.

Monitoring data item	Algorithm	s	B
N of age i fish in catch sample	$X * (1 + \varepsilon), \varepsilon \sim N(0, s^2)$	0.1	
Trawl YPUE during August–September	$X * (1 + \varepsilon), \varepsilon \sim N(0, s^2)$	0.07	
Larval density	$X * \exp(\varepsilon), \varepsilon \sim N(0, s^2)$	0.7	
Vendace density estimate by echo-sounding	$X * (1 + \varepsilon) * (1 + B), \varepsilon \sim N(0, s^2)$	0.1	0.1

fishing status for any year, but presented the uncertain monitoring data to the committee as would happen in reality. Another research person facilitated the work of the committee, encouraging discussion on the code, monitoring data, and management decisions. The sessions were audio-recorded with permission from all participants.

Every committee had a unique (typically 200–400 km^2) virtual lake and simulated vendace fishery. Yet, every committee started their exercise from a situation of only 1 trawl license, or a few winter seine licenses in the past, and local knowledge that the stock has been rather abundant during the last 5 years. Yield had been only a few kg ha^{-1}, due to low fishing effort and small size of fish. It was emphasized to them that the fishing effort and catch had been low due to limited demand for small-sized fish and that the potential fishing effort of commercial fishing is manifold to the present level.

The "game strategy" of the operator aimed to increase the number of fishers, providing virtual arguments to the committee from fishers applying for licences. Examples of arguments for more access included the following: "the fish stock is ample and fish dwarfed"; "the fish stock is under-fished"; and "resources are being wasted and unemployment created". On the other hand, the operator also mediated the virtual stereotypical attitudes of subsistence fishers (vendace gillnetters) and salmon/trout sport trollers, that increased fishing will lead to vendace collapse and low success in salmon stocking; due to the direct effect of commercial by-catch or the indirect effect of reduced growth and survival resulting from the collapse of their prey. The committees had to form their view of the contradictory claims, typical of Finnish vendace fisheries, based on monitoring data, which they knew contained unknown bias and error. The individual facilitating the work of the committee made the committee explain the grounds of their judgement before they could make their management decision. Thus, the decision-making process was made stressful and the committee was accountable for their use of data and errors in front of a virtual "public".

Occasionally, when the committee seemed to gain confidence in dealing with monitoring data, a complication was generated by not delivering a typical source of information (e.g., age and size structure based on catch samples because "a management agency freezer malfunctioned and all collected samples of vendace were lost"). This was done to make the participants assess how important these data really were in their annual stock assessment. On the other hand, if the committee did not invest and apply certain types of monitoring data (e.g., larval density), it was offered to them unexpectedly for free (e.g., as a byproduct of an academic research project) to find out how they would interpret the information and if they found it useful.

Based on monitoring data and other facts they considered important, the committee made annual decisions for which they were entitled under their code and license agreements with the virtual fishers. Typically, the committees issued a maximum of five-year commercial fishing licenses. At the end of license period, they thus had an opportunity to make changes to their code and license conditions based on experience and learning.

The committees were typically able to test their stock monitoring and decision-making for a period of about 10 simulated years in an 8-hour MSE-exercise. Thus, the emphasis was on practicing interpretation of monitoring data and discussing the decision-making process in an atmosphere of conflicting opinions and considerable uncertainty about vendace stock status and future development.

At the end of the exercise, committee members were jointly audited on their experience and learning. Their success in management was discussed with respect to the objectives they had set and not in relation to any outcome that the organizers would consider optimal. Their ability to comply with their code and use the monitoring data to tackle challenging situations was also discussed. A few days after the exercise, every committee member received a log of their exercise and an additional survey that they could fill privately. As the simulation model parameters were not identical and random variability affected outcomes considerably (e.g., recruitment), every committee encountered a unique continuum of scenarios in their exercise. Therefore, comparison of the performance between committees was not possible. Any tendency of seeing the exercise as a sort of "competitive computer game" between different stakeholder teams was consciously avoided as much as possible.

Results

Vendace stock monitoring data in reality: Konnevesi as an example

The indices for vendace stock abundance in Konnevesi were YPUE according to gear, CPUE from seines, average length-at-age, and pelagic total fish density (not strictly vendace) from echo-sounding (Figure 2). According to these indices, the stock underwent large fluctuations in abundance during the study period, with densities at the beginning of the time series moderately high, followed by an extended period of low densities, and finally a return to high densities. All the above mentioned indices reflected this signal clearly. The YPUEs, seine CPUE, and total fish density estimate from echo sounding stayed at a low level from the mid-1980s through mid-1990s and increased after that. The correlations between the abundance indices were high and significant (Table 2). Lenght-at-age fluctuated inversely to the other abundance indices (Table 2). The difference in size-at-age between dense and sparse stock was approximately 2-fold (Figure 2 E) for length and as high as 5–8 fold for weight.

The precision of the annual average YPUE estimate is dependent on the number of individual daily observations, but the typical coefficient of variation (CV = s.d. / mean*100) in daily seine YPUE was about 80–120% and consequently, the relative 95% confidence interval (CI ≈ ± 2 * (s.d. / √n) / mean) for annual seine YPUE was ± 15–25% about the estimate. For gillnets, the CV was about 75–85%, resulting in typical CI of ± 10–20% about the estimate. For trawls, the CV for sparse mesh cod-end was about 50% and for dense mesh cod-end about 100%.

Table 2. The Spearman correlation coefficient (Rho), its *p*-value (2-tailed hypothesis) and number of observations (n) between the vendace stock abundance indices in Lake Southern Konnevesi. YPUE = yield (kg) per unit effort, CPUE = catch (individuals) per unit effort, Pelagic fish D = pelagic total fish density estimate by echo-sounding.

Monitoring data item		YPUE gillnets	CPUE seine	Pelagic Fish-D	Length age-0	Length age-1	Length age-2
YPUE seine	Rho	0.576	0.957	0.727	-0.793	-0.874	-0.91
	p	<0.001	<0.001	<0.001	<0.001	<0.001	<0.001
	n	38	37	30	37	37	31
YPUE gillnet	Rho		0.583	0.471	-0.454	-0.514	-0.685
	p		<0.001	0.009	0.005	0.001	<0.001
	n		37	30	37	37	31
CPUE-seine	Rho			0.733	-0.828	-0.837	-0.886
	p			<0.001	<0.001	<0.001	<0.001
	n			30	36	36	31
Pelagic-Fish-D	Rho				-0.790	-0.732	-0.752
	p				<0.001	<0.001	<0.001
	n				29	29	26
Length age-0	Rho					0.837	0.811
	p					<0.001	<0.001
	n					39	32
Length age-1	Rho						0.868
	p						<0.001
	n						32

The YPUE for seines and gillnets reflected stock abundance differently. The size-selective nature of gillnets resulted in efficient capture of YAO groups, while the more indiscriminant seines caught all age groups. Therefore their correspondence was low during abundant stock periods characterized by slow growth (Figure 3 A), but both were low when densities were low and vendace growth was fast. The gillnet YPUE did not drop as prominently as that for seines during the stock decline, yet the 0.3 kg nightly catch consisted of only 2–3 large individuals, the size-at-age being larger when densities were low (Figure 2 E). The size-at-age declined with the increases in seine YPUE (Figure 3 B). Trawl YPUE data was available only for the last 3 years and therefore its quality as a stock index could not be compared to seines and gillnets.

The CPUE for seines correlated with total pelagic fish density estimate from echo sounding (Figure 3 C). During the period of low abundance, acoustic density was typically 1000–2000 fish ha^{-1} and consisted mostly of smelt. However, densities increased to > 10000 fish ha^{-1} during the period of high vendace abundance. Generally, the correspondence between vendace CPUE in seines and acoustically derived total fish density was only moderate: the fish density estimates ranged five-fold for a given CPUE of vendace.

The difference in total fish density estimates was typically only a couple of percent for two runs done in immediate succession, where the second run started within five minutes of

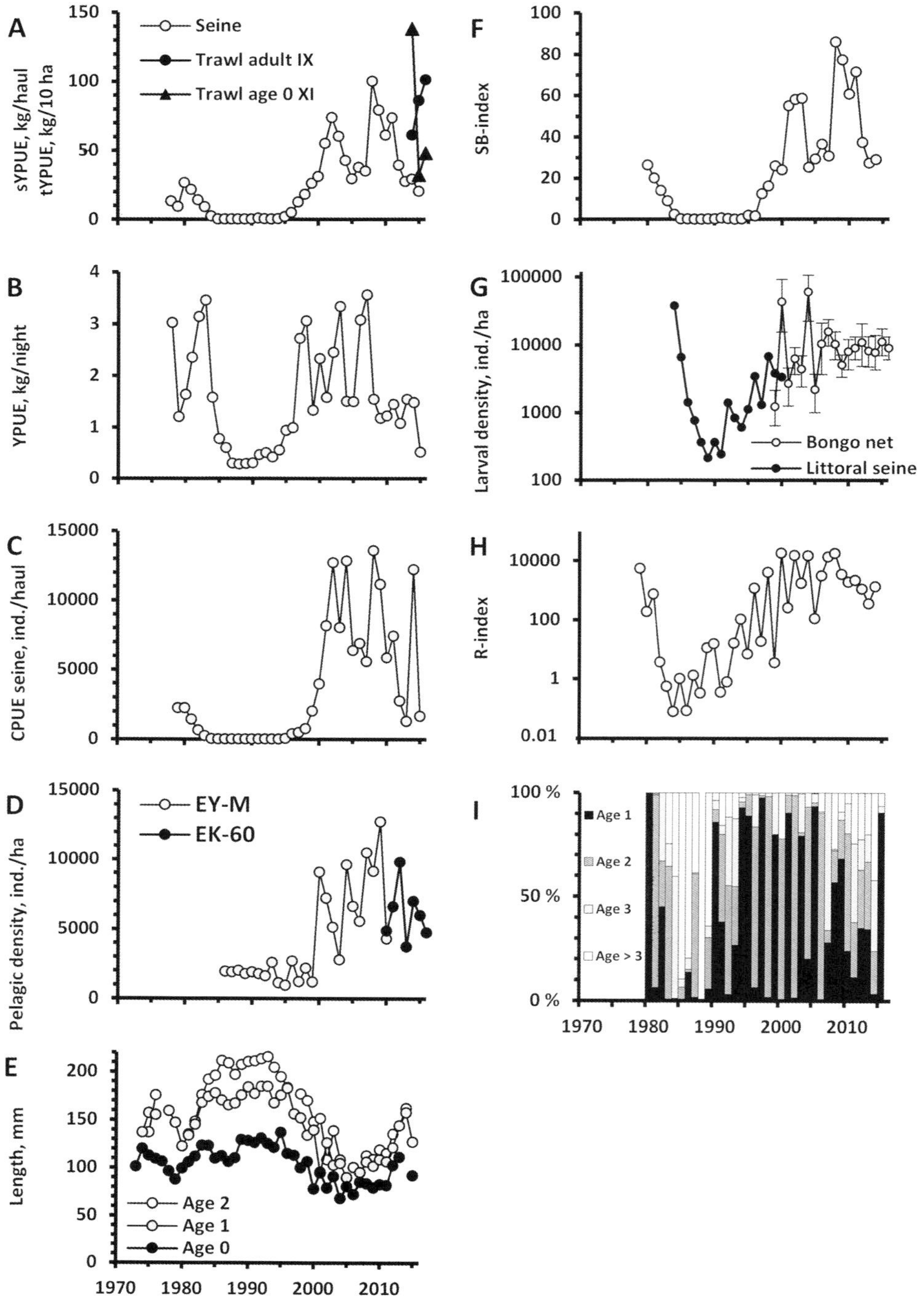
A
sYPUE, kg/haul
tYPUE, kg/10 ha
Seine
Trawl adult IX
Trawl age 0 XI
B
YPUE, kg/night
C
CPUE seine, ind./haul
D
Pelagic density, ind./ha
EY-M
EK-60
E
Length, mm
Age 2
Age 1
Age 0
1970
1980
1990
2000
2010
F
SB-index
G
Larval density, ind./ha
Bongo net
Littoral seine
H
R-index
I
Age 1
Age 2
Age 3
Age > 3
100 %
50 %
0 %

Fig. 2. The time series of vendace abundance indices in Lake Southern Konnevesi: **A** – yield (kg) per unit effort (YPUE) for seine and trawl, Trawl adult IX = for older than 1 year old vendace in September in sparsely meshed trawl , Trawl age-0 XI = for age-0 vendace in November in densely meshed trawl; **B** – YPUE for gillnets; **C** – catch (individuals) per unit effort (CPUE) for seines; **D** – pelagic fish density estimated using echo–sounders Simrad EY–M and EK–60; **E** – Length-at-age for age groups 0, 1 and 2 after the growing season in autumn; **F** – spawning stock biomass index; **G** – density of newly hatched larvae in spring, vertical bars = 95 % confidence interval; **H** – index of one summer old (age-0) recruitment, **I** – age distribution of 1 year old (two growing seasons) and older individuals in seine catch samples in autumn.

completing the first. However, for surveys conducted in early and latter parts of September, 2–3 weeks apart, the difference was typically 30% (average CV = 22%), with the latter estimate typically being higher.

Also, the indices associated with reproduction (i.e., spawning stock biomass [SB] index, density of newly hatched larvae, and recruitment index [R]; (Figure 2 F, G, H) showed the low stock period and later recovery. These indices were positively correlated (Table 3). The precision of SB and R indices is obviously lower that the precision of YPUE because they are products of YPUE, estimates of average weight, and estimates of proportions of one-summer-old recruits and YAO fish in the population.

Despite the fact that the method for larval density estimation was changed during the study period, it can be concluded that if the SB-index was low in the autumn, the larval density in the following spring would also be low (Figure 3 D). An additional implication from patterns in the data is that compensatory density-dependent processes were operating, as the average

Table 3. The Spearman correlation coefficient (Rho), its *p*-value (2-tailed hypothesis), and number of observations (n) between the vendace spawning stock biomass in previous autumn (SB), density of newly hatched larvae estimate from littoral seining (Larva-D-seine) and from bongo-net sampling (Larva-D-bongo, ind. ha^{-1}), the two previous combined (Larva-D-comb), and an index of one-summer-old recruits (R-index) in Lake Southern Konnevesi.

		SB-index-Prev	**Larva-D-seine**	**Larva-D-bongo**	**Larva-D-Comb**	**R-index**
SB-index-Prev	Rho		0.831	0.243	0.768	0.709
	p		<0.001	0.348	<0.001	<0.001
	n		17	17	32	34
Larva-D-seine	Rho				0.973	0.072
	p				<0.001	0.783
	n				17	17
Larva-D-bongo	Rho				0.998	0.656
	p				<0.001	0.006
	n				19	16
Larva-D-Comb	Rho					0.647
	p					<0.001
	n					31

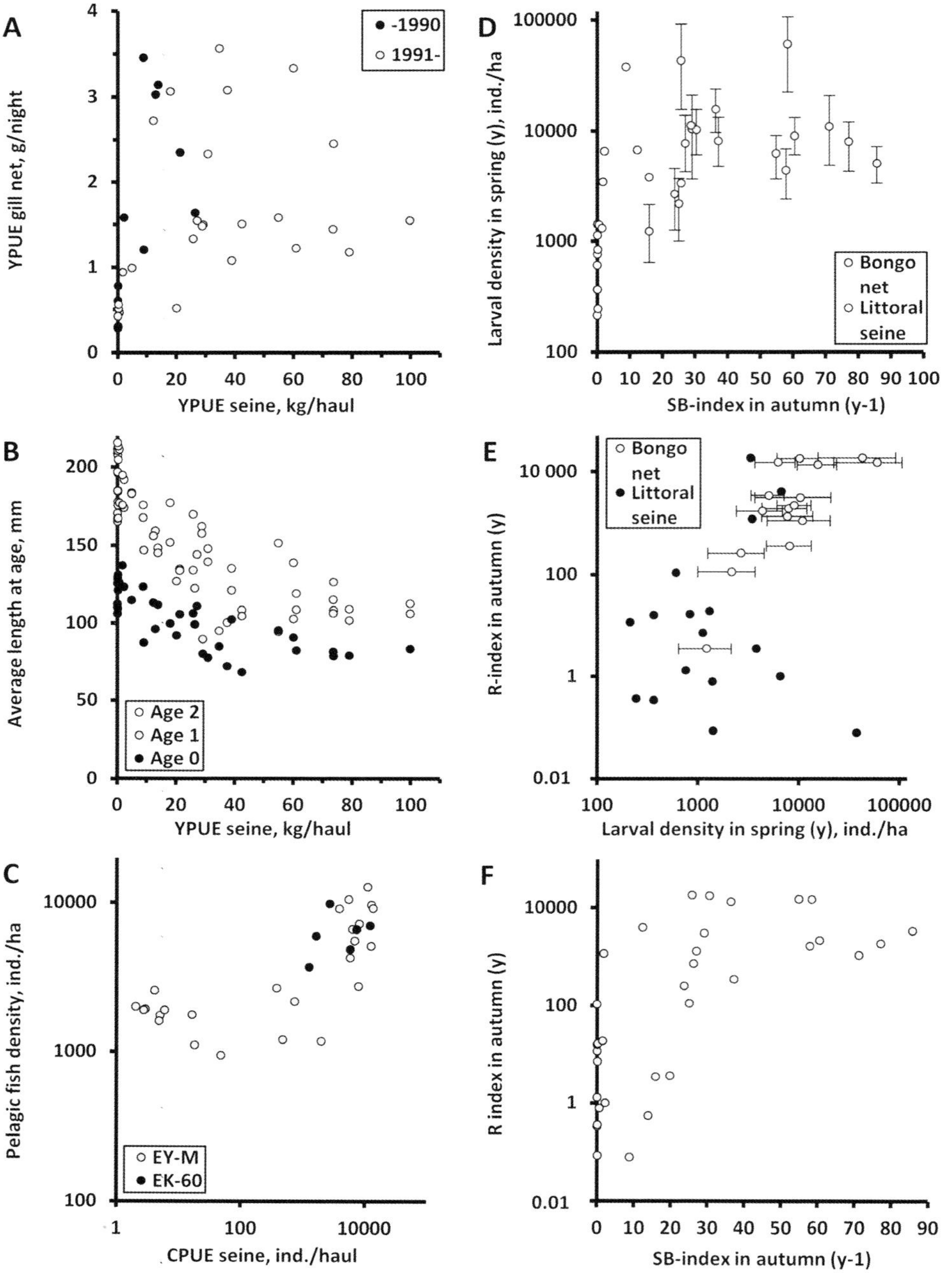

Fig. 3. Scatterplots showing the relationship between different vendace abundance indices from Lake Southern Konnevesi. For explanations, see Figure 2 legend.

larval density plateaued as SB-index continued to increase. The variability in larval density estimates from a given SB-index was high; for example, larval density estimates from a few thousand to tens of thousands ha^{-1} could occur following a year with a large spawning stock estimate.

Larval density was also positively correlated with the recruitment index (Table 3, Figure 3 E). If the larval density estimate was low, the recruitment index was always low. If the larval density estimate was high, the recruitment index was high with higher probability, yet a low recruitment index could also stem from a high larval density estimate.

Consequently, the relationship between SB and recruitment was positive (Table 3, Figure 3 F). There was also a tendency for two-year cyclicity in recruitment during the recovery period from low density (Figure 2 H). The age structure of YAO vendace from catch samples was variable as well (Figure 2 I). During the mid-1990s to mid-2000s, age-1 fish were prevalent every other year. During the low density period, the majority of fish were at least 3 years old. In 1986, 37% of individuals were age-7 survivors from the abundant 1979 year class.

Management education exercise

Every management committee included in their annual vendace stock monitoring program the following: total annual fishing effort of the commercial gear (trawl/seine), total yield and YPUE for both the whole open water period and for August–September (representing the future spawning stock abundance). Also, they each monitored the age distribution and size-at-age estimated from catch samples. They felt these indices provided sufficient knowledge on the current level of fishing intensity, relative stock abundance, and potential for the following year. They used both YPUE and size-at-age in their stock status interpretation. The committees also recognized that the proportion of age-0 vendace in CPUE or YPUE of trawls was not a suitable index of recruitment due to limited and variable catchability. Thus, they used average size of age-0 vendace as a rough index of recruitment, based on density dependence of growth. One committee consisting of real commercial fishers even suggested using test trawling with very dense (< 10 mm from knot to knot) cod-end in the trawl in November as a useful additional method. They had successfully applied this in real life to gain additional knowledge of age-0 abundance and to forecast stock status in the following year (see example Figure 2 A).

The echo-sounding estimate of vendace density and the larval density estimate were applied less frequently by the committees. This was because these data are relatively expensive and partly because of the obscurity in their interpretation: an acoustic estimate of vendace density (extracted, based on target strength limits, from total fish density estimate) may contain considerable error and bias because of the variability associated with the smelt population and the potential overlap in length distributions for both smelt and vendace. Information from the larval density estimate was perceived by the committees to be ambiguous – a low larval density estimate in one spring does not necessarily imply a low spawning stock from the previous autumn, nor does high larval density guarantee high recruitment. Yet, there were certain situations when the committees were eager to use these data sources. Examples of these situations include 1) when a declining trend in trawl YPUE and increasing trend in size-at-age indicated a concerning decline in stock, 2) when the terms of fishing licenses ended and a decision on the number of future licenses to issue could be made, and 3) when the routine stock indices suggested abundance was high and there was a demand for issuing new licenses, along with criticism of overly protective management by the committee. Thus, a precautionary approach of investing in knowledge was often applied in situations when sustainability of the fishery was interpreted to be at serious risk or long-term decisions had to be made. Importantly, the committees understood that echo sounding and larval density estimation provide neutral, stakeholder-independent information that is useful, despite the limitations.

Every management committee agreed to include in their commercial fishing code several conditions regarding number and status of fishers, license duration and duties of fishers (Table 4). The fishing effort was typically regulated by setting a maximum for potential fishing effort by setting a maximum number of commercial fishing licenses and allowing the fishers to self-regulate their annual and seasonal effort according to the stock abundance. Irrespective of the stakeholder group they represented, the committees showed precaution, especially in their decisions about increasing fishing. If they believed there was potential for

Table 4. Examples of rules and conditions incorporated in commercial fishing codes.

- Regulation of fishing
  - typically rough maximum effort regulation: maximum number of trawls/seines based on potential for sustainable yield,
    - no individual fisher effort control
  - in some cases also
    - possibility for 1-year extra licenses during very abundant stock
    - possibility to stop commercial fishing, if it is considered unsustainable
    - cod-end mesh size limit
    - protected areas for reproduction
    - Individual annual quota
- Licenses
  - period duration
    - maximum length typically 5 years
    - 1-year extra licenses (see regulation above)
  - fisher's qualifications affecting precedence for licenses
    - level of professionalism
      - grouping based on proportion of income according to Fishing Act
    - local fishers first
  - if reduction in fishing licenses required
    - last in, first out
- Commercial fishers' duties
  - record of daily effort and yield to be delivered to the agency that prepares the indices for the committee
  - catch sample delivery when requested
  - duty to inform the committee if the license will not be used in certain year
    - possibility of reissuing this inactive license to another fisher

higher effort, they typically increased the number of trawling licenses by only one each year and these new licenses were often only one-year licenses for the first several years. They also communicated well the reason for their precaution – the uncertainty about the true stock level and response to fishing, especially in the beginning of exercise with only very limited local knowledge. The committees demonstrated adaptivity in their management – usually passive (*sensu* Hilborn & Walters, 1992) but some committees even made arguments with terms that could be interpreted as a tendency for active adaptive management (e.g., increase the fishing effort under a scenario of limited knowledge to gain needed understanding quickly). They also invested into more than the minimum routine monitoring data in those situations.

When the stock indices declined to levels the committees considered low, more than the minimum routine monitoring was typically launched and the number of one-year licenses reduced for the next season. Some committees even set a biological limit reference point based on YPUE of mature fish in Autumn–September, which served as an index of the spawning biomass for that year. Because the exercise started from a data sparse state, there was no knowledge available for setting the reference point. Therefore, this limit reference point was usually set to a level when the commercial fishers would cease fishing voluntarily because their income would not cover the cost. Committees were typically reluctant to set any fixed stopping rule, but based their annual decisions on their best forecast of the next season's resources. Before deciding to actually close a fishery, some committees invested in obtaining a larval density estimate in the spring, prior to the season's start, to have all the best possible information before taking such a controversial action.

Discussion

The good correspondence between different vendace stock assessment indices in Konnevesi are in agreement with the previous comparisons by Auvinen & Jurvelius (1994) and Marjomäki & Huolila (1995). It is worth noting the present example, as well as the previous studies, analyzed time series that include a severe stock decline, and the suite of stock assessment indices declined to a fraction of the respective maximums. Thus, the signal-to-noise ratio for each of the time series was high.

Due to the strong density dependence for growth of vendace, size-at-age was a useful index for abundance and complemented YPUE and CPUE. Yet, growth may depend on several other factors in addition to the density of the cohort in question (i.e., densities of other cohorts and size attained [Marjomäki & Kirjasniemi, 1995] or growing season length and temperature during the growing season). Therefore, size-at-age alone may not be a sufficient index of year-class strength.

In Konnevesi, the echo-sounding estimate was based on very limited data; only the total fish density along a transect that was approximately 1 km. The temporal variability of total fish density estimates within a season was similar to that found in Lake Puulavesi with the same equipment (Marjomäki & Huolila, 1994). Expanding the sampling area (e.g., Auvinen & Jurvelius, 1994; Marjomäki & Huolila, 1995) and extracting vendace density from total fish density based on representative sampling of the pelagic fish community (e.g., with a special dense-mesh cod-end research trawl; Jurvelius et al., 2016) and target strength distribution (e.g. Auvinen & Jurvelius, 1994; Marjomäki & Huolila, 1995) would admittedly increase both the precision and accuracy of the index considerably. Yet, the resources of the fishing right owners may not permit this extensive task regularly. A more realistic option might be to estimate fish density at "index" transects located in basins known to support greater numbers of vendace – similar to what has been done in one basin of Konnevesi.

The echo-sounding time series of one basin in Konnevesi is the longest in Finland and covers both low and high abundance periods of vendace. Our analysis showed that the correspondence between the acoustic index, CPUE, and length-at-age data was high. Thus, a time series of total fish density from even one short transect in a 12000 ha lake contains valuable information on vendace density fluctuations. This is not surprising, because in Lake Puulavesi (Marjomäki & Huolila, 2001) temporal variations in fish density were highly synchronous among spatial zones separated by narrow and shallow straits within that complex lake. More comprehensive sampling across Konnevesi show the same tendency (authors' unpublished data). Thus, a spatially restricted acoustic survey design can still provide a suitable index for vendace abundance in a large complex lake. Obviously, a more comprehensive and spatially inclusive echo-sounding study, combined with test fishing in selected years, when the vendace density is moderate (large size compared to smelt and not much problem from multiple targets), is advisable as it enables a quantitative calibration of relative YPUE-, CPUE-, SB- and R-indices into real terms of individuals and kilograms per hectare.

A major challenge in all long-term fisheries monitoring is understanding the influence of changes in methods (e.g., fishing gear, technical instruments, etc.). In Konnevesi, recorded seine fishing in the 2000s was practiced by different persons with different equipment than those that seined in the 1970s–1980s. The catchability of seines may have increased. This might explain the very high YPUE of seines compared to gillnets in recent years. However, the exceptionally small size-at-age in recent years suggests abundance has been higher than before 1990 and the high seine YPUE reflects truly higher abundance. The explanation for why recently the gillnet YPUE has not increased in proportion to seine increases may be twofold. First, gillnet fishers typically use nets with mesh size > 12 mm and do not want to invest in denser-mesh nets that are expensive, laborious to use, and have a tendency for bycatch of young ruffe and perch. Thus, the catchability of gillnets decreases with the decline in size associated with the increase in stock. Second, gillnet catchability decreases with the increase in fish density due to gear saturation (e.g., Marjomäki et al., 2015). Thus, gillnet YPUE and CPUE are less likely to be proportional to abundance compared to seines.

A change in monitoring methods occurred for larval sampling as well. In the beginning, larval density was estimated by littoral larval seining performed mostly in non-vegetated, sandy shores. Since 1999, stratified sampling with pushed bongo nets at random locations, in both littoral and pelagic areas has been carried out. The effect of this change is difficult to estimate quantitatively due to different spatial coverage of the methods and semi-quantitative nature of seining. In two years of simultaneous sampling, the two methods yielded whole-lake estimates that were not significantly different when averaged across the two years. However, the estimates generated by the two methods were substantially different when compared within a year.

Finally, echo-sounding equipment changed from single-beam analog (70 kHz) to split-beam digital (120 kHz). In the year of simultaneous sampling, the difference in the estimates was insignificant. Several previous studies (e.g., Rudstam et al., 1999; Jurvelius et al., 2016) support the conclusion that echo density estimates from different, but carefully calibrated hydroacoustic systems are comparable.

Urpanen (2009) has analyzed the errors and biases in larval density estimates. The precision is inherently low due to patchy distribution of larvae (Urpanen et al., 2007; Urpanen, 2009). However, by adjusting sample volumes and the quantity of samples, the effectiveness of sampling can be optimized (Karjalainen et al., 1988). Larval density can vary greatly between years and therefore one is still able to gain relevant knowledge from survey efforts that have a decent likelihood of capturing the true density – whether the true density is low (only a few thousands) or high (over ten thousand individuals ha^{-1}).

The relationship between spawning stock biomass and recruitment of vendace is believed to be a product of compensatory density-dependent processes (e.g., review by Marjomäki, 2003, and references therein). The Konnevesi data contains a long period of very low spawning stock densities and demonstrates clearly the fact that low spawning stock biomass produces generally low recruitment. Further, low density periods in vendace may be either caused or prolonged by increased predation mortality (Heikinheimo, 2001; Auvinen et al., 2004; Valkeajärvi & Marjomäki, 2004). Consequently, attention must be paid to vendace spawning stock level, as the species is very tolerant to high fishing mortality (Helminen et al., 1993). The positive relationship between spawning stock (eggs) and density of newly hatched larvae has been shown before by Viljanen (1988) but the Konnevesi data implies that this relationship is a compensatory density-dependent process. Further, the density of newly hatched larvae affects the level of recruitment Viljanen, 1988; Karjalainen et al., 2000). Thus, the larval density estimate contains information about spawning stock level. Further, larval density estimates from early spring can be used to forecast the level of recruitment in autumn, offering an early warning for the likelihood of low recruitment.

The tendency for two-year generation cyclicity in vendace induced by an inter-stage effect has been shown previously by Helminen et al. (1993) and by Marjomäki et al. (2014) in Lake Puulavesi, where the phenomenon occurred synchronously with Konnevesi. In the case of Konnevesi, the cycles were natural and not likely caused by fishing, as the fishing effort was very low.

The ability of a single index to reliably detect the typical interannual variation in stock abundance is unlikely. Stock assessments can obviously be improved if several indices are used in concert. To gain more reliable insight into the current and future population status and sustainable harvest, information from several indices could be amalgamated into a population model. Applying Bayesian methods would enable the merging of several data sources with different errors and biases and produce stock status estimates and forecasts with credibility distributions. Yet, the number of populations to be monitored is large in Finland (Sipponen et al., 2006) and the consultant agencies gathering, processing and communicating the monitoring data are currently not trained to produce more advanced analyses than the time series of basic indices. Development of widely applicable, user-friendly tools for maximizing the quality of information gleaned from traditional survey data and further education of the monitoring agencies is needed.

Sustainable use of highly variable vendace resources of Finland requires detailed scientific knowledge of the production biology of vendace in different kinds of lakes around the country (especially in relation to fishing), further development of cost-efficient population monitoring methods, and multivariate ecosystem level understanding on the effects of large-scale environmental factors (e.g., climate change). Therefore, in addition to stakeholder-organized and -executed minimum routine monitoring, a smaller, representative set of vendace lakes should be established and monitored more exhaustively to serve as reference ecosystems. The deeper understanding from those lakes could then be used to verify the data, set prior distributions for important model parameters, and improve the effectiveness of monitoring in other lakes. This example from Konnevesi demonstrates the value of standardized surveys collected over long periods of time, which facilitates informed decision-making and sustainable fisheries management. Providing such data in the future should not be left solely to the mercy of fishing-right owners, non-governmental organizations, or temporary academic projects.

The simulation-aided exercise turned out to be a successful approach for demonstrating the utility of different vendace stock monitoring methods to the future decision-makers. The participants learned how to interpret the data and importantly, how to take into account uncertainties in different indices through precautionary approaches to minimize the risk of stock collapse. Monitoring vendace fisheries has been rare because stakeholders have not been trained on basic stock assessment methods and how the information can be used in decision-making to promote sustainability. Thus, monitoring has been considered primarily as a cost. According to the participants' feedback, the exercise demonstrated the benefits from investment in monitoring.

The exercise of preparing a commercial vendace fishing code made it possible to identify matters that need to be included in future codes. These exercises served as a trial for those persons responsible for drafting the actual rules that regulate real fisheries. Further, the management strategy evaluation revealed the strengths and weaknesses of the fishing code that the committee first compiled. During the exercise, many committees tuned their code (e.g., monitoring plan) according to the experience gained. A concrete proof of the usefulness of the education was the fact that after the exercise, one fishing-right owners' association changed the terms of the trawling license in their own lake. The participants from this association had realized that a certain restriction regarding the timing of fishing was not needed to promote ecological or social sustainability, but it limited the commercial fishers' effort during the period when vendace are most valuable, thus acting against economic sustainability. The management strategy evaluation developed in this project could be used in the future to gauge the merits of proposed fishing codes.

Commercial fishing for vendace occurs across Finland at more than 50 lakes (Sipponen et al., 2006; Mitchell et al., 2014). This geographic scale constrains our ability to meet the requirements for rational, knowledge-based fisheries management. However, as illustrated in the exercise, the minimum monitoring data considered sufficient by the committees are (monthly) yield and effort, YPUE, and age and size information based on catch samples. To this end, the new Fishing Act stipulates that all inland commercial fishers must provide the Natural Resources Finland (state research unit) with monthly data on their effort and yield of different species caught at different fishing grounds. This information will thus be available with low cost to decision-makers. The cost of catch sample collecting and processing should also be low, only a few thousand € lake^{-1} year^{-1}. It is plausible these cost-effective indices would be adequate, especially for smaller lakes. Yet, for more quantitative information on stocks and to provide decision-makers with fishery independent information, regular echo-sounding and larval sampling are recommended, especially for larger lakes with higher-profile vendace fisheries.

The harvest strategy adopted by every committee at the macro-level was essentially constant harvest rate (*sensu* Hilborn & Walters, 1992) based on regulation of fishing effort for a given lake. The committees set the maximum effort considered sustainable roughly by fixing the maximum number of long-term fishing licenses taking into account that the potential fishing effort may be much higher than the current effort during a period of abundant stock. Constant harvest rate is a suitable strategy when the knowledge on the absolute abundance of fish is poor (Hilborn & Walters, 1992), as is typical of vendace. Yet, by not fixing the annual fishing effort at the micro-level of fisher, the committees embraced the vendace fishers' interest in meeting the demand of fish for market while not discounting future opportunities (Marjomäki et al., 1995; Marjomäki, 2003; Marjomäki et al., 2016). Thus, from the viewpoint of fisher, the desired harvest strategy is constancy of yield (constant catch, *sensu* Hilborn & Walters, 1992) which is achieved by regulating daily effort (trawling hours) as long as YPUE remains at a profitable level. At the macro-level, committees modified the number and terms of licenses based on their perception of stock status. Thus, there were informal elements of a stock-dependent strategy employed at the macro-level, and additional self-regulation by fishers at the micro-level.

Straightforward coupling of these contrasting macro- and micro-level strategies is problematic. If the maximum number of fishers was fixed based on their estimated maximum fishing effort at a low stock level, then the stock would be under-fished with respect to its maximum sustainable yield during periods of abundant stock. On the other hand, to avoid this by increasing the number of fishers during an abundant stock period could lead to over-fishing if YPUE declined and fishers increased their effort to compensate. Many committees tackled this problem by reserving themselves the opportunity to issue additional one-year licenses during periods of high abundance while keeping the long-term license number at a level they still considered sustainable during a period of low abundance. Another solution would be to set the long-term license number at a higher level but establish a stoppage rule based on a spawning stock index that protects reproductive capacity. Such strategies can increase yield without increasing risk of over-depletion of stocks, but this does often result in higher variation in yields (Marjomäki, 2005; Deroba and Bence, 2009). Another problem with this approach for vendace and other fisheries is that managers often lack the knowledge required to set this stoppage reference point appropriately.

Periods of low stock size are problematic for achieving greater understanding of vendace populations because commercial fishing often ceases as a result of the lack of profitability or the injunction of a stoppage rule, and therefore no YPUE or catch sample data are available. In those years, hiring a commercial fisher to conduct standardized sampling in different parts of the lake would be advisable. Larval sampling in spring would give further insight into the spawning stock level and forecasting recruitment.

To conclude, the results of this study suggest that the objective of the new Fishing Act to establish a fisheries management cycle that emphasizes knowledge-based decision-making is attainable for commercial vendace fisheries. Certain elements that will foster success (e.g., sufficient stock monitoring methods as well as stakeholders' motivation and attitude towards sustainability) do exist and the necessary institutions to implement management can be established under the new law. Through education, stakeholders can gain an understanding of the benefits of resource monitoring and can be empowered to participate in decision-making. In real life, however, success depends on the ability of the various stakeholders to reach consensus on the concrete objectives that represent ecological, economic, and social sustainability. This will require inclusion and compromise, which cannot be revealed in an exercise, but can hopefully be facilitated with education and communication.

Acknowledgements

We are grateful to all fishers who have contributed to the fishing data from Konnevesi and the staff of Natural Resources Finland (former Finnish Game and Fisheries Research Institute) and University of Jyväskylä, students and other volunteers who have assisted with field work and laboratory analyses. We wish to thank the voluntary members of the exercise "committees" for letting us record their performance and for sharing their views. We also thank the simulation officers Ph.D. Jussi Jyväsjärvi and M.Sc. Marko Puranen. Konneveden kalatutkimus ry is especially acknowledged for its determined work for sustainable fisheries and the Ministry of Agriculture and Forestry for its financial support for monitoring and education. The constructive comments by Prof. James Bence, Dr. Jared T. Myers, and two anonymous referees improved the paper significantly.

References

Auvinen, H. & Jurvelius, J., 1994: Comparison of pelagic vendace (*Coregonus albula*) stock density estimation methods in a lake. – Fish. Res. 19: 31–50.

Auvinen, H., Kolari, I., Pesonen, A. & Jurvelius, J., 2004: Mortality of 0+ vendace (*Coregonus albula*) caused by predation and trawling. – Ann. Zool. Fennici 41: 339–350.

Deroba, J. J. & Bence, J. R., 2008: A review of harvest policies: understanding relative performance of control rules. – Fish. Res. 94: 210–223.

FAO, 1995: Report of the expert consultation on guidelines for responsible fisheries management. – FAO Fish. Rep. 519: 1–100.

Heikinheimo, O., 2001: Effects of predation on the low-density dynamics of vendace: significance of the functional response. – Can. J. Fish. Aquat. Sci. 58: 1909–1923.

Helminen, H., Auvinen, H., Hirvonen, A., Sarvala, J. & Toivonen, J., 1993: Year-class fluctuations of vendace (*Coregonus albula*) in Lake Pyhäjärvi, southwest Finland, during 1971–90. – Can. J. Fish. Aquat. Sci. 50: 925–931.

Helminen, H., Ennola, K., Hirvonen, A. & Sarvala, J., 1993: Fish stock assessment in lakes based on mass removal. – J. Fish Biol. 42: 255–263.

Hilborn, R. & Walters, C. J., 1992: Quantitative fisheries stock assessment. Chapman and Hall, New York, 570 pp.

Jurvelius, J., Marjomäki, T. J., Peltonen, H., Degtev, A., Bergstrand, E., Enderlein, O. & Auvinen, H., 2016: Fish density and target strength distribution of single fish echoes in varying light conditions with single and split beam echosounding and trawling. – Hydrobiologia 780: 113–124.

Karjalainen, J., Auvinen, H., Helminen, H., Marjomäki, T. J., Niva, T., Sarvala, J. & Viljanen, M., 2000: Unpredictability of fish recruitment: interannual variation in young-of-the-year vendace (*Coregonus albula* (L.)) abundance. – J. Fish. Biol. 56: 837–857.

Karjalainen, J., Ollikainen, S. & Viljanen, M., 1998: Estimation of the year-class strength of newly hatched fish larvae in Finnish lakes – How sampling design can influence abundance estimations? – Arch. Hydrobiol. Spec. Issues Advanc. Limnol. 50: 73–80.

Karjalainen, J., Urpanen, O., Keskinen, T., Huuskonen, H., Sarvala, J., Valkeajärvi, P. & Marjomäki, T. J., 2016: Phenotypic plasticity in growth and fecundity induced by strong population fluctuations affects reproductive traits of female fish. – Ecol. Evol. 6: 779–790.

Marjomäki, T. J., 2003: Recruitment variability in vendace. *Coregonus albula* (L.), and its consequences for vendace harvesting. – Jyväskylä Studies in Biological and Environmental Science 127: 1–66. http://urn.fi/URN:ISBN:951-39-1652-9

Marjomäki, T. J., 2005: Evaluation of different harvest strategies for a vendace population with highly variable recruitment: a simulation approach. – Boreal Env. Res. 10: 255–273.

Marjomäki, T. J. & Huolila, M., 1994: The pelagic fish density of Lake Puulavesi (central Finland) in 1986–1992. Jyväskylän yliopiston biologian laitoksen tiedonantoja 68: 4–36. (In Finnish, English summary).

Marjomäki, T. J. & Huolila, M., 1995: Monitoring the density of Lake Puulavesi vendace (*Coregonus albula* (L.)) by hydroacoustics, catch per unit effort, virtual population and catch per swept area. – Arch. Hydrobiol. Spec. Issues Advanc. Limnol. 46: 267–276.

Marjomäki, T. J. & Huolila, M., 2001: Long-term dynamics of pelagic fish density and vendace (*Coregonus albula* (L.)) stock in four zones of a lake differing in trawling intensity. – Ecol. Freshw. Fish 10: 65–74.

Marjomäki, T. J. & Kirjasniemi, J., 1995: Density dependent growth of vendace (*Coregonus albula* (L.)): a modelling analysis. – Arch. Hydrobiol. Spec. Issues Advanc. Limnol. 46: 89–96.

Marjomäki, T. J., Keskinen, T. & Karjalainen, J., 2016: The potential ecologically sustainable yield of vendace (*Coregonus albula*) from large Finnish lakes. – Hydrobiologia 780: 125–134.

Marjomäki, T. J., Kirjasniemi, J. & Huolila, M., 1995: The response of fisheries to decline in the vendace (*Coregonus albula* (L.)) stock of Lake Puulavesi, Finland. – Arch. Hydrobiol. Spec. Issues: Adv. Limnol. 46: 421–428.

Marjomäki, T. J., Paloniemi, M., Keskinen, T., Kuha, J. & Karjalainen, J., 2015: Empirical estimation of accumulation-induced change in gill net catchability: mind the observation errors. – The Open Fish Science Journal 8:13–22. DOI 10.2174/1874401X01508010013

Marjomäki, T. J., Urpanen, O. & Karjalainen, J., 2014: Two-year cyclicity in recruitment of a fish population is driven by an inter-stage effect. – Popul. Ecol. 56: 513–526. DOI 10.1007/s10144-014-0439-0

Mitchell, M., Vanberg, J. & Sipponen, M., 2014: Commercial inland fishing in member countries of the European Inland Fisheries Advisory Commission (EIFAC): operational environments, property rights regimes and socio-economic indicators. Country profiles. FAO, Rome.

Punt, A. E., Butterworth, D. S., de Moor, C. L., De Oliveira, J. A. A. & Haddon, M., 2016: Management strategy evaluation: best practices. – Fish & Fisheries 17: 303–334.

Sipponen, M., Muje, K., Marjomäki, T. J., Valkeajärvi, P. & Karjalainen, J., 2006: Interlocked use of inland fish resources – a new management strategy under private property rights. – Fish. Manag. Ecol. 13: 299–307.

Rudstam, R. G., Hansson, S., Lindem, T. & Einhouse, D. W., 1999: Comparison of target strength distributions and fish densities obtained with split and single beam echo sounders. – Fish. Res. 42: 207–214.

Urpanen, O., 2009: Spatial and temporal variation in larval density of coregonids and their consequences for population size estimation in Finnish lake. – Jyväskylä studies in biological and environmental science 222: 1–49. http://urn.fi/URN:ISBN:978-951-39-4341-7

Urpanen, O., Marjomäki, T. J., Viljanen, M., Huuskonen, H. & Karjalainen, J., 2009: Population size estimation of larval coregonids in large lakes: Stratified sampling design with a simple prediction model for vertical distribution. – Fish. Res. 96: 109–117.

Urpanen, O., Marjomäki, T. J., Huuskonen, H., Viljanen, M. & Karjalainen, J., 2007: Spatio-temporal distribution of vendace (*Coregonus albula* (L.)) larvae in Finnish lakes. – Arch. Hydrobiol. Adv. Limnol. 60: 221–236.

Valkeajärvi, P. & Bagge, P., 1995: Larval abundance, growth and recruitment of vendace (*Coregonus albula* L.) at high and low stock densities in Lake Konnevesi, Finland, in 1979–1992. – Arch. Hydrobiol. Spec. Issues Adv. Limnol. 46: 203–209.

Valkeajärvi, P. & Marjomäki T. J., 2004: Perch (Perca fluviatilis) as a factor in recruitment variations of vendace (*Coregonus albula*) in Lake Konnevesi, Finland. – Ann. Zool. Fennici 41: 329–338.

Viljanen, M., 1986: Biology, propagation, exploitation and management of vendace (*Coregonus albula* L.) in Finland. – Arch. Hydrobiol. Beih. Ergebn. Limnol. 22: 73–97.

Viljanen, M., 1988: Relations between egg and larval abundance, spawning stock and recruitment in vendace (*Coregonus albula* L.). – Finnish Fish. Res. 9: 271–289.

Manuscript received: 15 December 2017
Revisions requested: 23 April 2018
Modified version received: 15 June 2018
Accepted: 26 February 2020

Advanc. Limnol. **66**, p. 47–64
Biology and Management of Coregonid Fishes – 2017

Article

Collecting viable deepwater cisco gametes from Lake Michigan for propagation – lessons learned

Mark E. Holey[1,*], S. Dale Hanson[1], Roger R. Gordon[2], Tim D. Drew[3], Gregg E. Mackey[4], and Michael J. Connerton[5]

With 6 figures and 3 tables

Abstract: Our objective was to develop protocols for the collection of viable gametes from a deepwater form of cisco (*Coregonus hoyi*) to support rearing and reintroduction in Lake Ontario where deepwater ciscoes have been extirpated since the early 1980s. We collected gametes of the *hoyi* form of deepwater cisco in Lake Michigan from 2011–2017. *Hoyi* spawn over a protracted winter spawning season in offshore waters at depths that can exceed 80 m. We evaluated capture gear, fertilization techniques, and transportation methods to optimize survival to eye-up. Gillnets collected fewer, but larger adults that were in poorer condition, and annual mean survival to eye-up peaked at 40.3%. Bottom trawls caught greater numbers of smaller adults in better condition, resulting in a greater number of viable eggs, and annual mean survival to eye-up ranged from 47.7–80.4%. While gill or trawl netting gear can capture enough fish for brood stock development, only trawl nets are practical to collect enough eggs for rearing experiments and annual stocking for restoration. Pressure effects during net retrieval from 80 m expelled many ripe eggs and sperm, consequently hand stripping of gametes was ineffective. Body cavity incision was necessary to maximize gamete collection. Excised testes were pressed through screening to maximize available sperm and improve fertilization. Overnight shipping to rearing hatcheries in New York and Ontario was necessary to avoid lower survival to eye-up related to multiple shipping days and elevated water temperatures during shipping. Up to two million fertilized eggs were collected in a single spawning season.

Keywords: gamete collection techniques, deepwater ciscoes, *Coregonus hoyi*, Great Lakes

Authors' addresses:
[1] U.S. Fish and Wildlife Service, Green Bay Fish and Wildlife Conservation Office, 2661 Scott Tower Drive, New Franken, WI 54229, USA
[2] U.S. Fish and Wildlife Service, Jordan River National Fish Hatchery, 6623 Turner Rd, Elmira, MI 49730, USA
[3] Ontario Ministry of Natural Resources and Forestry, White Lake Fish Culture Station, 25900 Highway 7, Sharbot Lake ON K0H 2P0, Canada
[4] U.S. Geological Survey, Tunison Laboratory of Aquatic Science, 3075 Gracie Road Cortland, NY 13045-9457, USA
[5] New York State Department of Environmental Conservation, Lake Ontario Fisheries Research Unit, Cape Vincent Fisheries Research Station, 541 East Broadway, P.O. Box 292, Cape Vincent, NY 13618, USA
[*] Corresponding author: markeholey@gmail.com

DOI: 10.1127/adv_limnol/2021/0069 1612-166X/21/0069 $ 4.50
www.schweizerbart.de

Introduction

We describe lessons learned from collecting and fertilizing gametes from a deepwater cisco form, *Coregonus hoyi* (hereafter *hoyi* as a name of convenience per Eshenroder et al., 2016), from Lake Michigan in sufficient quantity to support reintroduction of deepwater ciscoes into Lake Ontario. *Hoyi* gametes were collected for seven years from 2011–2017 and during 2015–2017 we were able to annually collect and deliver more than the 800,000 eggs required to conduct paired studies of rearing techniques and annually stock at least 250,000 fingerlings or yearlings into Lake Ontario. We are unaware of any other evaluation of collection, spawning, and shipping techniques to achieve the quantity of viable eggs from a deepwater cisco species required for restoration propagation.

Hoyi is considered a Great Lakes endemic (Bailey & Smith, 1981) that occurred in all the Great Lakes except Erie but were extirpated from Lake Ontario; the last specimen was captured in 1983 (Owens et al., 2003; Fave & Turgeon, 2008). Lake Ontario fisheries managers developed a draft strategic plan to reestablish native deepwater ciscoes in Lake Ontario with the goals to diversify the offshore prey fish community, increase native fish biodiversity, reestablish historical ecological structure and function, and increase ecological integrity and resilience to benefit the Lake Ontario fish community (Michael Connerton, personal communications, New York Department of Environmental Conservation, Cape Vincent, NY). In previous years, Lake Ontario *hoyi* restoration efforts have been hampered by the inability to collect sufficient gametes, low eye-up rates of fertilized eggs, and poor survival rates during hatchery rearing (Dietrich et al., 2006).

Based on genetic analysis of *hoyi* from lakes Huron, Michigan, Superior, and Nipigon, Fave and Turgeon (2008) concluded that *hoyi* from any location within lakes Huron and Michigan would be the most appropriate source of breeders for reintroduction into Lake Ontario. Access to spawning *hoyi* presents a challenge due to its protracted winter spawning period (January–March) (Rice et al., 1987) in waters greater than 80 m and requires vessels capable of operating in ice and wintery conditions at significant distances from shore. Because Wisconsin waters of Lake Michigan still support a small but active winter commercial fishery for *hoyi*, Lake Michigan populations were the most readily accessible and chosen for the donor stock.

Large-scale egg collections from *hoyi* also presented a challenge because *hoyi* is one of the smallest cisco species in the Great Lakes (Eshenroder et al., 2016) and consequently the number of eggs per fish is limited. This limitation has been exacerbated in recent years due to food web changes in Lake Michigan associated with the invasion of dreissenid mussels resulting in reductions in *hoyi* abundance (USGS, 2017), growth (Szalai et al., 2003; Madenjian et al., 2015), and fecundity (Bunnell et al., 2009).

Over the seven years of gamete collections our lessons learned were often sequential and/or parallel. We evaluated capture gear effectiveness (gillnet vs. bottom trawl) and fertilization and shipping techniques to determine those methods that maximized the number of eggs collected and egg survival to the eye-up stage.

Methods

Sampling location and gear fished

Locations sampled from 2011–2017 were dictated primarily by the availability to contract commercial vessels capable of winter fishing and the knowledge of the commercial fishers regarding where spawning *hoyi* were most readily available (Figure 1). In 2011 we contracted a commercial gillnet tug out of the port of Milwaukee, Wisconsin that was actively fishing spawning *hoyi* for roe as the primary and smoked fish as the secondary target. A typical gang of gillnets was ten boxes totaling 3,650 m of 65 mm bar mesh monofilament twine fished in 70–125 m of water along a gradual slope. Three gangs were fished concurrently, and each gang was lifted after being fished for between 7 and 13 nights. Unfortunately, high mortality was common when using gillnet gear (week-long sets) and most of the catch was unusable for gamete collections. The gillnet tug relocated to the port of Sand Bay in Door County, Wisconsin and we collected eggs from nine lifts in 2012 and six lifts in 2013 (Table 1).

In 2012, we made an exploratory trip with a commercial bottom trawler that targeted smelt (*Osmerus mordax*) and observed the bycatch of *hoyi* yielded many more live fish compared to the catch from gillnets fished at Sand Bay. In 2013, we contracted the trawler to target *hoyi* and we compared the capture efficiency between gillnets fished near Sand Bay and bottom trawls fished near Two Rivers, Wisconsin. Because of improved capture efficiencies, only bottom trawls were fished to collect eggs beyond 2013 (Table 1). The commercial bottom trawl had a 33 m head rope, a 2 m vertical opening, and a cod end mesh of 25 mm stretched mesh. Trawls were fished at a vessel speed of two to three knots along contour in water depths that ranged from 72–120 m. A typical trawl drag lasted one hour with four drags commonly completed per vessel day. Total catch was visually estimated to the nearest tenth of a box, where each box was assumed to contain 45.4 kg of *hoyi*.

Once trawling was determined to be the most efficient gear to catch *hoyi*, we shifted our focus in 2014 to increasing the total number of fish caught and eggs fertilized. We contracted a second commercial trawling vessel, doubled our monitoring staff, and increased vessel days fished 140.0% and hours trawled 73.7% (Table 1). In 2015, our trawl vessel captains expanded operations into deeper, previously untrawled waters further offshore because the commercial gillnet fishery observed higher *hoyi* catch rates at greater depths (Figure 1).

Fertilization procedures and protocol

For the first three years of the project we focused on adapting fertilization techniques to maximize survival to eye-up. In 2011, fish biologists from the Green Bay Fish and Wildlife Conservation Office (GBFWCO) of the U.S. Fish and Wildlife Service were the only crew and had limited experience spawning fish and evaluating whether eggs were mature (viable). Upon capture, fish were sorted by sex and a reserve of males were placed on ice for subsequent use in spawning. Standard hand stripping methods were used to express as many gametes as possible from spawning *hoyi*; this was particularly problematic for males as hand-stripping rarely yielded more than a single drop of milt. Due to poor egg survival from these efforts, hatchery biologists led all fertilization activities in subsequent years and spawning

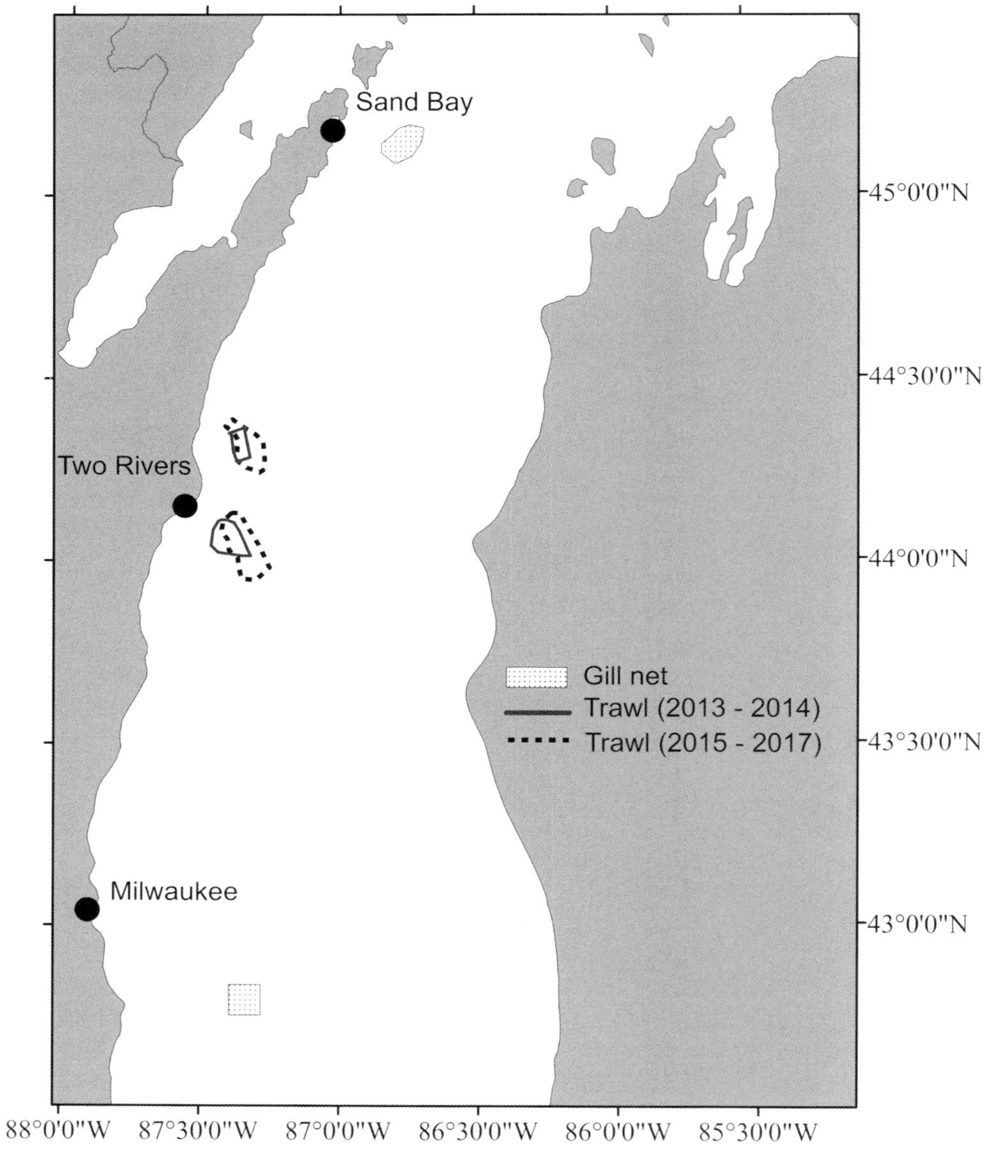

Fig. 1. *Hoyi* egg collection sites in Lake Michigan, 2011–2017.

Table 1. Summary of effort by gear type, females spawned, total eggs collected, mean no. of eggs per female, number of eyed-eggs, and % survival to eyed-egg stage for *hoyi* caught from Lake Michigan, 2011–2017.

Year	Gear	Days Fished	Fishing Effort*	Depth Fished (m)	Females Spawned	Female Mean Length (SD)	Total Eggs Collected	Mean Eggs Per Female	Number of Eyed-eggs	Survival to Eye-egg Stage (%)	
										All Lots	min–max
2011	Gillnet	8	32.2	122–135	323	242 (33)	460,525	1,425	10,040	2.2%	(0.6–5.1)
2012	Gillnet	9	24.7	82–132	222	238 (14)	305,685	1,377	81,958	26.8%	(0.0–52.3)
2013	Gillnet	6	25.6	72–124	114	234 (21)	149,879	1,315	60,364	40.3%	(6.3–91.2)
2013	Trawl	10	41.5	89–109	296	195 (20)	375,070	1,267	301,407	80.4%	(38.3–100.9)
2014	Trawl	24	72.1	87 116	394	189 (17)	499,179	1,267	238,202	47.7%	(0–76.4)
2015	Trawl	17	57.8	90–109	1077	192 (22)	1,330,095	1,235	980,922	73.7%	(40.8–89)
2016	Trawl	18	65.2	83–110	1649	194 (21)	1,965,884	1,192	1,345,330	68.4%	(47.8–82.1)
2017	Trawl	14	57.2	87–106	1314	194 (18)	1,377,097	1,048	874,210	63.5%	(0–86.5)

* Gillnet = 1,000s of meters; Trawl = hours

techniques were modified to improve proper staging of mature eggs and to express the maximum amount of mature sperm.

Beginning in 2012, females were cut open from the pectoral fin to the vent to enable visual inspection of the gametes within the body cavity. Fish were discarded if excess fluid or overt signs of disease were present. Prior to egg extraction, females were dried with a paper towel to prevent excess moisture from prematurely water hardening the eggs. Small plastic spoons were used to extract only the available ripe eggs. To ensure gametes were of highest viability, staff attempted to fertilize eggs within one to two hours of capture. Eggs from individual females were harvested and fertilized in separate 500 ml plastic spawning containers to maximize efficiency of low viable sperm volumes and to prevent cross contamination by intraperitoneal fluids or pathogens. For males, full and white testes were preferentially excised from usually two males to fertilize eggs from a single female. The excised testes were placed in a strainer and hand-ground into a paste. To flush the available sperm from the testes, 50 ml of 0.6% NaCl solution was poured through the ground testes into the spawning container. To activate the sperm, 200 ml of 4 °C fresh water was added as soon as possible. The mixture was stirred gently for 15 seconds, capped and set aside to rest. After two minutes the egg container was rinsed with fresh water, decanted, and the fertilized eggs were submersed in 400 ml of 50 ppm 1% active providone iodine solution (buffered) to disinfect the egg surface. After 30 minutes, the iodine solution was decanted and the eggs were rinsed twice with 4 °C water. Rinsed eggs from multiple spawn pairings were combined into 1 L containers not to exceed 500 ml of eggs total per container. Eggs were kept in a cooler to maintain temperatures near 4 °C until they were packaged for shipping at the dock. All fish used in each spawn pairing were retained in a separate bag labeled with the date, vessel, and sequential spawn pairing number for subsequent genetic analysis in the lab.

In 2015, we evaluated whether we could increase our egg collection by spawning females with egg skeins intact but from which eggs could be easily dislodged compared to females that were fully mature with loose ripe eggs. We hypothesized that skein-intact females would lose fewer eggs during lifting. Survival to eye-up was compared for paired collections of eggs from fully ripe and skein-intact females caught on seven days in 2015. We classified females as skein-intact when there were fully mature eggs present in the coelom, but the majority were still embedded in the follicular wall of the ovary and eggs could be easily dislodged by either piercing the membrane enveloping the ovaries or by gently scraping the skein; gravid females were classified as those with eggs that could not be easily dissociated from the skein. For fully mature females we used a plastic spoon to gently scoop available loose eggs from the body cavity and those that readily dislodged from anterior sections of the ovaries. Eggs that were not readily dislodged from females were not collected. To evaluate the efficacy of spawning skein-intact females vs fully mature females, we calculated the total number of eggs from an average female for both groups by multiplying the average percent survival to eye-up by the average number of eggs per female across all dates sampled.

Hormone induction of green females in a mobile rearing unit

We evaluated the utility of holding gravid *hoyi* collected from the trawl gear in a mobile rearing unit long enough to inject females with hormones to induce ovulation (Donaldson & Hunter, 1983; Erdahl & McClain, 1987; Taranger et al., 1992). The potential merits of this approach were two-fold. First, our catches early in the spawning season were dominated by pre-spawn fish that if kept alive would substantially increase the number of females contributing to egg collection. Secondly, because all the eggs are still attached to the skein in pre-spawn fish, we expected there would be less loss of eggs due to pressure changes during lifting and there would be more eggs available per female to fertilize.

After the trawl was emptied, staff vented fish for up to five minutes or until the entire catch was processed. Venting of the swim bladder was performed with an 18-gauge hypodermic syringe fitted with a cork stopper to prevent penetrating more than 10 mm into the fish. The syringe was positioned at a 45° angle on the right side of the fish, just below the lateral line and midway between the pectoral and dorsal fins. While the swim bladder was pierced, the fish were gently squeezed until the air in the swim bladder had fully vented through the syringe.

Vented fish were then placed in a 568 L covered tank filled with near-surface lake water (< 4 °C), aerated with pure oxygen, treated with Stress Coat® (0.26 ml L^{-1}) and salt (NaCl concentration of 0.25%). The total number of vented *hoyi* was recorded for each trawl. Upon returning to the dock, dead fish were enumerated, and all live, upright *hoyi* were transferred to a truck containing two 568 L tanks; tanks were aerated with pure oxygen and treated with 0.13 ml L^{-1} Stress Coat and 0.25% NaCl. Fish were then transported approximately 80 km to the GBFWCO. The mobile rearing unit was set up in a GBFWCO cold-storage area where ambient air temperatures were held at 4 °C. The trailer contained ten 568 L (0.91 m diameter, up to 0.91 m height) circular rearing tanks that were filled with well water. Temperature was maintained at 4 °C throughout the duration of the trial. Water was recirculated in each tank at approximately 16 L min^{-1}. A minimum of 20% of the water from the system was exchanged weekly to prevent ammonia toxicity.

Upon arrival at the GBFWCO fish were transferred from the truck tanks into one or more rearing trailer tanks; multiple tanks were used to keep *hoyi* densities below 0.15 kg m^{-3}. After a 16–24-hour adjustment period the trailer tanks were inspected, and all morbid fish were counted and removed; we did not sex moribund fish. Live fish were anesthetized with Tricaine Methanesulfonate (MS-222, Tricaine-S) at 60 ppm and enumerated by sex. Females were given an intraperitoneal "priming" injection of luteinizing hormone-releasing hormone analogue (LHRHa, manufactured by Western Chemical Inc., Ferndale, WA) at a concentration of 20 µg kg^{-1} body weight to hasten ovulation. All females from a given capture date were maintained in separate tanks. Males were not treated with LHRHa and were consolidated across capture dates and tank densities were kept < 0.11 kg m^{-3} (approximately 80 fish per tank). Tanks were monitored daily to enumerate and remove dead fish and siphoned to detect possible egg deposition.

Egg lot shipment

Upon reaching the dock eggs were packaged into uniquely numbered egg lots. The factors used in egg lot creation varied over time. Egg lots represented all of the eggs within a collection date and gear type except in 2015 when egg lots were created for fully ripe and skein-intact stages of egg maturity. After egg lots were created, the eggs were rinsed one final time and transferred to one or more 1 L bottles; each bottle was filled with up to a maximum of 500 ml eggs and filled to the top with oxygenated water. Bottles were labeled with egg lot identifiers including capture month (mm), capture day (dd), capture vessel (if kept separate), maturity stage, and hatchery destination. Bottles were packaged in a Styrofoam shipping container along with a temperature logger in a separate water-filled bottle and added to the shipping container containing six icepacks to maintain temperatures near 4 °C. In 2011 and 2012, egg lots were shipped by automobile approximately 1370 km to either the New York State Department of Environmental Conservation (NYS DEC), Cape Vincent Fisheries Station (2011) or the Ontario Ministry of Natural Resources and Forestry (OMNRF), White Lake Fish Culture Station (WLFCS) (2012). For the rest of the years containers were shipped overnight to the NYS DEC Cape Vincent Fisheries Station or the USGS Tunison Laboratory (TUN). Upon arrival at NYS DEC, eggs were transported to the Canadian Border where they were transferred to OMNRF staff and driven to the WLFCS. Upon arrival at each hatchery, the number of eggs within each egg lot was estimated. Egg lots were transferred to incubation jars and the proportion of eggs surviving to eye-up was estimated and used as the primary metric to evaluate the effectiveness of spawning techniques and gear type.

Data collection and analysis

Beginning in 2012, fish contributing to each spawn pair were measured for length and the left pectoral fin was removed and archived at the GBFWCO for eventual genetic analysis. Random samples (n~100) of unspawned fish from each trawl were sexed, measured for length, weighed, and staged for maturity (females only). We used these random catch samples to estimate the progression of spawning based on the proportion of spent females. In 2015 we removed ovaries from 67 females (range between 135–230 mm and 19–128 g) to estimate the relationship between fish length and weight and number of eggs. We determined the mean number of eggs per gram from four subsamples of each ovary and extrapolated total egg counts based on total ovary weight. Estimated fecundity for the average-sized females spawned from gillnets and trawls were compared to the observed average number of eggs spawned per female to estimate the percentage of eggs lost during lifting and processing from each gear.

We anticipated eye-up rates to be influenced by capture gear, spawning condition, and receiving hatchery, but other factors related to egg shipment, time required to spawn females, and egg viability differences between egg lots were not controlled for in our experimental designs. We used regression trees with egg lot survival to eye-up as the dependent variable and several predictor variables to explain variation in eye-up from 2012–2017. Predictor variables included: capture gear, receiving hatchery, shipping days for each lot, maximum temperature during shipment, kg of *hoyi* caught per hour trawled as a surrogate for time required to spawn females as larger catches required more time to process, day of year as a surrogate for egg viability differences between early and late season spawners, and mean number of eggs per female as a surrogate of egg maturity as fully ripe eggs are more readily expelled during capture but pre-fully ripe skein-intact eggs are not. Regression trees use recursive partitioning to split the data into nodes (minimum group size ≥ 10) based on the ability of factors to account for variation in the dependent variable. We generated 1,000 regression trees and pruned the final tree by using tenfold cross validation of the data. The number of splits retained by the best tree was the number that minimized cross validation prediction error (Brieman et al., 1984). Regression trees were fit by using R version 3.2.5 (R Core Team, 2015) and the "rpart" package (Therneau & Atkinson, 2010). We also used linear regression to further explore the role of variables that did not generate nodes but were retained in the final regression tree model. Finally, paired t-tests ($\alpha = 0.05$) were used to compare survival to eye-up rates between paired egg lots from fully ripe and skein-intact females.

Results and discussion

Egg collection and capture gear efficiency

Trawls were more efficient than gillnets at catching *hoyi*, averaging 49.2 kg per hr trawled (SD = 42.1 kg) between 2013–2017, and all *hoyi* were live at the time of capture. Gillnets averaged 62.4 kg per lift (SD = 33.1 kg), however, we estimated only 20% of the fish caught were in good enough condition (live at capture or moribund fish with bright red gills) to collect gametes, caused by nets being fished 7–13 nights before lifting. During the 2013 gillnet-trawl comparison, trawls also averaged 50.1% more females spawned per day than gillnets (30 fish per day for trawls vs. 19 for gillnets) and average eggs fertilized per day increased by 55.8% (37,507 for trawls vs. 24,980 for gillnets). The size range of *hoyi* caught in both gears was similar but gillnets selectively caught larger fish. The average length of female *hoyi* was 15% larger from gillnets (234 mm SD = 21 mm) than from trawls (195 mm SD = 20 mm). Trawl caught females, however, lost fewer eggs during lifting process than females caught in gillnets. From the fish examined for fecundity in 2015, fecundity as a function of fish length ($F_{1,65} = 436.1$, $p < 0.0001$) was: fecundity = exp(4.43 *ln(Length) – 15.46). The estimated fecundity for the mean length of females caught in trawls in 2013 was 2,696 eggs compared to 6,046 eggs for average sized females caught in gillnets. The average number of eggs collected per female was 47.0% of the estimated fecundity for fish from trawls but only 22.7% from gillnets because of higher egg loss during the gillnet lifting process. The mean number of eggs collected per female in 2013 was similar for both gears; 1,315 from gillnets and 1,267 from trawls (Table 1).

Fishing new spawning grounds that, on average, were deeper and further offshore in 2015–2017 (Figure 1) resulted in higher catches of ripe females (1077–1649) than the previous two years (296–394) despite a decrease in effort compared to 2014 (Table 1). The mean annual catch rate of ripe females spawned per hour increased from 5.7 during 2013–2014 to 22.4 during 2015–2017.

In most years peak trawl catches occurred in late January when roughly 30% of females sampled had already spawned (Figure 2). Daily egg collection efficiency (number of eggs

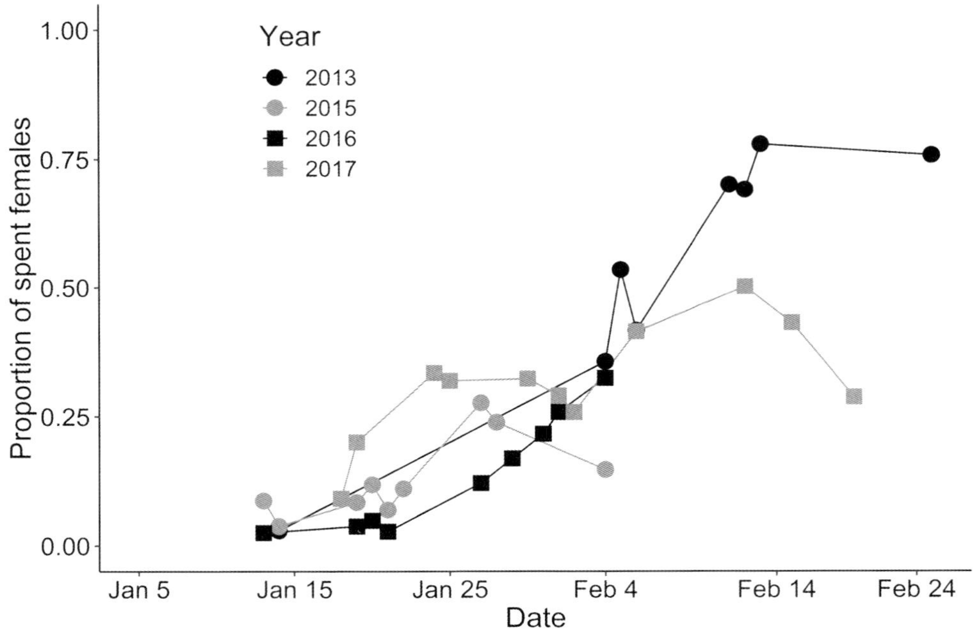

Fig. 2. Proportion of spent females in the trawl catch, January and February 2013, 2015–2017.

collected per hour trawled for each day in January and February) generally peaked between 20 January and 4 February (Figure 3). Progression of peak spawning activity during our study was similar to results from Rice et al. (1987), for 1982–1983. From 2015 onward, we were able to meet the 800,000 fertilized egg requests by the Lake Ontario managers for rearing experiments and stocking. Egg collection targets were achieved by 4 February in 2015 and 2016, and 29 February in 2017, but were not achieved in earlier years (Table 1).

Even though bottom trawls were more efficient collecting adult *hoyi* during our study, we are not aware of any commercial bottom trawl operations available to capture the extant deepwater cisco stocks in lakes Superior, Huron, or Nipigon. Consequently, gillnets may be the only collection gear option if gametes from other deepwater cisco stocks were selected as a gamete source for restoration. At high *hoyi* densities observed in Lake Michigan in the late 1980s – early 1990s (USGS, 2017), gillnets may be effective to collect enough eggs to meet production targets. However, given the uncertainty of fishable sea conditions during winter and the amount of effort required, large-scale annual wild gamete collections by either capture gear may not be sustainable or practical. The feasibility of developing captive brood stocks to meet future stocking needs is being evaluated as an extension of this project at the WLFCS. Even at current low Lake Michigan *hoyi* densities, gillnets would be effective enough to collect the number of females and eggs required to develop a captive brood stock (Kapuscinski & Jacobson, 1987; Erdahl, 1992).

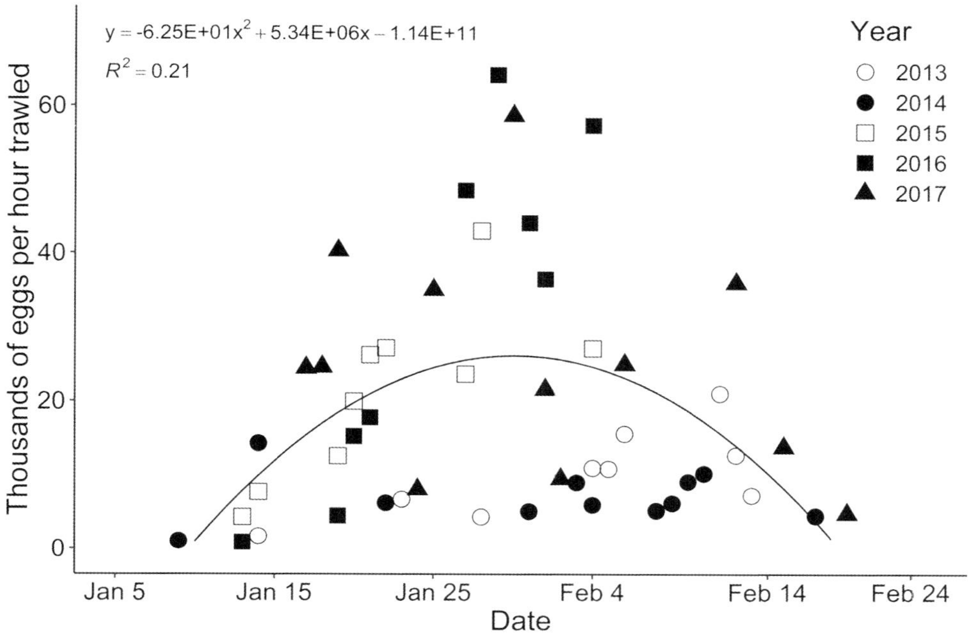

Fig. 3. Egg collection efficiency reported as the number of eggs collected per hour trawled, January – February 2013–2017. The black line is a 2nd order polynomial function fit to aggregated data across all years where x represents date as an integer (e.g., 5 January is the 5th day of the year).

Survival to eye-up and fertilization techniques

Cross-validation error within the regression tree model was minimized by splitting the dataset into 3 nodes (2 splits). Splitting factors included number of shipping days for each egg lot to the hatchery and maximum temperature during shipment; combined, these factors explained 47.6% of the total variation in eye-up survival. In terms of variable importance, (VI; values scaled to sum to 100), the most important regression tree factors were: number of shipping days to hatchery (61), maximum water temperature during transport (13), collection gear (12), mean number of eggs per female (9), and day of year (4). Neither receiving hatchery (Figure 6) nor kg of *hoyi* captured per hour trawled were relevant factors used in the final regression tree model.

Shipping that required more than one day and shipping water temperatures that exceeded 6°C were the best predictors of decreased survival to eye-up from 2012–2017. Shipping eggs by automobile in 2011 and 2012 proved time consuming and less effective than shipping them overnight. For the 9 lots of eggs transported in 2012, mean delivery time was 2.3 days; only one shipment was completed in one day. Starting in 2013, all lots were delivered overnight except for delays that occurred due to weather or shipment mishandling. The mean delivery time for 104 shipments from 2013–2017 was 1.2 days; 88 were shipped in one day, 12 in two days and four shipments took three days. When delivered within one day, eye-up

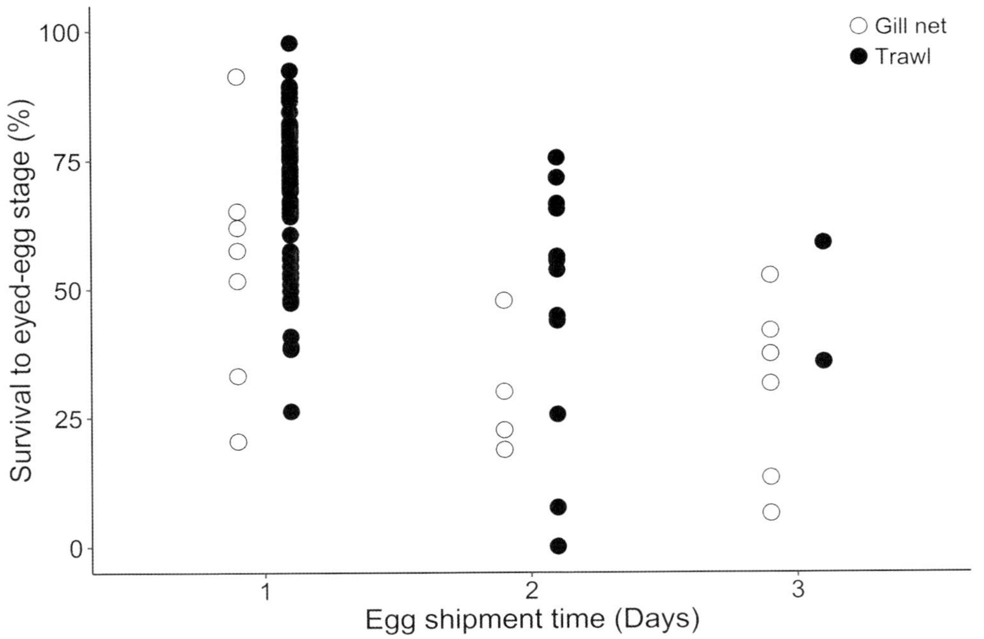

Fig. 4. Percent survival to eye-egg stage versus egg shipment time (days) to hatcheries for gillnet (2012–2013) and trawl (2013–2017) capture gears.

was significantly higher ($F = 35.4$, $df = 2$, $p < 0.001$) and averaged 70.1% compared to 39.2% eye-up when eggs arrived after 2–3 days in transit (Figure 4). Maximum water temperature during shipping was negatively correlated with eye-up ($F = 15.2$, $df = 23$, $p < 0.001$), but only when egg shipping time was more than one day (Figure 5). Regression tree results split these delayed egg lots into two nodes where maximum shipping temperatures above 6 °C had a mean eye-up rate of 18.9% compared to 47.1% when maximum temperatures were cooler than 6 °C. Maximum shipping temperature was not correlated with eye-up for egg lots shipped overnight even though several of these lots experienced water temperatures greater than 6 °C (Figure 5). Survival of eggs shipped for more than one day may be improved if more ice were used in egg shipments to keep egg temperature below 6 °C. After more than one-day post fertilization, eggs become more sensitive to handling and this may be a factor for lower survival, in addition to maximum temperature. When selecting a deepwater cisco donor stock, proximity of the overnight shipping service to the collection site will be an important criterion.

In 2011, when hatchery staff did not participate in spawning activities, percent eye-up was only 2.2%, the lowest for all years (Table 1). Fish culture staff, primarily from the Jordan River National Fish Hatchery in Elmira, MI, led the spawning activities in all subsequent years. Survival to eye-up for gillnet caught fish reared at WLFCS improved annually to 54.3% in 2013 and was 61.9% for the only gillnet collected lot reared at TUN in 2013

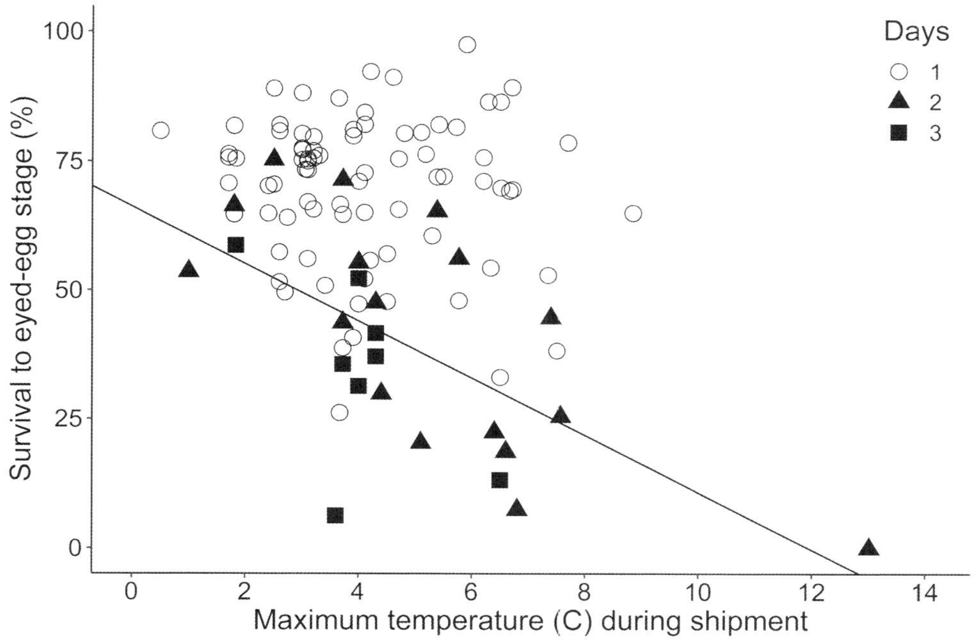

Fig. 5. Percent survival to eye-egg stage and number of shipping days versus the maximum water temperature (C) during egg lot shipments to rearing hatcheries. Different symbols represent egg delivery time to hatcheries: 1 day = open black circles, 2 days = black triangles, and 3 days = black squares. The black line is the regression between eye-egg stage and delivery time for eggs delivered more than one day after capture. Survival to eye-egg stage was not significantly correlated with one day shipping times.

(Figure 6). Opening the body cavity to collect eggs and testes enabled better visual inspection of the quality of the gametes and maximized the quantity of gametes collected.

In addition to being more efficient at collecting adult *hoyi*, eggs fertilized from trawl caught fish also experienced higher survival to eye-up than fish caught in gillnets. Capture gear explained a small amount of variation (VI = 12) in our regression tree model of survival to the eye-up but was not associated with any terminal nodes in the final tree. In 2013, when gillnet and trawl gears were evaluated, eye-up averaged 79.5% for females from trawls compared to 60.0% for females from gillnets, but low sample size precluded a significant relationship ($F = 4.1$; $df = 1,16$; $p = 0.059$) (Figure 6). Fish caught in gillnets experienced much greater stress by being entangled for up to 7 to 13 nights in the net before being physically pulled from the net. Trawl caught fish were held in the cod end no more than 90 minutes and slid rather harmlessly out of the cod end once on board were in better condition than those caught using gillnets.

Although mean number of eggs per female was nominally important (VI = 9) in our regression tree model, contradicting factors may have reduced the importance of this factor to predict survival to eye-up. We calculated that 25.4% more eyed-eggs per female were collected from skein-intact females (1,140) compared to fully mature females (910) even

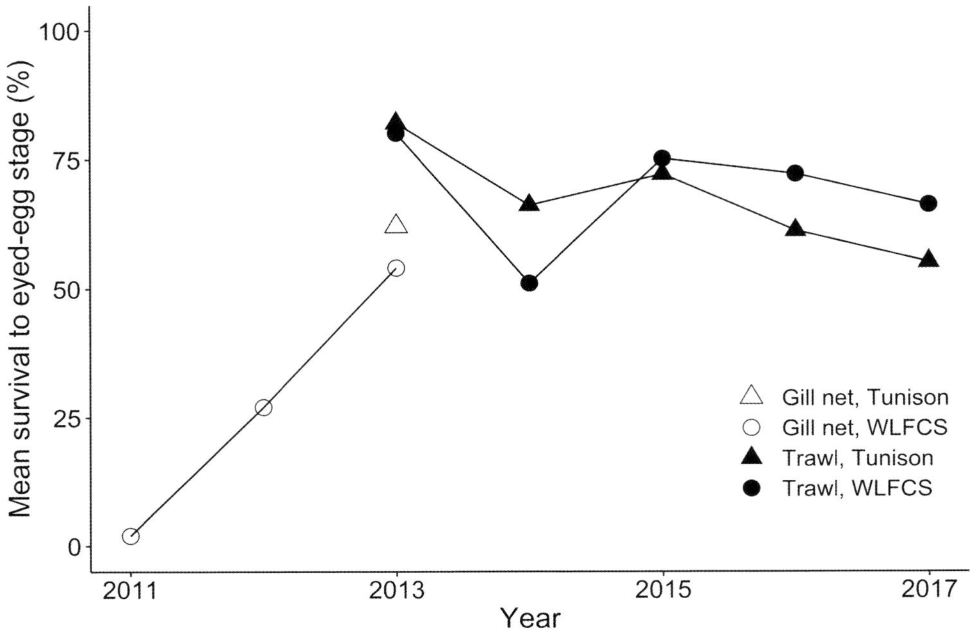

Fig. 6. Mean percent survival to eye-egg stage for *hoyi* eggs caught from Lake Michigan in gillnets (open symbols) versus bottom trawls (filled symbols) and reared at either the White Lake Fish Culture Station (circles) or Tunison (triangles) hatcheries, 2011–2017.

though average survival to eye-up for skein-intact females was 10.1 percentage points lower (78.9% versus 68.1%; Table 2). The benefit of collecting eggs from skein-intact females is they lose fewer eggs during lifting and yield 45.0% more eggs on average per female (1,675) than fully mature females (1,153). We also observed a weak negative correlation (R = -0.37) between eye-up and the mean number of eggs collected per female for gillnet caught *hoyi* in 2012 and 2013; five of these egg lots exceeded 1,500 eggs per female and eye-up ranged between 6.0%–47.6%. During those two years hatchery staff were still developing and refining the visual criteria used to assess egg maturity and these collections may have included more gravid eggs than in later years when staff were more experienced in egg selection. In general, we would expect the greatest number of mature eggs per female to be available at peak spawning and that fully mature eggs would have the best chance to survive to eye-up.

Use of hormones to induce ovulation by female *hoyi* held in a hatchery rearing trailer proved unsuccessful due to the inability to keep female *hoyi* alive long enough to receive the hormone treatment and ovulate. In 2015 we collected and transferred a total of 574 live male and 585 live females to the rearing trailer from collections made on three different dates (Table 3). Of the 585 females placed in the trailer, only 19 (3.2%) survived for 24 hours. The ten surviving females from the first trawl dates were injected with LHRHa and nine of those fish died before the 48-hour check. The remaining female died two days post-injection and was determined to be in post spawning condition; no eggs were recovered during tank siphoning and we presume this female had spawned prior to capture. We did not inject the nine

Table 2. Comparison of survival to eyed-egg stage and number of eggs per female *hoyi* with fully ripe versus skein-intact eggs in 2015.

Date	Female hoyi with fully ripe eggs				Female hoyi with skein-intact eggs			
	Total Eggs Fertilized	**Number of Eyed-eggs**	**Percent Survival to Eyed-egg**	**Number of Eggs Per Female**	**Total Eggs Fertilized**	**Number of Eyed-eggs**	**Percent Survival to Eyed-egg**	**Number of Eggs Per Female**
14-Jan	4,033	3,300	81.8	916	11,858	7,668	64.7	1,694
19-Jan	7,383	5,565	75.4	1,099	25,288	14,178	56.1	1,686
20-Jan	5,814	4,235	72.8	1,276	33,170	17,325	52.2	1,952
21-Jan	174,610	143,430	82.1	1,218	51,415	36,225	70.5	2,706
22-Jan	15,503	12,649	84.3	1,374	30,316	23,504	77.5	1,378
27-Jan	18,695	14,631	78.3	1,184	30,360	22,950	75.6	1,167
28-Jan	11,610	8,618	74.2	960	49,155	32,970	67.1	1,229
2-Feb	32,148	26,370	82	1,194	34,880	28,210	80.8	1,585
	269,796	218,798	78.9	1,153	266,442	183,030	68.1	1,675

Table 3. Summary of the number of male and female *hoyi* delivered to the mobile rearing unit for hormone injection and their survival.

	Capture date			
	13-Jan	**14-Jan**	**19-Jan**	**Total**
No. vented on vessel (unsexed)	401	658	717	1,176
No. live females delivered to trailer	118	248	219	585
No. females alive at 24-hour check	3	7	9	19
No. females alive at 48-hour check	0	0	–	0
No. live males delivered to trailer	165	328	81	574
No. males alive at 24-hour check	43	80	37	160
No. males alive on 26 January 2015	–	–	–	47

females captured on 19 January at the scheduled 24-hour check and euthanized them one day later. On a positive note, four of the nine females that were euthanized contained ripe or skein-intact eggs, which we spawned with five rearing trailer males to create a single egg lot and observed 70.3% survival to the eyed-up stage. Also, 47 males (8.2%) were alive until 26 January 2015 when the experiment was terminated (Table 3).

Summary

We found the most effective procedures to collect viable *hoyi* gametes from Lake Michigan is to capture adults with bottom trawls, extract the available egg and sperm through body cavity incision, and ship the fertilized eggs overnight to receiving hatcheries for rearing. These procedures allowed us to overcome the challenges of 1) access to *hoyi* on spawning grounds during January and February, 2) gamete collection from adults that lost most of their gametes prior to reaching the surface, and 3) shipping fertilized eggs to receiving hatcheries before effects of increased temperatures, and presumably handling, reduced survival to eye-up.

Collecting skein-intact eggs increased the total number of eggs collected and survival to eye-up. Injecting pre-spawn *hoyi* females to induce spawning is not feasible unless additional research discovers how to keep females alive long enough to inject following the barotrauma of bringing the fish to the surface from deep water.

Egg survival to eye-up declined during shipment to the hatchery when delivery exceeded one day and when water temperature exceeded 6 °C. Consequently, when selecting a deepwater cisco donor stock, proximity of the overnight shipping service to the collection site will be an important criterion.

Acknowledgements

We are indebted to the commercial fishermen and their crews who participated in this study and shared their knowledge of where to catch spawning *hoyi* – Dan Anderson from Paragon Fisheries, Mike LeCLair and John Kulpa from Susie Q Fisheries, Charlie Henricksen from Henricksen Fisheries. We also acknowledge the many contributions of staff from the Green Bay FWCO, Jordan River NFH and hatchery staff from throughout the USFWS-Midwest Region, at the White Lake Fish Culture Station, and the Tunison Laboratory of Aquatic Science.

References

Bailey, R. M. & Smith, G. R., 1981: Origin and geography of the fish fauna of the Laurentian Great Lakes basin – Can. J. Fish. Aquat. Sci. 38: 1538–1561.

Breiman, L., Friedman, J., Olshen, R. & Stone, C., 1984: Classification and regression trees. Wadsworth, Belmont, California.

Bunnell, D. B., David, S. R. & Madenjian, C. P., 2009: Decline in bloater fecundity in Southern Lake Michigan after decline of Diporeia. – J. Great Lakes Res. 35: 45–49.

Connerton, M. & Stewart, T. J., 2014: A strategic plan for the re-establishment of native deepwater ciscoes in Lake Ontario. Management guidance document, Lake Ontario Committee of the Great Lakes Fishery Commission.

Dietrich, J. P., Morrison, B. J., Ebener, M. E., Honeyfield, D. C., Noyes, A. D., Wright, G. M. & LaPan, S. R., 2006: Identifying potential impediments to the development of a restoration stocking program for deepwater ciscoes. Gt. Lakes. Fish. Comm. Project Completion Report. (Available upon request.)

Donaldson, E. M. & Hunter, G. A., 1983: Induced final maturation, ovulation and spermiation in cultured fishes. In: Hoar, W. S., Randall, D. J., Donaldson, E. M. (Eds.), Fish Physiology. Reproduction, vol. IXB, Academic Press, Orlando, FL, pp. 351–403.

Erdahl, D. A. & McClain, J., 1987: Effect of LH-RH analogue treatment on egg maturation (ovulation) in lake trout brood stock. – Prog. Fish-Cult 49: 276–279.

Erdahl, D. A., 1992: Inland salmonid broodstock management handbook. U.S. Fish and Wildlife Service, 712 FW 1: 1–13.

Eshenroder, R. L., Vecsei, P., Gorman, O. T., Yule, D. L., Pratt, T. C., Mandrak, N. E., Bunnell, D. B. & Muir, A. M., 2016: Ciscoes (Coregonus, subgenus Leucichthys) of the Laurentian Great Lakes and Lake Nipigon. – Gt. Lakes Fish. Comm. Misc. Pub. 16–01.

Fave, M. J. & Turgeon, J., 2008: Patterns of genetic diversity in Great Lakes bloaters (*Coregonus hoyi*) with view to future reintroduction in Lake Ontario. – Conserv. Genet. 9: 283–324.

Kapuscinski, A. R. & Jacobson, L. D., 1987: Genetic Guidelines for Fisheries Management. Minnesota Sea Grant Program. Sea Grant Research Report No. 17. 66pp.

Madenjian, C. P., Bunnell, D. B., Warner, D. M., Pothoven, S. A., Fahnenstiel, G. L., Nalepa, T. F., Vanderploeg, H. A., Tsehaye, I., Claramunt, R. M. & Clark Jr., R. D., 2015: Changes in the Lake Michigan food web following dreissenid mussel invasions: A synthesis. – J. Great Lakes Res. 41 Supplement 3: 217–231.

Owens, R. W., O'Gorman, R., Eckert, T. H. & Lantry, B. F., 2003: The offshore fish community in southern Lake Ontario, 1972–1998. *In* State of Lake Ontario: past, present, and future. *Edited by* M. Munawar. Ecovision World Monograph Series, Aquat. Ecosyst. Health Manage. Soc., New Delhi, India. pp. 407–442.

R Core Team 2015. R: a language and environment for statistical computing. R Foundation for Statistical Computing, Vienna. Available: https://www.R-project.org/. (May 2017).

Rice, J. A., Crowder, L. B. & Holey, M. E., 1987: Exploration of Mechanisms Regulating Larval Survival in Lake Michigan Bloater: A Recruitment Analysis Based on Characteristics of Individual Larvae. – Trans. Amer. Fish. Soc. 116: 703–718.

Szalai, E. B., Bence, J. R. & Fleischer, G. W., 2003: Modeling time-varying growth using a generalized von Bertalanffy model with application to bloater (*Coregonus hoyi*) growth dynamics in Lake Michigan. – Can. J. Fish. Aquat. Sci. Vol. 60: 55–66.

Taranger, G. L., Stefansson, S. O. & Hansen, T., 1992: Advancement and synchronization of ovulation in Atlantic salmon (*Salmo salar* L.) following injections of LHRH analogue. – Aquaculture 102: 169–175.

Therneau, T. M. & Atkinson, B., 2010: rpart: Recursive partitioning. R package version 3.1–46. R Foundation for Statistical Computing, Vienna. Available: http://www.r-project.org/. (April 2017).

USGS (U.S. Geological Survey) 2017: Compiled reports to the Great Lakes Fishery Commission of the annual bottom trawl and acoustics surveys for 2016 [online]. Available from http://www.glfc.org/pubs/lake_committees/common_docs/Compiled%20Reports%20from%20USGS%202017.pdf

Manuscript received: 2 February 2018
Revisions requested: 27 April 2018
Modified version received: 25 May 2018
Accepted: 11 September 2018

Advanc. Limnol. **66**, p. 65–81
Biology and Management of Coregonid Fishes – 2017

Article

Coregonine fisheries in the eastern Gulf of Finland, Baltic Sea: history and current status

Dmitry V. Bogdanov[1,*], Dmitry S. Sendek[1], and Dmitry L. Lajus[2]

With 5 figures and 1 table

Abstract: Coregonines in the eastern Gulf of Finland of the Baltic Sea are represented by two species: the common whitefish (*Coregonus lavaretus* L.) and the vendace (*Coregonus albula* L.). Early commercial fishing records (15th-16th centuries) suggest whitefish was one of the most important fishes in the region. Harvest information for vendace was limited to recent years, presumably because this species was not as valuable and its catches were unstable. Over an 85-year period of harvest records, the highest whitefish catches were reported in 1937–1939 (annual max. 76 metric tonnes (mt)), 1950–1956 (annual max. 97 mt), 1972 (32 mt) and 1983 (27 mt). In recent years (2011–2016), whitefish catches averaged 10 mt per year. Variability in vendace catches were higher than those of whitefish; from 2006 onwards catches stabilized at a level of approximately 11 mt, while maximum catches were reported in the 1950s (annual max. 1017 mt) and in the early 1970s (annual max. 125 mt). The decline in whitefish catches is due to overfishing and the deterioration of spawning areas, while fluctuations in vendace abundance are likely caused by natural factors such as salinity and temperature. Currently, the total reported catch of vendace accounts for only 1.6% of fish caught in the eastern Gulf of Finland. Most coregonines are caught during the pre-spawning period (September–October), when > 50% of annual whitefish and > 60% of vendace catches are reported. On average, about 70% of the whitefish in the Gulf of Finland were caught by gillnets and 30% were caught by trap nets of varied design (e.g., fyke nets, coastal set nets and weirs). Over 90% of vendace were caught using fyke nets and 10% were caught with small-mesh gillnets. This paper discusses whitefish and vendace conservation as it relates to sustainable fishing practices.

Keywords: whitefish, vendace, Gulf of Finland, fishery, conservation

Introduction

Anadromous fish depend on favorable conditions in both lotic and lentic systems. Historically, anadromous fish have been the most important commercial fish species because they are abundant, have high commercial value, and are susceptible to fishing in rivers due to predict-

Authors' addresses:
[1] State Research Institute on Lake and River Fisheries (FGBNU "GosNIORKh"), 199053, Makarova emb., 26, St. Petersburg, Russia
[2] Saint-Petersburg State University, 199034, 16 linia V.O. 29, St. Petersburg, Russia
[*] Corresponding author: dvb1909@mail.ru

DOI: 10.1127/adv_limnol/2021/0075 1612-166X/21/0075 $ 4.25

able migration patterns (Lajus et al., 2013). Similar to other anadromous species, coregonines are not only vulnerable to fishing while residing in rivers, but also dam construction and other human-induced pressures (e.g., deforestation and chemical pollution).

In Russia, coregonines are common along the entire northern part of the country (Berg, 1948). The eastern Gulf of Finland and its basin (hereafter referred to as "the Gulf of Finland") represent the westernmost part of their range in Russia, which was colonized earlier than other parts of northern Russia and is more densely populated than the eastern portion of the country. Some whitefish populations in Russia experience high anthropogenic pressures and are currently listed as "vulnerable" by the International Union for Conservation of Nature and Natural Resources (www.iucnredlist.org; Danilov-Danil'yan, 2001).

In the Gulf of Finland, there are two species of coregonines: the common whitefish (*Coregonus lavaretus* L.), hereafter referred to as "whitefish" and the vendace (*C. albula* L.). Both species are predominantly anadromous, although there are also whitefish populations that spawn in the sea. Whitefish and vendace spawn in several tributaries to the Gulf of Finland, but the Neva River supports the largest populations. Whitefish have a longer life cycle and a higher commercial value than vendace, and have been harvested for a longer period of time. Vendace, which are small fish with a short life cycle, exhibit substantial fluctuations in total abundance due to highly variable recruitment. In addition, vendace display intraspecific heterogeneity, which is found in the existence of several ecological forms (Pravdin, 1939; Bykova, 1960; Smirnov, 1977).

Fishery harvest records often provide the earliest source of information about the abundance and range of commercial fish species and represent a key information source for studying historical ecology (Holm et al., 2010; Jackson et al., 2011; Haidvogl et al., 2014). Commercial fisheries that targeted Atlantic salmon (*Salmo salar)*, Atlantic cod (*Gadus morhua)*, Atlantic halibut *(Hippoglossus hippoglossus)*, and herring *(Clupea spp.*) between the 17th and 20th centuries the in the White and Barents Sea areas of northern Russia have been described by Lajus et al. (2005; 2007a; 2007b). In Russian waters of the Baltic Sea basin, a number of exploited fish species targeted by commercial fisheries have been studied since the 4th century (Lajus et al., 2013; Lajus et al., 2015; Yurtseva et al., 2015). General trends in commercial catch and fish population abundance can be gleaned from these studies. For example, in the White and Barents seas the fluctuations in the abundance of commercially-harvested fish populations were associated with climatic changes during the early 20th century, and during the mid-20th century, harvest by the fisheries become the main driver. In northwest Russia, fishery harvest has been the primary driver of fish population dynamics since at least the 19th century. While the previous studies mentioned contain some information about coregonines fisheries, none of them specially focused on the history of coregonines fisheries. Fishery harvest records provide an index of past abundance, while also providing an important context by which we can interpret contemporary data related to the population dynamics of coregonines in Russia (Pravdin, 1931; Pravdin, 1939; Mikhin & Antipova, 1932; Luzanskaya, 1940; Bykova, 1960; Smirnov, 1972b).

The primary goal of this study is to trace the history of whitefish and vendace fisheries in the Russian waters of the Gulf of Finland. A secondary goal is to describe the current status of these two species using published literature and recent population surveys. This information will help fishery managers better understand factors that influence coregonines populations in the region.

Material and methods

In this paper, data from scientific publications and government sources (Russian archives, departmental reports) were used to describe historic and contemporary trends in abundance for coregonines in the Gulf of Finland and tributaries in Russia. The Gulf of Finland is subdivided into eight areas based on hydrological characteristics such as depth, salinity, and

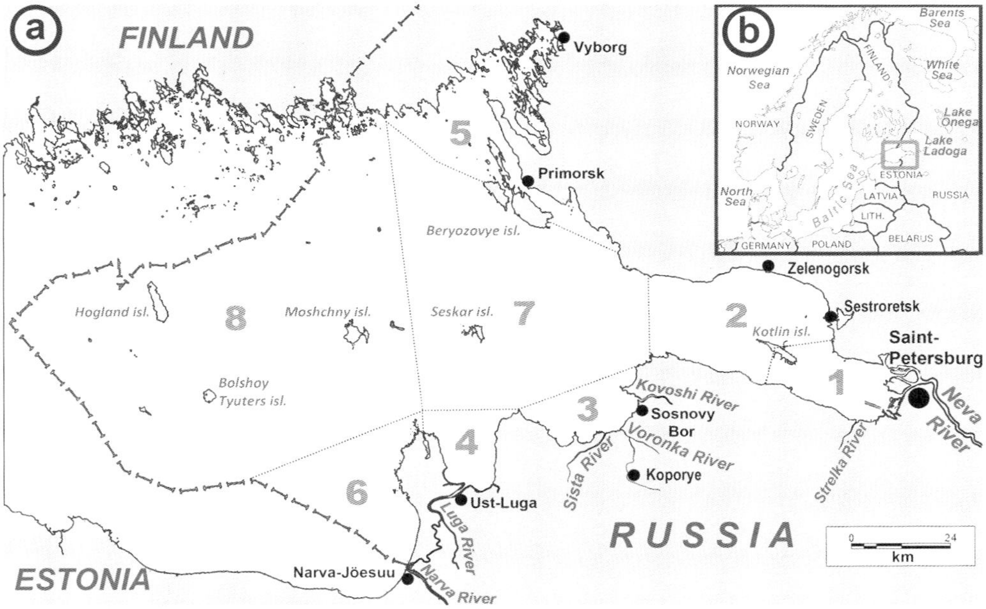

Fig. 1. Maps showing a) the eastern Gulf of Finland, its tributaries, and the defined areas used for management of Russian fisheries (1 – Neva Bay; 2 – Vzmorye area; 3 – Koporye Bay; 4 – Luga Bay; 5 – Vyborg Bay; 6 – Narva Bay; 7 – Eastern island region; 8 – Western island region) and b) northern Europe and the location of the Lake Ladoga and Lake Onega.

Table 1. Total area, depth, and salinity associated with the defined areas used for management of Russian fisheries in the eastern Gulf of Finland (source of data: Shirokov et al., 1982).

Areas of the eastern Gulf of Finland	Area, km^2	Prevailing depths, m	Average salinity, PSU
Neva Bay	372	4–5	0.4
Vzmorye area	924	20–30	2.9–5.6
Koporye Bay	325	15–20	5.3
Luga Bay	310	10–20	3.5–5.2
Vyborg Bay	815	5–10	3.0–4.3
Narva Bay	780	15–30	6.3
Eastern island region	2820	30–45	5.9–6.6
Western island region	5118	35–70	6.8–7.6

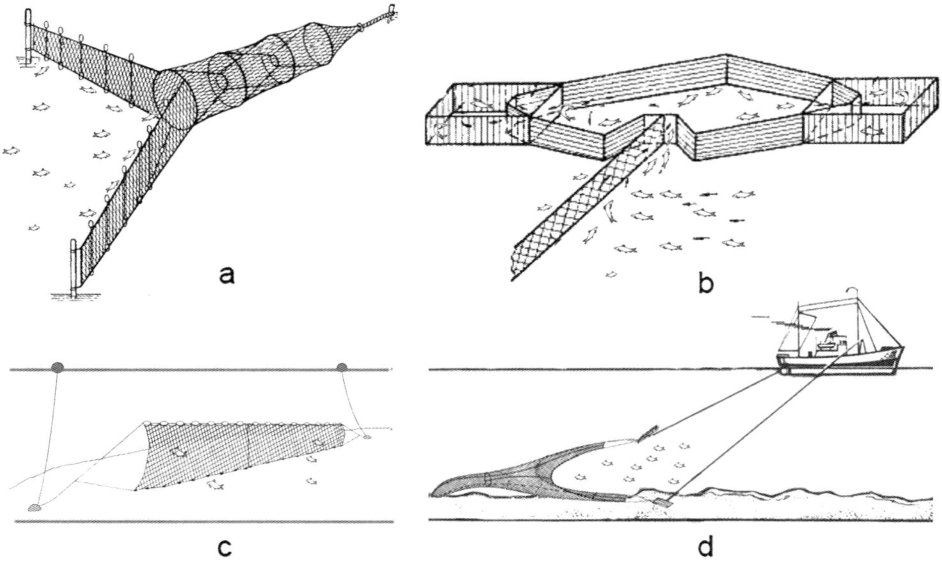

Fig. 2. Main fishing gears used to target coregonids in the eastern Gulf of Finland (a. fyke net; b. coastal set net; c. gillnet; d. bottom trawl).

distance from the mouth of the Neva River (Figure 1; Table 1). Harvest information from commercial trap nets (fyke net, coastal set nets, and weirs), trawls, and gillnets (Figure 2) from the Gulf of Finland during the 19th and 21st centuries was used. Unpublished information from surveys conducted by the authors was also used; specifically, trap nets and trawls similar to those used by commercial fishers and 48-m, variable-mesh gillnets (i.e., 6 m panels; 12, 15, 20, 25, 30, 35, 45 and 60 mm stretched-measure mesh; Appelberg 2000).

Results and discussion

Fishery

Whitefish fishery from the 15th century to the early 20th century

A whitefish fishery has existed for more than 500 years in the Gulf of Finland and its basin. The oldest historical records date back from the 15th–16th centuries, when whitefish were described as a product used for tax payment in 15 villages near the Neva River mouth (Figure 1). An average of about 1000 whitefish were caught in each fishing village (fishery techniques are unknown), each whitefish having an estimated weight of about 1.2 kg (Lajus et al., 2013). In the mid-19th century the average price of one whitefish was 0.2 rouble. Factoring for mass, it was 1.5–2 times cheaper than Atlantic salmon, the most valuable fish in the Gulf of Finland since the 15th century. Analysis of the archives showed that 8.71 mt of whitefish were caught annually in the Neva River during the 1870s and the average weight of a whitefish was 1.3 kg. Increased fishing intensity in the Neva River between 1870–1930 could have attributed to a gradual decline in yield, which was only 2.6 mt per year in the 1930s.

Like the Neva River, whitefish were a historically important commodity to the communities near the Luga River (Figure 1). Whitefish were caught in several Luga River tributaries during the 15th and 16th centuries (Belyaev, 1851). Along with Atlantic salmon, brown trout (*S. trutta)* and lamprey (*Lampetra fluviatilus)*, whitefish were important to the fish market at Luga during the first third of the 18th century (Lajus et al., 2013). Whitefish abundance in the river was considered to be high during the 18th century (Grimm, 1889). According to Grimm (1889), overfishing and reduced water quality due to timber rafting (i.e., using the river to transport harvested timber) were the main factors responsible for the decline in whitefish and Atlantic salmon in the Luga River during the late 19th century. Declines in whitefish were also observed along the Swedish coast and in the Curonian Lagoon (southern Baltic coast) at about the same time (Figure 1). In both cases, overfishing was identified as the main reason for the decline of local populations (Benecke, 1881; Verliin et al., 2013; Ojaveer et al., 2007).

Although there are no official records of commercial whitefish harvest in the Narva River (Figure 1), whitefish bones from the 16th and 18th centuries have been found near the city of Pskov, which is approximately 200 km to the south of the Narva River mouth (Yurtseva et al., 2015). This suggests whitefish, like Atlantic salmon, could have been harvested using weirs during 15th–16th centuries in the Narva River (Lajus et al., 2013). Another argument in favor of this assumption is that whitefish are now commonly caught in the river during the collection of Atlantic salmon broodstock for the Narva Fish Hatchery. Historical catch records of whitefish in the Narva River do not likely exist because only the most common species were reported.

Whitefish have been caught in Koporye Bay and its associated tributaries since records have been kept (Figure 1). Whitefish were reported to be harvested from 12 different fishing villages operating along the banks of the Sista, Strelka, Kovashi and Voronka rivers at the turn of the 15th–16th centuries. One of these villages reported whitefish harvested in 1470 and three villages reported whitefish harvest in 1501. In all cases the catch was 10 barrels (one barrel contains 240 kg of fish) (Belyaev, 1851). Interestingly, fishing techniques during the 15th century transitioned from using beach seines to capturing fish downstream using fishing weirs. Whitefish were essential to the area for several centuries, as they were mentioned to be sold alongside other fish species at the market in Koporye during the 18th century (Lajus et al., 2013). As time went by, the fishery transitioned from harvesting fish in the lower reaches of the tributaries to within the open waters of Koporye Bay itself.

Veberman (1916) reported that fish harvested from the Gulf of Finland (i.e., from the Narva River along the southern shore to Saima Canal near the modern international border between Russia and Finland along the northern shore) were sold in Petrograd (present day St. Petersburg) during the summer of 1916. The author did not specifically mention whitefish in these records, likely because catches from the Gulf of Finland were low (approximately 11% of the total fish products (600 mt) supplied to Petrograd). Lakes Ladoga and Onega (Figure 1, b) were more important sources of whitefish for the market in Petrograd. In May 1916, one pound (0.454 kg) of fresh whitefish in Petrograd's wholesale market cost 75 kopeks, which was only slightly cheaper than one pound of fresh Atlantic salmon (80–90 kopeks).

It should be noted that by the 19th century, fishing effort in the Luga, Narva, and Neva Rivers was predominately near the river mouths. Focused fishing effort on the downstream portions of tributaries to the Gulf of Finland was primarily due to competition between fishers and the opportunity to harvest fish prior to upstream migration (Hoffmann, 1996; Neer & Ervynck, 2010). Increased fishing pressure and improved fishing techniques caused many anadromous stocks, including whitefish, to collapse during this period (Lajus et al., 2013).

Whitefish fishery from the early 20th century to the present day

In the late 19th century and in the 20th century, fishing effort was concentrated in the lower reaches of large rivers along the Gulf of Finland. This occured in the Neva River during the pre-World War II period. For example, during the 1930s the lower reaches of the river supplied 95% of total production and most (87%) of the commercial fishermen worked there. In this part of the Neva River fishing was carried out mainly in April–June (88% of annual catch). Target fish species were considered abundant and thus the fishing gear was relatively simple. Commonly used gears included beach seines for targeting smelt (*Osmerus eperlanus* L.), fyke nets for whitefish and vendace, and "buraks" (cone-shaped fishing baskets) to capture lamprey. Before World War II (1934–1938) lamprey and smelt made up 92% of the total catch in the Neva River. During the same period, Atlantic salmon and vendace accounted for 2.5% and 3% of the total catch, respectively. However, vendace were not targeted every year because of fluctuations in abundance. Whitefish catches in the same five-year period were estimated at 7.64 mt, which was only 0.23% of the Neva River harvest (Luzanskaya, 1940).

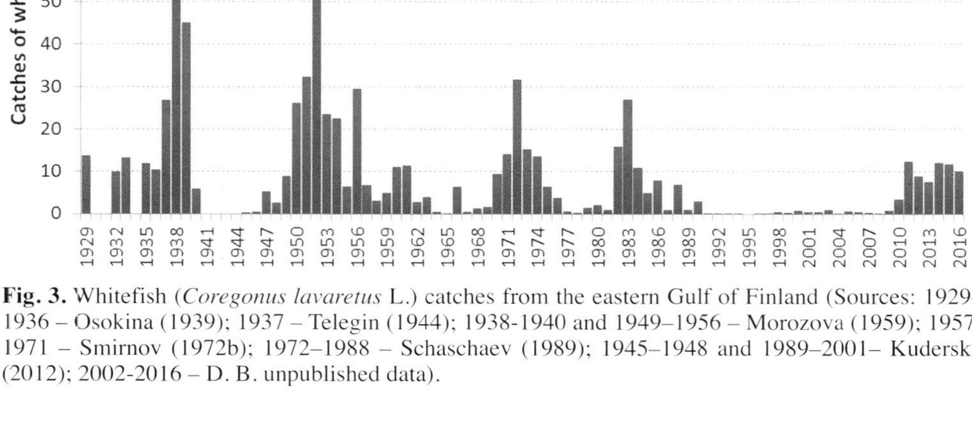

Fig. 3. Whitefish (*Coregonus lavaretus* L.) catches from the eastern Gulf of Finland (Sources: 1929–1936 – Osokina (1939); 1937 – Telegin (1944); 1938-1940 and 1949–1956 – Morozova (1959); 1957-1971 – Smirnov (1972b); 1972–1988 – Schaschaev (1989); 1945–1948 and 1989–2001– Kudersky (2012); 2002-2016 – D. B. unpublished data).

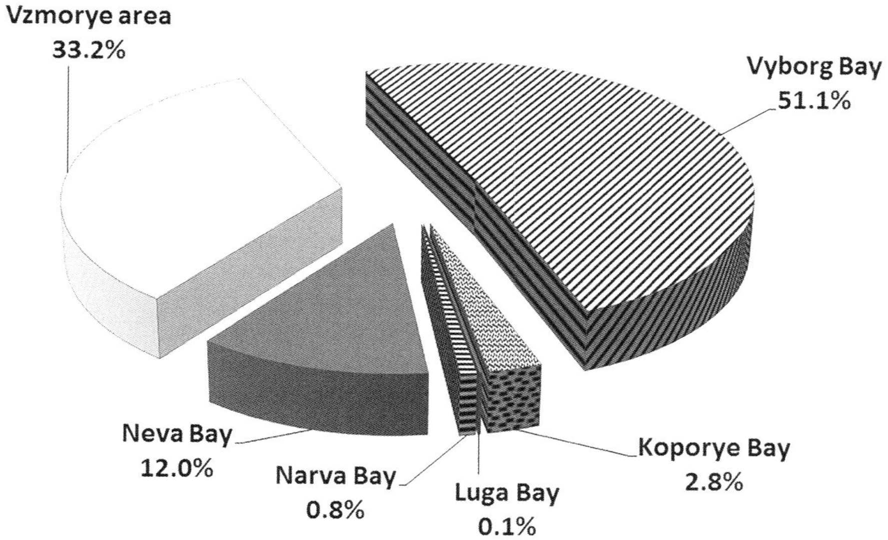

Fig. 4. Contributions from the different areas of the eastern Gulf of Finland to the total catch of whitefish, 2011–2016.

Pravdin (1925; 1939) presented the following data on whitefish catches for that period: 8.3 mt in 1933; 2.1 mt in 1934; 1.8 mt in 1935 and 2.8 mt in 1936. The total amount of fresh fish supplied from the Neva River in the 1930s (532.4 mt in 1933–1935 and 701.0 mt in 1936–1938) was substantially greater than the 240.0 mt reported in 1916 (Veberman, 1916; Luzanskaya, 1940). Despite some high-production years (e.g., whitefish catches in the Neva River in 1952 were estimated at 97 mt), the traditional whitefish and Atlantic salmon fishery in all the Gulf of Finland rivers were showing signs of collapse by the pre-World War II period (Lajus et al., 2015). The reduction of the whitefish and Atlantic salmon stocks were likely associated with overfishing, pollution, and the deterioration of spawning grounds in the spawning rivers (e.g., Neva, Luga, and Narva).

Mikhin & Antipova (1932) note that before the 1930s, whitefish in the Gulf of Finland were caught during June and July in Koporye, Luga, and Narva Bays (Figure 1). Gillnets, set nets and beach seines were the main fishing gear. Several peaks in whitefish production have occurred in the Russian waters of the Gulf of Finland during the 85-year time series (Figure 3). Production was highest during the pre-World War II period (max. 76 mt) between 1937–1939. The increase in whitefish harvest in 1950–1956 (max. 97 mt) was likely due to a greater abundance of fish, which was the result of reduced fishing effort during and immediately after World War II. Smirnov (1972a) assumed that a deterioration of spawning habitats in the Neva, Narva and other tributaries to the Gulf of Finland was the main reason for the rapid decrease in whitefish abundance observed after 1956, but overfishing also likely contributed to the decline. An increase of whitefish catches between 1971 and 1974 (max. 32 mt) and 1982 and 1984 (max. 27 mt) were the result of stocking in Finnish waters of the Gulf of Finland during the 1960s and onwards. Between 1944 and 1995, many diadromous fish populations in the Gulf of Finland (e.g., whitefish, eel (*Anguilla anguilla*), vimba bream (*Vimba*

vimba), vendace, Atlantic salmon, brown trout) experienced declines that are largely attributed to anthropogenic pressure (Lajus et al., 2015). Due to the economic crisis of the 1990s and 2000s, the accuracy of Russian catch statistics are unknown and thus, total catches were probably higher than those reported. During 2010–2016, whitefish catches in the Russian zone of the Gulf of Finland were estimated to be approximately 10 mt annually.

Between 2011 and 2016, 76% of the whitefish catch came from the north shore of the Gulf of Finland (including Vyborg Bay) and 22% came from the easternmost part of the Gulf of Finland near St. Petersburg. Less than 4% of whitefish were caught along the south shore, including Narva, Luga and Koporye bays (Figure 4). Most whitefish were caught during the pre-spawning period (September–October), when over 50% of annual whitefish and over 60% of vendace catches were reported. On average, about 70% of the whitefish were caught using large-mesh gillnets (i.e, stretched measure is 45 to 60 mm) and 30% were caught with trap nets (i.e., weirs, fyke nets, and fixed nets). The average price of fresh whitefish in St. Petersburg in 2017 was 280–350 roubles kg^{-1} (4–5 Euros kg^{-1}), which was about half that of farm-raised Atlantic salmon.

Vendace fishery

Records of commercial vendace harvest in Russian waters of the Gulf of Finland prior to the 20th century are not as complete as whitefish because 1) vendace were considered less valuable, 2) more restrictive fishing regulations occurred in the areas where vendace fishing occurred and 3) abundance was highly variable. Based on historic records from the 1870s, the annual vendace harvest was approximately 55 mt (average fish weight 40 g); however, this species was not even mentioned in the commercial catch records of 1934 because its population was extremely small (Lajus et al., 2013). The contribution of vendace increased after World War II. Between 1946–1960 the average annual catch was 80 mt and the maximum catch reported in 1959 exceeded 1000 mt.

Pravdin (1925) described the operational aspects of the vendace fishery in the Neva River in detail. As vendace migrated upstream they typically utilized areas near the bank with slower current. Commercial fisherman would set trap nets in areas with slow current to maximize catch. By targeting these areas and designing nets specifically for vendace, by-catch was minimized. Vendace migrating upstream first encountered the wings of the trap net and were ultimately concentrated in a long corridor called the net “head”. The head ended with a seine bag spread out by the river current. The movement of vendace in the trap net area was monitored by an observer through a special window. When a sufficient quantity of fish congregated in the head, the observer would agitate the vendace and they would retrieve the bag.

According to Mikhin & Antipova (1932), there was no specialized vendace fishery in the Gulf of Finland during the early 1930s. Small quantities of vendace could have been harvested while commercial fishers targeted other species and it is likely that local communities would have utilized this incidental catch. Absence of specialized fishing for vendace in the Gulf of Finland was most likely due to the high variability in inter-annual catch rates (Bykova, 1950).

Pravdin (1939) attributed variation in reported vendace catches from the Neva River, ranging from 0.6 mt in 1932 to 58.2 mt in 1935 and 20.0 mt in 1936, to environmental factors

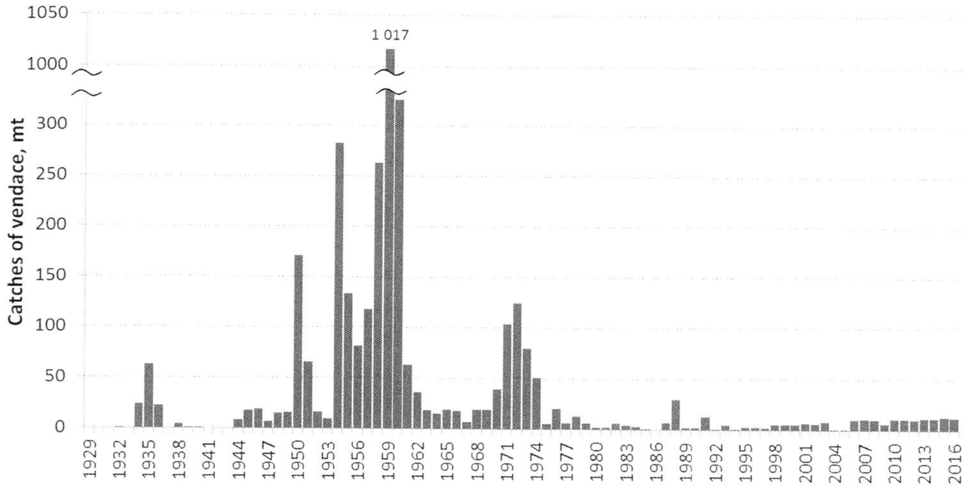

Fig. 5. Vendace (*Coregonus albula* L.) catches from the eastern Gulf of Finland (Sources: 1932 – Pravdin (1939); 1935–1957 – Bykova (1960); 1961–1971 – Smirnov (1972b); 1958–1960 and 1972–1990 – Kudersky (2012); 1991–2016 – D. B. unpublished data).

(e.g., water temperature, river discharge, etc.). Smirnov (1977) argued the factors causing high fluctuations of abundance of vendace are poorly understood. It has been shown more recently that abundance variations could hardly be due to overfishing (because vendace is less valuable than whitefish or salmon), but more likely associated with changes in abiotic factors, such as salinity or temperature in the nursery areas. Statistical analyses using time series between 1944 and 1995 suggest catches of vendace are negatively associated with water transparency (Lajus et al., 2015). Considering water transparency to be influenced by anthropogenic activities (e.g., agriculture, industrial development, pollution, fisheries), the negative impact of increasing eutrophication and pollution in the Neva River and adjacent parts of the Gulf of Finland on the vendace population cannot be ruled out.

When compared to whitefish, vendace catches in the Gulf of Finland exhibit higher variation. Although vendace catches after 2006 appear to have been stable, they were much lower (approximately 11 mt) than the peaks in vendace harvest that occurred in the 1950s (1017 mt) and early 1970s (max. 125 mt; Figure 5). Vendace fishing areas are restricted to the easternmost parts of the Gulf of Finland (Figure 1a, districts 1 and 2), while in other parts of the gulf this species is rarely reported. Vendace are mainly caught during the pre-spawning period (September–October), when over 60% of the catch is reported. Trap nets are the primary gear used in the vendace fishery; over 90% of the harvest is caught using trap nets and 10% with small-mesh gillnets. In 2017, the price of vendace in St. Petersburg ranged between 170–240 roubles kg^{-1} (2.5–3.5 Euros kg^{-1}).

Biological characteristics of coregonines in the eastern Gulf of Finland

Whitefish

Whitefish populations throughout the Baltic Sea region are heterogeneous, and this heterogeneity is described differently by Russian and western European researchers. According to western European researchers, the Baltic Sea whitefish are subdivided into 1) anadromous, spawning in rivers and feeding in the gulf – *C. lavaretus* L. s.str, and 2) resident, feeding and spawning in the Gulf – *C. l. widegreni* Malmgren (Himberg, 1970; Svärdson, 1979; Lehtonen & Himberg, 1992). Meanwhile, Russian researchers, dealing only with the anadromous forms, subdivided all whitefishes in Russian waters into three groups depending on the number of gill rakers on the first gill arch: 1) low-rakered whitefish with 22 to 30 gill rakers – *C. l. lavaretus* (L.); 2) medium-rakered whitefish with 27 to 40 gill rakers – *C. l. mediospinatus* Pravdin; and 3) densely-rakered whitefish with 39–50 – *C. l. pallasi* Valenciennes (Pravdin, 1931; Berg, 1948). In the Gulf of Bothnia the anadromous whitefish are considered to have a larger number of gill rakers (mean 29.9) than resident whitefish (mean 26.7), but there is wide overlap in mixed natural populations (Himberg et al., 2015). The gill raker numbers of sea spawning whitefish and migrating whitefish are almost the same in the Gulf of Finland (mean 29–30) and it is impossible to distinguish these two forms based on this character (Koivurinta & Vähänäkki, 2004).

According to reports from the 1930s and 1950s, low-rakered whitefish were the most abundant form in the Gulf of Finland (Pravdin, 1931; Berg, 1948). The Neva River was inhabited by all three forms of whitefish (low-, medium- and densely-rakered) (Pravdin, 1939). More recent trawl surveys (1960s – early 1970s) conducted in the Russian waters of the Gulf of Finland, indicated that low-rakered whitefish continue to be the predominate form (Smirnov 1972a). While the contribution to the fishery by the various forms of whitefish is not well understood, the information could be valuable to managers. Whitefish in the Russian waters of the Gulf of Finland have been treated as a single stock, which could pose a risk to the forms that occur in lower abundance.

In the neighboring Finnish and Estonian waters of the Gulf of Finland, catch of anadromous and resident whitefish was nearly equal during the 1960s and 1970s (Lehtonen, 1981). After the intense stocking of Finnish rivers with an anadromous form of whitefish, the proportion of resident whitefish gradually decreased after the 1980s and near the turn of the century resident spawning whitefish composed only 10% of the Gulf of Finland whitefish catches (Lehtonen, 1981; Lehtonen & Böhling, 1988; Leskelä & Lehtonen, 1992; Koivurinta & Vähänäkki, 2004; Verliin et al., 2013).

It is worth mentioning that whitefish occur near the Russian islands in the Gulf of Finland, yet their taxonomic status is uncertain (Figure 1a; Sendek et al., 2017). The whitefish are presumed to spawn near the islands and have an average of approximately 30 gill rakers. Near-shore monitoring in Estonia shows that whitefish with the same number of gill rakers are now abundant in the Gulf of Finland and around western Estonian islands (Verliin et al., 2013). Whitefish occurring near the Russian islands display some morphological, ecological and genetic characters of a mixed origin resulting from introgressive hybridization with an Arctic cisco-like form of coregonines (Sendek et al., 2017). One hypothesis leading to the origin of this hybrid is that whitefish could have crossed with Arctic cisco (*C. autumnalis*

Pallas) upon its colonization westwards in the Pleistocene-Holocene transition period approximately 10,000 years ago. Another hypothesis suggests the hybridization could have been triggered by the acclimatization of Baikal omul (*C. migratorius* Georgi) in Lake Ladoga during the 1950s. Traces of Baikal omul in the Ladoga Lake have disappeared within several years after stocking. However, it could have migrated downstream via the Neva River into the Gulf of Finland and hybridized with a resident form of whitefish (Sendek, 2012; Sendek et al., 2017). Whitefish near the islands in the Gulf of Finland grow to a fairly large size. Individual fish have been recorded to be 2.2 kg and 54.5 cm (fork length, here and hereafter in the text). It should be noted that the island-associated hybrid whitefish have been minimally impacted by commercial or recreational fishing because it occurs in 1) a state reserve ("Eastern Gulf of Finland") and 2) a strict border control zone between Russia and European Union neighbor countries, where fishing is prohibited.

The distribution of whitefish (without subdivision into intraspecific groups) in the Gulf of Finland, as well as some biological characteristics of fish, are available from scientific literature and unpublished data. The results of trawl surveys conducted between 1968 and 1970 showed seasonal patterns in whitefish distribution and also variability in the size structure and age composition across years (Smirnov, 1972a). Catches from 1968–1970 were dominated by age 3–4 fish, age 4–5 fish, and 4, 5 and 6 fish, respectively. This indicates that strong year classes play an important role in the population dynamics of whitefish. The oldest age classes (7, 8) represented in the trawl survey made up 2.3% of the catch. Most whitefish were sexually mature by age-3 and only a small portion of the fish were mature at age-2 (Smirnov, 1972a).

The largest whitefish catches in our trawling surveys, conducted in October–December 2003, occurred in the Vzmorye area and in the centre of the Eastern island region (Figure 1a, districts 2 and 7). A total of 149 whitefish ranging in age from 1 to 8 and body length from 17 to 40 cm, were caught. Whitefish measuring 32–37 cm (ages 5–6) accounted for nearly 70% of the catch. During November 2004, 104 whitefish, measuring 24–38 cm (ages 3–7), were captured in the trawl in the central part of the Gulf of Finland (Figure 1a; eastern and western island regions). 70% of these fish were 28–33 cm and ages 4–5.

In addition to the trawl survey, we used variable mesh gillnets to study the nearshore fish community. Whitefish were seldom captured by this fishing gear, as only about 100 individuals were caught between 2005–2017. Whitefish were mainly caught in the open waters of Vyborg Bay, the southern end of Berezovye Islands, eastern island region (Seskar Island), and in Neva Bay where they migrate mainly in autumn before spawning. Whitefish caught by gillnets varied in size from 10 to 44 cm. Juveniles (measuring < 20 cm) were more prevalent in the gillnet survey compared to the trawl survey, making up about 25% of the total catch. Age-3 fish (24–28 cm) accounted for nearly half of the total catch from the gillnet survey.

Vendace

The distribution of vendace is impacted by freshwater discharge of the Neva River and thus, vendace are commonly confined to the easternmost portion of the Gulf of Finland. The largest aggregations are reported in spring and autumn in Neva Bay and along the northern shore towards Zelenogorsk (Figure 1a). Vendace are found throughout the Gulf of Finland in summer and autumn, with concentrations in Vyborg, Koporye and Luga Bays, near Seskar, Moshchny and Maly Islands and around Nagaev and Grekov shoals (Smirnov, 1977). Westward expansion of vendace in the Gulf of Finland is impeded by elevated salinity levels, although fish are sporadically observed along the shores of Finland, near Helsinki (Lehtonen, 1981).

Kessler (1864) found some morphological differences of vendace from the Gulf of Finland compared to inland lake populations. However these conclusions were challenged by Berg (1940), who reported no differences between fish from the Gulf of Finland and fish originating from inland lake populations (e.g., lakes Ladoga, and Onega). More recently, it has been shown that there are two forms of anadromous vendace in the Neva River; common, slowly-growing vendace and fast-growing, '*ripus*' (Pravdin, 1939; Golenishchev, 1951; Bykova, 1960; Kolyushev, 1962). These two forms differ in some meristic characters, such as the number of gill rakers, the number of scales along the lateral line, the length of pectoral fins, and age of maturation, which may suggest a heritable basis for such differences.

In the Gulf of Finland, slow growing vendace become mature at the age of 1–2, which is one year earlier than the fast-growing form (Kolyushev, 1962). At the same time, Kolyushev (1962) found that this fast-growing vendace from the Gulf of Finland exhibited similar growth patterns with the fast-growing vendace from Lake Ladoga (Figure 1b). The author assumed that these forms were related, (i.e., the Gulf of Finland fast-growing vendace originated from Lake Ladoga fast-growing vendace because fish from Lake Ladoga occasionally migrate into the Neva River towards the Gulf of Finland). The possibility of a seasonal migration of fast-growing vendace from Lake Ladoga down the Neva River towards the Gulf of Finland was discussed by Pokrovsky (1953). According to Golenishchev (1951), juvenile vendace that migrate downstream from the Neva River find favorable feeding conditions in the Gulf of Finland and then transform into the fast-growing form. Using allozyme genetic methodologies, Sendek (2002; 2012) found that common and fast-growing vendace from the Gulf of Finland and Lakes Ladoga and Onega are similar, suggesting that all the populations studied have originated from one ancestral group.

In the Neva River, local fishers also differentiate fast-growing and slow-growing forms, with the fast-growing form being the most prevalent. Based on commercial catches, spawning migrations of vendace in the Neva River begin in late August and last until November; however, vendace are harvested as early as May during the smelt fishery. Vendace migrate upstream along the Neva River towards Bolshie Porogi (about 40 km from the river mouth). The average size of vendace reported in 1936 was 17.7 cm and the average weight was 55–60 g. Age-2 fish dominated the harvest and were thought to have spawned for the first time (Pravdin, 1939).

Biological characteristics of vendace in Russian waters of the Gulf of Finland are available from fishery-independent trawl surveys. In Koporye Bay, age-2 fish made up 84% of the vendace collected in June 1930, with age-1 and age-3 fish also represented. The average length and weight of vendace collected in 1930 was 19.2 cm and 62 g, respectively (Mikhin & Antipova, 1932). Trawl surveys conducted more than three decades later (1955–1957) suggested the average lengths were 14.5–15.9 cm and average weights were 31–44 g (Bykova, 1960). These data reveal a notable variation in size of vendace during a period of several decades. Such variation may suggest the presence of both slow-growing and fast-growing forms in the Gulf of Finland in various proportions in different years and year-to-year variation in growth within the same form (Mikhin & Antipova, 1932; Bykova, 1960). According to Bykova (1960), the occurrence of fast-growing vendace in the Gulf of Finland is limited to the open waters of Vyborg Bay (Figure 1). Smirnov (1977) reported the size of vendace from the Gulf of Finland using trawl survey data collected between 1968 and 1973. He noted the highly variable annual size composition of vendace: yearlings (6–8 cm) were 34% of the catch in 1969, while the 1971 trawl catch was dominated by 10–14 cm individuals (76%) and 1972 catches by 13–16 cm fish (73%). In the autumn of 1973, trap net vendace catches near Sestroretsk were dominated by young vendace: age-1 (35%), age-2 (57%), age-3 (7%) and age-4 (1%). Vendace collected near Sestroretsk in the autumn of 1974 catch were dominated by larger vendace consistent with age-2 and age-3 fish. The average size of fish collected in autumn catches varied among years; in 1973 the average length was 15 cm and weight was 27 g, while in 1974 the average length was 17 cm and weight was 42 g.

Additional information regarding the age and growth of vendace from the Gulf of Finland and the Neva River were reported by Kolyushev (1962). Vendace (primarily the fast-growing form) were collected during trawl surveys conducted between 1959 and 1961 and had a mean fork length of 25 cm and weighed > 170 g. Kolyushev (1962) also reported that age-5 vendace from the Gulf of Finland near Zelenogorsk were 33 cm and 392 g.

More recent information still suggests the size and age structure of commercial vendace catches (set nets) varies between years. Catches were commonly dominated by age-2 vendace, which had an average length of 13–14 cm and a mass of 26–30 g. However, the abundance of age-1 vendace, which had an average length of 11–12 cm and a mass of 12–19 g, was greater in 2005, 2006, 2015 and 2016. Less commonly, in 2007, 2011, and 2013, catches were dominated by older vendace (age-3) that had an average length of 16–17 cm and a mass of 40–47 g. Vendace is separated into slow- and fast-growing (‘*ripus*’) forms (i.e., into small and large fish) only while preparing to be sold at market. Both forms of vendace are lumped together by fishers during the initial landing.

Both the historic and recent information from commercial fisheries and assessment surveys demonstrate the high spatial and temporal variability associated with whitefish and vendace in the Russian waters of the Gulf of Finland. Our review suggests observed differences in life history and morphology are caused by both environmental and genetic factors. We believe conservation of the various forms of whitefish and vendace is important and that managers should account for the variation between populations when developing harvest strategies.

Summary

Our review showed that anadromous whitefish and vendace in the Gulf of Finland have been important commercial species for centuries. Increased fishing pressure and other anthropogenic factors (e.g., degradation of spawning habitat) during the 20th century caused stocks of whitefish and vendace to decline significantly. However, the first signs of a negative trend in the population of the more commercially valuable and larger whitefish were recorded as early as the late 19th century. Abundance of coregonine stocks is currently low and the fishing effort within the Gulf of Finland is limited to autumn. At present, harvest from the Gulf of Finland is approximately 10 mt per species, annually.

Both coregonine species in the Gulf of Finland have a high degree of variability in relation to life histories and morphology. Currently, the fishery management of coregonines in Russia does not recognize intraspecific heterogeneity amongst species, and thus cannot be considered an effective management approach. Meanwhile, whitefish management efforts in the European Baltic countries now focuses on assessing the composition of mixed populations, by analyzing migration patterns of anadromous and resident whitefish and determining the contribution of hatchery fish to the overall population. There is much still to be learned about coregonines in Russian waters of the Gulf of Finland and we suggest future studies focus on morphology, life history (Himberg et al., 2015; Högerstrand et al., 2018), population genetics, and geochemical analysis of otoliths (Lill et al., 2013, 2015, 2018; Hägerstrand et al., 2015; Ozerov et al., 2015). The objective of future studies should be to preserve the biodiversity of whitefish in the Baltic Sea by emphasizing the importance of sustainable fishery practices. The Gulf of Finland is a transboundary water body, and since fish know no political boundaries, Russia should collaborate with its neighboring countries to maximize the potential for successful management.

Acknowledgements

We gratefully acknowledge Grigory Sokolov of the Karelian Research Centre, RAS, Petrozavodsk, for translating the manuscript into English. We are also thankful to two anonymous reviewers and Jared T. Myers for useful comments, suggestions and checking English version.

References

Appelberg, M., 2000: Swedish standard methods for sampling freshwater fish with multi-mesh gillnets. – Fiskeriverket information. Drottningholm, pp 1–30.

Belyaev, I. D., (ed.), 1851: Vremennik Imperatorskogo Moskovskogo obshestva istorii i drevnostei rossiiskikh (Annals of the Emperor's Moscow Society for History and Antiquites of Russia). – Vol. 11. Moscow: Universitetskaya tipografia, pp 1–1048. (in Russian)

Benecke, B., 1881: Fische, Fischerei und Fischzucht in Ost- und Westpreussen. – Hartungsche Verlagsdruckerei, Königsberg, pp 1–331.

Berg, L. S., 1940: Ryby Finskogo zaliva (Fishes of the Gulf of Finland). – Izv. VNIORKh 23: 3–46. (in Russian)

Berg, L. S., 1948: Ryby presnykh vod SSSR i sopredel`nykh stran: chast` 1 (Freshwater fishes of the USSR and neighbouring countries: part 1). – Acad. Sci. USSR Press, Moscow, Leningrad, pp. 1–466. (in Russian)

Bykova, V. K., 1960: Nekotoryye dannyye po biologii ryapushki Finskogo zaliva (Some data on the biology of the vendace of the Gulf of Finland). – Nauch.-tekhn. byul. GosNIORKh 10: 31–32. (in Russian)

Danilov-Danil'yan, V. I. et al. (ed.), 2001: Krasnaya kniga Rossiyskoy Federatsii (zhivotnyye) (Red Book of the Russian Federation (animals)). – Moscow: AST: Astrel, pp 1–860. (in Russian)

Golenishchev, N. N., 1951: O nevskoy ryapushke (On the Nevskaya vendace). – Uchon. zap. LGU, № 124, ser. biol. 29: 169–189. (in Russian).

Grimm, O. A., 1889: Ryby i rybolovstvo v reke Luge (Fish and fisheries in the Luga River). – Sel'skoe khoziaistvo i lesovodstvo. Zhurnal ministerstva gosudarstbvennykh imuschestv CLXII: 121–139. (in Russian)

Hägerstand, H., Himberg, M., Wiklund, T. & Lill, J.-O., 2015: Estimating the proportion of river and sea spawning whitefish in catches from the brackish Gulf of Bothnia (Baltic Sea) by gill raker counting, genotyping and otolith chemistry analysis. – Frontiers in Marine Science 2., DOI: 10.3389/conf.FMARS.2015.03.00171

Hägersrtand, H., Himberg, M., Saks, L. & Verliin, A., 2018: Stomach content of whitefish, *Coregonus lavaretus* (Actinopterygii: Salmoniformes: Salmonidae), off the Åland Islands, Baltic Sea. – Acta Ichthyol. Piscat. 48 (1): 71–74, DOI: 10.3750/AIEP/02260

Himberg, K. J. M., 1970: A systematic and zoogeographic study of some North European coregonids. – In: Lindsey, C. C. & Woods, C. S. (eds.): Biology of Coregonid fishes. – Winnipeg, University of Manitoba Press: 219–250.

Himberg, M., von Numers, M., Vasemägi, A., Heselius, S.-J., Wiklund, T., Lill J.-O. & Hägerstrand, H., 2015: Gill raker counting for approximating the ratio of river- and sea-spawning whitefish, Coregonus lavaretus (Actinopterygii: Salmoniformes: Salmonidae) in the Gulf of Bothnia, Baltic Sea. – Acta Ichthyol. Piscat. 45 (2): 125–131, DOI: 10.3750/AIP2015.45.2.02

Haidvogl, G., Lajus, D., Pont, D., Schmid, M., Jungwirth, M. & Lajus, J., 2014: Typology of historical sources and the reconstruction of long-term historical changes of riverine fish: a case study of the Austrian Danube and northern Russian rivers. – Ecology of Freshwater Fish 23: 498–515. DOI: 10.1111/eff.12103.

Hoffmann, R. C., 1996: Economic development and aquatic ecosystems in medieval Europe. – Am. Hist. Rev. 101: 631–669.

Holm, P., Marboe, A-H., Poulsen, B. & MacKenzie, B., 2010: Marine animal populations: A new look back in future. – In: McIntyre, A. (ed.): Life in the World's Oceans: Diversity, Distribution and Abundance. Oxford: Wiley-Blackwell: 3–23.

Jackson, J. B. C., Alexander, K. E. & Sala, E. (Eds.), 2011: The Past and the Future of Ocean Fisheries. – Washington D.C.: Island Press, pp 1–298.

Kessler, K., 1864: Opisanie ryb, kotorye vstrechautsia v vodakh S.-Peterburgskoi gubernii (Description of fishes, which inhabit waters of St. Petersburg region). – In: Estestvenno-istoricheskie issledovania S. Peterburgskoi gubernii, proizvodimye chlenami Russkogo Etimologicheskogo obshestva v S. Peterburge. Vol. 1. St. Petersburg: Tipografia A.S. Golitsina, pp 1–240. (in Russian)

Koivurinta, M. & Vähänäkki, P., 2004: Itäisen Suomenlahden vaellussiikatutkimukset vuosina 1993 – 2003 (Migratory whitefish studies in the eastern Gulf of Finland during years 1993–2003). – Alueelliset ympäristöjulkaisut 355, pp 1–113.

Kolyushev, A. I., 1962: O ripuse Finskogo zaliva (On the ripus of the Gulf of Finland). – Nauch.-tekhn. byul. GosNIORKh 15: 30–32. (in Russian)

Kuderskiy, L. A., 2012: Sostoyaniye rybnogo naseleniya v vostochnoy chasti Finskogo zaliva v 1946–2009 gg. v svyazi s prirodnymi i antropogennymi faktorami (The state of the fish population in the eastern part of the Gulf of Finland in 1946–2009. in connection with natural and anthropogenic factors) – In: Finskiy zaliv v ekosisteme Severo-Zapada Rossii, SPb: 102–130. (in Russian)

Lajus, D. L., Dmitrieva, Z. V., Kraikovski, A. V., Lajus, J. A., Yurchenko, A. Y. & Alexandrov, D. A., 2005: The use of historical catch data to trace the influence of climate on fish populations: examples

from the White and Barents Sea fisheries in 17th–18th centuries. – ICES Journal of Marine Sciences 62 (7): 1426–1435.
Lajus, D., Alekseeva, Y. & Lajus J., 2007a: Herring fisheries in the White Sea in the 18th – beginning of the 20th centuries: spatial and temporal patterns and factors affecting the catch fluctuations. – Fisheries Research 87 (2/3): 255–259.
Lajus, D., Dmitrieva, Z., Kraikovski, A., Lajus, J. & Alexandrov, D., 2007b: Atlantic salmon fisheries in the White and Barents Sea basins: Dynamic of catches in the 17–18th Century and comparison with 19–20th Century data. – Fish. Res. 87 (2/3): 240–254.
Lajus, J, Kraikovski, A. & Lajus, D., 2013: Coastal Fisheries in the Eastern Baltic Sea (Gulf of Finland) and Its Basin from the 15 to the Early 20th Centuries. – PLoS ONE8(10): e77059. https://doi.org/10.1371/journal.pone.0077059
Lajus, D., Glazkova, Ye., Sendek, D., Khaitov, V. & Lajus, Yu., 2015: Dynamics of fish catches in the eastern Gulf of Finland (Baltic Sea) and downstream of the Neva River during the 20th century. – Aquatic Sci. 77(3): 411–425. DOI: 10.1007/s00027-014-0389-9.
Lehtonen, H., 1981: Biology and stock assessments of Coregonids by the Baltic coast of Finland. – Finn. Fish. Res. 3: 31–83.
Lehtonen, H. & Himberg, K. J. M., 1992: Baltic Sea migration patterns of anadromous, *Coregonus lavaretus* (L.) s. str., and sea-spawning European whitefish, *C.l. widegreni* Malmgren. – Pol. Arch. Hydrobiol. 39: 463–472.
Lehtonen, H. & Böhling, P., 1988: Management of the whitefish (*Coregonus lavaretus* (L.) s. l.) fishery in the Gulf of Bothnia. – Finn. Fish. Res. 9: 373–387.
Leskelä, A. & Lehtonen, H., 1992: Protecting young European whitefish from trawl fishing in the northernmost part of the Baltic Sea. – Pol. Arch. Hydrobiol. 39: 325–333.
Lill, J.-O., Himberg, M., Harju, L., Ek, P., Lindroos, A., Wiklund, T., Gunnelius, K., Smatt, J-H., Heselius, S-J, & Hägerstrand H., 2013: Strontium and zinc concentrations in otoliths of common fish species in the northern Baltic Sea. – Nuclear Instruments and Methods in Physics Research Section B Beam Interactions with Materials and Atoms, DOI: 10.1016/j.nimb.2013.05.096
Lill, J.-O., Heimbrand, Y., Slotte, J., Himberg, M., Florin, A.-B. & Hägerstrand, H., 2015: PIXE analyses of polished otoliths for identification of anadromous whitefish in the Baltic Sea. – Nuclear Instruments and Methods in Physics Research, 63: 66–69, DOI: 10.1016/j.nimb.2015.07.113
Lill, J.-O., Finnas, V., Slotte, J., Jokikokko, E., Heimbrand, Y. & Hägerstrand, H., 2018: Provenance of whitefish in the Gulf of Bothnia determined by elemental analysis of otolith cores – Nuclear Instruments and Methods in Physics Research Section B: Beam Interactions with Materials and Atoms Vol. 417: 86–90, doi.org/10.1016/j.nimb.2017.09.029
Luzanskaya D. I., 1940: Rybolovstvo na r. Neve (Fishing on the Neva River) – Izv. VNIORKh 23: 77–96. (in Russian)
Mikhin V. S. & Antipova O. P., 1932: Ocherk rybnogo khozyaystva na Finskom zalive (Essay on the fish industry in the Gulf of Finland). – Izv. VNIORKh 15: 3–109. (in Russian)
Morozova, P. N., 1959: Malotychinkovyy sig Finskogo zaliva (Low densely whitefish of the Gulf of Finland). – Nauch.-tekhn. byull. VNIORKh 8: 16–18. (in Russian).
Neer, W. van & Ervynck, A., 2010: Defining 'natural' fish communities for fishery management purposes: biological, historical and archaeological approaches. – In: Bruce S, (ed.): Ecologies and Economies in Medieval and Early Modern Europe. Leiden/Boston: Brill. 193–223.
Ojaveer, H., Awebro, K., Karlsdottir, H. M. & MacKenzie, B. R., 2007: Swedish Baltic Sea fisheries during 1868–1913: spatiotemporal dynamics of catch and fishing effort. – Fish. Res. 87: 137–145.
Osokina, L. I., 1939: Rybokhozyaystvennoye ispol'zovaniye vodoyomov Leningradskoy oblasti (Fishery use of reservoirs of the Leningrad Region). – Izv. VNIORKh 22: 14–37. (in Russian)
Ozerov, M. Yu., Himberg, M., Aykanat, T., Sendek, D.S., Hägerstand, H., Verliin, A., Krause, T., Olsson, J., Primmer, C.R. & Vasemägi, A., 2015: Generation of neutral FST baseline for testing local adaptation on gill raker number within and between European whitefish ecotypes in the Baltic Sea basin. – Journal of Evolutionary Biology, 28 (5). pp 1170–1183., doi:10.1111/jeb.12645
Pokrovsky V. V., 1953: Ryapushka ozer Karelo-Finskoy SSR (Vendace of the lakes of the Karelian-Finnish SSR). – Petrozavodsk, pp 1–107. (in Russian)

Pravdin I. F., 1925: Rybolovstvo v Severo-Zapadnoy Oblasti S.S.S.R. (Fisheries in the North-West Region of the USSR). – Nauchno-populyarnyy ocherk. Leningrad, «Kooperatsiya», pp 1–115. (in Russian)
Pravdin I. F., 1931: Sigi ozornoy oblasti (Whitefishes of the lake area). – Izv. VNIORKh 12 (1): 166–235. (in Russian)
Pravdin I. F., 1939: Promyslovyye ryby reki Nevy (Fishing fishes of the Neva River). – Izv. VNIORKh 15: 38–49. (in Russian)
Pravdin I. F., 1941: Sigi vodoyomov Leningradskoy oblasti i mery po usileniyu ikh promysla (Whitefishes of the water bodies of the Leningrad Region and measures to strengthen their fishing). – Izd. VNIORKh, Leningrad, pp 1–62. (in Russian)
Schaschaev Yu. A., Popov, A. N. & Ruzhin S. V., 1989: Otsenka sostoyaniya zapasov i upravleniye promyslovymi rybnymi zapasami v vostochnoy chasti Finskogo zaliva (Assessment of the status and management of commercial fish stocks in the eastern Gulf of Finland). – Neopublikovannyy otchet GosNIORKh, Leningrad, pp 1–51. (in Russian)
Sendek, D. S., 2002: Electrophoretic studies of Coregonid fishes from across Russia. – In: Todd, T., Fliescher, G. (eds.): Biology and Management of Coregonid Fishes – 1999. – Advanc. Limnol. 57: 35–55.
Sendek, D. S., 2012: Intra-species alliance of the European whitefish Coregonus lavaretus L. and vendace Coregonus albula L. from the Russian part of the Gulf of Finland and the largest lakes of the Eastern Baltic basin. – Oceanology 52(6): 790–796.
Sendek, D. S., Bochkarev, N. A., Zuykova, E. I., Politov, D. V., Wanzenböck, J., Himberg, M. & Titov S. F., 2017: Signs of introgression of Baikal omul (*Coregonus migratorius*) or Arctic cisco (*C. autumnalis*) into European whitefish (*C. lavaretus*) in the eastern Baltic Sea. – Fundam. Appl. Limnol. 189(3): 209–225 DOI: https://doi.org/10.1127/fal/2016/0791
Shirokov L. V., Il'yenkova S. A. & Popov A. N., 1982: Raspredeleniye ryb v vostochnoy chasti Finskogo zaliva (Distribution of fish in the eastern part of the Gulf of Finland). – Collection of scientific papers GosNIORKh 192: 57–69 (in Russian).
Smirnov, A. N., 1972a: Rost siga v Finskom zalive (Growth of whitefish in the Gulf of Finland). – In: Promyslovye resursy Finskogo zaliva. Izv. GosNIORKh 82: 3–10. (in Russian)
Smirnov, A. N., 1972b: Raspredeleniye i sostoyaniye promyslovykh ryb v vostochnoy chasti Finskogo zaliva (Distribution and abundance of commercial fish in the eastern Gulf of Finland). – Neopublikovannyy otchet GosNIORKh, Leningrad, pp 1–168. (in Russian)
Smirnov A. N., 1977: Ryapushka Finskogo zaliva – Coregonus albula (L.) (The Gulf of Finland cisco – *Coregonus albula* (L.)). – Izv. GosNIORKh 123: 71–80. (in Russian)
Svärdson, G. 1979: Speciation of Scandinavian Coregonus. – Rep. Inst. Freshw. Res. Drott. 57: 1–95.
Telegin, K. F., 1944: Rybolovstvo v sovetskikh vodakh Baltiyskogo morya (Fishing in Soviet waters of the Baltic Sea). – Neopublikovannyy otchet GosNIORKh, Leningrad, pp 1–35. (in Russian)
Verliin, A., Saks, L., Svirgsden, R., Vetemaa, M., Rohtla, M., Taal, I. & Saat, T. 2013: Whitefish (*Coregonus lavaretus* (L.)) landings in the Baltic Sea during the past 100 years: combining official datasets and grey literature. – Advanc. Limnol. 63: 133–152.
Veberman E. A., 1916: Snabzheniye Petrograda zhivoy i svezhey ryboy letom 1916 goda (Supply of Petrograd with alive and fresh fish in the summer of 1916). – In: Arnold, I.N. & Suvorov, E.K. (eds.) Vestnik rybopromyshlennosti, organ imperatorskogo rossiyskogo obshchestva rybovodstva i rybolovstva. XXXI: 582–599. (in Russian)
Yurtseva, A., Salmina, E., Galik, F. & Lajus D., 2015: How a millenium of fishing changed fish populations: a case study of Lake Peipus and the Velikaya River (NW Russia). – Aquatic sciences 77(3): 325–336. DOI: 10.1007/s00027-014-0381-4

Manuscript received: 14 December 2017
Revisions requested: 17 April 2018
Modified version received: 17 May 2018
Accepted: 26 September 2019

Stock assessment and population dynamics

Advanc. Limnol. **66**, p. 85–103
Biology and Management of Coregonid Fishes – 2017

Article

Lake Ontario cisco population dynamics based on long-term surveys

Brian C. Weidel[1,*], James A. Hoyle[2], Michael J. Connerton[3], Jeremy P. Holden[2], and Mark R. Vinson[4]

With 6 figures and 4 tables

Abstract: Prior to European settlement, cisco (*Coregonus artedi*) were likely one of Lake Ontario's most abundant fishes but currently represent a small portion of the fish community. To understand how the population has changed over the past 70 years we compared trends in annual catch rates from gillnet and bottom trawl surveys and commercial fishery landings. In surveys, cisco were generally rare, and represented 0.2, 0.4, and 0.001% of all fish caught in two gillnet surveys and bottom trawl surveys. Cisco catch rates in gillnets and trawls were positively correlated and correlations increased when gillnet catches two years later were compared to trawls since trawls tended to capture smaller, juvenile-sized cisco relative to gillnets. Survey catch rates suggest recruitment is generally low, but discrete periods of relatively greater recruitment in the 1980s and mid-2010s suggest reproductive conditions for cisco vary temporally. Trawl surveys were the most spatially extensive survey and illustrated catch rates were highest in northeastern Lake Ontario. Greater cisco abundance in this region may be related to more-abundant embayment spawning habitat, greater distance from winter aggregations of nonnative planktivores, or more appropriate environmental conditions during spawing. At the basin scale, Lake Ontario bottom trawl catch per unit effort (CPUE) was positively correlated to Lake Superior trawl CPUE suggesting a regional driver, such as climate, may be similarly impacting both populations. Concurrent patterns across Lake Ontario surveys support the idea that cisco are currently a small portion of the fish community, recruitment remains inconsistent, and habitats in northeastern Lake Ontario appear critical to the remnant populations.

Keywords: Lake Ontario, cisco, bottom trawl, gillnet, Kingston Basin, commercial catch

Authors' addresses:
[1] U.S. Geological Survey, Great Lakes Science Center, 17 Lake St., Oswego, NY 13126, USA
[2] Ontario Ministry of Natural Resources and Forestry, 41 Hatchery Ln., Picton, ON K0K 2T0, Canada
[3] N.Y. State Department of Environmental Conservation, Lake Ontario Fisheries Unit, 541 East Broadway, Cape Vincent, NY 13618, USA
[4] U.S. Geological Survey, Great Lakes Science Center, 2800 Lake Shore Dr. East, Ashland, WI 54806, USA
[*] Corresponding author: bweidel@usgs.gov

DOI: 10.1127/adv_limnol/2021/0070 1612-166X/21/0070 $ 4.75
www.schweizerbart.de

Introduction

Cisco (*Coregonus artedi*) were likely a dominant species in the Lake Ontario fish community prior to European colonization but populations have generally declined over time (Smith, 1995). Historical anecdotes suggest Lake Ontario cisco populations were already reduced by the time the Great Lakes commercial fish landings were recorded in 1867 (Baldwin et al., 2018; Smith, 1995). Smith (1995) describes how deforestation and exploitation in the early 1800s influenced cisco and other coregonine populations and referenced historical reports where "[Lake Ontario] fisheries were more reduced than other lakes" (Milner, 1874) and "there is little doubt the lake has been overfished" (Smith, 1894). Declining trends in cisco catch rates in the early and mid-1900s were attributed to overfishing, habitat degradation, predation by sea lamprey (MacKay & MacGillivray, 1949) and negative effects from non-native planktivores (Christie, 1973; MacKay & MacGillivray, 1949; Smith, 1995). Historically, Lake Ontario cisco were described as an important prey fish link between zooplankton and *Mysis diluviana* and native piscivores such as Atlantic salmon (*Salmo salar*) and lake trout (*Salvelinus namaycush*) (Smith, 1995; Stone, 1947).

Cisco are a species of interest to Lake Ontario fisheries management. The lake's Fish Community Objectives seek to "Increase prey fish diversity – maintain and restore a diverse prey fish community" that includes cisco as one of six designated pelagic prey fishes (Stewart et al., 2017). Those objectives also seek to "increase spawning populations of cisco in the Bay of Quinte, Hamilton Harbour, and Chaumont Bay" and stocking experiments in historical embayments began in 2012 (Connerton, 2018; Stewart et al., 2017). As efforts to conserve and rehabilitate cisco increase, so does the need to understand the population dynamics and spatial patterns in Lake Ontario and across the Great Lakes (Fitzsimons & O'Gorman, 2004; Zimmerman & Krueger, 2009).

In this paper we evaluated the extent to which different Lake Ontario time series describe similar patterns of cisco relative abundance. We quantify the correlation between cisco CPUE in surveys that vary in their methods (gillnet, bottom trawl) and spatial extent (regional, U.S. waters). We also determine whether annual commercial landings for each country are correlated to each other and whether they are correlated at an annual scale to survey CPUE time series. To provide context to Lake Ontario cisco catches, we compare them to Lake Superior, where cisco have remained a larger part of the fish community (Bronte et al., 2003). For the Lake Ontario bottom trawl and gillnet time series, we quantified the relative importance of temporal, spatial, and depth variables in explaining observed CPUE variability. Finally, we contrast cisco sizes caught in gillnets and bottom trawls to understand the potential size related biases of different survey gears.

Methods

Defining lake regions

We defined regions of northeastern Lake Ontario to describe the lake areas sampled by different surveys. Our terminology generally follows the U.S. National Geophysical Data Center's 2000 Lake Ontario Bathymetric Description (Virdin et al., 2000). We defined the

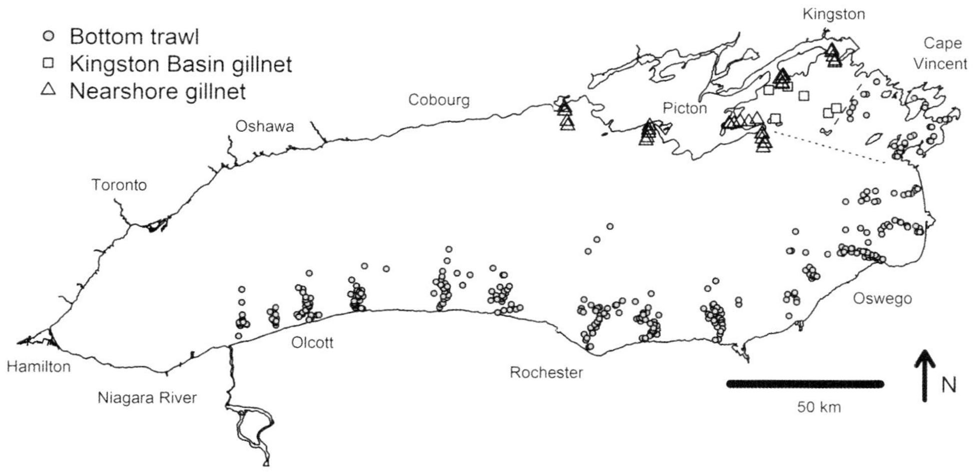

Fig. 1. Lake Ontario sampling sites for gillnet and bottom trawl surveys. For reference, the shorter dashed line represents the eastern boundary of the lake region referred to as the Kingston Basin. The longer dashed line approximates the location of the Duck-Galloo ridge such that the lake area north and east of the line is referred to herein as the Eastern Basin and contains the embayments Chaumont Bay, Black River Bay, and Henderson Bay.

Eastern Basin as the lake area north and east of the Duck-Galloo Ridge (Figure 1). This lake area is more bathymetrically diverse than the adjacent, Rochester Basin, and is comprised of embayments, shallow basins, sills, ridges, channels and islands (Virdin et al., 2000). We used the term Kingston Basin as defined by Virdin et al. (2000) to describe the area of the Eastern Basin, south of Kingston, Ontario and northwest of the ridge between Charity Shoal and Main Duck Island (Figure 1).

Kingston Basin gillnet survey

Bottom-set gillnets have been annually fished within the Kingston Basin since 1959 (except for 1965). Sampling locations did not change over time, however logistical constraints resulted in the number of sites sampled and total sampling effort to vary with time (Christie et al., 1987). In 1959, 1961–1990, and 2017 all six sites were sampled, in 1991 three sites were sampled and in 1960 and 1992–2015, only two sites were sampled. Each site was sampled from one to four times annually from June–September. Gillnets were set overnight at depths from 25–31 m. Each gillnet was 2.4 m high and comprised ten graded mesh sizes from 38 mm (1 ½ inch) to 152 mm (6 inch) stretched mesh with 13 mm (1/2 inch) increments. One to eight sets were fished at each site on each date. In 1992, gillnet material and the panel length changed. Prior to 1992, gillnets were made from multifilament nylon material and consisted of 23 m long panels of the five smallest meshes and 46 m panels of the five largest meshes. From 1992–2017, gillnets were monofilament and each mesh panel was 15.2 m long. Catch per unit effort was calculated as the sum of cisco caught in all ten meshes, and adjusted to represent 15.2 m of each mesh (Hoyle, 2015). No adjustment was made for size-based cisco catchability or the change in gillnet material. Captured cisco were measured for fork length and converted to total length using established relationships. Additional details about this survey can be found in Christie et al. (1987). Results from this survey are referred to as the Kingston Basin gillnet survey.

Nearshore gillnet survey

The nearshore gillnet survey began in 1992 and used bottom-set gillnets at six sites along the Lake Ontario northern shoreline from Brighton, Ontario to the St. Lawrence River. A sampling site consisted of gillnets set at depths of 8, 13, 18, 23 and 28 m. An individual monofilament net consisted of equal lengths of ten graded mesh sizes from 38 mm (1½ inch) to 152 mm (6 inch) stretched mesh with 13 mm (1/2 inch) increments. Each site was sampled two or three times annually depending on logistical constraints, from June through September. CPUE for this survey represent the total number of cisco caught in all ten meshes of a single net. No adjustment was made for size-based cisco catchability. Captured cisco were measured for fork length and converted to total length using established relationships. Additional details about this survey can be found in Hoyle (2015). Herein this survey and time series results are referred to as the nearshore gillnet survey.

U.S. bottom trawl surveys

Annual bottom trawl surveys were conducted in U.S. waters of Lake Ontario, including the Eastern Basin, annually in April (1978–2017), June (1978–2014), July (1978–2017), and October (1978–1982, 1984–2017). Trawling was conducted during the day at transects, generally spaced at 25 km intervals along the Lake Ontario U.S. shoreline. Trawls were fished during the day along the depth contours ranging from 5–225 m with 6–15 trawls per transect. The original trawl used on all surveys from 1978–1996 was a Yankee bottom trawl (12 m headrope) spread with large (2.12 x 0.95 m), wooden doors. In 1997, April, June and July surveys changed the trawl gear due to fouling by dreissenid mussels. The new '3N1' bottom trawl (18 m headrope) had less bottom contact and was spread by slotted, cambered, metal doors (1.22 x 0.75 m). The October survey used a variety of trawls from 2004 through 2010. Since 2011, the October survey has used the original Yankee trawl and wooden doors but fished shorter tow times. Captured cisco were measured for total length. Additional details about bottom trawl surveys are available in Weidel et al. (2017) and citations therein. Catch per unit effort represents cisco captured per bottom trawl area swept (hectares) determined using net mensuration sensors (Weidel & Walsh, 2013). We report statistics of other species caught to describe the Lake Ontario pelagic fish community.

We also correlated annual Lake Ontario cisco bottom trawl CPUE (1978–2016) to similar time series for Lake Superior (1978–2016). Lake Superior trawling was conducted during the day, from mid-May to mid-June, with a 12 m Yankee bottom trawl. Trawls were conducted across depth contours with trawl start depths from 8.9–68 m with a mean of 18.1 m and a median of 16 m. Trawl ending depths ranged from 19–144 m with a mean of 63.7 m and a median of 59 m. All fish captured were sorted to species and counted. Catch per unit effort represents cisco captured per bottom trawl area swept (hectares) determined using net mensuration sensors.

Commercial catch

Time series for annual Lake Ontario commercial fishing cisco landings, by weight, were based on Baldwin et al. (2018) and from records maintained by the Ontario Ministry of Natural Resources and Forestry (OMNRF) at the Glenora Fisheries Station and the New York State Department of Environmental Conservation (NYSDEC) at the Cape Vincent Fisheries Station. The time series for total commercial cisco landings by country begin in 1952 since that was the first year cisco landings were reported separately from other coregonids in both U.S. and Canadian fisheries.

Analyses

We calculated Pearson correlation coefficients to assess whether different Lake Ontario annual CPUE time series describe similar patterns of cisco relative abundance. We determined the correlation between the two different Lake Ontario gillnet surveys and between gillnet time series and the bottom trawl time series. We expected trawls to catch smaller cisco relative to gillnets so we also calculated the correlation between bottom trawl CPUE and gillnet CPUE two years later. For example, 1980 trawl CPUE was compared to 1982 gillnet CPUE. We also report the correlation between Canadian and U.S. commercial fishery landings and between the landings from each country and survey CPUEs for surveys conducted in each respective country.

We used generalized additive models to understand the relative role of time, depth, and spatial factors explaining observed variability in CPUE data. Models were fitted using the R package 'mgcv' (Wood, 2004). Generalized additive models, or GAMs, differ from more familiar general linear models in that the relationship between the independent and dependent variables are not assumed to be linear. Because the models are additive, interpreting the impact of any one dependent variable on the value of interest does not depend on the other model variables. This allows the effects, or coefficients, of different dependent variables to be more easily compared. Analyses assumed a normal distribution and identity link function. Functions for smoothed variables were estimated with thin plate regression splines and the degree of smoothness was estimated from the data using a generalized cross validation criteria. Candidate models included all combinations of the predictor variables but no interaction terms. Models were compared using Akaike's Information Criterion (AIC) using the estimated degrees of freedom of the generalized additive models. We report results from the five best models.

Candidate models for the Kingston Basin gillnet cisco catches included all combinations of the following variables: year as a smoothed variable (1958–2017), month as a categorical variable (June–September) and sites as a categorical variable. Depth was not included as a predictor variable because sets occurred over a narrow depth range. Models of the nearshore gillnet CPUE included all combinations of the following variables: year as a smoothed variable (1992–2017), depth as a categorical variable (8, 13, 18, 23, 28 m), month as a categorical variable (June–September), and site as a categorical variable. The candidate model set for bottom trawl CPUE included all combinations of: year as smoothed variable (1978–2017), depth as a smoothed variable (5–225 m), month as a categorical variable (June–September), and region as a categorical variable that included eight different areas of trawls in U.S. waters. We illustrated the size ranges of cisco caught in gillnet and bottom trawls surveys using boxplots for each year.

Results

Surveys and commercial catch

Since 1958, the Kingston Basin gillnet survey fished 2,159 gillnet sets and captured cisco in 533 sets (frequency of occurrence = 24.7%, Table 2). Gillnet effort varied across this time period but on average 34 sets per year were conducted at 1–6 sites (range: 1–120 sets per year). Cisco were a small portion of the total fish catch with 1,321 caught out of 375,021 total fish (0.4%). Kingston Basin gillnet catch rates were consistent from 1958 through the 1970s. In the 1980s and early 1990s CPUE increased slightly then declined sharply in the late-1990s (Figure 2). The lowest CPUE values were observed in the 2000s, and CPUE has increased since 2010 (Figure 2).

The nearshore gillnet survey fished 2,842 gillnet sets from 1992 to 2017, with a mean of 109 sets per year (range = 59–178 sets per year). Cisco were captured in 178 of those sets (frequency of occurrence = 6.3%, Table 2) and were a small portion of the total catch (354

Table 1. Statistics for gillnet effort and cisco catches by site for the Kingston Basin (1958–2017) and nearshore gillnet surveys (1992–2017) conducted in Canadian waters of Lake Ontario.

Survey and Sites	Cisco Caught	Depth (m)	Number of Gillnets	Cisco Frequency (%)
Kingston Basin Gillnet				
EB01	208	31	182	49.5
EB02	237	30	716	19.0
EB03	278	25	181	43.6
EB04	186	27	225	28.0
EB05	213	29	179	40.8
EB06	199	30	676	13.6
Nearshore Gillnet				
Brighton	53	8–28	460	8.7
Flat Point	181	8–28	486	9.1
Grape Island	29	8–28	472	5.1
Mellville Shoals	39	8–28	482	5.2
Rocky Point	17	8–28	482	2.9
Wellington	35	8–28	460	6.7

Table 2. Bottom trawl characteristics and catch statistics for cisco from defined regions in U.S. waters of Lake Ontario, 1978–2017.

Lake Region	Cisco Caught	Min. Depth	Max Depth	Mean Depth	Number of Trawls	Trawls with Cisco	Frequency (%)
Niagara River	6	10	125	43	357	4	1.1
Olcott	15	8	175	69	2627	15	0.6
Oak Orchard	8	8	195	67	1905	8	0.4
Rochester	26	5	215	70	2598	19	0.7
Sandy Pond	18	8	110	44	1402	16	1.1
Sodus	67	8	225	68	1001	34	3.4
Oswego	34	8	225	73	2241	26	1.2
Eastern Basin	244	6	58	31	1192	97	8.1

cisco out of 222,672 total fish, 0.2%). Similar to the Kingston Basin gillnet survey, the nearshore gillnet cisco CPUE declined in the 1990s shortly after the survey began, was low through the 2000s, and has increased since 2015 (Figure 2).

A total of 13,323 trawls were conducted in U.S. waters in four annual Lake Ontario bottom trawl surveys from 1978 through 2017. Trawl effort was relatively consistent across the time period (mean = 333 trawls per year, s.d. = 46, n = 40 years). Cisco comprised a small portion of the bottom trawl catch with 418 individual cisco captured in 219 trawls (frequency of occurrence = 1.6%, Table 1). In contrast, a total of 21.6 million alewife (*Alosa pseudoharengus*) and 11.4 million rainbow smelt (*Osmerus mordax*) were captured in those trawls. Bottom trawl catches of cisco were greater in the 1980s and 1990s relative to the 2000s (Figure 2). Bottom trawl catch of cisco was highest in the Eastern Basin region (8.2% of trawls), followed by the Sodus Bay region (3.5%) with other lake areas capturing cisco in less than 1.2% of trawls (Table 1). In Lake Superior, 2,697 bottom trawls were made from 1978 to 2016 at 32–87 long-term sample stations each spring (mean = 69, median = 76). Annual density estimates were higher in Lake Superior than Lake Ontario for all years. The ratio of Lake Superior cisco trawl CPUE to Lake Ontario trawl CPUE, across all years when both estimates were non-zero, ranged from 2:1 in 1978 to 14,772:1 in 2006 (mean = 2,171, s.d. = 3,370, median = 703).

Reported commercial fishery landings of cisco in Lake Ontario declined from the 1950s through the 1980s (Figure 2). There was a brief period of increased landings in the 1990s, a decline in the 2000s and some relatively small increases in the 2010s (Figure 2). Across the period of record, Ontario landings have been on average 93% of the total Lake Ontario cisco landings (range = 67–99%).

Time series correlations

Annual mean CPUE from the two gillnet surveys were correlated, however neither gillnet CPUE was significantly correlated to the bottom trawl CPUE when data were paired within the same year (Table 3). As hypothesized, both gillnet survey CPUE values were highly cor-

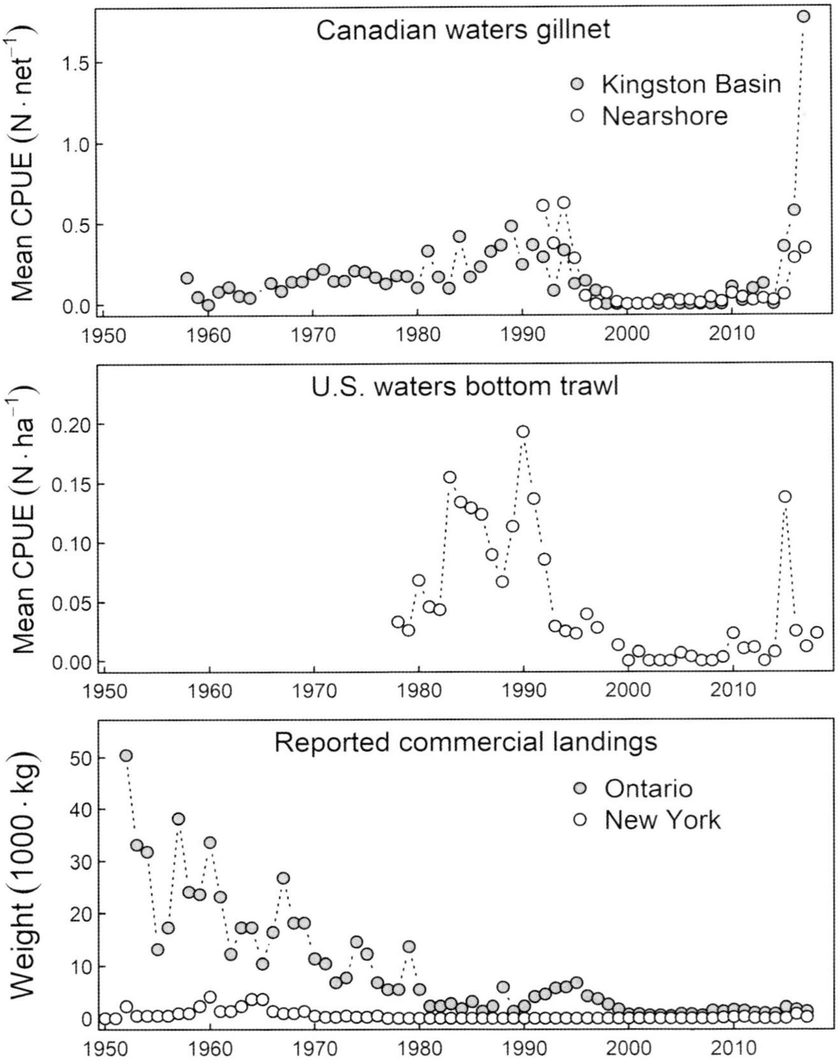

Fig. 2. Lake Ontario cisco catch per unit effort time series from gillnets in Canadian waters (top panel), bottom trawls in U.S. waters (mid panel) and reported commercial landings from both Ontario and U.S. waters.

related with bottom trawl CPUE two years earlier (Table 3). The Lake Ontario and Lake Superior bottom trawl CPUE time series were highly correlated, as were the commercial landing totals in Ontario when compared to the U.S. commercial landings (Table 3). When we correlated time series of the Ontario commercial catches with the two gillnet surveys and the New York commercial catches with the U.S. trawls we found only the nearshore gillnet survey was correlated to the Ontario commercial landing time series (Table 3).

Table 3. Pearson correlation coefficients for annual cisco time series including Lake Ontario gillnet and bottom trawl surveys, Lake Superior bottom trawl survey and reported commercial fishery landings from the U.S. and Canada. Gillnet designations with a (year + 2) designate comparisons between bottom trawls and gillnet catches two years later.

Time Series 1	Time Series 2	r	*p*	N
Kingston Basin Gillnet	Nearshore Gillnet	0.47	0.02	26
Kingston Basin Gillnet	U.S. Bottom Trawl	0.22	0.18	40
Kingston Basin Gillnet (year + 2)	U.S. Bottom Trawl	0.65	<0.001	40
Nearshore Gillnet	U.S. Bottom Trawl	0.36	0.07	26
Nearshore gillnet (year + 2)	U.S. Bottom Trawl	0.22	<0.001	24
Lake Superior Bottom Trawls	U.S. Bottom Trawl	0.59	<0.001	39
Ontario Commercial	New York Commercial	0.69	<0.001	151
Ontario Commercial	Kingston Basin Gillnet	-0.14	0.299	59
Ontario Commercial	Nearshore Gillnet	0.71	<0.001	26
New York Commercial	U.S. Bottom Trawl	-0.16	0.333	40

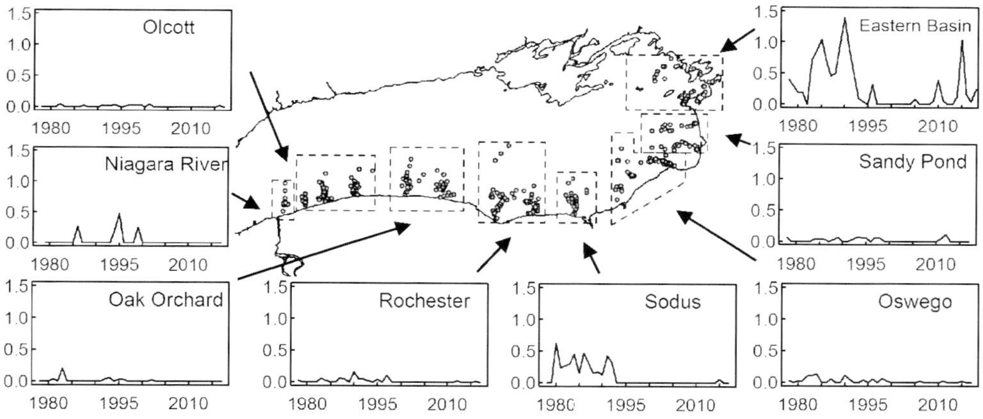

Fig. 3. Regional cisco bottom trawl CPUE (number ha^{-1}) for U.S. waters of Lake Ontario, 1978–2017. The gray circles on the map are bottom trawl sites and the dashed outlines illustrate the regional boundaries for which each time series represents.

CPUE models

The best model for the Kingston Basin gillnet survey included a smoothed parameter for year and month as a categorical predictor. Including a site predictor did not improve the model fit (Table 4). The nonlinear fit to the year coefficient had an effective degrees of freedom (edf) of 8.7 and illustrated a sinusoidal pattern with higher values in the 1980s and early 1990s, declines through the 2000s and a slight increase most recently (Figure 4). The best model for describing variability in the nearshore gillnet catch rates included a smoothed term for year (edf = 5.5), as well as categorical predictors for month, depth and site (Table 4). Model coef-

Table 4. Lake Ontario cisco gillnet and bottom trawl CPUE model results. The left column describes the variables that were included in the model (intercepts are not shown). Variables in parenthesis (YEAR and DEPTH) denote a non-parametric, smoothed term, fit using a generalized additive model in R with the package 'mgcv' (Wood, 2004). SITE is a categorical variable representing the sites where gillnets were fished. REGION refers to the area where bottom trawls were conducted. DEPTH represents the depth of the gillnet set or the fishing depth of the bottom trawl, in meters. MONTH is a categorical variable for the month the data were collected.

Data Series and Model Variables	d.f. (estimated)	Deviance Explained (%)	ΔAIC
Kingston Basin Gillnet			
s(YEAR) + MONTH	13.7	15.0%	0.0
s(YEAR) + MONTH + SITE	18.8	15.2%	5.7
s(YEAR)	10.7	12.6%	51.4
YEAR + MONTH + SITE	11.0	5.2%	213.3
MONTH	5.0	1.9%	268.6
Nearshore Gillnet			
s(YEAR) + MONTH + DEPTH + SITE	19.5	9.7%	0.0
s(YEAR) + DEPTH + SITE	16.3	9.1%	13.7
s(YEAR) + SITE	12.3	7.2%	62.3
s(YEAR)	7.3	5.1%	118.4
SITE	7.0	2.2%	201.0
U.S. Bottom Trawl			
s(YEAR) s(DEPTH) + REGION	18.7	3.1%	0.0
s(YEAR) + MONTH + REGION	20.7	3.1%	3.5
s(YEAR) + s(DEPTH) + MONTH + REGION	21.7	3.2%	4.7
s(YEAR) + s(DEPTH) + REGION	11.0	2.8%	33.5
s(YEAR) + REGION	10.0	2.8%	34.3

ficients illustrated cisco CPUE was higher at the Flat Point site and for depths greater than 23 m (Figure 4).

The best model for trawl cisco CPUE included smoothed parameters for year (edf = 4.6) and fishing depth (edf = 5.0) and a categorical predictor for region (Table 4). The year coefficient was sinusoidal with higher values in the 1980s and early 1990s, declines through the 2000s and a slight increase most recently (Figure 5). Coefficients from the best model illustrated fishing depths from 15–35 m had slightly higher CPUE than shallower or deeper depths (Figure 5). The partial coefficients for trawl catches in the Eastern Basin was substantially greater than all other partial coefficients for year, depth or other regions (Figure 5).

Since long term surveys began, the range of cisco lengths captured was consistent in gillnet surveys but more variable in bottom trawls (Figure 6). Cisco lengths caught in bottom trawls generally increased during the period when CPUE was highest (1980s) but declined rapidly during the 1990s (Figure 6). Since the mid-2000s the length of cisco in bottom trawls was variable (Figure 6).

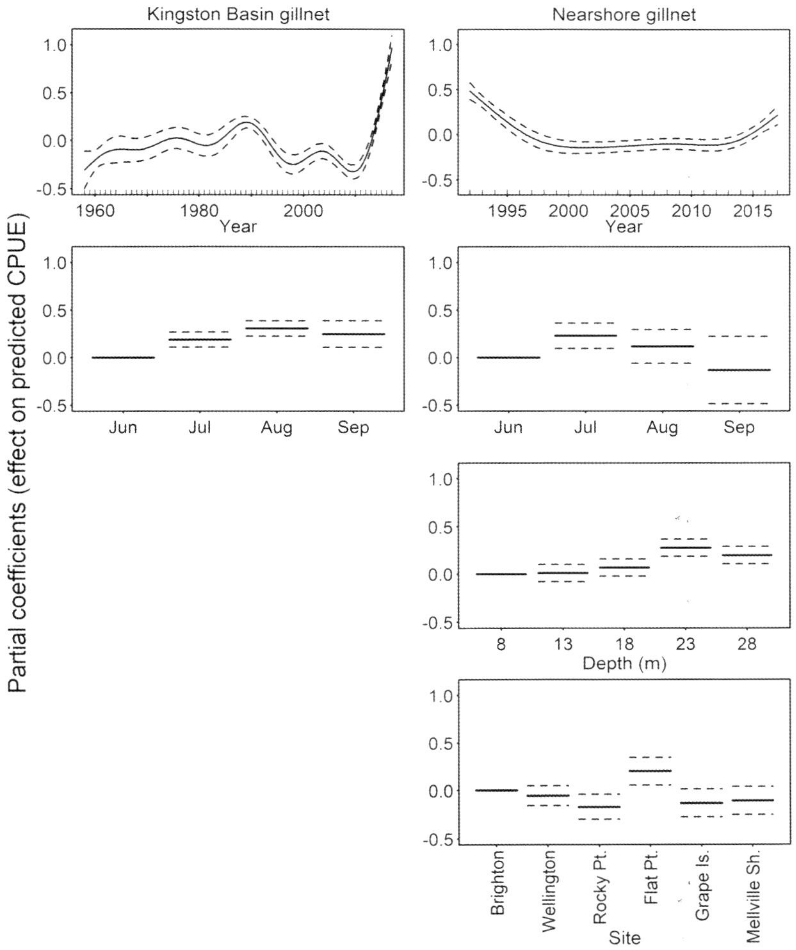

Fig. 4. Partial model coefficients from the generalized additive model predicting Lake Ontario cisco gillnet CPUE for the Kingston Basin (1958–2017) and nearshore (1992–2017) surveys. Dashed lines represent two standard errors of partial coefficient estimates. The effective degrees of freedom for the smoothed year terms were 8.7 and 5.5 for the Kingston Basin and nearshore year coefficients.

Discussion

Multiple data sources suggest that Lake Ontario cisco abundance is substantially lower than when commercial landings were first recorded in the late 1800s and early 1900s. Prior to 1952, Lake Ontario commercial harvest was unfortunately reported as the combined catches of deepwater ciscoes and cisco, making it difficult to understand cisco-specific trends through time (Baldwin et al., 2018). Christie (1973) noted commercial harvest in shallow bays, like the Bay of Quinte, can be assumed to be cisco and noted those fisheries declined from the

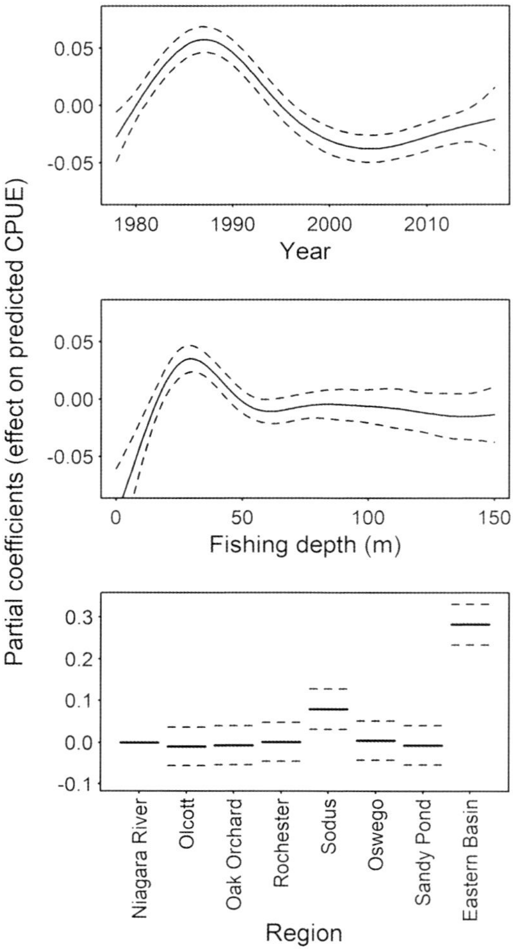

Fig. 5. Model coefficients from the generalized additive model predicting Lake Ontario cisco bottom trawl catch rates. Dashed lines represent two standard errors of partial coefficient estimates. The estimated degrees of freedom for the smoothed year and fishing depth terms were 4.6 and 5.0, respectively. Note the scales on the y-axes differ for the region variables relative to the depth and time variables.

1920s through the 1950s. Most of the commercial Lake Ontario cisco harvest since the mid-1900s was incidental catch in fisheries targeting lake whitefish (*Coregonus clupeaformis*) (Ontario Ministry of Natural Resources and Forestry, 2018, 2017). As those commercial fisheries landings have declined since the 1950s, and trends from contemporary surveys have generally declined, we suggest current cisco abundance is greatly reduced relative to historic values.

Assessing the level of correspondence between time series can be an important first step in understanding factors driving fish population change (Yule et al., 2013). While neither

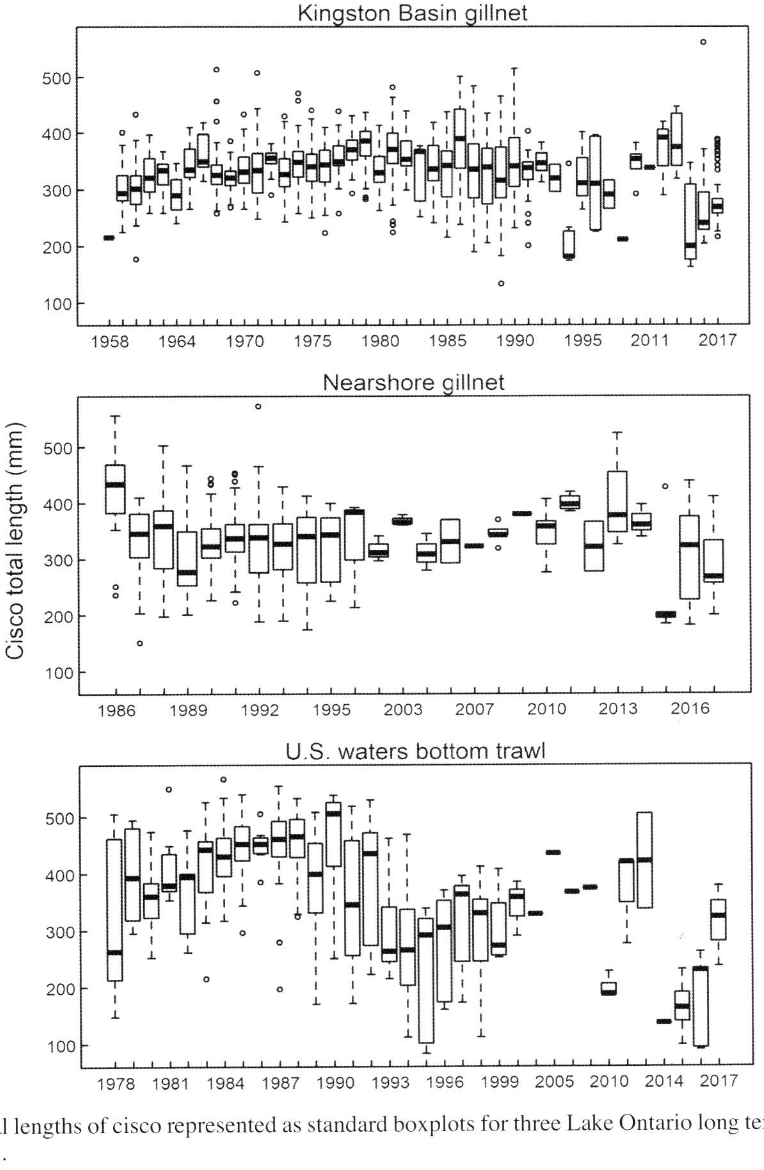

Fig. 6. Total lengths of cisco represented as standard boxplots for three Lake Ontario long term surveys, 1958–2017.

gillnet nor trawl surveys were designed to target cisco, significant positive correlations among catch rate time series suggest these surveys may be reflective of abundance trends. Catch rate increases observed in the mid-2010s are indicative of recently improved conditions for the species, however it is important to recognize similar catch rate increases were observed in the 1980s (Hoyle, 2015; Owens et al., 2003). Increased relative abundance in the late 1980s and 1990s was followed by at least a decade-long period of low abundance and poor recruitment through the 2000s. The historical decline in commercial catches and sporadic but synchronous catch rate increases in fishery independent surveys, suggests that the Lake Ontario cisco population experiences variable recruitment success.

Large variation in cisco year-class strength is a commonly observed pattern (Stockwell et al., 2009; Vinson et al., 2017). Yule et al. (2008) found 20 year-classes represented in Lake Superior fishery landings, but catches were dominated by only four year-classes. Cisco year-class strength has been found to be synchronous across a wide spatial extent (400 km) and is potentially influenced by wind and temperature (Myers et al., 2015). The correlation between Lake Superior and Ontario trawl catches suggest that cisco populations may be driven in part by climate processes that operate at the basin scale. Interestingly, Bonsall (2017) found the timing of ice establishment was correlated with cisco year-class strength in Lake Ontario's Bay of Quinte, with earlier-forming ice yielding larger year classes. Similarly, Schaefer (2019) found regression tree models that included ice duration, hard substrate, and fetch variables predicted where cisco spawning was historically observed in Lakes Ontario and Erie. Establishing and analyzing indices of cisco year-class strength for populations across the Great Lakes and inland systems would increase our understanding of factors that influence cisco recruitment and population dynamics.

The lake-wide spatial heterogeneity in cisco catch rates and higher abundance in northeastern regions may be due to habitat differences in this region relative to the rest of the lake. Cisco spawning habitat descriptions are rare, but studies that observed egg deposition describe spawning occurring in 2–5 m of water over rocks with hatched fry inhabiting shallow water of protected bays (John & Hasler, 1956; Pritchard, 1931). In Lake Ontario this type of habitat is most common in the main lake along the shore of Prince Edward County Ontario, in the Bay of Quinte, and in Eastern Basin embayments (Thomas et al., 1972; Virdin et al., 2000). Similarly, a 2004 survey found larval coregonines in these Eastern Basin embayments but did not find evidence of successful reproduction in southern shore embayments (McKenna & Johnson, 2009). More recent studies have confirmed cisco eggs and larvae in the Eastern Basin's Chaumont Bay (George et al., 2017; Paufve, 2019). In addition to the eastern Lake Ontario spawning aggregations, Goodyear et al. (1982) identified regions around Toronto, Burlington Bay, the Niagara River, and southern shore embayments as important Lake Ontario cisco spawning aggregations. It is not readily apparent why northeastern Lake Ontario habitats sustain cisco while other lake areas apparently do not, but nonnative species may play a role.

Predation on larval cisco by alewife and rainbow smelt has been identified as a potential impediment to cisco recruitment (Fitzsimons & O'Gorman, 2004; Myers et al., 2009). Cisco generally hatch in late April and early May (Pritchard, 1931) and can overlap spatially with nonnative alewife and rainbow smelt in spring (April–June) when these fish move from deep overwintering habitats to shallower, nearshore habitats (O'Gorman et al., 2000; Wells, 1968). Alewife and to a lesser extent rainbow smelt continue to dominate the Lake Ontario fish community and whole-lake April bottom trawl surveys find them most abundant in deep (65–120 m) habitats (Weidel et al., 2018). This deep, overwintering habitat preferred by alewife is rare in the Eastern Basin (Virdin et al., 2000) and the seasonal timing when alewife move into these habitats is likely later than main lake nearshore areas. It is possible that larval cisco in eastern embayments experience less predation than those in main lake embayments because they are more-spatially separated from early-spring aggregations of nonnative planktivores.

Modest catch rate increases were also observed in sites adjacent to Sodus Bay in 1980–1994, but the extent to whether these represent a distinct stock from those in northeastern habitats is unknown. Historical descriptions suggest cisco spawned in Sodus Bay but a 2004 survey did not find coregonine larvae in this region (Goodyear et al., 1982; McKenna & Johnson, 2009). Similarly, spatial heterogeneity has been observed in Lake Michigan cisco and those authors questioned whether the heterogeneity is due to a single expanding stock, or multiple, spatially-isolated stocks recovering at different rates (Claramunt et al., 2019). Claramunt et al. (2019) suggested that the initial presence of large cisco and lack of juveniles in regions adjacent to a more-abundant source population was evidence for the single stock explanation. In Lake Ontario, the smallest cisco captured in Sodus Bay trawls was 252 mm in the 1980s and 1990s, whereas in the eastern regions numerous cisco with total lengths ranging from140–200 mm were frequently captured. While observations were limited, these data support the idea that increased catch rates observed in the Sodus Bay area in the 1980s and 1990s resulted from large-sized cisco moving from northeastern habitats. As Claramunt et al. (2019) noted for Lake Michigan, understanding the extent to which different spawning stocks of cisco exist in Lake Ontario will be critical for conservation and restoration.

Improving our understanding of Lake Ontario cisco habitat use can help to design sampling strategies when the probability of encountering fish is low. Adult cisco are thought to concentrate in pelagic habitats below the thermocline and are not demersal, whereas juvenile cisco are more-common in demersal habitats < 90 m during the daytime (Gorman et al., 2012). In smaller lakes, adult cisco have similarly been described as concentrated in depths from 22–27 m, in water temperatures of 12–13°C, which is cisco thermal preference (Rudstam & Magnuson, 1985). Despite being set on the lake bottom, Lake Ontario nearshore gillnet CPUE was greatest in July and August at 23 and 28 m, and the sizes of fish caught were typical of adult fish. All Kingston Basin gillnet sites are in waters 25–31 m deep, which may partially account for the higher cisco frequency of occurrence relative to the nearshore gillnets that include more shallow sites. The partial coefficient for fishing depth in the bottom trawl models also suggests CPUE is highest at depths ~25 m. In a review of Lake Superior cisco surveys, Ebener et al. (2008) suggested the first step in designing better surveys is synthesizing existing data. In that way the analysis in this paper provides a foundation upon which to understand and improve Lake Ontario cisco assessments.

Estimating Lake Ontario cisco density would provide context relative to populations in other lakes, however the gillnet, bottom trawl or commercial time series illustrated here are unlikely to provide density estimates. Acoustic and midwater trawl surveys may be required to assess adult density. In Lake Superior, cisco biomass indices from bottom trawls were significantly less than estimates derived from acoustic and midwater trawl surveys (Stockwell et al., 2006; Yule et al., 2009). Similarly, in comparing various time series, Fisch et al. (2019) noted regionally-specific gillnet or commercial fishery catch rates were poorly correlated to lake wide acoustic-based estimates. Lake Superior and Lake Ontario trawl catches were correlated but the ratio of catch rates for any given year varied by four orders of magnitude and provided little inference into the true abundance differences between lakes. Using acoustic methods, Yule et al. (2013) estimated Lake Superior cisco density was 61–96 fish ha^{-1}

in the summer of 2006. Holden et al. (2017) used similar acoustic methods and found Lake Ontario cisco density was approximately 25 fish ha^{-1} in 2016 within the eastern region of Lake Ontario. If we conservatively assume that the eastern region observed by Holden et al. (2017) represented $1/10^{th}$ of the total lake area, and cisco were absent elsewhere, whole-lake density would have been ~2.5 fish ha^{-1}. While these calculations require several assumptions that must be verified, it suggests Lake Superior cisco density estimates from 2006 were 20–40 times larger than Lake Ontario in 2016.

Our results indicate Lake Ontario cisco population abundance is low relative to historic levels and that habitats in northeastern Lake Ontario appear critical to the remaining population. The sporadic catches of juvenile-sized cisco in bottom trawls indicates the population abundance is likely limited by low and variable recruitment. Research efforts to understand the relative importance of biotic and abiotic factors driving that recruitment variability will be critical for future conservation and restoration of this species in Lake Ontario.

Acknowledgements

We thank the vessel crews, support staff, and biological staff of the Ontario Ministry of Natural Resources and Forestry, New York State Department of Environmental Conservation, and the U.S. Geological Survey (RV Kiyi and RV Kaho). Trawl data are publicly available DOI:10.5066/F74M92QQ or at https://www.sciencebase.gov/catalog/item/57ed1b5de4b090825011d3db. Funding for this research was from the OMNRF and the Canada-Ontario Agreement on Great Lakes Water Quality and Ecosystem Health, the NYSDEC Federal Aid in Sportfish Restoration grants (FA-5-R, F-48-R, F-55-R, F-61-R, F-62-R, F-62-R-1) and the USGS Ecosystems, Fisheries and Status and Trends programs (ND00GAP). Any use of trade, firm, or product names is for descriptive purposes only and does not imply endorsement by the U.S. Government.

References

Baldwin, N. A., Saalfeld, R. W., Dochoda, M. R., Buettner, H. J., Eshenroder, R. L. & O'Gorman, R., 2018: Commercial Fish Production in the Great Lakes 1867–2015 [WWW Document]. URL http://www.glfc.org/great-lakes-databases.php

Bonsall, A. J. R., 2017: Analysis of Cisco (*Coregonus artedi*) Populations in Eastern Lake Ontario (Master of Science). Queen's University, Kingston, Ontario.

Bronte, C. R., Ebener, M. P., Schreiner, D. R., DeVault, D. S., Petzold, M. M., Jensen, D. A., Richards, C. & Lozano, S. J., 2003: Fish community change in Lake Superior, 1970–2000. – Can. J. Fish. Aquat. Sci. 60: 1552–1574. https://doi.org/10.1139/f03-136

Christie, W. J., 1973: A review of the changes in the fish species composition of Lake Ontario (Technical Report No. 23). Great Lakes Fishery Commission, Ann Arbor, MI.

Christie, W. J., Scott, K. A., Sly, P. G. & Strus, R. H., 1987: Recent changes in the aquatic food web of eastern Lake Ontario. – Can. J. Fish. Aquat. Sci. 44: 37–52.

Claramunt, R. M., Smith, J., Donner, K., Povolo, A., Herbert, M. E., Galarowicz, T., Claramunt, T. L., DeBoe, S., Stott, W. & Jonas, J. L., 2019: Resurgence of Cisco (*Coregonus artedi*) in Lake Michigan. – J. Gt. Lakes Res. 45: 821–829. https://doi.org/10.1016/j.jglr.2019.04.004

Connerton, M. J., 2018: New York Lake Ontario and Upper St. Lawrence River Stocking Program 2017, in: NYSDEC (Ed.), NYSDEC 2017 Annual Report, Bureau of Fisheries Lake Ontario Unit and St. Lawrence River Unit to the Great Lakes Fishery Commission's Lake Ontario Committee. Albany, NY, pp. 1.1–1.14.

Ebener, M. P., Stockwell, J. D., Yule, D. L., Gorman, O. T., Hrabik, T. R., Kinnunen, R. E., Mattes, W. P., Oyadomari, J. K., Schreiner, D. R. & Geving, S., 2008: Status of cisco (*Coregonus artedi*) in Lake Superior during 1970–2006 and management and research considerations. Gt. Lakes Fish. Comm. Lake Super. Tech. Comm. 126.

Fisch, N. C., Bence, J. R., Myers, J. T., Berglund, E. K. & Yule, D. L., 2019: A comparison of age- and size-structured assessment models applied to a stock of cisco in Thunder Bay, Ontario. – Fish. Res. 209: 86–100. https://doi.org/10.1016/j.fishres.2018.09.014

Fitzsimons, J. D. & O'Gorman, R., 2004: Status and assessment, research and restoration needs for lake herring in the Great Lakes (Project Completion Report). Great Lakes Fishery Commission, Ann Arbor, MI.

George, E. M., Stott, W., Young, B. P., Karboski, C. T., Crabtree, D. L., Roseman, E. F. & Rudstam, L. G., 2017: Confirmation of cisco spawning in Chaumont Bay, Lake Ontario using an egg pumping device. – J. Gt. Lakes Res. 43: 204–208. https://doi.org/10.1016/j.jglr.2017.03.024

Goodyear, C., Edsall, T., Ormsby Dempsey, D. M., Moss, G. D. & Polanski, P. E., 1982: Atlas of the spawning and nursery areas of Great Lakes fishes Volume XI Lake Ontario (Biological Services Program No. 11), Biological Services Program. Biological Services Program.

Holden, J. P., Connerton, M. J. & Weidel, B. C., 2017: Lake-wide Hydroacoustic Assessment of Prey Fish, in: Lake Ontario Fish Communities and Fisheries: 2016 Annual Report of the Lake Ontario Management Unit. Ontario Ministry of Natural Resources and Forestry, Picton, Ontario, pp. 62–67.

Hoyle, J. A., 2015: Fish species composition, distribution and abundance trends in the open-coastal waters of northeastern Lake Ontario, 1992–2012. – Aquat. Ecosyst. Health Manag. 18: 89–100. https://doi.org/10.1080/14634988.2014.936804

John, K. R. & Hasler, A. D., 1956: Observations on Some Factors Affecting the Hatching of Eggs and the Survival of Young Shallow-Water Cisco, Leucichthys artedi LeSueur, in Lake Mendota, Wisconsin. – Limnol. Oceanogr. 1: 176–194.

MacKay, H. H. & MacGillivray, E., 1949: Recent Investigations on the Sea Lamprey, Petromyzon Marinus, in Ontario. – Trans. Am. Fish. Soc. 76: 148–159. https://doi.org/10.1577/1548-8659(1946)76[148:RIOTSL]2.0.CO;2

McKenna, J. E. & Johnson, J. H., 2009: Spatial and temporal variation in distribution of larval lake whitefish in eastern Lake Ontario: Signs of recovery? – J. Gt. Lakes Res. 35: 94–100. https://doi.org/10.1016/j.jglr.2008.10.004

Milner, J. W., 1874: Report on the fisheries of the Great Lakes; the results of inquires prosecuted in 1871 and 1872 (Report to the U.S. Commission of Fisheries).

Myers, J. T., Jones, M. L., Stockwell, J. D. & Yule, D. L., 2009: Reassessment of the predatory effects of rainbow smelt on ciscoes in Lake Superior. – Trans. Am. Fish. Soc. 138: 1352–1368.

Myers, J. T., Yule, D. L., Jones, M. L., Ahrenstorff, T. D., Hrabik, T. R., Claramunt, R. M., Ebener, M. P. & Berglund, E. K., 2015: Spatial synchrony in cisco recruitment. – Fish. Res. 165: 11–21.

O'Gorman, R., Elrod, J. H., Owens, R. W., Schneider, C. P., Eckert, T. H. & Lantry, B. F., 2000: Shifts in depth distributions of alewives, rainbow smelt, and age-2 lake trout in southern Lake Ontario following establishment of dreissenids. – Trans. Am. Fish. Soc. 129: 1096–1106.

Ontario Ministry of Natural Resources and Forestry, 2018: Lake Ontario fish communities and fisheries: 2017 Annual Report of the Lake Ontario Management Unit. Ontario Ministry of Natural Resources and Forestry, Picton, Ontario, Canada.

Ontario Ministry of Natural Resources and Forestry, 2017: Lake Ontario fish communities and fisheries: 2016 annual report of the Lake Ontario Management Unit. Picton, Ontario, Canada.

Owens, R. W., O'Gorman, R., Eckert, T. H. & Lantry, B. F., 2003: The offshore fish community in southern Lake Ontario 1972-1998, in: Munawar, M. (Ed.), State of Lake Ontario: Past, Present, and Future, Ecovision World Monograph Series. Backhuys Publishers, Leiden, Netherlands, pp. 407–441.

Paufve, M. R., 2019: Diversity in spawning haibtat across Great Lakes Cisco populations (Master of Science). Cornell University.

Pritchard, A. L., 1931: Spawning habits and fry of the cisco (*Leucichthys artedi*) in Lake Ontario. – Contrib. Can. Biol. Fish. 6: 225–240.

Rudstam, L. G. & Magnuson, J. J., 1985: Predicting the vertical distribution of fish populations: analysis of cisco, *Coregonus artedii*, and yellow perch, *Perca flavescens*. – Can. J. Fish. Aquat. Sci. 42: 1178–1188.

Schaefer, H., 2019: Predicting Spawning Habitat for Lake Whitefish *Coregonus clupeaformis* and Cisco *Coregonus artedi* in the Lake Erie and Lake Ontario Regions using Classification and Regression Tree (CART) and Random Forest Models. University of Michigan, Ann Arbor, MI.

Smith, H. M., 1894: Fisheries of the Great Lakes. Report of the U.S. Commission of Fish and Fisheries.

Smith, S. H., 1995. Early changes in the fish community of Lake Ontario. Tech. Rep. Gt. Lakes Fish. Comm. 1995.

Stewart, T. J., Todd, A. & Lapan, S., 2017: Fish community objectives for Lake Ontario (Great Lakes Fisheries Commission Special Publication). Ann Arbor, MI.

Stockwell, J. D., Ebener, M. P., Black, J. A., Gorman, O. T., Hrabik, T. R., Kinnunen, R. E., Mattes, W. P., Oyadomari, J. K., Schram, S.T., Schreiner, D. R., Seider, M. J., Sitar, S. P. & Yule, D. L., 2009: A Synthesis of Cisco Recovery in Lake Superior: Implications for Native Fish Rehabilitation in the Laurentian Great Lakes. – North Am. J. Fish. Manag. 29: 626–652. https://doi.org/10.1577/M08-002.1

Stockwell, J. D., Yule, D. L., Gorman, O. T., Isaac, E. J. & Moore, S. A., 2006: Evaluation of Bottom Trawls as Compared to Acoustics to Assess Adult Lake Herring (*Coregonus artedi*) Abundance in Lake Superior. – J. Gt. Lakes Res. 32: 280–292. https://doi.org/10.3394/0380-1330(2006)32[280:EOBTAC]2.0.CO;2

Stone, U. B., 1947: A study of the deep-water cisco fishery of Lake Ontario with particular reference to the bloater *Leucichthys hoyi* (Gill). – Trans. Am. Fish. Soc. 74: 230–249. https://doi.org/10.1577/1548-8659(1944)74[230:ASOTDC]2.0.CO;2

Thomas, R. L., Kemp, A. L. & Lewis, C. F. M., 1972: Distribution, composition, and characteristics of the surficial sediments of Lake Ontario. – J. Sediment. Petrol. 42: 66–84.

Vinson, M. R., Evrard, L. M., Gorman, O. T. & Yule, D. L., 2017: Status and trends in the Lake Superior Fish Community, 2016 (Compiled reports to the Great Lakes Fishery Commission of the annual USGS bottom trawl and acoustics surveys). Great Lakes Fishery Commission, Ann Arbor, MI.

Virdin, W. T., Warren, J. S., Holcombe, T. L. & Reid, D. F., 2000: Bathymetry of Lake Ontario CD-ROM, volume G2, GEODAS version 4.1, Data Announcement 2000-MGG-01.

Weidel, B. C., Connerton, M. J. & Holden, J. P., 2018: Bottom trawl assessment of Lake Ontario prey fishes, in: NYSDEC (Ed.), NYSDEC 2017 Annual Report, Bureau of Fisheries Lake Ontario Unit and St. Lawrence River Unit to the Great Lakes Fishery Commission's Lake Ontario Committee. Albany, NY, pp. 12.1-12.18.

Weidel, B. C. & Walsh, M. G., 2013: Estimating the area-swept by the 11.8 m Yankee bottom trawl in Lake Ontario, in: NYSDEC (Ed.), NYSDEC 2012 Annual Report, Bureau of Fisheries Lake Ontario Unit and St. Lawrence River Unit to the Great Lakes Fishery Commission's Lake Ontario Committee. Albany, NY, pp. 12.25-12.32.

Weidel, B. C., Walsh, M. G., Connerton, M. J., Lantry, B. F., Lantry, J. R., Holden, J. P., Yuille, M. J. & Hoyle, J. A., 2017: Deepwater sculpin status and recovery in Lake Ontario. – J. Gt. Lakes Res. 43: 854–862. https://doi.org/10.1016/j.jglr.2016.12.011

Wells, L., 1968: Seasonal depth distribution of fish in southeastern Lake Michigan. – Fish. Bull. 67: 1–15.

Wood, S. N., 2004: Stable and Efficient Multiple Smoothing Parameter Estimation for Generalized Additive Models. – J. Am. Stat. Assoc. 99: 673–686. https://doi.org/10.1198/016214504000000980

Yule, D. L., Evrard, L. M., Cachera, S., Colon, M. & Guillard, J., 2013: Comparing two fish sampling standards over time: largely congruent results but with caveats. – Freshw. Biol. 58: 2074–2088. https://doi.org/10.1111/fwb.12192

Yule, D. L., Stockwell, J. D., Black, J. A., Cullis, K. I., Cholwek, G. A. & Myers, J. T., 2008: How Systematic Age Underestimation Can Impede Understanding of Fish Population Dynamics: Lessons Learned from a Lake Superior Cisco Stock. – Trans. Am. Fish. Soc. 137: 481–495. https://doi.org/10.1577/T07-068.1

Yule, D. L., Stockwell, J. D., Schreiner, D. R., Evrard, L. M., Balge, M. & Hrabik, T. R., 2009: Can pelagic forage fish and spawning cisco (*Coregonus artedi*) biomass in the western arm of Lake

Superior be assessed with a single summer survey? – Fish. Res. 96: 39–50. https://doi.org/10.1016/j.fishres.2008.09.012
Zimmerman, M. S. & Krueger, C. C., 2009: An ecosystem perspective on re-establishing native deepwater fishes in the Laurentian Great Lakes. – North Am. J. Fish. Manag. 29: 1352–1371. https://doi.org/10.1577/M08-194.1

Manuscript received: 15 January 2018
Revisions requested: 10 May 2018
Modified version received: 11 July 2018
Accepted: 13 August 2019

Advanc. Limnol. **66**, p. 105–116
Biology and Management of Coregonid Fishes – 2017

Article

Infection by the cestodes *Triaenophorus crassus* and *Diphyllobothrium* spp. in a polymorphic whitefish population

Odd Terje Sandlund[1,*], Tor F. Næsje[1], and Ola H. Diserud[1]

With 3 figures and 3 tables

Abstract: The whitefish (*Coregonus lavaretus* s.l.) stock in Lake Femunden, Norway, includes three morphs: deepwater spawning (D-), river spawning (R-) and shallow water spawning (S-) whitefish. Infections by *Diphyllobothrium* spp. and *Triaenophorus crassus* in the morphs were monitored between 1988–2005. The mean number of *T. crassus* recorded per infected fish varied between 1.64 and 1.77 in the three morphs, and was not significantly different. In all three morphs *T. crassus* prevalence increased significantly with age, but at a varying rate. In juvenile fish (age 2–4), mean prevalence was 3.7% in D-whitefish, 10.7% in R-whitefish and 23.7% in S-whitefish. As the rate of increase was lower in R- and S-whitefish than in D-whitefish, prevalence was more similar in older fish. The relative differences in prevalence of *T. crassus* among the three whitefish morphs appear mainly to be in accordance with the morph differences in habitat use, and associated with the habitat use of the final host of the parasite, the northern pike (*Esox lucius*).

Almost all individuals of D-, R- and S-whitefish were infected by *Diphyllobothrium* spp., with prevalence higher than 75% from age 2. The mean abundance of *Diphyllobothrium* spp. increased with age in all three whitefish morphs, but with the most rapid increase in young age groups. The development of infection with age was almost identical in S- and D-whitefish, whereas R-whitefish was at a higher level from an early age. The high prevalence of *Diphyllobothrium* spp. in all three whitefish morphs probably reflects the distribution of parasite eggs, potentially over all lake habitats by the avian final hosts. The mean abundance of *Diphyllobothrium* spp. was nearly identical in D- and S-whitefish, but significantly higher in R-whitefish. This is not easily explained by differences in habitat use or diet among the whitefish morphs.

Keywords: parasite infection, polymorphism, habitat use, parasite abundance, parasite intensity, prevalence

Introduction

European whitefish (*Coregonus lavaretus s.l.*, Coregonidae, hereafter whitefish) is a common intermediate host of the cestodes *Diphyllobothrium ditremum, D. dentriticum* and *Tri-*

Authors' addresses:
[1] Norwegian Institute for Nature Research (NINA), PO Box 5685, Torgarden, 7485 Trondheim, Norway
[*] Corresponding author: odd.sandlund@nina.no

DOI: 10.1127/adv_limnol/2021/0058 1612-166X/21/0058 $ 3.00

aenophorus crassus (Platyhelminthes, Cestoda) in boreal lakes (Watson & Dick, 1979; Amundsen, 1988; Pulkkinen & Valtonen, 1999, Tolonen et al., 2000). In Europe, the final host of *T. crassus* is the piscivorous northern pike (*Esox lucius*), while the final hosts of *Diphyllobothrium* spp. are fish-eating water birds (e.g., gulls and mergansers) (Halvorsen, 1970). The adult parasites live in the intestines of the final host, and the cestode eggs are released with the feces. We may therefore expect that there is a difference in the spatial distribution of cestode eggs according to whether the final host is a bird, able to move over all lake habitats, or northern pike, which is very closely associated with the littoral zone. The free swimming coracidium larvae hatch from the eggs and are ingested by copepods, of the genus *Cyclops* (Pasternak et al., 1995; 1999; Pulkkinen et al., 2000). The fish are infected when preying on copepods. Thus, it should be expected that the parasite load of the whitefish through its life cycle is related to the habitat use of the final hosts and the first intermediate hosts (copepods), as well as the ontogenetic niche shifts (habitat use and diet) of the whitefish (Sandlund et al., 1995).

Whitefish commonly occur in polymorphic populations; the morphs have different ecologies, including habitat use, diet and spawning location (e.g., Kahilainen et al., 2007; Siwertsson et al., 2010). This is also the case for the three whitefish morphs in Lake Femunden (Sandlund et al., 1995; Næsje et al., 1998; Saksgård et al., 2002). These ecological differences may entail different risks of becoming infected by trophically transmitted parasites, and consequently on the relative parasite load of the whitefish morphs (Knudsen et al., 2003; Karvonen et al., 2013).

The plerocercoids of *T. crassus*, which develop in the skeletal muscle tissue of the second intermediate host (e.g., whitefish) are large relative to host size. The spindle-shaped cysts with plerocercoids may be up to 25 mm in length, and *T. crassus* infection is known to affect fish growth negatively (Miller, 1952; Pulkkinen & Valtonen, 1999). As the plerocercoids have a life span of several years, one would expect that infection levels should increase with fish age (Amundsen & Kristoffersen, 1990; Pulkkinen & Valtonen, 1999). Infection by *T. crassus* may render the whitefish unsuitable for human consumption (Miller, 1952; Budde, 1965).

The plerocercoids of *Diphyllobothrium* spp. are found encysted on the intestine and stomach wall, and sometimes in the walls of the body cavity and in the muscles of the second intermediate host. The spherical cysts usually only reach a size of a few millimeters, but they may live in the fish for several years, and prevalence and infection intensity of *Diphyllobothrium* spp. plerocercoids have been shown to increase with fish age (Tolonen et al., 2000). At high infection intensities, *D. dentriticum* may migrate to other internal organs of the fish, possibly causing the death of the host (Rahkonen et al., 1996). The second *Diphyllobothrium* species, *D. ditremum,* migrates less within its host, and is considered to have little effect on fish condition and survival (Halvorsen 1970). At low to moderate infection levels, *Diphyllobothrium* does not affect the quality of fish for consumption, as the cysts are restricted to the viscera.

The aim of this paper is to analyze the prevalence and infection intensity and abundance of the cestodes *T. crassus* and *Diphyllobothrium* spp. through the life span in three whitefish morphs in a natural lake system little influenced by human activities (Lyche Solheim et al., 2017). The prevalence and infection intensity of the parasites were recorded during the monitoring of the polymorphic whitefish population in Lake Femunden from 1988 to 2005.

Material and methods

Lake Femunden (662 m above sea level, 62° 0' N 11° 55' E) is the second largest natural lake in Norway with a surface area of 204 km^2 and a maximum and mean depth of 134 m and 30 m, respectively. The lake is ultra-oligotrophic (Lyche Solheim et al., 2017) and is the uppermost major lake in the catchment area of River Klarälven, which drains towards the southeast into Lake Vänern in Sweden. Sandlund & Næsje (1989) and Sandlund et al. (2004) provide more detailed information about the lake.

The whitefish population in Lake Femunden was studied by Svärdson (1979). He described three whitefish forms based on gill raker numbers. Gill raker distributions from survey and commercial net catches has confirmed his observation of a trimodal distribution. For management purposes, three forms of whitefish (called morphs in this paper) have been defined (Sandlund & Næsje, 1989). These are deepwater (D-) whitefish, river (R-) whitefish and shallow water (S-) whitefish (Table 1). The morphs differ clearly by length and age at sexual maturity (Næsje et al., 1998), and they differ genetically (Næsje et al., 2004). For this paper, we consider the three forms based on gill raker number, although a closer examination based on microsatellites and morphometry has identified an additional, but scarce, fourth genetic group of whitefish in Lake Femunden (Østbye et al., 2005).

There are eight fish species in Lake Femunden in addition to whitefish: northern pike (*Esox lucius* L.), Arctic charr (*Salvelinus alpinus* (L.)), brown trout (*Salmo trutta* L.), grayling (*Thymallus thymallus* (L.)), perch (*Perca fluviatilis* L.), burbot (*Lota lota* (L.)), and minnow (*Phoxinus phoxi*nus (L.)). There have been no introductions of non-native fish species into the lake. A commercial whitefish fishery was initiated in 1981 (Sandlund & Næsje, 1996; Sandlund et al., 2004). The occurrence of *T. crassus* and *Diphyllobothrium* spp. were recorded in whitefish sampled from the annual commercial catches from 1988 to 2005, and from gillnet surveys, which were performed in 1990, 1991, 1994 and 1999.

A standard set of samples were taken from the fish (Sandlund & Næsje, 1989; Saksgård et al., 2002; Ugedal et al., 2002). In this paper, we include data for age and gill raker counts in addition to parasite counts. Fish ages were estimated from otoliths, which were burnt and broken, and read under a stereo microscope (Christensen, 1964; Skurdal et al., 1985). Gill rakers were counted on the anterior left gill arch. An index for the presence of *T. crassus* plerocercoids were obtained by cutting two vertical transversal cuts through the fish body

Table 1. Characteristics of three whitefish morphs in Lake Femunden (from Sandlund et al., 1995; Næsje et al., 1998; 2004; Saksgård et al., 2002).

Characteristics	D-whitefish	R-whitefish	S-whitefish
Asymptotic length (cm)	32.2	38.3	40.5
Age at > 50% maturity (male-female)	8–9	7–8	3–5
Gill rakers (modal #)	28	36	43
Gill rakers (range)	23–33	34–40	41–50
Spawning habitat	> 30 m in lake	Inlet rivers	< 5 m in lake
Adult habitat	Benthic-Pelagic	Littoral benthic-Pelagic	Littoral benthic

(one between the head and the dorsal fin and one immediately behind the dorsal fin), and the number of plerocercoids visible in the muscle mass in the two sections was counted. This is a standard quick and simple method for recording the occurrence of this parasite in monitoring programs with restricted resources, and it provides minimum numbers for the occurrence of the parasite (i.e., prevalence) as well as for the number of detected parasites, in this study 0–4 plerocercoids per fish. We never observed *T. crassus* plerocercoids in the ventral muscle mass, but even if the plerocercoids mainly reside in the dorsal muscle mass, sampling to detect all parasites is very elaborate and time-consuming (Pulkkinen & Valtonen, 1999).

In contrast, direct counts of the plerocercoids of *Diphyllobothrium* were obtained by recording the number of cysts in the body cavity of the fish. Cysts were only detected on the surface of the esophagus and stomach. The actual number of cysts was noted for up to 25 cysts, while the occasional higher number also was noted equal to 25 cysts. Two species of *Diphyllobothrium* (*D. ditremum* and *D. dendriticum*) are common in salmonids in Norway (Halvorsen, 1970), but we did not distinguish between them as this is very time consuming (Romeis, 1968).

To be able to detect patterns in parasite infection (prevalence, infection intensity, abundance) associated with whitefish morphs and fish age, we have combined the data from all samples collected between 1988–2005. Data on parasite infection, fish age, and gill raker numbers to distinguish between whitefish morphs, was available for a total of 8872 fish (5352 D-whitefish, 2924 R-whitefish and 596 S-whitefish).

We fit a generalized linear mixed model (GLMM) with a binomial error distribution, logit as link function, and year as a random factor (e.g., McCulloch & Searle, 2001) to model prevalence. Fixed factors included in the full model were fish age, morph (D-, R- or S-whitefish) and the interaction term age:morph. The *glmer* function from the R package *lme4* was used to fit the generalized linear mixed models (R core team, 2017). In modelling the number of *Diphyllobothrium* cysts per fish vs. age in three whitefish morphs, fish without parasites had to be included due to the assumption of a Poisson distributed response variable. Thus, we were modelling abundance (number of parasites in all examined fish) rather than intensity (number of parasites in infected fish). A GLMM was fit to the parasite abundances with a Poisson error distribution, the natural logarithm as link function, and year as a random factor. Fixed factors included in the full model were fish age, morph (D-, R- or S-whitefish) and the interaction term age:morph. A generalized linear model with a quasi-Poisson error distribution was fit to check if we needed to control for over-dispersion in this model (i.e., if the error distribution has a variance larger than the model expects).

Results

Triaenophorus crassus

The prevalence of *T. crassus* differed among the whitefish morphs. When comparing age groups 2–15, which were represented in all morphs, prevalence in D-whitefish increased from 2.4% to 47.7%, in R-whitefish from 0 to 38.9%, and in S-whitefish from 13.6% to 52.2%.

Table 2. Generalized linear mixed model (GLMM) for the prevalence of *T. crassus* for the three whitefish morphs D-, R- and S-whitefish in Lake Femunden. Intercept corresponds to D-whitefish with age zero.

Coeffecients	Estimate	SE	z value	Pr(>lzl)
(Intercept)	–2.625	0.137	–19.1	< 2e-16
Age	0.131	0.008	16.2	< 2e-16
R-whitefish	0.731	0.159	4.60	4.2e-16
S-whitefish	1.519	0.225	6.74	1.6e-11
Age : R-whitefish	–0.021	0.015	–1.42	0.156
Age : S-whitefish	–0.060	0.024	–2.53	0.012

Our sampling strategy for *T. crassus* provided low values for infection intensity (0–4 plerocercoids per fish). Although infection intensity varied over the sampling period from 1988 to 2005, there was no significant trend over the years. Neither was infection intensity different among whitefish morphs. The mean annual values for infection intensity ± SD were, in D-whitefish: 1.77 ± 1.29; in R-whitefish: 1.64 ± 0.97; and in S-whitefish: 1.72 ± 1.18.

The prevalence of *T. crassus* differed significantly among the whitefish morphs. All variables (age, morph and the interaction between morph and age) gave a significant contribution

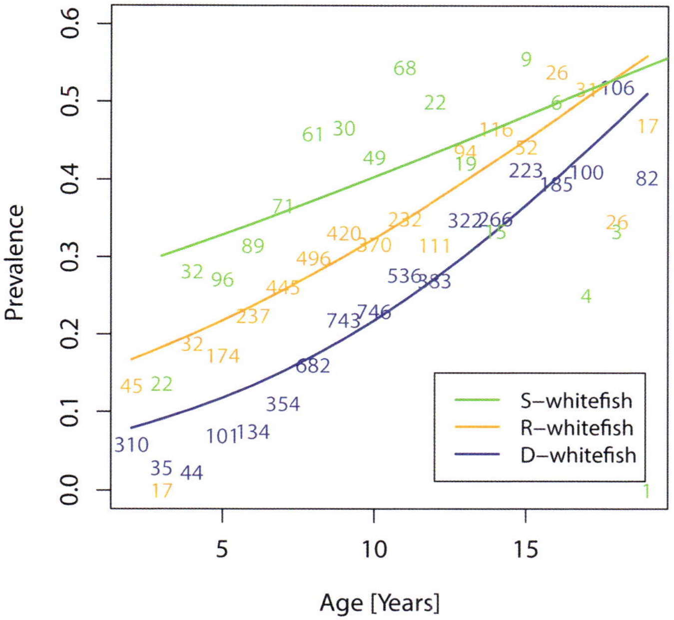

Fig. 1. Relationships between fish age (x) and prevalence of *T. crassus* (y) in three whitefish morphs (S-, R- and D-whitefish) in Lake Femunden, 1988-2005. Numbers on the graph represent the number of fish analyzed per age group and whitefish morph. Note the narrower age span in S-whitefish.

to the GLMM model for prevalence (Table 2), where the intercept corresponds to D-whitefish with age zero. The prevalence of *T. crassus* increased significantly with age in all three morphs, but the rate of increase was lower in R- and S-whitefish than in D-whitefish. The prevalence of *T. crassus* was particularly divergent among juvenile fish of the three morphs (Figure 1). In S-whitefish, prevalence (expressed as percent) was 27% at age 4, with a mean prevalence for age 2–4 at 23.7 %. R-whitefish appeared to be infected at a slower rate, with a prevalence of 19% at age 4, and a mean value for age 2–4 of 10.7%. D-whitefish was infected even slower, with a mean prevalence in age groups 2–4 of 3.7%, and prevalence remaining below 10% up to an age of 6 years.

The model for prevalence (Table 2) shows a significant positive effect of age ($p < 0.001$), and significant differences between the morphs. The gradients for the logit-linear model were not significantly different for the D- and R-morphs ($p = 0.156$ for *age:R-whitefish*) while the S-morph had a slower increase in prevalence with age ($p = 0.012$) (Figure 1, colored lines). From the age of 5 years, the rate of increase in prevalence with age was rapid in D-whitefish, somewhat slower in R-whitefish, and slowest in S-whitefish. In fish older than 15 years, the prevalence of *T. crassus* appeared quite similar in all three morphs. It should be noted that the number of S-whitefish is low in age groups older than 15 years.

Diphyllobothrium spp.

Almost all whitefish collected from Lake Femunden were infected by *Diphyllobothrium* spp. In total, prevalence was 95% in D-whitefish, 98% in R-whitefish, and 94% in S-whitefish. Prevalence was lower in young fish, but reached > 75% by age 2 in all three morphs (Figure 2), with no difference among the morphs.

The model for the abundance of *Diphyllobothrium* spp. from age and morph is presented in Table 3. The residual deviance was larger than expected, so we had to account for over-dispersion by fitting a GLM model with a quasi-Poisson error distribution. Note that the coefficients in the model here describe the linear model for the natural logarithms of abundances. In all three whitefish morphs, mean abundance of *Diphyllobothrium* spp. increased with the age of the fish ($p < 0.001$), with the most rapid increase in young age groups, as demonstrated when the ln(abundances) expected by the model is back-transformed (colored lines in Figure 3). The model indicates that the development of infection with age was almost identical in S- and D-whitefish ($p = 0.702$), whereas R-whitefish was at a higher level beginning at an early age ($p < 0.001$).

To compare infection intensity (i.e., number of cysts per infected fish) in different age classes for all three whitefish morphs, age classes had to be pooled (age 2–4, 8–10 and 15–17) to achieve enough fish in each group. In S-whitefish, the mean infection intensity was 5.2 for age 2–4, 11.1 for age 8–10, and 13.4 for age 15–17. In D-whitefish, infection intensity appeared to stabilize from an age of 2 years, with only a small increase from a mean of 9.2 cysts in age groups 2–4, 9.6 cysts in age groups 8–10, to 12.3 cysts in age groups 15–17. In juvenile R-whitefish, infection intensity was like D-whitefish, with a mean number of 8.6 cysts in age groups 2–4. In older R-whitefish, however, infection intensity continued to increase, with 14.9 cysts in age groups 8–10 and 15.7 cysts in age groups 15–17.

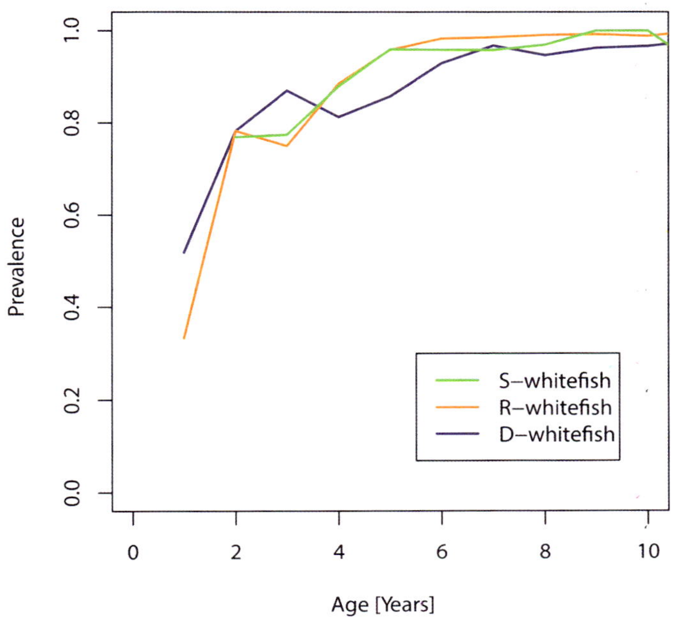

Fig. 2. Prevalence of *Diphyllobothrium* spp. in age groups younger than 11 years in three whitefish morphs (S-, R- and D-whitefish) in Lake Femunden.

Table 3. Generalized linear model (GLM) for the abundance of *Diphyllobothrium* spp. with quasi-Poisson error distribution in the three whitefish morphs D-, R- and S-whitefish in Lake Femunden. Intercept corresponds to D-whitefish with age zero.

Coeffecients	Estimate	SE	t value	Pr(>|z|)
(Intercept)	1.517	0.042	35.9	<2e-16
ln(Age)	0.345	0.018	19.7	<2e-16
R-whitefish	0.382	0.016	24.2	<2e-16
S-whitefish	–0.013	0.035	–0.383	0.702

Discussion

To study many fish over time we have used simplified methods for recording the presence of the cestodes *T. crassus* and *Diphyllobotrium* spp. in whitefish (Kuhn et al., 2017). This allowed us to collect years of data during a monitoring program with restricted resources. The data recorded are minimum values both for prevalence, infection intensity and abundance. Kuhn et al. (2017) demonstrated that counting cysts of *Diphyllobothrium* spp. on the stomach, viscera and on the walls of the body cavity, in the same way as we have done, provided a reliable estimate of prevalence, intensity, and abundance of the parasite. The occurrence of *T. crassus* has previously been recorded using time consuming and labor-intensive

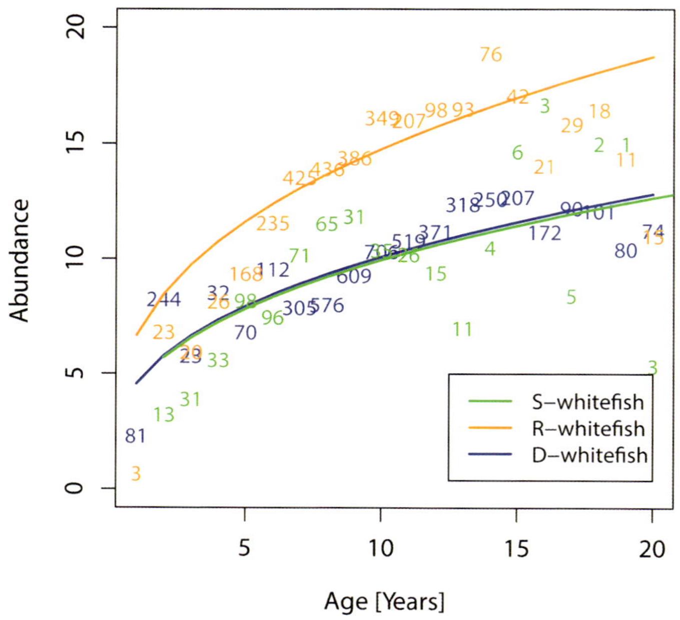

Fig. 3. Relationship between age (x) and abundance of *Diphyllobothrium* spp. (y, median no. of cysts per fish, including the uninfected individuals) for three whitefish morphs in commercial and survey net catches from Lake Femunden, 1988–2005. Numbers on the graph represent the number of fish analyzed per age group and whitefish morph.

approaches to examine the dorsal muscle mass (Pulkkinen & Valtonen, 1999; Amundsen et al., 2002). Our approach is simpler and quicker, and with the large number of samples, we suggest that it provides a useful index for comparing prevalence of these parasites in the three whitefish morphs studied.

The difference in the rate of increase of *T. crassus* prevalence among the three whitefish morphs may be explained by differences in ontogenetic habitat use and diet. In all three morphs, *T. crassus* prevalence increased with age. The difference between morphs was largest in young fish, with the lowest prevalence in D-whitefish and the highest prevalence in S-whitefish. The rate of increase with age was lowest in S-whitefish, while prevalence increased at a higher, but similar, rate in D- and R-whitefish. Northern pike, the final host of *T. crassus*, is a species very much associated with the littoral habitat during the whole life cycle, and spawning occurs in shallow waters just after ice-break in early spring (Craig, 1996). The eggs of the cestode are released prior to or during northern pike spawning, and the coracidia larvae hatch after a few weeks (Kuperman, 1981). The coracidia are preyed upon by late copepodite or adult stages of copepods, commonly *Cyclops* species (e.g., Pasternak et al., 1999), which subsequently are eaten by whitefish. This chain of infection mainly occurs during a few weeks in late spring and early summer (Pulkkinen et al., 2000; Lahnsteiner et al., 2009; Sichrowsky et al., 2013). As the plerocercoids may live in the fish for several years, the infection intensity is likely to increase with age.

In Lake Femunden, northern pike spawn in very shallow waters immediately after ice-out and spend most of their life in the littoral zone. In this lake, *Cyclops scutifer* is the dominant copepod species, found in high densities in littoral and the pelagic habitat during early summer (Lyche Solheim et al., 2017; T. Jensen, NINA, pers. comm.). Thus, the highest density of copepods infected by *T. crassus* is likely to be in the littoral zone in early summer. S-whitefish is the morph most associated with the littoral zone, and spawns in shallow waters. The eggs hatch in early spring and the fry, juveniles and adults live in the littoral habitat or close to the shore. Although we have not investigated the diet of whitefish fry (< 7 cm) in Lake Femunden, it is likely that *C. scutifer* is a major component of the diet in early summer (Næsje et al., 1986b). Zooplankton continues to be a major component of the diet of all sizes of S-whitefish (Sandlund et al., 1995). Thus, the overlap in habitat use of pike and *C. scutifer*, and the habitat and diet of S-whitefish, is likely the reason for the very high prevalence of *T. crassus* in S-whitefish. S-whitefish had the highest growth rate and reached the largest body size of the three whitefish morphs, reaching approximately 32 cm at 4 years of age (Næsje et al., 1998). A high juvenile growth rate reflects high food consumption, likely associated with relatively high temperatures in the littoral zone. This may indicate that S-whitefish ingests a relatively high number of parasite-infected copepods during early summer, reaching a high prevalence at an early age. The rate of increase in *T. crassus* prevalence in S-whitefish remained quite stable over all age classes.

R-whitefish spawn in inlet rivers, mainly in the River Tufsinga. We do not know when the hatchlings or fry migrate downstream into the lake, but in other river spawning whitefish the downstream drift occurs immediately after hatching (Næsje et al., 1986a). For the young-of-the-year R-whitefish to become exposed to the parasite, the timing of their entry into the littoral zone should match the presence of infected copepods. From a body length of approximately 7 cm, R-whitefish appear to feed almost exclusively on zooplankton, but as they reach 20 cm, larger prey becomes more important (Sandlund et al., 1995). Although little is known about it, the habitat use and diet of R-whitefish might indicate that the juvenile fish may experience a similar exposure to infected *C. scutifer* as S-whitefish. However, R-whitefish has a lower juvenile growth rate, reaching approximately 26 cm at age 4 (Næsje et al., 1998). This may reflect a different and/or lower food intake with fewer infected copepods, and thereby lower exposure to the parasite, resulting in a lower prevalence than in S-whitefish. In older R-whitefish, *T. crassus* prevalence increased at a faster rate than in S-whitefish. However, to fully understand the interaction between infected copepods and the various size groups of whitefish, samples on a fine temporal and spatial scale in the lake are needed.

D-whitefish spawn in deep waters (> 30 m). The juveniles appear to stay in relatively deep and cold waters (> 10 m), with a low growth rate, until they reach approximately 20 cm in length (4–6 years) (Næsje et al., 1998). Larger D-whitefish to a large extent utilize pelagic waters (Saksgård et al., 2002). Thus, the overlap between D-whitefish and *C. scutifer* infected by *T. crassus* may appear to be low (Sandlund et al., 1995).

Whitefish are infected by *Diphyllobothrium* spp. in the same way as by *T. crassus*, (i.e., by ingesting infected cyclopoid copepods) (Vik, 1964). However, in this case the cestode eggs get into the water with the feces of fish-eating birds. Although gulls and mergansers most often feed in shallow waters, they fly across the lake surface in all directions, contributing to an indiscriminate spreading of *Diphyllobothrium* eggs over the entire lake surface. Upon hatching, the coracidia larvae may infect copepods in all lake habitats. The fact that

Diphyllobothrium spp. probably includes two species with two different final hosts with diverging behavior is probably one reason that prevalence is close to 100% in all three whitefish morphs beginning at a young age. High prevalence of *Diphyllobothrium* spp. in whitefish has also been observed in other studies (Tolonen et al., 2000; Knudsen et al., 2003).

Mean abundance of *Diphyllobothrium* spp. increased with age in all three whitefish morphs, but while the abundance models for D- and S-whitefish were almost identical, R-whitefish was at a significantly higher level in all age classes. Based on present knowledge, this difference is difficult to explain. The R-whitefish stock, which spawn in the inlet River Tufsinga, is by far the most abundant R-whitefish in Lake Femunden. The River Tufsinga empties into Lake Femunden through a delta area, which is a nature reserve and Ramsar site partly established to protect water birds (Tufsinga Delta, http://faktaark.naturbase.no/Vern?id=VV00001867). It is possible that the fry and juveniles, after drifting or migrating downstream from the spawning sites, spend time in the delta area together with a high density of birds (gulls and mergansers) whose droppings may cause a high infection of *Cyclops* by *Diphyllobothrium* coracidia. However, the Tufsinga Delta is also one of the major spawning areas for northern pike in Lake Femunden. This should also lead to a high exposure of R-whitefish to infection by *T. crassus*.

In summary, the pattern of parasite load, in terms of prevalence or abundance, in the three whitefish morphs in Lake Femunden differ between *T. crassus* and *Diphyllobothrium* spp. The final host of *T. crassus*, northern pike, mainly reside in the littoral zone of the lake. The relative differences in *T. crassus* prevalence among the three whitefish morphs appear to reflect their use of the littoral habitat, resulting in overlap with pike. On the other hand, the high prevalence of *Diphyllobothrium* spp. in all three whitefish morphs probably reflects the distribution of parasite eggs across all lake habitats by the avian final hosts. The differences in the mean abundance of *Diphyllobothrium* spp. with age, with a higher abundance in R-whitefish than the nearly identical levels in D- and S-whitefish, is puzzling.

References

Amundsen, P.-A., 1988: Effects of an intensive fishing programme on age structure, growth and parasite infection of stunted whitefish (*Coregonus lavaretus* L. *s.l.*) in Lake Stuorajavri, northern Norway. – Fin. Fish. Res. 9: 425–434.

Amundsen, P.-A. & Kristoffersen, R., 1990: Infection of whitefish (*Coregonus lavaretus* L. *s.l.*) by *Triaenophorus crassus* Forel (Cestoda, Pseudophyllidea) – a case-study in parasite control. – Can. J. Zool. 68: 1187–1192. DOI: 10.1139/z90-176

Amundsen, P.-A., Kristoffersen, R., Knudsen, R. & Klemetsen, A., 2002: Long-term effects of a stock depletion programme: the rise and fall of a rehabilitated whitefish population. – Advanc. Limnol. 57: 577–588.

Budde, W., 1965: Candling for the detection of *Triaenophorus crassus* cysts in whitefish. – J. Fish Res. Board Can. 22: 865–867.

Christensen, J. M., 1964: Burning of otoliths, a technique for age determination of soles and other fish. – J. Cons. Int. Explor. Mer., 29: 73–81.

Craig, J. F. (ed.), 1996: Pike. Biology and exploitation. – Fish and Fisheries 19. Chapman & Hall, London.

Halvorsen, O., 1970: Studies of the helminth fauna of Norway XV: On the taxonomy and biology of the plerocercoids of *Diphyllobothrium* Cobbold, 1958 (Cestoda, Pseudophyllidea) from northwestern Europe. – Nytt Mag. Zool. 18: 113–174.

Kahilainen, K. K., Malinen, T., Tuomaala, A., Alajärvi, E., Tolonen, A. & Lehtonen, H., 2007: Empirical evaluation of phenotype-environment correlation and trait utility with allopatric and sympatric whitefish, *Coregonus lavaretus* (L.), populations in subarctic lakes. – Biol. J. Linnean Soc. 92: 561–572.

Karvonen, A., Lundsgaard-Hansen, B., Jokela, J. & Seehausen, O., 2013: Differentiation in parasitism among ecotypes of whitefish segregating along depth gradients. – Oikos 122: 122–128. doi:10.1111/j.1600-0706.2012.20555.x

Knudsen, R., Klemetsen, A. & Amundsen, P.-A., 2003: Inter- and intra-morph patterns in helminth communities of sympatric whitefish morphs. – J. Fish. Biol. 64: 847–859.

Kuhn, J. A., Knudsen, R., Kristoffersen, R. & Amundsen, P.-A., 2017: Assessed cyst number as a simplified method to estimate *Diphyllobothrium* spp. infection in salmonids. – J. Fish. Diseas. 40: 863–871.

Kuperman, B. I., 1981: Tapeworms of the genus *Triaenophorus*. – Parasites of Fish. Amerind Publications Co. Pvt. Ltd. New Dehli.

Lahnsteiner, F., Kletzl, M. & Weismann, T., 2009: The risk of parasite transfer to juvenile fishes by live copepod food with the example *Triaenophorus crassus* and *Triaenophorus nodulosus*. – Aquaculture 295: 120–125.

Lyche Solheim, A., Schartau, A. K., Bongard, T., Bækkelie, K. A. E., Edvardsen H., Fosholt Moe, T., Jensen, T. C., Mjelde, M., Persson, J., Sandlund, O. T., Skjelbred, B. & Walseng, B., 2017: Surveillance monitoring of large lakes 2016. Testing of methodology for monitoring and classification of ecological status according to the WFD. – Miljødirektoratet/Norwegian Environment Agency, Report M-815, NIVA-report 7182-2017, 197 pp. (In Norwegian, English summary).

McCulloch, C. E. & Searle, S. R., 2001: Generalized, Linear and Mixed Models. – John Wiley. New York.

Miller, R. B., 1952: A review of the *Triaenophorus* problem in Canadian lakes. – Bulletin of the Fisheries Research Board of Canada, No. 95. 42 pp.

Næsje, T. F., Jonsson, B. & Sandlund, O. T., 1986a: Drift of cisco and whitefish larvae in a Norwegian river. – Trans. Amer. Fish. Soc. 115: 89–93.

Næsje, T. F., Sandlund, O. T. & Jonsson, B., 1986b: Habitat use and growth of age-0 whitefish, *Coregonus lavaretus*, and cisco, *C. albula*. – Environm. Biol. Fish. 15: 309–314.

Næsje, T. F., Sandlund, O. T. & Saksgård, R., 1998: Selective predation of piscivorous brown trout (*Salmo trutta*) on polymorphic whitefish (*Coregonus lavaretus*). – Advanc. Limnol. 50: 283–294.

Næsje, T. F., Vuorinen, J. & Sandlund, O. T., 2004: Genetic and morphometric differentiation among sympatric spawning stocks of whitefish (*Coregonus lavaretus* L.) in Lake Femund, Norway. – J. Limnol. 63: 233–243.

Østbye, K., Næsje, T. F., Bernatchez, L., Sandlund, O. T. & Hindar, K., 2005: Morphological divergence and origin of sympatric populations of European whitefish (*Coregonus lavaretus* L.) in Lake Femund, Norway. – J. Evol. Biol. 18: 683–702.

Pasternak, A. F., Huntingford, F. A. & Crompton, D. W. T., 1995: Changes in metabolism and behavior of the fresh-water copepod *Cyclops strenuus abyssorum* infected with *Diphyllobothrium* spp. – Parasitology 110: 395–399.

Pasternak, A. F., Pulkkinen, K., Mikheev, V. N., Hasu, T. & Valtonen, E. T., 1999: Factors affecting abundance of *Triaenophorus* infection in *Cyclops strenuus*, and parasite-induced changes in host fitness. – Int. J. Parasit. 29: 1793–1801.

Pulkkinen, K. & Valtonen, E. T., 1999: Accumulation of plerocercoids of *Triaenophorus crassus* in the second intermediate host *Coregonus lavaretus* and their effect on growth of the host. – J. Fish. Biol. 55: 115–126.

Pulkkinen, K., Pasternak, A. F., Hasu, T. & Valtonen, E. T., 2000: Effect of *Triaenophorus crassus* (Cestoda) infection on behavior and susceptibility to predation of the first intermediate host *Cyclops strenuus* (Copepoda). – J. Parasit. 86: 664–670.

R Core Team, 2017: R: A Language and Environment for Statistical Computing. – R Foundation for Statistical Computing. https://www.R-project.org/

Rahkonen, R., Aalto, J., Koski, P., Särkkä, J. & Juntunen, K., 1996: Cestode larvae *Diphyllobothrium dendriticum* as a cause of heart disease leading to mortality in hatchery-reared sea trout and brown trout. – Dis. Aquat. Organ. 25: 15–22.

Romeis, B., 1968: Mikroskopische Technik. R. Oldenbourg Verlag, München, Germany.

Saksgård, R., Næsje, T. F., Sandlund, O. T. & Ugedal, O., 2002: The effect of potential predators on whitefish (*Coregonus lavaretus*) habitat use in Lake Femund, a deep Norwegian Lake. – Advanc. Limnol. 57: 537–552.

Sandlund, O. T. & Næsje, T. F. 1989: Impact of a pelagic gill-net fishery on the polymorphic whitefish (*Coregonus lavaretus* L. *s.l.*) population in Lake Femund, Norway. – Fisheries Research 7: 85–97.

Sandlund, O. T. & Næsje, T. F., 1996: A successful small-scale fishery cooperative in a high-cost country – a case study. – In: Neal, R. A. (ed.): International Development. Proceedings of the World Fisheries Congress. Theme 4. Oxford & IBH Publishing Co, New Dehli, pp. 49–57

Sandlund, O. T., Næsje, T. F. & Saksgård, R., 1995: Ecological diversity in whitefish *Coregonus lavaretus*: ontogenetic niche shifts and polymorphism. – Advanc. Limnol. 46: 49–59.

Sandlund, O. T., Berge, E., Flø, B. E., Næsje, T. F., Saksgård, R., & Ugedal, O., 2004: Whitefish fisheries: Abundant resources, but scarce fishermen. – Mountain Research and Development 24: 67–74.

Sichrowsky, U., Schabetsberger, R., Gassner, H., Kaiser, R., Boufana, B. & Psenner, R., 2013: Cradle or plague pit? Illuminated cages increase the transmission risk of parasites from copepods to coregonids. – Aquaculture 392–395: 8–15.

Siwertsson, A., Knudsen, R., Kahilainen, K. K., Præbel, K., Primicerio, R. & Amundsen, P.-A., 2010: Sympatric diversification as influenced by ecological opportunity and historical contingency in a young species lineage of fish. – Evol. Ecology Res. 12: 929–947.

Skurdal, J., Vøllestad, L. A. & Qvenild, T., 1985: Comparison of scales and otoliths for age determination of whitefish *Coregonus lavaretus*. – Fish. Res. 3: 237–243.

Svärdson, G., 1979: Speciation of Scandinavian *Coregonus*. – Report Institute of Freshwater Research, Drottningholm 57: 3–95.

Tolonen, A., Rita, H. & Peltonen, H., 2000: Abundance and distribution of *Diphyllobothrium ditremum* Creplin (Cestoda : Pseudophyllidea) plerocercoids in benthic whitefish, in northern Finnish Lapland. – J. Fish. Biol. 57: 15–28.

Ugedal, O., Næsje, T. F., Saksgård, R., Sandlund, O. T. & Østbye, K., 2002: Do commercial gill-net fisheries impact polymorphic European whitefish in Lake Femund, Norway? – Advanc. Limnol. 57: 563–576.

Vik, R., 1964: The genus *Diphyllobothrium*: an example of the interdependence of systematics and experimental biology. – Experimental Parasitol. 15: 361–380.

Watson, R. A. & Dick, T. A., 1979: Metazoan parasites of whitefish *Coregonus clupeaformis* (Mitchill) and cisco *C. artedii* Lesueur from Southern Indian Lake, Manitoba. – J. Fish. Biol. 15: 579–587.

Manuscript received: 10 November 2017
Revisions requested: 23 March 2018
Modified version received: 12 April 2018
Accepted: 20 April 2018

Advanc. Limnol. **66**, p. 117–132
Biology and Management of Coregonid Fishes – 2017

Article

Characteristics of the spawning migration of anadromous broad whitefish (*Coregonus nasus*) in the lower Mackenzie River

Zoya A. Martin[1], Kimberly L. Howland[2], Darren Gillis[3], and Ross F. Tallman[2,*]

With 5 figures

Abstract: Anadromous broad whitefish (*Coregonus nasus*) in the Mackenzie River system undergo extensive upstream migrations in the fall, presumably for spawning. However, quantitative data to support this assumption is rare. Therefore, we investigated fish presence/absence at a site along their spawning route (catch per unit effort; CPUE), fish reproductive status (sexual maturity stage and gonadosomatic index; GSI), relative abundance of males and females (correlations between date, CPUE, and GSI), interactions between fork length, condition factor, GSI, and average fish length by month of broad whitefish entering the Arctic Red River from June through November in 1992 and 1993. CPUE was lowest in July and August, gradually increased through September, and peaked in October each year. Visual inspection of gonads throughout the study also showed a gradual development in sexually maturity of fish, with the abundance of ripe (pre-spawning) fish peaking in October and spent (post-spawning) fish observed in November. GSI of male and female fish gradually increased through the summer, peaked in October, and decreased again in November. In addition to the variation in migration over time (months), we found that there is variation in migration characteristics between the sexes. Based on these results, we conclude sexually mature and running ripe broad whitefish move into the Arctic Red River during a very short time window in the fall.

Keywords: migration, broad whitefish, spawning, gonadosomatic index

Introduction

The Arctic is characterized by extreme seasonal climate and weather (Wrona et al., 2005) low or absent sunlight in winter, long days during the summer (McBean et al., 2005) and prevalence of seasonal ice and snow cover (Wrona et al., 2005). In such environments, fish habitats that offer ideal breeding conditions are often low in productivity, while ideal feeding habitats are frequently not suitable for overwintering and breeding (Northcote, 1978). Despite the

Authors' addresses:
[1] Fisheries and Oceans Canada, 630 Mivvik Street, Iqaluit, NU X0A 0H0, Canada
[2] Fisheries and Oceans Canada, 510 University Crescent, Winnipeg, MB R3T 2N6, Canada
[3] University of Manitoba, Department of Biological Sciences, Winnipeg, MB R3T 2N2, Canada
[*] Corresponding author: ross.tallman@dfo-mpo.gc.ca

DOI: 10.1127/adv_limnol/2021/0076 1612-166X/21/0076 $ 4.00
www.schweizerbart.de

extreme and difficult conditions of the Arctic, many fish have evolved to thrive in this environment through the evolution of migration. Migration is defined as the movement from one vital habitat to another vital habitat (Roff, 1992). It allows fish to access physically separate critical habitats such as overwintering areas (Northcote, 1978) and spawning habitats (Brannon, 1981).

Arctic fish, similar to most other fish species, have predictable routes of migration and predictable timing that correlate with certain life stages (Roff, 1992; Brannon, 1981). The predictable spatio-temporal migrations are theorized to place individuals in the most optimal habitat at the most optimal time (Miller & Brannon, 1981; Brannon, 1981). Within Arctic environments the timing of migration becomes critical as access to certain habitats may only be open for short seasonal periods.

There has been extensive research on the migration routes, patterns and timing of many temperate species, such as Pacific salmon (*Oncorhynchus* spp.) (Pritchard, 1930; Miller & Brannon, 1981; Quinn, 2005), Atlantic salmon (*Salmo salar*) (Martin et al., 2009), American shad (*Alosa sapidissima*) (Leggett & Carscadden, 1978; Olney et al., 2006; Hoffman et al., 2008), lamprey species (*Petromyzontiformes* spp.) (Beamish, 1979; Keefer et al., 2009; Goodman et al., 2015) and eel species (*Anguilliformes* spp.) (Aarestrup et al., 2008; Acou et al., 2008; Overton & Rulifson, 2009). In contrast, little work has been done on the migration of Arctic fish such as inconnu (*Stenodus leucichthys*) (Alt, 1977; Howland et al., 2000; 2001; Stephenson et al., 2005), broad whitefish (Hatfield et al., 1972; Stein et al., 1973; Chang-Kue & Jessop, 1991; Tallman et al., 2002), lake whitefish (*Coregonus clupeaformis*) (Lambert & Dodson, 1990) and cisco species (*Coregonus sardinella* and *Coregonus autumnalis*) (Kline et al., 1998). The most extensive migration study of Canadian Arctic fishes was undertaken by Chang-Kue & Jessop (1992) in the Mackenzie River Valley, in response to potential oil and gas development in the Arctic. Chang-Kue & Jessop (1992) performed a tagging study that provided information on the migration of several coregonids, including broad whitefish, least cisco, and lake whitefish from overwintering areas along the Tuktoyaktuk coast to potential spawning grounds upstream in the Mackenzie River system. From the study by Chang-Kue & Jessop (1991) and other studies by Jessop et al. (1974), VanGerwen-Toyne et al. (2008), and Howland et al. (2009), two major tributaries of the lower Mackenzie River have been identified as potentially important for spawning migrations: the Peel River and the Arctic Red River. The migrating populations of coregonids in the Peel River were intensively monitored by VanGerwen-Toyne et al. (2008). In contrast to the Peel River, there has been little work investigating the importance of the Arctic Red River, an alternative spawning tributary in the Mackenzie River system (Chang-Kue & Jessop, 1991).

Broad whitefish are true Arctic fish species distributed widely throughout North America and north Eurasia, above the 60th parallel (Scott & Crossman, 1973; Reshetnikov, 2004). Broad whitefish are abundant in the lower Mackenzie River system and associated tributaries (downstream of Fort Good Hope) and remain an important subsistence food for local people (Treble & Tallman, 1997). Broad whitefish in the Mackenzie River system exhibit a complex life cycle and life history, reflecting the physical complexity of the system they

Fig. 1. Map of the Lower Mackenzie River Basin in the Northwest Territories Canada. Study site in 1992 and 1993 is marked with a star.

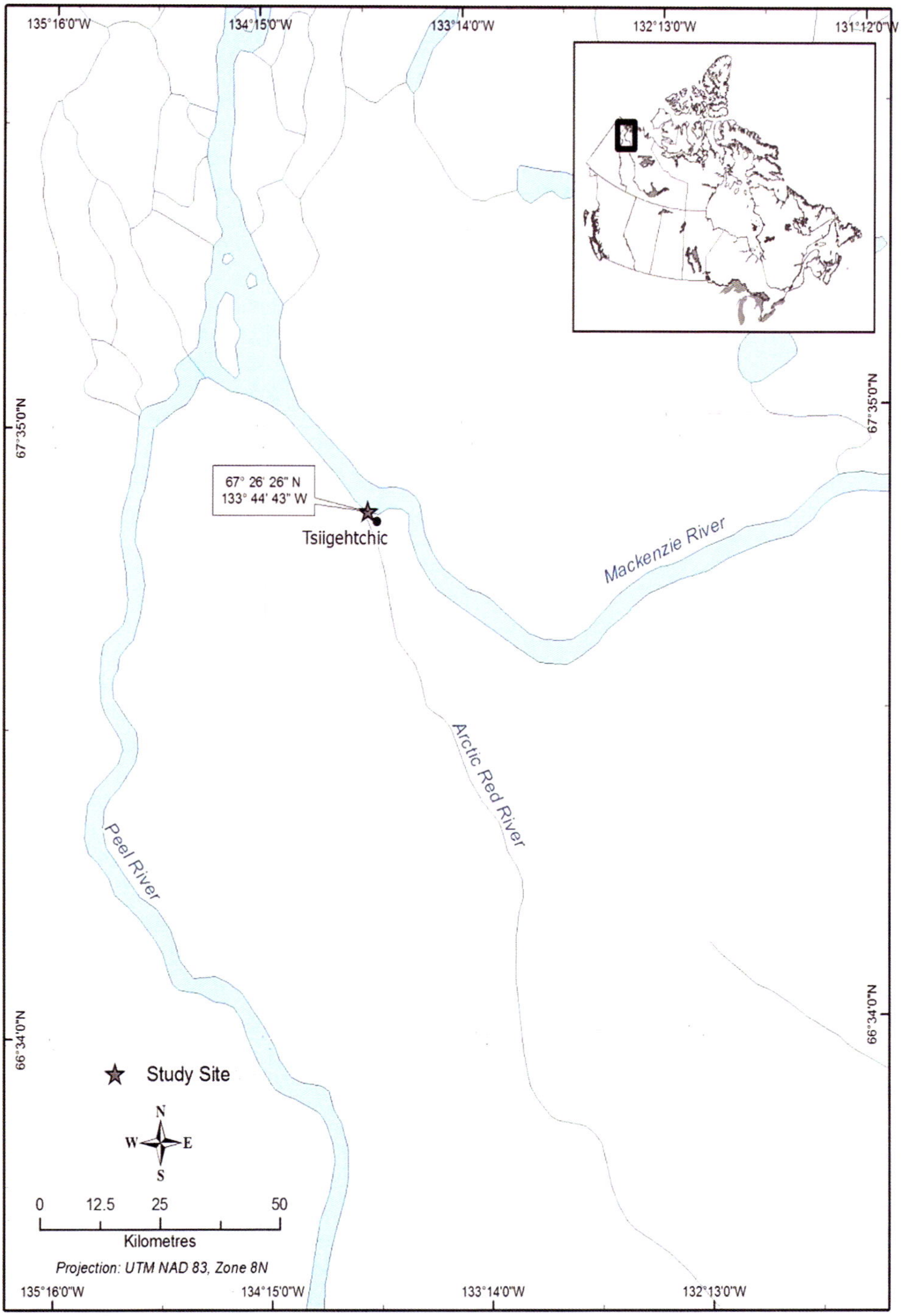
135°16'0"W
134°15'0"W
133°14'0"W
132°13'0"W
131°12'0"W
67°35'0"N
66°34'0"N
67° 26' 26" N
133° 44' 43" W
Tsiigehtchic
Mackenzie River
Arctic Red River
Peel River
Study Site
N
W
E
S
0
12.5
25
50
Kilometres
Projection: UTM NAD 83, Zone 8N

inhabit (Reist & Bond, 1988; Fechhelm et al., 1992; 1995; Reist & Chang-Kue, 1997). There are potentially three life history types of broad whitefish within the lower Mackenzie River system – lacusterine, riverine and amphidromous (Reist, 1987). The amphidromous life history type is believed to be most abundant in the Mackenzie River system (Treble & Tallman, 1997; Reist & Chang-Kue, 1997) and is the focus of this study.

Broad whitefish are an iteroparious species that may spawn every year (Howland et al., 2009), or every two or three years (Chang-Kue & Jessop, 1983; 1991). A multi-year reproduction cycle is a common trait among northern fish populations, especially for females (Roff, 1992). Each year the broad whitefish population is divided into two groups: spawners and non-spawners (Thera, 1998). The proportion of individuals within each group is assumed to vary from year to year and is assumed to be dependent on seasonal productivity of the environment for that year and previous years (Thera, 1998). Sexually mature broad whitefish begin migrating in July and August from freshwater systems on Richard's Island and the Tuktoyatuk Peninsula (Lawrence et al., 1984), into the central delta where they wait in holding pools (Reist & Chang-Kue, 1997; Chang-Kue & Jessop, 1983). In September and October the fish continue migration upstream from the central delta to the spawning sites, under ice cover (Chang-Kue & Jessop, 1983; Howland et al., 2009). Four distinct spawning areas have been proposed: 1) upstream in the Arctic Red River; 2) Point Separation, on the main stream of the Mackenzie River where the Mackenzie Delta begins; 3) upper reaches of the Peel River, and 4) the Ramparts Rapids on the Mackenzie River, near the town of Fort Good Hope (Chang-Kue & Jessop, 1983; Howland et al., 2009) (see Figure 1). These proposed spawning locations do not represent distinct populations of broad whitefish but rather that the amphidromous broad whitefish in the Mackenzie River system is one population that exhibits a high degree of straying (Harris & Taylor, 2010). There are few published studies on the movement of broad whitefish within the Mackenzie River system (Chang-Kue & Jessop, 1983; Tallman et al., 2002; Howland, 2009), with only one study touching on the migration type and timing in the Arctic Red River (Tallman & Howland, 2012).

The specific objectives of this study were to use archived samples to: (1) identify the presence and timing of the broad whitefish migration in the Arctic Red River, (2) confirm that the migration was for the purpose of spawning, and (3) determine characteristics of the migration. To achieve our objectives, we monitored changes in catch per unit effort (CPUE) and maturity stage (visual and GSI), and analyzed the data to see correlations between GSI and biological factors such as length and weight.

Materials and methods

Study area

The Arctic Red River is one of several large tributaries of the Mackenzie River (Figure 1). It originates from glaciers and flows north-northwest through the Mackenzie mountain range, through a canyon and valley system, and over the Peel plateau before widening, slowing and reaching the Mackenzie River (Lloyd, 1943; Tallman et al., 2002). The waters of the Arctic Red River are clear near the head of the river, but become turbid closer to the mouth in the lowlands (Tallman & Howland, 2012). The Arctic Red River is approximately 450 km long, with channel widths ranging from 200 m (upstream) to 500 m (at the mouth) and depths up to 10 m (Howland, 1997). The Arctic Red River is ice covered for up to nine months of the year, from early October until June (Howland et al., 2000). Ice formation on the Arctic Red River in early October coincides with decreasing water temperatures and water discharge levels (Howland et al., 2000).

The Arctic Red River was selected as the study site because the Traditional Ecological Knowledge (TEK) of the local Gwich'in people state that broad whitefish spawn in the upper reaches of the Arctic Red River (Greenland & Walker-Larson, 2001) and because tagging studies by Change-Kue & Jessop (1991) and Howland et al. (2009), along with other research, show that broad whitefish migrate up the Arctic Red River at the proposed time of spawning (Tallman, 1997; Howland et al., 2000; Thompson & Millar, 2007; Tallman & Howland, 2012).

Fish capture methods

This study used archived samples from Fisheries and Oceans Canada's stock assessment collection from 1992 and 1993. Gillnets were set in multiple locations along the Arctic Red River from September through November in 1992 and July through November in 1993. Fish were caught using floating gillnets 25, 30, and 60 m long, 1.8 m deep and of five mesh-size patterns: 1) 140 mm stretched mesh (25 m); 2) 102 mm, 89 mm, and 76 mm (3 panels x 10 m); 3) 63.5 mm, 51 mm, 38 mm (3 panels x 10 m); 4) 102 mm, 89 mm, 76 mm, 63.5 mm, 51 mm, and 38 mm (6 panels x 10 m); and 5) 114 mm (25 m). Gillnets were set perpendicular to the shore in eddies (Chudiobiak, 1995; Howland, 1997; Tallman et al., 2002). After ice freeze-up, nets were set under the ice using the willow branch method (Hubert, 1996); this technique is similar to the traditional Gwich'in method used to set nets under the ice. Nets were set for 8 to 24 hour durations. Fish were processed in the field for the following biological data: fork length (± 1 mm) round weight (± 1 g), gonad weight (± 1 g), sex and stage of maturity (Bond & Erickson, 1985; Tallman & Howland, 2012).

Timing of migration – CPUE

To quantify seasonal changes in relative abundance of broad whitefish, CPUE was calculated with effort standardized to a net 23 m long and 1.8 m high. Mesh size was not standardized because it was not consistently recorded. CPUE was calculated for each set by dividing the standardized catch for that set by soak time in hours (Howland, 1997).

Purpose of migration – maturity stage and GSI

Sex for each broad whitefish (Females = 103; Males = 235; both 1992 and 1993) was determined (Chudobiak, 1995). A qualitative description of the degree of gonad development was determined using the Bond & Erickson (1985) scale. The following were the maturity categories used for each sex: immature, mature, ripe, spent, and resting. The gross examination of the gonads is often used, but can lead to unreliable information on maturity stage in whitefish (Bond, 1982). The assessment is subjective and often maturity stages of whitefish do not appear drastically different from one stage to the next, making visual maturity assessment unreliable at times (Bond & Erickson, 1985). A more objective assessment of maturity stage can be achieved by using the gonadosomatic index (GSI) (Bond & Erickson, 1985). The formula used to calculate the gonadosomatic index was:

GSI = Gonad Weight / (Body Weight – Gonad Weight) x 100
(Roff, 1992; Howland, 1997).

Relationship between timing and purpose of migration

Generalized linear models (GLM) were used to analyze the correlations between fish maturation (GSI and Maturity Stage), abundance (CPUE) and date. Specifically, we looked at the following relationships over different time scales of the 1993 field season, with females and males analyzed separately:

GSI ~ CPUE + Date
Maturity Stage ~ CPUE + Date

Time scales were as follows: the entire field season (all data), July to September, September to mid-October, mid-October to mid-November, before 30 October and after 30 October. A quasi-binomial GLM with a logit link function was selected to allow the model to estimate the dispersion of the parameters from the data. The GLM was modeled using R.

To better understand the relationship of condition (K), fork length, and timing of migration a regression analysis was completed to look for correlations. We used the 1992 and 1993 data to determine fish condition using Fulton's Condition Factor:

$K = 10^5 W/L^3$,

where K is the condition factor, W is the fish weight (g) and L is fork length (mm) (Anderson & Neumann, 1996). We did two log-log regressions for each sex. The first regression was on fish classified as immature, mature, or ripe. The second regression was on fish classified as spent or resting.

$\text{Log10GSI} = \beta_0 + \beta_1 \text{ Log10(Fish Length)} + \beta_2\text{Log10(Fish Weight)} + \beta_3\text{Log10(K)}$

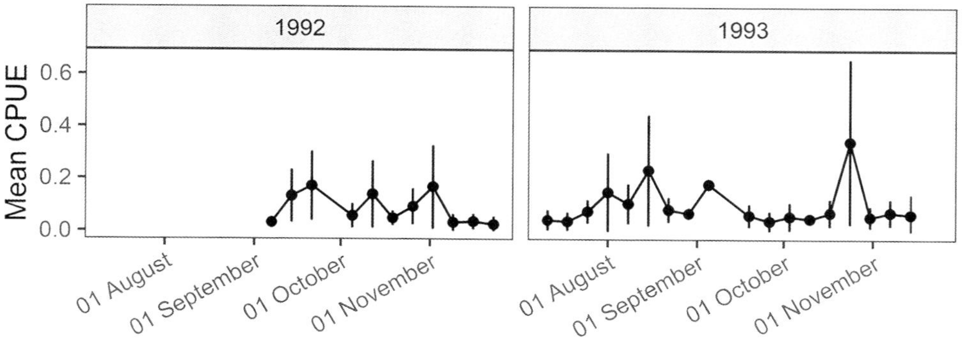

Fig. 2. Plot of the mean weekly CPUE, standardized for net length and net depth, with both experimental and commercial nets included. A total of 626 and 437 broad whitefish were captured in 1992 and 1993, respectively. Vertical bars show standard deviation.

Additionally, we looked at the average fork length by month for each sex to determine if there was variation in migration structure based on size (Peterson & Harmon, 2005).

Results

Timing of migration – CPUE

Although the relative abundance of broad whitefish differed between years (1993 having a higher estimated abundance than 1992), the timing of broad whitefish migration through the Arctic Red River was similar in both years (Figure 2). Broad whitefish had relatively low abundance in the Arctic Red River during the summer months (beginning of July to the end of August). There were distinct peaks in abundance in late October – early November in both years followed by a drastic decline starting around 3 November 1992 and 5 November 1993. Gillnetting under the ice continued until mid-November with low abundance or absence of broad whitefish in the catches.

Purpose of migration – maturity stage and GSI

For the maturity stage analysis only the data from 1993 were used, as the 1992 data was deemed insufficient for statistical analysis. The maturity stage analysis indicated that sexually mature female broad whitefish first appeared in the gillnets in late July and ripe female broad whitefish first appeared in the gillnets in small numbers in mid-September and continued to be present in catches in low numbers until early November (Figure 3). Similar to females, mature male broad whitefish first appeared in gillnets in early August and ripe males first appeared in gillnets in mid-September. However in contrast to the females, there were a large number of ripe males caught in late October, in particular on 29 October 1993. Post-spawners (maturity stage spent) of both female and male broad whitefish first appeared

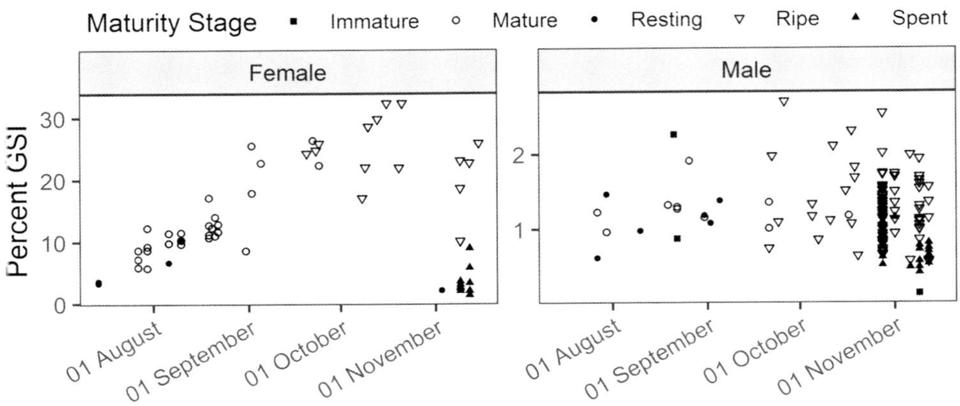

Fig. 3. Graph of the GSI by date of female and male broad whitefish captured in the Arctic Red River in 1993. Note that the y-axes are different.

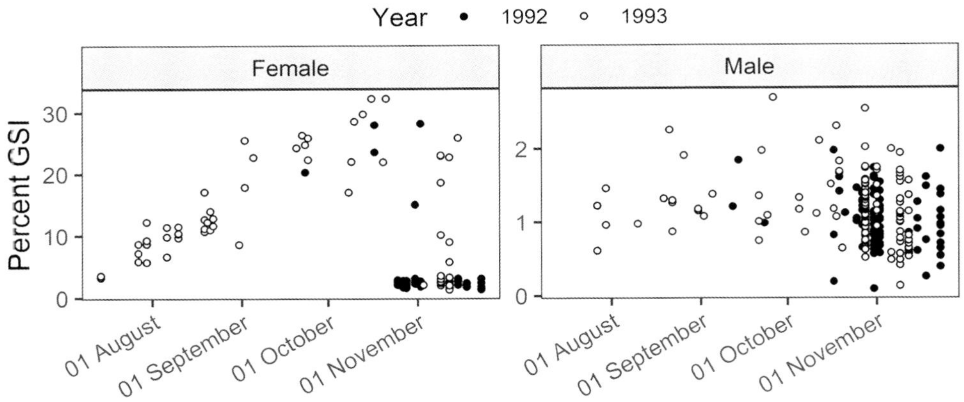

Fig. 4. Scatter plot of GSI for migrating female and male broad whitefish in the Arctic Red River during 1992 and 1993. Note that the y-axes are different.

in the gillnets after 29 October 1993 (Figure 3). After the first week in November, most captured broad whitefish were spent adults, assumed to be migrating downstream towards overwintering grounds.

For the quantitative maturity analysis using GSI, both 1992 and 1993 data were used. There was an increase in the relative GSI of female broad whitefish from the end of August to the end of October, with the highest GSI recorded between 15 October and 26 October (Figure 4). Following the rise of GSI in mid to late October, there was a drastic decrease in the GSI (from 25 to < 10) of captured females. Female broad whitefish GSI ranged from 5 to 35 over the different maturity stages (Figure 5); in contrast, male broad whitefish GSI

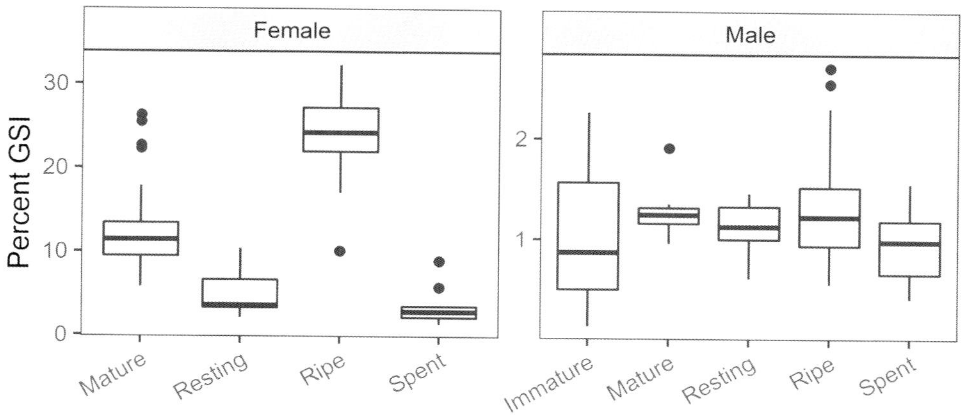

Fig. 5. Box plot of the GSI related to maturity stage for female (left panel) and male (right panel) broad whitefish captured in 1993. Females: mature n = 27; ripe n = 15; spent n = 10; and resting n = 5. Males: immature n = 3; mature n = 10; ripe n = 84; spent n = 42; and resting n = 6. The thick black line within the box represents the median of the data, the top of the box represents the 25th percentile, and the bottom of the box represents the 75th percentile. The vertical dashed lines represent 1.5 times the interquartile range of the data and the circles represent individual outliers to this range. Note the y-axes are different.

only ranged from 0.5 to 2.5 over the different maturity stages (Figure 5). There was a slight increase in the GSI of male broad whitefish captured in the Arctic Red River between early September and early November. This increase was followed by a decrease in GSI from approximately 2.0 to approximately 0.5. Males classified as ripe had GSI values ranging from 1.5 to 2.5.

A visual assessment of the maturity stages of the fish corroborated that elevated GSI corresponds to further developed gonads in both female and male broad whitefish (Figure 5). When female GSI was ≥ 17, the maturity stage corresponded to ripe. When GSI was between 6 and 17, the maturity stage was assessed as mature. Finally, the lowest female GSI corresponded to spent individuals (Figure 5). Like female broad whitefish, males with elevated GSI levels were classified at higher maturity stages. There were only small changes in the GSI of male broad whitefish between maturity stages; however, mature and ripe males on average had the highest GSI (Figure 5).

Relationship between timing and purpose of migration

The results for the GLM show sporadic correlation between date and CPUE with the two different measures of maturity. For male broad whitefish, date was correlated to GSI in the GLM that applied to data from 29 October to 12 November ($p = 8.05e^{-05}$). Date was not correlated to GSI in any other GLM ($p > 0.05$). For female broad whitefish, date was correlated to GSI in the GLM applied to the data from before 30 October ($p = 7.75e^{-13}$) and in the GLM applied to the data between July and 5 September ($p = 8.20e^{-08}$).

For male broad whitefish, date was correlated to maturity stage in the GLM applied to all data ($p = 0.0486$). For female broad whitefish, date was correlated to maturity stage in the GLM that applied to all data ($p = 0.000150$).

For male broad whitefish, CPUE was correlated to GSI by the GLM applied to data prior to 30 October ($p = 0.000968$) and also to the GLM applied to data from 29 October to 12 November ($p = 0.00320$). For female broad whitefish, CPUE was correlated to GSI in the GLM that applied to all the data ($p = 0.000679$). For both male and female broad whitefish, CPUE and maturity stage were not correlated.

The log-log regressions showed that maturity stage was correlated to fish weight and fork length, but not condition factor for females and males classified as immature, mature, and ripe (Females: $R^2 = 0.967$, Females = 380.928, df = 42, β weight = 1.449 [$p = 5.97e^{-06}$], β fork length = –1.614 [$p = 8.90e^{-08}$]; Males: $R^2 = 0.992$, Females = 4185.974, df = 99, β weight = –1.520 [$p = 2.67e^{-05}$], β fork length = 0.644 [$p = 0.043$]). In contrast, weight and condition factor, but not fish fork length, were correlated to both females and males classified as spent and resting (Females: $R^2 = 0.966$, Females = 546.395, df = 61, β weight = –1.334 [$p = 0.030$], β condition factor = 2.803 [$p = 3.07e^{-04}$]; Males: $R^2 = 0.992$, Females = 5514, df = 136, β weight = –0.986 [$p = 0.0179$], β condition factor = 2.76 [$p = 1.29e-06$]). We noted that female fork length was negatively correlated to GSI for mature and ripe females (coefficient = –1.614), while for males (immature, mature, and ripe) fish weight was negatively correlated to GSI (coefficient = –1.520).

The average fork length changes over the course of the study was different for each sex. From July to November, average female fork length decreased from 564 mm to 497 mm. In contrast, average male fork length remained constant at 500 mm.

Discussion

Timing of migration

In 1992 and 1993, there were changes in the CPUE of broad whitefish in the Arctic Red River from July to early November, with a peak in abundance starting around mid-October. This change in abundance is suspected to represent a migration, which would support Traditional Ecological Knowledge of local Gwich'in people from the community of Tsiigehtchic (Greenland & Walker-Larsen, 2001) and tagging studies completed in this area (Chang-Kue & Jessop, 1991; Babaluk et al., 2001; Howland et al., 2009) which documented an increase in abundance of broad whitefish during October and November. Tagging studies suggest that broad whitefish populations leave overwintering grounds in early summer (late June to early July) and move upstream in the Arctic Red River until late October and early November (Chang-Kue & Jessop, 1991). These previous studies, along with the data presented here, provide strong evidence that there is an annual migration of broad whitefish into and out of the Arctic Red River.

Purpose of migration

Our findings from the maturity and GSI data demonstrate that the purpose of the broad whitefish migration in the Arctic Red River is for spawning. The visual assessment of maturity stage and GSI of migrating fish increased synchronously with abundance (CPUE), indicating that as abundance peaked, more fish were in spawning condition. Further, there was a dramatic decrease in abundance of broad whitefish in early to mid-November which coincided with a maturity classification of spent or resting and decreased GSI. Together this information indicates that the Arctic Red River is an important spawning location for broad whitefish and they make a concerted migration during the fall to the spawning grounds. It should be noted that riverine individuals are theorized to exist and this may explain the presence of individuals classified as resting on spawning grounds. The Arctic Red River is one of four proposed spawning locations within the Mackenzie River system; it is the second closest tributary to the delta and summer feeding area of broad whitefish. The next proposed spawning location is far up the Mackenzie River and would require additional reserves within individual fish to complete the migration. It is theorized that individual broad whitefish would use the closest spawning location with the best habitat to reduce energetic expenditure during migration and increase offspring viability. Further studies are needed to determine the annual spawning potential of the Arctic Red River compared to the other spawning locations.

Correlation between timing and purpose

The GLM models illustrate correlations between CPUE and date with the measures of maturity between the approximate time period of mid-October through early November. At this time, broad whitefish were migrating in the Arctic Red River and had elevated GSI values, indicating they were in spawning condition. These findings support Traditional Knowledge of local people who capture what they term ‘egg fish’ during the fall (Greenland & Walker-Larsen, 2001). Many other fish species are known to undertake migrations for the purpose of spawning because ideal spawning locations are typically not good juvenile and adult habitats (Brannon, 1981; Miller & Brannon, 1981). To our knowledge this is the first publication to show empirical evidence that broad whitefish migrate up the Arctic Red River in the fall in spawning condition.

These findings are similar to those found in a study on the Peel River, NWT, where broad whitefish were the most abundant species captured and the abundance of broad whitefish increased from July to November (VanGerwen-Toyne et al., 2008). Similar to our study, VanGerwen-Toyne et al. (2008) noted that as broad whitefish abundance increased in the fall (September through November), so did GSI and visual maturity classification, indicating the presence of a spawning run. The timing of broad whitefish spawning migrations in the Arctic Red and Peel River appear to be similar, occurring between late October and early November (Stein et al., 1973; Chang-Kue & Jessop, 1983; VanGerwen-Toyne et al., 2008; Tallman et al., 1997). The reported date of highest abundance varies slightly, from 25 October (VanGerwen-Toyne et al., 2008) to early November (Chang-Kue & Jessop, 1983). This variation may be due to annual environmental conditions. For example, warmer years would be expected to result in delayed migration and cold years would be expected to produce an earlier onset of migration. The important consistency between all reports of broad whitefish migration in the Mackenzie River system, including this study, is that the annual spawning migration occurs under the ice sometime between mid-October and early November – a very distinct time window.

The log-log regressions show that fish fork length and weight are correlated to maturity stage in migrating broad whitefish. Heavier males and females migrating up the Arctic Red River are most likely to have higher GSI and thus be in mature or ripe spawning conditions; weight was negatively correlated to fish in the spent and resting stages, which was expected and is similar to studies on other salmonid species (Peterson & Harmon, 2005). Interestingly, like other studies, fork length is negatively correlated to GSI for immature, mature and ripe males (Johnson et al., 2016) and for females there is no correlation between GSI and fork length for individuals in the spent or resting stage. This information comes together to indicate that longer fish do not have increased GSI values, which may indicate there is an individual limit to the reproductive potential of broad whitefish. Further research is needed to determine the reasons for this negative correlation.

Within the spawning migration there appears to be size segregation for females but not males. Female fork length decreased over the study period, with larger females being the first to migrate in summer and early fall. However, there was no size segregation for males. It is common for migrating species to size segregate (Jonsson et al., 1990; Klemetsen et al., 2003; VanGerwen-Toyne et al., 2008). This is the first known evidence of size segregation within the migration of broad whitefish in the Arctic Red River.

Compared with other anadromous whitefish species in the Mackenzie River System, broad whitefish appear to be among the last to migrate up the spawning tributaries and might be the last whitefish species to spawn. Inconnu and lake whitefish are the first whitefish spawning migrants in the Mackenzie River. They have been documented migrating up the Arctic Red River and other spawning tributaries from July to late August and are theorized to spawn in September (Stein et al., 1973; Howland et al., 2000; VanGerwen-Toyne et al., 2008). Similarly, it is documented that lake whitefish captured in the Peel River have elevated GSI levels until early October (VanGerwen-Toyne et al., 2008). Female lake whitefish captured after 1 October were predominately post-spawners, indicating that spawning had occurred in September (Tallman & Lange, 2002; VanGerwen-Toyne et al., 2008). Lastly, least cisco and arctic cisco migrate from late August to September and from early August to September, respectively (Stein et al., 1973; VanGerwen-Toyne et al., 2008). Least cisco spawn in October and arctic cisco spawn October through November (VanGerwen-Toyne et al., 2008).

Distinct timing of migration for all coregonids in the Mackenzie River System is the result of the limited time windows that Arctic environments provide for successful completion of critical aspects of fish life cycles. The tributaries of the Mackenzie River have limited access time for migrating adult fish (July to November). Fish can only start to migrate upstream after spring floods, and migration returning downstream must be completed before winter potentially freezes portions of the rivers solid. This defined time window within which fish must migrate is a common trait found in many species (Brannon 1981; Miller & Brannon, 1981). For example, in any given month there are Pacific salmon beginning their upstream spawning migration along the west coast of North America, but from population to population the timing of the migration is defined and specific (Quinn, 2005). Specific timing of migrations permits fish populations to have individuals arrive at spawning grounds when the habitat is optimal for fitness and population survival (Northcote, 1982; Quinn, 2005). Broad whitefish appear to be well adapted to utilize the time windows of their Arctic environment.

Impact of this research

Knowing the timing and purpose of broad whitefish migration, differences in migration strategy between sexes, and correlations between fish biological factors (fork length, weight, and conditions factor) provides information on broad whitefish adaptation to the Arctic. This information can be used by decision-makers to protect broad whitefish migrating to critical habitats by limiting anthropogenic development and restricting non-Traditional harvesting during migration. Broad whitefish are a culturally important resource for all indigenous peoples along the Mackenzie River system and protecting the fish during their spawning migration is important.

Acknowledgements

We thank the Gwich'in Renewable Resource Board (GRRB) and the Tsiigehtchic Renewable Resource Council (RRC) for support, advice and approvals for the research. Without the countless hours of effort and endless work from the field assistants this research would not have happened – thank you: George Niditchi, Lawrence Blake, Patrick Turko, Jason McCloud, Daniel Martin and Steve Pawlychyn. Additonally, we would like to thank biologists and researchers who gave time and thought to this research along the way, thank you: M. VanGerwen-Toyne, Dr. T. Loewen, C. Day, K. Chang-Kue, C. Katopodis, Dr. C. Schwarz, Dr. M. Abrahams, Dr. G. Anderson, and Dr. G. Daveron. Funding for this research was provided by Fisheries and Oceans Canada (DFO) and Natural Science and Engineering Research Council of Canada (NSERC). Lastly, we would like to thank the anonymous reviewers who took the time to provide constructive criticism and thoughtful reviews that helped improve this paper.

References

Aarestrup, K., Thorstad, E. B., Koed, A., Jepsen, N., Svendsen, J. C., Pedersen, M. I., Skov, C. & Okland, F., 2008: Survival and behaviour of European silver eel in late freshwater and early marine phase during spring migration. – Fish. Manag. Ecol. 15: 435–440.

Acou, A., Laffaille, P., Legault, A. & Feunteun, E., 2008: Migration pattern of silver eel (Anguilla Anguilla, L) in an obstructed river system. – Ecology of Freshwater Fish 17: 432–442.

Alt, K. T., 1977: Inconnu, Stenodus leucichthys, migration studies in Alaska. – J. Fish. Res. Board Can. 34: 129–133.

Anderson, R. O. & Neumann, R. M., 1996: Length, Weight and Associated Structural Indices. In: Fisheries Techniques 2nd edition. Edited by B. R. Murphy & D. W. Willis. – American Fisheries Society. Bethesda, Maryland. p. 447–482.

Babaluk, J. A., Wastle, R. J. & Treble, M. A., 2001: Results of Tagging and Biological Studies in the lower Mackenzie River, Northwest Territories conducted during 1992 and 1993. – Can. Tech. Rep. Fish. Aquat. Sci. 2387.

Beamish, F. W. H., 1979: Migration and spawning energetics of the anadromous Sea Lamprey, Petromyzon marinus. – Environ. Biol. Fishes 4: 3–7.

Bond, W. A., 1982: A study of the fishery resources of Tuktoyaktuk harbour, southern Beaufort Sea Coast, with special reference to life histories of anadromous coregonids. – Can. Tech. Rep. Fish. Aquat. Sci. 1119.

Bond, W. A. & Erickson, R. N., 1985: Life history studies of anadromous coregonid fishes in two freshwater lake systems on the Tuktoyaktuk Peninsula, Northwest Territories. – Can. Tech. Rep. Fish. Aquat. Sci. 1336.

Brannon, E. L., 1981: Orientation mechanisms of homing salmon. In: E. L. Brannon & E. O. Salo [eds] Proceedings of the Salmon and Trout Migratory Behavior Symposium. University of Washington Press: Seattle.

Chang-Kue, K. T. J. & Jessop, E. F., 1983: Tracking the movements of adult Broad whitefish (*Coregonus nasus*) to their spawning grounds in the Mackenzie River, Northwest Territories. In: D. G. Pincock [ed] Proceedings fourth international conference on wildlife biotelemetry, August 1983.

Chang-Kue, K. T. J. & Jessop, E. F., 1991: Coregonid Migrations and Broad whitefish studies in the Mackenize Delta Region. In: P. Marsh & C. S. L. Ommanney [eds] Mackenzie Delta Environmental Interactions and Implications of Development. Minister of Supply and Services Canada.

Chang-Kue, K. T. J. & Jessop, E. F., 1992: Coregonid migration studies at Kukjuktuk Creek, a major freshwater drainage on the Tuktoyatuk Peninsula, Northwest Territories. – Can. Tech. Rep. Fish. Aquat. Sci. 1811: ix +112p.

Chudobiak, D. H., 1995: An examination of lacustrine and estuarine populations of Mackenzie Broad Whitefish (Coregonus nasus): the role of migration and commercial exploration on life history variation. M. Sc. Thesis, University of Manitoba, Winnipeg.

Fechhelm, R. G., Griffiths, W. B., Bryan, J. D., Gallaway, B. J. & Wilson, W. J., 1992: Modeling of in situ temperature and growth relationships for yearling Broad Whitefish in Prudhoe Bay, Alaska. – Trans. Am. Fish. Soc. 121: 1–12.

Fechhelm, R. G., Griffiths, W. B., Bryan, J. D., Gallaway, B. J. & Wilson, W. J., 1995: Intra and interseasonal changes in the relative condition and proximate body composition of Broad Whitefish from the Prudhoe Bay Region of Alaska. – Trans. Am. Fish. Soc. 124: 508–519.

Goodman, D. H., Reid, S. B., Som, N. A. & Poytress, W. R., 2015: The punctuated seaward migration of Pacific Lamprey (Entosphenus tridentatus): environmental cues and implications for stream flow management. – Can. J. Fish. Aquat. Sci. 72 (12): 1817 – 1828.

Greenland, B. & Walker-Larsen, J., 2001: Community Concerns and Knowledge about Broad Whitefish (*Coregonus nasus*) in the Gwich'in Settlement Area. Gwich'in Renewable Resource Board Report 01–08.

Harris, L. N. & Taylor, E. B., 2010: Genetic population structure of Broad Whitefish, Coregonus nasus, from the Mackenzie River, Northwest Territories: implications for subsistence fishery management. – Can. J. Fish. Aquat. Sci. 67: 905–918.

Hatfield, C. T., Stein, J. N., Falk, M. R., Jessop, C. S. & Shepard, D. N., 1972: Fish resources of the Mackenzie River Valley. Interim Report I. Vol II. Department of the Environment, Fisheries Service, Winnipeg, MB. 289 p.

Hoffman, J. C., K. E. Limburg, D. A. Bronk & Olney, J. E., 2008: Overwintering habitats of migratory juvenile American shad in Chesapeake Bay. – Environ. Biol. Fishes 81: 329–345.

Howland, K. L., 1997: Migration patterns of freshwater and anadromous Inconnu, Stenodus leucichthys, within the Mackenzie River system. M.Sc. Department of Biological Sciences, University of Alberta. Edmonton, AB.

Howland, K. L., Tonn, W. M. & Tallman, R. F., 2000: Migration Patterns of Freshwater and Anadromous Inconnu in the Mackenzie River System. – Trans. Am. Fish. Soc. 129: 41–59.

Howland, K. L., Tonn, W. M., Babaluk, J. A. & Tallman, R. F., 2001: Identification of Freshwater and Anadromous Inconnu in the Mackenzie River System by Analysis of Otolith Strontium. – Trans. Am. Fish. Soc. 130: 725–741.

Howland, K. L., VanGerwen-Toyne, M. & Tallman, R., 2009: Modeling the migratory patterns and habitat use of migratory coregonids in the Mackenzie River system. – Am. Fish. Soc. Symp. 69: 895–897.

Hubert, W. A. 1996: Passive Capture Techniques. In: B. R. Murphy & D. W. Willis [eds] Fisheries Techniques 2nd edition. American Fisheries Society, Maryland.

Jessop, C. S., Chang-Kue, K. T. J., Lilley, J. W. & Percy, R. J., 1974: A further evaluation of the Mackenzie River Valley as related to pipeline development. Environmental-Social Committee, Task Force on Northern Oil Development Rep. No. 74–4: xii + 97p.

Johnson, T. A., Prévost, M. C., Haslam, L. C. & Addison, P. A., 2016: Life history variation within and among naturalized rainbow trout populations of the Laurentian Great Lakes. – J. Great Lakes Res. 42 (4): 861 – 870.

Jonsson, N., Jonsson, B., & Hansen, L. P., 1990: Partial segregation in the timing of migration of Atlantic Salmon of different ages. – Anim. Behav. 40 (2): 313–321.

Keefer, M. L., Moser, M. L., Boggs, C. T., Daigle, W. R. & Peery, C. A., 2009: Variability on migration timing of adult Pacific Lamprey (*Lampetra tridentata*) in the Columbia River, U.S.A. – Environ. Biol. Fishes 85: 253–264.

Klemetsen, A., Amundsen. P-A., Dempson, J. B., Jonsson, B., Jonsson, N., O'Connell, M. F., & Mortensen, E., 2003: Atlantic salmon *Salmo salar* L., brown trout *Salmo trutta* L. and Arctic charr *Salvelinus alpinus* (L.): a review of aspects of their life histories. – Ecol. Freshw. Fish 12: 1–59.

Kline, T. C. Jr., Wilson, W. J. & Goering, J. J., 1998: Natural isotope indicators of fish migration at Prudhoe Bay, Alaska. – Can. J. Fish. Aquat. Sci. 55: 1494–1502.

Lambert, Y. & Dodson, J. J., 1990: Freshwater migration as a determinant factor in the somatic cost of reproduction of two anadromous coregonines of James Bay. – Can. J. Fish. Aquat. Sci. 47: 318–334.

Lawrence, M. J., Lacho, G & Davies, S., 1984: A survey of the coastal fishes of the Southeastern Beaufort Sea. – Can. Tech. Rep. Fish. Aquat. Sci. 1220.

Leggett, W. C. & Carscadden, J. E., 1978: Latitudinal variation in reproductive characteristics of American shad (Alosa sapidissima): Evidence for population specific life history strategies in fish. – J. Fish. Res. Board Can. 35: 1469–1478.

Lloyd, T., 1943: The Mackenzie Waterway: A Northern Supply Route. – Geogr. Rev. 33 (3): 415–434.

Martin, F., Hedger, R. D., Dodson, J. J., Fernandes, L., Hatin, D., Caron, F. & Whoriskey, F. G., 2009: Behavioural transition during the estuarine migration of wild Atlantic Salmon (*Salmo salar* L.) smolt. – Ecol. Freshw. Fish 18: 406–417.

McBean, G., 2005: Arctic Climate: Past and Present. In: C. Symon, L. Arris, & B. Heal. [eds] Arctic Climate Impact Assessment. Cambridge Press: New York.

Miller, R. J. & Brannon, E. L., 1981: The Origin and Development of Life History Patterns in Pacific Salmonids. In: E. L. Brannon & E. O. Salo [eds.] Salmon and Trout Migratory Behavior Symposium. University of Washington: Seattle.

Northcote, T. G., 1978: Migration strategies and production in freshwater fishes. In: S. D. Gerking [ed] Ecology of Freshwater Fish Production. Blackwell Scientific Publications: Oxford, England.

Olney, J. E., Latour, R. J. & Watkins, B. E., 2006: Migratory behaviour of American Shad in the York River, Virginia, with implications for estimating in-river exploitation from tag recovery data. – Trans. Am. Fish. Soc. 135: 889–896.

Overton, A. S. & Rulifson, R. A., 2009: Annual variability in upstream migration of glass eels in a southern USA coastal watershed. – Environ. Biol. Fishes 84: 29–37.

Peterson, R. H. & Harmon, P. R., 2005: Changes in condition factor and gonadosomatic index in maturing and non-maturing Atlantic Salmon (*Salmo salar* L.) in Bay of Fundy sea cages, and the effectiveness of photoperiod manipulation in reducing early maturation. – Aquac. Res. 36: 882–889.

Quinn, T. P., 2005: The Behavior and Ecology of Pacific Salmon and Trout. University of Washington Press: Seattle.

Reist, J. D., 1987: Western Arctic fish collections 1983–1986: Sample-Processing Procedures and Basic Data on Individual Specimens. Canadian Data Report of Fisheries and Aquatic Sciences. 669.

Reist, J. D. & Bond, W. A., 1988: Life history characteristics of migratory coregonids of the lower Mackenzie River, Northwest Territories, Canada. – Finn. Fish. Res. 9: 133–144.

Reist, J. D. & K. T. J. Chang-Kue. 1997: The Life History and Habitat usage of Broad Whitefish in the Lower Mackenzie River Basin. In: R. F. Tallman & J. D. Reist [eds] The Proceedings of the Broad Whitefish Workshop: The Biology, Traditional Knowledge and Scientific Management of Broad Whitefish (*Coregonus nasus* (Pallas)) in the Lower Mackenzie River. – Can. Tech. Rep. Fish. Aquat. Sci. 2193.

Reshetnikov, Y. S., 2004: Coregonid fishes in Arctic waters. – Ann. Zool. Fenn. 41: 3–11.

Roff, D. A., 1992: The Evolution of Life Histories: Theory and Analysis. Chapman & Hall: New York.

Scott, W. B. & Crossman, E. J., 1973: Freshwater Fishes of Canada. – Fish. Res. Bd. Can. 184.

Stein, J. N., Jessop, C. S., Porter, T. R. & Chang-Kue, K. T. J., 1973: An Evaluation of the Fish Resources of the Mackenzie River Valley as Related to pipeline development Volume 1. Prepared by Department of the Environment, Fisheries Services for the Environment Social Program, Northern Pipelines.

Stephenson, S. A., Burrows, J. A. & Babaluk, J. A., 2005: Long-distance migration by Inconnu (*Stenodus leucichthys*) in the Mackenzie River System. Arctic 58: 21–25.

Tallman, R.F. 1997: Interpopulation Variation in Growth Rates of Broad Whitefish. – In: Fish ecology in arctic North America. American Fisheries Society Symp. 19: 184–193.

Tallman, R. F., Abrahams, M. V. & Chudobiak, D. H., 2002: Migration and life history alternatives in a high latitude species, the Broad Whitefish, *Coregonus nasus* Pallas. – Ecol. Freshw. Fish 11: 101–111.

Tallman, R. F. & Howland, K. L., 2012: Seasonal migration patterns of lower Mackenzie River coregonids. In: R. F. Tallman, K. L. Howland, M. D. Rennie & K. Mills [eds.] Biology and Management of Coregonid Fishes – 2008. Schweizerbart Science Publishers: Germany.

Thera, T. M., 1998: A Quantitative Life-Cycle Model to Identify Research Priorities and Test Management Strategies for the Mackenzie River Broad Whitefish (*Coregonus nasus* Pallas)). M. Sc. Thesis, Department of Zoology, University of Manitoba, Winnipeg.

Thompson, A. & Millar, N., 2007: Traditional knowledge of fish migration and spawning patterns in Tsiigehnjik (Arctic Red River) and Nagwichoonjik (Mackenzie River), Northwest Territories. Gwich'in Renewable Resource Board Report 07–01.

Treble, M. A. & Tallman, R. F., 1997: An Assessment of the Exploratory Fishery and Investigation of the Population Structure of Broad Whitefish (*Coregonus nasus*) from the Mackenzie River Delta, 1989–1993. – Can. Tech. Rep. Fish. Aquat. Sci. 2180.

VanGerwen-Toyne, M., Walker-Larsen, J. & Tallman, R. F., 2008: Monitoring Spawning populations of migratory coregonids in the Peel River, NT: The Peel River Fish Study 1998–2002. Canadian Manuscript Report of Fisheries and Aquatic Sciences. 2851.

Wrona, F. J., Prowse, T. D. & Reist, J. D., 2005: Freshwater Ecosystems and Fisheries. In: C. Symon, L. Arris, B. Heal [eds.] Arctic Climate Impact Assessment. Cambridge University Press: New York.

Manuscript received: 15 December 2017
Revisions requested: 17 April 2018
Modified version received: 26 June 2018
Accepted: 26 September 2018

Advanc. Limnol. **66**, p. 133–145
Biology and Management of Coregonid Fishes – 2017

Article

Compensatory reserve of lake whitefish (*Coregonus clupeaformis*) in Michigan waters of Lake Michigan

So-Jung Youn[1,*], William W. Taylor[1], Daniel B. Hayes[2], and C. Paola Ferreri[3]

With 5 figures and 2 tables

Abstract: Every fish population has a compensatory reserve, which reflects the degree of population resilience to perturbations in the environment. This compensation is directly related to the degree of flexibility in vital rates (i.e., survival, growth, and fecundity), which are affected by changing environmental conditions, population density, and genetics. The impacts of changes in growth, maturation, and fecundity of lake whitefish (*Coregonus clupeaformis*) in Michigan waters of Lake Michigan, from 1986–2016, were explored using Leslie matrices to assess the potential impacts of stressors (e.g., decreased food availability, fishing pressure, interactions with invasive species) on the population's scope of compensatory reserve. Analyses of the matrices indicated that the projected population growth rates were up to 9% higher during 1986–2007 (relatively low abundance) compared to the baseline time period (2008–2016; relatively high abundance but declining). Therefore, the lake whitefish populations in northern Lake Michigan exhibited some compensatory reserve during the time period studied (1986–1993). The decrease in compensatory reserve of the population over the past 30 years may be due to density-dependent factors and significant alterations in environmental factors, such as a reduction in the availability of their primary food source (*Diporeia*).

Keywords: population compensation, lake whitefish, Lake Michigan

Introduction

Compensatory reserve

Fish populations generally exhibit some ability to withstand, and recover from, stressors that affect their ability to grow, reproduce, and survive (Rose et al., 2001). Part of this ability

Authors' addresses:
[1] Michigan State University, Department of Fisheries and Wildlife, Center for Systems Integration and Sustainability, 115 Manly Miles Building, 1405 S. Harrison Road, East Lansing, MI 48823, USA
[2] Michigan State University, Department of Fisheries and Wildlife, 165 Natural Resources Building, 480 Wilson Road, East Lansing, MI 48824, USA
[3] Penn State University, Department of Ecosystem Science and Management, 408 Forest Resources Building, University Park, PA 16802, USA
[*] Corresponding author: younsoju@msu.edu

DOI: 10.1127/adv_limnol/2021/0071 1612-166X/21/0071 $ 3.25
www.schweizerbart.de

comes from the compensatory reserve of a given population, which is the "sum of all density-dependent phenomena" that influence the size and growth of the individuals in a population (Goodyear, 1980). Compensation is the change in the critical population rates of survival, growth, and fecundity due to changes in environmental conditions, population density, and genetic structure of the population (Chen, 1987; Jensen, 1981; Rose et al., 2001). Greater availability of prey, for example, could increase an individual fish's growth rate, while greater density of fish in an area could slow individual growth rates, due to increased competition for food and resources (Jensen, 1981; Kratzer et al., 2007). As a result, growth, survival, and reproduction rates are often lower when population density is high and resources are scarce (i.e., compensatory reserve is low) and the rates are often higher when population density is low and resources are plentiful (i.e., high compensatory reserve). Thus, populations should be able to grow more quickly under the latter conditions compared to the former conditions.

A species' compensatory reserve reflects the phenotypic responses to a given environmental context, especially in responding to perturbations to their environment. Because such phenotypic responses originate from a similar underlying genetic structure, the scope of each species' compensatory reserve is limited. For example, while an individual fish may exhibit variable growth rates as a result of competition for food, an upper growth limit does exist, beyond which a fish cannot grow or mature faster due to biological and physiological constraints (Pauly & Cheung, 2018). As such, every population has a "compensatory reserve", which defines how much stress the population can withstand and still maintain a viable population abundance (Goodyear, 1977). Comparison of population growth, fecundity, and survival rates at varying levels of abundance is important because compensation is generally controlled by density-dependent factors. If compensatory mechanisms act to regulate population growth, then individual growth, survival, and reproductive rates should differ between time periods characterized by high and low fish densities.

Because lake whitefish populations (*Coregonus clupeaformis*) in Lake Michigan have exhibited varying levels of abundance, we can examine their compensatory reserve and provide an indication of how resilient lake whitefish may be to current and future stressors affecting their population dynamics. By assessing the resiliency of lake whitefish populations, both scientists and managers can better understand the context of current conditions, estimate how much additional stress populations may be able to withstand, and consider policies that will ensure sustainable management in to the future.

Lake whitefish in Lake Michigan

Lake whitefish have historically supported an economically and culturally valuable commercial fishery in Lake Michigan. In 2015, commercial harvest of lake whitefish from Michigan waters of Lake Michigan (i.e., both state-licensed and tribal harvest) was 1,541,301 kg round weight (i.e., weight of fish before processing or removal of any part of the fish; Chippewa Ottawa Resource Authority (CORA), personal communication; Michigan Department of Natural Resources (MDNR), 2016). Yield has fluctuated over the past 50 years, with annual harvest < 1,360,777 kg round weight in the 1960s, increased harvest from the 1970s to 1990s with a peak of 6,586,855 kg in 1993, and then a decline from the mid-1990s to present (Baldwin et al.,

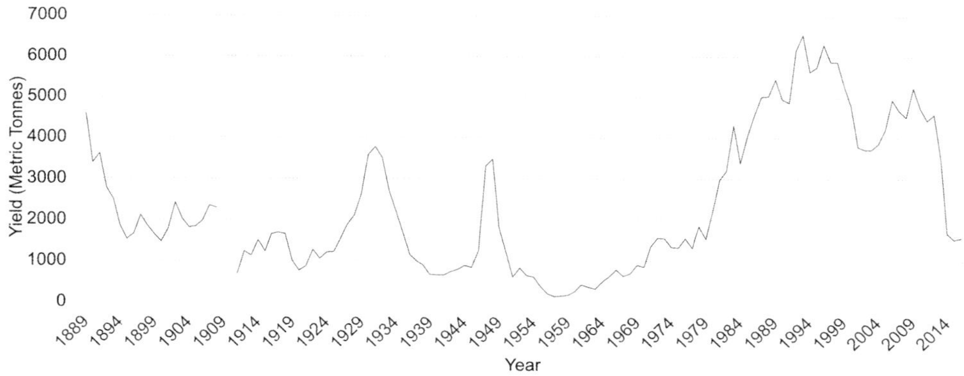

Fig. 1. Yield of lake whitefish from Michigan waters of Lake Michigan by state-licensed fishers and Chippewa Ottawa Resource Authority (CORA) licensed fishers. Data were obtained from Baldwin et al. (2000), MDNR, and CORA.

2000; Figure 1). Declines in lake whitefish harvest, and likewise abundance, during the 1990s has been associated with the collapse of one of their primary food sources (*Diporeia*), degradation of water quality (e.g., decreases in water clarity) and habitat (e.g., reduction in spawning areas), increased fishing pressure, and increased interactions with invasive species (e.g., dreissenid mussels, sea lampreys). *Diporeia* has declined concomitant with increased abundance of dreissenid mussels in the Great Lakes. Dreissenid mussels may compete with *Diporeia* for food, generally resulting in fewer *Diporeia* available for consumption by lake whitefish in most regions of Lake Michigan (Nalepa et al., 2009; Rennie et al., 2009; Watkins et al., 2007). Additionally, increased human population density (e.g., urbanization) and resource use/impact (e.g., water extraction, agricultural runoff) in local watersheds may have degraded water quality and nearshore spawning habitat (Brazner, 1997; Brazner & Beals, 1997; Ebener et al., 2008; Tang et al., 2005). Other suggested factors contributing to contemporary lake whitefish declines in Lake Michigan include mortality from sea lamprey (*Petromyzon marinus*; Spangler & Collins, 1980; Spangler et al. 1980; Swink, 2003) and increased fishing pressure (Ebener et al., 2008).

The compensatory reserve of lake whitefish populations in Lake Michigan may help them withstand, to an extent, changes in habitat, harvest, competition, and increased sea lamprey-induced mortality. Exploration of the compensatory reserve in lake whitefish may yield insight into why the current population is in decline and how this decline might be reversed. The goal of this study was to explore the impacts of observed changes in growth and maturation on compensatory reserve of lake whitefish from 1986–2016 and the potential impacts of these changes on population dynamics at times of low and high population density. This information could then be used by fishery managers to better appreciate factors affecting abundance of lake whitefish and consider policies that will help ensure sustainable harvest levels in the future.

Methods

Defining time periods

Our analyses focused on lake whitefish populations in northeastern Lake Michigan (i.e., Michigan waters of Lake Michigan; management units WFM-01, WFM-02, WFM-03, WFM-04, WFM-05, WFM-06, and WFM-08; Modeling Subcommittee, 2015) from 1986 to 2016 as quantitative stock assessments provided estimates of abundance, maturity, mortality, and growth (i.e., weight-at-age). This information was provided by the 2000 Consent Decree's Modeling Subcommittee (MSC) and more specifically, the state of Michigan and CORA (CORA, personal communication; Dave Caroffino, MSC co-chair, Michigan Department of Natural Resources). Based on trends in abundance of lake whitefish estimated from catch-at-age data (Figure 2), we chose four periods of contrasting relative abundances for analysis: 1986–1993 (low abundance), 1994–2000 (rapid increase in abundance), 2001–2007 (stable high abundance), and 2008–2016 (rapid decline in abundance).

A population's compensatory reserve is the increase in population growth rate that would occur as a population's density is reduced from carrying capacity. In the context of our study, because we focused on the implications of changes in individual growth rates leading to changes in age-specific fecundity, we chose to use the time period with the slowest growth, and thus the lowest overall age-specific fecundity, as the baseline since lake whitefish during this time period would be experiencing the most impact on compensatory reserve. This baseline period represents a time when the population was close to carrying capacity and thus experiencing maximum density dependent impacts on vital rates. We projected lake whitefish population growth rates for the other time periods, where age-specific fecundity was higher due to a reduced impact of density-dependent factors, as an estimate of compensatory reserve. Interpretation of these projections of compensatory reserve presumes that the productivity and food web structure of the ecosystem remained constant over time. Thus, the time period from 2008–2016 was chosen as the baseline because this period of high abundance and slower growth represents maximum impact of density dependent factors. Using this baseline, the other time periods had higher fecundity and thus a lambda greater than 1.0. As a result, the compensatory reserve is indexed by the amount above 1.0 that lambda reached.

Analysis of Leslie matrices to determine compensatory reserve

Leslie matrices of the lake whitefish population's vital rates (Leslie, 1945) were developed for each of the time periods to compare the level of population abundance during the different time periods. The matrix parameters, age-specific survival (P_x) and age-specific fecundity (F_x), were estimated for each time period using data generated by the MSC. We held age-specific survival (P_x) for age-1 and greater to 0.8187 and natural mortality (M) to 0.2. By holding P_x and M constant , we removed the effects of fishing mortality to focus on the effect of changes in age-specific fecundity rates on the population growth rate. Age-specific fecundity (F_x) was estimated by multiplying the weight-at-age (W_x, provided by the MSC) by the expected number of eggs per kg of biomass (E; 17384 eggs kg^{-1}) estimated by Jensen (1981) and the proportion mature (m_x) at each age (provided by the MSC): $F_x = W_x * E * m_x$. To build

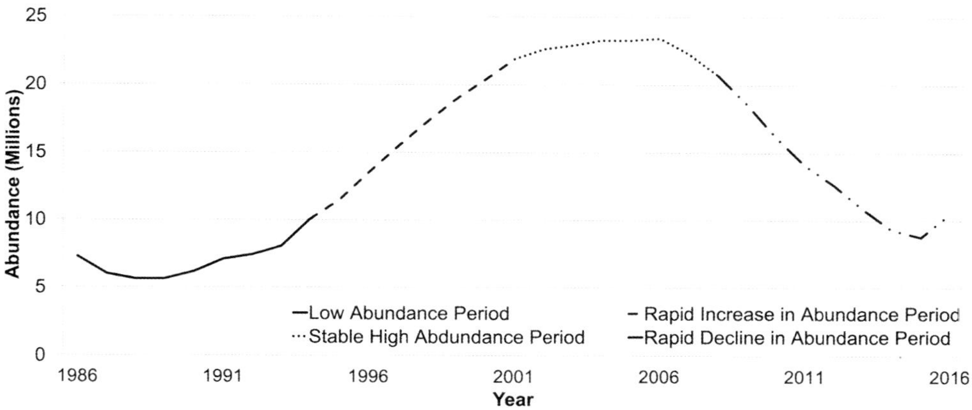

Fig. 2. Abundance of lake whitefish in Michigan waters of Lake Michigan, as estimated from quantitative stock assessment models, 1986–2016. Data were provided by the Modeling Subcommittee (MSC) of the Technical Fisheries Committee. Four periods of contrasting abundance were chosen for analysis: 1986–1993 (low stable abundance), 1994–2000 (rapid increase in abundance), 2001–2007 (stable high abundance), and 2008–2016 (declining abundance).

a single matrix representing each time period, age-specific fecundity (F_x) rates were calculated for each management unit for each year and then averaged across the seven management units (using a weighted abundance average across management units) to estimate average age-specific fecundity rates for that year for the entire lake whitefish population in the Michigan waters of Lake Michigan. The average fecundity rate for each time period was then calculated by averaging the population-wide fecundity rates of each year within a given time period. A weighted abundance average was used to incorporate differences in lake whitefish abundance between management units because some management units had larger lake whitefish populations than others.

Because the true value of M is uncertain, we tested the sensitivity of our results to different values of M in each time period and found the results to be relatively insensitive. The sensitivity (S) of the model to a parameter change was expressed as

$$S = \frac{(Ra - Rn)/Rn}{(Pa - Pn)/Pn}$$

where Ra is the model result for the altered parameter, Rn is the model result for the nominal or unaltered parameter, Pa is the altered parameter, and Pn is the nominal parameter (Haefner, 2005). The sensitivity of λ (the population's finite rate of growth for a given time period) to instantaneous natural mortality (M) was evaluated across time periods. Using the 2008–2016 period as a baseline to set $\lambda = 1.0$, and with a baseline value of $M = 0.2$, λ for the stable high abundance period (2001–2007) was very close to 1.0 in all cases. For the rapid increase in abundance (1994–2000) period, λ was greater than 1.0 in all cases, but the projected value was slightly greater than the $M = 0.2$ baseline when M was equal to 0.4 and less than the baseline when $M = 0.15$ or 0.3. For the 1986–1993 time period, λ for $M = 0.15$ was lower

Table 1. Results of a sensitivity analysis evaluating the sensitivity of λ to instantaneous natural mortality (M).

	M = 0.15	M = 0.2	M = 0.3	M = 0.4
1986–1993	1.076	1.09	1.124	1.167
1994–2000	1.041	1.067	1.059	1.07
2001–2007	1.003	1.007	1.001	0.999
2008–2016	1	1	1	1

than for M = 0.2 and was high when M was equal to 0.3 or 0.4. When sensitivity was calculated for λ, comparing M = 0.2 and M = 0.4, λ was highly insensitive to changes in M, with a sensitivity of 0.07. When sensitivity was calculated for the estimate of compensatory reserve (i.e., 1-λ), the results indicated greater sensitivity (0.85), but still low enough to be considered a relatively insensitive response to changes in M (Table 1). Therefore, we concluded that λ is insentitive to changes in M and considered our M = 0.2 value to be acceptable for our calculations.

Estimates of survival from egg to age-1 were not available. To calculate the age-0 survival rate, we treated the 2008–2016 time period as our baseline period and determined the age-0 survival rate that would lead to a λ of 1.0, following methods in Vaughn & Saila (1976) and Hayes (2000). These calculations led to age-0 survival equal to 0.00002795, which was then held constant for all time periods. Within this study, we explicitly focused on population compensation for changes in growth and fecundity, and not on changes in age-0 survival rates. Our rationale was that age-0 survival is generally highly variable between years and is often driven by processes external to the population, such as predator abundance or weather patterns, rather than by density-dependence (Freeberg et al., 1990; Roseman et al., 1999).

Using the Leslie matrices, λ was calculated for each time period. Lambda was calculated as the principle eigenvalue of each matrix, using the power method (Hayes et al., 1995). To evaluate the effect of age-specific individual growth and fecundity rates on the compensatory reserve of the lake whitefish population during each time period, we calculated λ assuming a constant natural mortality age-0 survival for all time periods (Hayes & Taylor, 1990). Once calculated, λ's were used to determine compensatory reserve for each time period, defined as the maximum growth rate minus the baseline growth rate.

The Leslie matrix explicitly incorporates the age-structure of the population into the calculation of λ, and therefore can integrate the effects of age-specific differences in growth, survival, and fecundity among time periods of interest. Because λ is related to r, the population's intrinsic rate of increase, λ = 1 indicates a stable population, λ > 1 indicates positive population growth, and λ < 1 indicates negative population growth (Pielou, 1977). Lambda also indicates the percent increase or decrease in abundance per year. For example, λ = 1.3 indicates that the population increased at a rate of 30% per year while λ = 0.7 indicates that the population decreased at a rate of 30% per year. Based on these λ values, inferences were drawn regarding the compensatory reserve of lake whitefish in the Michigan waters of Lake Michigan.

Results

The mean weight-at-age of lake whitefish generally declined from 1986–2016 (Figure 3). Weight-at-age was consistently higher in 1986–1993 (low abundance period) than all other time periods, reaching an estimated maximum mean weight of nearly 3.75 kg for age-15+ fish. In the period of rapid increase in abundance (1994–2000), weight-at-age was lower than during the other abundance levels, reaching an estimated maximum mean weight-at-age of approximately 2.5 kg at age-15+. Growth (represented by weight-at-age) during the two most recent time periods (2001–2007 (high abundance period) and 2008–2016 (rapid decline in abundance period)) was very similar, with an estimated maximum mean weight-at-age of approximately 1.75 kg at age-15+, nearly half the weight reached by individuals during the low abundance period.

The mean proportion of lake whitefish mature-at-age also varied over time (Figure 4). It was assumed lake whitefish did not mature before age-3 and that all individuals age-15+ were mature (Modeling Subcommittee, 2015). The proportion mature at younger ages was higher for the two earlier time periods (1986–1993 and 1994–2000; a period of relatively low stable abundance and rapid increase in abundance) than the two more recent time periods (2001–2007 and 2008–2016; a period of relatively high abundance and rapid decline in abundance). The age of 100% maturity was also estimated to increase during the more recent time periods, perhaps due to slower growth of lake whitefish. The population reached full maturity at age-9 in the second time period (1994–2000; rapid increase in abundance) and age-10 in the first time period (1986–1993; low abundance) but did not reach full maturity until age-12 in the two most recent time periods (2001–2007 and 2008–2016; high abundance and rapid decline in abundance).

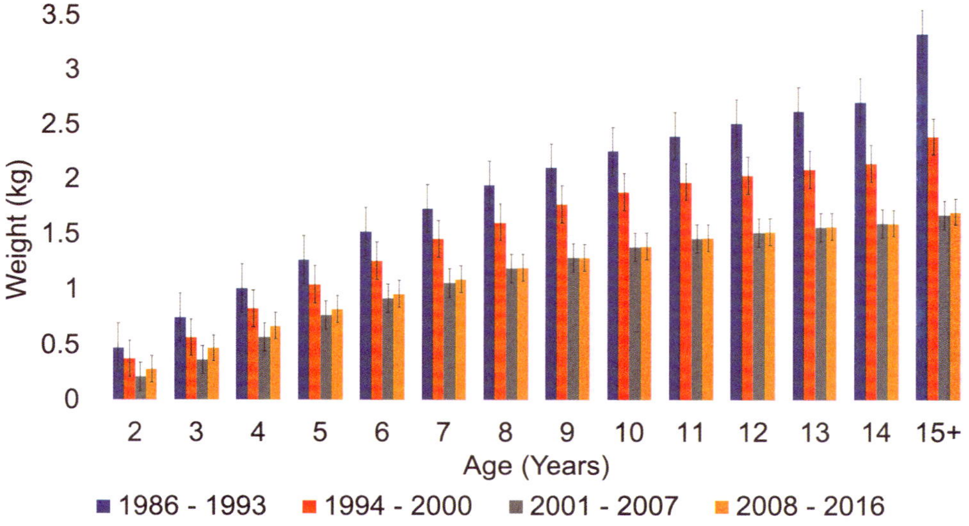

Fig. 3. Weight-at-age for each time period (mean ± 1 standard error). Data were provided by the MSC.

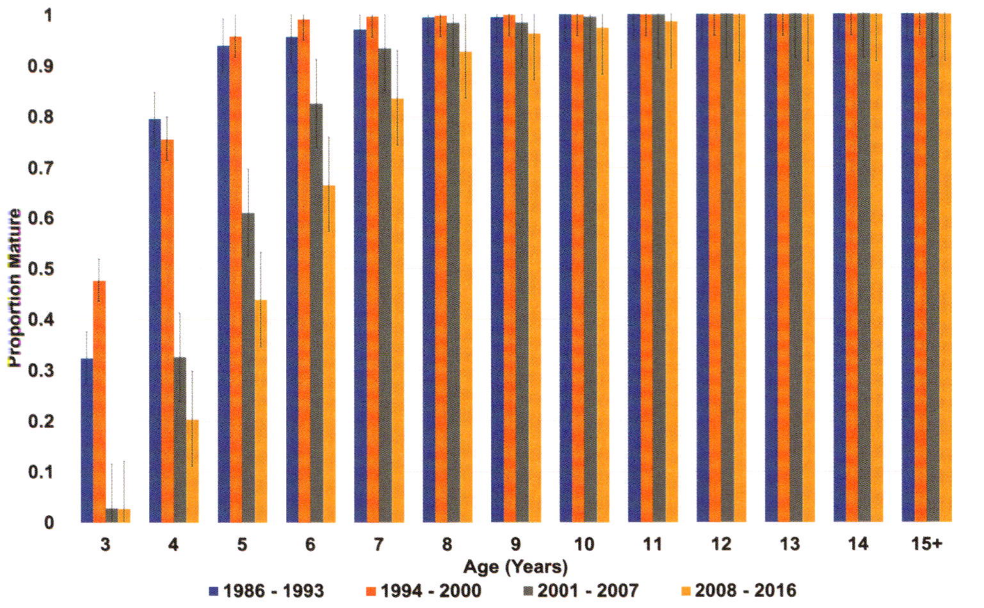

Fig. 4. Proportion of lake whitefish mature at each age for each time period (mean ± 1 standard error). Data were provided by the MSC.

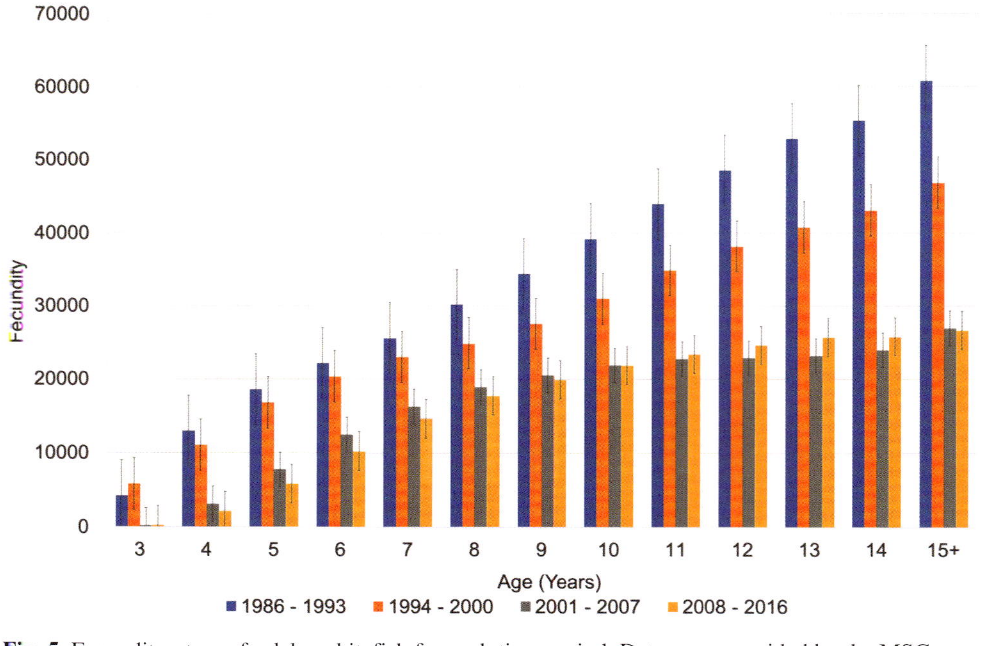

Fig. 5. Fecundity-at-age for lake whitefish for each time period. Data were provided by the MSC.

Although the maturation schedule of lake whitefish varied over time, trends in fecundity largely paralleled that of weight-at-age, with fecundity highest during the low abundance period (1986–1993) and lowest during the most recent time periods (high abundance and rapid decline in abundance) (Figure 5). Fecundity estimates during the two most recent time periods (2001–2007 and 2008–2016; high abundance and rapid decline in abundance) were very similar. For a given age (especially at older ages of lake whitefish), fecundity was estimated to be lower for more recent time periods (2001–2007 and 2008–2016; stable high abundance and rapid decline in abundance) compared to earlier time periods (1986–1993 and 1994–2000; low abundance and rapid increase in abundance).

Population growth comparison

The λ values obtained were as follows:
1986–1993 (low abundance): λ = 1.090
1994–2000 (rapid increase in abundance): λ = 1.067
2001–2007 (high abundance): λ = 1.007
2008–2016 (rapid decline in abundance): λ = 1.000 (baseline).

Differences in λ relative to the current time period (baseline) can be interpreted as the potential for the population to grow given its individual growth and fecundity schedule. The projected population growth rates (i.e., compensatory reserve) for 1986–1993 and 1994–2000 were higher than our baseline (2008–2016), with population growth potential at this time being 6.7% to 9% higher. Additionally, the λ values indicate that the intrinsic capacity for population growth was only slightly higher in 2001–2007 than the baseline, reflecting the limited compensatory reserve during this time period.

Discussion

Lake whitefish in the Michigan waters of Lake Michigan appear to have a compensatory reserve of at least 9%, based on observed changes in population growth rate and maturation schedule under different population densities. A compensatory reserve of 9% allows lake whitefish populations to adapt to various environmental challenges, such as increased fishing or sea lamprey mortality. For example, the population dynamics represented by the 1986–1993 Leslie matrix would allow for a fishing mortality of 0.12, with a knife-edge age of entry into the fishery of age-2, beyond that which could be sustained by the population represented by the 2008–2016 Leslie matrix. For higher ages at entry, progressively higher mortality rates could be sustained (Table 2).

Our estimate of at least a 9% compensatory reserve should be considered a minimum value for several reasons. First, the estimated population growth rates do not necessarily represent the maximum growth that these stocks of lake whitefish are physiologically capable of achieving if density was lower or food availability was higher (e.g., reduced density-dependent factors). Second, natural mortality rates of fish older than age-0 were assumed to be constant, consistent with stock assessment procedures (Modeling Subcommittee, 2015),

Table 2. Estimated fishing mortality (F) that could be sustained by lake whitefish populations if they had a compensatory reserve of at least 9%, assuming increasing knife-edge age of entry into the fishery.

Age at Entry	Sustainable F
2	0.12
3	0.14
4	0.26
5	0.41
6	0.85

although survival rate could also vary with growth and density of fish, adding to the population's compensatory reserve. Finally, density-dependent changes in age-0 survival can also contribute to population compensation (Hayes et al., 1996). Determining the degree of compensation due to density-dependent changes in age-0 survival is notoriously difficult given the large amount of variation typically observed in age-0 survival (Taylor et al., 1987; Szuwalski et al., 2015). For these reasons, our 9% compensatory reserve estimate is the minimum estimate within our model projections, and thus an estimated minimum level of compensatory reserve in the lake whitefish population in Michigan waters of Lake Michigan.

Although our analyses focused on the implications of changing lake whitefish demographics (i.e., weight-at-age, maturation schedule, and fecundity) on population growth rate, these parameters can be influenced by factors other than the density of lake whitefish populations. The food web in Lake Michigan has experienced dramatic changes during the period evaluated, including the invasion of dreissenid mussels in the late 1980s (Nalepa et al., 2009; Rennie et al., 2009; Watkins et al., 2007) and changes in near-shore water quality and spawning habitat (Brazner, 1997; Brazner & Beals, 1997; Tang et al., 2005). The food web changes likely resulted in less food available for lake whitefish, and as a result, may have decreased the size and rate of growth for lake whitefish in Lake Michigan (DeBruyne, et al., 2008; Fothoven & Madenjian, 2008). Although lake whitefish today have the physiological capacity to grow to sizes observed early in our time series, changes in external factors, such as Lake Michigan's physical characteristics and food web composition, may limit the population's ability to achieve such high rates of growth and fecundity. As a result, due to the changing environment, the carrying capacity for lake whitefish populations in Lake Michigan may have decreased during the past 30 years. If carrying capacity has indeed decreased, then management plans need to adjust accordingly as it is unlikely environmental conditions will return, in the near future, to the same condition as in the past (Eshenroder & Burnham-Curtis, 1999).

The exact degree to which ecosystem changes have altered the ability of lake whitefish to compensate is difficult to assess because multiple factors have changed over time, leading to substantial covariation among these contributors to lake whitefish population change. Our results, however, indicate that the compensatory reserve of these lake whitefish populations has been eroded. The lake whitefish population has declined in the most recent time period (2008–2016), but the population growth rate has not increased, which would be expected if density-dependent factors controlled population growth (e.g., DeBruyne et al., 2008). Therefore, while the lake whitefish population still retains some compensatory reserve, the present population decline seems to be driven more by external environmental factors (e.g., decrease in *Diporeia* availability, climate change) than density-dependent factors.

The capacity of the lake whitefish population to support harvest has likely also decreased. While the population may still be able to withstand some degree of environmental stress (i.e., possess resilience), the decreased compensatory reserve calculated here may represent a new equilibrium (i.e., reduced carrying capacity) for the lake whitefish population in response to a changing environment. Thus, alleviation of pressure from external factors (e.g., human harvest, invasive species, habitat degradation), may be required to increase growth of individuals within the lake whitefish population in Lake Michigan, which could in turn increase carrying capacity of the population and support increased harvests in the future. The model we have described could serve as a tool for managers to investigate the impacts of various stressors on lake whitefish compensatory reserve, which may provide an indication of the factors most negatively impacting lake whitefish population dynamics in Lake Michigan.

Acknowledgements

Support for this research was provided by the Department of Fisheries and Wildlife at Michigan State University, Michigan State University Graduate School, and Michigan State University AgBio Research. Support for C.P. Ferreri was provided by the USDA National Institute of Food and Agriculture Federal Appropriations under Project PEN04647 and Accession number 1015786.

References

Baldwin, N. A., Saalfeld, R. W., Dochoda, M. R., Buettner, H. J. & Eshenroder, R. L., 2000: Commercial fish production in the Great Lakes 1867–2000. http://www.glfc.org/databases/commercial/commerc.php

Brazner, J. C., 1997: Regional, habitat, and human development influence on coastal wetland and beach fish assemblages in Green Bay, Lake Michigan. – J. Great Lakes Res. 23(1): 36–51.

Brazner, J. C. & Beals, E. W., 1997: Patterns in fish assemblages from coastal wetland and beach habitats in Green Bay, Lake Michigan: a multivariate analysis of abiotic and biotic forcing factors. – Can. J. Fish. Aquat. Sci. 54(8): 1743–1761.

Bunnell, D. B., Madenjian, C. P. & Claramunt, R. M., 2006: Long-term changes of the Lake Michigan fish community following the reduction of exotic alewife (*Alosa pseudoharengus*). – Can. J. Fish. Aquat. Sci. 63(11): 2434–2446.

DeBruyne, R. L., Galarowicz, T. L., Claramunt, R. M. & Clapp, D. F., 2008: Lake whitefish relative abundance, length-at-age, and condition in Lake Michigan as indicated by fishery-independent surveys. – J. Great Lakes Res. 34(2): 235–244.

Ebener, M. P., Kinnunen, R. E., Schneeberger, P. J., Mohr, L. C., Hoyle, J. A. & Peeters, P., 2008: Management of commercial fisheries for lake whitefish in the Laurentian Great Lakes of North America. In: International Governance of Fisheries Ecosystems, ed. Schechter, M. G., Leonard, N. J., and Taylor, W. W., pp 99–143. Bethesda, MD: American Fisheries Society.

Eck, G. W. & Wells, L., 1987: Recent changes in Lake Michigan's fish community and their probable causes, with emphasis on the role of the alewife (*Alosa pseudoharengus*). – Can. J. Fish. Aquat. Sci. 44(S2): s53–s60.

Eshenroder, R. L. & Burnham-Curtis, M. K., 1999: Species succession and sustainability of the Great Lakes fish community. In Great Lakes Fisheries Policy and Management: A Binational Perspective, ed. Taylor, W. W. & Ferreri, C. P., pp 145–184. East Lansing, MI: Michigan State University Press.

Freeberg, M. H., Taylor, W. W. & Brown, R. W., 1990: Effect of egg and larval survival on year-class strength of lake whitefish in Grand Traverse Bay, Lake Michigan. – Trans. Am. Fish. Soc. 119(1): 92–100.

Goodyear, C. P., 1977: Assessing the impact of power plant mortality on the compensatory reserve of fish populations. In: Proceedings of the Conference Assessing the Effects of Power Plant Induced Mortality on Fish Populations, ed. W. Van Winkle, pp. 186–195. Oxford, UK: Pergamon Press.

Goodyear, C. P., 1980: Compensation in fish populations. In: Biological Monitoring of Fish, ed. C. H. Hocutt and J. R. Stauffer Jr, pp. 253–280. Besthesda, MD: American Fisheries Society.

Haefner, J. W., 2005: Modeling biological systems: Principles and application. New York, NY: Springer Science + Business Media.

Hartman, W. L., 1973: Effects of exploitation, environmental changes, and new species on the fish habitats and resources of Lake Erie. http://www.glfc.org/pubs/TechReports/Tr22.pdf

Hayes, D. B., 2000: A biological reference point based on the Leslie Matrix. Fishery Bulletin 98: 75–85.

Hayes, D. B. & Taylor, W. W., 1990: Reproductive strategy in yellow perch (*Perca flavescens*): effects of diet ontongeny, mortality, and survival costs. – Can. J. Fish. Aquat. Sci. 47: 921–927.

Hayes, D. B., Ferreri, C. P. & Taylor, W. W., 1996: Linking fish habitat to their population dynamics. – Can. J. Fish. Aquat. Sci. 53(Suppl. 1): 383–390.

Hayes, D. B., Taylor, W. W. & Schramm Jr., H. L., 1995: Predicting the biological imapcts of competitive fishing. – N. Am. J. Fish. Manage. 15: 457–472.

Jensen, A. L., 1981: Population regulation in lake whitefish, *Coregonus clupeaformis* (Mitchill). – J. Fish Biol. 19(5): 557–573.

Kratzer, J. F., Taylor, W. W., Ferreri, C. P. & Ebener, M. P., 2007: Factors affecting growth of lake whitefish in the upper Laurentian Great Lakes. – Advanc. Limnol. 60: 459–470.

Leslie, P. H., 1945: On the use of matrices in certain population mathematics. – Biometrica 33(3): 183–212.

Michigan DNR. 2016: 2015 state-licensed commercial fishing data for Michigan. Lansing, MI. https://www.michigan.gov/documents/dnr/2015-CommercialFishingData-MI_522137_7.pdf

Modeling Subcommittee, Technical Fisheries Committee. 2015. Technical Fisheries Committee Administrative Report 2015: Status of Lake Trout and Lake Whitefish Populations in the 1836 Treaty-Ceded Waters of Lakes Superior, Huron and Michigan, with Recommended Yield and Effort Levels for 2015. http://www.michigan.gov/greatlakesconsentdecree.

Nalepa, T. F., Fanslow, D. L. & Lang, G. A., 2009: Transformation of the offshore benthic community in Lake Michigan: recent shift from the native amphipod *Diporeia* spp. to the invasive mussel *Dreissena rostriformis bugensis*. – Freshw. Biol. 54(3): 466–479.

Pauly, D. & Cheung, W. W. L., 2018: Sound physiological knowledge and principles in modeling shrinking of fishes under climate change. – Glob. Change Biol. 24: e15–e26.

Pothoven, S. A. & Madenjian, C. P., 2008: Changes in consumption by alewives and lake whitefish after dreissenid mussel invasions in Lake Michigan and Huron. – N. Am. J. Fish. Manage. 28(1): 308–320.

Pielou, E. C., 1977: Mathematical ecology. New York, NY: John Wiley & Sons.

Rennie, M. D., Sprules, W. G. & Johnson, T. B., 2009: Factors affecting the growth and condition of lake whitefish (*Coregonus clupeaformis*). – Can. J. Fish. Aquat. Sci. 66(12): 2096–2108.

Rose, K. A., Cowan Jr., J. H., Winemiller, K. O., Myers, R. A. & Hilborn, R., 2001: Compensatory density dependence in fish populations: Importance, controversy, understanding and prognosis. – Fish and Fish. 2(4): 293–327.

Roseman, E. F., Taylor, W. W., Hayes, D. B., Haas, R. C. & Mackey, S. D., 1999: Influence of physical processes on the early life history stages of walleye (*Stizostedium vitreum*) in Western Lake Erie. In: Ecosystem Approaches for Fisheries Management., pp. 45–54. Fairbanks, AK: University of Alaska Sea Grant, AK-SG-99-01.

Saila, S., Chen, X., Erzini, K., and Martin, B., 1987: Compensatory mechanisms in fish populations, Vol. 1: Critical evaluation of case histories of fish populations experiencing chronic exploitation or impact. Electric Power Research Institute Report EA-5200. Electric Power Research Institute, Palo Alto, California.

Spangler, G. R. & Collins, J. J., 1980: Response of lake whitefish (*Coregonus clupeaformis*) to the control of sea lamprey (*Petromyzon marinus*) in Lake Huron. – Can. J. Fish. Aquat. Sci. 37(11): 2039–2046.

Spangler, G. R., Robson, D. S. & Regier, H. A., 1980: Estimates of lamprey-induced mortality in whitefish, *Coregonus clupeaformis*. – Can. J. Fish. Aquat. Sci. 37(11): 2146–2150.

Swink, W. D., 2003: Host selection and lethality of attacks by sea lampreys (*Petromyzon marinus*) in laboratory studies. – J. Great Lakes Res. 29(Supplement 1): 307–319.

Szuwalski, C. S., Vert-Pre, K. A., Punt, A. E., Branch, T. A. & Hilborn, R., 2015: Examining common assumptions about recruitment: A meta-analysis of recruitment dynamics for worldwide marine fisheries. – Fish and Fish. 16(4): 633–648.

Tang, Z., Engel, B. A., Pijanowski, B. C. & Lim, K. J., 2005: Forecasting land use change and its environmental impact at a watershed scale. Journal of Environmental Management, 76(1): 35–45.

Taylor, W. W., Smale, M. A. & Freeberg, M. H., 1987: Biotic and abiotic determinants of lake whitefish (*Coregonus clupeaformis*) recruitment in northeastern Lake Michigan. – Can. J. Fish. Aquat. Sci. 44(Suppl. 2): 313–323.

Vaughn, D. S. & Saila, S. A., 1976: A method for determining mortality rates using the Leslie matrix. – Trans. Am. Fish. Soc. 105: 380–383.

Watkins, J. M., Dermott, R., Lozano, S. J., Mills, E. L., Rudstam, L. G. & Scharold, J. V., 2007: Evidence for remote effects of Dreissenid mussels on the amphipod *Diporeia*: Analysis of Lake Ontario benthic surveys, 1972–2003. – J. Great Lakes Res. 33(3): 642–657.

Manuscript received: 31 January 2018
Revisions requested: 12 April 2018
Modified version received: 9 November 2018
Accepted: 5 February 2019

Advanc. Limnol. **66**, p. 147–162
Biology and Management of Coregonid Fishes – 2017

Article

Variation in vital rates in coregonines and the likelihood of "black-swan" events

Ross F. Tallman* and Samantha J. Fulton

With 4 figures and 3 tables

Abstract: "Black-swan" events are rare but have a huge impact on population dynamics. Recently such events have been demonstrated to occur more frequently in animal populations than previously thought. Fecundity and age-at-maturity determine the intrinsic rate of increase in animal populations. To persist, a population's intrinsic rate of increase must not, on average, be outpaced by mortality. We review the inter-specific variation in fecundity, age-at-maturity, and lifespan of 15 species from across the coregonine subfamily. Using life history parameters from each species, we simulated population time series and calculated the probability of black-swan dynamics. Coregonine species and populations vary greatly in the life history traits that contribute to population resilience. The propensity for improbable events within the coregonine subfamily, using the simulated populations, was present but variable. Black-swan events are important to consider in fisheries assessment as they manifest primarily as population crashes and die-offs, although they may also be a source of unexpected increases.

Keywords: life history, population dynamics, simulation, fisheries management

Introduction

The black-swan theory, first introduced by Taleb (2005) in relation to financial events, describes highly improbable events which have large, potentially devastating impacts. The theory has been used to label extreme, unexpected events across disciplines, such as 9/11 and the disappearance of flight MH370 (Howell, 2015), disease outbreaks such as Dutch Elm disease in trees (Ploetz et al., 2013), and the Zika virus in humans (Osterholm et al., 2015).

Recently, the concept of black-swan events has been used to describe population crashes (or anomalous population booms) for over 600 animal taxa (Anderson et al., 2017). Unlike previous studies which used distributions such as lognormal (e.g., Halley, 2002) to describe population dynamics, Anderson et al. (2017) accounted for an underlying population dynamics model with process noise drawn from a student's t distribution. They found that black-swan dynamics were most prevalent in birds and rarely in fishes. However, within fishes, the

Authors' address:
Fisheries and Oceans Canada, Freshwater Institute, 501 University Crescent, Winnipeg, MB R3T 2N6, Canada
* Corresponding author: ross.tallman@dfo-mpo.gc.ca

DOI: 10.1127/adv_limnol/2021/0077 1612-166X/21/0077 $ 4.00
www.schweizerbart.de

most likely species to exhibit black-swan dynamics were in the order Salmoniformes. Eleven species were from Salmonidae; three *Coregonus*, six *Oncorhynchus*, one *Salmo*, and one *Salvelinus*. A key feature of the analyses was the use of population time series from the global population dynamics database (GPDD), which has limited information on coregonine species. Although many coregonine species are commercially important, long-term time series of abundance are difficult to obtain.

A main conclusion of Anderson et al. (2017) was that external events, rather than life history characteristics, were drivers of black-swan events. They concluded that population growth rates, density dependence, and lifespan were not strong covariates in their model. While the effects of severe external forces may be a cause of black-swan events it is also likely that different species will have differing susceptibilities to having those events based on their life history traits. We hypothesized that additive effects of the life history and external forces may contribute to baseline levels of variability in a species dynamics, and thus a species susceptibility to black-swan events. We distinguish between "black-swan events", where a single unusual event occurs compared to "black-swan dynamics" which is to describe population dynamics with heavy-tailed process noise. The two are related in that we believe that black-swan dynamics will lead to a higher likelihood of black-swan events.

The coregonines as a group show considerable variation in their fitness-related life history traits of vital rates such as fecundity, age-at-maturity, and growth (Scott and Crossman, 1973). While causes are difficult to determine, some species could be more susceptible to black-swan events than others. Cisco (*Coregonus artedi*) formed part of an important fishery and was once one of the most important native prey fishes in the food webs of all five Laurentian Great Lakes (Dryer et al., 1965; Brown et al., 1999; Taylor et al., 2013). Cisco populations in the Laurentian Great Lakes collapsed between 1920 and 1970 (Zimmerman & Krueger, 2009). Overfishing, environmental degradation, and introduced species are thought to be factors in the decline, yet other species such as lake whitefish (*Coregonus clupeaformis*) have not been affected (Madenjian et al., 2011). If external forces were the only cause of black-swan events then we might expect these co-occurring species to both have population collapses. Perhaps, the population dynamics of one species made it more resilient to external forces.

In this study, we tested the hypothesis that variation in life history parameters within genera can produce different baseline levels of process noise. Specifically, we (1) reviewed life history characteristics of selected coregonine species, (2) simulated population dynamics with consideration given to these variable life history traits, and (3) used the simulated population dynamics to comment on the potential for black-swan dynamics across coregonine species. The black-swan analysis presented by Anderson et al. (2017), in combination with our simulated population trends, provided a convenient tool to investigate how life history parameters may impact a species inherent susceptibility to extreme population events when empirically measured population trends are not available. Although we cannot predict when or how black-swan events may occur, we can rationalize a more cautious approach to management strategies for species which demonstrate a predisposition to extreme population dynamics.

Methods

Life history characteristics

Life history characteristics for 15 species in the coregonine subfamily (12 *Coregonus* spp., 2 *Prosopium* spp., and 1 *Stenodus* sp.) were taken from the primary literature (Table 1). As with most fish species, many life history characteristics, such as fecundity, were variable across species and populations depending on factors such as age, body size, and fishing pressure. For each species where multiple population estimates were available we choose the median value of the distribution. Our aim was not to produce an all-encompassing summary for each species, but to apply values that may be considered "typical" or within the observed range to our simulation model. Life history characteristics used as input into the simulation model were fecundity, egg size, age-at-maturity, and spawning frequency, with maximum age and von Bertalanffy growth parameters used to estimate mortality-at-age for immature individuals and an average mortality for adults.

Where possible, fecundity values were based on reported average fecundity, as the simulation model is not age-structured for adults. When average fecundity was not reported, mid-range fecundity was selected from the reported values. If no fecundity information was reported, fecundity of a related species (Crête-Lafrenière et al., 2012) was used as a proxy. Values ranged from as low as 4,490 eggs per female in *C. lavaretus* to over 250,000 in *S. leucichthys* (Table 1).

Egg size was categorized as small, medium or large based on the diameter of the egg after water expansion. Eggs > 3.00 mm were considered large, eggs < 2.00 mm were small, and the remainder were classified as medium. Large eggs were recorded for the two *Prosopium* spp. Four species had small eggs and six species had medium-sized eggs. Egg size was not reported for three species, so the default size was set to medium (Table 1).

Age-at-maturity is variable depending on factors such as location (Blanck & Lamouroux, 2007) or fishing-induced changes to age-structure (Trippel, 1995). To keep the simulation model simple, a single age-at-maturity was fixed for each species, and all individuals from a cohort were considered to be mature at the same time. Age-at-maturity for each species was drawn from the literature. When age-at-maturity was reported as non-knife-edge, the age at 50% maturity was used. When the reported age-at-maturity was variable, the younger age was selected. We had no a priori reason to choose the older or younger age-at-maturity but choosing the younger age meant that more fish would enter the population at each step and therefore we would not artificially inflate the probability of a black-swan event. The age-at-maturity values ranged from age-2 for several of the more southerly *Coregonus* spp. to age-8 and age-9 in the more northerly *C. nasus* and *S. leucichthys*, respectively (Table 1).

The majority of species spawn on an annual basis, but the three most northerly species (*C. autumnalis*, *C. nasus*, and *S. leucichthys*) spawn intermittently (Table 1). For the population simulation, spawning frequency was fixed at every other year for *C. nasus* and every three years for *S. leucichthys*. *Coregonus autumnalis* also does not spawn annually, with the exception of a population in Northern Ireland (Harrod & Griffiths, 2004), so for simulation purposes, 40% of the population was considered to spawn each year, instead of alternating between 50% and 33%.

Table 1. Parameter values for each species used in the population simulation models. Parameter values were intended to approximate the life history characteristics of each species and were taken from the literature where possible. Age specific mortality (M) at time t was calculated using $M_t = K/(1\text{-}e^{-K(t-t0)})$ (Chen & Watanabe, 1989), where K and t_0 are growth parameters of the von Bertalanffy equation (Froese & Pauly, 2017). Egg size was categorized as small (S), medium (M) or large (L) based on the diameter of the egg after water expansion. Eggs > 3.00 mm were considered large, eggs < 2.00 mm were small, and the remainder were classified as medium.

Species	**Fecundity (eggs per female)**	**Egg size**	**Max age (yrs)**	**t_0[a]**	**K[a]**	**Age at maturity (yrs)**	**Spawning frequency (yrs)**
Coregonus albula	11000[b]	S[c]	5[b]	-0.32	0.53	2[b]	1
Coregonus artedi	10250[d]*	S[e]	9[d]	-0.55	0.27	2[d]	1
Coregonus autumnalis	8377[f]	M[f]	12[a]	-0.67	0.22	7[a]	2–3
Coregonus clupeaformis	50000[g]*	M[h]	28[a]	-0.46	0.31	3[i]	1
Coregonus hoyi	10080[jk]*	S[h]	11[l]	-0.86	0.19	2[l]	1
Coregonu skiyi	10000†	M‡	10[e]	-0.33	0.51	2[e]	1
Coregonus laurettae	10000†	M[a]	15[a]	-0.84	0.19	4[a]	1
Coregonus lavaratus	4490[m]	S[a]	15[a]	-0.69	0.20	3[a]	1
Coregonus nasus	28076[n]	M‡	15[a]	-1.20	0.11	8[a]	2
Coregonus reighardi	10000†	M[h]	7[d]	-0.58	0.27	3[a]	1
Coregonus sardinella	27825[o]	M‡	12[e]	-0.57	0.28	3[a]	1
Coregonus zenithicus	10000†	M[h]	11[d]	-0.64	0.24	4[d]	1
Prosopium cylindraceum	5330[p]	L[h]	12[p]	-0.78	0.19	4[q]	1
Prosopium williamsoni	5189[r]	L[h]	16[r]	-1.00	0.16	5[a]	1
Stenodus leucichthys	272500[s]	M[t]	23[u]	-1.15	0.10	9[u]	3

[a]Froese & Pauly, 2017
[b]Zawisza & Backiel, 1970
[c]Teletchea et al., 2009
[d]Becker, 1983
[e]Carlander, 1969
[f]Harrod & Griffiths, 2004
[g]Beard, 1943
[h]Booke, 1970
[i]Dryer, 1963
[j]Dryer & Beil, 1968
[k]Emery & Brown, 1978
[l]TeWinkel et al., 2002
[m]Tolonen et al., 2002
[n]Howland & Harris, 2005
[o]McHenry et al., 1973
[p]Bailey, 1963
[q]Mraz, 1964
[r]Hagen, 1970
[s]Hutchings & Morris, 1984
[t]Howland et al., 2002
[u]Alt & Taube, 2002

* Approximate value within range of reported values
† Approximate value based on closely related species. Phylogeny of species described in Crête-Lafrenière et al. (2012)
‡ Unreported egg size (K. Howland, DFO, pers. comm.)

Population simulation model

The population simulation model is a simplified stage-based population model for broad whitefish (*C. nasus*; Thera, 1998; Tallman & Thera, 2006). Survival-at-age was calculated for each age-class up to maturity, but aggregated once maturity was reached (Figure 1). For each cohort, initial cohort size (i.e., the number of eggs) was calculated based on the previous

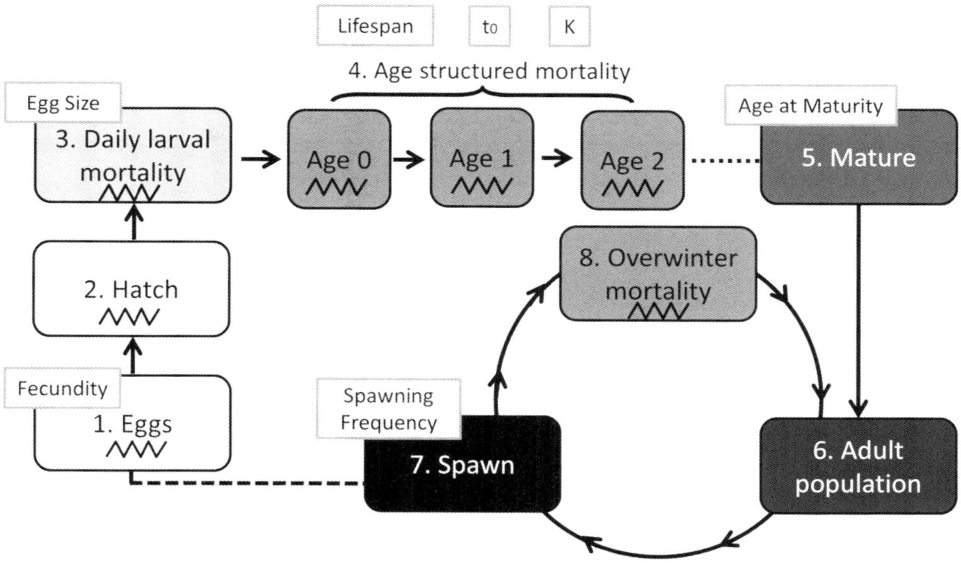

Fig. 1. Life cycle schematic for simulated population time series. Each numbered section is one compartment of the model with associated mortalities. Individuals move from compartment 1 to 5. Once individuals move into the adult population, mortality is applied once per year after spawning. Model parameters used in the calculations for each compartment are noted in the light grey boxes; see text for equations. K and t_0 are von Bertalanffy growth parameters. Compartments 4 and 8 both use parameters K, t_0 and lifespan. /\/\/\/ denotes compartments with stochasticity for each time step.

year's number of female spawners. Density dependence was included for the number of eggs deposited. The number of eggs was a function of both the fecundity per female and the number of female spawners by assuming a finite number of eggs that can be supported by the environment. As the cohort moves through each compartment of the model, mortality is applied and the population size decreases. Fish which survive to maturity are added into the adult population model at time $t+m$, where m is age-at-maturity. Below are descriptions of each model compartment from Figure 1.

1. Eggs

The total number of potentially viable eggs was calculated based on the number of spawning females and average fecundity per female. The number of viable eggs was governed by a density-dependent function. At high population densities the number of viable eggs was reduced due to limitations of the environment. Number of eggs was calculated with the Beverton-Holt curve (Hilborn & Walters, 1992, p. 258).

$$Eggs = \frac{AS}{1 + \left(\frac{A}{b}\right)S} \qquad \text{(Eq.1)}$$

where:
A = fecundity per spawner
S = number of female spawners
b = maximum number of recruits when S is very large

For all species, the environmental limits for egg abundance remained fixed at $b = 2.2 \cdot 10^{10}$. The value for b was based on Thera (1998) and selected to represent high egg mortality at very large population sizes of adults (>10 million). Annual fecundity per female was drawn from a normal distribution where the mean equaled fecundity and the standard deviation was 10% of fecundity.

2. Hatch

The proportion of eggs which hatched was drawn from a truncated normal distribution with a mean of 0.9, a standard deviation of 0.09, and bound between 0 and 1.

$$Hatch = Eggs \cdot H \qquad \text{(Eq. 2)}$$

where:
H = proportion hatched

3. Daily larval mortality

Using the "average" freshwater species daily mortality and larval duration from Houde (2002), a 21-day period of high larval mortality was applied to the number of hatched eggs (Eq. 2) to obtain the number of larvae.

$$Larva_{day21} = Hatch \cdot e^{-M\wedge 21} \qquad \text{(Eq. 3)}$$

where:
M = daily mortality rate

For each annual time step of the model, a daily mortality rate (M) was drawn from a log normal distribution with a mean and standard deviation corresponding to the egg size:

$M_{small} \sim Lognormal(0.18, 0.36)$
$M_{medium} \sim Lognormal(0.16, 0.32)$
$M_{large} \sim Lognormal(0.14, 0.28)$

The daily mortality rate was applied for 21 time steps (days), and the number of surviving offspring ($Larva_{day21}$) were considered to be the age-0 fish. Houde (2002) discussed that mortality rate is highly positively correlated with growth rate, and growth rate in turn is highly positively correlated with temperature. Coldwater species tend to have slower growth and a longer larval period than the average fish species resulting in a decreased daily mortality rate. Despite differences in growth rates between cold and warm-water species little difference exists in the overall mortality at the end of the larval stage as a result of the high positive correlation evident between mortality and temperature (Houde, 2002). Consequently, we assumed the larval period was constant across species, with variability in the mean and variance of mortality based on egg size. Mortality of medium eggs was set to the "average" (0.16; Houde, 2002), with smaller eggs having a higher mortality rate and increased variance, and larger eggs having a lower mortality rate and decreased variance (Ware, 1975).

4. Age-structured mortality

Annual mortality of each age-class of juveniles was calculated using the method from Chen & Watanabe (1989), using von Bertalanffy growth parameters (K and t_0) obtained from Froese & Pauly (2017).

$$M_{age} = \frac{K}{1 - e^{-K(age - t_0)}} \qquad \text{(Eq. 4)}$$

Adult mortality was calculated as the average mortality of each age-class from maturity until maximum age. The age-specific juvenile and adult mortality rates calculated using the above methodology were then used as the mean value in a truncated (at 0) normal distribution to calculate a mortality rate that was variable among years. The standard deviation was taken as 10% of the calculated M. Additionally, following the model from Thera (1998), juvenile fish were exposed to density-dependent effects, which decreased as the fish aged. The number of fish in the cohort surviving from one time step to the next, until age-at-maturity was:

$$Juveniles_{age+1} = Juveniles_{age}\, e^{-M(m + Juveniles_{age})} \qquad \text{(Eq. 5)}$$

where:

M_{age} = mortality-at-age from Eq. 4
m = density-dependent mortality
$Juveniles_{age}$ = number of juveniles at age

5. Mature individuals

Mature individuals were considered to be the survivors from each cohort after age structured mortality was applied. We assumed that individuals which became mature spawned in the same year. Mature individuals were added to the existing adult population at time t + age-at-maturity to account for the time delay of maturation.

6. Adult population (not age-structured)

The adult population was calculated as:

$$Adults_t = Adults_{t-1} + Mature_t \qquad \text{(Eq. 6)}$$

Where the adults at time t-1 were the surviving members after overwinter mortality was applied.

7. Spawn

The spawning population was calculated using the current adult population, frequency of spawning parameter (G), and an assumed 50:50 sex ratio.

$$S_t = (Adults_t/2)\left(\frac{1}{G}\right) \qquad \text{(Eq. 7)}$$

where:
S = female spawners
G= frequency of spawning

8. Overwinter

Although mortality is continuous across the year, the model simplified adult mortality by applying annual mortality rates once per year after spawning. Mature individuals entered the spawning population at the beginning of the year before spawning and overwintering mortality occurred.

$$Adults_{t+1} = Adults_t \cdot e^{-M} \qquad \text{(Eq. 8)}$$

where:
M = adult mortality

For each time step in the model, M was drawn from a lognormal distribution where the mean was equal to the average of the mortalities, and a standard deviation of 0.4 from Eq. 4 from age-at-maturity to maximum age.

The population simulation model started with a population size of 5 million fish, and was run for 100 time steps, each representing one year. The first 50 time steps were removed and considered to be burn-in while the model stabilized. Anderson et al. (2017) found a positive correlation between time series length and their ability to detect black-swan dynamics. We selected a time horizon of 50 steps to ensure a sufficiently long time series to detect black-swan dynamics. Additionally, 50 population simulations were conducted for each of the 15 species, resulting in 750 time series. All simulated time series were calculated using R (R Core Team, 2017).

Black-swan dynamics

In this study, the term black-swan event is reserved for instances of a single extreme population event while black-swan dynamics is used in a more general sense to describe population dynamics with heavy-tailed process noise. Heavy-tailed process noise refers to an increase (greater percentage) of possible population states in the tails of a probability distribution relative to a standard Normal curve (Figure 2). As a result, there will be a higher likelihood of "boom and bust" dynamics. A student's t distribution is similar to a normal distribution in its shape, but has an additional parameter ν that modifies the portion of observations that fall into the tails of the distribution. ν is defined as the degrees of freedom with smaller values of ν producing a distribution with heavier tails. At high values of ν the student's t distribution approximates Normal (Figure 2).

Black-swan dynamics of the population simulation time series were detected using the methods described by Anderson et al. (2017). A Gompertz population dynamics model was fit to each time series with process noise drawn from a student's t distribution, as opposed to a more typical Normal distribution. By estimating the parameter ν, we can determine the probability of a time series containing a black swan event (i.e., an increase or decrease in population size that would be unlikely if process noise is normally distributed). Lower values of ν indicate a distribution with heavy tails, where population estimates that may be highly improbable in a normal distribution are much more likely to occur. Following Anderson et al. (2017), we consider $\nu < 10$ to be heavy-tailed (i.e., black-swan dynamics), ν between 10 and 70 to be slightly heavy-tailed, and $\nu > 70$ to approximate normal. Anderson et al. (2017) concluded that their ability to detect black-swan dynamics was robust to alternative population models and observation error, so for simplicity we used their basic model (Gompertz) for this study. The ν parameter from the student's t distribution was estimated for each of the 50 population projections from each of the 15 coregonine species. Nu (ν) was estimated using a Bayesian framework, and as such the median value is reported for each simulation. All analyses were completed in R using RStan (Stan Development Team, 2017), using the code provided by Anderson et al. (2017).

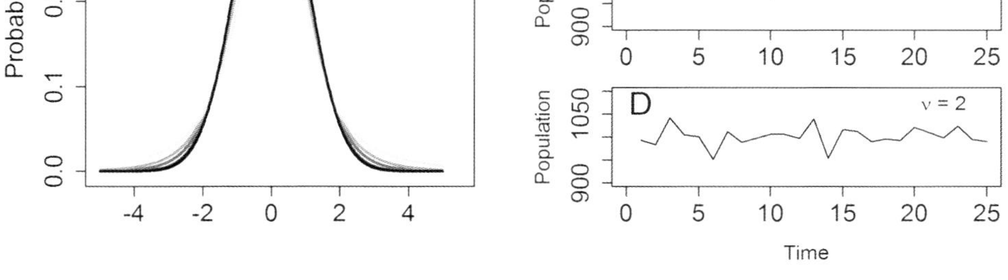

Fig. 2. (A) Student's t-distribution with different values of ν relative to a normal distribution. Simulated time series are shown with process noise drawn from a normal distribution (B), a student's t distribution with ν=10 (C), and a student's t distribution with ν=2 (D). Modified from Anderson et al. (2017).

Results

Population simulation model

The average population size across the simulated time series (after burn-in time removed) ranged from a low of 354,000 for *C. albula* to 8.6 million for *C. hoyi* (Table 2). Species with a higher average population size across the time series also had a wider range of average population sizes for each of the 50 population simulations, but the CV remained relatively consistent between species. No significant correlation was evident between fecundity or age-at-maturity and the average population size across species (Table 3), although moderately strong negative correlations existed between the von Bertalanffy growth parameters and the mean average population size (r =-0.72; Table 3).

Table 2. Average population size and coefficient of variation (CV) for each species across 50 simulations (50 time steps per simulation).

Species	Average population size	CV
Coregonus albula	354172	0.158
Coregonus artedi	3253005	0.124
Coregonus autumnalis	1575566	0.118
Coregonus clupeaformis	1122100	0.124
Coregonus hoyi	8633510	0.135
Coregonus kiyi	559679	0.121
Coregonus laurettae	4511421	0.111
Coregonus lavaretus	5205602	0.108
Coregonus nasus	5183247	0.111
Coregonus reighardi	2251796	0.104
Coregonus sardinella	1880564	0.121
Coregonus zenithicus	3170592	0.108
Prosopium cylindraceum	4031199	0.091
Prosopium williamsoni	5226241	0.093
Stenodus leucichthys	4034986	0.142

Table 3. Pearson correlation coefficients between the average population size and the average median v value of 50 simulations (each simulation with n = 50 time steps) and various life history characteristics of 15 coregonine species. v was estimated using a Bayesian framework, and as such the median value is reported for each simulation.

	Fecundity	Max	t_0	K	Maturity	Spawn
Average population size	0.07	0.17	-0.75	-0.76	0.23	0.06
Average median v	0.23	0.37	-0.63	-0.72	0.24	-0.01

Black-swan dynamics

ν was estimated using a Bayesian framework, and as such the median value is reported for each simulation. Median ν values (Figure 3) ranged from as high as 97.9 in *C. nasus* to as low as 4.5 in *C. autumnalis*. In addition to having the lowest median ν values, *C. autumnalis* also had one of the widest ranges of median ν values. The lowest median ν value among species ranged from 4.5 in *C. autumnalis* to 57.7 in *P. williamsoni*, but the upper bounds were all within 6 units of the highest calculated median ν. In addition to calculating the median ν value for each simulation, the probability of the median ν < 10 (i.e., black-swan dynamics) was calculated for each simulation (Figure 4). Similar to the calculated median ν values, the average probability of ν < 10 was highest in *C. autumnalis* (0.15) and lowest in *C. nasus* (0.02).

None of the 15 species demonstrated heavy-tailed (i.e., black-swan) dynamics when the median ν values from the individual simulations were averaged (Figure 3). When each simulation is considered separately, four species (*C. autumnalis, C. reighardi, C. lavaretus*, and *C. zenithicus*) had at least one simulation that resulted in a heavy-tailed process noise (ν < 10) and all 15 species had at least one simulation with slightly heavy tails (10 < ν <70). *Coregonus autumnalis* had the highest number of simulations (21) which indicated a heavy (or slightly heavy) tailed process, followed by *C. kiyi* (20). *Coregonus nasus* and *C. hoyi* had the lowest number of simulations with heavy-tailed or slightly heavy-tailed process noise (3 each).

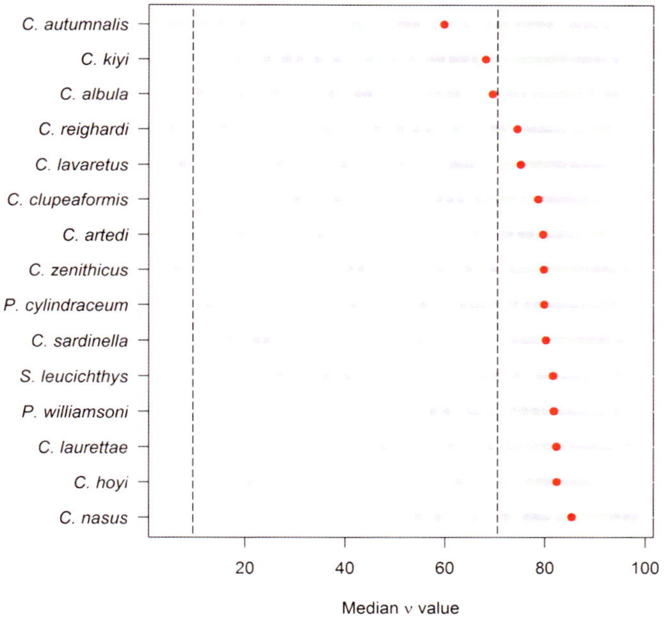

Fig. 3. Median ν values from each of the 50 simulations per species (grey). Red dots represent the average median value from the 50 simulations. A ν value < 10 is considered to be heavy-tailed dynamics, < 70 is slightly heavy-tailed, and > 70 is considered normal-tailed. Dashed lines are located at ν equal to 10 and 70.

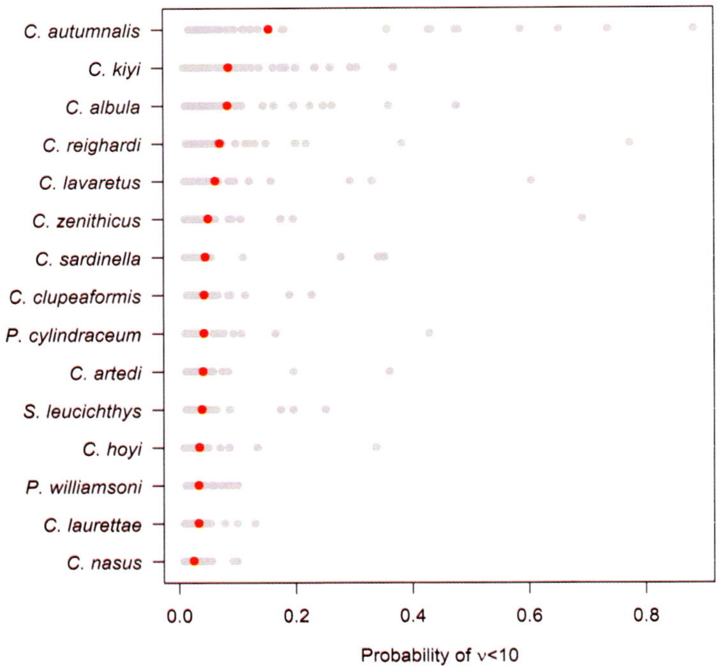

Fig. 4. Probability of $\nu < 10$ for each of the 50 simulations (grey) and average probability per species (red). An ν of less than 10 indicates heavy-tailed dynamics and is used as the determination of a black-swan event. In a heavy tailed distribution, values found in the tails of the distribution have a higher probability of occurrence when compared to a normal distribution.

Similar to the correlation between life history characteristics and simulated population size, no significant correlations were evident for fecundity, maturity, or spawning frequency and the average median ν value (Table 3) The von Bertalanffy growth parameters, K and t_0, had the strongest correlation to median ν value, with –0.60 and –0.57, respectively.

Discussion

Population persistence requires that mortality over the long-term does not exceed population growth. External events, such as severe weather events causing atypical temperatures (e.g., Kangur et al., 2013), oxygen depletion due to widespread algal blooms or pollution (Smith, 2003), or the destruction of natal habitat due to changes in erosion or sediment deposition (e.g., Roseman et al., 2011) can have huge implications for the persistence of a population. The response to external environmental occurrences cannot be predicted or planned for, but consideration that black-swan events are more probable than expected may help to evaluate the effectiveness of different management strategies. Anthropogenic factors, such as over-fishing, may combine in a cumulative way with external environmental occurrences to push populations into black-swan dynamics. Although true black-swan events are likely driven by severe environmental occurrences, the focus of this study was not to define drivers but to explore the idea that the baseline propensity for black-swan dynamics may not be uniform across species. By using the models presented in Anderson et al. (2017) on simulated population dynamics with no severe environmental effects, we explored this baseline effect.

We explored the underlying life history characteristics of coregonine species and how they may relate to a species likelihood of experiencing extreme population events. Similar to the results from Anderson et al. (2017), the coregonine species in this study tended to trend towards slightly heavy- to normal-tailed process noise for the average of 50 simulations. However, overall trends of all species had at least one, and many of them several, time series with (slightly) heavy-tailed process noise. Such results suggest the possibility of black-swan dynamics are still relatively widespread when even just simple population dynamics are considered. Strong correlations were not evident between population size or median v value (i.e., indicator of heavy-tailed dynamics) and several life history characteristics including species fecundity or age-at-maturity. However, a significant negative correlation was evident when compared to the von Bertalanffy growth parameters (K and t_0), which were used to model the mortality rates used in the population model. Species with higher total mortality rates tended to have a smaller v value and were thus more probable to experience black-swan dynamics. High total mortality may be due to multiple compounding sources of mortality pushing a population to the edge of what is sustainable (e.g., Grand banks cod [*Gadus morhua*] collapse; Hutchings & Myers, 1995), or species which are considered to be r-selected and have a higher natural mortality (e.g., anchovies [*Engraulis encrasicolus*, *E. anchoita*] and sardines [*Sardina* spp., *Sardinella* spp.]; Schwartzlose et al., 1999). Such species would have less capacity to buffer the effects of extreme environmental occurrences and/or over-fishing, and thus are expected more likely to experience population "crashes". This may have been a contributing factor in the population crashes of cisco during the 1970s in the Laurentian Great Lakes (e.g., Stockwell et al., 2009). High fishing pressure, combined with habitat degradation, may result in populations which are more susceptible to random environmental events, although the contribution of specific drivers is difficult to determine.

Our results were heavily dependent on the population simulation model used to produce the time series of abundances. The simulation model was intended to be very simple to allow the incorporation of life history variation using only a few parameters. Although the simplicity of the model is an asset when considering the limited information available, some of the intricacies of coregonine life cycles may be lost. For example, fishing mortality was not included in the simulation, but could be incorporated (see Thera, 1998). Additionally, biases may be introduced for species that do not conform to this simple life cycle. For example, *P. coulteri* was initially considered in the analysis, but the fecundity is markedly lower than most other species (hundreds compared to thousands of eggs per female) and the model was insufficient to provide realistic results due to scaling issues with egg survival. Future iterations of the model can address such issues. Despite the simple nature of our simulation model, our approach provides a method to examine the potential for black-swan dynamics in species where we have life history characteristics but no long-term time series. Additionally, the simulation model does not include random environmental stochasticity but instead focuses only on life history characteristics. Future work to produce a more comprehensive simulation model may benefit from the application of this method. Our intention was not to predict when black-swan dynamics may occur, or even to rank the species included in this study, but to discuss the idea of extreme population events in a fishery-specific context and to encourage the consideration of their impacts on management.

If fisheries managers observe a dramatic decline in a population, we can broadly classify the underlying reason as either (1) mismanagement of the fish stock, (2) a false positive (i.e., the fish have emigrated or estimates of population size were incorrect), or finally (3) a black-swan event. Keeping in mind that by definition black-swan events are rare, they are still a possibility and can be a dramatic change in either direction. We can do everything right, and a highly improbable negative event can still occur. If a fishery becomes unviable due to the sudden, unexpected reduction in stock numbers due diligence needs to be taken to ensure the dramatic decline was not the result of mismanagement. In the end, we may need to accept that the reason may have been beyond management control. Using methods such as the Precautionary Approach Framework applied by Fisheries and Oceans Canada (DFO, 2009), which focuses on rebuilding the population once the fish stock is at low numbers regardless of the underlying reason (overfishing vs. severe random environmental occurrence), is crucial to maintaining fish stocks. Conversely, anomalous population increases should not be automatically attributed to effective management, or used as justification to drastically change management decisions. Managers often reflect that in hindsight, they should have known the black-swan event was a possibility (Taleb, 2005). Yet by their very nature, black-swan events are impossible to predict. If we acknowledge that black-swan events are possible, we can consider management strategies that have a reactive component if extreme population events do occur.

References

Alt., K. & Taube, T., 2002: Abundance and composition of inconnu spawners from the Kobuk River, Alaska. – In: Arch. Hydrobiol. Spec. Issues Advanc.Limnol. 57, July 2002. Biology and Management of Coregonine Fishes – 1999. pp. 639–645.

Anderson, S. C., Branch, T. A., Cooper, A. B. & Dulvy, N. K., 2017: Black-swan events in animal populations. – PNAS. 114(12): 3252–3257.

Bailey, M. M., 1963: Age, growth, and maturity of round whitefish of the Apostle Islands and Isle Royale regions, Lake Superior. – U.S. Fish Wildl. Serv. Fish. Bull. 63(1): 63–75.

Beard, D. B., 1943: Fading trails – MacMillan, N.Y. 279 pp.

Becker, G. C., 1983: Fishes of Wisconsin – The University of Wisconsin Press. Madison, WI.

Blanck, A. & Lamouroux, N., 2007: Large-scale intraspecific variation in life-history traits of European freshwater fish. – J. Biogeog. 34(5): 862–875.

Booke, H. E., 1970: Speciation parameters in Coregonine fishes: I. Egg-size II. Karyotype– In: Lindsey, C. C. & Woods C. S. (ed). Biology of Coregonine fishes – University of Manitoba Press. pp. 61–66.

Brown, R. W., Ebener, M. & Gorenflo, T., 1999: Great Lakes commercial fisheries: historical overview and prognosis for the future. In: W. W. Taylor & C. P. Ferreri, editors. Great Lakes fisheries policy and management: a binational perspective. Michigan State University Press, East Lansing pp. 307–354.

Chen, S. & Watanabe, S., 1989: Age dependence of natural mortality coefficient in fish population dynamics. – Nippon Suisan Gakkaishi. 55(2): 205–208.

Crête-Lafrenière, A., Weir, L. K. & Bernatchez, L., 2012: Framing the Salmonidae family phylogenetic portrait: a more complete picture from increased taxon sampling. – PLoS ONE 7(10): e46662.

DFO, 2009: A fishery decision-making framework incorporating the Precautionary Approach. (http://www.dfo-mpo.gc.ca/reports-rapports/regs/sff-cpd/precaution-eng.htm)

Dryer, W. R., 1963: Age and growth of the whitefish in Lake Superior. – U.S. Fish Wildl. Serv. Fish. Bull. 63(3): 611–618.

Dryer, W. R., Erkkila, L. F. & Tetzloff, C. L., 1965: Food of lake trout in Lake Superior. – Trans. Am. Fish. Soc. 94: 169–176.

Dryer, W. R. & Beil, J., 1968: Growth changes of the bloater (*Coregonus hoyi*) of the Apostle Islands region of Lake Superior. – Trans. Am. Fish. Soc. 97(2): 146–158.

Emery, L. & Brown, E. H., 1978: Fecundity of the bloater (*Coregonus hoyi*) in Lake Michigan. – Trans. Am. Fish. Soc. 107(6): 785–789.

Froese, R. & Pauly, D. (eds.), 2017: FishBase – World Wide Web electronic publication. www.fishbase.org, version (10/2017)

Hutchings, J. A. & Myers, R. A., 1995: Biological collapse of Atlantic cod off Newfoundland and Labrador: An exploration of historical changes in exploitation, harvesting technology, and management. – The North Atlantic fisheries: Successes, failures and challenges., vol. 3, pp. 37–93, An island living series

Kangur, K., Kangur, P., Ginter, K., Orru, K., Haldna, M., Mols, T. & Kangur, A., 2013: Long-term effects of extreme weather events and eutrophication on the fish community of shallow Lake Peipsi (Estonia/Russia). – J. Limnol. 72(2): 376–387.

Hagen, H. K., 1970: Age, growth and reproduction of the mountain whitefish in Phelps Lake, Wyoming –In: Lindsey, C. C. & Woods C. S. (eds). Biology of Coregonine fishes. – University of Manitoba Press. pp. 399–415.

Halley, J., 2002: Lognormality in ecological time series. – Oikos 99(3): 518–530.

Harrod, C. & Griffiths, D., 2004: Reproduction and fecundity of the Irish pollan (*Coregonus autumnalis* Pallas, 1776), a threatended lake coregonid. – Ann. Zool. Fennici 41: 117–124.

Houde, E. D., 2002: Chapter 3: Mortality – In: Fuiman, L.A, & Werner, R.G (Eds): Fishery Science: The Unique Contributions of Early Life Stages – Wiley and Blackwell pp. 64 – 87.

Howell, G. V. J., 2015: MH370 All lives lost: the 'black swan' disaster confirmed with a 26 word txt. – Asia Pacific Public Relations Journal 16(1): 8–21.

Howland, K. & Harris, L., 2005: Population analysis of harvested fish species in the Travaillant Lake system, Northwest Territories. – Gwich'in Renewable Resource Board report 05-05.

Howland, K. L., Tonn, W. M. & Tallman, R. F., 2002: The influence of genetic and environmental factors on egg development and juvenile growth in two life history forms of inconnu (*Stenodus leucichthys*). – In: Arch. Hydrobiol. Spec. Issues Advanc.Limnol. 57, July 2002. Biology and Management of Coregonine Fishes – 1999. pp. 253–264.

Hutching, J. A. & Morris, D. A., 1984: The influence of phylogeny, size and behaviour on patterns of covariation in salmonid life histories. – Oikos 45: 118–124.

Madenjian, C. P., Rutherford, E. S., Blouin, M. A., Sederberg, B. J. & Elliott, J. R., 2011: Spawning Habitat Unsuitability: An Impediment to Cisco Rehabilitation in Lake Michigan? – N. Am. J. Fish. Manage. 31(5): 905–913.

McHenry, E. T., Kubik, S. W., Watsjold, D. A. & Kepler, P., 1973: Population studies of northern pike and whitefish in the Minto Flats complex with emphasis on the Chatanika River. – Alaska Dept. Fish Game. Fed. Aid Fish Restor., Ann. Progress Rept., Project F-9-5, Job G-II-J. 14: 59-81.

Mraz, D., 1964: Age and growth of the round whitefish in Lake Michigan. – Trans. Am. Fish. Soc. 93(1): 46–52.

Osterholm, M. T., Moore, K. A. & Gostin, L. O., 2015: Public health in the age of ebola in West Africa. – JAMA Intern. Med. 175(1): 7–8.

Ploetz, R. C., Hulcr, J., Wingfield, M. J. & de Beer, Z. W., 2013: Destructive tree diseases associated with ambrosia and bark beetles: black swan events in tree pathology? – Plant Dis. 97(7): 856–872.

R Core Team, 2017: R: A language and environment for statistical computing version 3.3.3 – R Foundation for Statistical Computing, Vienna, Austria. URL https://www.R-project.org/.

Roseman, E. F., Taylor, W. W., Hayes, D. B., Knight, R. L. & Haas, R. C., 2001: Removal of walleye eggs from reefs in western Lake Erie by a catastrophic storm. – Trans. Am. Fish. Soc. 130(2): 341–346.

Scott, W. B. & Crossman, E. J., 1973: Freshwater fishes of Canada. Bulletin of the Fisheries Research Board of Canada no. 184. Ottawa, Ontario.

Schwartzlose, R. A., Alheit, J., Bakun, A. Baumgartner, T. R., Cloete, R., Crawford, R., J. M., Fletcher, W. J., Green-Ruiz, Y., Hagen, E., Kawasaki, T., Lluch-Belda, D., Lluch-Cota, S. E., MacCall, A. D., Matsuura, Y., Nevárez-Martínez, M. O., Parrish, R. H., Roy, C., Serra, R., Shust, K. V., Ward, M. N. & Zuzunaga, J. Z., 1999: Worldwide large-scale fluctuations of sardine and anchovy populations. – S. African J. of Mar. Sci. 21(1): 289–347

Stockwell, J. D., Ebener, M. P., Black, J. A., Gorman, O. T., Hrabik, T. R., Kinnunen, R. E., Mattes, W. P., Oyadomari, J. K., Schram, S. T., Schreiner, D. R. & Seider, M. J., 2009: A synthesis of cisco recovery in Lake Superior: implications for native fish rehabilitation in the Laurentian Great Lakes. – North Am. J. of Fish. Manag. 29(3): 626–652.

Smith, V. H., 2003: Eutrophication of freshwater and coastal marine ecosystems a global problem. – Environ. Sci. Pollut. Res. 10: 126–139.

Stan Development Team, 2017: R Stan: the R interface to Stan. – R package version 2.16.2. http://mc-stan.org.

Taleb, N. N., 2005: Fooled by randomness: the hidden role of chance in life and in the markets (2nd ed). – New York. Random House.

Tallman, R. F. & Thera, T., 2006: A life-cycle based fisheries model for broad whitefish, *Coregonus nasus*, of the lower Mackenzie River: a solution to management of a trans-boundary migratory species in the Canadian Arctic. – J. Fish Biol. 69 (Supplement: C): 244–244.

Taylor, W., Lynch, A. & Leonard, N., 2013: Great Lakes Fisheries Policy and Management: A Binational Perspective. Michigan State University Press.

Teletchea, F, Gardeur, J.-N., Kamler, E. & Fontaine, P., 2009: The relationship of oocyte diameter and incubation temperature to incubation time in temperate freshwater fish species. – J. of Fish. Biol. 74: 652–668.

Tewinkel, L. M., Kroeff, T., Fleischer, G. W. & Toneys, M., 2002: Population dynamics of bloaters (*Coregonus hoyi*) in Lake Michigan, 1973–1998 – In: Arch. Hydrobiol. Spec. Issues Advanc. Limnol. 57, July 2002. Biology and Management of Coregonine Fishes. – 1999. pp. 307–320.

Thera, T. M., 1998: A quantitative life-cycle model to identify research priorities and test management strategies for the Mackenzie River broad whitefish (*Coregonus nasus* Pallus). – MSc Thesis, University of Manitoba, Winnipeg.

Todd, T. N. & Steinhilber, M., 2002: Diversity in shortjaw cisco (*Coregonus zenithicus*) in North – In: Arch. Hydrobiol. Spec. Issues Advanc. Limnol. 57, July 2002. Biology and Management of Coregonine Fishes. – 1999. pp. 517–525.

Tolonen, A., Paalavua, M., Muje, P. & Rita, H., 2002: Energy density and fecundity in subarctic European whitefish (*Coregonus lavaretus* (L.)) infected by *Diphyllobothrium ditremumpleurocercoids*. – In: Arch. Hydrobiol. Spec. Issues Advanc. Limnol. 57, July 2002. Biology and Management of Coregonine Fishes. – 1999. pp. 527–535.

Trippel, E. A., 1995: Age at maturity as a stressor indicator in fisheries. – BioSci. 45(11): 759–771.

Ware, D. M., 1975: Relation between egg size, growth, and natural mortality of larval fish. – J. Fish. Res. Board Can. 32: 2503–2512.

Zawisa, J. & Backiel, T., 1970: Gonad development, fecundity and egg survival in *Coregonus albula* L. – In: Lindsey, C. C. & Woods C. S. (eds.). Biology of Coregonine fishes – University of Manitoba Press. pp. 363–397.

Zimmerman, M. S. & Krueger, C. C., 2009: An ecosystem perspective on re-establishing native deepwater fishes in the Laurentian Great Lakes. – N. Am. J. Fish. Manage. 29: 1352–1372.

Manuscript received: 8 January 2018
Revisions requested: 11 April 2018
Modified version received: 27 September 2018
Accepted: 6 February 2020

Advanc. Limnol. **66**, p. 163–172
Biology and Management of Coregonid Fishes – 2017

Article

Spatial extent of contemporary lake whitefish spawning in western Lake Erie

Zachary J. Amidon[1,*], Robin L. DeBruyne[1], Edward F. Roseman[2], and Christine M. Mayer[1]

With 2 figures and 1 table

Abstract: Degradation of lake whitefish (*Coregonus clupeaformis*) spawning areas in the Detroit River, Maumee Bay, and western Lake Erie reefs and shoals has been identified as a contributing factor to Lake Erie's population collapse in the 1950s. This decline prompted the United States and Canada to take steps to improve the aquatic ecosystem of Lake Erie. A recent increase in commercial fish harvest and catch of early-life stages of lake whitefish in the western basin of Lake Erie provide evidence that lake whitefish are once again spawning in some of their historical spawning areas, however the extent of use is unknown. To investigate the contemporary distribution of lake whitefish spawning within western Lake Erie, 31 potential spawning locations were sampled for eggs in 2016 and 2017. A subset of sites within Maumee Bay and an open lake reef complex were sampled repeatedly each year to determine the onset of spawning and 17 sites outside these two areas were each sampled once to describe the spatial extent of spawning. Spawned eggs were first detected on 22 November in 2016 and on 18 November in 2017. Viable eggs were collected at 27 of 31 sampled locations, verifying that lake whitefish spawned in Maumee Bay, on the mid-lake reefs, and other locations in 2016 and 2017. These findings confirm that lake whitefish are using historical spawning areas and available spawning habitat in western Lake Erie. The extensive use of available spawning habitat adds spawning stock diversity that is vital for generating population stability and resilience.

Keywords: lake whitefish, *Coregonus clupeaformis*, egg deposition, spawning, Lake Erie

Introduction

Lake Erie is at the southernmost geographic range of lake whitefish (*Coregonus clupeaformis*) (Lawler, 1965). Lake Erie's bathymetry (average depth = 19 m) (Bolsenga & Herdendorf, 1993) and relatively warm water temperatures cause lake whitefish to segregate summer feeding habitat from winter spawning areas. During the warm summer months, lake white-

Authors' addresses:
[1] University of Toledo, Lake Erie Center, Department of Environmental Sciences, 6200 Bay Shore Rd., Oregon, OH 43616, USA
[2] U.S. Geological Survey, Great Lakes Science Center, 1451 Green Rd., Ann Arbor, MI 48105, USA
[*] Corresponding author: zachary.amidon@utoledo.edu

DOI: 10.1127/adv_limnol/2021/0063 1612-166X/21/0063 $ 2.50
www.schweizerbart.de

fish remain in the cooler, deeper waters of the central and eastern basin of Lake Erie (Trautman, 1981; Figure 1). As water temperatures cool in October and November, a majority of the spawning population travels west along the shoreline to spawn in the shallow western basin (Regier & Hartman, 1973; Goodyear et al., 1982) and Detroit River (Roseman et al., 2007; Roseman et al., 2012) where their eggs incubate on spawning substrate until hatching in March and April. Historically, Lake Erie supported large catches of lake whitefish (Baldwin et al., 2009; Figure 2). Commercial fishers targeted lake whitefish in the western basin and Detroit River in November and December, noting catches of ripe fish wherever a shallow, hard bottom (rock, gravel, firm sand) was present (Goodyear et al., 1982). Such reports of specimens in spawning condition provide the only knowledge of lake whitefish spawning areas within Lake Erie (Goodyear et al., 1982). Historic spawning areas identified include the Detroit River, Maumee Bay, and western basin shallow reefs and shoals. However, by the 1950s, overfishing and environmental degradation contributed to a population collapse, leaving only a remnant population, resulting in a severe reduction in commercial harvest (Ludsin et al., 2001; Ryan et al., 2003; Figure 2). There was a recent resurgence in lake whitefish numbers in Lake Erie beginning in the early 1990s, but the population abundance has again declined, beginning in 2010. It is possible that the habitat and water quality changes during the intervening years (1950s–1980s) may have shifted spawning locations away from historically reported areas.

Habitat degradation in historical lake whitefish spawning areas suggests that some areas may no longer be suitable for spawning. The construction of shipping channels in the Detroit River in the early 20th century removed or covered much of the spawning habitat within the river (Bennion & Manny, 2011). As a result, the lake whitefish spawning runs were quickly and significantly reduced; the last recorded spawning fish was caught in the Detroit River in 1925 (Roseman et al., 2007). At the same time, the Maumee River, a tributary of western Lake Erie, experienced increased silt load from the Maumee River watershed that smothered lake whitefish spawning areas in Maumee Bay (Hartman, 1972; Trautman, 1981). By 1918 the once prolific Maumee Bay spawning grounds were no longer used by lake whitefish, leaving only open lake spawning stocks in Ohio and Ontario waters to support the expanding fishery (Hartman, 1972; Trautman, 1981). During the 1950s, the Lake Erie population collapsed due to overfishing, degradation of the remaining spawning grounds, changes in benthic food, and depleted oxygen concentrations (Hartman, 1972; Regier & Hartman, 1973). The precipitous decline of remnant lake whitefish and other native fish populations prompted the United States and Canada to pass The Great Lakes Water Quality Agreement in an effort to restore and maintain the chemical, physical, and biological integrity of Great Lakes waters (Hartman, 1972; Ebener et al. 2008). However, it is not known whether restoration efforts have made historical lake whitefish spawning areas suitable for spawning.

Little information exists about what habitats contemporary lake whitefish use for spawning in Lake Erie. As part of a walleye (*Sander vitreus*) egg deposition and survival study, viable lake whitefish eggs were documented on two western basin reefs and pelagic lake whitefish larvae were documented in the western basin from 1994–1999 (Roseman, 1997; Roseman, 2000), providing evidence of successful hatches. Lake whitefish early-life history studies continued in the Detroit River beginning in 2005 when ripe males, viable eggs, and subsequent drifting larvae were collected, serving as the first evidence of successful lake whitefish spawning in the Detroit River in nearly 80 years (Roseman et al., 2007; 2021). Currently, the bulk of

Lake Erie's commercial lake whitefish harvest occurs in the western basin during October and November, with the greatest harvests occurring in Maumee Bay and around the Ontario open-water reef complex (Coldwater Task Group, 2017). However, confirmation of lake whitefish spawning within Maumee Bay and other historical spawning locations in the western basin has not been documented. Consequently, the objective of this study was to determine the distribution of spawning lake whitefish in western Lake Erie by sampling historical and suspected contemporary spawning locations. An accurate description of current spawning habitat is needed for informed management of Lake Erie's lake whitefish population.

Methods

To determine lake whitefish spawning distribution in western Lake Erie, a total of 31 suspected spawning locations were sampled for eggs in the fall of 2016 and 2017 (Figure 1). Western Lake Erie is a shallow basin with little variability in depth and contours, except near the island complex and the reef complex along the southern shore. All sample locations were selected based on historical (Goodyear et al., 1982; Schaefer et al., 2021) or contemporary

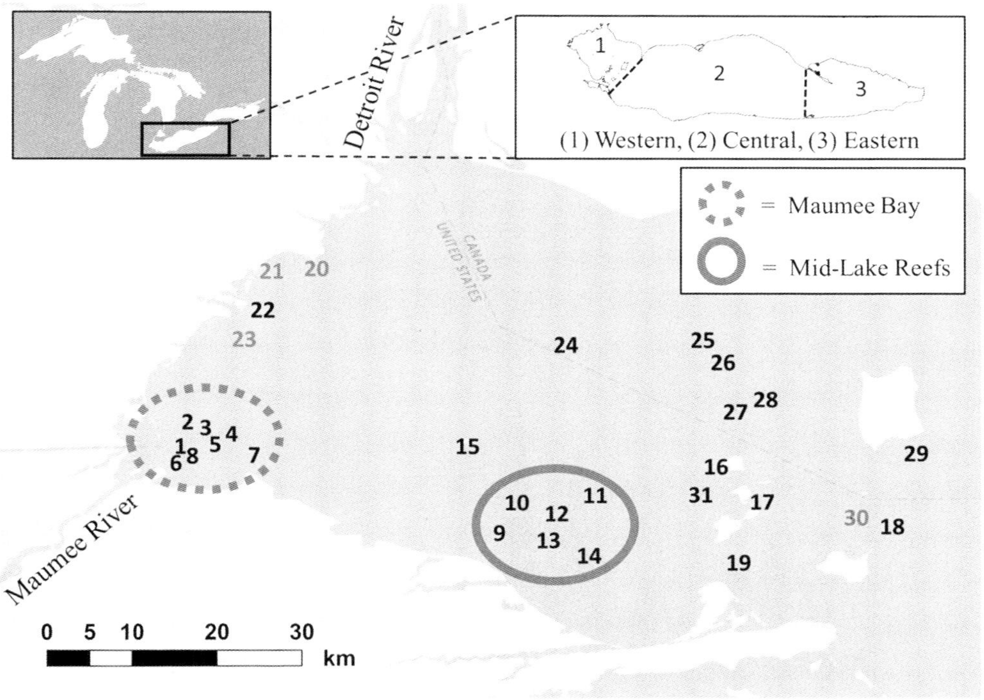

Fig. 1. Egg sampling locations in the western basin of Lake Erie. Site numbers correspond to Map ID in Table 1. Black numbers represent locations where viable eggs were detected. Grey numbers represent locations where viable eggs were not detected. Locations not marked as Maumee Bay or mid-lake reefs were exploratory sites.

evidence of spawning activity in shallow water (≤ 5 m) with hard substrate (Roseman, 1997; Roseman, 2000) because the egg sampling gear used does not operate on soft bottom types and we wanted to maximize our chances of identifying lake whitefish spawning locations. The method of egg collection utilized for this study is especially suitable to detect the presence of eggs over relatively large areas when the exact spawning location is unknown (Stauffer et al., 1981); however, its efficiency varies among substrate types and depths, resulting in biased egg density estimates. Because of this gear bias, combined with the limited timing of sampling, our between-site comparisons are restricted to the presence or absence of eggs. To detect the onset of spawning, six locations in Maumee Bay and six locations within a mid-lake reef complex (both historically documented sites) were sampled weekly beginning on 31 October 2016 and 1 November 2017 until viable eggs were detected at each location. Two of the six Maumee Bay sites differed between 2016 and 2017 due to logistical considerations. The mid-lake reef sites were the same between 2016 and 2017 (Table 1). After the first egg collection in Maumee Bay or mid-lake reef areas, additional sites outside these areas (Figure 1) were sampled to better describe the spatial extent of spawning. Five additional sites were sampled in 2016 and 12 in 2017 to detect spawned eggs across the basin. These 17 additional locations were considered exploratory and were sampled only once.

Each sample site was located using GPS and reached by boat. The shallowest portion of the site was temporarily marked with an anchored buoy to easily maintain visual proximity to the target location while sampling. Depth (m), bottom temperature (°C), and substrate composition were then recorded in the field at each site. Substrate composition was determined by visual observation of dominate substrate particles collected in samples with eggs and an estimation of particle type (hard or soft bottom) by tactile probing with a pole (Roseman et al., 2002). Eggs were collected using a 39-kg iron sled attached to a diaphragm pump on the boat deck by a flexible 5 cm diameter hose (Stauffer, 1981). The sled was towed for 2–5 minutes at a tow speed of about 1 m s^{-1}. This process was replicated three times at each site visit. The benthic samples (containing sand, benthic organisms, eggs, vegetation, gravel, and detritus) pumped onto the boat deck were filtered through a two-stage sieve, separating egg-sized particles from larger debris and sand. The first stage was a 0.06 m^3 basket lined

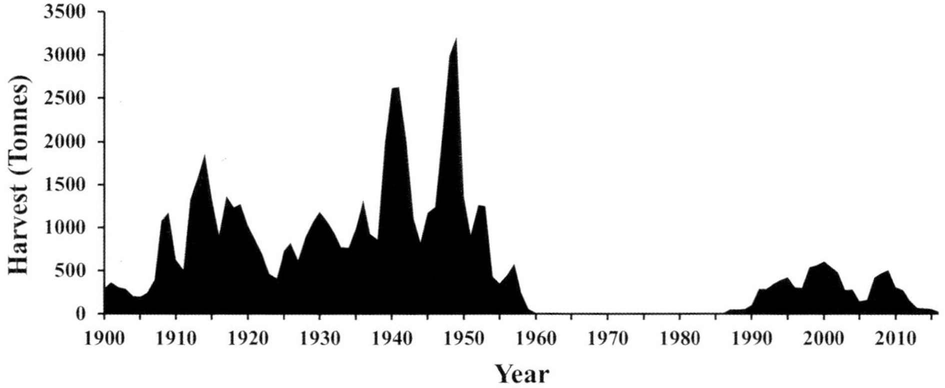

Fig. 2. Lake whitefish annual commercial harvest in Lake Erie from 1900 to 2016 (Baldwin et al. 2009; Coldwater Task Group, 2017).

Table 1. Coordinates of egg collection locations, depth, bottom temperature, CPUE, and substrate particles (M = Dead and/or live mussels, SH = Crushed or broken mussel shells, S = Sand) for all egg sites sampled from 22 November 2016 to 27 November 2017. Map ID numbers correspond to site locations in Figure 1.

Map ID (Figure 1)	Site ID	Region	Latitude	Longitude	Date Sampled	Depth (m)	Bottom Temp (°C)	Substrate Particles	CPUE eggs min^{-1} (SD)
1	MB1	Maumee Bay	41.7333	-83.4008	11/18/17	1.3	5.4	M, S, SH	3.8 (0.3)
2	MB2	Maumee Bay	41.7521	-83.3904	11/22/16	2.0	6.0	M, S, SH	0.8 (0.8)
3	MB3	Maumee Bay	41.7464	-83.3726	11/29/16	1.5	5.8	M, S, SH	3.7 (2.9)
4	MB4	Maumee Bay	41.7429	-83.3502	11/22/16	3.0	6.3	M, S, SH	3.0 (3.0)
5	MB5	Maumee Bay	41.7354	-83.3653	11/22/16	2.5	6.1	M, S, SH	2.2 (1.9)
6	MB6	Maumee Bay	41.7173	-83.4054	11/22/16	1.8	5.4	M, S, SH	3.7 (0.3)
7	MB7	Maumee Bay	41.7300	-83.3272	11/29/16	4.0	6.4	M, S, SH	0.5 (0.5)
8	MB8	Maumee Bay	41.7226	-83.3923	11/18/17	1.8	5.1	M, S, SH	0.2 (0.3)
9	Locust	mid-lake reef	41.6458	-83.0654	11/22/16	2.5	6.8	M, SH	9.3 (2.3)
10	Cone	mid-lake reef	41.6668	-83.0463	11/30/16	4.8	5.9	M, SH	2.0 (1.6)
11	Niagara	mid-lake reef	41.6645	-82.9750	11/22/16	2.5	7.3	M, SH	0.2 (0.3)
12	Crib	mid-lake reef	41.6464	-83.0088	11/22/16	3.3	6.9	M, SH	1.2 (1.0)
13	Toussaint	mid-lake reef	41.6316	-83.0166	11/22/16	3.8	6.8	M, SH	3.3 (2.3)
14	Round	mid-lake reef	41.6185	-82.9873	11/22/16	3.4	6.8	M, SH	2.3 (0.6)
15	West Sister	Exploratory	41.7338	-83.1026	11/30/16	3.0	6.5	M, SH	6.3 (4.5)
16	West Reef	Exploratory	41.7130	-82.8543	1/24/17	5.0	0.7	M, SH	0.1 (0.1)
17	Buckeye	Exploratory	41.6710	-82.7870	1/24/17	2.0	0.9	M, SH	0.4 (0.3)
18	Kelleys	Exploratory	41.6390	-82.6473	1/24/17	3.0	1.1	M, SH	0.1 (0.1)
19	Starve	Exploratory	41.6128	-82.8143	1/24/17	4.0	1.3	M, SH	0.1 (0.1)
20	EXP1	Exploratory	41.9297	-83.2638	11/22/17	4.0	4.6	M, SH	0.0
21	EXP2	Exploratory	41.9267	-83.3186	11/22/17	4.0	5.0	M, S, SH	0.0
22	EXP3	Exploratory	41.8844	-83.3228	11/22/17	4.2	4.8	M, S, SH	1.8 (2.0)

Table 1. cont.

Map ID (Figure 1)	Site ID	Region	Latitude	Longitude	Date Sampled	Depth (m)	Bottom Temp (°C)	Substrate Particles	CPUE eggs min^{-1} (SD)
23	EXP4	Exploratory	41.8565	-83.3444	11/22/17	4.8	7.7	M, SH	0.0
24	Middle Sister	Exploratory	41.8458	-83.0001	11/27/17	2.4	4.8	M, SH	0.5 (0.5)
25	North Harbour	Exploratory	41.8480	-82.8525	11/27/17	1.7	5.1	M, SH	1.3 (0.6)
26	East Sister	Exploratory	41.8226	-82.8421	11/27/17	4.8	5.0	M, SH	2.2 (2.0)
27	Big Chicken	Exploratory	41.7736	-82.8150	11/27/17	3.0	5.2	M, SH	0.7 (0.3)
28	Little Chicken	Exploratory	41.7772	-82.7960	11/27/17	1.6	5.1	M, SH	1.5 (0.9)
29	Chickenolee	Exploratory	41.7172	-82.6275	11/27/17	1.6	5.5	M, SH	0.7 (0.3)
30	Gull	Exploratory	41.6591	-82.6897	11/27/17	1.4	5.5	M, SH	0.0
31	Rattlesnake	Exploratory	41.6821	-82.8588	11/27/17	3.4	5.2	M, SH	0.3 (0.3)

with 6 mm square galvanized wire mesh, to strain out large debris. The remaining sample was then filtered with a 1.5 mm square fiberglass screen that retained eggs and smaller debris. The screen, with the remaining sample, was placed into a labeled plastic bag and stored on ice until laboratory processing, which occurred 2 to 48 hours after collection.

In the lab, samples were placed in a glass pan and examined for eggs. Eggs were identified and counted based on size, color, and oil globule. Within Lake Erie, only coregonids and salmonids are known to spawn in the fall and their eggs can be separated by size. Coregonid eggs range from 1.5 mm to 3.5 mm while salmonid eggs are larger, ranging from 4.0 mm to 6.5 mm (Auer, 1982). Currently the two coregonine species suspected to spawn in Lake Erie are lake whitefish and cisco (*Coregonus artedi*), although cisco are rare (Ryan et al., 2003; Oldenburg et al., 2007). Cisco eggs are smaller than lake whitefish eggs; approximately 2.0 mm to 2.2 mm diameter while lake whitefish eggs are approximately 3.0 mm diameter, have a colorless chorion, multiple oil globules, and amber-colored yolk (Auer, 1982). All ruptured eggs or eggs showing signs of opaqueness were classified as dead. All clear or eyed eggs were classified as viable. Once classified, eggs were preserved in 95% ethanol. Catch per unit effort (CPUE) of eggs was calculated as the number of eggs per minute sampled (pooled replicates), with standard deviation at each sample site. Since Maumee Bay and mid-lake reef sites were sampled multiple times to detect onset of spawning, only the first positive sampling event for eggs was included in the results at these locations. Additional exploratory sites were sampled only once and are included in the results regardless of a positive or negative egg detection.

Results

Viable eggs were collected at 27 of 31 sampled locations, verifying that lake whitefish spawned at 8 Maumee Bay locations, 6 mid-lake reefs locations, and at 13 additional exploratory sites in 2016 and 2017 (Figure 1; Table 1). Intact dreissenid mussels, broken dreissenid mussel shells, and sand were the dominate substrate particles observed in collected samples.

In 2016, the first eggs were detected on 22 November at four locations in Maumee Bay (MB2, MB4, MB5, and MB6) and five locations in the mid-lake reef complex (Locust, Crib, Round, Toussaint, and Niagara) when water temperatures were ≤ 7.3 °C (Table 1). Viable eggs were verified at the remaining Maumee Bay sites (MB3 and MB7) on 29 November 2016 and the remaining mid-lake reef site (Cone) on 30 November 2016. Viable lake whitefish eggs were detected at West Sister Island reef on 30 November 2016. Due to winter ice conditions, no sampling occurred between 1 December 2016 and 24 January 2017. On 24 January 2017, viable lake whitefish eggs were collected at Buckeye, Kelleys, Starve, and West Reef. Lake whitefish egg CPUE ranged from 0.1 (±0.1) to 9.3 (±2.3) eggs per minute of tow for the 2016 spawning season (Table 1).

On 18 November 2017 the first spawned eggs were detected at four Maumee Bay locations (MB1, MB3, MB4, MB8) when water temperatures were ≤ 6.0 °C (Table 1). Viable eggs were verified at all six mid-lake reef sites (Locust, Crib, Round, Toussaint, Cone, and Niagara) on 22 November 2017, and the remaining Maumee Bay sites (MB2 and MB5) on 29 November 2017. Viable lake whitefish eggs were detected at EXP3 on 22 November 2017, and at Middle Sister, North Harbour, East Sister, Big Chicken, Little Chicken,

Chickenolee, and Rattlesnake reefs on 27 November 2017. At sites where lake whitefish eggs were collected during the 2017 spawning season, CPUE ranged from 0.2 (±0.3) to 3.8 (±0.3) eggs per minute of tow. Eggs were not detected at EXP1, EXP2, EXP4 and Gull sites.

Discussion

A reduction in available spawning habitat in the early 20th century was identified as a major contributing factor to the lake whitefish population collapse in the 1950s (Trautman, 1981; Roseman et al., 2007). However, a recent increase in commercial fish harvest and catch of early-life stages of lake whitefish in the western basin of Lake Erie prompted research into contemporary spawning distributions. We found viable lake whitefish eggs at 27 of 31 sampled sites, confirming that lake whitefish are once again using some of their historical spawning areas, along with other available spawning habitat in western Lake Erie.

We found evidence of spawning across the western basin at a variety of depths and distances from shore. This utilization of diverse spawning areas can contribute to population stability and resilience (DuFour et al., 2015). It is especially important that spawning locations cover a range of depths and are spatially distant as egg mortality varies across physically diverse sites depending on regional weather exposure. For example, strong wind events can cause high egg mortality and reduce production by dislodging incubating eggs from western basin reefs and shoals where lake whitefish spawn (Busch et al., 1975; Roseman et al., 2001). Shallow spawning locations are subject to more wave energy caused by winds than deeper spawning locations. As a result, deeper spawning locations may see a lower egg loss rate than shallower spawning locations in the same region. In addition, spawning locations in bays or near the island complex are likely less affected by wind and ice-over sooner, thereby protecting eggs from waves. Collecting viable eggs at spatially distant spawning areas suggest the entire basin is important to lake whitefish reproduction and available spawning habitat is no longer limiting recruitment.

The lack of egg detection at four locations may be a result of sampling variability, natural egg removal, or a true lack of spawning activity in the area. Lake Erie's western basin rarely stratifies due to wind and wave action across the basin and the shallow spawning locations (1.3–4.8 m) are frequently exposed to high wave energy known to remove eggs from spawning grounds (Freeberg et al., 1990; Roseman et al., 2001). Mortality during the egg and larval stages can be severe and strong annual variations in recruitment may arise from relatively small fluctuations in survival (Freeberg et al., 1990). Lake Erie's lake whitefish population is often dominated by a single year class (Coldwater Task Group, 2017) suggesting that heavy losses during the egg and larval stage may be limiting recruitment within the system. Our identification of contemporary spawning locations will aid future research into the temporal dynamics of lake whitefish early life history, including quantifying relationships between environmental conditions and survival in western Lake Erie. Further, identification of specific spawning locations can inform future habitat protection or restoration projects. An improved understanding of the mechanisms affecting age-0 lake whitefish survival will help facilitate efforts to restore Lake Erie and its fisheries.

Acknowledgements

This work was supported by the Great Lakes Restoration Initiative and the U.S. Geological Survey, Great Lakes Science Center. Handling of fishes followed the guidelines provided in the "Guidelines for the use of fishes in research" published by the American Fisheries Society, Bethesda, MD. Use of trade names is for descriptive purposes and does not imply endorsement by the U.S. Geological Survey.

References

Auer, N. A., 1982: Identification of larval fishes of the Great Lakes basin with emphasis on the Lake Michigan drainage. – Great Lakes Fishery Commission, Ann Arbor, MI 48105. Spec. Publ. 82-3, pp. 1–744.

Baldwin, N. S., Saalfeld, R. W., Dochoda, M. R., Buettner, H. J. & Eshenroder, R. L., 2009: Commercial Fish Production in the Great Lakes 1867–2006. http://www.glfc.org/great-lakes-databases.php.

Bennion, D. H. & Manny, B. A., 2011: Construction of shipping channels in the Detroit River - history and environmental consequences. – U.S. Geological Survey Scientific Investigations Report 2011-5122.

Bolsenga, S. J. & Herdendorf, C. E., 1993: Lake Erie and Lake St. Clair Handbook. – Wayne State Univ. Press, Detroit, MI, 467 pp.

Busch, W. D. N., Scholl, R. L. & Hartman, W. L., 1975: Environmental factors affecting the strength of walleye (*Stizostedion vitreum vitreum*) year classes in western Lake Erie, 1960–70. – J. Fish. Res. Board Can. 32:1733–1743.

Coldwater Task Group, 2017: 2016 Report of the Lake Erie Coldwater Task Group, March 2017. Presented to the Standing Technical Committee, Lake Erie Committee of the Great Lakes Fishery Commission, Ann Arbor, Michigan, USA.

DuFour, M. R., May, C. J., Roseman, E. F., Ludsin, S. A., Vandergoot, C. S., Pritt, J. J., Fraker, M. E., Davis, J. J., Tyson, J. T. & Miner, J. G., 2015: Portfolio theory as a management tool to guide conservation and restoration of multi stock fish populations. – Ecosphere 6: 1–21.

Ebener, M. P., Kinnunen, R. E., Schneeberger, P. J., Mohr, L. C., Hoyle, J. A. & Peeters, P., 2008: Management of Commercial Fisheries for lake whitefish in the Laurentian Great Lakes of North America. – In: Schechter, M. G., Leonard, N. J. & Taylor, W. W. (eds.): International Governance of Fisheries Ecosystems: Learning from the Past, Finding Solutions for the Future. pp. 99–144. – American Fisheries Society, Bethesda, MD.

Freeberg, M. H., Taylor, W. W. & Brown, R. W., 1990: Effect of egg and larval survival on year-class strength of lake whitefish in Grand Traverse Bay, Lake Michigan. – Trans. Am. Fish. Soc. 119: 92–100.

Goodyear, C. S., Edsall, T. A., Ormsby-Dempsey, D. M., Moss, G. D. & Polanski, P. E., 1982: Atlas of the spawning and nursery areas of Great Lakes fishes. Vol. 9 – U.S. Fish Wildl. Serv., Washington, D.C. FWS/OBS-82/52.

Hartman, W. L., 1972: Lake Erie: effects of exploitation, environmental changes and new species on the fishery resources. – J. Fish. Res. Board Can. 29: 899–912.

Lawler, G. H., 1965: Fluctuations in the success of year classes of lake whitefish populations with special reference to Lake Erie. – J. Fish. Res. Board Can. 22: 1197–1227.

Ludsin, S. A., Kershner, M. W., Blocksom, K. A., Knight, R. L. & Stein, R. A., 2001: Life after death in Lake Erie: nutrient controls drive fish species richness, rehabilitation. – Ecol. Appl. 11: 731–746.

Oldenburg, K., Stapanian, M. A., Ryan, P. A. & Holm, E., 2007: Potential strategies for recovery of lake whitefish and lake herring stocks in eastern Lake Erie. – J. Great Lakes Res. 33: 46–58.

Regier, H. A. & Hartman, W. L., 1973: Lake Erie's fish community: 150 years of cultural stresses. – Science 180: 1248–1255.

Roseman, E. F., 1997: Factors influencing the year-class strength of reef spawned walleye in western Lake Erie. – M.S. thesis. Michigan State University, East Lansing.

Roseman, E. F., 2000: Physical and biological processes influencing the year-class strength of walleye in western Lake Erie. – Ph. D. dissertation. Michigan State University, East Lansing.

Roseman, E. F., Taylor, W. W., Hayes, D. B., Knight, R. L. & Haas, R. C., 2001: Removal of walleye eggs from reefs in western Lake Erie by a catastrophic storm. – Trans. Am. Fish. Soc. 130: 341–346.

Roseman, E. F., Taylor, W. W., Hayes, D. B., Fofrich Sr, J. & Knight, R. L., 2002: Evidence of walleye spawning in Maumee Bay, Lake Erie – Ohio J. Sci. 102: 51–55.

Roseman, E. F., Kennedy, G. W., Boase, J., Manny, B. A., Todd, T.N. & Stott, W., 2007: Evidence of lake whitefish spawning in the Detroit River: implications for habitat and population recovery. – J. Great Lakes Res. 33: 397–406.

Roseman, E. F., Kennedy, G. W., Manny, B. A., Boase, J., McFee, J., Tallman, R. F., Howland, K. L., Rennie, M. D. & Mills, K., 2012: Life history characteristics of a recovering lake whitefish *Coregonus clupeaformis* stock in the Detroit River, North America. – Advanc. Limnol. 63: 477–501.

Roseman, E. F., DuFour, M., Pritt J., Fischer, J., DeBruyne, R. L. & Bennion, D., 2021: Export of pelagic fish larvae from a large Great Lakes connecting channel. – Advanc. Limnol. 66: 225–243. DOI: 10.1127/adv_limnol/2021/0060

Ryan, P., Knight, R., MacGregor, R., Towns, G., Hoopes, R. & Culligan, W., 2003: Fish community goals and objectives for Lake Erie. – Great Lakes Fish. Comm. Spec. Publ. 03–02.

Schaefer, H. M., Roseman, E. F., DeBruyne, R. L., Vandergoot C. S. & Diana J. S., 2021: Historic coregonine habitat use and assessment of larval nursery locations in Lake Erie. – Advanc. Limnol. 66: 245–259.

Stauffer, T. M., 1981: Collecting gear for lake trout eggs and fry. – Prog. Fish Cult. 43: 186–193.

Trautman, M. B., 1981: The fishes of Ohio. – The Ohio State University Press, Columbus, 784 pp.

Manuscript received: 8 January 2018
Revisions requested: 27 April 2018
Modified version received: 8 June 2018
Accepted: 11 September 2018

Advanc. Limnol. **66**, p. 173–187
Biology and Management of Coregonid Fishes – 2017

Article

Short-term survival of lake whitefish following surgical implantation of acoustic transmitters using chemical anesthesia and electroimmobilization

Daniel J. Dembkowski[1,*], Daniel A. Isermann[2], Christopher S. Vandergoot[3], Scott P. Hansen[4], and Thomas R. Binder[5]

With 3 figures and 1 table

Abstract: The recreational, tribal, and commercial importance of lake whitefish (*Coregonus clupeaformis*) has prompted interest in conducting large-scale telemetry studies to evaluate movement patterns, stock structure, and spatial distribution of fish relative to fishing effort in the Laurentian Great Lakes. However, there is a lack of knowledge concerning the postoperative effects of intracoelomic transmitter implantation and the use of different anesthetic agents and immobilization techniques during surgery on the survival of lake whitefish. Consequently, we evaluated 48-h survival of lake whitefish following intracoelomic implantation of acoustic transmitters using chemical anesthesia (i.e., Aqui-S 20E®) and electroimmobilization through a series of field surgery trials during November 2016 and 2017. Lake whitefish were collected using electrofishing and assigned to treatment groups including: 1) a loop tag; 2) a loop tag and acoustic transmitter with no anesthesia or immobilization; 3) a loop tag and transmitter using Aqui-S 20E®; 4) a loop tag and transmitter using electroimmobilization; and 5) reference fish. In treatments involving anesthesia or immobilization, induction and recovery times were recorded, and all fish were monitored for postoperative mortality. After 48 h, all fish that underwent anesthesia or immobilization during surgery were alive, but 4 of 25 (16%) fish that underwent surgery without anesthesia or immobilization died within 48 h. Induction and recovery times were substantially shorter for fish immobilized with electricity (induction time: instantaneous; recovery time < 20 s) than for those anesthetized with Aqui-S 20E® (induction time > 200 s; recovery time > 500 s). Results indicate that survival of lake whitefish following surgical implantation of acoustic transmitters

Authors' addresses:
[1] University of Wisconsin-Stevens Point, Wisconsin Cooperative Fishery Research Unit and Fisheries Analysis Center, College of Natural Resources, 800 Reserve Street, Stevens Point, WI 54481, USA
[2] U.S. Geological Survey, Wisconsin Cooperative Fishery Research Unit, College of Natural Resources, University of Wisconsin-Stevens Point, 800 Reserve Street, Stevens Point, WI 54481, USA
[3] U.S. Geological Survey, Great Lakes Science Center, Lake Erie Biological Station, 6100 Columbus Avenue, Sandusky, OH 44870, USA
[4] Wisconsin Department of Natural Resources, Sturgeon Bay Service Center, 110 South Neenah Avenue, Sturgeon Bay, WI 54235, USA
[5] Michigan State University, Department of Fisheries and Wildlife, Hammond Bay Biological Station, 11188 Ray Road, Millersburg, MI 49759, USA
[*] Corresponding author: dan.dembkowski@uwsp.edu

DOI: 10.1127/adv_limnol/2021/0062 1612-166X/21/0062 $ 3.75
www.schweizerbart.de

was high when surgeries were conducted with Aqui-S 20E® or electroimmobilization. Compared to using Aqui-S 20E®, electroimmobilization can provide shorter induction and recovery times and may be a preferred option for field-based tagging activities with limitations on time and fish holding capacity.

Keywords: anesthesia, Aqui-S 20E®, electroimmobilization, lake whitefish, surgery, survival, telemetry

Introduction

Lake whitefish (*Coregonus clupeaformis*) are a native species that support important recreational, tribal, and commercial fisheries in the Laurentian Great Lakes. In Lake Michigan, lake whitefish support the most economically-important commercial fishery, as well as an increasingly important recreational fishery within Green Bay. The recreational and commercial importance of lake whitefish has prompted interest in conducting studies to investigate movement patterns, stock structure, and spatial distribution of whitefish relative to fishing effort. Although lake whitefish movements have been investigated in the past, most studies inferred movements based on recoveries of conventional, external tags (e.g., Scheerer & Taylor, 1985; Walker et al., 1993; Ebener et al., 2010a; Ebener et al., 2010b) or genetic markers from fish harvested in the commercial fishery (Andvik et al., 2016). While these studies have provided general insights regarding movements of lake whitefish in Lake Michigan and Green Bay, inferring movements from tags recovered in various fisheries could be biased in relation to uneven spatial allocation of fishing effort (Wang et al., 2007) and temporal trends in tag loss (e.g., Ebener et al., 2010a; Vandergoot et al., 2012). Thus, a telemetry-based approach could provide additional information on movements and help validate observations made from recoveries of conventional tags. However, few studies have tracked lake whitefish movements using electronic tags (Bégout Anras et al., 1999; Gorsky et al., 2012; Bergstedt et al., 2016), and relatively little is known in regard to the effect of, or methods associated with, intracoelomic implantation of electronic transmitters in lake whitefish.

An important consideration in telemetry studies is the effect of transmitter implantation on survival of tagged individuals (Bridger & Booth, 2003). Low survival of fish implanted with electronic transmitters violates one of the primary assumptions of biotelemetry studies, which is that the processes by which individuals are captured, handled, and tagged will have minimal effect on the performance (i.e., behavior and survival) of tagged individuals (Guy et al., 1996; Liedtke & Rub, 2012). Long-term telemetry applications, such as the one proposed for lake whitefish, typically require intracoelomic transmitter implantation (Winter, 1996; Jepsen et al., 2002; Bridger & Booth, 2003; Cooke et al., 2011). Despite its frequent use, intracoelomic implantation is an invasive procedure that has the potential to negatively influence survival of tagged individuals (Cooke et al., 2011). Previous studies have reported variable survival rates following intracoelomic transmitter implantation, ranging from minimal or no mortality (e.g., Martin et al., 1995; Paukert et al., 2001) to substantial mortality (e.g., Walsh et al., 2000; Økland et al., 2003; Lacroix et al., 2004). These mixed results suggest the need to continually evaluate the suitability of intracoelomic transmitter implantation before conducting biotelemetry studies, especially when tagging species such as lake whitefish, for which the effect of intracoelomic implantation on survival is currently unknown.

Fish typically need to be anesthetized or immobilized prior to intracoelomic transmitter implantation (Summerfelt & Smith, 1990; Bridger & Booth, 2003; Jenkins et al., 2014), and a variety of chemical anesthetics (e.g., Trushenski et al., 2013) and physical approaches (e.g., Vandergoot et al., 2011; Faust et al., 2017) are available. Research on lake whitefish is limited, but previous biotelemetry studies have used chemical anesthetics including tricaine-methanesulfonate (MS-222; Bégout Anras et al., 1999; Gorsky et al., 2012) and clove oil (Bergstedt et al., 2016). Among chemical anesthetics, MS-222 is the only compound approved by the U.S. Food and Drug Administration for use in food fish, yet it requires a 21-d withdrawal period before fish can be released (Trushenski et al., 2013). Although anesthetizing, tagging, and holding fish for an extended period may be possible in some situations, a 21-d withdrawal period is not feasible for most field-based biotelemetry studies. An alternative chemical anesthetic that may be more appropriate for field-based tagging activities is Aqui-S 20E® (10% eugenol; Aqui-S New Zealand, Ltd., New Zealand). Aqui-S 20E® is a eugenol-based investigational new animal drug (INAD) that can be used as an immediate-release anesthetic for freshwater fishes involved in "field-based fishery management" activities (Davis et al., 2013; Johnson et al., 2016; Faust et al., 2017). Eugenol, the active ingredient in Aqui-S 20E®, elicits an anesthetic or sedative effect by blocking the transmission of nervous signals through permeable membranes (Trushenski et al., 2013). Additionally, fish can be physically immobilized with electricity during surgical procedures by eliciting electrotetanus (muscle contraction) or electronarcosis (unconsciousness or muscle relaxation; Barham et al., 1987; Vandergoot et al., 2011) and its use as a non-chemical, immediate-release alternative to chemical anesthetics has increased in recent years (Liedtke & Rub, 2012; Faust et al., 2017). Although previous studies have evaluated the efficacy of both Aqui-S 20E® (e.g., Davis et al., 2013) and electroimmobilization (e.g., Jennings & Looney, 1998; Vandergoot et al., 2011; Faust et al., 2017) for tagging in field-based biotelemetry studies, to our knowledge, no studies have evaluated the suitability of either for use with lake whitefish.

Before conducting biotelemetry studies, it is important that researchers are aware of: 1) potential negative effects of telemetry transmitter implantation, and 2) best surgical practices to ensure the welfare of tagged individuals and the quality of data obtained from the use of biotelemetry techniques (Bridger & Booth, 2003; Brown et al., 2011; Cooke et al., 2011). The effect of intracoelomic transmitter implantation on survival of lake whitefish is currently unknown, as is the suitability of using different anesthetic or immobilization methods for field-based tagging activities. Therefore, we evaluated short-term postoperative survival of lake whitefish following intracoelomic transmitter implantation using Aqui-S 20E® and electroimmobilization. Specifically, we conducted a series of surgery trials to quantify postoperative mortality and to determine if induction and recovery times varied between fish that underwent surgery with Aqui-S 20E® and electroimmobilization.

Methods

We conducted two trials during November 2016 and one trial during November 2017 to evaluate 48-h survival of adult (> 381 mm total length) lake whitefish following intracoelomic transmitter implantation using Aqui-S 20E® and electroimmobilization. During both years, adult lake whitefish were collected from the Menominee River, Wisconsin-Michigan border, using daytime boat electrofishing. Following each electrofishing event, fish were transported in aerated hauling tanks to holding tanks in the Menominee Dam hydroelectric facility and held for 20-30 min to assess general fish behavior and condition. Only fish that appeared to recover from the initial stresses of collection, transport, and handling were included in the surgery trials.

On 9 November 2016, all lake whitefish were measured for total length (TL; mm), identified as male or female based on extrusion of gametes or visual inspection of gonads (when possible), and randomly assigned to one of five treatments: 1) a loop tag; 2) a loop tag and intracoelomic transmitter implantation without Aqui-S 20E® or electroimmobilization; 3) a loop tag and implantation of a transmitter using Aqui-S 20E®; 4) a loop tag and surgery using electroimmobilization; or 5) reference fish. Lake whitefish in treatment 4 underwent electroimmobilization and surgery (i.e., incision and sutures) but were not implanted with acoustic transmitters (only 30 transmitters were available and transmitters were allocated to fish in treatments 2 and 3). Reference fish were measured for TL and identified as male or female but were not manipulated or handled any further. Fifteen lake whitefish were included in treatments 1-4 and 10 fish were included in the reference group (Table 1); treatments were assigned in sequential order (i.e., 15 random fish in treatment 1, 15 random fish in treatment 2, and so on).

On 14 November 2016, lake whitefish were sampled, measured, and sexed as described previously but sample sizes were adjusted to 10 fish per treatment group and treatments were assigned in random order (i.e., random fish and random treatment combinations until all treatments had 10 fish). Treatments 1, 2, 3, and 5 remained the same as described previously but fish in treatment 4 underwent electroimmobilization and surgery with transmitter implantation (in contrast to the trial on 9 November 2016 where fish in treatment 4 underwent electroimmobilization and surgery but were not implanted with a transmitter). Because of this modified design, we assumed that any mortalities would be associated with the surgical process itself rather than the stress of carrying a transmitter.

During 2017, we modified the experimental treatments to focus on 48-h survival of adult lake whitefish following intracoelomic transmitter implantation using only electroimmobilization. Adult lake whitefish were sampled, measured, and sexed as described previously and randomly assigned to one of three treatments: 1) a loop tag; 2) a loop tag and intracoelomic transmitter implantation using electroimmobilization; or 3) reference fish. As in 2016, reference fish were measured for TL and identified as male or female but were not manipulated or handled any further. In 2017, 11 lake whitefish were allocated to each treatment group (Table 1) and treatments were assigned in random order (i.e., random fish and random treatment combinations until all treatments had 11 fish). Lake whitefish used in treatment 2 were also included in a separate study and had the first pectoral fin ray and a small caudal fin clip removed for age, growth, and genetic analyses.

Lock-on loop tags (Model FT-4; Floy® Manufacturing, Seattle, Washington; Figure 1) were attached prior to any surgical procedures by inserting the tag into a hollow stainless needle that was passed through the dorsal musculature posterior to the dorsal fin and approximately 1-cm below the dorsal surface. Loop tags were used because external tags are commonly used to identify fish implanted with internal tags and to encourage tag reporting and return by commercial and recreational anglers (e.g., Guy et al., 1996; Pollock et al., 2001;

Table 1. Sample size (N), mean total length (TL), induction, surgery, and recovery times, and frequency of mortalities for lake whitefish (*Coregonus clupeaformis*) in each of five experimental treatments during two surgery trials in November 2016 and three experimental treatments during one surgery trial in November 2017. In the sample size column, numbers in parentheses represent the numbers of male (M) and female (F) lake whitefish. TL, induction, surgery, and recovery times, and mortalities are reported for all fish, regardless of sex. For these variables, numbers in parentheses represent standard error. Blank cells indicate that those variables do not apply to a given treatment.

Trial and treatment	N (M, F)	TL (mm)	Induction time (s)	Surgery time (s)	Recovery time (s)	Mortalities (after 48-h)
9 November 2016						
1 – Loop	15 (12, 3)	473 (9.2)				0
2 – Loop + transmitter	15 (9, 6)	467 (7.8)		113 (5.9)	Instant	3
3 – Loop + transmitter + Aqui-S 20E	15 (6, 4)	479 (6.0)	231 (14.4)	140 (9.0)	506 (58.8)	0
4 – Loop + surgery + electroimmobilization	15 (11, 3)	456 (8.1)	Instant	92 (3.7)	9 (6.9)	0
5 – Reference	10 (7, 2)	451 (6.9)				0
14 November 2016						
1 – Loop	10 (8, 1)	460 (5.1)				0
2 – Loop + transmitter	10 (10, 0)	448 (5.6)		168 (15)	Instant	1
3 – Loop + transmitter + Aqui-S 20E	10 (10, 0)	463 (3.3)	219 (6.2)	231 (17.4)	889 (100.8)	0
4 – Loop + transmitter + electroimmobilization	10 (9, 1)	467 (9.1)	Instant	176 (16.9)	11 (9.0)	0
5 - Reference	10 (4, 5)	455 (6.6)				0
14 November 2017						
1 – Loop	11 (11, 0)	460 (6.6)				0
2 – Loop + transmitter + electroimmobilization	11 (8, 3)	465 (9.6)	Instant	116 (4.7)	6 (1.9)	0
3 – Reference	11 (11, 0)	472 (25.3)				1

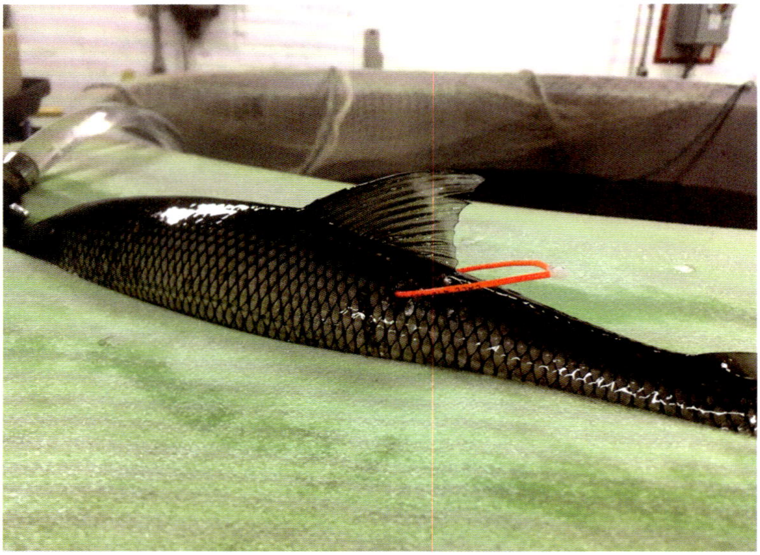

Fig. 1. Photograph of a lake whitefish (*Coregonus clupeaformis*) affixed with a lock-on loop tag (Model FT-4; Floy® Manufacturing, Seattle, Washington).

Pollock et al., 2002); unique identification numbers on loop tags were also used to identify individual fish in each treatment group.

Intracoelomic transmitter implantation involved placing fish ventral-side up in foam surgery boards and making a 3-cm mid-ventral incision posterior to the pelvic girdle through which a sterilized acoustic transmitter (VEMCO® V13; 13 mm × 36 mm; 11 g in air; 6 g in water; VEMCO, Halifax, Nova Scotia; Figure 2) was inserted into the coelom. Lake whitefish used in the surgery trials in 2017 were also included in a larger study evaluating movements of whitefish in Green Bay and, in addition to the acoustic transmitter, were implanted with an iButton thermal logger (Maxim Integrated Products DS1821Z®; weight = 3.8 g; diameter =17 mm; Maxim Integrated Products, Inc., Sunnyvale, California; Figure 2) dipped in a waterproof coating (Plasti Dip®, Performix Brand, Blaine, Minnesota). Surgical incisions were closed with two simple interrupted sutures (2/0 Mono-Dox® monofilament synthetic absorbable suture; 24 mm reverse cutting needle; CP Medical, Inc., Norcross, Georgia). All fish received a constant supply of fresh water while on the surgery boards. Surgery times (s) were recorded as the time from when fish were placed on the surgery board to the time when the final suture was complete. Loop tag attachment, which typically takes < 5 s, was not included in the surgery time. Throughout the trials, surgeries were performed by three different surgeons. A single experienced surgeon performed surgeries on 9 November 2016 and 14 November 2017 and two experienced surgeons performed surgeries on 14 November 2016.

In treatment 3 during both trials in 2016, lake whitefish were anesthetized in a bath of Aqui-S 20E® at a concentration of 30 mg L^{-1} prior to implantation of acoustic transmitters. A treatment dosage of 20–60 mg L^{-1} of Aqui-S 20E® is recommended for all species (USFWS/

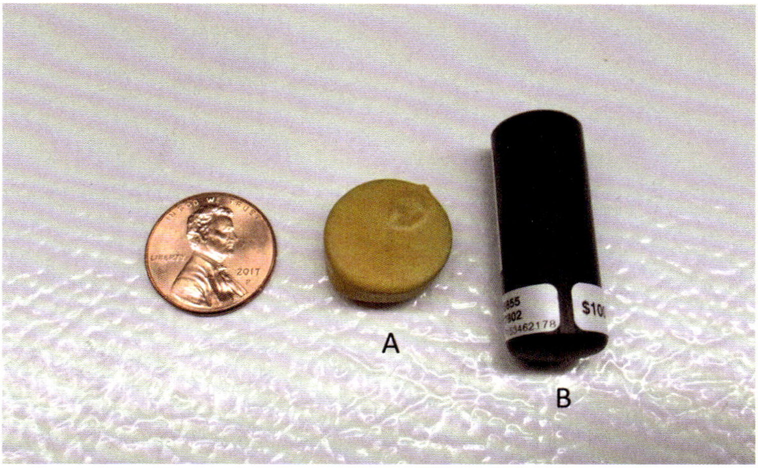

Fig. 2. Photograph of the thermal logger (A; iButton® model DS1821Z; Maxim Integrated Products; Sunnyvale, California) and acoustic transmitter (B; VEMCO® V13; VEMCO, Halifax, Nova Scotia) implanted into lake whitefish (*Coregonus clupeaformis*) included in surgery trials during November 2016 and 2017. Penny (US 1¢) included for scale.

AADAP, 2015); the specific concentration used herein (30 mg L^{-1}) was recommended by fish health specialists with the Wisconsin Department of Natural Resources (B. Baker, personal communication). The treatment bath was changed as necessary throughout the surgery trials to maintain an appropriate concentration of the chemical. While on the surgery table, lake whitefish did not receive a maintenance dose of Aqui-S 20E®. Induction time (s) for fish that underwent anesthesia using Aqui-S 20E® was measured from when fish were placed in the treatment bath to the point when equilibrium was lost and reflex activity ceased (Summerfelt & Smith, 1990; USFWS/AADAP, 2015). Electroimmobilization was administered using a handheld, battery-operated pulse generator known as a transcutaneous electrical nerve stimulation unit (TENS unit; MAXTENS 1000®; Bio Protech Inc., Korea; Figure 3) with power settings capable of producing a variable output of 0–80 mA pulsed direct current. While in the foam surgery board, paired adhesive electrodes (i.e., positive-negative; Figure 3) were placed on either side of the fish near the pectoral fins and at a point that intersected the adipose and anal fins. The power setting of the pulse generator was increased from zero to a point at which the fish were immobilized, typically setting 3–5 (corresponding to a power output of 30–50 mA); this power setting was maintained throughout the duration of the surgery. Induction time (s) for fish that underwent electroimmobilization was measured from when the handheld TENS unit was energized to the point when reflex activity ceased and the surgery could be performed with minimal fish movement.

Each trial consisted of a 48-h period during which lake whitefish from all treatments were held in a cylindrical holding tank (3.65 m diameter × 1.17 m depth; 12,280 L capacity) in the Menominee Dam hydroelectric facility. A constant supply of fresh water from the Menominee River was provided throughout the duration of the trials in both years. Fish that

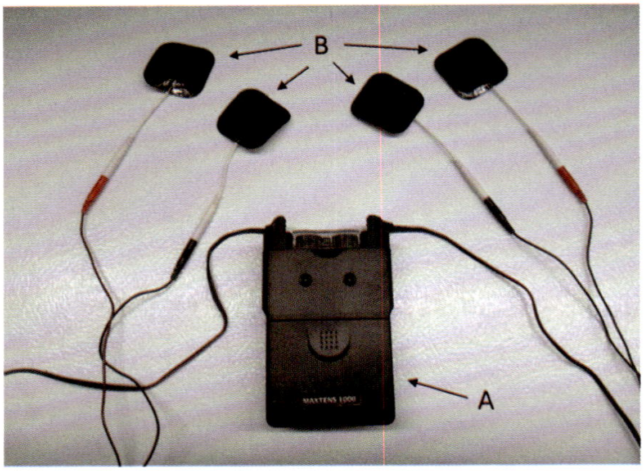

Fig. 3. Photograph of the handheld transcutaneous electrical nerve stimulation (TENS) unit used to immobilize lake whitefish (*Coregonus clupeaformis*) before surgical implantation of acoustic transmitters (MAXTENS 1000®; Bio Protech, Inc., Korea; A = battery-operated pulse generator; B = adhesive electrodes).

underwent anesthesia using Aqui-S 20E® were placed in individual recovery tanks to allow equilibrium to be regained before being released into the cylindrical holding tank. After equilibrium was regained, fish were transferred into the cylindrical holding tank. Recovery time (s) was measured from the point at which fish were placed in the recovery tank to the point at which swimming and station-holding ability had been regained in the cylindrical tank. Fish that underwent electroimmobilization were placed directly into the cylindrical holding tank; recovery time (s) was measured from the point at which fish were placed in the holding tank to the point at which equilibrium, swimming, and station-holding ability were regained. After 48 h, lake whitefish were removed from the holding tank and any mortalities were recorded.

Data analysis

For each trial, lake whitefish TL was compared among treatments using an analysis of variance (ANOVA). To determine if induction times varied between fish that underwent surgery with Aqui-S 20E® and electroimmobilization, we compared mean induction times using a two-sample t-test. Recovery times were not normally distributed and were rank-transformed and compared between treatments using Wilcoxon rank-sum tests. Postoperative mortality was evaluated by qualitatively comparing the frequency of mortalities in each treatment group during each trial. We set decision probability at $\alpha = 0.05$ and performed all statistical tests using SAS™ (SAS Institute, 2010).

Results

A total of 120 adult lake whitefish (86 males, 25 females, and 9 fish of unknown sex) were used in surgery trials during 2016. Treatments generally included both males and females but on 14 November 2016, treatments 2 and 3 included only males (Table 1) because few females were collected during electrofishing runs. Total length of lake whitefish ranged from 400 to 585 mm (mean = 463 mm; SE = 2.4) and did not differ significantly among treatments on either 9 November 2016 ($F = 2.56$; df = 4, 66; $p = 0.08$) or 14 November 2016 ($F = 1.33$; df = 4, 45; $p = 0.27$). Water temperature at the beginning of the surgery trials was 6.5 °C.

On 9 November 2016, induction time was significantly shorter ($t = 16.0$; df = 14; $p < 0.01$) for fish that underwent surgery using electroimmobilization (mean induction time = 0 s; instantaneous) than for those that underwent surgery using Aqui-S 20E® (mean induction time = 231 s; SE = 14 s). For treatments involving surgery (i.e, treatments 2, 3, and 4), surgery time ranged from 69 s to 215 s (mean = 117 s; Table 1). Recovery time for fish that underwent surgery using electroimmobilization (mean recovery time = 9 s; SE = 7 s) was also significantly shorter ($z = 4.9$; df = 14; $p < 0.01$) than fish that underwent surgery using Aqui-S 20E® (mean recovery time = 506 s; SE = 59 s). Recovery of lake whitefish affixed with a loop tag and implanted with an acoustic transmitter without Aqui-S 20E® or electroimmobilization was instantaneous (i.e., 0 s). After 48 h, all lake whitefish that underwent anesthesia or electroimmobilization during surgery were alive, as were reference fish and fish that received only a loop tag. Three of the 15 (20%) lake whitefish fish implanted with an acoustic transmitter without Aqui-S 20E® or electroimmobilization were dead within 48 h (Table 1).

Similar to the trial on 9 November 2016, induction time on 14 November 2016 was significantly shorter ($t = 35.3$; df = 9; $p < 0.01$) for fish that underwent surgery using electroimmobilization (mean induction time = 0 s; instantaneous) than for fish that underwent surgery using Aqui-S 20E® (mean induction time = 219 s; SE = 6 s). For treatments 2, 3, and 4, surgery time ranged from 108 s to 340 s (mean = 192 s; Table 1). Recovery time was also significantly shorter ($z = 3.9$; df = 9; $p < 0.01$) for fish that underwent surgery using electroimmobilization (mean recovery time = 11 s; SE = 9 s) than for fish that underwent surgery using Aqui-S 20E® (mean recovery time = 889 s; SE = 101 s). Recovery of lake whitefish affixed with a loop tag and implanted with an acoustic transmitter without Aqui-S 20E® or electroimmobilization was instantaneous (i.e., 0 s). After 48 h, all lake whitefish that underwent anesthesia or electroimmobilization during surgery were alive, as were reference fish and fish that received only a loop tag. One of the 10 (10%) lake whitefish fish implanted with an acoustic transmitter without Aqui-S 20E® or electroimmobilization was dead within 48 h (Table 1).

Thirty-three lake whitefish (30 males, 3 females) were included in the 2017 surgery trial (Table 1). Because of a lack of female lake whitefish in electrofishing samples, female whitefish were only included in treatment 2; treatments 1 and 3 included only males. Total length of lake whitefish ranged from 378 to 678 mm (mean = 466; SE = 9 s) and did not differ significantly among treatments ($F = 0.15$; df = 2, 30; $p = 0.86$). Water temperature at the beginning of the surgery trial was 3.2 °C. For treatment 2, surgery times ranged from 103 to 159 s (mean = 116 s; SE = 5 s). Similar to the 2016 trials, cessation of reflex activity was instantaneous when using electroimmobilization, and mean recovery time was 6 s (SE = 2 s). After

48 h, all fish that underwent electroimmobilization during surgery were alive, as were fish that received only a loop tag. One of the 11 reference fish was dead within 48 h (Table 1).

Discussion

Our results suggest that acoustic transmitters can be surgically implanted into adult lake whitefish with the expectation of high initial survival when surgeries are conducted with Aqui-S 20E® or electroimmobilization and within a similar range of water temperatures (< 6.5 °C). Additionally, survival of loop-tagged lake whitefish was high, regardless of whether or not they were anesthetized or immobilized. To our knowledge, only two other studies have surgically implanted electronic tags into lake whitefish (Gorsky et al., 2012; Bergstedt et al., 2016), and neither explicitly evaluated potential effects of intracoelomic transmitter implantation on survival of tagged fish. However, Gorsky et al. (2012) reported that no immediate mortalities were observed among lake whitefish anesthetized with MS-222 and surgically implanted with acoustic transmitters in Clear Lake, Maine, USA. Although Bergstedt et al. (2016) observed that lake whitefish appeared stressed, they did not report any mortalities after transport, anesthetization with clove oil, and intracoelomic transmitter implantation in Lake Huron. High initial survival of lake whitefish surgically implanted with acoustic transmitters is encouraging and suggests that a telemetry-based approach is feasible for investigating movement patterns, stock structure, and spatial distribution of whitefish relative to fishing effort in Lake Michigan, Green Bay, and elsewhere.

Survival (or mortality) is one of the most commonly-reported metrics for evaluating effects of transmitter implantation on tagged fish, likely because it is relatively simple to quantify in a controlled setting and poor survival of tagged fish is an obvious indicator of negative effects (Bridger & Booth, 2003; Cooke et al., 2011; Liedtke & Rub, 2012). However, when used as the only metric for evaluation, survival may be overly simplistic and could lead to the erroneous conclusion of no effects of intracoelomic transmitter implantation (Mulcahy, 2003). For example, a fish may survive intracoelomic transmitter implantation, but metrics including locomotory and feeding behavior, buoyancy compensation, and predator avoidance ability may be negatively influenced. These chronic effects of intracoelomic transmitter implantation may be more likely to occur than direct effects such as mortality (Mulcahy, 2003; Jepsen et al., 2008), and may not be detected in short-term trials. To assess the validity of the assumption that movements and behaviors of tagged lake whitefish are representative of the untagged population, further study is needed to evaluate the influence of intracoelomic transmitter implantation on lake whitefish behavior and physiology. As the process of intracoelomic transmitter implantation in lake whitefish is refined, additional studies should also investigate the effect of transmitter implantation in consideration of tag size (e.g. Winter, 1996; Brown et al., 1999), biotic factors (e.g., sex or maturity status; Ross & McCormick 1981; Winter 1996), environmental factors (e.g., water temperature; Walsh et al., 2000), and surgical technique (e.g., suture material and incision healing rates; Deters et al., 2010; Schoonyan et al., 2017). However, determining the influence of intracoelomic implantation of acoustic transmitters on survival, as we have done herein, is an important initial step in assessing the feasibility of biotelemetry studies with lake whitefish.

Initial postoperative survival was high in our study, suggesting that either Aqui-S 20E® or electroimmobilization could be used for surgical implantation of acoustic transmitters in lake whitefish. Both approaches have been used effectively for a variety of species for surgical implantation of telemetry transmitters (e.g., Jennings & Looney, 1998; Gosset et al., 2006; Sanderson & Hubert, 2007; Vandergoot et al., 2011; Bowker et al., 2015; Faust et al., 2017) and have the benefit of being approved for immediate-release (at least provisionally for INAD permit holders, in the case of Aqui-S 20E®), which was a prerequisite for their inclusion in this study. However, the relatively long induction and recovery times associated with use of Aqui-S 20E® likely exceed the capacity of many studies to hold individual fish in induction or recovery tanks before and after transmitter implantation, thereby limiting its utility in field-based tagging activities with severe limits on time and fish holding capacity. Bowker et al. (2015) reported that higher doses of Aqui-S 20E® (40–120 mg L^{-1}) and water temperature (10–28 °C) reduced induction time and that warmer temperatures were also associated with faster recovery time in hybrid striped bass (*Morone chrysops* × *M. saxatilis*), suggesting that different combinations of anesthetic dose and water temperature than those evaluated herein may produce more suitable induction and recovery times. Evaluation of postoperative survival and induction and recovery times in consideration of different doses of Aqui-S 20E® (i.e., 20–60 mg L^{-1}; USFWS/AADAP, 2015), water temperature, and limnological characteristics (e.g., pH, hardness, dissolved oxygen) was beyond the scope of the current study but is needed to fully evaluate the efficacy of using Aqui-S 20E® as an immediate-release anesthetic for large-scale biotelemetry studies. Nonetheless, given the anticipated tagging environment for lake whitefish [i.e., tagging large numbers of fish (N = 400), limited space for individual induction and recovery tanks, and water temperatures < 10 °C], electroimmobilization likely provides a better option than Aqui-S 20E® due to substantially shorter induction and recovery times.

To our knowledge, this is the first study to evaluate use of a handheld unit for immobilizing fish with electricity before intracoelomic transmitter implantation. Other electroimmobilization systems include electrodes placed into exposure tanks (Kynard & Lonsdale, 1975) or energized nets, baskets, or cradles that require customized fabrication and an external power source (Gunstrom & Bethers, 1985; Orsi & Short, 1987; Jennings & Looney, 1998; Vandergoot et al., 2011). Benefits of the handheld TENS unit relative to other electroimmobilization systems include the relatively low cost (~ $30 USD) and that the unit is self-contained with no need for additional specialized equipment (i.e., power supply box) or exposure chambers. Future investigations should evaluate the performance of the TENS unit used in this study relative to other electroanesthesia systems (e.g., electronarcosis via commercial units consisting of power supply boxes and exposure chambers; Vandergoot et al., 2011; Faust et al., 2017).

Regardless of means of administration, the use of electricity to induce narcosis or immobilize fish before surgical procedures has emerged as a common technique for multiple warm- (Jennings & Looney, 1998; Trushenski & Bowker, 2012; Trushenski et al., 2012), cool- (Vandergoot et al., 2011; Johnson et al., 2016), and coldwater species (Gaikowski et al., 2001; Faust et al., 2017) and is typically associated with short induction and recovery times and low mortality (Gaikowski et al., 2001; Vandergoot et al., 2011; Faust et al., 2017). It should be noted that exposure to electricity may have sublethal effects (e.g., internal hemorrhaging and spinal injury; Dolan & Miranda, 2004; Zydlewski et al., 2008; Vandergoot et al.,

2011; Faust et al., 2017) that could influence post-release behavior or long-term survival of treated fish; evaluation of these effects was beyond the scope of the current study. Further investigation is needed to fully evaluate direct and chronic effects of both transmitter implantation and use of electricity for surgical procedures. However, in the current study, we demonstrate that 1) acoustic transmitters can be surgically implanted into lake whitefish with the expectation of high initial survival, and 2) compared to using a chemical anesthetic (Aqui-S 20E®), electroimmobilization using a handheld TENS unit can provide shorter induction and recovery times and may be a preferred option for field-based tagging activities with limitations on time and fish holding capacity.

Acknowledgements

Funding for this research was provided by the Wisconsin DNR through the Fisheries Analysis Center and by the U.S. Fish and Wildlife Service (USFWS) through the Great Lakes Fish and Wildlife Restoration Act. We thank M. Donofrio, E. Easterly, Z. Mohr, T. Paoli, R. Rhode, J. Schulze, C. Sullivan, E. Wegleitner, and C. Weinandt for assistance in sampling and processing lake whitefish and B. Baker for recommending protocols when working with Aqui-S 20E®. We also thank P. Radzikinas and personnel at Eagle Creek Renewable Energy (Menominee Power Station) for holding tank space and monitoring fish during surgery trials. M. Faust provided helpful comments on an earlier draft of the manuscript. This study was conducted under the auspices of the University of Wisconsin-Stevens Point Animal Care and Use Committee protocol #2014.04.10 and the USFWS Aquatic Animal Drug Approval Partnership Investigational New Animal Drug study number 11-741-16-229H. All Great Lakes Science Center sampling and handling of fish during research is carried out in accordance with guidelines for the care and use of fishes by the American Fisheries Society (http://fisheries.org/docs/wp/Guidelines-for-Use-of-Fishes.pdf). This paper is contribution #51 of the Great Lakes Acoustic Telemetry Observation System. Any use of trade, firm, or product names is for descriptive purposes only and does not imply endorsement by the U.S. Government.

References

Andvik, R. T., Sloss, B. L., VanDeHey, J. A., Claramunt, R. M., Hansen, S. P. & Isermann, D. A., 2016: Mixed stock analysis of Lake Michigan's lake whitefish *Coregonus clupeaformis* commercial fishery. – J. Great Lakes Res. 42: 660–667.

Barham, W. T., Schoonbee, H. J. & Visser, J. G., 1987: The use of electronarcosis as an anesthetic in the ciclid, Oreochromis mossambicus (Peters). I. General experimental procedures and the role of fish length on the narcotizing effects of electric current. – Ondersteport J. Vet. Res. 54: 617–622.

Bégout Anras, M. L., Cooley, P. M., Bodaly, R. A., Anras, L. & Fudge R. J. P., 1999: Movement and habitat use by lake whitefish during spawning in a boreal lake: integrating acoustic telemetry and geographic information systems. – Trans. Am. Fish. Soc. 128: 939–952.

Bergstedt, R. A., Argyle, R. L., Taylor, W. M. & Krueger, C. C., 2016: Seasonal and diel bathythermal distributions of lake whitefish in Lake Huron: implications for lake trout bycatch in commercial fisheries. N. Am. J. Fish. Manage. – 36: 705–719.

Bowker, J. D., Trushenski, J. T., Glover, D. C., Carty, D. G. & Wandelear, N., 2015: Sedative options for fish research: a brief review with new data on sedation of warm-, cool-, and coldwater fishes and recommendations for the drug approval process. – Rev. Fish Biol. Fisheries 25: 147–163.

Bridger, C. J. & Booth, R. K., 2003: The effects of biotelemetry transmitter presence and attachment procedures on fish physiology and behavior. – Rev. Fish. Sci. 11: 13–34.

Brown, R. S., Cooke, S. J., Anderson, W. G. & McKinley, R. S., 1999: Evidence to challenge the "2% rule" for biotelemetry. N. Am. J. Fish. Manage. – 19: 867–871.
Brown, R. S., Eppard, M. B., Murchie, K. J., Nielsen, J. L. & Cooke, S. J., 2011: An introduction to the practical and ethical perspectives on the need to advance and standardize the intracoelomic surgical implantation of electronic tags in fish. – Rev. Fish Biol. Fish. 21: 1–9.
Cooke, S. J., Woodley, C. M., Eppard, M. B., Brown, R. S. & Nielsen, J. L., 2011: Advancing the surgical implantation of electronic transmitters in fish: a gap analysis and research agenda based on a review of trends in intracoelomic tagging effects studies. – Rev. Fish. Biol. Fisheries 21: 127–151.
Davis, J. L., Barnes, M. E. & Wilhite, J. W., 2013: Effectiveness of three compounds to anesthetize rainbow trout during PIT implantation surgery. – N. Am. J. Fish. Manage. 33: 482–487.
Deters, K. A., Brown, R. S., Boyd, J. W., Eppard, M. B. & Seaburg, A. G., 2010: Optimal suturing technique and number of sutures for surgical implantation of acoustic transmitters in juvenile salmonids. – Trans. Am. Fish. Soc. 141: 1–10.
Dolan, C. R. & Miranda, L. E., 2004: Injury and mortality of warmwater fishes immobilized by electrofishing. – N. Am. J. Fish. Manage. 24: 118–127.
Ebener, M. P., Brenden, T. O. & Jones, M. L., 2010a: Estimates of fishing and natural mortality rates for four lake whitefish stocks in northern lakes Huron and Michigan. – J. Great Lakes Res. 36 (Suppl. 1): 110–120.
Ebener, M. P., Brenden, T. O., Wright, G. M., Jones, M. L. & Faisal, M., 2010b: Spatial and temporal distributions of lake whitefish spawning stocks in northern lakes Michigan and Huron. – J. Great Lakes Res. 36 (Suppl. 1): 38–51.
Faust, M. D., Vandergoot, C. S., Hostnik, E. T., Binder, T. R., Hinderer, J. L. M., Ives, J. T. & Krueger, C. C., 2017: Use of electricity to sedate lake trout for intracoelomic implantation of electronic transmitters. – N. Am. J. Fish. Manage. 37: 768–777.
Gaikowski, M. P., Gingerich, W.H. & Gutreuter, S., 2001: Short-duration electrical immobilization of lake trout. – N. Am. J. Fish. Manage. 21: 381–392.
Gosset, C., Rives, J. & Labonne, J., 2006. Effect of habitat fragmentation on spawning migration of brown trout (*Salmo trutta* L.). – Ecol. Fresh. Fish 15: 247–254.
Gorsky, D., Zydlewski, J. & Basley, D., 2012: Characterizing seasonal habitat use and diel vertical activity of lake whitefish in Clear Lake, Maine, as determined with acoustic telemetry. – Trans. Am. Fish. Soc. 141: 761–771.
Gunstrom, G. K. & Bethers, M., 1985: Electrical anesthesia for handling large salmonids. – Prog. Fish-Cult. 47: 67–69.
Guy, C. S., Blankenship, H. L. & Nielsen L. A., 1996: Tagging and marking. – In: Murphy, B. R. & Willis, D. W. (eds.): Fisheries techniques, 2nd edition. – American Fisheries Society, Bethesda, Maryland, pp. 353–384.
Jenkins, J. A., Bart Jr., H. L., Bowker, J. D., Bowser, P. R., MacMillan, J. R., Nickum, J. G., Rose, J. D., Sorensen, P. W., Whitledge, G. W., Rachlin, J. W., Warkentine, B. E. & Bart, H. L., 2014: Guidelines for the use of fishes in research. American Fisheries Society, Bethesda, Maryland.
Jennings, C. A. & Looney, G. L., 1998: Evaluation of two types of anesthesia for performing surgery on striped bass. – N. Am. J. Fish. Manage. 18: 187–190.
Jepsen, N., Mikkelsen, J. S. & Koed, A., 2008: Effects of tag and suture type on survival and growth of brown trout with surgically implanted telemetry tags in the wild. J. Fish Biol. – 72: 594–602.
Jepsen, N., Koed, A., Thorstad, E. B. & Baras, E., 2002: Surgical implantation of telemetry transmitters in fish: how much have we learned? – Hydrobiologia 483: 239–248.
Johnson, J. L., Trushenski, J. T. & Bowker, J. D., 2016: Induction, recovery, and hematological responses of pallid sturgeon to chemical and electrical sedation. – N. Am. J. Fish. Manage. 36: 568–575.
Kynard, B. & Lonsdale, E., 1975: Experimental study of galvonarcosis for rainbow trout (Salmo gairdneri) immobilization. – J. Fish. Res. Board Can. 32: 300–302.
Lacroix, G. L, Knox, D. & McCurdy, P., 2004. Effects of implanted dummy acoustic transmitters on juvenile Atlantic salmon. – Trans. Am. Fish. Soc. 133: 211–220.
Liedtke, T. L. & Rub, A. W. M., 2012: Techniques for telemetry transmitter attachment and evaluation of transmitter effects on fish performance. – In: Adams, N. S., Beeman, J. W. & Eiler, J. H. (eds.):

Telemetry techniques: a user guide for fisheries research. – American Fisheries Society, Bethesda, Maryland, pp. 45–87.
Martin, S. W., Long, J. A. & Pearsons, T. N., 1995: Comparison of survival, gonad development, and growth between rainbow trout with and without surgically implanted dummy transmitters. – N. Am. J. Fish. Manage. 15: 494–498.
Mulcahy, D. M., 2003: Surgical implantation of transmitters into fish. – ILAR (Institute for Laboratory Animal Research) J. 44: 295–306.
Økland, F., Hay, C. J., Naesje, T. F., Nickandor, N. & Thorstad, E. B., 2003: Learning from unsuccessful radio tagging of common carp in a Namibian reservoir. – J. Fish. Biol. 62: 735–739.
Orsi, J. A. & Short, J. W., 1987: Modifications in electrical anesthesia for salmonids. – Prog. Fish-Cult. 49: 144–146.
Paukert, C. P., Chvala, P. J., Heikes, B. L. & Brown, M. L., 2001: Effects of implanted transmitter size and surgery on survival, growth, and wound healing of bluegill. – Trans. Am. Fish. Soc. 130: 975–980.
Pollock, K. H., Hoenig, J. M., Hearn, W. S. & Calingaert, B., 2001: Tag reporting rate estimation: 1. An evaluation of the high-reward tagging method. – N. Am. J. Fish. Manage. 21: 521–532.
Pollock, K. H., Hoenig, J. M., Hearn, W. S. & Calingaert, B., 2002: Tag reporting rate estimation: 2. Use of high-reward tagging and observers in multiple-component fisheries. – N. Am. J. Fish. Manage. 22: 727–736.
Ross, M. J. & McCormick, J. H., 1981: Effects of external radio transmitters on fish. – Prog. Fish Cult. 44: 41–43.
Sanderson, T. B. & Hubert, W. A., 2007: Assessment of gaseous CO_2 and AQUI-S as anesthetics when surgically implanting radio transmitters into cutthroat trout. – N. Am. J. Fish. Manage. 27: 1053–1057.
SAS Institute. 2010: SAS/STAT user's guide. Cary, North Carolina: SAS Institute, Inc.
Scheerer, P. D. & Taylor, W. M., 1985: Population dynamics and stock differentiation of lake whitefish in northeastern Lake Michigan with implications for their management. – N. Am. J. Fish. Manage. 5: 526–536.
Schoonyan, A., Kraus, R. T., Faust, M. D., Vandergoot, C. S., Cooke, S. J., Cook, H.A., Hayden, T. A. & Krueger, C.C., 2017: Estimating incision healing rate for surgically implanted acoustic transmitters from recaptured fish. – Anim. Biotelem. 2017: 5–15.
Summerfelt, R. C. & Smith, L. S., 1990: Anesthesia, surgery, and related techniques. – In: Schreck, C. B. & Moyle, P.B. (eds.): Methods for fish biology. – Bethesda, Maryland, pp. 213–272.
Trushenski, J. T. & Bowker, J. D., 2012: Effect of voltage and exposure time on fish response to electrosedation. – J. Fish Wildl. Manage. 3: 276–287.
Trushenski, J. T., Bowker, J. D., Gause, B. R. & Mulligan, B. L., 2012: Chemical and electrical approaches to sedation of hybrid striped bass: induction, recovery, and physiological responses to sedation. – Trans. Am. Fish. Soc. 141: 455–467.
Trushenski, J. T., Bowker, J. D., Cooke, S. J., Erdahl, D., Bell, T., MacMillan, J. R., Yanong, R. P., Hill, J. E., Fabrizio, M.C., Garvey, J. E. & Sharon, S., 2013: Issues regarding the use of sedatives in fisheries and the need for immediate release options. – Trans. Am. Fish. Soc. 142: 156–170.
USFWS/AADAP, 2015. Study protocol for a compassionate aquaculture investigational new animal drug (INAD) exemption for Aqui-S 20E (eugenol) (INAD #11-741). U.S. Fish and Wildlife Service Aquatic Animal Drug Approval Partnership Program. https://www.fws.gov/fisheries/aadap/inads/AQUI-S20E-INAD-11-741.html
Vandergoot, C. S., Murchie, K. J., Cooke, S. J., Dettmers, J. M., Bergstedt, R. A. & Fielder, D. G., 2011: Evaluation of two forms of electroanesthesia and carbon dioxide for short-term anesthesia in walleye. – N. Am. J. Fish. Manage. 31: 914–922.
Vandergoot, C. S., Brenden, T. O., Thomas, M. V., Einhouse, D. W., Cook, H. W. & Turner, M. W., 2012: Estimation of tag shedding and reporting rates for Lake Erie jaw-tagged walleyes. – N. Am. J. Fish. Manage. 32: 211–223.
Walker, S. H., Prout, M. W., Taylor, W. M. & Winterstein, S. R., 1993: Population dynamics and management of lake whitefish stocks in Grand Traverse Bay, Lake Michigan. – N. Am. J. Fish. Manage. 13: 73–85.

Walsh, M. G., Bjorgo, K. A. & Isely, J. J., 2000: Effects of implantation method and temperature on mortality and loss of simulated transmitters in hybrid striped bass. – Trans. Am. Fish. Soc. 129: 539–544.

Wang, H. Y., Rutherford, E. S., Cook, H. A., Einhouse, D. W., Hass, R. C., Johnson, T. B., Kenyon, R., Locke, B. & Turner, M. W., 2007: Movement of walleyes in lakes Erie and St. Clair inferred from tag return and fisheries data. – Trans. Am. Fish. Soc. 136: 539–551.

Winter, J., 1996: Advances in underwater biotelemetry. – In: Murphy, B.R. & Willis, D.W. (eds.): Fisheries techniques, 2nd edition. – American Fisheries Society, Bethesda, Maryland, pp. 555–590.

Zydlewski, G. B., Gale, W., Holes, Johnson, J., Brigham, T. & Thorson, W. 2008: Use of electroshock for euthanizing and immobilizing adult spring chinook salmon in a hatchery. – N. Am. J. Fish. Manage. 70: 414–424.

Manuscript received: 8 January 2018
Revisions requested: 27 April 2018
Modified version received: 29 June 2018
Accepted: 20 July 2018

Advanc. Limnol. **66**, p. 189–204
Biology and Management of Coregonid Fishes – 2017

Article

Long-term hydroacoustic assessment of the Bonneville cisco (*Prosopium gemmifer*) population in Bear Lake, Utah/Idaho, USA, 1989–2016

Scott A. Tolentino*

With 5 figures and 3 tables

Abstract: The first population estimates of Bonneville cisco (*Prosopium gemmifer*) in Bear Lake were made using dual-beam hydroacoustic equipment beginning in 1989. These assessments continued annually through 1995. From 1996–2016, annual surveys continued, but split-beam hydroacoustic equipment was used. The annual population estimates have been compiled into a long-term data set, which allows the Utah Division of Wildlife Resources to monitor population changes. These data also allow for comparisons of the population to be made to lake water levels, predator stocking, and/or other management changes. Bonneville cisco numbers were relatively stable from 1989–1999 and averaged approximately 3–4 million fish. In 2000, their numbers increased, and although more variable, they stabilized at approximately 7–8 million fish from 2000–2016. During this same time the stocking of yearling cutthroat trout (*Oncorhynchus clarki utah*) was reduced almost 50 percent. It appears the Bonneville cisco population fluctuations may be correlated with the number of stocked juvenile cutthroat trout. The Bonneville cisco population does not appear to be correlated with water levels in Bear Lake.

Keywords: Bear Lake, whitefish, population estimate, cutthroat trout, endemic, hydroacoustic, mid-water trawl

Introduction

Bear Lake is home to four endemic species of fish, three of which are coregonids (Figure 1; Snyder, 1919; McConnell et al., 1957). These include the Bonneville whitefish (*Prosopium spilonotus*), Bear Lake whitefish (*Prosopium abyssicola*) and the Bonneville cisco (*Prosopium gemmifer*). Sympatric existence of closely related, yet distinct forms of whitefish, much like these three endemic species, are known to exist throughout the world (Lindsey et al., 1970; Bodaly, 1979; Kirkpatrick & Selander, 1979; Mann & McCart, 1981; Shields et al., 1990; Bodaly et al., 1992; Vuorinen et al., 1993).

Author's address:
Utah Division of Wildlife Resources, 371 West Marina Drive, P.O. Box 23, Garden City, UT 84028, USA
* Corresponding author: scotttolentino@utah.gov

DOI: 10.1127/adv_limnol/2021/0064 1612-166X/21/0064 $ 4.00
www.schweizerbart.de

Bonneville cisco are easily distinguished by phenotypic characteristics from the other two Prosopium in Bear Lake in that they have a terminal mouth and the other two whitefish have subterminal mouths. Bonneville cisco prefer temperatures below 15 °C and are typically found in tightly formed schools in the pelagic hypolimnion during the day (Sigler & Miller, 1963; Sigler & Sigler, 1987). During the night, with the exception of a new-moon period, they also remain in schools (Lentz, 1986; Luecke et al., 1990). When there is a new moon, the Bonneville cisco schools break up and they feed on zooplankton along the thermocline (Lentz, 1986; Luecke et al., 1990; Wurtsbaugh & Luecke, 1990). The predominant food items are *Epischura, Daphnia, Bosmina, Cyclops* and *Chydorus* (Perry, 1943; McConnell et al., 1957). Perry (1943) found that Bonneville cisco reach maturity during the second or third year of life. Their spawning season lasts approximately 10–14 days and occurs from mid-January to early-February at water temperatures of 2–3 °C. Bonneville cisco spawn over rocky shoreline areas but will also spawn over macrophyte beds, mainly *Chara* sp., and over a marl bottom. Age and growth studies have shown there has been little observed difference between the sexes (Perry, 1943; McConnell et al., 1957; Ward, 2001). There are no commercial fisheries on Bear Lake for any fish species and Bonneville cisco are only caught by recreational anglers during the brief spawning season when they are dip netted either through the ice (when the lake is frozen) or along the shoreline by anglers in waders (when the lake has open water). During this same time, recreational anglers are also allowed to fish with hook and line and can keep snagged Bonneville cisco. The daily limit for Bonneville cisco is 30 fish per angler. Annual harvest by recreational fishing (dipnetting and hook-line) has not been more than 30,000 fish (UDWR, unpublished data).

Even with a considerable amount of Bonneville cisco life history information available to fishery managers, prior to 1989 the only quantitative metrics for Bonneville cisco abundance was annual gillnet survey catches. However, since Bonneville cisco are a schooling species, the gillnet survey catches of these fish have varied widely between years and gillnetting locations, since individual gillnets either captured large numbers of Bonneville cisco (schools) or were void of them. Furthermore, gillnet catch rates of Bonneville cisco did not allow for fishery managers to determine their actual population size. Fishery managers recognized this problem and sought a new way to assess the abundance of the Bonneville cisco. In 1987, the Utah Division of Wildlife Resources (UDWR) contracted with Utah State University (USU) to use dual-beam hydroacoustics, which was a relatively new technology to the field of fisheries science at that time, to estimate the abundance of Bonneville cisco.

In the mid-2000's, biologists from the states of Utah and Idaho developed the Bear Lake Fisheries Management Plan (Tolentino & Teuscher, 2009; Tolentino et. al., 2015), which outlined specific management goals for Bonneville cisco. This plan also listed a management objective for the Bonneville cisco population (i.e., maintain a population of 2.5 million Bonneville cisco) (Figure 2). The statewide Utah Wildlife Action Plan (UDWR, 2015) contains important provisions for the perpetuation and preservation of "Special Fish Species", which include all Bear Lake endemic coregonid fishes, as well as the indigenous cutthroat trout (*Oncorhynchus clarki utah*). This made it necessary to monitor the effect water levels and the stocking of a top predator, such as the cutthroat trout, had on the Bonneville cisco. Cutthroat trout utilize Bonneville cisco as an important component of their diet throughout the year (Perry, 1943; Nielson & Archer, 1977; Nielson & Lentsch, 1988; Tolentino, 2017). Uninformed stocking brings several disadvantages to both the target population and the wider fish community (Pearsons, 2010). The plans also dictate that indigenous game fish and non-game species should be maintained for the recreational fishery. Maintaining stable populations of both endemic and indigenous species, ensure their long-term survival in Bear Lake.

This paper will focus specifically on the Bonneville cisco population and factors that may control and/or limit the population. The objectives of this paper were to determine the abundance of Bonneville cisco population over time and investigate whether the Bonneville cisco population fluctuations are correlated with lake level and/or the number of yearling cutthroat trout stocked into Bear Lake on an annual basis.

Materials and methods

Site description

Bear Lake is a large (282 km^2), highly oligotrophic (chlorophyll-a < 2.0 $\mu g\ L^{-1}$), high elevation (1,805 m above sea level) lake that is located in the western United States and lies across the border between the states of Utah and Idaho (Figure 1). It is intensively managed for sport fishing, mainly for native cutthroat trout, with the top 6.5 m also managed as a reservoir for irrigation and hydroelectric power generation (Wurtsbaugh et al., 1994; Tolentino, 2008). The lake is approximately 32 km long and 8–13 km wide, and has a fairly regular shoreline, lacking any major bays, coves, or peninsula areas. It has a maximum depth of 63 m and a mean depth of 28 m. The lake basin was formed by tectonic faulting and is considered a tilted fault-block graben (Birdsey, 1989). The bottom substrate consists mainly of fine marl sediments with limited areas made up of beds of ancient extinct gastropod shells, a few rocky shoreline areas, and small, scattered areas with sparse beds of *Chara* sp. (Tolentino & Albrecht, 2007).

Since Bear Lake serves as an irrigation storage reservoir on top of a natural lake, it is therefore, subject to annual draw downs of up to two vertical meters and draw downs in excess of six vertical meters during local, extended, climatic drought cycles. This influences access to the preferred, shallow (≤ 10 m), rocky spawning areas of the littoral zone by Bonneville cisco (McConnell et. al., 1957; Sigler & Miller, 1963; White, 1974; Wurtsbaugh & Luecke, 1998; Ward, 2001; Albrecht, 2004; Tolentino & Albrecht, 2007). It has been estimated the rocky areas in the littoral zone of Bear Lake comprise less than 0.15 percent of the total bottom area (38 ha of 25,200 ha) of the lake at full pool and, therefore, was likely a limiting factor for several of the fish populations, including Bonneville cisco (McConnell et. al., 1957; Tolentino & Albrecht, 2007; Glassic, 2018). Additionally, a lake level decline of just three vertical meters from full pool exposes all of the rocky littoral areas except on the two large deltas on the eastern shoreline and the shoreline area between these deltas (Figure 1). During this study, the water level in Bear Lake varied greatly and thus, the availability of preferred spawning habitat to mature Bonneville cisco was substantially reduced in some years.

The water column is saturated with dissolved oxygen throughout the year and hypolimnetic dissolved oxygen levels do not drop below 4 mg L^{-1} at any time during the year (Lamarra et al., 1986, Wurtsbaugh & Luecke, 1998, Ecosystems Research Institute, 2007). The

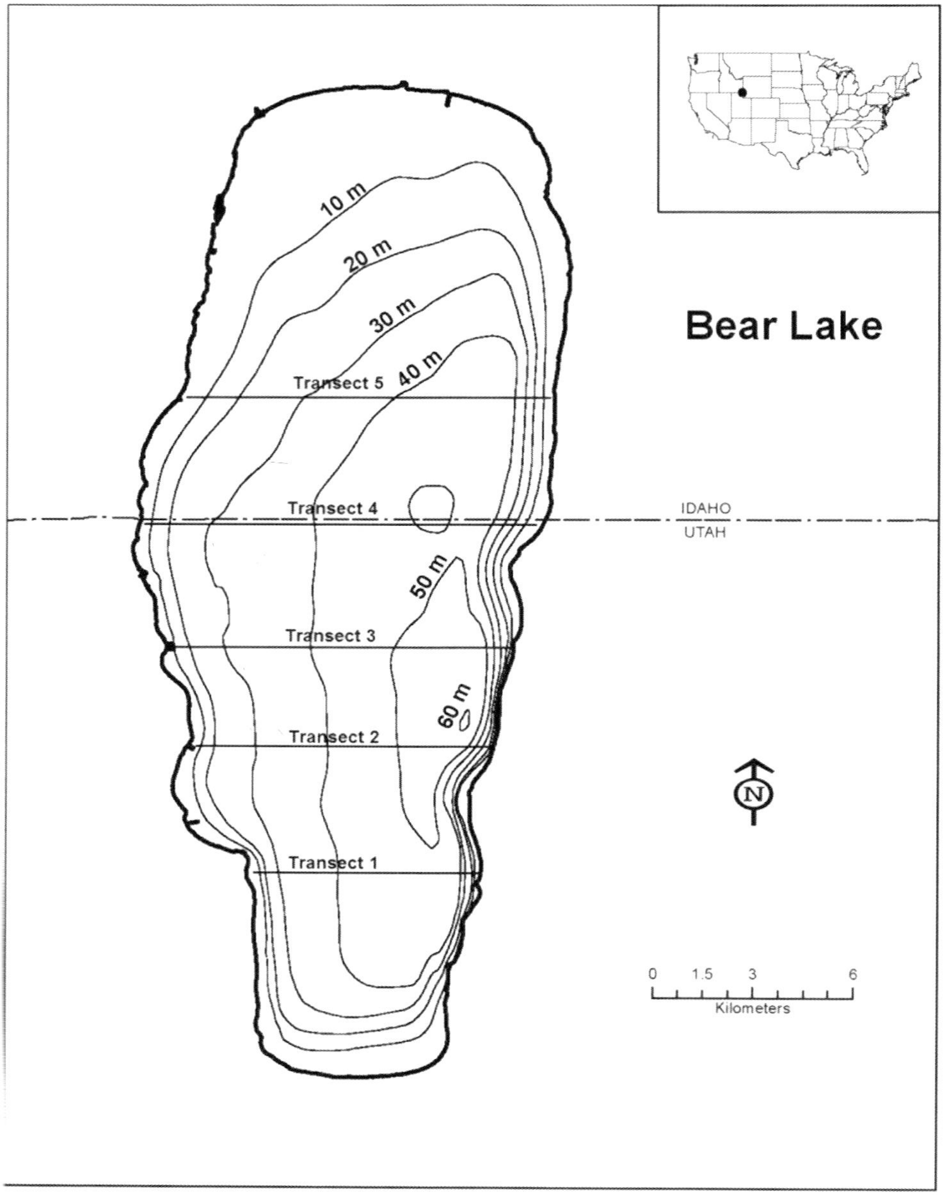

Fig. 1. Map of Bear Lake, Utah/Idaho showing depth contours and hydroacoustic transects.

summer epilimnetic temperature may reach 20 °C and a strong thermocline develops at depths of 12–15 m. Secchi disk depth measurements range from 3–10 m during the ice-free season and are lower than would be expected due to the high concentration of suspended carbonates present in the water.

Hydroacoustic equipment and monitoring

The abundance of Bonneville cisco in Bear Lake was estimated annually during a new moon period, in late July to early August, by conducting hydroacoustic surveys along pre-established transects. The timeframe for sampling was chosen because Bear Lake is thermally stratified, which restricts coldwater fish, such as Bonneville cisco, to those areas just above the thermocline and through the hypoliminion. Also, other studies have shown that Bonneville cisco break up from their typically-tight schools during a new moon phase to feed on zooplankton along the thermocline (Lentz, 1986; Luecke et al., 1990).

From 1989–1995 hydroacoustic data were collected along six, equally spaced, east-west transects separated by 1.5 minutes latitude (Figure 1), using a BioSonics model 105 echosounder equipped with a 420 kHz, dual beam, 6 × 15 degree down-looking transducer (Luecke & Wurtsbaugh, 1993). However, in this study, only transects 1–5 were actually included in the population estimates since the water level in Bear Lake was so low, due to prevailing drought conditions, that transect 6 was not suitable for sampling Bonneville cisco due to their thermal tolerances. Sampling was conducted at a rate of two pings per second, a bottom window of 1.0 m, and a boat speed of 2.7 m s^{-1} (Wurtsbaugh & Luecke, 1990). The transducer was mounted to a rigid pole that was capable of being adjusted side-side, front-back and up-down. A handheld level was used to ensure the pole and transducer were perpendicular to the bottom prior to sampling. Typical samples occurred with the transducer approximately 0.5 m below the surface. BioSonics ESP Dual Beam Processor (Model 281) software was used for data analysis and the target tracking method was applied.

From 1996–2016 hydroacoustic data were collected along five east-west transects (transects 1–5, Figure 1) using Hydroacoustic Technology Incorporated (HTI), models 243 and 241 systems, with a 200 kHz, split beam, 15 degree, down-looking transducer, at a rate of five pings per second, a bottom window of 1.0 m, and at a boat speed of 1.5–2.2 m s^{-1}. The transducer was mounted to a submerged tow fin that was attached to the boat with a harness and was adjusted so that the bottom of the transducer was perpendicular to bottom when being towed during data collection. The tow fin depth was set so the face of the transducer was approximately 0.5 m below the surface to avoid any surface turbulence caused by waves or the boat wake. The software program, HTI Echoscape 3.10.10, was used to edit acoustic noise from each transect, and target tracking was used with an acoustic threshold set at -63 dB for raw data files.

In this study, we only considered fish targets using both the dual beam and split beam methods which corresponded to Bonneville cisco total lengths of approximately 50 to 220 mm (Love, 1971 for split beam; Dahm et. al., 1985 for dual beam). After data collection, only acoustic targets between -53.0 and -41.0 dB (dual beam system) and -50.72 and -38.4 dB (split beam system) were included in the population estimates. Several studies have shown that target strength distributions are useful for separating the contribution of different fish species and/or size groups (Rudstam et al., 1993; Barange et al., 1994; Warner et al., 2002), but Rudstam et al. (2003) advised using caution when assigning a mode in a target strength distribution to a particular fish size. In this study we felt comfortable assigning lengths based on dB size of targets, due to the low species diversity in the pelagic area of Bear Lake, especially during the night and during a full moon period. Therefore, acoustic targets above and below the described thresholds were not included in the data analyses. This allowed us to exclude any larger and smaller fish that may have been found in the pelagic area.

In both dual-beam and split-beam analysis, the surface area of Bear Lake was calculated each year based on the lake level during the time of sampling (PacifiCorp, 1989). The length of each transect was calculated based on GPS coordinates. Finally, we used a weighting algorithm from HTI (Nealson & Birmingham, 1994) which accounted for the transducer beam width, depth and swept-volume that was sampled along each transect.

During the transition year of 1995, we conducted both split-beam and dual-beam sampling along the same five transects and determined there were no significant differences in overall population or density estimates between the two methods (Nielson & Tolentino, 2002). Unfortunately, the raw, individual transect estimates of Bonneville cisco were not available from the 1989–1995 time period; therefore, only data from 1996–2016 are included in the results presented here.

All acoustic transects began at least 0.5 hour after sunset (approximately 22:00 hrs local time) and sampling was terminated for that night at least one hour prior to sunrise. Each acoustic transect started and ended at a depth of 5 m and continued in an east or west direction (Figure 1). The course of the boat was maintained using GPS that was also connected to the echosounder. Therefore, transects lengths varied slightly from year to year depending on the water level of the lake. The shortest transect (Transect 1) was just over 6,000 m and the longest transect (Transect 4) was 11,400 m. In both the dual-beam and split-beam analyses, varying transect length was compensated for by factoring in the surface area and volume of Bear Lake in each year's estimate. Both hydroacoustic units were calibrated with a standard tungsten carbide sphere following the sounder manufacturer's recommendations prior to each annual survey. Additionally, both hydroacoustic units, including transducers and cables, were factory calibrated within two years of each survey.

Mid-water trawling to verify acoustic target identity was conducted at least every third year. The mid-water trawl used was a twin, horizontal beam trawl with a 3 m (width) by 7 m (depth) mouth and a cod-end mesh of 5 mm. The bottom bar of the trawl was weighted with 25 kg lead weights on each end. The top bar was not weighted on either end, but still weighed approximately 10 kg. Both bars of the trawl were lowered to a specified depth and then the trawl was opened and towed for 20 minutes. The trawl was then closed and brought to the surface. Trawling was conducted at 3 different depths and the trawl opening was centered on each depth. We trawled at 10, 20 and 30 meters. The depth of the trawl was determined from previous cable-length calibration runs, during daylight hours, in which another boat, with down-looking sonar, followed the trawl boat, to view the depth of the trawl in the water column. Boat speed during trawling was 1.0–1.2 m s^{-1}.

Data collection and analysis

The annual Bonneville cisco population estimates were compared with ANOVA with "year" being the only factor. Years were compared by first converting Bonneville cisco estimates to densities (i.e., number of fish m^{-2} of lake surface area) to normalize the data before comparisons were made. This was done by using a "surface water level – lake volume – surface area" spreadsheet developed for Bear Lake by PacifiCorp (PacifiCorp, 1989). The estimated Bonneville cisco populations were also compared to both lake level and number of yearling cutthroat trout stocked with linear regression and ANOVA. The lake level of the preceding year was used and not the lake level of the year of the population estimates, since it takes one year of growth before Bonneville cisco reach a minimum of 50 mm, which is the minimum estimated length included in the annual hydroacoustic population estimate. Significant differences were determined by a *p*-value less than or equal to 0.05.

Results

The Bonneville cisco population ranged from approximately 1.9 to 20.7 million fish during this study (Figure 2). From 1989–1999 the numbers were relatively stable and averaged between 2–4 million fish. From 2000–2016, the population increased, and although more variable, stabilized at approximately 7–8 million fish. ANOVA indicated that there were significant differences between some years (Table 1; $F_{20,104} = 8.877$, $p < 0.001$). A Bonferroni multiple comparison of mean fish densities in 1996–2016, revealed three distinct statistical groupings (Figure 3), where the years 1996–1999, 2002, 2004, 2010, and 2015 which comprised "group 1" were significantly different from the "group 2" years which were comprised of 2000, 2001, 2003, 2005–2009, 2011–2014 and 2016. The years in both groups 1 and 2 were significantly different from the only year (2012) that comprised "group 3".

The vast majority of the hydroacoustic targets that corresponded to Bonneville cisco total lengths of 50–200 mm, were detected along the thermocline (Figure 4). Over 98% of all the fish captured by the mid-water trawl in the water column were Bonneville cisco and no adjustments were made to the acoustic target data (Wurtsbaugh & Neverman, 1988; Wurtsbaugh et. al., 1997; UDWR, unpublished data). All other fish species found in Bear Lake are benthic-oriented, with the exception of larval Bear Lake sculpin (*Cottus extensus*), and are not found in the water column unless ascending briefly from the bottom to feed on the pelagic Bonneville cisco.

We did not find a correlation between the estimated Bonneville cisco population and the water level in Bear Lake ($R^2 = 0.03$; Figure 5) and ANOVA results corroborated that no relationship existed (Table 2; F=1.42, df =1, $p = 0.24$).

Annual stocking of cutthroat trout from 1989–2016 ranged from over 700,000 to just under 138,000 (Table 3). The initial years of the study, 1989–1999, were classified as "high" cutthroat trout stocking years where the stocking quota was, on average, 350,000 fish. From 2000–2016, the cutthroat trout stocking was classified as "low", with an average of 187,000 fish stocked annually (Table 3).

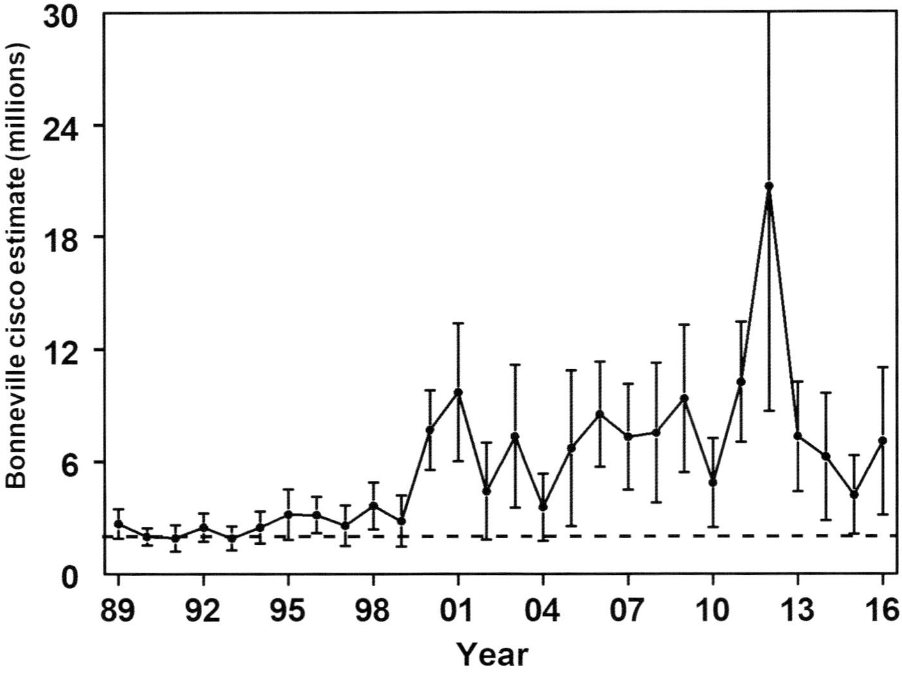

Fig. 2. Lake-wide population estimates (mean +/– 95% CI) of Bonneville cisco determined from hydroacoustic sampling on Bear Lake and minimum population management objective (area below the horizontal dotted line). [1989–1995 dual beam system used; 1996–2016 split beam system used].

Table 1. ANOVA for year and the population of Bonneville cisco in Bear Lake, 1989–2016.

Variable	DF	Sum Squares	Mean Squares	F ratio	*p*-value
Between (year)	20	0.01664	0.000832	8.877	< 0.001*
Within (error)	84	0.00787	0.000094		
Total	104	0.02451			

Table 2. ANOVA for water level and the number of cutthroat trout stocked on the population of Bonneville cisco in Bear Lake, 1989–2016.

Variable	DF	Sum Squares	Mean Squares	F ratio	*p*-value
Water Level	1	14.204	14.204	1.4216	0.24479
Cutthroat Stocking	1	152.418	152.418	15.2542	0.00066*
Residuals	24	239.805	9.992		

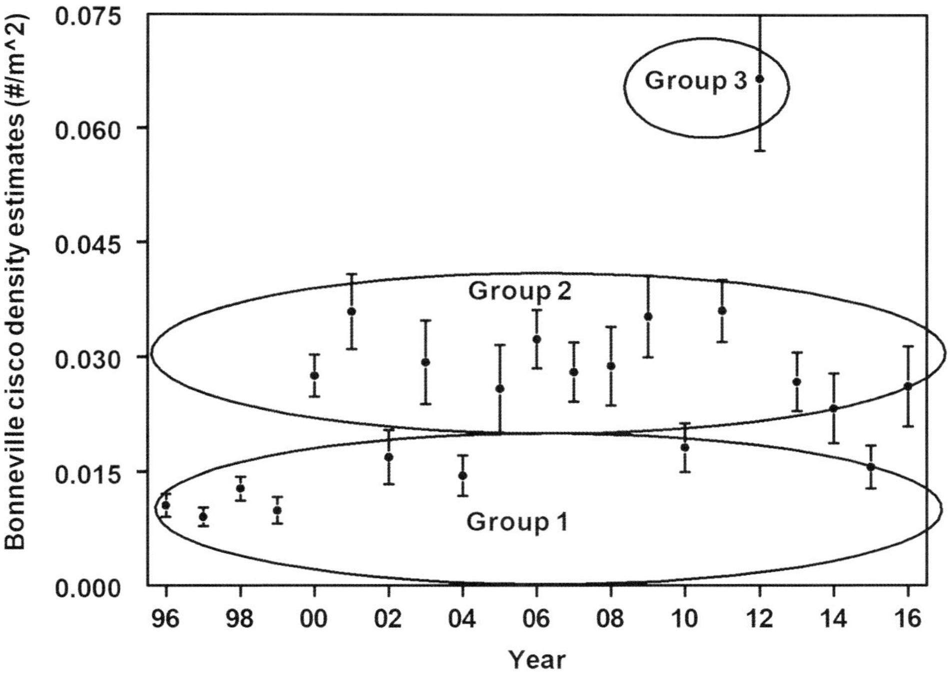

Fig. 3. Density estimates (number m^{-2} of surface area) of Bonneville cisco determined from hydroacoustic sampling on Bear Lake (1996–2016) along with groupings determined by Bonferroni multiple comparison of means. Error bars represent +/– 95% confidence intervals.

There appeared to be a correlation between the estimated Bonneville cisco population and the number of cutthroat trout stocked ($R^2 = 0.32$; Figure 5) and ANOVA results confirmed this as a significant relationship (Table 2; $F = 15.25$, $df = 1$, $p < 0.001$).

Discussion

Using mobile hydroacoustic surveys to estimate the abundance of Bonneville cisco in Bear Lake provided us with valuable information that would have been difficult, or perhaps even impossible, to obtain using more traditional fishery survey gears such as gillnets, seines, or trap nets. Bonneville cisco are the only pelagic species of fish found in Bear Lake, which makes them an ideal target for hydroacoustic sampling (Snyder, 1919; Sigler & Miller, 1963; Sigler & Sigler, 1987; Kennedy et al., 2006). Although there was variation within and between years for this study, past studies using mobile hydroacoustic surveys have provided accurate estimates of abundance of a pelagic planktivore such as the Bonneville cisco (Burczynski & Johnson, 1986; MacLennan & Simmonds, 1992; Luecke & Wurtsbaugh, 1993; Drastik et al., 2017). Ideally, if additional transects would have been collected, we could have improved

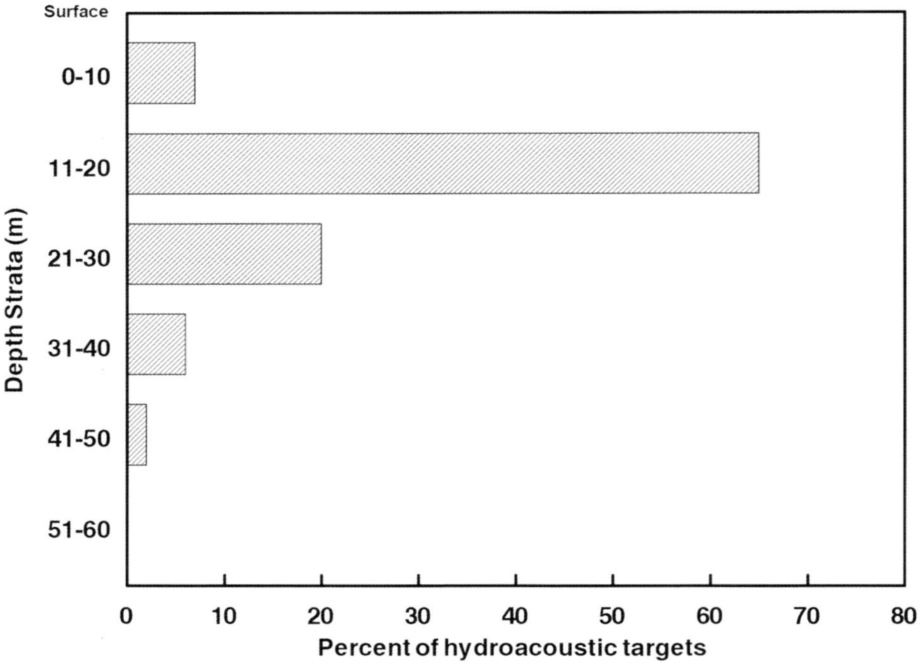

Fig. 4. Percent of hydroacoustic targets (-50.72 to -38.40 dB, which corresponded to fish lengths of approximately 50 to 220 mm total length) from each 10-m depth strata in Bear Lake, 1996–2016.

Table 3. Annual cutthroat trout stockings in Bear Lake, 1989–2016. (high = quota ≥ 250,000; low = quota ≥ 137,000 and < 250,000)

Year	Number	Classification of stocking	Year	Number	Classification of stocking
1989	743,063	high	2003	190,085	low
1990	263,443	high	2004	180,519	low
1991	208,090	low	2005	171,266	low
1992	270,072	high	2006	180,878	low
1993	387,044	high	2007	170,000	low
1994	362,298	high	2008	171,300	low
1995	321,425	high	2009	222,000	low
1996	389,855	high	2010	236,000	low
1997	329,729	high	2011	237,437	low
1998	327,881	high	2012	160,019	low
1999	254,434	high	2013	137,178	low
2000	220,070	low	2014	179,229	low
2001	173,895	low	2015	175,807	low
2002	198,428	low	2016	179,986	low

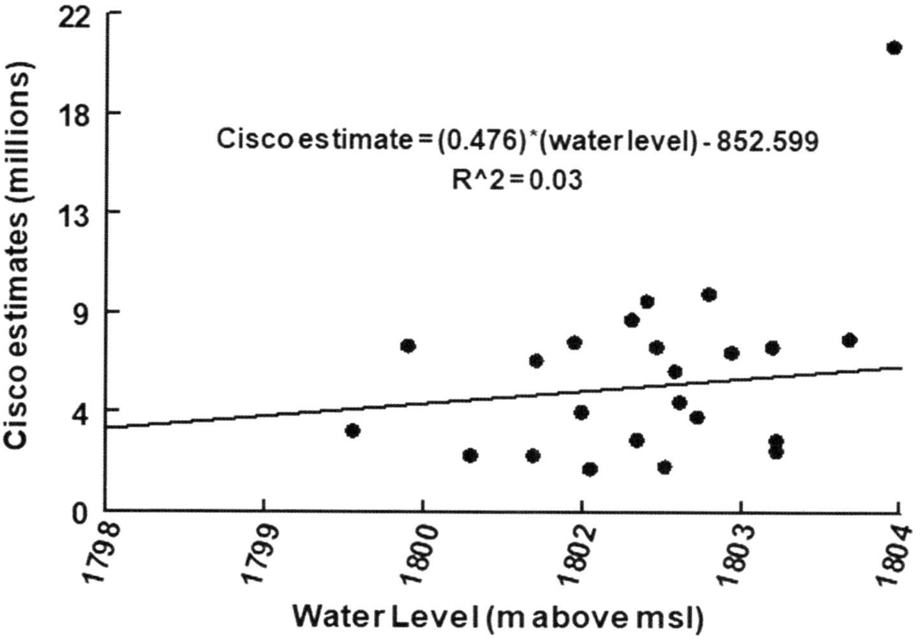

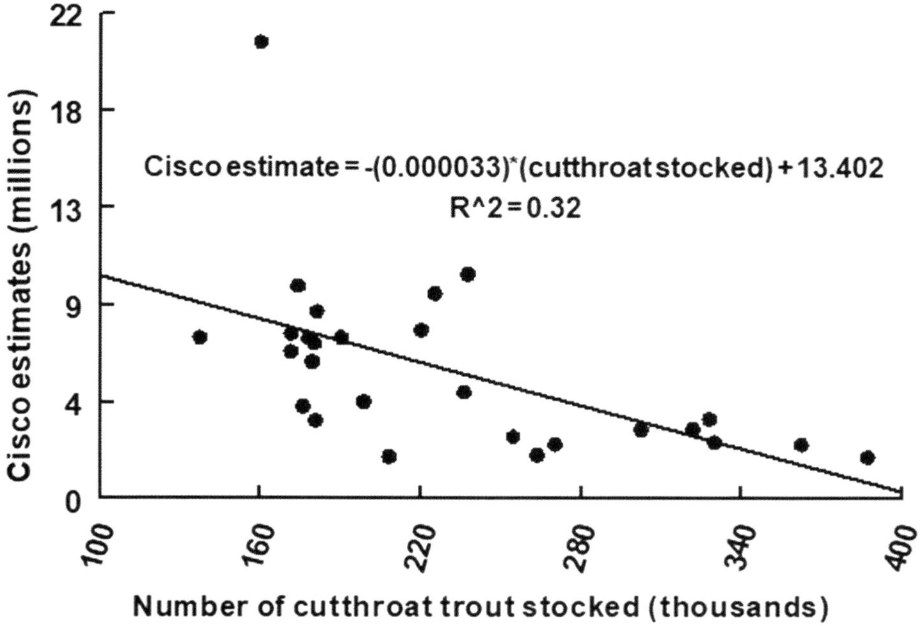

Fig. 5. Regressions of the Bonneville cisco population and the water level of Bear Lake (top) and the Bonneville cisco population and the number of yearling cutthroat trout stocked (bottom).

precision of the population estimates. However, the number of transects was selected with the best available biological information at the time the survey was designed and the sampling was required to stay within operational budgets. Godlewska et al. (2009) demonstrated that mean abundance did not depend on the degree of coverage, but that variability is much higher when the degree of coverage is low.

Annual estimated abundance of Bonneville cisco grouped into three significantly different groups (Figure 3). It would have been natural to assume that "groups 2 and 3" (higher populations) may be related to higher lake levels, which inundate the shallow, rocky, littoral spawning habitat (Albrecht, 2004; Tolentino & Albrecht, 2007). Conversely, it would have also been reasonable to assume that "group 1" (lower populations) would have been related to lower lake levels when the rocky, littoral regions are dewatered and cannot be used for spawning. These assumptions were similar to what was indeed found for a *Coregonus lavaretus* population in Haweswater, U.K., where modelling predicted complete failure of year classes when water levels dropped two meters or more (Winfield et al., 2004). It has been postulated that the lack of natural, littoral, rocky spawning habitat in Bear Lake due to low water levels could negatively influence demersal spawners, such as Bonneville cisco (Ruzycki et al., 2001; Tolentino & Albrecht, 2007). However, when we examined the annual Bonneville cisco population estimates and compared them to lake levels for the preceding year, there was no significant correlation (Figure 5, Table 2). It was concluded that abundance of Bonneville cisco was not linked solely to lake level and other factors, such as timing of ice-off, depth of macrophyte beds, and spring storm frequency may influence recruitment. However, at this time we only can speculate, based on long-term observations, since we do not have quantitative data to test these hypotheses.

Since Bear Lake is subject to both anthropogenic and climatic cycles (i.e., drought), Tolentino & Moon (2012) speculated that cobble spawning refugia at depths which are not influenced by drought (and thus lake levels) may provide protection for Bonneville cisco eggs (and other Bear Lake endemic fish species' eggs) and contribute to Bonneville cisco recruitment during extremely low-water years. The increased presence of Bonneville cisco during the period of spawning (winter) on four, small (0.01 ha each) artificial reefs in Bear Lake indicate that the artificial reefs may be providing an important alternative to other shallower, littoral, rocky spawning sites (Moon, 2007; Tolentino & Moon, 2012). However, Bouwes & Luecke (1997) suggested that although additional cobble substrate at greater depth might increase Bonneville cisco recruitment, any additional benefit might be thwarted by the attraction of non-indigenous egg predators such as the yellow perch (*Perca flavescens*) and crayfish (*Pacifastacus gambelii* & *Orconectes* sp.) to these deeper sites. Another hypothesis is that, although Bonneville cisco are known to prefer rocky spawning habitat, they might maintain a stable population by using alternative spawning habitat found on the bottom of Bear Lake, such as extinct gastropod shell beds and/or macrophyte beds. However, this is only speculation based on 40+ years of observation by biologists (UDWR, unpublished data).

The annual estimated abundance of Bonneville cisco was also compared to the stocking of yearling (175–200 mm total length) cutthroat trout. Cutthroat trout in Bear Lake utilize Bonneville cisco as one of their main diet items but are almost always associated with the benthic zone (Nielson & Archer, 1977; Nielson & Lentsch, 1988; Tolentino, 2017). Cutthroat trout stocked into Bear Lake also become piscivorous almost immediately after stocking (Mazur & Beauchamp, 1999). During the years of 2000–2016, the stocking of yearling cutthroat trout was reduced by almost 50 percent (Table 3). Therefore, it was not surprising to see a positive response in the Bonneville cisco population when stocking numbers of cutthroat trout were reduced (Figure 5, Table 3). Fisheries managers must be cautious of maintaining a balance between predators and prey to ensure the population of Bonneville cisco remains robust and above abundance goals (Figure 2).

The consistency of the lower hydroacoustic estimates of Bonneville cisco during the years where "higher" numbers (≥ 250,000 fish) of cutthroat trout were stocked (1989–1999) and higher hydroacoustic estimates of Bonneville cisco during years where "lower" numbers (< 250,000 fish) of cutthroat trout were stocked (2000–2016), suggests that the stocking was negatively related to the abundance of Bonneville cisco. At the current "lower" stocking rate of cutthroat trout, it appears the Bonneville cisco population abundance stabilized at 6–7 million fish. During the earlier period of "higher" stocking of cutthroat trout, Bonneville cisco abundance also appeared stable but at a lower population abundance of 2–4 million fish. Tolentino & Albrecht (2007) demonstrated that endemic Bonneville whitefish prey on young Bonneville cisco and could also have a negative effect on their overall numbers. Increased recruitment of cutthroat trout in Bear Lake due to man-made enhancement of habitat in spawning tributaries could also be a factor. It will therefore be necessary to monitor the number of piscivorous predators in the lake, which utilize Bonneville cisco as prey.

We recommend continued hydroacoustic monitoring of the Bonneville cisco population to determine future impacts by cutthroat trout and other predatory fishes. If precipitous reductions in Bonneville cisco should occur, stocking rates of cutthroat trout may need to be reduced even further to maintain a more suitable balance between the piscivorous cutthroat trout and their prey.

Acknowledgements

I thank Dr. Chris Luecke at Utah State University for allowing me to use data collected prior to 1995, Connely Baldwin from PacifiCorp for the water elevation/area/volume data for Bear Lake, and Pete Jacobson for help with statistics. Finally, I thank the many seasonal employees and graduate students who assisted with data collection and also four reviewers for helpful comments on the manuscript.

References

Albrecht, B., 2004: Spawning and winter ecology of two benthic whitefish species in Bear Lake, Utah/Idaho. M. Sc. thesis. Utah State University, Logan, Utah, USA. 53 pp.

Barange, M., Hampton, I., Pillar, S. C. & Soule, M. A., 1994: Determination of composition and vertical structure of fish communities using *in situ* measurements of acoustic target strength. – Can. J. Fish. Aquat. Sci. 51: 99–109.

Birdsey, P. W., 1989: The limnology of Bear Lake, Utah-Idaho, 1912–1988: A Literature Review. Publication No. 89–5. Utah Division of Wildlife Resources. Salt Lake City, Utah, USA. 113 pp.

Bodaly, R. A., 1979: Morphological and ecological divergence within the lake whitefish (*Coregonus clupeaformis*) species complex in Yukon Territory. – J. Fish. Res. Board. Can. 36: 1214–1222.

Bodaly, R. A., Clayton, J. W., Lindsey, C. C. & Vuorinen, J., 1992: Evolution of lake whitefish (*Coregonus clupeaformis*) in North American during the Pleistocene: genetic differentiation between sympatric populations. – Can. J. Fish. Aquat. Sci. 49: 769–779.

Bouwes, N. & Luecke, C., 1997: The fate of Bonneville cisco eggs in Bear Lake: evaluating mechanisms of egg loss. – Trans. Am. Fish. Soc. 126: 240–247.

Burczynski, J. J. & Johnson, R. L., 1986: Application of dual-beam acoustic survey techniques to limnetic populations of juvenile sockeye salmon (*Oncorhynchus nerka*). – Can. J. Fish. Aquat. Sci. 3: 1776–1788.

Dahm, E., Hartmann, J., Lindem, T. & Loffler, H., 1985: EIFAC experiments on pelagic fish stock assessment by acoustic methods in Lake Constance. Eur. Inland Fish. Ad. Comm. Occasional Paper No. 15, FAO, Rome, Italy. 14pp.

Drastik, V., Godlewska, M., Balk, H., Clabburn, P., Kubecka, J., Morrissey, E., Winfield, I. J., Mrkvieka, T. & Guillard, J., 2017: Fish hydroacoustic survey standardization: a step forward based on comparisons of methods and systems from vertical surveys in a large deep lake. – Limnology and Oceanography Methods 15(10): 836–846.

Ecosystem Research Institute, 2007: Bear Lake Monitoring Data Summary: 2006–2007. Bear Lake Regional Commission Report, Bear Lake County, Idaho and Rich County, Utah. 13 pp.

Glassic, H., 2018: The influence of multiyear drought-driven habitat loss on the Bear Lake sculpin (*Cottus extensus*) and the Bear Lake strain of the Bonneville cutthroat trout (*Oncorhynchus clarki Utah*). M. Sc. thesis. Utah State University, Logan, Utah, USA. 108 pp

Godlewska, M., Dlugoszewski, B., Doroszczyk, L. & Jozwik, A., 2009: The relationship between sampling intensity and sampling error – empirical results from acoustic surveys in Polish vendace lakes. – J. Fish. Res. 96: 17–22.

Kennedy, B. M., Thompson, B. W. & Luecke, C., 2006: Ecological differences between two closely related morphologically similar benthic whitefish (*Prosopium spilonotus* and *Prosopium abyssicola*) in an endemic whitefish complex. – Can. J. Fish. Aquat. Sci. 63: 1700–1709.

Kirkpatrick, M. & Selander, R. K., 1979: Genetics of speciation in lake whitefishes in the Allegash Basin. – Evolution 33: 478–485.

Lamarra, V., Liff, C. & Carter, J., 1986: Hydrology of Bear Lake Basin and its impact on the trophic state of Bear Lake, Utah-Idaho. – Great Basin Naturalist 46: 690–705.

Lentz, D. C., 1986: Aspects of the feeding ecology of the Bonneville cisco of Bear Lake, Utah-Idaho. M. Sc. thesis. Utah State University, Logan, Utah, USA. 69 pp.

Lindsey, C. C., Clayton, J. W. & Franzin, W. G., 1970: Zoogeographic problems and protein variation in the *Coregonus clupeaformis* whitefish species complex. pp 127–144 *in* Lindsey, C. C. & Woods, C. S., editors. Biology of coregonid fishes. University of Manitoba Press, Winnipeg, Manitoba, Canada.

Love, R. H., 1971: Dorsal-aspect target strength of an individual fish. – J. Acoust. Soc. Am. 49: 816–823.

Luecke, C. & Wurtsbaugh, W., 1993: Effects of moonlight and daylight on hydroacoustic estimates of pelagic fish abundance. – Trans. Amer. Fish. Soc. 122: 112–120.

Luecke, C., Wurtsbaugh, W. & Teuscher, D., 1990: Examination of forage fish monitoring techniques: assessment of population trends for Bonneville cisco and Bear Lake sculpin. Dept. of fisheries and wildlife, Utah State University. Logan, Utah, USA. 38 pp.

Mann, G. J. & McCart, P. J., 1981: Comparison of sympatric dwarf and normal populations of least cisco (*Coregonus sardinella*) inhabiting Trout Lake, Yukon Territory. – Can. J. Fish. Aquat. Sci. 38: 240–244.

McConnell, W. J., Clark, W. J. & Sigler, W. F., 1957: Bear Lake: Its fish and fishing. Utah State Department of Fish and Game. Salt Lake City, Utah, USA. 76 pp.

MacLennan, D. N. & Simmonds, E. J., 1992: Fisheries acoustics. Chapman & Hill. New York, New York, USA. 325 pp.

Mazur, M. M. & Beauchamp, D. A., 1999: Population dynamics and interactions among fishes of Bear Lake. Annual report for fiscal year 1999 to the Utah Division of Wildlife Resources, Salt Lake City, Utah, USA.

Moon, M., 2007: Hydroacoustic substrate classification accuracy and faunal assemblage variation between artificial and natural rock regions: Bear Lake, Utah/Idaho. M. Sc. thesis. Utah State University, Logan, Utah, USA. 156 pp.

Nealson, P. A. & Birmingham, A., 1994: Expansion of mobile survey data to lake wide population estimates. Hydroacoustic Technology Inc., Seattle, Washington, USA. 13 pp.
Nielson, B. R. & Archer, D. L., 1977: Bear Lake cutthroat trout enhancement program annual performance report 1975–1976. Publication 77–14. Utah Division of Wildlife Resource, Salt Lake City, Utah, USA. 43 pp.
Nielson, B. R. & Lentsch, L., 1988: Bonneville cutthroat trout in Bear Lake: Status and Management. – Amer. Fish. Soc. Symposium 4: 128–133.
Nielson, B. R. & Tolentino, S. A., 2002: Fisheries investigations of the Bear Lake cutthroat trout enhancement program, January 1995–December 1999. ublication 02–09. Utah Division of Wildlife Resource, Salt Lake City, Utah, USA. 56 pp.
PacifiCorp., 1989: Elevation-Area-Volume Relationship Tables for Bear Lake, Utah/Idaho. Obtained from Connely Baldwin, email: hydro.ckb2@PacifiCorp.com, 1407 W. North Temple Street, Salt Lake City, UT 84116, USA.
Pearsons, T. N., 2010: Operating hatcheries within an ecosystem context using the adaptive stocking concept. – Fisheries 35: 23–31.
Perry, L. E., 1943: Biology and economic significance of the peaknose cisco of Bear Lake, Idaho and Utah. Ph. D. dissertation. University of Michigan. Ann Arbor, Michigan, USA. 229 pp.
Rudstam, L. G., Lathrop, R. C. & Klumb, R. A., 1993: The rise and fall of a dominant planktivore: effects on zooplankton species composition and seasonal dynamics. Ecology. 74: 303–319.
Rudstam, L. G., Parker, D. W., Einhouse, L. D., Witzel, D., Warner, D. M., Stritzel, J. L., Parrish, D. L. & Sullivan, P. J., 2003: Application of *in situ* target-strength estimations in lakes: examples from rainbow-smelt in Lakes Erie and Champlain. – ICES J. Mar. Sci. 60: 500–507.
Ruzycki, J. R., Wurtsbaugh, W. A. & Luecke, C., 2001: Salmonine consumption and competition for endemic prey fishes in Bear Lake, Utah-Idaho. – Trans. Amer. Fish. Soc. 130: 1175–1189.
Shields, B. A., Guise, K. S. & Underhill, J. C., 1990: Chromosomal and mitochondrial DNA characterization of a population of dwarf cisco (*Coregonus artedii*) in Minnesota. – Can. J. Fish. Aquat. Sci. 47: 1562–1569.
Sigler, W. F. & Miller, R. R., 1963: Fishes of Utah. Utah State Department of Fish and Game. 203 pp.
Sigler, W. F. & Sigler, J. W., 1987: Fishes of the Great Basin. University of Nevada Press. Reno, Nevada, USA. 425 pp.
Snyder, J. O., 1919: Three new whitefishes from Bear Lake, Idaho and Utah. United States Bureau of Fisheries Bulletin 36: 3–9. United State government printing office, Washington, D.C., USA.
Tolentino, S., 2008: Bear Lake biological report for calendar year 2007. Publication 08–58. Utah Division of Wildlife Resource, Salt Lake City, Utah, USA. 24 pp.
Tolentino, S. A., 2017: Bear Lake biological report for calendar year 2016. Publication 03–17. Utah Division of Wildlife Resource, Salt Lake City, Utah, USA. 28 pp.
Tolentino, S. & Albrecht, B., 2007: Spawning habitat preferences and feeding ecology of two endemic Bear Lake whitefishes (*Prosopium spilonotus* and *P. abyssicola*). – In: Jankun, M. et al. (eds.): Biology and Management of Coregonid Fishes 2005. – Advanc. Limnol. 60: 247–259.
Tolentino, S. & Teuscher, D., 2009: Bear Lake fisheries management plan 2008. Utah Division of Wildlife Resource, Salt Lake City, Utah and Idaho Department of Fish and Game, Boise, Idaho, USA. 28 pp.
Tolentino, S. & Moon, M., 2012: Artificial reef construction and use by three endemic Coregonid whitefishes in Bear Lake, Utah, USA – In: Tallman, R. F. et al. (eds.): Biology and Management of Coregonid Fishes 2008. – Advanc. Limnol. 63: 535–546.
Tolentino, S., Teuscher, D. & Thompson, P., 2015: Bear Lake fisheries management plan 2015. Utah Division of Wildlife Resource, Salt Lake City, Utah, USA and Idaho Department of Fish and Game, Boise, Idaho, USA. 33 pp.
Utah Division of Wildlife Resources, 2015: Utah Wildlife Action Plan 2015–2025. Publication No. 15–14. Utah Division of Wildlife Resource, Salt Lake City, Utah, USA. 385 pp.
Vuorinen, J. A., Bodaly, R. A., Reist, J. D., Bernatchez, L. & Dodson, J. J., 1993: Genetic and morphological differentiation between dwarf and normal size forms of lake whitefish (*Coregonus clupeaformis*) in Como Lake, Ontario. – Can. J. Fish. Aquat. Sci. 50: 210–216.

Ward, A., 2001: Morphometric evaluation of the whitefish complex in Bear Lake, Utah / Idaho. M. Sc. thesis. Utah State University, Logan, Utah, USA. 60 pp.
Warner, D. M., Rudstam, L. G. & Klumb, R. A., 2002: In situ target strength of alewives in freshwater. – Trans. Amer. Fish. Soc. 131: 212–223.
White, R. G., 1974: Endemic whitefishes of Bear Lake, Utah-Idaho: a problem in systematics. Ph. D. dissertation, Utah State University, Logan. 209 pp.
Winfield, I. J., Fletcher, J. M. & James, J. Ben., 2004: Modelling the impacts of water level fluctuations on the population dynamics of whitefish (*Coregonus lavaretus* (L.)) in Haweswater, U. K. – Ecohydro. & Hydrobio. 4: 409–416.
Wurtsbaugh, W. A. & Luecke, C., 1990: Initial hydroacoustic and trawl assessment of pelagic fish in Bear Lake, Utah-Idaho. – In: Wurtsbaugh, W. A., & Hawkins, C. Trophic Interactions between fish and invertebrates in Bear Lake, Utah-Idaho. Appendix 18 – Utah State University Ecology Center. Special Publication. Logan, Utah, USA. 167 pp.
Wurtsbaugh, W. A. & Neverman, D., 1988: Post feeding thermotaxis and daily vertical migration in larval fish. – Nature 333: 846–848.
Wurtsbaugh, W. A. & Luecke, C., 1998: Limnological relationships and population dynamics of fishes in Bear Lake, Utah-Idaho. Final report to the Utah Division of Wildlife Resources, Project F-47-R, Study 5, Salt Lake City, Utah, USA.
Wurtsbaugh, W. A., Luecke, C., Bouwes, N., Lay, C. & Ruzycki, J., 1994: Examination of the abundance and spatial distribution of forage fishes in Bear Lake. Final report to the Utah Division of Wildlife Resources, Salt Lake City, Utah, USA. 59 pp.
Wurtsbaugh, W. A., Luecke, C., Bouwes, N., Lay, C., Ruzycki, J. & Ward, A., 1997: Examination of the abundance and spatial distribution of forage fishes in Bear Lake. Final report to the Utah Division of Wildlife Resources, Salt Lake City, Utah, USA. 217 pp.

Manuscript received: 14 January 2018
Revisions requested: 12 April 2018
Modified version received: 8 May 2018
Accepted: 26 September 2018

Habitat, trophic interactions, and ecosystem services

Advanc. Limnol. **66**, p. 207–223
Biology and Management of Coregonid Fishes – 2017 **Article**

Pelagic forage versus abiotic factors as drivers of walleye growth in northern Wisconsin lakes

Austin M. Noring[1], Greg G. Sass[1,*], Stephen R. Midway[2], Justin A. VanDeHey[3], Joshua K. Raabe[3], Daniel A. Isermann[4], Jeffrey M. Kampa[5], Timothy P. Parks[5], John Lyons[6], and Martin J. Jennings[7]

With 3 figures and 1 table

Abstract: Understanding ecological relationships among fishes and their environments are important for informing management policies. We conducted a statewide assessment of cisco (*Coregonus artedi*) in inland lakes of Wisconsin to better understand the status of this pelagic, coldwater forage fish. We then used long-term (2005–2014), standardized walleye (*Sander vitreus*) survey data from the Ceded Territory of Wisconsin (CTWI) to test for the influence of cisco (present, extirpated, or never present) and several abiotic factors on walleye growth trajectories described using sex-specific asymptotic lengths (L_∞), Brody growth coefficients (K), and time in years required to attain common length limits used to manage harvest of walleye in the recreational fishery (381 and 457 mm). Despite being top predators in many north-temperate waters, walleye growth was highly variable among lakes, suggesting that forage base and abiotic factors may be important drivers. Growth characteristics of 160 CTWI walleye populations revealed that females reached greatest L_∞ in lakes with cisco compared to those where cisco were never present or those lakes where cisco have been extirpated; however, differences were not statistically significant. Male walleye L_∞ did not differ based on cisco presence. Brody growth coefficients (K) for female walleye were positively correlated with growing degree days and Secchi depth; K for males was positively correlated with Secchi depth. Average time to attain 381 and 457 mm were lowest in lakes where cisco have been extirpated. Our results suggest that cooler water temperatures

Authors' addresses:
[1] Wisconsin Department of Natural Resources, Office of Applied Science, Escanaba Lake Research Station, 3110 Trout Lake Station Drive, Boulder Junction, WI 54512, USA
[2] Louisiana State University, Department of Oceanography and Coastal Sciences, Baton Rouge, LA 70803, USA
[3] University of Wisconsin-Stevens Point, College of Natural Resources, 800 Reserve Street, Stevens Point, WI 54481, USA
[4] U.S. Geological Survey, Wisconsin Cooperative Fishery Research Unit, College of Natural Resources, University of Wisconsin-Stevens Point, 800 Reserve Street, Stevens Point, WI 54481, USA
[5] Wisconsin Department of Natural Resources, Office of Applied Science, 810 West Maple Street, Spooner, WI 54801, USA
[6] Wisconsin Department of Natural Resources, Office of Applied Science, 2801 Progress Road, Madison, WI 53716, USA
[7] Minnesota Department of Natural Resources, Division of Fish and Wildlife, 500 Lafayette Road, St. Paul, MN 55155, USA
[*] Corresponding author: gregory.sass@wisconsin.gov

DOI: 10.1127/adv_limnol/2021/0061 1612-166X/21/0061 $ 4.25
www.schweizerbart.de

and lower water clarity may be more important drivers of walleye maximum growth potential in northern Wisconsin lakes than the presence of cisco.

Keywords: abiotic, cisco, *Coregonus artedi*, growth, *Sander vitreus*, walleye

Introduction

Fish growth rates and maximum growth potential are regulated by population, community, and ecosystem conditions (e.g., water temperature, consumption rates, diet composition, prey energy content, individual diet specialization) (Kitchell et al., 1977; Hanson et al., 1997). Thus, differences in fish growth patterns among lakes and across regions can be used to identify drivers of change and variability and to sustainably manage exploited stocks. Explaining fish growth patterns becomes more complex when considering warming water temperatures (Hansen et al., 2017), habitat loss (Schindler et al., 2000; Sass et al., 2006; Gaeta et al., 2011; Gaeta et al., 2014), tradeoffs between survival and optimizing growth (Werner & Hall, 1988; Walters & Juanes, 1993), prey availability and associated energy content (Holling, 1959a; 1959b; Hodgson & Kitchell, 1987; Hanson et al., 1997), density-dependence (Diana et al., 1991; Sass & Kitchell, 2005; Venturelli et al., 2010; Gilbert & Sass, 2016), and activity costs (Ahrenstorff et al., 2009; Kaufman et al., 2006). Changes in food web dynamics as a function of various levels of species-specific angler exploitation or stocking can also influence individual fish growth rates and maximum growth potential through various positive and negative feedback loops (Kitchell, 1992).

Cisco (*Coregonus artedi*) are a pelagic, coldwater fish whose range substantially overlaps with the native range of walleye (*Sander vitreus*) (Lee et al., 1980). Although walleye consume a diversity of prey items (Becker, 1983; Lyons, 1987), they are typically considered piscivores and readily consume cisco in lakes where the species coexist (Becker, 1983; Henderson et al., 2004; Krueger & Hrabik, 2005; Kaufman et al., 2009). According to Kaufman et al. (2009), female walleye asymptotic lengths were greater in Ontario lakes with cisco compared to lakes where yellow perch (*Perca flavescens*) was the primary forage. Walleye growth efficiencies were also higher and ingestion and activity rates were lower in lakes with cisco (Henderson et al., 2004; Kaufman et al., 2006). Because many cisco populations have been extirpated in the southern extent of their native range (Honsey et al., 2016) and extirpations are expanding northward due to lake warming and land use change (Jacobson et al., 2008; 2010; 2012), the loss of this potentially important pelagic forage species may have negative effects on walleye growth, fecundity, condition, and survival.

Walleye growth can be highly variable among populations due to differences in latitude and associated growing degree days (Quist et al., 2003; Venturelli et al., 2010), prey availability (Henderson et al., 2004; Kaufman et al., 2009), and lake productivity (Ryder, 1965; Sass et al., 2004; Sass & Kitchell, 2005). Thermal regimes can largely regulate fish growth, but growth can also differ among populations in close geographic proximity, particularly when lake characteristics are highly heterogeneous across a region (Boisclair & Leggett, 1989a; Venturelli et al., 2010). Growth is more than just a function of thermal conditions and is dictated by the interactions of temperature, consumption rates, prey energy content, and prey size, ultimately leading to growth as a result of surplus energy acquired minus metabolic, gonadal investment, and activity costs (Kitchell et al., 1977; Hanson et al., 1997; Henderson et al., 2004). Thus, prey type and associated energy content are also primary determinants of fish growth (Paloheimo & Dickie, 1966; Fry, 1971; Kitchell et al., 1977; Boisclair & Leggett, 1989b; Henderson et al., 2004; Kaufman et al., 2009).

Optimal foraging theory principles maintain that fish should select a diet (if available) that maximizes energetic gain (Hodgson & Kitchell, 1987), while minimizing handling costs and predation risk (Schoener, 1971; Werner & Hall, 1988; Mittelbach, 1981; Walters & Juanes, 1993; Walters et al., 2000). However, multiple factors affect the prey selection process and realized prey choice does not always reflect an optimal diet for growth. Several studies have closely related feeding strategies to density and type of prey (Fox, 1989; Floeter & Temming, 2003; Carruthers et al., 2005; Ahrenstorff et al., 2009). Other studies have shown that fish will abandon consuming highly abundant prey when more energetically profitable prey is available (Hodgson & Kitchell, 1987; Lankford & Targett, 1997).

Although growth is dependent on consumption rates, prey characteristics, and environmental variables, differences in system-specific walleye abundance have also been shown to affect individual growth rates (e.g., density-dependence; Sass et al., 2004; Sass & Kitchell, 2005; Venturelli et al., 2010; Pedersen et al., 2017). Walleye density can be highly variable among lakes, and previous research suggested that walleye growth was poorly related to

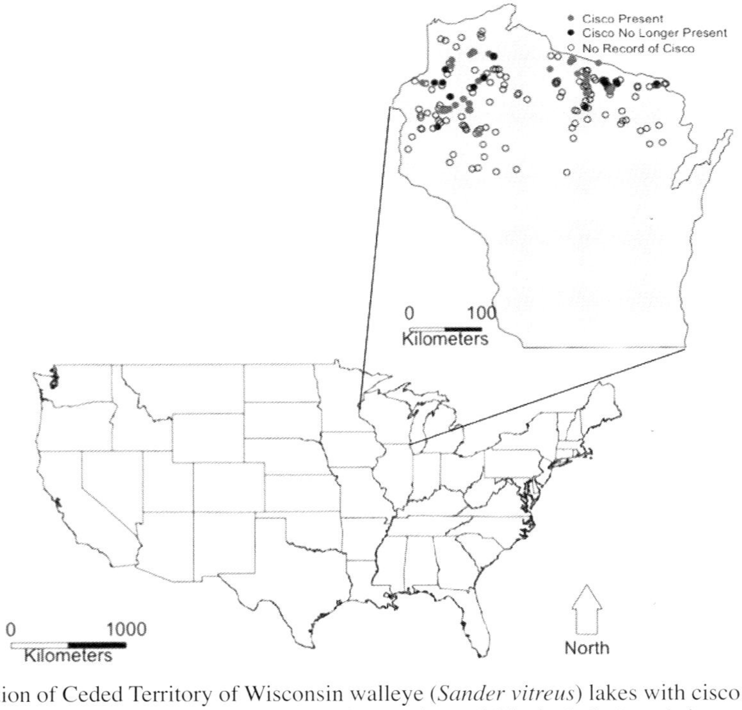

Fig. 1. Location of Ceded Territory of Wisconsin walleye (*Sander vitreus*) lakes with cisco (*Coregonus artedi*) present (grey circles with black outline), cisco extirpated (black circles), and cisco never present (white circles with black outline).

density in northern Wisconsin lakes (Sass et al., 2004; Sass & Kitchell, 2005; Pedersen et al., 2017), but growth was more strongly related to density in Ontario and Quebec lakes (Venturelli et al., 2010). According to Sass and Kitchell (2005), density-independent, surrogate measures of lake productivity (pH, the morphoedaphic index, maximum depth, conductivity) were better predictors of walleye growth.

Walleye are ecologically, economically, and culturally important in the Ceded Territory of Wisconsin (CTWI; about the northern third of the state) and climate change has the potential to reduce critical coldwater habitat for pelagic forage fishes important to walleye (Figure 1). In conjunction with several other lake-specific abiotic factors, we simultaneously tested whether sex-specific Brody growth coefficients (K) and asymptotic lengths (L_∞) estimated from von Bertalanffy growth models differed among CTWI walleye populations in lakes where cisco were present, were extirpated, and have never been present. We also tested whether average time to reach minimum length limits (381 and 457 mm) commonly used to manage harvest in the recreational walleye fishery differed among the three lake-types. Comparisons of von Bertalanffy growth parameters were specifically used to test for differences because we were interested in generalized juvenile walleye growth (K), maximum growth potential (L_∞), and time to reach common minimum length limits among walleye populations based on cisco presence. Our selection of abiotic factor covariates to test were aimed to represent the diversity of lakes found in the CTWI (Magnuson et al., 2006), and based on data availability and known abiotic factors influencing CTWI walleye growth (Sass et al., 2004; Sass & Kitchell, 2005; Pedersen et al., 2017).

Methods

Data

The CTWI encompasses about the northern third of the state and has about 850 walleye lakes (Figure 1). In the mid-1980's, Chippewa Native American off-reservation fishing, hunting, and gathering rights were affirmed in federal court and a spring walleye spear fishery was reinstated in the CTWI (U.S. Department of the Interior, 1991). As a result, walleye have been subjected to a joint tribal spear and recreational angling fishery since the late-1980s (U.S. Department of the Interior, 1991). Because of the joint fishery, an extensive, standardized walleye monitoring program has been conducted on CTWI lakes including annual creel surveys, mark-recapture population estimates, and collection of length, weight, and age information since 1990 (Hansen et al., 1991; Beard et al., 1997). We used walleye data collected during 2005–2014 in our analyses.

The Wisconsin Department of Natural Resources (WDNR) has estimated adult walleye (sexually mature or ≥ 381 mm in total length) abundance annually on about 20–30 lakes selected at random in addition to 12 "trend" lakes sampled every three years in the CTWI using mark-recapture (detailed methodology and justification for the adult walleye population estimates can be found in Beard et al. (1997) and Hansen et al. (2000)). In association with the population estimates, total length, weight, sex, and aging structures (5 fish per 10 mm length increment per sex) are also collected from adult walleye. Scales are removed from walleye < 508 mm and dorsal spines are collected from fish ≥ 508 mm for age estimation.

As part of a statewide effort to assess the status of cisco populations in all Wisconsin lakes with historical presence of the species, we sampled 114 CTWI lakes during summer (2011–2014) following stratification (Figure 1). To determine if cisco were present, we used an experimental vertical gillnet sampling design with a combination of seven mesh sizes (9.5, 12.7, 19.1, 25.4, 31.8, 38.1, 44.5 mm bar mesh) distributed among five nets varying from 1.8–3.1 m in width. All nets had the capacity to sample pelagic lake habitats down to a maximum depth of 30.5 m, which covered the entire water column in all lakes sampled except for one (Trout Lake, Vilas County, 36 m maximum depth). During sampling, all five nets were connected in a line and suspended from the surface to the bottom in the deepest basin(s) of each lake. At a minimum, vertical gillnets were set for 24–48 h (1–2 net nights) to detect cisco in lakes with simple bathymetry (i.e., lakes with one deep basin). If no cisco were captured during the first 24 h, sampling continued for an additional 24 h to improve the probability of detection. Lakes with complex bathymetry (i.e., multiple deep sub-basins separated by shallower water of ≤ 9 m) were sampled with one net night of effort per deep basin. No repeat sampling was conducted in sub-basins where cisco were not captured. At each sample site, we also recorded GPS coordinates (DMS format) and conducted water temperature/dissolved oxygen profiles prior to setting nets. We identified all fish captured (including non-cisco bycatch) to species and recorded total length (TL [mm]). Mesh size and depth of capture within the vertical gillnet was recorded for each fish. We assumed that cisco were extirpated in a particular lake where historic records indicated they previously occurred (John Lyons, Wisconsin Department of Natural Resources, unpublished data), but our sampling failed to detect any specimens.

Growth modeling and analysis

We used the Beverton-Holt (Beverton & Holt, 1957) parameterization of the von Bertalanffy growth model (von Bertalanaffy, 1938) within a hierarchical Bayesian framework to describe walleye growth. The hierarchical framework allowed us to not only estimate parameters for all fish, but more importantly, to explicitly estimate growth parameters for walleye populations within each lake. Reliable lake-specific growth models are able to be estimated based on the Bayesian property of sharing statistical strength, whereby low information (sample size) groups combine their information with that of the grand mean (all groups), which results in estimates shrunk toward the overall model fit (Kéry 2010). We retained only lakes with ≥ 5 samples over the sampling period (2004–2014), where a sample comprised an individual fish that was collected for length and age information. Lake-specific parameters were then modeled with lake-level covariates to draw inference on and compare walleye growth variability among lakes. The von Bertalanffy observation-level (level-1) model was expressed as:

$$y_{ij} = L_{\infty j}(1 - e(-K_j(t_{ij} - t_{0j}))) + \varepsilon_{ij}$$
$$\varepsilon_{ij} \sim N(0, \sigma^2) \qquad \text{(Eq. 1)}$$

In equation 1, y_{ij} is the total length (mm) for fish i from lake j, and t_{ij} is the estimated age from fish i from lake j. $L_{\infty j}$, K_j, and t_{0j} are the three von Bertalanffy model parameters for lake j that represent the asymptotic length, Brody growth coefficient, and the predicted fish length at time 0, respectively. Specifically, $L_{\infty j}$ represents maximum mean length attained by fish in lake j and K_j describes how quickly length-at-age approaches $L_{\infty j}$. We assumed that the natural log of these parameters came from a multivariate normal distribution with a population mean μ and variance–covariance Σ. The μ contains the population-average estimates for the three von Bertalanffy parameters, which describe the growth model across all lakes. ε_{ij} is the residual error, which is assumed to be independent and identically distributed as $N(0, \sigma^2)$. Model fitting was improved by adopting the Kimura (2008) approach of using the logarithmic scale to estimate parameters (please note that 10 is added to t_0 because negative t_0 are not biologically possible, even though it may be negative, when estimated on the log-scale). Finally, we modeled males and females separately because walleye growth is sexually dimorphic (Sass, 2001; Henderson et al., 2003; Midway et al., 2015).

The second level of the model was added to model the lake-specific von Bertalanffy parameters ($L_{\infty j}$ and K_j) against lake-level covariates. Level 2 was expressed as:

$$\begin{pmatrix} K_j \\ L_{\infty j} \\ t_{0j} \end{pmatrix} \sim MVN\left(\begin{pmatrix} \gamma_0^K + \gamma_1^K Z_1 + \gamma_2^K Z_2 + \gamma_3^K Z_3 + \gamma_4^K Z_4 + \gamma_5^K Z_5 + \gamma_6^K Z_6 \\ \gamma_0^{L\infty} + \gamma_1^{L\infty} Z_1 + \gamma_2^{L\infty} Z_2 + \gamma_3^{L\infty} Z_3 + \gamma_4^{L\infty} Z_4 + \gamma_5^{L\infty} Z_5 + \gamma_6^{L\infty} Z_6 \\ \bar{t}_0 \end{pmatrix}, \Sigma\right),$$

for $j = 1, \ldots J$

(Eq. 2)

In equation 2, γ_{0-5}^{K} and $\gamma_{0-5}^{L\infty}$ are the coefficients for the intercept (subscript 0) and effect of the covariate $Z_{1\text{-}5}$ (i.e., slope; subscripts 1–5). Parameter t_0 was not of biological interest to us, thus we did not seek to evaluate covariates for a relationship with t_0. Covariates examined (see Table 1) were lake surface area (Z_1), conductivity (surrogate measure of lake productivity, Webster et al. [1996]; Soranno et al. [1999]; Sass and Kitchell [2005]; Z_2), growing degree days (GDD) (modeled values of water temperature degree days with a base temperature of 5 °C, Hansen et al. [2017]; Z_3), mean Secchi disc transparency (Z_4), and cisco presence (where Z_5 represents cisco extirpated, Z_6 represents cisco never present, and reference levels represents cisco present). Lake surface area, conductivity, and mean Secchi disc transparency data were acquired from the WDNR Surface Water Integrated Monitoring System (SWIMS) database (a WDNR repository of chemical, biological, and limnological data on Wisconsin's waters). All covariates except cisco presence were continuous data and were log transformed and standardized (scaled to mean of 0 and standard deviation of 1) before model fitting. This transformation helped with model fitting and also allowed the effect of covariates to be interpreted with all other covariates at their mean value. To avoid multicollinearity, we examined correlations among all covariates using Spearman's rank correlation coefficients before including them in the model. All covariates were retained as none were strongly correlated (Spearman's $\rho < 0.4$ for all pairwise correlations). All continuous covariates were averaged to provide a single value for each lake. Cisco was treated as a categorical variable that included three levels; lakes with cisco, lakes where cisco have been extirpated, and lakes where cisco have never been present. Cisco was also treated as a categorical variable because our vertical gillnet assessments were aimed to evaluate status (presence/absence) and cisco gillnet catch per unit effort has been shown to be highly variable within lakes and over time (Ahrenstorff et al., 2013). Non-cisco, alternative forage species (e.g., yellow perch) presence/absence or catch per unit effort influences on walleye growth were not evaluated because

Table 1. Posterior means (with 95% credible intervals in parentheses) of covariate effects on Brody growth coefficient (K) and asymptotic length (L_∞) of male and female walleye (*Sander vitreus*) in Ceded Territory of Wisconsin lakes, 2005–2014. Bold values indicate significant covariate effects (where significance is interpreted as the 95% credible interval not overlapping 0). Results are from two separate sex-specific models. Values below the covariates of lake area, conductivity, growing degree days, and Secchi depth represent the mean and range of values observed from the 160 lakes used in our analysis.

Covariate	Model term	Female K	Female L_∞	Male K	Male L_∞
Lake area 365, 20–5377	Z1	−0.03 (−0.1, 0.05)	0.003 (−0.04,0.04)	−0.01 (−0.08, 0.06)	−0.01 (−0.05, 0.02)
Conductivity 104, 18–523	Z2	0.07 (−0.02, 0.15)	−0.009 (−0.05, 0.03)	0.05 (−0.02, 0.13)	−0.004 (−0.04, 0.03)
Growing degree days 2553, 2216–3045	Z3	**0.15** **(0.6, 0.24)**	**−0.05** **(−0.1, −0.0001)**	0.06 (−0.02, 0.14)	0.03 (−0.01, 0.06)
Secchi depth 2.8, 0.7–9.5	Z4	**0.2** **(0.11, 0.29)**	**−0.09** **(−0.13, −0.04)**	**0.08** **(0.003, 0.16)**	0.01 (−0.03, 0.05)
Cisco present	Reference	0.11 (0.09, 0.13)	847 (770, 934)	0.16 (0.13, 0.19)	582 (539, 631)
Cisco extirpated	Z5	0.13 (0.1, 0.17)	789 (685, 909)	0.16 (0.13, 0.21)	590 (524, 660)
Cisco never present	Z6	0.12 (0.09, 0.14)	821 (737, 918)	0.17 (0.14, 0.21)	589 (539, 643)

non-cisco bycatch was low. Adult walleye density was not tested as a lake-level covariate because walleye growth has been shown to be weakly density-dependent in CTWI lakes (Sass et al., 2004; Sass & Kitchell, 2005; Pedersen et al., 2017).

For all models, prior probability distributions for σ, μ, and Σ were diffuse with a uniform distribution given to σ, a normal distribution given to μ, and a scaled inverse-Wishert distribution given to Σ (Gelman & Hill, 2007). We ran three concurrent Markov chains beginning each chain with a different value. From 100,000 iterations, the first 40,000 iterations of each chain were discarded as burn-in. We then thinned the remaining chains by retaining every third value. This resulted in a total of 60,000 values for analysis. Posterior distributions were assessed for convergence visually and with the Brooks–Gelman–Rubin statistic, $\hat{R}$, where any values <1.1 indicated convergence. JAGS analyses were run using the rjags package (Plummer, 2013), run from within R software (R Core Team, 2016). Finally, significance of any model effects (e.g., parameter or factor level) were interpreted as the 95% credible interval for the posterior distribution not overlapping 0 (in the case of a parameter) or the 95% credible intervals not overlapping between two factor levels (in the case of a multiple comparisons of groups).

Time to reach minimum lengths

Using estimates of $L_{\infty j}$ and K_j, we estimated time required for walleyes of each sex to attain lengths of 381 (t_{381}) and 457mm (t_{457}) for each lake type using the formula provided by Ogle & Isermann (2017):

$$L_{t_{rj}} = L_r + (L_{\infty j} - L_r)[1 - e^{-Kj(t - trj)}] \quad \text{(Eq. 3)}$$

where L_{tj} = expected or mean length of walleyes in lake j at time or age t and t_r = time required for walleyes in lake j to reach a specified length (either 381 or 457mm). We selected these lengths for comparison because they represent two minimum length limits commonly used to regulate recreational angler harvest of walleye within the CTWI. Mean t_{381} and t_{457} and associated 95% confidence intervals were calculated based on cisco presence; lack of overlap between the 95% confidence intervals was used to determine statistical differences in mean t_{381} and t_{457} among lake types.

Results

Growth modeling and analysis

Walleye growth metrics varied by sex and the presence of cisco. The number of lakes included in female and male analyses were 160 and 158, respectively. Lake-type was dominated by lakes where cisco were never present (n = 117 and 116 lakes for females and males). Holding all continuous covariates at their means, female walleye K in lakes with cisco present (the reference level in the model) was estimated to be 0.11 (95% credible interval [95% CI] = 0.09–0.13), while mean L_∞ was 847mm (95% CI =770–934) (Table 1). In lakes with cisco extirpated or never present, estimates of mean K were slightly higher and estimates of mean L_∞ were slightly lower (Table 1). Mean female L_∞ was greatest in lakes with cisco present and was nearly 60 mm greater than in lakes where cisco have been extirpated, but this difference was not statistically significant (Figure 2). Male walleye had a larger mean K than female walleye (about 0.16 for all lake types), and smaller mean L_∞, which ranged from 582–590 mm depending on cisco presence/absence (Table 1).

Among the continuous covariates examined for female walleye, GDD and Secchi depth showed a significant, positive relationship with K and a negative relationship with L_∞ (Table 1; Figure 3). The only significant effect correlated with male walleye growth was Secchi depth, being positively correlated with K (Table 1, Figure 3).

Time to minimum length

Estimates of t_{381} and t_{457} differed among lake-types, with walleye in lakes where cisco have been extirpated attaining these lengths in the shortest period of time. On average, females reached 381 mm in 3.7 years and 457 mm in 5.3 years in lakes where cisco were extirpated, whereas males reached these lengths in 4.6 and 7.3 years, respectively. Females in lakes with

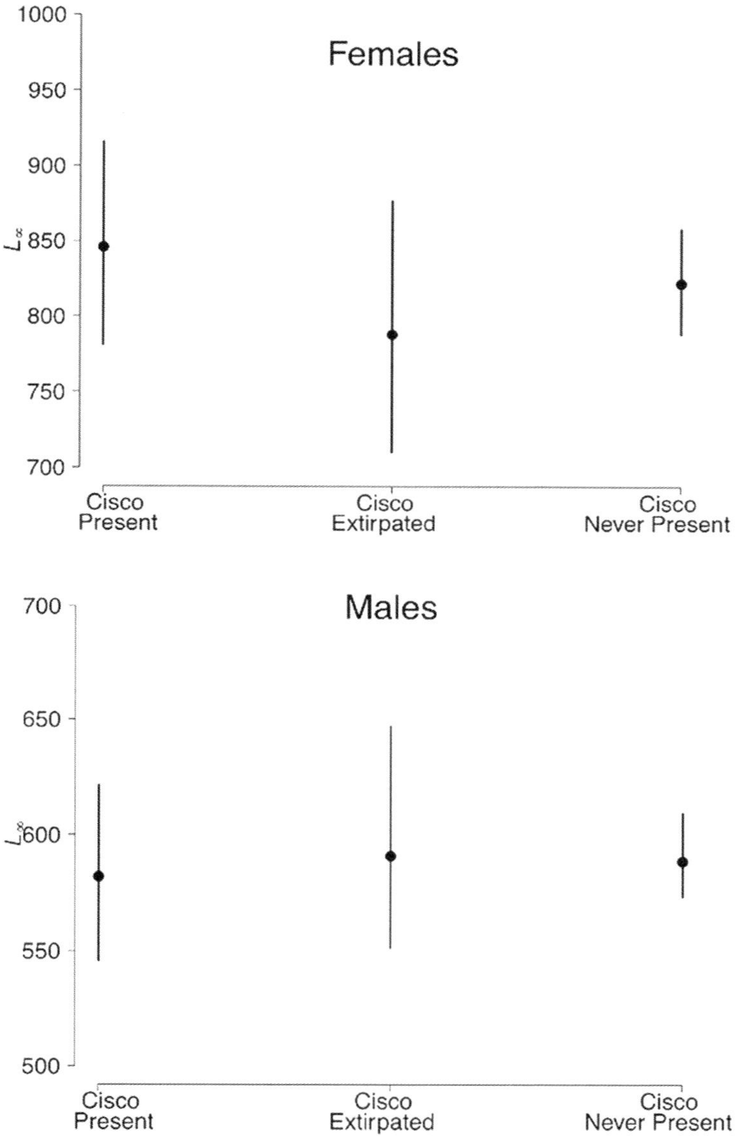

Fig. 2. Posterior mean female (top panel) and male (bottom panel) walleye (*Sander vitreus*) asymptotic length (L_∞) among Ceded Territory of Wisconsin lakes with cisco (*Coregonus artedi*) present, extirpated, and never present during 2005–2014. Vertical bars represent the 95% credible intervals about the mean.

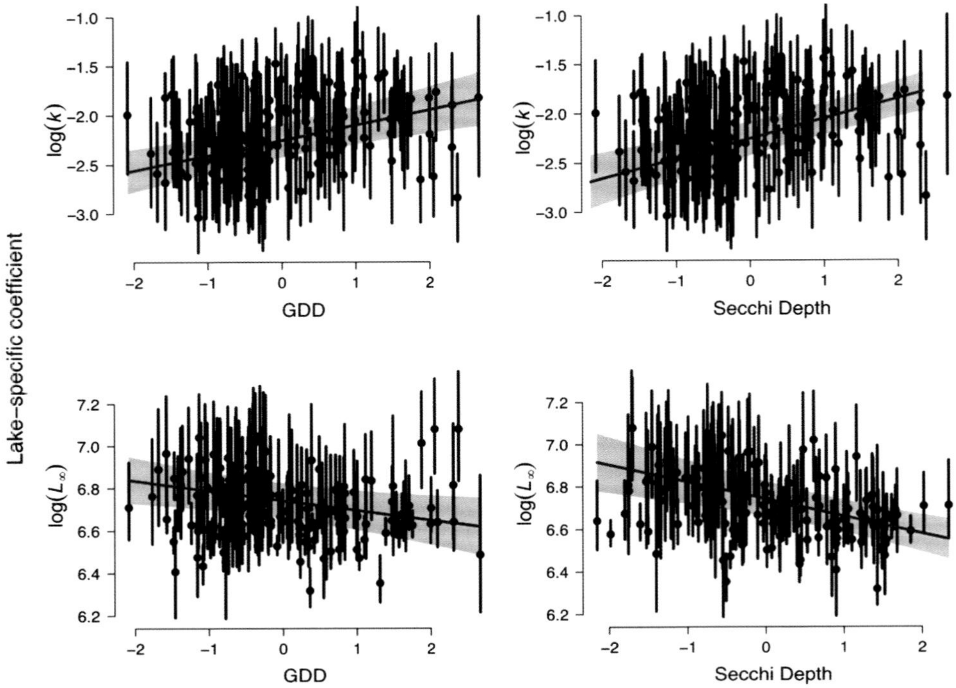

Fig. 3. Relationships between lake-level predictors (modeled growing degree days and Secchi depth) and lake-level growth parameters (estimates of K and L_∞) for female walleye (*Sander vitreus*) in Ceded Territory of Wisconsin lakes during 2005–2014. Solid points are posterior means and vertical lines are 90% credible intervals. The thick blue line represents the hierarchical regression line and gray shading is the 90% credible region.

cisco present required about 0.2 years longer to reach both critical lengths, and in lakes where cisco were never present, females required 0.5 years longer to reach both critical lengths compared to lakes where cisco had been extirpated. In lakes with cisco present, male walleye reached 381 mm at nearly the same time (t_{381} = 4.7 years) as in lakes where cisco were extirpated; however, t_{457} was significantly greater (t_{457} = 7.7) in lakes where cisco were present. In lakes where cisco were never present, males needed 5.0 years to reach 381 mm and 7.9 years to reach 457 mm, representing differences of 0.4 and 0.6 years compared to lakes where cisco were extirpated.

Discussion

Our results suggested that variation in the maximum growth potential of female walleye in northern Wisconsin lakes is better explained by abiotic factors such as GDD and water clarity than the presence of cisco. Nevertheless, mean female walleye L_∞ was highest in lakes with cisco present than mean L_∞ for lakes where cisco have been extirpated or were never present.

Our results suggest that cisco extirpation may result in an erosion of up to about 60 mm of L_∞ for females on average, which represented a greater difference in female L_∞ (37 mm) than that observed by Kaufman et al. (2009) for Ontario lakes with and without cisco. Male walleye K and L_∞ were relatively unrelated to presence of cisco. This result is not surprising given that male walleye have shorter life spans and growth is sexually dimorphic favoring females due to sex-specific differences in energy allocation (Henderson & Nepszy, 1994; Henderson et al., 1996; Sass, 2001; Henderson & Morgan, 2002; Henderson et al., 2003; Sass & Kitchell, 2005). In the CTWI, male walleye live to about age-10 and grow to a maximum length of about 600 mm (Sass, 2001; Sass & Kitchell, 2005). Thus, cisco may be less important for the growth potential of smaller, shorter-lived males (particularly due to gape limitation in lakes with larger sized cisco), but somewhat beneficial (albeit variable) for female walleye to reach maximum growth potential where the two species coexist. In our study, water temperature and water clarity were better predictors of walleye growth potential compared to the presence/absence of cisco in CTWI lakes.

Diet effects on walleye growth

Kaufman et al. (2006; 2009) found that female walleye L_∞ in Ontario lakes were greatest when cisco were present compared to lakes with yellow perch as the primary forage base. Furthermore, Kaufman et al. (2009) observed that interactions between walleye and cisco (based on diet composition) were most prevalent during fall, which corresponds with movements of cisco from pelagic to inshore habitats for spawning (Becker, 1983). Our findings suggested that female walleye maximum growth potential was about 25 mm greater on average in CTWI lakes with cisco present compared to lakes with cisco never present, although this difference was not statistically significant. Reduced importance of cisco for walleye growth potential in CTWI lakes compared to Kaufman et al. (2006; 2009) may be due to the increased diversity of prey available in CTWI lakes versus those in Canadian shield lakes as freshwater fish species diversity declines with increasing latitude, especially above 40° N (Rohde et al., 1993; Rohde, 1999). For example, Krueger and Hrabik (2005) found cisco, various cyprinids, rainbow smelt (*Osmerus mordax*), and yellow perch to be the dominant prey in the diets of walleye caught in Fence Lake, Wisconsin and Frey et al. (2003) found invasive rusty crayfish (*Orconectes rusticus*), mayflies, and yellow perch to dominate the diets of Big Crooked Lake, Wisconsin walleye. Wisconsin walleye diets are diverse and largely dictated by prey availability; prey items observed in walleye diets excluding those mentioned above have included darters, Diptera larvae, entomostracans, caddisfly larvae, bullhead (*Ameiurus* spp.), common carp (*Cyprinus carpio*), and black crappie (*Pomoxis nigromaculatus*) (Becker, 1983; Lyons, 1987). Although cisco presence/absence was a weak driver of walleye growth potential in CTWI lakes, some of the variability in female L_∞ in cisco lakes may also be attributed to walleye and/or cisco size-structure (i.e., walleye gape limitation) and abundance differences of the individual cisco populations themselves (Kaufman et al., 2009, Ahrenstorff et al., 2013).

Cisco require specific oxythermal habitat (cold, oxygenated) and are generally found in lakes > 10 m in depth (Jacobson et al., 2008; 2010). Of Wisconsin's ~15,000 lakes, only 202 lakes have a historical record of cisco, with most occurring in the CTWI (John Lyons,

Wisconsin Department of Natural Resources, unpublished data). Out of the CTWI's ~850 walleye lakes, only 114 had a historical record of cisco. Cisco oxythermal habitat in Wisconsin lakes has been characterized by water temperature in the water column at dissolved oxygen of ≥ 6 mg L^{-1} (TDO6) and by the vertical extent of the water column within which water temperature is ≤ 22.8 °C and dissolved oxygen is ≥ 6 mg L^{-1} (cisco layer thickness, CLT) (Lyons et al., 2017). Potentially stressful oxythermal habitat conditions for cisco in Wisconsin lakes have been identified using the benchmarks of TDO6 = 22.8 °C and CLT = 1 m, where cisco relative abundances were greater in lakes with lower values of TDO6 and higher values of CLT (Lyons et al. 2017). Values of TDO6 above and CLT below the benchmarks were generally characteristic of lakes with remnant or extirpated cisco populations (Lyons et al. 2017). Differences in forage base types among lakes may explain differences in the walleye growth potential we observed. In CTWI lakes without cisco, walleye growth is likely driven by a littoral-based food web consisting of a number of fish and invertebrate prey species and overall more productive, shallow lake conditions (lower water clarity). In contrast, the forage base for walleye in lakes with cisco is likely more pelagic based, strongly influenced by benthic-pelagic coupling, and lower in prey species diversity (Schindler & Scheuerell, 2002). Therefore, walleye growth potential may be more compromised by the extirpation of cisco in these pelagic-based food webs due to the lack of alternative prey and unproductive nature of the lakes (higher water clarity). Additionally, lake conditions – including some of those captured in our abiotic predictors – may influence cisco population dynamics and limit the amount of available cisco resources for walleye. Kaufman et al. (2009) suggested that lakes with higher proportions of larger cisco (≥ 300 mm) resulted in an energetic bottleneck for walleye due to gape limitation.

In lakes with cisco, this forage species may be required by walleye to achieve maximum growth potential due to bioenergetic constraints on growth at larger body sizes. As can be observed in the von Bertalanffy growth relationship, fish growth asymptotes at older ages and lengths due to increased metabolic costs associated with being larger. That is, energy required to satisfy routine metabolic costs increases with body size; surplus energy acquisition above standard metabolic costs is then required for somatic growth and to produce gonads (Hanson et al., 1997). Given that the energy density of cisco (as derived from bloater [*Coregonus hoyi*]) is likely about 25–100% greater than that of yellow perch (Kitchell et al., 1977; Pothoven et al., 2012), the additional energy provided by cisco likely drives the ability of female walleye to reach greater L_∞ in lakes where this forage species is present compared to lakes where they have been extirpated. As suggested by Kaufman et al. (2009), increased consumption rates on alternative non-cisco prey is likely required to achieve greater female walleye L_∞ in lakes without cisco.

Our results indicated that cisco may be unimportant to juvenile and younger age classes of walleye based on the time required to reach t_{381} and t_{457} in CTWI lakes. Time required for walleye to reach these commonly used minimum length limits in the recreational fishery were shortest in lakes where cisco have been extirpated. Although Kaufman et al. (2009) observed cisco in diets of walleye as small as 175 mm, our results suggested that cisco may be less important for early walleye growth in the CTWI (Lyons, 1987). Given that cisco extirpations are occurring at the southern extent of their range and moving northward, these occurrences may weakly influence early growth of walleye due to prolonged cisco recruitment failure and a lack of smaller-sized individuals.

Covariate effects on walleye growth

Within lakes, water clarity and GDD influenced sex-specific walleye K and maximum growth potential. Water clarity may be important for walleye growth and production because it influences the amount of thermal-optical habitat available (Lester et al., 2004). Because water clarity in some north-temperate lakes has increased over time due to climate change (Rose et al., 2016) and reduced nutrient loading, our results suggest that these water clarity changes may have had a positive effect on K at the expense of maximum growth potential. Nevertheless, continued water clarity increases exceeding 2 m Secchi disc transparency may be detrimental to walleye growth and production (Lester et al., 2004).

Modeled GDD were positively correlated with K for females and negatively correlated with female L_{∞}. Immature walleye growth rates have been shown to be density-dependent when evaluated using GDD, particularly when juvenile densities were low (Venturelli et al., 2010). Growing degree days and corresponding water temperatures have increased in northern Wisconsin lakes over time and walleye natural recruitment is predicted to decline as a consequence (Hansen et al., 2015; 2017). Therefore, female K may be positively correlated with GDD due to a relaxation of density-dependent constraints on juvenile growth and/or more favorable temperatures for growth (Venturelli et al., 2010). Likewise, female L_{∞} may be negatively correlated with GDD because rapid growth early in life generally results in lower maximum growth potential (Gallucci & Quinn, 1979). Moreover, Pedersen et al. (2017) found that juvenile walleye growth rates have increased over time in CTWI lakes with a corresponding decline in maximum length. Future scenarios of climate change have predicted extirpations of walleye populations in CTWI lakes with corresponding increases in largemouth bass (*Micropterus salmoides*) abundances due to increasing cumulative growing degree days over time (Hansen et al., 2017). As such, we may also expect a corresponding negative influence on walleye growth potential as a result of water temperatures being elevated beyond those optimal for growth (22° C for adult walleye, 25° C for juvenile walleye) in the future (Kitchell et al., 1977; Madon & Culver, 1993; Hansen et al., 2016).

Management implications

Two primary management implications can be derived from our study based on known extirpations of cisco and those predicted by lake warming and land use change in the future; cisco conservation and walleye angler expectations. Because cisco require specific oxythermal habitat and the availability of this habitat is declining over time due to excess nutrient loading and lake warming (Jacobson et al., 2008; 2010), cisco conservation efforts may still be important to maintain maximum walleye growth potential, fecundity, condition, and survival for anglers in lakes where walleye and cisco coexist. Despite the observed variability, our results still suggested that female walleye L_{∞} may be compromised by about 60 mm on average when cisco are extirpated from a lake. Although slowing or reversing lake warming in the short-term is unlikely, reduced nutrient loading can be achieved through management actions to maintain oxythermal habitat critically needed by cisco. A better understanding of potential genetic stock differentiation among remaining cisco populations may also aid in conservation efforts should some cisco stocks be genetically more tolerant to degradations in oxythermal habitat.

Our results also have implications for walleye anglers and their expectations. Given current trends of increasing water temperature and clarity (Hansen et al., 2017; Rose et al., 2016), trophy walleye anglers may expect the length of maximum-sized individuals to decline in lakes over time regardless of cisco presence/absence (Pedersen et al., 2017). For harvest-oriented walleye anglers, the presence/absence of cisco appears less important than water temperature and water clarity for affecting the time it takes for walleye to reach harvestable size. Therefore, walleye in lakes where cisco have been extirpated should still recruit to the recreational fishery more rapidly than walleye in lakes with cisco and in lakes where cisco have never been present.

Acknowledgements

We would like to thank Chris Bailey, Dave Dreikosen, Jeremiah Gorne, Justin Haglund, Shelby Kail, Matt Lorenzoni, Paul Kanehl, Avery Koblings, Aaron Nolan, and Dan Walchak for their assistance with the Wisconsin statewide assessment of cisco populations. Without their field contributions, this manuscript would not have been possible. We also thank Gretchen Hansen and Ty Wagner for their contributions on earlier conceptual ideas for this manuscript and the many current and former employees of the Wisconsin Department of Natural Resources that collected the standardized Ceded Territory of Wisconsin walleye data used in this study. This study was funded by the U.S. Fish and Wildlife Service, Federal Aid in Sportfish Restoration, Project F-95-P, SSSO.

References

Ahrenstorff, T. D., Sass, G .G. & Helmus, M. R., 2009: The influence of littoral zone coarse woody habitat on home range size, spatial distribution, and feeding ecology of largemouth bass (*Micropterus salmoides*). – Hydrobiologia 623: 223–233.

Ahrenstorff, T. D., Hrabik, T. R., Jacobson, P. C. & Pereira, D. L., 2013: Food resource effects on diel movements and body size of cisco in north-temperate lakes. – Oecologia 173: 1309–1320.

Beard, T. D., Jr., Hewett, S. W., Yang, Q., King, R. M. & Gilbert, S. J., 1997: Prediction of angler catch rates based on walleye population density. – N. Am. J. Fish. Manag. 17: 621–627.

Becker, G. C., 1983: Fishes of Wisconsin. The University of Wisconsin Press, Madison, Wisconsin.

Beverton, R. J. H. & Holt, S. J., 1957: On the dynamics of exploited fish populations. Fisheries Investigations Series II, Vol. XIX, Ministry of Agriculture. Fisheries and Food 1 (1957): 957.

Boisclair, D. & Leggett, W. C., 1989a: Among-population variability of fish growth: influence of the quantity of food consumed. – Can. J. Fish. Aquat. Sci. 46: 457–468.

Boisclair, D. & Leggett, W. C., 1989b: Among-population variability of fish growth: influence of prey type. – Can. J. Fish. Aquat. Sci. 46: 469–482.

Carruthers, E. H., Neilson, J. D., Waters, C. & Perley, P., 2005: Long-term changes in the feeding of *Pollachius virens* on the Scotian Shelf: responses to a dynamic ecosystem. – J. Fish Biol. 66: 327–347.

Diana, J. S., Dettweiler, D. J. & Lin, C. K., 1991: Effect of Nile tilapia (*Oreochromis niloticus*) on the ecosystem of aquaculture ponds, and its significance to the trophic cascade hypothesis. – Can. J. Fish. Aquat. Sci. 48: 183–190.

Floeter, J. & Temming, A., 2003: Explaining diet composition of North Sea cod (*Gadus morhua*): prey size preference vs. prey availability. – Can. J. Fish. Aquat. Sci. 60: 140–150.

Fox, M. G., 1989: Effect of prey density and prey size on growth and survival of juvenile walleye (*Stizostedion vitreum vitreum*). – Can. J. Fish. Aquat. Sci. 46: 1323–1328.

Frey, P., Bozek, M. A., Edwards, C. J. & Newman, S. P., 2003: Diet overlap and predation between smallmouth bass and walleye in a north temperate lake. – J. Freshwater Ecol. 18: 43–54.

Fry, F. E. J., 1971: The effect of environmental factors on the physiology of fish. – In: Hoar, W. S. & Randall, D. J. (eds.): Fish Physiology, volume 6. – Academic Press, New York, pp. 1–98.

Gaeta, J. W., Guarascio, M. J., Sass, G. G. & Carpenter, S. R., 2011: Lakeshore residential development and growth of largemouth bass (*Micropterus salmoides*): a cross-lakes comparison. – Ecol. Freshwater Fish 20: 92–101.

Gaeta, J. W., Sass, G. G. & Carpenter, S. R., 2014: Drought-driven lake level loss: effects on coarse woody habitat and fish. – Can. J. Fish. Aquat. Sci. 71: 315–325.

Gallucci, V. F. & Quinn II, T. J., 1979: Reparameterizing, fitting, and testing a simple growth model. – Trans. Am. Fish. Soc. 108: 14–25.

Gelman, A. & Hill, J., 2007: Data Analysis Using Regression and Multilevel/Hierarchical Models. – Cambridge University Press, Cambridge, United Kingdom.

Gilbert, S. J. & Sass, G. G., 2016: Trends in a northern Wisconsin muskellunge fishery: results from a county-wide angling contest, 1964–2010. – Fish. Manag. Ecol. 23: 172–176.

Hansen, M. J., Staggs, M. D. & Hoff, M. H., 1991: Derivation of safety factors for setting harvest quotas on adult walleyes from past estimates of abundance. – Trans. Am. Fish. Soc. 120: 620–628.

Hansen, M. J., Beard, Jr., T. D. & Hewett, S W., 2000: Catch rates and catchability of walleyes in angling and spearing fisheries in northern Wisconsin lakes. – N. Am. J. Fish. Manag. 20: 109–118.

Hansen, G. J. A., Carpenter, S. R., Gaeta, J. W., Hennessy, J. M. & Vander Zanden, M. J., 2015: Predicting walleye recruitment as a tool for prioritizing management actions. – Can. J. Fish. Aquat. Sci. 72: 661–672.

Hansen, G. J. A., Read, J. S., Hansen, J. F. & Winslow, L. A., 2017: Projected shifts in fish species dominance in Wisconsin lakes under climate change. – Global Change Biol. DOI:10.111/gcb.13462.

Hanson, P. C., Johnson, T. B., Schindler, D. E. & Kitchell, J. F., 1997: Fish bioenergetics 3.0. – University of Wisconsin Sea Grant Institute, Madison, Wisconsin.

Henderson, B. A. & Nepszy, S. J., 1994: Reproductive tactics of walleye (*Stizostedion vitreum*) in Lake Erie. – Can. J. Fish. Aquat. Sci. 51: 986–997.

Henderson, B. A., Wong, J. L. & Nepszy, S. J., 1996: Reproduction of walleye in Lake Erie: allocation of energy. – Can. J. Fish. Aquat. Sci. 53: 127–133.

Henderson, B. A. & Morgan, G. E., 2002: Maturation of walleye by age, size, and surplus energy. – J. Fish Biol. 61: 999–1011.

Henderson, B. A., Collins, N. C., Morgan, G. E. & Vaillancourt, A., 2003: Sexual size dimorphism of walleye (*Stizostedion vitreum vitreum*). – Can. J. Fish. Aquat. Sci. 60: 1345–1352.

Henderson, B. A., Morgan, G. E. & Vaillancourt, A., 2004: Growth, ingestion rates, and metabolic activity of walleye in lakes with and without lake herring. – J. Fish Biol. 65: 1270–1282.

Hodgson, J. R. & Kitchell, J. F., 1987: Opportunistic foraging by largemouth bass (*Micropterus salmoides*). – Am. Midl. Nat. 118: 323–336.

Holling, C. S., 1959a: The components of predation as revealed by a study of small-mammal predation of the European pine sawfly. – Can. Entomol. 91: 293–320.

Holling, C. S., 1959b: Some characteristics of simple types of predation and parasitism. – Can. Entomol. 91: 385–398.

Honsey, A. E., Donabauer, S. B. & Hook, T. O., 2016: An analysis of lake morphometric and land-use characteristics that promote persistence of cisco in Indiana. – Trans. Am. Fish. Soc. 145: 363–373.

Jacobson, P. C., Jones, T. S., Rivers, P. & Pereira, D. L., 2008: Field estimation of a lethal oxythermal niche boundary for adult ciscoes in Minnesota lakes. – Trans. Am. Fish. Soc. 137: 1464–1474.

Jacobson, P. C., Stefan, H. G. & Pereira, D. L., 2010: Coldwater fish oxythermal habitat in Minnesota lakes: influence of total phosphorus, July air temperature, and relative depth. – Can. J. Fish. Aquat. Sci. 67: 2002–2013.

Jacobson, P. C., Cross, T. K., Zandlo, J., Carlson, B. N. & Pereira, D. L., 2012: The effects of climate change and eutrophication on cisco *Coregonus artedi* abundance in Minnesota lakes. – Advanc. Limnol. 63: 417–427.

Kaufman, S. D, Gunn, J. M., Morgan, G. E. & Couture, P., 2006: Muscle enzymes reveal walleye (*Sander vitreus*) are less active when larger prey (cisco, *Coregonus artedi*) are present. – Can. J. Fish. Aquat. Sci. 63: 970–979.
Kaufman, S. D., Morgan, G. E. & Gunn, J. M., 2009: The role of ciscoes as prey in the trophy growth potential of walleyes. – N. Am. J. Fish. Manag. 29: 468–477.
Kéry, M., 2010: Introduction to WinBUGS for Ecologists: A Bayesian Approach to Regression, ANOVA and Related Analyses. Academic Press.
Kimura, D., 2008: Extending the von Bertalanffy growth model using explanatory variables. – Can. J. Fish. Aquat. Sci. 65: 1879–1891.
Kitchell, J. F., Stewart, D. J. & Weininger, D., 1977: Applications of a bioenergetics model to yellow perch (*Perca flavescens*) and walleye (*Stizostedion vitreum vitreum*). – J. Fish. Res. Board Can. 34: 1922–1935.
Kitchell, J. F., 1992: Food Web Management: A Case Study of Lake Mendota. Springer-Verlag, New York.
Krueger, D. M. & Hrabik, T. R., 2005: Food web alterations that promote native species: the recovery of cisco (*Coregonus artedi*) populations through management of native piscivores. – Can. J. Fish. Aquat. Sci. 62: 2177–2188.
Lankford, T. E., Jr. & Targett, T. E., 1997: Selective predation by juvenile weakfish: postconsumptive constraints on energy maximization and growth. – Ecology 78: 1049–1061.
Lee, D. S., Gilbert, C. R., Hocutt, C. H., Jenkins, R. E., McAllister, D. E. & Stauffer, Jr., J. R., 1980: Atlas of North American Freshwater Fishes. – North Carolina Biological Survey, Publication #1980–12.
Lester, N. P., Dextrase, A. J., Kushneriuk, R. S., Rawson, M. R. & Ryan, P. A., 2004: Light and temperature: key factors affecting walleye abundance and production. – Trans. Am. Fish. Soc. 133: 588–605.
Lyons, J., 1987: Prey choice among piscivorous juvenile walleyes (*Stizostedion vitreum*). – Can. J. Fish. Aquat. Sci. 44: 758–764.
Lyons, J., Parks, T. P., Minhan, K. L. & Ruesch, A. S., 2017: Evaluation of oxythermal metrics and benchmarks for the protection of cisco (*Coregonus artedi*) habitat quality and quantity in Wisconsin lakes. – Can. J. Fish. Aquat. Sci. 75: 600–608.
Magnuson, J. J., Kratz, T. K. & Benson, B. J., 2006: Long-term Dynamics of Lakes in Landscapes. – Oxford University Press, Oxford.
Madon, S. P. & Culver, D. A., 1993: Bioenergetics model for larval and juvenile walleyes – an *in situ* approach with experimental ponds. – Trans. Am. Fish. Soc. 122: 797–813.
Midway, S. R., Wagner, T., Arnott, S. A., Biondo, P., Martinez-Andrade, F. & Wadsworth, T. F., 2015: Spatial and temporal variability in growth of southern flounder (*Paralichthys lethostigma*). – Fish. Res. 167: 323–332.
Mittelbach, G. G., 1981: Foraging efficiency and body size: a study of optimal diet and habitat use by bluegills. – Ecology 62: 1370–1386.
Ogle, D. H. & Isermann, D. A., 2017: Estimating age at a specified length from the von Bertalanffy growth function. – N. Am. J. Fish. Manag. 37: 1176–1180.
Paloheimo, J. E. & Dickie, L. M., 1966: Food and growth of fishes III. Relations among food body size and growth efficiency. – J. Fish. Res. Board Can. 23: 1209–1245.
Pedersen, E. J., Goto, D., Gaeta, J. W., Hansen, G. J. A., Sass, G. G., Vander Zanden, M. J., Cichosz, T. A. & Rypel, A. L., 2017: Long-term growth trends in northern Wisconsin walleye populations under changing biotic and abiotic conditions. – Can. J. Fish. Aquat. Sci. DOI: 10.1139/cjfas-2017-0084.
Plummer, M., 2013: rjags: Bayesian Graphical Models Using MCMC.
Pothoven, S. A., Bunnell, D. B., Madenjian, C. P., Gorman, O. T. & Roseman, E. F., 2012: Energy density of bloaters in the upper Great Lakes. – Trans. Am. Fish. Soc. 141: 772–780.
Quist, M. C., Guy, C. S., Schultz, R. D. & Stephen, J. L., 2003: Latitudinal comparisons of walleye growth in North America and factors influencing growth of walleyes in Kansas reservoirs. – N. Am. J. Fish. Manag. 23: 677–692.
R Core Team, 2016: R: A Language and Environment for Statistical Computing. – R Foundation for Statistical Computing, Vienna, Austria.

Rohde, K., Heap, M. & Heap, D., 1993: Rapoport's rule does not apply to marine teleosts and cannot explain latitudinal gradients in species richness. – Am. Nat. 142: 1–16.
Rohde, K., 1999: Latitudinal gradients in species diversity and Rapoport's rule revisited: a review of recent work, and what can parasites teach us about the causes of gradients? – Ecography 22: 593–613.
Rose, K. C., Winslow, L. A., Read, J. S. & Hansen, G. J. A., 2016: Climate-induced warming of lakes can be either amplified or suppressed by trends in water clarity. – Limnol. Oceanogr. Letters 1: 44–53.
Ryder, R. A., 1965: A method for estimating the potential fish production of north-temperate lakes. – Trans. Am. Fish. Soc. 94: 214–218.
Sass, G. G., 2001: An analysis of walleye, *Stizostedion vitreum vitreum*, growth in the ceded territory of northern Wisconsin, 1977–2000. – Master's Thesis, University of Wisconsin-Madison.
Sass, G. G., Hewett, S. W., Beard, Jr., T. D., Fayram, A. H. & Kitchell, J. F., 2004: The role of density dependence in growth patterns of Ceded Territory walleye populations of northern Wisconsin: effects of changing management regimes. – N. Am. J. Fish. Manag. 24: 1262–1278.
Sass, G. G. & Kitchell, J. F., 2005: Can growth be used as a surrogate measure of walleye (*Sander vitreus*) abundance change? – Can. J. Fish. Aquat. Sci. 62: 2159–2168.
Sass, G. G., Kitchell, J. F., Carpenter, S. R., Hrabik, T. R., Marburg, A. E. & Turner, M. G., 2006: Fish community and food web responses to a whole-lake removal of coarse woody habitat. – Fisheries 31: 321–330.
Schindler, D. E., Geib, S. I. & Williams, M. R., 2000: Patterns of fish growth along a residential development gradient in north temperate lakes. – Ecosystems 3: 229–237.
Schindler, D. E. & Scheuerell, M. D., 2002: Habitat coupling in lake ecosystems. – Oikos 98:177–189.
Schoener, T. W., 1971: Theory of feeding strategies. – Annu. Rev. Ecol. Syst. 2: 369–404.
Soranno, P. A., Webster, K. E., Riera, J. L., Kratz, T. K., Baron, J. S., Buckaveckas, P. A., Kling, G. W., White, D. S., Caine, N., Lathrop, R. C. & Leavitt, P. R., 1999: Spatial variation among lakes within landscapes: ecological organization along lake chains. – Ecosystems 2: 395–410.
U.S. Department of the Interior., 1991: Casting light upon the waters: a joint fishery assessment of the Wisconsin Ceded Territory. – Bureau of Indian Affairs, Minneapolis, Minnesota.
Venturelli, P. A., Lester, N. P., Marshall, T. R. & Shuter, B. J., 2010: Consistent patterns of maturity and density-dependent growth among populations of walleye (*Sander vitreus*): application of the growing degree-day metric. – Can. J. Fish. Aquat. Sci. 67:1057–1067.
Von Bertalannfy, L., 1938: A quantitative theory of organic growth. – Hum. Biol. 10: 181–213.
Walters, C. J. & Juanes, F., 1993: Recruitment limitation as a consequence of natural selection for use of restricted feeding habitats and predation risk taking by juvenile fishes. – Can. J. Fish. Aquat. Sci. 50: 2058–2070.
Walters, C., Pauly, D., Christensen, V. & Kitchell, J. F., 2000: Representing density dependent consequences of life history strategies in aquatic ecosytems: EcoSim II. – Ecosystems 3: 70–83.
Webster, K. E., Kratz, T. K., Bowser, C. J., Magnuson, J. J. & Rose W. J., 1996: The influence of landscape position on lake chemical responses to drought in northern Wisconsin. – Limnol. Oceanogr. 41: 977–984.
Werner, E. E. & Hall, D. J., 1988: Ontogenetic habitat shifts in bluegill: the foraging rate-predation risk trade-off. – Ecology 69: 1352–1366.

Manuscript received: 6 December 2017
Revisions requested: 20 April 2018
Modified version received: 10 May 2018
Accepted: 26 September 2018

Advanc. Limnol. **66**, p. 225–243
Biology and Management of Coregonid Fishes – 2017

Article

Export of pelagic fish larvae from a large Great Lakes connecting channel

Edward F. Roseman[1,*], Mark DuFour[2], Jeremy Pritt[3], Jason Fischer[4], Robin L. DeBruyne[5], and David Bennion[1]

With 4 figures and 2 tables

Abstract: The St. Clair-Detroit River System is located in the heart of the North American Laurentian Great Lakes, connecting lakes Huron and Erie, contributing over 90% of the inflow to Lake Erie, and providing spawning habitat for many fishes including walleye (*Sander vitreus*), yellow perch (*Perca flavescens*), and lake whitefish (*Coregonus clupeaformis*). Dredging and channelization have greatly altered the Detroit River thereby reducing available spawning habitat and redirecting a majority of river discharge through deep canal-like channels to offshore areas of western Lake Erie at high velocities. Fish reproduction has been measured in the Detroit River using larval surveys for over 10 years. However, quantitative estimates of contributions from spawning in the system to Lake Erie fish populations have not been determined. We use long-term biological sampling and physical habitat surveys to characterize larval drift patterns and a Bayesian approach to quantify larval export from the Detroit River. Larval export from the Detroit River into Lake Erie varied by species, across years (2006–2015), and spatially among the multiple navigational channels in the lower Detroit River. Total annual export of walleye larvae ranged from 12 million in 2013 to 114 million in 2014, yellow perch larvae ranged from 319 million in 2014 to 690 million in 2013, and lake whitefish larvae ranged from 29 million in 2010 to 84 million in 2011. Given the widespread spawning, large numbers of larvae produced, and continued system-wide water quality and aquatic habitat improvements, the Detroit River provides valuable habitat and added resilience to Lake Erie fisheries despite suffering from severe anthropogenic disturbances.

Keywords: Detroit River, channelization, spawning habitat, lake whitefish, walleye, yellow perch, Bayesian

Authors' addresses:
[1] U.S. Geological Survey, Great Lakes Science Center, 1451 Green Rd., Ann Arbor, MI 48105, USA
[2] Ohio Department of Natural Resources, Division of Wildlife, Sandusky Fisheries Research Station, 305 E Shoreline Drive, OH 44870, USA
[3] Ohio Department of Natural Resources, Division of Wildlife, Inland Fisheries Research Unit, 10517 Canal Road SE, Hebron, OH 43025, USA
[4] U.S. Fish and Wildlife Service, Alpena Fish and Wildlife Conservation Office, Detroit River Substation, 5437 West Jefferson Ave.,Trenton, MI 48183, USA
[5] University of Toledo, Lake Erie Center, Department of Environmental Sciences, 6200 Bay Shore Rd., Oregon, OH 43616, USA
[*] Corresponding author: eroseman@usgs.gov

DOI: 10.1127/adv_limnol/2021/0060 1612-166X/21/0060 $ 4.75
www.schweizerbart.de

Introduction

Habitat manipulation can degrade the ecological integrity of river systems and ultimately harm fish populations (Karr et al., 1985; Poff et al., 1997; Pringle, 2003). Temporal and spatial habitat diversity, generated by dynamic flow regimes, is a healthy characteristic of natural river systems (Poff et al., 1997; Pringle, 2003). However, structural modifications within watersheds can alter flow regimes (Bunn & Arthington 2002; Postel & Richter, 2003) and disrupt ecological connectivity, negatively effecting fish populations (Bennion & Manny, 2011; Perkin & Gido, 2011; Guy et al., 2015). In particular, extensively dredged and channelized river habitats concentrate flow and elevate velocities, sometimes creating canal-like distributaries (e.g., Sherwood et al., 1990; Meire et al., 2005; Bennion & Manny, 2011). Successive fish life stages rely on diverse and variable habitat characteristics including river depth (Harvey & Stewart, 1991), floodplain connectivity (King et al., 2003), physical habitat structure (Humphries & Lake, 2000), and flow (Mion et al., 1998) to complete their life cycle. As a result, disrupted temporal and spatial connectivity between fish life stages and essential habitats can create stage-specific survival bottlenecks (Schiemer et al., 2000; Peterson et al., 2003; Dudley & Platania, 2007).

Transport of larval fishes by water currents from spawning to productive nursery habitats is a critical step in the life cycle of many fishes (Hjort, 1914; Iles & Sinclair, 1982; Zhao et al., 2009). Habitat alterations can change the rate or location of larval fish transport resulting in mismatches with essential fish habitats (Scheidegger & Bain, 1995; Schiemer et al., 2001). Potential mismatches are particularly harmful during the 'critical period' (also referred to as critical stage), as fish transition from yolk sac to exogenous feeding (Hjort, 1914; Houde, 1989; 2008). In particular, first feeding larval fish require habitats with more abundant food resources, warm temperatures, and reduced predation to improve growth and survival (Houde, 1997; 2008; Rutherford et al., 1997), and ultimately recruitment to older life stages including the fishable stock (Miller et al., 1988). Migratory fishes that spawn in rivers rely on downstream drift to transport larvae to appropriate nursery habitats (i.e., lakes or oceans; Brown & Armstrong, 1985; Mion et al., 1998). Therefore, spawning habitat availability in rivers and advantageous transport currents are critical to ensure temporal (Durant et al., 2007) and spatial (Lasker, 1978) overlap between larval stage at export and nursery habitats, reducing the potential for high episodic mortality (Houde, 1989).

Within the Laurentian Great Lakes, the Detroit River provides critical spawning habitat for ecologically and economically valuable migratory fishes such as walleye (*Sander vitreus*), lake whitefish (*Coregonus clupeaformis*), and lake sturgeon (*Acipenser fulvescens*) (Hatcher & Nester, 1983; Manny et al., 2010; Roseman et al., 2012). However, dredging and channelization during the early 1900s greatly altered the Detroit River thereby reducing available spawning habitat and redirecting a majority of river discharge through deep canal-like channels to offshore areas of western Lake Erie at high velocities, a stark contrast to the shallow diffuse discharge that once occurred (Bennion & Manny, 2011). These alterations may disconnect riverine spawning habitats from productive nearshore nursery areas in western Lake Erie where warmer water temperatures and higher densities of zooplankton prey can be found compared to offshore waters (Roseman et al., 2005; McKenna et al., 2008; Ludsin et al., 2014). As a result, temporal and spatial mismatches between larval fishes and nursery habitats (i.e., nearshore areas in this case) may be more likely to occur, increasing early-life stage mortality as seen in other Great Lakes studies (Beletsky et al., 2007; Zhao et al., 2009; Sesterhenn et al., 2014).

In this paper, we assess the export of larval lake whitefish, walleye, and yellow perch (*Perca flavescens*) from the heavily-modified Detroit River, the largest tributary to Lake Erie (Figure 1). Our objectives were to determine (1) the magnitude of total and channel-specific larval export across years for each species, (2) the size and developmental stage at export among channels for each species, and (3) channel specific flow conditions influencing larval fish transport to nearshore nursery habitats after export.

Methods

Study area

The 51-kilometer long Detroit River once provided extensive spawning and nursery habitat for Great Lakes fishes, and supported a lucrative commercial fishery (Roseman et al., 2007; 2012). Since the early 1900s, the lower river has been highly modified to improve shipping safety and capacity resulting in the creation of ~ 97 km of deepwater shipping channels. Channel construction necessitated the extensive removal of riverbed material, re-deposition of dredge spoils, and creation of compensating structures to maintain water levels within shipping channels, resulting in losses of lithophilic fish spawning and nearshore nursery habitats and altered transport of larval fishes (Manny, 2003; Bennion & Manny, 2011). The river is currently one of the busiest international shipping routes in North America, linking Lake St. Clair and the upper Great Lakes to Lake Erie (Roseman et al., 2014). Subsequently, the lower river now consists of five major distributaries (in essence) including; Trenton Channel, Sugar Island Cut, Livingstone Channel, Bois Blanc, and Amherstburg Channel (Figure 1; Derecki 1984; Bennion & Manny, 2011). These channels now concentrate discharge at discrete locations along the river mouth exporting 22%, 17%, 21%, 4% and 35% of total river volume, respectively (Holtschlag & Koschik, 2001). Discharge is relatively stable both seasonally and annually at about 5,300 m^3 s^{-1} and transit time through the river is approximately 18 h (Holtschlag & Koschik, 2001; Hondorp et al., 2014).

Larval fish collection

We collected larval fishes in the lower Detroit River in the spring and summer from 2006-2007 and 2010-2015 (Figure 1). Collections were made with paired 0.6-m diameter bongo nets, outfitted with 500-micron mesh (during most years) and flowmeters to estimate sample volume (see Pritt et al., 2014). We towed the bongo nets horizontally at the water surface at all sites and near bottom at one site in Livingstone Channel for 5 minutes at approximately 1 m s^{-1}. Larval fishes were preserved in 95% ethanol and identified in the laboratory based on published descriptions (Auer, 1982; Simon & Wallus, 2005).

Flow and discharge estimates

Holtschlag & Koschik (2001) provided a method to quickly estimate discharge from each of the Detroit River's five distributary channels, as well as the proportion of upstream discharge passing through each channel under a given total discharge. Using flow velocity measurements from 31 acoustic Doppler current profiler (ADCP) transects within the system from 1996 to 2001, they estimated the expected discharge proportion among branching sections from upstream sources with a set of linear regression equations. In addition, they estimated associated uncertainty with a combination of Monte Carlo simulations and polynomial regressions. Using the methods of Holtschlag & Koschik (2001), we estimated average daily discharge from each of the five major distributary channels across the study based on the proportion of upstream discharge.

Daily estimates of distributary channel discharge derived from the Holtschlag & Koschik (2001) model were used for the duration of our study period, which ended 14 years after the development of the model. To ensure distributary channel discharge estimates remained informative for the later portion of our study period, we collected contemporary ADCP discharge measurements in the lower Detroit River distributaries at similar locations including; Trenton Channel (Figure 1-R1), Livingstone Channel and Hole-in-wall (Figure 1-R2), Limekiln Cut (Figure 1-R3), and Amherstburg Channel (Figure 1-R4). In addition, we extended ADCP measurements into the lake to determine the extent to which concentrated channel discharges were maintained along four transects (Figure 1-RM1 through RM4). We measured velocity with a Sontek M9 ADCP mounted to the gunwale of a moving boat from 22 July to 1 August 2014, following the methods described by Fischer et al. (2015). We ran transects perpendicular to the current at each location using the bottom track mode to reference boat speed and heading, and replicated transects in the opposite direction. Measured discharges from replicate transects were then averaged to obtain mean discharges for each channel.

To determine water velocities within distributary channels and into western Lake Erie outside of the river mouth, data files from ADCP measurements were imported into R (Vienna, Austria), using the rivSurveyR package (Fischer, 2016), and georeferenced depth averaged water velocities were extracted for processing. Because transect replicates did not overlap perfectly, least square regression estimates of universal transverse Mercator (UTM) coordinates were used to fit transect replicates to a mean cross section and an orthogonal translation was used to project velocity measurements of transect replicates to the mean cross section (Parsons et al., 2013). Depth-averaged velocity measurements from replicated transects were then averaged by the projected coordinates. Due to the variability of turbulent flow, these measurements still did not represent the true mean velocities. Thus, space was substituted for time to approximate mean water velocities and point averages were spatially averaged using a 20 m horizontal moving window (Szupiany et al., 2007; Czuba et al., 2011).

Larval fish export

We used larval fish abundance and size data from lower river sites collected in the five major distributaries (Figure 1). We estimated annual channel-specific larval export abundance for three ecologically and commercially important Detroit River species (lake whitefish, walleye,

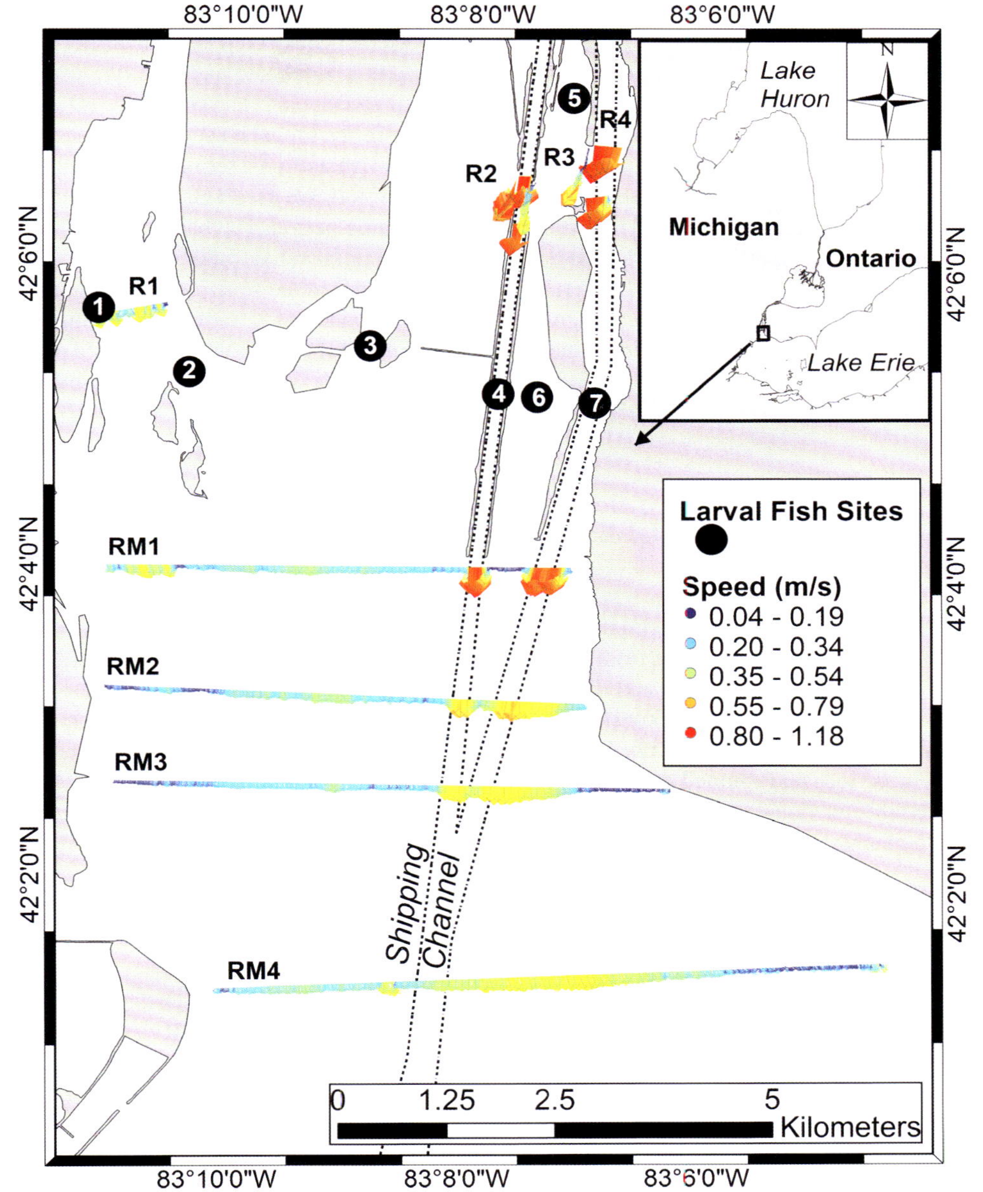

Fig. 1. Map of the lower Detroit River showing larval fish sampling sites from five major distributaries in the lower Detroit River including; Trenton Channel (1, 2), Sugar Island Cut (3), Livingstone Channel (4), Bois Blanc (5, 6), and Amherstburg Channel (7); and sampled water velocities along ADCP transects in the Detroit River (R) and river mouth (RM). Hole-in-Wall is adjacent to the Livingstone Channel between R2 and R3 and the Limekiln Cut is adjacent to the Amherstburg Channel between R3 and R4.

and yellow perch) across five major distributaries (Trenton Channel, Sugar Island Cut, Livingstone Channel, Bois Blanc, and Amherstburg Channel). We considered individual nets from larval tows to be independent samples of larval density at a given site and date. We used the number of fish captured and volume of water sampled to calculate larval density (D_{ijkl}; fish 1,000 m^{-3}) for each species and sample (i). Density time series for each species were subset to include one zero day prior to the earliest observed larval fish and one zero day after the latest observed larval fish across all channels within the study period. We used a Bayesian state-space model to estimate daily (k) larval densities over the hatching period. The base model accounts for uneven spatial distribution of larvae in the drift and temporal autocorrelation in the hatching process (DuFour et al., 2014). However, here we reparametrized the state portion of the model and shared information directly through the mean and variance of λ, rather than through the shape (α) and scale (β) parameters of the gamma distribution. In addition, we included all distributaries (j) and years (l) into a single model using nested indexing while assuming that variance estimates in the τ1 parameters across groups were exchangeable (Eq. 1).

$$
\begin{aligned}
&D_{i,j,k,l} \sim Poisson(\lambda_{j,k,l})\\
&\lambda_{j,k,l} \sim gamma(\lambda_{j,k-1,l} \cdot \tau\text{–}state_{j,k,l,\tau}\text{–}state_{j,k,l})\\
&\tau\text{–}state_{j,k,l} \sim gamma(\tau 1_{j,k-1,l} \cdot \tau\text{–}global, \tau\text{–}global)\\
&\tau\text{–global} \sim \text{gamma}(1,1) \qquad \text{(Eq. 1)}
\end{aligned}
$$

We expanded larval density estimates to daily export abundance by multiplying with average daily discharge (1,000 m^3 d^{-1}) from each distributary. We calculated annual channel export abundance by summing daily abundance estimates over the larval drift period within years. In total, we calculated larval export abundance for three species over eight years (2006–2007 and 2010–2015). Each model used three mixing chains with 2,000 iterations, a 500 iteration burn-in period, and thinned every 10 iterations for each chain. We assessed model convergence through visual monitoring of chain history and the $\hat{R}$ statistic, and reported total annual and channel specific export estimates.

Larval fish lengths at export

To assess the vulnerability of larval fish at export to aberrant drift and increased mortality, we compared larval fish lengths for each species among the five lower Detroit River distributaries to the length during critical period (i.e., 50% probability of transitioning to post-yolk sac larvae). We measured 2,632 larval fish from seven years (2006, 2010-2015) over the study period including, ~8% walleye, ~8% lake whitefish, and ~84% yellow perch (Table 1). Larval fish lengths were measured to the nearest 0.01 mm using dissecting microscopes interfaced with digital imaging cameras and software. We used a Bayesian ANOVA to estimate the mean length of larval fish at export from each distributary over the period of study while accounting for random variation across distributaries (j), species (k), months (l), and years (m) (Eq. 2).

$$
\begin{aligned}
&\mu_{jk'm} = \alpha + \beta_{jk} + \beta_l + \beta_m\\
&Length_{ijklm} \sim normal(\mu_{jklm}, \tau) \qquad \text{(Eq. 2)}
\end{aligned}
$$

Table 1. Number of larval fish measured for each species and year.

Year	Lake Whitefish	Walleye	Yellow Perch	Total
2006		29	20	49
2010	4	8	320	332
2011	27	27	349	403
2012	50	10	462	522
2013	65	10	592	667
2014	45	121	339	505
2015	20	8	126	154
Total	211	213	2208	2632

We had no a priori knowledge of the model parameters from previous studies; therefore, used low information priors to represent the mean (normal (0, 0.001)) and standard deviation (uniform (0, 10)) of all α and β model parameter distributions. From an estimation perspective, low information priors provide little influence on the model parameter estimates. Rather, the values chosen here encourage the estimation algorithms to search within biologically reasonable parameter spaces, improving model convergence. Ultimately, however, the model parameter estimates are derived solely from the data. We ran the model with three mixing chains and 10,000 iterations with a 3,000 iteration burn-in period, and thinned every 10 iterations for each chain. Model convergence was assessed through visual monitoring of chain history and the $\hat{R}$ statistic. We reported expected length at export from each channel.

Larval fish size at yolk-sac absorption

To assess the size at transition from yolk sac to fully exogenous feeding larvae, we compared larval fish length and developmental stage. We measured larval fish to the nearest 0.01 mm TL using dissecting microscopes interfaced with digital imaging cameras and software and evaluated larval fish developmental stage as the presence or absence of a yolk sac. We used a Bayesian logistic regression and assumed that the rate of developmental change was similar across species but that each species began this transition at different sizes. Therefore, we used a fixed slope (β) and random intercept model:

$$logit(p_{ij})=\alpha_j+\beta \cdot Length_{ij}$$
$$Stage_{ij} \sim bernouli(p_{ij}) \qquad \text{(Eq. 3)}$$

Where, p_{ij} is the probability that an individual fish has fully transitioned to exogenous feeding and therefore has entered the critical period. Parameters α_j represent the species-specific intercepts, corresponding to the earliest size at which fish transition to the critical period. Parameter β represents the change in probability with length of fish entering the critical period. We used low information priors (normal (0, 0.001), uniform (0, 10)) to represent the mean and standard deviation of all α and β model parameters distributions. We ran the model with three mixing chains and 1,000 iterations with a 300 iteration burn-in period and thinned every

10 iterations for each chain. We assessed model convergence through visual monitoring of chain history and the $\hat{R}$ statistic.

Results

Distributary flow and discharge

Twelve transects were measured using ADCP in the distributary channels and mouth of the Detroit River. Depth-averaged velocities ranged from 0.09 – 1.18 m s^{-1} and were generally highest in the Livingstone and Amherstburg channels (Figure 1, Table 2). In the river mouth area, flow velocities generally decreased with distance from the shipping channels and with increasing distance from the river mouth (Figure 1). Total discharge was restricted to the five major distributaries, with some of these concentrating discharges into very narrow channels. More than 67% of total measured discharge passed through Livingstone and Amherstburg shipping channels on the east side of the river. Trenton Channel, on the west bank, also discharged a large proportion of the total volume (18%), while Sugar Island Cut contributed (13%), and Bois Blanc was a minor contributor (2%). Mapped velocities in the Detroit River mouth indicate that the fastest flow into Lake Erie is from the Livingstone and Amherstburg channels (Figure 1). Flow from these channels followed the shipping lanes before dispersing eastward into Lake Erie, whereas flows from the Trenton and Sugar Island channels remained along the western side of the river mouth and appeared to quickly dissipate.

Larval fish export estimates

Export of larval fishes varied across years (Figure 2) and channels, however the majority of export occurred through channels with the largest discharge; Trenton, Livingstone and Amherstburg. Most lake whitefish larvae were exported through the highest volume channels

Table 2. Discharge (1,000 m^3 day^{-1}) among river mouth distributaries based on Holtschlag and Koschik (2001) and ADCP data from 2014. Discharges in the Sugar Island and Bois Blanc channels were unable to be measured (italicized) and were estimated by balancing flow input-output among the distributaries. Mean velocities (m s^{-1}) and ranges from ADCP data are also reported.

	Model Estimates				ADCP Measurements		
Channel	**Mean**	**2.5% CI**	**97.5% CI**	**Percent**	**Mean Discharge**	**Percent Discharge**	**Mean Velocity (Range)**
Trenton	108,297	98,014	118,585	22%	89,276	18%	0.29 (0.09-0.50)
Sugar Island	85,375	50,911	132,126	17%	*63,933*	*13%*	–
Livingston	102,767	78,703	136,022	21%	118,223	24%	0.80 (0.54-1.05)
Bois Blanc	21,759	9,099	39,201	4%	*8,876*	*2%*	–
Amherstburg	170,610	153,319	188,802	35%	208,457	43%	0.84 (0.12-1.18)

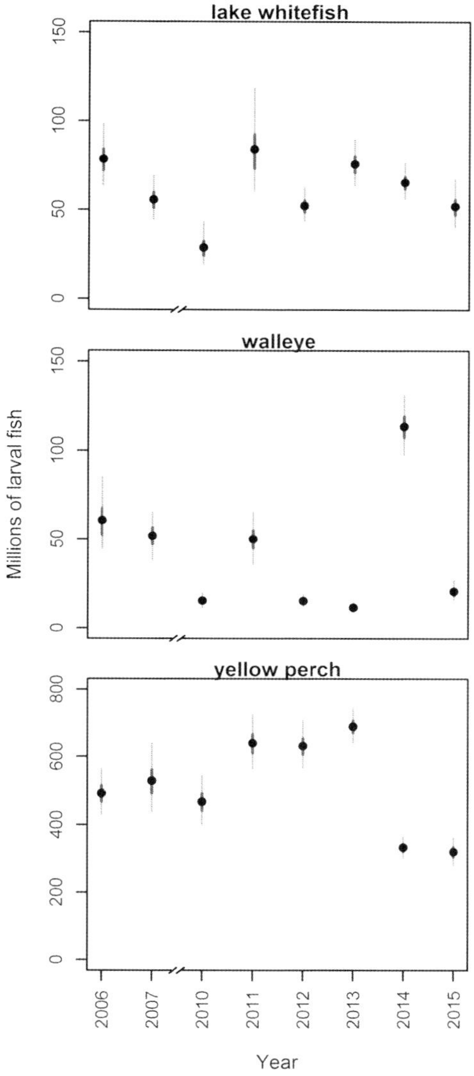

Fig. 2. Annual larval export estimates for lake whitefish, walleye, and yellow perch from the Detroit River over the period of study (2006–2007, 2010–2015). Black dots represent most probable values (mode) along with 50% (dark gray bars) and 95% (light gray bars) credible intervals.

(Figure 3). Total annual export of lake whitefish larvae ranged from 29 million in 2010 to 84 million in 2011 (Figure 2) and was driven primarily by export from the Trenton and Amherstburg channels (~64%), those closest to the eastern and western riverbanks (Figure 3).

The majority of walleye larvae were exported through the highest volume channels, while the most consistent export occurred through the Amherstburg Channel (Figure 3; ~33%) over

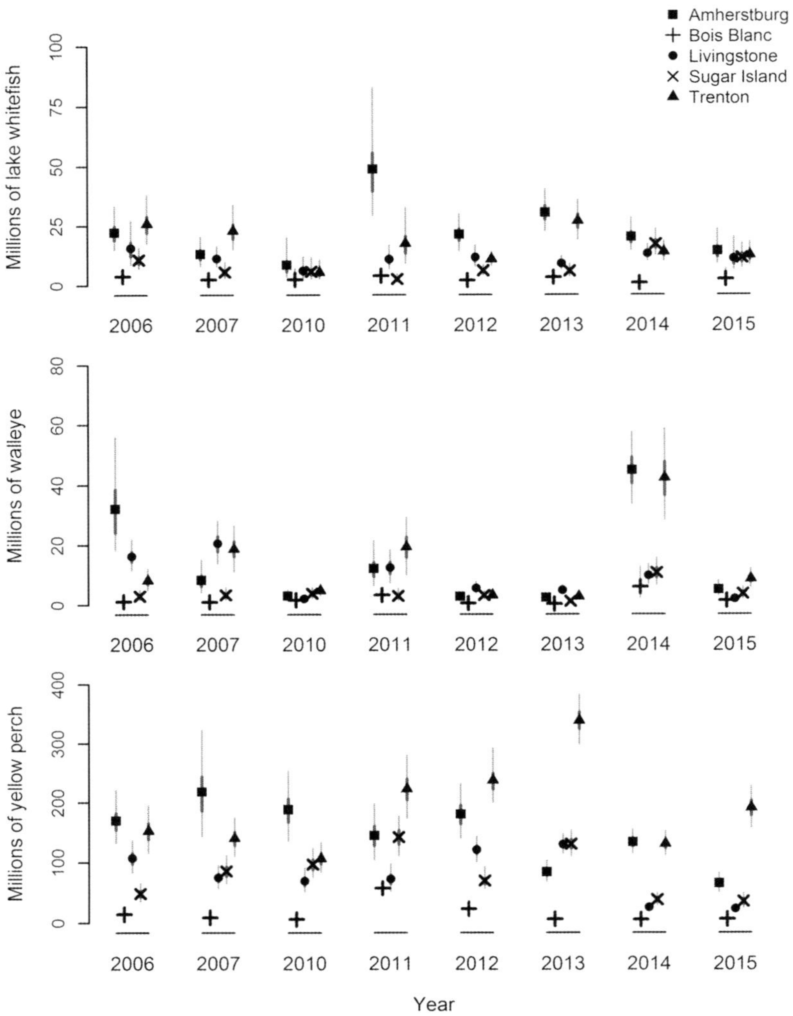

Fig. 3. Annual larval export for each distributary over the period of study (2006–2007, 2010–2015), including lake whitefish (top), walleye (middle), and yellow perch (bottom). Symbols represent mean export abundance while dark and light gray bars represent 50% and 95% credible intervals.

the period of study. Total annual export of walleye larvae ranged from 12 million in 2013 to 114 million in 2014 (Figure 2). The highest numbers of yellow perch were exported through Trenton and Amherstburg channels over the entire study period (Figure 3). Total annual export of yellow perch larvae ranged from 319 million in 2015 to 690 million in 2013 (Figure 2).

Larval fish length at export

We observed differences in larval fish export lengths between some distributaries for each species (Figure 4). Lake whitefish length at export was similar among four distributaries including Trenton Channel, Livingstone Channel, Bois Blanc, and Amherstburg Channel. However, length at export from Sugar Island Cut (mean = 13.83 mm; 95% CI = 13.36–14.26 mm) was larger than the second largest exporter, Trenton Channel, based on a comparison of posterior distributions. Lake whitefish, on average, were exported prior to transitioning to the critical stage. Walleye length at export was similar between Sugar Island Cut, Bois Blanc, and Amherstburg Channel. Walleye exported from Trenton and Livingstone channels were smaller than those exported from Bois Blanc and Amherstburg channels, as there was minimal overlap between Trenton (6.82 mm; 6.54-6.92 mm) and Amherstburg (7.64 mm;

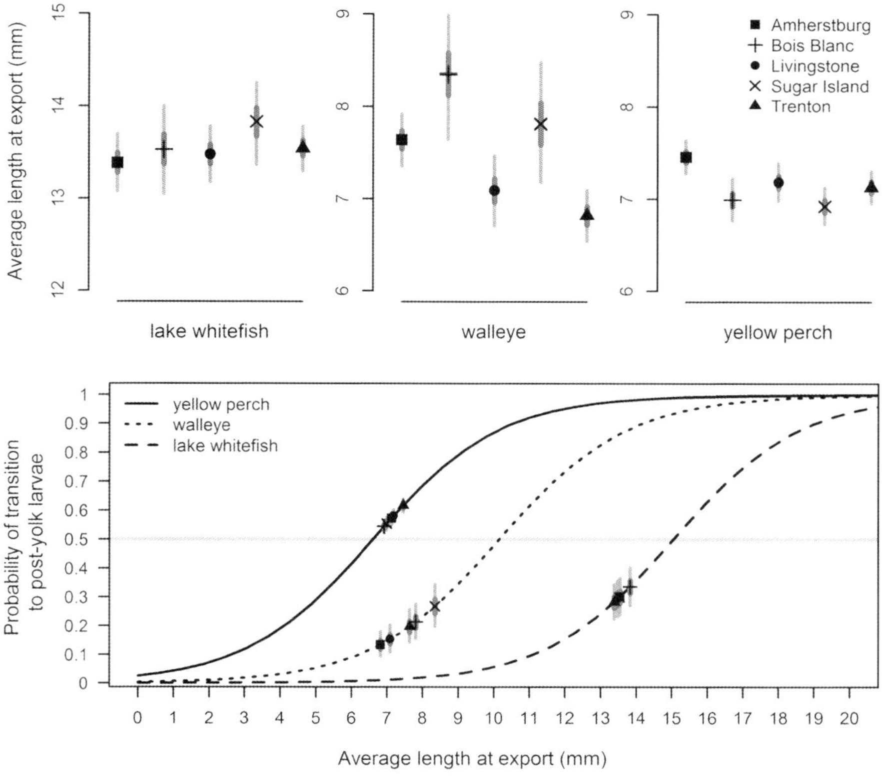

Fig. 4. (Top) Average length (mm) of larval whitefish, walleye, and yellow perch exported from five major lower Detroit River distributaries over the period of study (2006–2007, 2010–2013). (Bottom) Probability of larval fish exported from each channel transitioning from yolk sac to exogenous feeding larvae (i.e., through the critical period) for whitefish (dashed line), walleye (dotted line), and yellow perch (solid line). Points represent mean while dark gray and light grey bars represent 50 and 95% credible intervals for each species and channel.

7.35-7.92 mm), the most similar between the two pairs. Walleye, on average, were exported prior to transitioning to the critical stage. Yellow perch size at export was similar between all channels, however, Sugar Island Cut (6.92 mm; 6.73-7.13 mm) and Bois Blanc (6.99 mm; 6.77-7.22 mm) fish were smaller than Amherstburg Channel (7.46 mm; 7.28-7.63 mm). Yellow perch on average were exported after their yolk-sac was absorbed.

Larval fish length at yolk-sac absorption

Transition of larvae from sac-fry stage to fully endogenous feeding occurred at different sizes across years for each species (Figure 4). On average, lake whitefish transitioned at the largest size, with 50% probability (0.42-0.58 95% CI) at 15.05 mm. Walleye transitioned at a smaller size with 50% probability (0.39-0.61 95% CI) at 10.13 mm (95% CI), while yellow perch transitioned at the smallest sizes; 6.59 mm (0.47-0.52 95% CI).

Discussion

Exploitation of rivers can alter natural flow regimes, reduce habitat diversity (Karr et al., 1985), limit retention (Schiemer et al., 2000; 2001), and restrict ecological connectivity (Poff et al., 1997; Pringle et al., 2003); resulting in negative consequences for fish populations (Aarts et al., 2004). Total annual production among species can be highly variable; however, the ultimate fate of these fishes and contribution to Lake Erie populations may be more closely tied to channel specific export and larval stage at export than density dependent factors. Unfortunately, modifications in the Detroit River may have reduced larval fish retention; where the river quickly exports fish at small sizes, often in a matter of hours to days (Tucker et al. 2018), prior to transitioning beyond the 'critical period' (Hjort, 1914; Houde 2008), leaving them susceptible to predation and starvation in open lake waters. Additionally, ecological connectivity between spawning and nursery habitats may be disrupted, increasing the chances of aberrant drift. Flow characteristics from Livingstone, Bois Blanc, and Amherstburg channels can export fish far off-shore where they become susceptible to wind driven currents (Herdendorf, 1969; Hamblin, 1987; Saylor & Miller, 1987) and transported away from ideal nearshore habitats (Roseman et al., 2005; Zhao et al. 2009). Consequently, the current state of the Detroit River and its discharge patterns at the mouth may be detrimental to the fate of larval fish produced in this system.

In general, ADCP measurements from our study and generated estimates from Holtschlag & Koschik (2001) were similar. Although some measured discharges fell outside of the 95% confidence intervals of the model estimates, they likely had negligible influence on larval fish export patterns, given the relatively small differences between measured and estimated discharge. Although measured discharge within the lower Trenton Channel was lower than estimated, shallow water near the east bank prevented approximately 200 m of the channel from being measured, and discharge measured further upstream in the channel (1,237 $m^3 s^{-1}$) was similar to estimated discharge (1,253 $m^3 s^{-1}$) reported by Holtschlag & Koschik (2001).

Discrepancies between measured and estimated flows in the Amherstburg and Bois Blanc channels may pertain to the complexity of flow through this area, where flow diverges from the Amherstburg Channel into the Limekiln Cut, which further diverges into the Bois Blanc, Livingstone, and Sugar Island channels over a distance of less than one kilometer. The discharge in these channels is likely sensitive to wind forcing, which has been shown to alter overall discharge through the Detroit River (Quinn, 1980) and alter discharges in the distributary channels of the St. Clair River delta (Anderson et al., 2010). However, wind velocities vary day to day and fluctuations likely balance out over the course of a field season, meeting the conditions assumed by Holtschlag & Koschik (2001). Caution should be taken when interpreting flow patterns through the river mouth into Lake Erie, since fluctuations in wind speed and direction could have a more pronounced affect in the lake. Once in the lake, wind is a primary force determining transport of larval walleye and other fishes (Zhao et al., 2009). Wind direction during ADCP measurements was from the west and may have pushed water to the east as seen in Figure 1. Nevertheless, a large volume of water is quickly moving through the relatively small areas of the Livingstone and Amherstburg channels and larval fish would be expected to be exported more quickly into Lake Erie's offshore habitats than larval fish from the Trenton Channel, where flows into the lake are more diffuse.

Habitat availability and spawning stock abundances likely contributed to variability in larval fish production from the Detroit River. Variation was greatest in the low abundance fishes relying on lithophilic spawning substrates within the river (i.e., lake whitefish and walleye). Although the Detroit River represents a relatively stable reproductive riverine habitat, extensive modifications within the river have limited spawning and nursery habitat availability (Bennion & Manny, 2011) and modified flow conditions (Hondorp et al., 2014). Additionally, only recently has reproductive effort from walleye (Manny et al., 2007; Prichard et al., 2017; Fischer et al., 2018) and lake whitefish (Roseman et al., 2007; Prichard et al., 2017; Fischer et al., 2018) been documented (see also Hatcher & Nester, 1983; Tucker et al., 2018), indicating that these spawning stocks are in the process of reestablishment, but distribution within the river may be inconsistent (Manny et al., 2010; Roseman et al., 2012). Therefore, although flow and thermal conditions are stable, habitat availability, altered flow regimes, and inconsistent spawning effort may contribute to variable annual production. Conversely, yellow perch production was strong and relatively stable (except for 2014). This species does not primarily spawn in the river (Manny et al., 1988), as most exported fish come from a robust Lake St. Clair population (Hatcher & Nester, 1983) which, along with abundant spawning habitats, may lead to less variation in total annual production. Therefore, total production and stability from lake whitefish and walleye would likely benefit from habitat restoration and stock rehabilitation within the Detroit River.

Total annual production is an important metric of coupled habitat and spawning stock performance (Hayes et al., 1996); however, effective contributions from the Detroit River to Lake Erie populations may be dependent on channel specific export patterns. On an annual basis, channel specific production for all species was variable; however, consistently high export occurred through the three largest channels (i.e., Trenton, Livingston, and Amherstburg). Previous studies indicated that lake whitefish and walleye spawn throughout the Detroit River, however intensity and location vary annually (Prichard et al. 2017), potentially contributing to variation in channel specific export patterns. Although channel specific export varies, on average about 40 percent of lake whitefish and walleye larval production was exported from less modified channels (i.e., Trenton Channel and Sugar Island Cut) while 60 percent was exported from the highly modified eastern channels (i.e., Livingstone, Bois

Blanc, and Amherstburg). Interestingly, yellow perch, which are likely sourced from Lake St. Clair (Brodnik et al. 2015; Thomas et al. 2016), were more evenly distributed among channels (50/50 among east and west channels), indicating they may be more ubiquitously distributed in the drift. Differences in channel specific export are likely related to spawning locations in concert with wind-driven flow dynamics within the river (Quinn, 1980). Therefore, the fate of fish exported from each channel will be an important consideration in the continued habitat restoration and fish stock rehabilitation in the Detroit River.

Larval fish were exported from the Detroit River at relatively small sizes, prior to transition past the critical period when exogenous feeding begins. Size in general, and potentially size at export, is a critical characteristic influencing larval fish survival and ultimately recruitment, as size effects foraging ability as well as predator avoidance (Miller et al., 1988). The extensive habitat modifications within the Detroit River, including reductions in submerged aquatic vegetation, habitat complexity and availability, and concentrated/elevated flows in navigation channels, may have limited retention of larval fish (Schiemer et al., 2001) and contributed to early export at small sizes. The larval fish from the eastern channels of the Detroit River that are directed to offshore waters may be at an early disadvantage, whereas larvae from the western channels that are shunted toward nearshore areas where waters are warmer and food is more abundant may have an advantage. However, once larvae enter western Lake Erie, they are at the fate of wind-driven water currents that distribute them across the basin (Zhao et al., 2009).

Size and stage at export are important determinants of larval fate, but flow patterns will ultimately influence the type of environment a fish experiences. Flow patterns from the Detroit River mouth suggest larval fish exported from the Livingstone, Bois Blanc, and Amherstburg channels may diffuse differently into Lake Erie than fish exported from the Trenton and Sugar Island channels. High velocity waters from the Livingstone and Amherstburg converge with the Bois Blanc channel and likely export passively drifting larval fish further into the lake; whereas, flows from the Trenton and Sugar Island channels dissipated closer to shallow-water nearshore habitats and had a more southerly heading. Upon export, Lake Erie hydrodynamic models indicate that passive particles originating from the eastern side of the Detroit River mouth (i.e., the shipping channels) may be transported towards the reef-island complex and Sandusky Basin (Léon et al., 2005; Fraker et al., 2015) and away from ideal nursery habitat along the south shore of the western basin (Roseman et al., 2005; Zhao et al., 2009); whereas, passive particles originating from the western side of the Detroit River mouth may be transported to either the reef-island complex or the nursery areas along the western shore. As a result, a high proportion of fish produced in the Detroit River may be at risk of early transport eastward (Léon et al., 2005; Fraker et al., 2015) to deeper cooler environments (Schertzer et al., 1987; Beletsky et al., 2013), potentially reducing growth, survival (Miller et al., 1988; Houde, 1989; 1997), and effective stock contribution to lake populations, as seen in studies of other Great Lakes (Dettmers et al., 2005; Beletsky et al., 2007; Sesterhenn et al., 2014).

Conclusion

This study couples larval density estimates of three ecologically and economically important fish species with Detroit River discharge patterns to provide estimates of export into western Lake Erie. ADCP and hydrologic model results suggest how anthropogenic alterations to the river bed direct a large portion of larval export into offshore waters. While further examination of the fate of larval fishes exported offshore is warranted, nearshore habitats are generally considered more favorable as nurseries by supporting better growth and survival. Given the widespread spawning, large numbers of larvae produced, and continued restoration of water quality and aquatic habitat in the system, the Detroit River provides valuable habitat and added resilience to fisheries in Lake Erie and adjoining waters as it recovers from widespread anthropogenic disturbance.

Acknowledgements

The authors are grateful for the field and laboratory assistance provided by the numerous dedicated and proficient technicians and students who helped collect and process the thousands of larval fish samples that support this analysis. We are indebted to K. Laramie for editorial and formatting assistance and to three anonymous reviewers for contributions that improved this manuscript. This work was supported by the Great Lakes Restoration Initiative and the U.S. Geological Survey, Great Lakes Science Center. Handling of fishes followed the guidelines provided in the "Guidelines for the use of fishes in research" published by the American Fisheries Society, Bethesda, MD. Use of trade names is for descriptive purposes and does not imply endorsement by the U.S. Geological Survey.

References

Aarts, B. G. W., Van Den Brink, F. W. B. & Nienhuis, P. H., 2004: Habitat loss as the main cause of the slow recovery of fish faunas of regulated large rivers in Europe: the transversal floodplain gradient. – River Res. Appl. 20: 3–23.

Anderson, E. J., Schwab, D. J. & Lang, G. A., 2010: Real-time hydraulic and hydrodynamic model of the St. Clair River, Lake St. Clair, Detroit River System. – J. Hydraul. Eng. 136: 507–518.

Auer, N. A. (ed.), 1982: Identification of larval fishes of the Great Lakes basin with emphasis on the Lake Michigan drainage. – Great Lakes Fishery Commission, Ann Arbor, MI 48105. Spec. Publ. 82–3, pp. 1–744.

Beletsky, D., Mason, D. M., Schwab, D. J., Rutherford, E. S., Janssen, J., Clapp, D. F. & Dettmers, J. M., 2007: Biophysical model of larval yellow perch advection and settlement in Lake Michigan. – J. Great Lakes Res. 33: 842–866.

Beletsky, D., Hawley, N. & Rao, Y. R., 2013: Modeling summer circulation and thermal structure of Lake Erie. – J. Geophys. Res. Oceans. 118: 6238–6252.

Bennion, D. H. & Manny, B. A., 2011: Construction of shipping channels in the Detroit River-history and environmental consequences. U.S. Geological Survey Scientific Investigations Report 2011–5122, pp. 1–14.

Brodnik, R. M, Fraker, M. E., Anderson, E. J., Carreon-Martinez, L., DeVanna, K. M., Heath, D. D., Reichert, J. M., Roseman, E. F. & Ludsin, S. A., 2015: Complementing molecular analyses of subpopulation structure with information on larval dispersal trajectories alters connectivity estimates in a Great Lakes yellow perch (*Perca flavescens*) population. – Can. J. Fish. Aquat. Sci. 73: 416–426. DOI: 10.1139/cjfas-2015-0161.

Brown, A. V. & Armstrong, M. L., 1985: Propensity to drift downstream among various species of fish. – J. Freshwat. Ecol. 3: 3–17.
Bunn, S. E. & Arthington, A. H., 2002: Basic principles and ecological consequences of altered flow regimes for aquatic biodiversity. – Environ. Manage. 30: 492–507.
Czuba, J. A., Best, J. L., Oberg, K. A., Parsons, D. R., Jackson, P. R., Garcia, M. H. & Ashmore, P., 2011: Bed morphology, flow structure, and sediment transport at the outlet of Lake Huron and in the upper St. Clair River. – J. Great Lakes Res. 37: 480–493.
Derecki, J. A., 1984: Detroit River, physical and hydraulic characteristics. National Oceanographic and Atmospheric Administration, Great Lakes Environmental Research Laboratory, GLERL Contribution No. 417. Ann Arbor, MI, pp. 1–11.
Dettmers, J. M., Janssen, J., Pientka, B., Fulford, R. S. & Jude, D. J., 2005: Evidence across multiple scales for offshore transport of yellow perch (*Perca flavescens*) larvae in Lake Michigan. – Can. J. Fish. Aquat. Sci. 62: 2683–2693.
Dudley, R. K. & Platania, S. P., 2007: Flow Regulation and Fragmentation Imperil Pelagic Spawning Riverine Fishes. Ecol. Appl. 17: 2074–2086.
DuFour, M. R., Pritt, J. J., Mayer, C. M., Stow, C. A. & Qian, S. S., 2014: Bayesian hierarchical modeling of larval walleye (*Sander vitreus*) abundance and mortality: accounting for spatial and temporal variability on a large river. – J. Great Lakes Res. 40(Suppl. 3): 29–40.
Durant, J. M., Hjermann, D. Ø., Ottersen, G. & Stenseth, N. C., 2007: Climate and the match or mismatch between predator requirements and resource availability. – Clim. Res. 33: 271–283.
Fischer, J. L., 2016: A package to process water velocities collected with SonTek acoustic Doppler current profilers (github.com/jasonfischer/rivSurveyR).
Fischer, J. L., Bennion, D., Roseman, E.F. & Manny, B.A., 2015. Validation of a spatial model used to locate fish spawning reef construction sites in the St. Clair-Detroit River system. – J. Great Lakes Res. 41: 1178–1184.
Fischer, J. L., Pritt, J. J., Roseman, E. F., Prichard, C. G., Craig, J. M., Kennedy, G. W. & Manny, B. A., 2018: Lake sturgeon, lake whitefish, and walleye egg deposition patterns with response to fish spawning substrate restoration in the St. Clair-Detroit River system. – Trans. Am. Fish. Soc. 147: 79–93. DOI: 10.1002/tafs.10016.
Fraker, M. E., Anderson, E. J., May, C. J., Chen, K. Y., Davis, J. J., DeVanna, K. M., DuFour, M. R., Marschall, E. A., Mayer, C. M., Miner, J. G. & Pangle, K. L., 2015: Stock-specific advection of larval walleye (*Sander vitreus*) in western Lake Erie: Implications for larval growth, mixing, and stock discrimination. – J. Great Lakes Res. 41: 830–845.
Guy, C. S., Treanor, H. B., Kappenman, K. M., Scholl, E. A., Ilgen, J. E. & Webb, M. A. H., 2015: Broadening the regulated-river management paradigm: a case study of the forgotten dead zone hindering pallid sturgeon recovery. – Fisheries 40: 6–14.
Hamblin, P. F., 1987: Meteorological forcing and water level fluctuations on Lake Erie. – J. Great Lakes Res. 13: 436–453.
Harvey, B. C. & Stewart, A. J., 1991: Fish size and habitat depth relationships in headwater streams. Oecologia 87: 336–342.
Hatcher, C. O. & Nester, R. T., 1983: Distribution and abundance of fish larvae in the St. Clair and Detroit Rivers. U.S. Fish and Wildlife Service, Great Lakes Fishery Laboratory. Ann Arbor, MI, pp. 1–195.
Hayes, D. B., Ferreri, C. P. & Taylor, W. W., 1996: Linking fish habitat to their population dynamics. – Can. J. Fish. Aquat. Sci. 53: 383–390.
Herdendorf, C. E., 1969: Water masses and their movements in western Lake Erie. Ohio Department of Natural Resources Division of Geological Survey Rep. Invest. No. 74. Columbus, OH, pp. 1–7.
Hjort, J., 1914: Fluctuations in the great fisheries of Northern Europe. – Rapp. P.-v. Réun. – Cons. Int. Explor. Mer. 20: 1–228.
Holtschlag, D. J. & Koschik, J. A., 2001: Steady-state flow distribution and monthly flow duration in selected branches of St. Clair and Detroit Rivers within the Great Lakes waterway. U.S. Geological Survey Water-Resources Invest. Rep. 2001–4135. Lansing, MI, pp. 1–58.
Hondorp, D. W., Roseman, E. F. & Manny, B. A., 2014: An ecological basis for future fish habitat restoration efforts in the Huron-Erie Corridor. – J. Great Lakes Res. 40: 23–30.

Houde, E. D., 1989: Comparative growth, mortality, and energetics of marine fish larvae: temperature and implied latitudinal effects. – Fishery Bull. 87: 471–495.
Houde, E. D., 1997: Patterns and trends in larval-stage growth and mortality of teleost fish. – J. Fish Biol. 51: 52–83.
Houde, E. D., 2008: Emerging from Hjort's shadow. – J. Northwest Atl. Fish. Sci. 41: 53–70.
Humphries, P., & Lake, P.S., 2000: Fish larvae and the management of regulated rivers. – Regulated Rivers: Research & Management 16: 421–432.
Iles, T. D. & Sinclair, M., 1982: Atlantic herring: stock discreteness and abundance. – Science 215: 627–633.
Karr, J. R., Toth, L. A. & Dudley, D. R., 1985: Fish communities of Midwestern Rivers: a history of degradation. – BioScience 35: 90–95.
King, A. J., Humphries, P. & Lake, P. S., 2003: Fish recruitment on floodplains: the roles of patterns of flooding and life history characteristics. – Can. J. Fish. Aquat. Sci. 60: 773–786.
Lasker, R., 1978: The relation between oceanographic conditions and larval anchovy food in the California Current: identification of factors contributing to recruitment failure. – Rapp. P.-v. Reun. Cons. Int. Explor. Mer. 173: 212–230.
Léon, L. F., Imberger, J., Smith, R. E. H., Hecky, R. E., Lam, D. C. L. & Schertzer, W. M., 2005: Modeling as a tool for nutrient management in Lake Erie: a hydrodynamics study. – J. Great Lakes Res. 31(Suppl. 2): 309–318.
Ludsin, S. A., DeVanna, K. M. & Smith, R. E., 2014: Physical-biological coupling and the challenge of understanding fish recruitment in freshwater lakes. – Can. J. Fish. Aquat. Sci. 71: 775–794.
Manny, B. A., Edsall, T. A. & Jaworski, E., 1988: The Detroit River, Michigan: an ecological profile. U.S. Fish and Wildlife Service Biol. Rep. 85 (7.17). Ann Arbor, MI, pp. 1–86.
Manny, B. A., 2003: Setting priorities for conserving and rehabilitating Detroit River habitats. – In: Hartig, J. H. (ed.): Honoring our Detroit River: caring for our home. Cranbook Institute of Science, Bloomfield Hills, MI, pp. 121–139.
Manny, B. A., Kennedy, G. W., Allen, J. D. & French III, J. R. P., 2007: First evidence of egg deposition by walleye (*Sander vitreus*) in the Detroit River. – J. Great Lakes Res. 33: 512–516.
Manny, B. A., Kennedy, G. W., Boase, J. C., Allen, J. D. & Roseman, E. F., 2010: Spawning by walleye (*Sander vitreus*) and white sucker (*Catostomus commersoni*) in the Detroit River: implications for spawning habitat enhancement. – J. Great Lakes Res. 36: 490–496.
McKenna Jr, J. E., Davis, B. M., Fabrizio, M. C., Savino, J. F., Todd, T. N. & Bur, M., 2008: Ichthyoplankton assemblages of coastal west-central Lake Erie and associated habitat characteristics. – J. Great Lakes. Res. 34: 755–769.
Meire, P., Ysebaert, T., Van Damme, S., Van den Bergh, E., Maris, T. & Struyf, E., 2005: The Scheldt estuary: a description of a changing ecosystem. – Hydrobiologia 540: 1–11.
Mion, J. B., Stein, R. A. & Marschall, E. A., 1998: River discharge drives survival of larval walleye. – Ecol. Appl. 8: 88–103.
Miller, T. J., Crowder, L. B., Rice, J. A. & Marschall, E. A., 1988: Larval size and recruitment mechanisms in fishes: toward a conceptual framework. – Can. J. Fish. Aquatic Sci. 45: 1657–1670.
Parsons, D. R., Jackson, P. R., Czuba, J. A., Engel, F. L., Rhoads, B. L., Oberg, K. A., Best, J. L., Mueller, D. S., Johnson, K. K. & Riley, J. D., 2013: Velocity mapping toolbox (VMT): a processing and visualization suite for moving-vessel ADCP measurements. – Earth Surf. Proc. Land. 38: 1244–1260.
Perkin, J. S. & Gido, K. B., 2011: Stream fragmentation thresholds for a reproductive guild of Great Plains fishes. – Fisheries 36: 371–383.
Peterson, C. H., Grabowski, J. H. & Powers, S. P., 2003: Estimated enhancement of fish production resulting from restoring oyster reef habitat: quantitative valuation. – Mar. Ecol. Prog. Ser. 264: 249–264.
Poff, N. L., Allan, J. D., Bain, M. B., Karr, J. R., Prestegaard, K. L., Richter, B., Sparks, R., Stromberg, J., 1997: The natural flow regime: a new paradigm for riverine conservation and restoration. – Bioscience 47: 769–784.
Postel, S. & Richter, B., 2003: Rivers for life: managing water for people and nature. Island Press. Washington, DC, pp. 1–220.

Prichard, C. G., Craig, J. M., Roseman, E. F., Fischer, J. L., Manny, B. A. & Kennedy, G. W., 2017: Egg deposition by lithophilic-spawning fishes in the Detroit and Saint Clair Rivers, 2005–14: U.S. Geological Survey Scientific Invest. Rep. 2017–5003, pp. 1–20. https://doi.org/10.3133/sir20175003.

Pringle, C., 2003: What is hydrologic connectivity and why is it ecologically important?. – Hydrol. Process. 17: 2685–2689.

Pritt, J. J., DuFour, M. R., Mayer, C. M., Roseman, E. F. & DeBruyne, R. L., 2014: Sampling little fish in big rivers: larval fish detection probabilities in two Lake Erie tributaries and implications for sampling effort and abundance indices. – Trans. Am. Fish. Soc. 143: 1011–1027.

Quinn, F. H., 1980: Wind stress effects on Detroit River discharges. – J. Great Lakes Res. 6: 172–175.

Roseman, E. F., Taylor, W. W., Hayes, D. B., Tyson, J. T. & Haas, R. C., 2005: Spatial patterns emphasize the importance of coastal zones as nursery areas for larval walleye in western Lake Erie. – J. Great Lakes Res. 31 (Suppl. 1): 28–44.

Roseman, E. F., Kennedy, G. W., Boase, J., Manny, B. A., Todd, T. N. & Stott, W., 2007: Evidence of lake whitefish spawning in the Detroit River: implications for habitat and population recovery. – J. Great Lakes Res. 33: 397–406.

Roseman, E. F., Kennedy, G. W., Manny, B. A., Boase, J. & McFee, J., 2012: Life history characteristics of a recovering lake whitefish *Coregonus clupeaformis* stock in the Detroit River, North America. – Advanc. Limnol. 63: 477–501.

Roseman, E. F., Thompson, P. A., Farrell, J. M., Mandrak, N. E. & Stepien, C. A., 2014: Conservation and management of fisheries and aquatic communities in Great Lakes connecting channels. – J. Great Lakes Res. 40 (Suppl. 2): 1–6.

Rutherford, E. S., Houde, E. D. & Nyman, R. M., 1997: Relationship of larval-stage growth and mortality to recruitment of striped bass, *Morone saxatilis*, in Chesapeake Bay. – Estuar. Coast. 20: 174–198.

Saylor, J. H. & Miller, G. S., 1987: Studies of large-scale currents in Lake Erie, 1979–80. – J. Great Lakes Res. 13: 487–514.

Scheidegger, K. J. & Bain, M. B., 1995: Larval fish distribution and microhabitat use in free-flowing and regulated rivers. – Copeia: 125–135.

Schertzer, W. M., Saylor, J. H., Boyce, F. M., Robertson, D. G. & Rosa, F., 1987: Seasonal thermal cycle of Lake Erie. – J. Great Lakes Res. 13: 468–486.

Schiemer, F., Keckeis, H., Winkler, G. & Flore, L., 2000: Large rivers: the relevance of ecotonal structure and hydrological properties for the fish fauna. – Arch. Hydrobiol. 135: 487–508.

Schiemer, F., Keckeis, H., Reckendorfer, W. & Winkler, G., 2001: The "inshore retention concept" and its significance for large rivers. – Arch. Hydrobiol. 135: 509–516.

Sesterhenn, T. M., Roswell, C. R., Stein, S. R., Klaver, P., Verhamme, E., Pothoven, S. A. & Höök, T. O., 2014: Modeling the implications of multiple hatching sites for larval dynamics in the resurgent Saginaw Bay walleye population. – J. Great Lakes Res. 40: 113–122.

Sherwood, C. R., Jay, D. A., Harvey, R. B., Hamilton, P. & Simenstad, C. A., 1990: Historical changes in the Columbia River estuary. Prog. Oceanog. 25: 299–352.

Simon, T. P. & Wallus, R., 2005: Reproductive biology and early life history of fishes in the Ohio River drainage: Percidae-Perch, Pikeperch, and Darters (Vol. 4). – CRC press, Cleveland, OH, pp. 1–648.

Szupiany, R. N., Amsler, M. L., Best, J. L. & Parsons, D. R., 2007: Comparison of fixed-and moving-vessel flow measurements with an aDP in a large river. – J. Hydrol. Eng. 133: 1299–1309.

Thomas, M. V., Wills, T. & Hessenauer, J. M., 2016: Status of the fisheries in Michigan waters of Lake Erie and Lake St. Clair, 2015. Fisheries Division, Michigan Department of Natural Resources. Mt. Clemens, MI, pp. 1–28.

Tucker, T., Roseman, E. F., Pritt, J., Hondorp, D., DeBruyne, R. L. & Bennion, D., 2018: Long-term assessment of ichthyoplankton in a large North American river system reveals changes in fish community dynamics. – Can. J. Fish. Aquat. Sci. 75(12): 2255-2270. doi/10.1139/cjfas-2017–0511.

Zhao, Y., Jones, M. L., Shuter, B. J. & Roseman, E. F., 2009: A biophysical model of Lake Erie walleye (*Sander vitreus*) explains interannual variations in recruitment. – Can. J. Fish. Aquat. Sci. 66: 114–125.

Manuscript received: 16 November 2017
Revisions requested: 26 March 2018
Modified version received: 23 April 2018
Accepted: 25 April 2018

Advanc. Limnol. **66**, p. 245–259
Biology and Management of Coregonid Fishes – 2017 **Article**

Historic coregonine habitat use and assessment of larval nursery locations in Lake Erie

Hannah M. Schaefer[1,2], Edward F. Roseman[2,*], Robin L. DeBruyne[3], Christopher S. Vandergoot[2], and James S. Diana[1]

With 6 figures and 1 table

Abstract: Coregonine fishes (*Coregonus* spp.) are important components of Great Lake food webs and support lucrative commercial and recreational fisheries. Due to a combination of several factors including habitat loss, over-exploitation, and introduction of exotic species, the distribution and abundance of coregonines have been reduced. Examples of these declines are evident in Lake Erie where cisco (*C. artedi*) have been nearly extirpated, and lake whitefish (*C. clupeaformis*), while still abundant, are declining. To identify key habitat locations of coregonines in Lake Erie, we conducted a literature review of historical spawning, nursery, and adult habitat sites where coregonines have been observed. We used these sites as a reference for larval sampling at six locations across the southern shore of Lake Erie during spring 2017. Paired bongo samplers were used to collect larvae, and average densities were calculated for comparison across sites. Larval coregonine (46 visually identified as lake whitefish; 8 classified as coregonines) densities were highest at Huron, OH (0.880/1,000 $m^3 \pm 1.61$), followed by Sandusky, OH (0.426/1,000 $m^3 \pm 1.05$), Dunkirk, NY (0.208/1,000 $m^3 \pm 0.703$), Fairport, OH (0.185/1,000 $m^3 \pm 0.680$), Erie, PA (0.120/1,000 $m^3 \pm 0.532$), and Conneaut, OH (0.1196/1,000 m^3 ± 0.528). Using contemporary sampling data coupled with historical spawning locations, we identified sites that are currently being used as nursery locations by lake whitefish. By validating the contemporary use of historic spawning and nursery sites, this study identifies locations where habitat protection and restoration or future stocking of coregonids could be conducted in Lake Erie in efforts to recover populations and improve fishery production.

Keywords: coregonines, spawning, historical sites, Lake Erie, mapping

Introduction

Throughout North America, Europe, and Asia, coregonine populations have suffered the consequences of environmental degradation, over-exploitation, and adverse natural occurrences

Authors' addresses:
[1] University of Michigan, School for Environment and Sustainability, 440 Church Street, Ann Arbor, MI 48109, USA
[2] U.S. Geological Survey, Great Lakes Science Center, 1451 Green Rd., Ann Arbor, MI 48105, USA
[3] University of Toledo, Department of Environmental Sciences, 6200 Bay Shore Rd., Oregon, OH 43616, USA
[*] Corresponding author: eroseman@usgs.gov

DOI: 10.1127/adv_limnol/2021/0072 1612-166X/21/0072 $ 3.75
www.schweizerbart.de

that have reduced their abundance and distribution, causing losses in ecosystem services (Colby et al., 1972; Winfield, 1992; Mamcarz & Skrzypczak, 1999; Harrod et al., 2001). In the Laurentian Great Lakes (hereafter Great Lakes), these losses have occurred over the past 150 years due to over-fishing; loss, degradation, and disconnection of spawning and nursery habitats; pollution; meteorological variability; and invasive species impacts (Hartman, 1972; Ebener et al., 2008; Brown et al., 1993). Urbanization along the shorelines of the Great Lakes has caused degradation of water quality in wetland and tributary ecosystems, areas which are often vital spawning sites and nursery locations (Seilheimer et al., 2007). Alteration and degradation of spawning habitat can detrimentally affect the reproductive success of many salmonid species (Colby et al., 1972) and can also affect the spatial distribution of fish species (Scheuerell & Schindler, 2004).

Cisco (*Coregonus artedi*) and lake whitefish (*Coregonus clupeaformis*) were abundant in Lake Erie during the late 19th century (Van Oosten, 1930), with significant losses observed by the middle of the 20th century (Hartman, 1972; Leach & Nepszy, 1976; Fleischer, 1992; Cook et al., 2005); cisco are nearly extirpated and lake whitefish abundance is in decline (Oldenburg et al., 2007; Cold Water Task Group, 2017). Historically, both cisco and lake whitefish utilized the reefs and shoals of the Huron-Erie Corridor and western Lake Erie during spawning periods (Smith, 1917; Downing, 1923; Goodyear et al., 1982). Lake whitefish larvae were collected during ichthyoplankton samples from 1994 to 1999 in the western basin (Roseman, 1997; 2000), and from 2000 to 2002 in the central basin (Savino et al., 2003). While lake whitefish are known to spawn on reefs located near the middle of the western basin, the source location of larvae collected is unclear. The importance of both the western and central basins of Lake Erie to coregonid spawning suggests a need for research to fill the knowledge gap related to which reefs and shoals might still be used as spawning and nursery areas today.

Although little is known about the spawning behavior and nursery areas of cisco and lake whitefish in Lake Erie, it is understood both species spawn in the fall from mid-September through early December, depending on latitude and water temperature. Lawler (1965) found that lake whitefish did not begin spawning in Lake Erie until water temperatures fell below 8.0 °C and this holds true for the Detroit River spawning population (Roseman et al., 2007; 2012). Lake whitefish are considered broadcast spawners, casting eggs over shallow (< 8 m water depth) reefs and nearshore areas having hard or stony substrates, but also using sand at times. While cisco use similar habitat to lake whitefish, they are also known to spawn pelagically and over less complex substrates including clay (Scott & Crossman, 1973; Trautman, 1981; George et al., 2017a). Eggs incubate over winter and hatch from March through May. Incubating eggs are subject to mortality induced by fish and invertebrate predation, removal by currents, storm events, and increases in water temperature (Taylor et al., 1987; Freeberg et al., 1990). Upon hatching, pelagic fry are dependent on water currents for dispersal to nursery areas (Scott & Crossman, 1973; Freeberg et al., 1990) and are commonly found in shallow nearshore areas (O'Gorman, 1983; Savino et al., 2003; Roseman & O'Brien, 2013).

Environmental factors affecting fish populations in Lake Erie include changes in water temperature, nutrient loadings, and reductions in dissolved oxygen levels (Hartman, 1972; Ludsin et al., 2001). In the lower Great Lakes, additional environmental shifts related to climate change scenarios (later fall cooling, less ice cover, frequent intense storms) will likely result in further challenges for coregonine populations because these species are at their southern-most geographic range where climate effects may have the earliest and strongest impacts on coldwater fishes (Jeppesen et al., 2012; Coldwater Task Group, 2017a). Fisheries managers are currently developing recovery strategies for coregonines in efforts to restore ecosystem resiliency, recover lost native species, and resurrect commercial and recreational fisheries (Koonce et al., 1996; Oldenburg et al., 2007; Brooks et al., 2017; Cold Water Task Group, 2017a, 2017b).

Describing historic and contemporary spawning habitats of coregonines can inform future restoration efforts throughout the Great Lakes basin. To effectively develop recovery goals and objectives, information on historic habitat use during critical life stages is required. Specifically, identifying locations of spawning and nursery areas is key to successful recovery. Our objective was to identify these key habitat locations for coregonids by documenting and mapping occurrences of coregonines throughout Lake Erie based on historical literature and accounts from fishers. We focus on lake whitefish and cisco habitats in the central and eastern basins of Lake Erie and couple historical spawning habitat with contemporary field observations of larvae to explore whether historic spawning sites are still being used. Historical accounts of spawning locations that exist in varied reports, publications, and online resources (e.g., Koelz, 1929; Organ et al., 1979; Goodyear et al., 1982; Wang et al., 2015) were reviewed and summarized to provide descriptions of these locations. Records of observance of larval coregonines at these locations could indicate that spawning occurred nearby, which can be linked to historic spawning site usage.

Methods

Study area description

Lake Erie (USA–Canada) is the southern-most Great Lake and is the warmest, shallowest (mean depth of 19 m, maximum depth of 64 m), and most productive of the five Great Lakes (Bolsenga & Herdendorf, 1993; Fuller et al., 1995). The lake consists of three distinct natural basins (Figure 1; Ryan et al., 1999). The western basin is the shallowest and most productive, receiving over 90% of the lake's annual water inputs from the Detroit, Maumee, and Sandusky rivers (IJC, 2013). Historically, most of the shoreline consisted of wetlands, though now most is hardened and wetlands drained. Western basin bottom substrates consist primarily of sand and clay, although dolomite limestone forms several major reef complexes (Herdendorf & Braidech, 1972) and are used for spawning by many fishes (Roseman, 1997; Amidon et al., 2021). The eastern basin is deepest with largely oligotrophic waters in offshore areas and mesotrophic waters in nearshore areas. The lake's only outflow is in the eastern basin, through the Niagara River to Lake Ontario. The central basin is intermediate in depth and productivity relative to the other basins. Intermittent areas of rocky substrate exist along the shoreline in all basins providing potential spawning habitat for lithophilic fishes such as coregonines (Lawler, 1965), walleye (*Sander vitreus*; Roseman et al., 1996), and lake trout (*Salvelinus namaycush*; Marsden et al., 1995).

Identifying historic coregonine habitats

Point location data were obtained from historical sources, primarily the Goodyear et al. (1982) Spawning Atlas, and imported via the online Great Lakes Aquatic Habitat Framework (GLAHF; Wang et al., 2015). Using the ArcGIS 10.1 program, sampling sites from Koelz (1929) were digitized as points and identified as either spawning or non-spawning locations. The locations of these historic spawning sites for cisco and lake whitefish (Figure 1) were confirmed using information from substrate and bathymetry maps obtained from GLAHF. Maps were displayed using the Albers Equal Area Conic projection and the North American 1983 coordinate system.

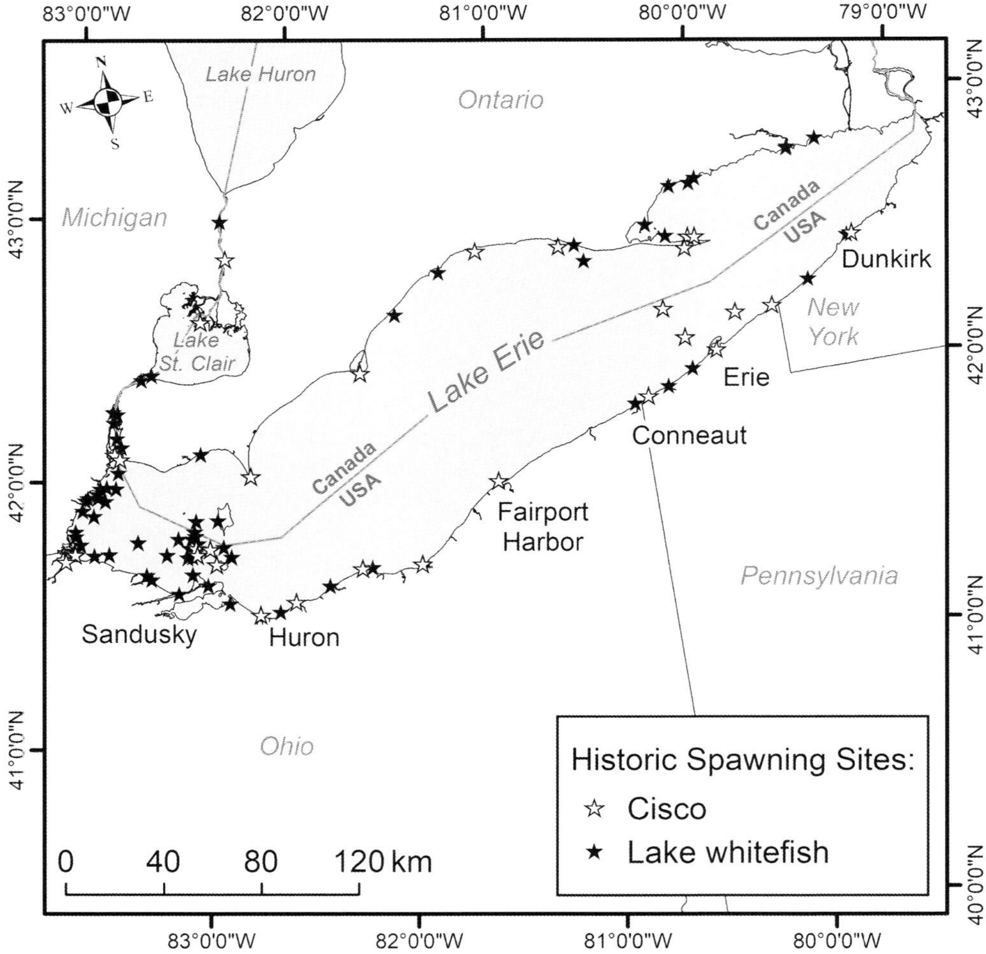

Fig. 1. Map of Lake Erie showing historic spawning locations of cisco and lake whitefish based on locations described in Organ et al. (1979), Koelz (1929), and Goodyear et al. (1982).

2017 larval fish collections

To assess presence and relative magnitude of coregonine larval abundance, we collected larval fishes at six nearshore locations in spring of 2017 in the central and eastern basins of U.S. waters. Amidon et al. (2021) describe spawning and nursery activities in the western basin, and Roseman et al. (2021) provide estimates of larval lake whitefish production from the Detroit River. We sampled larval fishes at the ports of Sandusky, Huron, Fairport, and Conneaut, OH, Erie, PA, and Dunkirk, NY (Figure 2). While a pattern of movement from the eastern to western basin during spawning has been recorded (Lumb et al., 2007), each of the

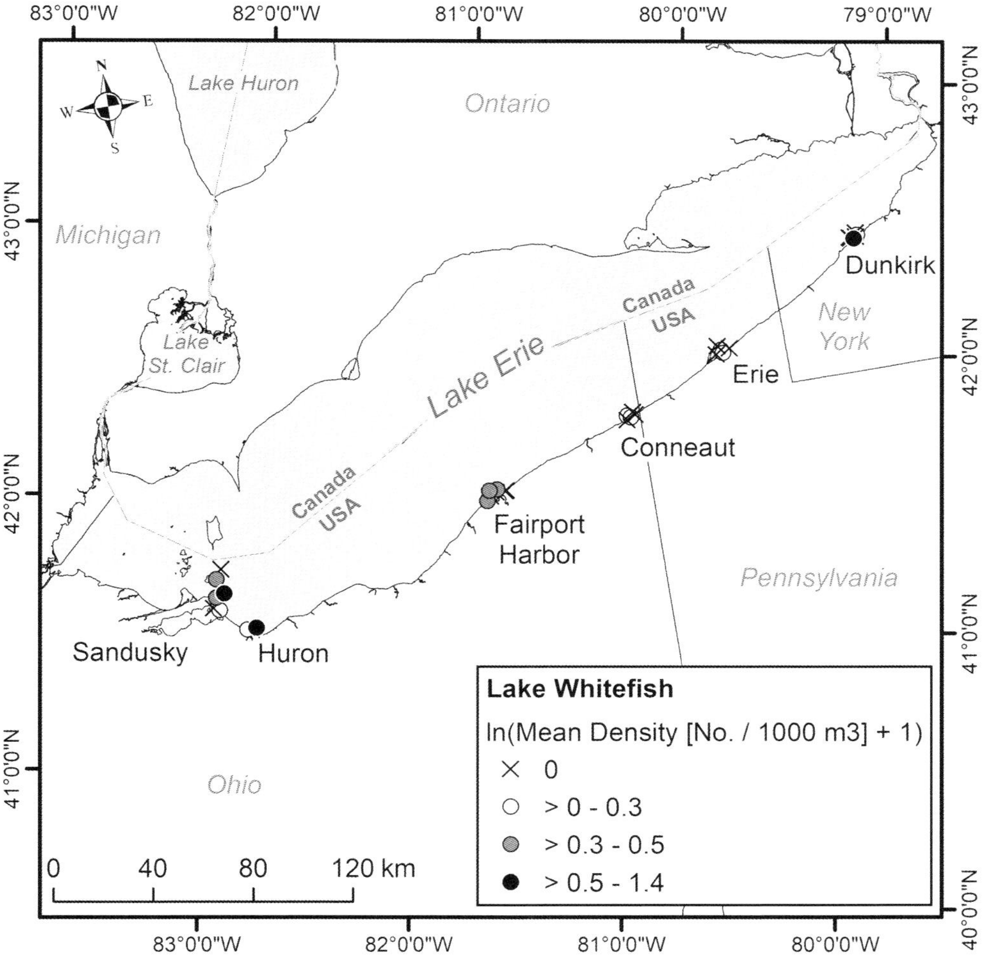

Fig. 2. Mean densities (#/1,000 m^3) of lake whitefish based on bongo net hauls conducted at sampling sites along the south shore of Lake Erie during spring, 2017.

Table 1. Number of larvae collected at Lake Erie sites sampled during spring, 2017.

Location	Site	Mean Water Depth (m)	Mean Tow Depth (m)	Distance From Shore (km)	Number of Tows	Larvae Collected
Sandusky, OH	106	3.04	1.00	0.2	10	1 unidentified
Sandusky, OH	107	11.08	3.90	1.8	20	2 lake whitefish; 1 unidentified
Sandusky, OH	108	2.62	1.00	7.8	12	3 lake whitefish
Sandusky, OH	109	3.23	1.00	12.4	12	0
Sandusky, OH	110	12.42	1.00	5.3	12	12 lake whitefish
Sandusky, OH	111	3.30	1.00	0.3	10	1 lake whitefish
Huron, OH	112	4.64	1.00	0.4	10	1 lake whitefish
Huron, OH	113	8.50	1.00	2.2	10	14 lake whitefish; 6 unidentified
Dunkirk, NY	114	3.03	1.00	0.2	8	4 lake whitefish
Dunkirk, NY	115	2.00	1.00	0.3	8	0
Dunkirk, NY	116	2.33	1.00	0.2	8	1 lake whitefish
Dunkirk, NY	117	12.60	3.71	1.1	14	0
Dunkirk, NY	118	13.57	3.50	0.4	12	0
Dunkirk, NY	119	3.90	1.00	0.1	8	0
Erie, PA	120	3.88	1.00	0.3	8	1 lake whitefish
Erie, PA	121	6.40	1.00	1.0	8	0
Erie, PA	122	2.50	1.00	0.2	8	1 lake whitefish
Erie, PA	123	4.98	1.00	0.3	8	0
Erie, PA	124	2.33	1.00	0.2	8	0
Conneaut, OH	125	2.30	1.00	0.2	8	0
Conneaut, OH	126	12.51	4.75	1.3	16	0
Conneaut, OH	127	3.45	1.00	0.2	8	1 lake whitefish
Conneaut, OH	128	3.68	1.00	0.1	8	0
Conneaut, OH	129	11.00	1.00	1.6	8	1 lake whitefish
Fairport, OH	130	12.77	4.50	2.3	12	1 lake whitefish
Fairport, OH	131	4.10	1.00	0.1	6	1 lake whitefish
Fairport, OH	132	4.70	1.00	0.5	6	0
Fairport, OH	133	6.97	1.00	1.3	6	0
Fairport, OH	134	9.37	1.00	2.4	6	2 lake whitefish
Fairport, OH	135	3.47	1.00	0.1	6	0
Fairport, OH	136	3.03	1.00	0.1	6	0

contemporary sites we selected were identified as being near historic collection areas for ripe, spent, or spawning fish (Goodyear et al., 1982).

All larval sampling sites were within 13 km of the shoreline (Table 1). Sites were selected based on proximity to historic spawning and nursery areas. Average depths at sites ranged from 2.0 m to 13.6 m (Table 1). Mean tow depths ranged ranged from 1.0 m to 4.75 m, although not all depths were sampled at each location. Collections were made with paired 0.6 m diameter bongo nets, outfitted with 500 micron mesh and flowmeters to estimate sample volume (see Pritt et al., 2014). We towed the bongo nets horizontally for 5 minutes at approximately 1 m s^{-1} at the surface or near the bottom (depth 6–10 m), filtering approximately 98 m^3 of water per tow. A single tow (with 2 replicates) was made at each site on each date. Larval fishes were preserved in 95% ethanol and identified in the laboratory based on published descriptions (Auer, 1982). All fish were measured (0.1 mm TL) using a digital image analysis system. We grouped coregonine larvae into two categories; lake whitefish, and unidentifiable (to species level) coregonines.

Density estimates at each site were summarized separately for lake whitefish and unidentified coregonines. Frequency of sampling at each site varied from 3–5 days. Distance from shore was determined in ArcGIS using a measuring tool to snap from a sampling point to the closest point of the Lake Erie shoreline. Density classes were represented with graduated symbols such that the symbol size for classification increased with increasing density while zero values were marked by an “X” (Figure 2). Standard deviation was calculated for lake whitefish densities and unidentified coregonine densities for each site and for the average total coregonine densities at each of the six locations.

Results

Historic spawning sites

A total of 78 historic spawning sites were identified for lake whitefish across all basins (Figure 1). Using the GLAHF substrate map (Wang et al., 2015), roughly 32% of sites (25/78) were located over mud substrate. About 27% (21/78) were found over sand, 21% (16/78) over hard substrate, and 6% (5/78) over clay. Eleven of the sites did not overlap with a known substrate grid cell from the raster layer. A majority (67/78) of spawning sites were marked at depths less than 10 m, and 84% of these sites were located at depths < 8 m. The remaining 6 sites were marked at depths < 30 m. Five sites did not have corresponding depth measurements. Sixty-seven percent (52/78) of spawning sites corresponded with the western basin and the Huron-Erie Corridor, with seven sites in the Detroit River and one site in the St. Clair River. Eighteen percent (14/78) were located in the central basin, and 15% (12/78) were located in the eastern basin (Figure 1).

There were 30 historic spawning sites identified for cisco. About 37% of spawning sites occurred over sand substrate (11/30), 23% (7/30) over mud, 10% (3/30) over hard substrate, and 10% (3/30) over clay. Another 18% (6/30) of sites did not correspond with a known substrate grid cell. Eighty-seven percent of sites (26/30) were found at depths < 10 m. The remaining 13% (4/30) of sites were found at depths < 30 m. Approximately 47% (14/30) of sites were found within the western basin and the Huron-Erie Corridor, with two being in the Detroit River, one in the St. Clair River, and one in Lake St. Clair. About 43% (13/30) of sites were in the central basin, and 10% (3/30) in the eastern basin.

2017 larval fish collections

Very few larval coregonines were collected. These were only found in surface samples, but were represented at all ports sampled. A total of 46 larval lake whitefish and 8 coregonines (unable to visually determine species) were collected from 290 net tows (Table 1). Lake whitefish yolk-sac larvae first appeared on 3 April in samples collected at Huron, OH, when all other ports had zero larvae. Lake whitefish yolk-sac larvae were found at Sandusky, Huron, Fairport, and Conneaut, OH, during the second week of sampling, but did not appear in eastern basin sites at Erie, PA, and Dunkirk, NY, until the week of 17 April (Figure 3). Overall, lake whitefish larval density (Figure 2) was highest at Huron (site 113) during late April (1.35/1,000 m^3 ± 1.81), with Sandusky (site 110) having the second highest density (1.08/1,000 m^3 ± 1.65), followed by 0.962/1,000 m^3 ± 1.34 at Dunkirk (site 114), and 0.507/1,000 m^3 ± 1.24 at Fairport (site 134). The highest lake whitefish larval density at Erie was 0.302/1,000 m^3 ± 0.855 (site 122) and the highest lake whitefish larval density at Conneaut was 0.300/1,000 m^3 ± 0.848 (site 129). Huron had the highest average density of lake whitefish and unidentified coregonines considered together across all sites (0.880/1,000 m^3 ± 1.61), followed by Sandusky (0.426/1,000 m^3 ± 1.05), Dunkirk (0.208/1,000 m^3 ± 0.703), Fairport (0.185/1,000 m^3 ± 0.680), Erie (0.120/1,000 m^3 ± 0.532), and Conneaut (0.1196/1,000 m^3 ± 0.528).

Fish that were classified as coregonines were shorter (< 12 mm TL) and had less dorsal pigmentation than fish classified as lake whitefish. These were collected at Sandusky and Huron in mid-April (Table 1; Figure 4), and densities at these collection sites were 0.251/1,000 m^3 ± 0.794 (Site 106), 0.203/1,000 m^3 ± 0.703 (Site 107), and 0.851/1,000 m^3 ± 1.41 (Site 113). Mean length for larval coregonines was 15.8 mm at Sandusky, 14.2 mm at Huron, 15.5 mm at Fairport, 14.7 mm at Conneaut, 15.9 mm at Erie, and 14.4 mm at Dunkirk (Figure 5). Morphological characteristics of the lake whitefish larvae aligned with those typically observed for the species. The lake whitefish larvae from this study are also morphologically similar to larvae previously observed in the Huron-Erie Corridor. The lake whitefish larva in Figure 6 has a larger yolk sac and a longer body length compared to the unidentified coregonine, which has a depleted yolk sac and shorter body length.

Discussion

Our GIS analysis identified over 100 areas of historic significance to coregonine reproduction in Lake Erie. Field studies validated use of some south shore locations by spawning coregonines in the western basin of Lake Erie (Amidon et al., 2021) and our 2017 larval sampling suggests that spawning may be occurring in the central and eastern basins as well. Amidon et al. (2021) concluded that coregonid eggs they collected in the western basin of Lake Erie were lake whitefish, based on concurrent adult collections and egg morphology. Visual identification of larval coregonines is difficult, especially distinguishing between lake whitefish and cisco which co-occur in the same habitats (Roseman & O'Brien, 2013; George et al., 2017a; 2017b) and have several overlapping morphological and meristic traits (i.e., size, myomere count, pigment). Larvae that we classified as coregonines were approximately

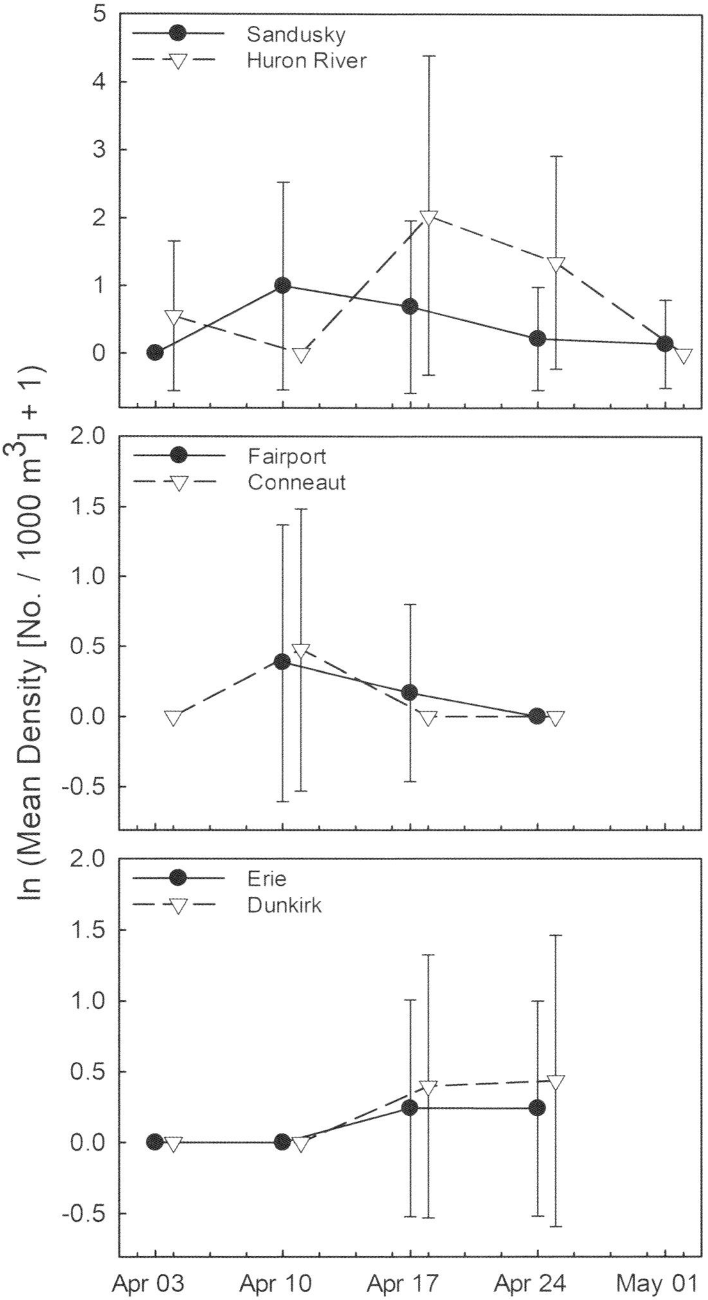

Fig. 3. Larval lake whitefish densities (#/1,000 m^3 ± s.d) based on catches in bongo net hauls conducted at sampling sites along the south shore of Lake Erie during spring 2017. Ordinate axis scales vary.

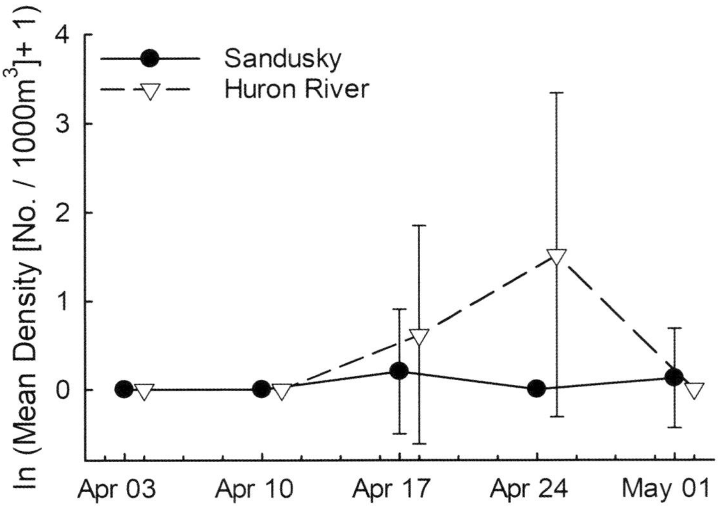

Fig. 4. Larval coregonine (unable to visually determine species) densities (#/1,000 m^3 ± s.d) based on catches in bongo net hauls conducted at sampling sites along the south shore of Lake Erie during spring, 2017.

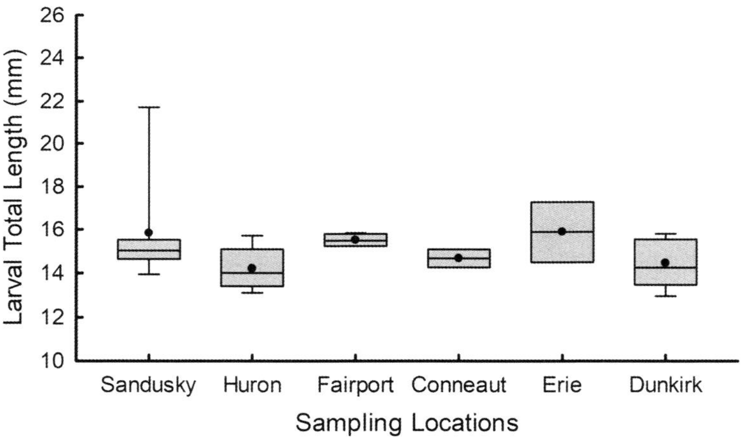

Fig. 5. Lengths of coregonines collected at each of the six locations along the south shore of Lake Erie. Average values are provided as dots, and 1st and 3rd quartiles are provided by the upper and lower boxes surrounding the median.

Fig. 6. Lateral view of a lake whitefish larva (top) and an unidentified coregonid larva (bottom) with a 2 mm scale. Photo credit: U.S. Geological Survey.

2 mm shorter than those classified as lake whitefish at the same developmental stage and had different pigment patterns (following descriptions in Auer, 1982).

Analysis of substrate and bathymetry data layers corresponding to historic spawning sites of lake whitefish reaffirmed preference for shallow waters (< 8 m) during spawning (Ebener et al., 2010; Amidon et al., 2021). We observed an overall pattern of both higher larval densities and increased frequency of larvae at sites near the western basin. These higher larval densities in the western regions of the lake could be a result of the westward migration pattern that lake whitefish follow during the fall spawning season (Lumb et al., 2007). A higher percentage of historic locations in the western basin also suggests a preference for this area during spawning (see Amidon et al., 2021), although our larval sampling showed the potential for spawning in the central and eastern basins.

Our GIS analysis is based on historical reports of spawning-ready fish collected by fishers who used trapnets and gillnets (Goodyear et al., 1982; Organ et al., 1979). These types of gear would traditionally be set over soft substrates that would not damage the gear, thus explaining why many of the sites identified in our analysis reported spawning fish in areas of sand or mud bottom. Reports of coregonine spawning behavior in Lake Erie indicate that rocky reef areas and some gravel substrates in tributaries were used by lake whitefish (Amidon et al., 2021) and cisco (Hartman, 1972; Trautman, 1981). Vast expanses of these rocky habitats were degraded due to effects of eutrophication and sediment deposition, resulting in declines in coregonines, and other lithophilic spawning fishes such as walleye and lake trout (Regier & Hartman, 1973). Improvements to water quality in the 1970s helped improve habitat, and led to recoveries of lake whitefish stocks (Ludsin et al., 2001), but cisco remain rare, likely due to low spawning stock (Cold Water Task Group, 2017b). The lack of spatial tools available for reporting historical spawning locations during the late 19th and mid-20th centuries is another limitation of this study that could explain some of the variability of expected substrate types.

Development of lake whitefish management objectives and a recovery strategy for cisco in Lake Erie will benefit from our identification of key spawning and nursery habitat locations and features (Cold Water Task Group, 2017a). Our collections, along with those of Amidon et al. (2021), show that viable spawning locations exist in all three basins, but further field sampling is necessary to provide more insight into habitat use and factors influencing egg and larval survival. Additional analyses of coregonine spawning sites and nursery locations will improve our understanding of the continued use or abandonment of key spawning locations. More detailed analyses of depth distributions and substrate types within the basin could also help identify additional locations where coregonines might prefer to spawn. Biophysical models of larval transport could also provide insight about the role of currents in Lake Erie as Zhao et al. (2009) showed for walleye. Development of a habitat suitability model that synthesizes our results with other habitat parameters (e.g., ice cover, substrate, depth, water temperature, zooplankton abundance) will aid in improving our understanding of factors limiting coregonine recruitment and restoration (see McKenna et al., 2013).

Loss of critical habitats, particularly for spawning, is cited as a major factor contributing to the demise of cisco populations in Lake Erie and the upper Great Lakes (Madenjian et al., 2008) and many of these same areas were also used by spawning lake whitefish (Morin et al., 1982; Todd, 2006; Ebener et al., 2010; George et al., 2017a). Using egg (George et al., 2017a; Amidon et al., 2021) and larval fish sampling to validate if lake whitefish and/or cisco are present, we can gain insight to the current status and use of spawning and nursery habitats. This information will be useful for identifying areas in need of protection. In addition, measuring the physical and biological characteristics of critical habitats known to support production of coregonines could facilitate future restoration efforts.

Acknowledgements

This project was supported by the Great Lakes Restoration Initiative. We thank the numerous field and lab assistants who helped with data collection and for discussions with numerous scientists about the approach for this analysis. Use of trade names is for descriptive purposes and does not imply endorsement by USGS. All GLSC sampling and handling of fish during research are carried out in accordance with guidelines for the care and use of fishes by the American Fisheries Society (http://fisheries.org/docs/wp/Guidelines-for-Use-of-Fishes.pdf).

References

Amidon, Z. J., DeBruyne, R. L., Roseman, E. F. & Mayer, C. M., 2021: Spatial extent of contemporary lake whitefish spawning in western Lake Erie. – Advanc. Limnol. 66: 163–172. DOI: 10.1127/adv_limnol/2021/0063

Auer, N. A. (ed.) 1982: Identification of larval fishes of the Great lakes basin with emphasis on the Lake Michigan drainage. Great Lakes Fish. Comm., Spec. Pub. 82–3, Ann Arbor, Michigan.

Bolsenga, S. J. & Herdendorf, C. E., 1993: Lake Erie and Lake St. Clair handbook. – Wayne State Univ. Press, Detroit, MI, 467 pp.

Brooks, J. L., Boston, C., Doka, S., Gorsky, D., Gustavson, K., Hondorp, D., Isermann, D., Midwood, J. D., Pratt, T. C., Rous, A. M., Withers, J. L., Krueger, C. C. & Cooke, S. J., 2017: Use of fish telemetry in rehabilitation planning, management, and monitoring in Areas of Concern in the Laurentian Great Lakes. – J. Environ. Manage. 60: 1139–1154.

Brown, R. W., Taylor, W. W. & Assel, R. A. 1993: Factors Affecting the Recruitment of Lake Whitefish in Two Areas of Northern Lake Michigan. – J. Great Lakes Res. 19(2): 418–428.

Colby, P. J., Spangler, G. R., Hurley, D. A. & McCombie, A. M., 1972: Effects of eutrophication on salmonid communities in oligotrophic lakes. – J. Fish. Res. Board Can. 29: 975–983.

Cold Water Task Group, 2017a: Impediments to the Rehabilitation of Cisco (*Coregonus artedi*) in Lake Erie. Report presented to the Standing Technical Committee from the Coldwater Task Group, Great Lakes Fishery Commission, Ann Arbor, MI. 42 pp.

Cold Water Task Group, 2017b: Report presented to the Standing Technical Committee, Lake Erie Committee, Great Lakes Fishery Commission, Ann Arbor, MI. http://www.glfc.org/pubs/lake_committees/erie/CWTG_docs/annual_reports/CWTG_report_2017.pdf

Cook, H. A., Johnson, T. B., Locke, B. & Morrison, B. J., 2005: Status of lake whitefish (*Coregonus clupeaformis*) in Lake Erie. – In: Mohr, L. C., Nalepa, T. F. (Eds): Proceedings of a workshop on the dynamics of lake whitefish (*Coregonus clupeaformis*) and the amphipod *Diporeia* spp. in the Great Lakes. – Great Lakes Fishery Commission Technical Report 66, Ann Arbor, MI, pp. 87–104.

Downing, S. W., 1923: Are we maintaining the supply of whitefish in Lake Erie? – Trans. Am. Fish. Soc. 53: 62–64.

Ebener, M. P., Kinnunen, R. E., Schneeberger, P. J., Mohr, L. C., Hoyle, J. A. & Peeters, P., 2008: Management of commercial fisheries for lake whitefish in the Laurentian Great Lakes of North America. – In: Schechter, M. G., Leonard, N. J. & Taylor, W. W. (eds.): International Governance of Fisheries Ecosystems: learning from the past, finding solutions for the future. – American Fisheries Society, Bethesda, MD (2008), pp. 99–143.

Ebener, M. P., Brenden, T. O., Wright, G. M., Jones, M. L. & Faisal, M., 2010: Spatial and temporal distributions of lake whitefish spawning stocks in northern lakes Michigan and Huron, 2003–2008. – J. Great Lakes Res. 36: 38–51.

Fleischer, G. W., 1992: Status of coregonine fishes in the Laurentian Great Lakes. In: Todd, T. N. & Luczysnki, M. (eds.): Biology and management of coregonid fishes 1990 – Proceedings of the fourth international symposium on the biology and management of coregonid fishes, Quebec City, Quebec, Canada, August 19–23, 1990. – Pol. Arch. Hydrobiol. 39(3–4): 247–259.

Freeberg, M. H., Taylor, W. W. & Brown, R. W., 1990: Effect of egg and larval survival on year-class strength of lake whitefish in Grand Traverse Bay, Lake Michigan. – Trans. Am. Fish. Soc. 119: 92–100.

Fuller, K., Shear, H. & Wittig, J., 1995: The Great Lakes: an environmental atlas and resource book. – Environment Canada and U.S. Environmental Protection Agency Rep. 905-B-95-001, 51 pp. Government of Canada United States Environmental Protection Agency, Toronto, ON. US EPA/The Government of Canada, Toronto, ON.

George, E. M., Stott, W., Young, B. P., Karboski, C. T., Crabtree, D. L., Roseman, E. F., & Rudstam, L. G., 2017a: Confirmation of cisco spawning in Chaumont Bay, Lake Ontario using an egg pumping device. – J. Great Lakes Res. 43: 204–208.

George, E. M., Hare, M. P., Crabtree, D. L., Lantry, B. F. & Rudstam, L. G., 2017b:. Comparison of genetic and visual identification of cisco and lake whitefish larvae from Chaumont Bay, Lake Ontario. – Can. J. Fish. Aquat. Sci. 75(8): 1329–1336. https://doi.org/10.1139/cjfas-2017-0186

Goodyear, C. S., Edsall, T. A., Ormsby-Dempsey, D. M., Moss, G. D. & Polanski, P. E., 1982: Atlas of the spawning and nursery areas of Great Lakes fishes. Vol. 9 – U.S. Fish Wildl. Serv., Washington, D.C. FWS/OBS-82/52.

Harrod, C., Griffiths, D., McCarthy, T. K. & Rosell, R., 2001: The Irish pollan, *Coregonus autumnalis*: options for its conservation. – J. Fish Biol. 59(Suppl. A): 339–355.

Hartman, W. L., 1972: Lake Erie: effects of exploitation, environmental changes and new species on the fishery resources. – J. Fish. Res. Board Can. 29: 899–912.

Herdendorf, C. E. & Braidech, L. L., 1972: A study of the physical characteristics of the major reef areas in western Lake Erie. Ohio Department of Natural Resources, Division of Geological Survey, Project AFCS-1, Columbus.

IJC (International Joint Commission), 2013: Lake Erie Ecosystem Priority: scientific findings and policy recommendations to reduce nutrient loadings and harmful algal blooms. – Draft Summary Report.

Jeppesen, E., Mehner, T., Winfield, I. J., Kangur, K., Sarvala, J., Gerdeaux, D., Rask, M., Malmquist, H. J., Holmgren, K., Volta, P., Romo, S., Eckmann, R., Sandström, A., Blanco, S., Kangur, A., Stabo, H. R., Tarvainen, M., Ventelä, A-M, Søndergaard, M., Lauridsen, T. L. & Meerhoff, M., 2012: Impacts of climate warming on the long-term dynamics of key fish species in 24 European lakes. – Hydrobiologia 694: 1–39.

Koelz, W., 1929: Coregonid fishes of the Great Lakes. – Bull. U.S. Bur. Fish. 43(1927): 297–643.

Koonce, J. F., Busch, W. N. & Czapla, T., 1996: Restoration of Lake Erie: contribution of water quality and natural resource management. – Can. J. Fish. Aquat. Sci., 53: 105–112.

Lawler, G. H., 1965: Fluctuations in the success of year-classes of whitefish populations with special reference to Lake Erie. – J. Fish. Res. Board Can. 22: 1197–1227.

Leach, J. H. & Nepszy, S. J., 1976: The fish community in Lake Erie. – J. Fish. Res. Board Can. 33: 622–638.

Ludsin, S. A., Kershner, M. W., Blocksom, K. A., Knight, R. L. & Stein, R. A., 2001: Life after death in Lake Erie: nutrient controls drive fish species richness, rehabilitation. – Ecol. Appl. 11: 731–746.

Lumb, C. E., Johnson, T. B., Cook, H. A. & Hoyle, J. A., 2007: Comparison of lake whitefish (*Coregonus clupeaformis)* growth, condition, and energy density between Lakes Erie and Ontario. – J. Great Lakes Res. 33: 314–325.

Mamcarz, A. & Skrzypczak, A., 1999: Coregonids in the Great Masurian Lakes. – Arch. Hydrobiol. Spec. Issues Advanc. Limnol. 57: 157–169.

Marsden, J. E., Casselman, J. M., Edsall, T. A., Elliott, R. F., Fitzsimons, J. D., Horns, W. H., Manny, B. A., McAughey, S. C., Sly, P. G. & Swanson, B. L., 1995: Lake trout spawning habitat in the Great Lakes—a review of current knowledge. – J. Great Lakes Res. 21(Suppl. 1): 487–497.

McKenna, J. E., Carlson, D. M. & Payne-Wynne, M. L., 2013: Predicting locations of rare aquatic species' habitat with a combination of species-specific and assemblage-based models. – Diversity Distrib. 19: 503–517.

Morin, R., Dodson, J. J. & Power, G., 1982: Life history variations of anadromous cisco (*Coregonus artedii*), lake whitefish (*C. clupeaformis*), and round whitefish (*Prosopium cylindraceum*) populations of eastern James–Hudson Bay. – Can. J. Fish. Aquat. Sci. 39: 958–967.

O'Gorman, R., 1983: Distribution and abundance of larval fish in the nearshore waters of western Lake Huron. – J. Great Lakes Res. 9: 14–22.

Oldenburg, K., Stapanian, M. A., Ryan, P. A. & Holm, E., 2007: Potential strategies for recovery of lake whitefish and lake herring stocks in eastern Lake Erie. – J. Great Lakes Res. 33: 46–58.

Organ, W. L., Towns, G. L., Walter, M. O., Pelletier, R. B. & Riege. D. A., 1979: Past and presently known spawning grounds of fishes in the Michigan coastal waters of the Great Lakes. Michigan Department of Natural Resources, Technical Report 79–1, Ann Arbor.

Pritt, J. J., DuFour, M. R., Mayer, C. M., Roseman, E. F. & DeBruyne. R. L., 2014: Sampling little fish in big rivers: larval fish detection probabilities in two Lake Erie tributaries. – Trans. Am. Fish. Soc. 143: 1011–1027.

Regier, H. A. & Hartman, W. L., 1973: Lake Erie's fish community: 150 years of cultural stresses. – Science 180: 1248–1255.

Roseman, E. F., 1997: Factors influencing the year-class strength of reef spawned walleye in western Lake Erie. – M. S. thesis. Michigan State University, East Lansing.

Roseman, E. F., 2000: Physical and biological processes influencing the year-class strength of walleye in western Lake Erie. – Ph.D. dissertation. Michigan State University, East Lansing.

Roseman, E. F., Taylor, W. W., Hayes, D. B., Haas, R. C., Knight, R. L. & Paxton, K. O., 1996: Walleye egg deposition and survival on reefs in western Lake Erie. – Ann. Zool. Fennici 33: 341–351.

Roseman, E. F. & O'Brien, T. P., 2013: Spatial distribution of pelagic fish larvae in the northern main basin of Lake Huron. – J. Aquat. Ecosyst. Health & Manage. 16: 211–221.

Roseman, E. F., Kennedy, G. W., Boase, J., Manny, B. A., Todd, T. N. & Stott, W., 2007: Evidence of lake whitefish spawning in the Detroit River: implications for habitat and population recovery. – J. Great Lakes Res. 33: 397–406.

Roseman, E. F., Kennedy, G., Manny, B. A., Boase, J. & McFee, J., 2012: Life history characteristics of a recovering lake whitefish *Coregonus clupeaformis* stock in the Detroit River, North America. – Advanc. Limnol. 63: 477–501.

Roseman, E. F., DuFour, M., Pritt, J., Fischer, J., DeBruyne, R. L. & Bennion, D., 2021: Export of pelagic fish larvae from the Detroit River. – Advanc. Limnol. 66: 225–243.

Ryan, P. A., Witzel, L. D., Paine, J., Freeman, M., Hardy, M., Scholten, S., Sztramko, L. & MacGregor, R., 1999: Recent trends in fish populations in eastern Lake Erie in relation to changing lake trophic state and food web. – In: Munawar, M., Edsall, T. & Munawar, I. F. (eds.): State of Lake Erie—past, present, and future. – Backhuys, Leiden, pp. 241–289.

Savino, J., Blouin, M., Bur, M., Davis, B., Fabrizio, M., Kennedy, G., McKenna, J. & Todd, T., 2003: Critical habitats for young fishes in coastal areas of west-central Lake Erie. Final Report to Lake Erie Protection Fund LEPF 00-08. – U.S. Geol. Surv., Ann Arbor, MI.

Scheuerell, M. D. & Schindler, D. E., 2004: Changes in the spatial distribution of fishes in lakes along a residential development gradient. – Ecosystems 7: 98–106.

Scott, W. B. & Crossman, E. J., 1998: Freshwater fishes of Canada. Oakville, Ont.: Galt House Pub.

Seilheimer, T.S., Wei, A., Chow-Fraser, P. & Eyles, N., 2007: Impact of urbanization on the water quality, fish habitat, and fish community of a Lake Ontario marsh, Frenchman's Bay. – Urban Ecosyst. 10: 299–319.

Smith, H. M., 1917: Report of the U.S. Commissioner of Fisheries with appendixes. – In: Report of the U.S. Commissioner of Fisheries for the fiscal year ended June 30, 1916. – Bur. Fish., pp. 1–114. Washington, D.C.

Taylor, W. W., Smale, M. A. & Freeberg, M. H., 1987: Biotic and abiotic determinants of lake whitefish (*Coregonus clupeaformis*) recruitment in northeastern Lake Michigan. – Can. J. Fish. Aquat. Sci. 44: 313–323.

Todd, T. N., 2006: Lake Whitefish and Lake Herring Fisheries in the Detroit River–a History. http://citeseerx.ist.psu.edu/viewdoc/versions?doi=10.1.1.490.4637

Trautman, M. B., 1981: The fishes of Ohio. – The Ohio State University Press, Columbus, 784 pp.

Van Oosten, J., 1930: The disappearance of the Lake Erie Cisco–a preliminary report. – Trans. Am. Fish. Soc. 60: 204–214.

Wang, L., Riseng, C. M., Mason, L. A., Wehrly, K. E., Rutherford, E. S., McKenna, J. E., Castiglione, C., Johnson, L. B., Infante, D. M., Sowa, S., Robertson, M., Schaeffer, J., Khoury, M., Gaiot, J., Hollenhorst, T., Brooks, C. & Coscarelli, M., 2015: A spatial classification and database for management, research, and policy making: the Great Lakes Aquatic Habitat Framework. – J. Great Lakes Res. 41: 584–596.

Winfield, I. J., 1992: Threats to the lake fish communities of the U.K. arising from eutrophication and species introductions. – Neth. J. Zool. 42(2–3): 233–242.

Manuscript received: 12 January 2018
Revisions requested: 12 April 2018
Modified version received: 18 May 2018
Accepted: 11 September 2020

Advanc. Limnol. **66**, p. 261–275
Biology and Management of Coregonid Fishes – 2017

Article

Water quality assessment by in situ whitefish egg incubation

Anna K. Karjalainen, Hanna E. Arola, Jukka T. Syrjänen, and Juha Karjalainen*

With 3 figures, 2 tables, and 1 appendix

Abstract: Fertilized eggs of European whitefish (*Coregonus lavaretus*) were incubated during their natural incubation period from November to April in a boreal lake and six streams, all affected by multi-metal mining effluents since 2008. The freshwater lake was salt-stratified by the effluents. Water quality effects on the egg survival and applicability of the method for assessment of whitefish reproduction success in stressed aquatic environments were evaluated. In the lake, floating incubation devices were installed at two depths beneath the ice cover. Bottom-buried baskets with incubation cylinders were used in the streams. Combined effluent effects on egg survival were detectable using the methods. In the streams, the total instantaneous embryonic mortality rate (Z_T) varied between 0.3–0.6, which corresponds to 29.3–44.3% total mortality. In the lake epilimnion and hypolimnion, Z_T was 1.7 and 4.4 corresponding to 71.7% and 99.7% total mortality, respectively. With the floating incubation method under the ice cover, the effect of a lake halocline anomaly was detected. Water quality characteristics contributing to the high egg mortality in the lake were low oxygen concentration due to the ectogenic meromixis, and the effluent metals Al, Cu, Mn, Na and Ni. In the streams, despite low pH values and effluent peaks measured as high specific conductivity, whitefish eggs survived better than in the lake. Both applied incubation methods showed potential as bioindicators of sufficient water quality for fish reproduction success.

Keywords: fish, long-term incubation, mortality, multi-metal mining, lake, river

Introduction

Impaired water quality may affect fish reproduction success in stressed freshwater systems. Human activities such as metal mining and refinement, agriculture and forestry, wood processing and other kinds of industrial and sewage effluents can cause contamination load in the downstream waterways. On the other hand, numerous examples demonstrate improved water quality due to the cessation of contamination and successful remediation actions (Eklöv

Authors' address:
University of Jyväskylä, Department of Biological and Environmental Science, PO Box 35, 40014 Jyväskylä, Finland
* Corresponding author: juha.s.karjalainen@jyu.fi

DOI: 10.1127/adv_limnol/2021/0078 1612-166X/21/0078 $ 6.75
www.schweizerbart.de

et al., 1998; Shutes, 2001; Dhote & Dixit, 2009; Sheng et al., 2012; Mebane et al., 2015), which offers opportunities for reintroduction of valuable fish species into their original habitats. The frequency of anthropogenic water quality changes give rise to the need for easy on-site bioindicator methods for assessing water quality in stressed lakes or rivers. Incubation of fish eggs in situ has been recommended as a pre-assessment method for fish reintroduction success (Syrjänen et al., 2008; Pander & Geist, 2010). Many fish stock reintroduction projects, however, have been carried out on a trial-and-error basis because there remains limited knowledge of the utility of in situ egg incubation methods for habitat quality pre-assessments.

European whitefish (*Coregonus lavaretus*) eggs are good candidates for assessment of both lake and stream water quality because the species has both lake and river spawning forms (Karjalainen & Viljanen, 1994; Næsje et al., 2004; Haakana & Huuskonen 2008). Thus, whitefish eggs can be incubated in a natural manner in various lake water depths and stream bottoms. The incubation period of eggs of autumn-spawning coregonids is long, from five to seven months in boreal regions (Karjalainen et al., 2015), and eggs therefore are exposed to water quality effects during the whole incubation period including any transient fluctuations in water quality. Species- or community-level responses to anthropogenic impacts are potentially subject to synergistic or antagonistic interactions between different stressors and may alter competitive equilibria between species. The assessment of such responses often demands monitoring of organisms themselves, not only water chemistry.

Starting from the 1980s, there have been a number of experimental in situ incubations of char, whitefish, and other salmonids. Incubation of *Salvelinus* species (*S. alpinus* and S. *namaycush*), and other salmonid species (Harris et al., 1973; Mac et al., 1985; Monod, 1985; Manny et al., 1989; Mohr et al., 1990) were used for various assessments. In the early 21st century, experimental in situ egg incubations were carried out to assess water quality or remediation potential of lake char (*Salvelinus umbla*), brown trout (*Salmo trutta*), huchen (*Hucho hucho*), grayling (*Thymallus thymallus*), and whitefish (Eklöv, 2003; Syrjänen et al., 2008; Pander et al., 2009; Pander & Geist, 2010; Haakana & Huuskonen, 2008; Nilsson, 2014). For whitefish, the duration of the incubation periods in these studies have been much shorter than natural incubation period in boreal freshwaters (Huuskonen et al., 1999; Haakana & Huuskonen, 2008).

Our objective was to evaluate the use of in situ incubation over the duration of natural embryonic development to evaluate the effects of mining effluents on the reproductive potential of whitefish both in lake and riverine environments.

Materials and methods

The study lake and streams were affected by the Terrafame Talvivaara mine in Sotkamo, eastern Finland. It is an open-pit multi-metal mine that uses bioheapleaching of low-grade ore retrieved from metamorphosed black shales that are anomalously rich in graphitic C, S, Ni, Cu, and Zn (Loukola-Ruskeenniemi et al., 1998; Riekkola-Vanhanen, 2010). The mine started biomining in late 2008 with its main products being Ni and Zn, and coproducts Cu, Co, and U (Talvivaara Sotkamo Oy, 2010; Riekkola-Vanhanen, 2013). The mine process includes metal leaching in primary and secondary heaps using iron- and sulphur-oxidizing

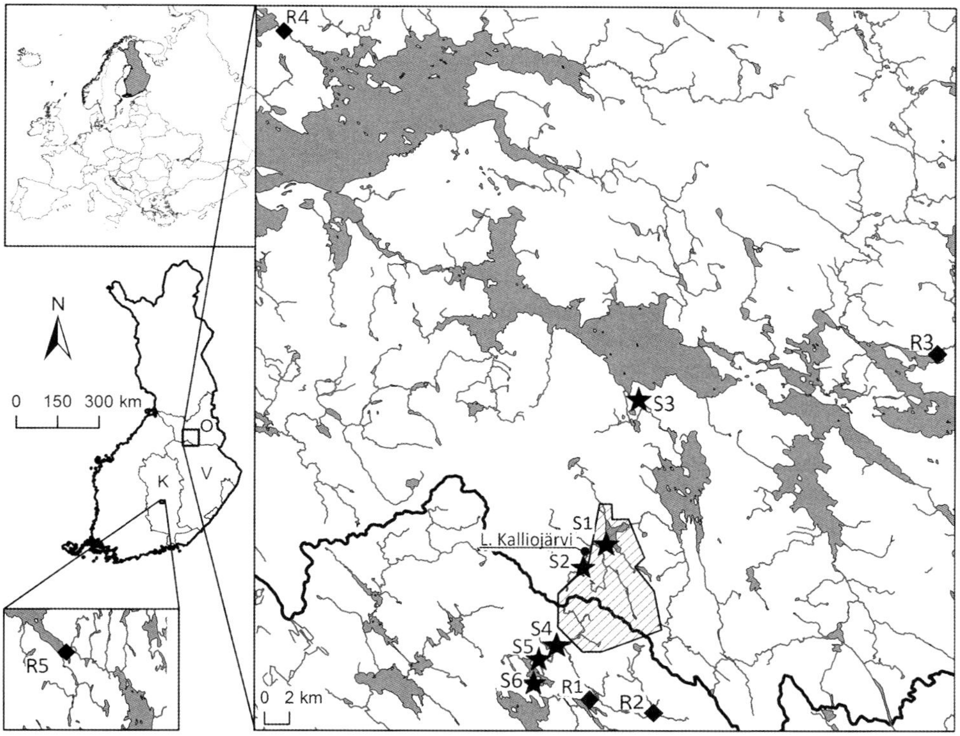

Fig. 1. Whitefish egg incubation sites in the Lake Kalliojärvi and the streams downstream the Terrafame Talvivaara mine in northeastern Finland, Europe, and in the reference streams. The Oulujoki watershed (O): S1 = Kalliojoki, Lake Kalliojärvi, S2 = Salmisenpuro, S3 = Jormasjoki, R3 = Tervajoki, R4 = Varisjoki; the Vuoksi watershed (V): S4 = Ylälumijoki, S5 = Lumijoki, S6 = Kivijoki, R1 = Välijoki, R2 = Joutenjoki; the Kymijoki watershed (K): R5 = Rutajoki. Map data sources: map of Europe, © ESRI, Data & Maps 9.3.1, 2009; General & Topographic maps of Finland, © National Land Survey of Finland, 2016; and Catchment Areas, National Database of Regional Land Use Plans, © Finnish Environment Institute (SYKE), 2016. Maps were constructed with ArcGIS® v. 10.3.1 (ESRI Inc., Redlands, CA).

bacteria and archaea while aerating and irrigating with highly concentrated sulphuric acid (H_2SO_4) leaching solution. Effluent is treated by neutralization with bases such as calcium hydroxide ($Ca(OH)_2$), and calcium oxide (CaO) (Riekkola-Vanhanen, 2013). Metal contamination and salinification in the downstream waterways (Kauppi et al., 2013; Salmelin et al., 2017) was due to incompletely recovered target metals from the stacked ore that ended up as residues in runoff waters during high precipitation periods, residues of target metals in the process water, non-target metals rich in the black schist that also are extracted in the bio-heapleaching, chemicals used throughout the mining process, incomplete precipitation of metals such as Al, Mn, and Na in the final treatment, and finally accidental gypsum pond leakages that took place 2012–2013. Various other human activities such as forest and peat-

Table 1. Median and range of water quality and dissolved metal concentration values in the mining-influenced Lake Kalliojärvi, the influenced streams in the Oulujoki (O) and the Vuoksi (V) watersheds, some reference values for the streams in the mine black shale area in 1993–1994 prior to start of the mining operations, and for stream water for the whole Finland, 1990–2005.

	L. Kalliojärvi epilimnion	L. Kalliojärvi hypolimnion	O watershed streams[1]	V watershed streams[1]	Mine area black shale streams[2]	Whole Finland streams[3]
temp, °C	1.1 (0–3.0)	4.1 (3.1–6.0)	0.5 (0.1–0.9)	0.8 (-0.1–1.3)		
pH	5.3 (4.0–6.6)	5.2 (5.0–5.8)	5.7 (4.1–6.2)	6.1 (4.3–6.8)	6.2 (4.4–7.5)	(3.5–8.6)
spec. cond., µS cm^{-1}	359.3 (27.2–816.0)	1405.4 (716.0–6707.0)	288.9 (102.3–997.0)	472.3 (68.2–1390.0)		(13–1110)
O_2, mg L^{-1}	10.6 (6.5–13.1)	7.9 (1.1–11.5)	13.8 (13.0–14.2)	13.1 (9.1–14.5)		
O_2, %	75.3 (48.8–91.3)	59.8 (9.1–86.9)	95.8 (90.8–98.7)	91.5 (66.7–100.4)		
DOC, mg L^{-1}	12.0 (10.0–17.9)	6.9 (5.3–8.7)	15.4 (8.1–24.8)	17.0 (7.4–26.4)		
Al, µg L^{-1}	317.0 (96.4–478.9)	763.0 (329.0–3650)	225.0 (73.9–351.2)	155.7 (49.5–421.2)	260 (40–1370)	(1.6–5260)
Ca, mg L^{-1}	21.4 (1.8–54.5)	63.7 (20.2–290.2)	18.2 (5.9–87.5)	45.8 (5.3–219.3)		(0.05–36.9)
Cu, µg L^{-1}	7.2	12.1	6.4 (5.4-7.0)	11.3	1.6 (0.4–11.7)	(0.03–21.4)
Fe, mg L^{-1}	1.0 (0.38–1.55)	10.2 (0.72–74.7)	1.23 (0.13–1.42)	0.83 (0.43–1.26)	1.26 (0.17–4.65)	(0–16.7)
K, mg L^{-1}	1.2 (0.38–1.55)	3.9 (0.93–21.6)	0.80 (0.24–5.08)	2.96 (0.42–4.23)		(0.01–36.2)
Mg, mg L^{-1}	8.6 (0.75–16.6)	41.4 (9.95–228.3)	5.84 (2.66–16.44)	13.44 (2.19–31.00)		(0.05–18.6)
Mn, mg L^{-1}	1.5 (0.14–3.19)	8.3 (1.97–47.8)	0.44 (0.15–1.19)	0.82 (0.26–1.46)	0.08 (0.14–0.97)	(0.01–1.53)
Na, mg L^{-1}	51.7 (2.11–116.6)	220.4 (55.0–1118.9)	29.5 (8.32–110.1)	31.7 (2.5–115.0)		(0.1–155)
Ni, µg L^{-1}	28.5 (20.0–31.6)	79.3 (23.8–450.0)	16.1 (10.8–31.4)	16.4 (14.2–46.2)	13 (0.5–314)	(0.03–70.2)
S, mg L^{-1}	62.1 (2.5–147.0)	262.9 (64.6–1421.6)	40.5 (11.7–161.6)	71.1 (6.6–285.2)	2.8 (0.9–7.4)	(0.02–87.8)[4]
Sr, µg L^{-1}	50.9 (6.8–110.0)	140.6 (51.4–590.0)	43.0 (21.5–130.7)	69.8 (19.4–247.5)		(5.4–416)
Zn, µg L^{-1}	43.8 (29.4–90.0)	29.6 (6.6–110.0)	47.2 (23.6–136.3)	47.0 (36.8–136.4)	49 (1.1–530)	(0.5–1170)

[1] Stream water data for two watersheds in 2014-2015 affected by Terrafame Talvivaara mine (Arola et al., 2017)
[2] Stream water data for Terrafame Talvivaara mine metalliferous black shale area in 1993-1994 (Loukola-Ruskeenniemi et al., 1998)
[3] Stream water data for the whole Finland in 1990-2006 (Tenhola & Tarvainen, 2008)
[4] Converted from sulfate concentration

land management, ditching, and river channel dredging have also affected the sites under study herein (Kauppi et al., 2013).

Whitefish eggs were incubated in 2014–2015 in six mining-influenced streams, five reference streams, and a lake, Lake Kalliojärvi. Three of the influenced incubation streams are located in the Oulujoki watershed area: Salmisenpuro running into Lake Kalliojärvi and the streams Kalliojoki and Jormasjoki are downstream of that lake and the mine, finally draining into Lake Nuasjärvi. The other three mining-influenced incubation streams (Ylälumijoki, Lumijoki, and Kivijoki) are also downstream of the mine, and are located in the Vuoksi watershed, towards the south (Tenhola & Tarvainen, 2008). Of the five reference streams, Varisjoki and Tervajoki are situated in the Oulujoki catchment, Joutenjoki and Välijoki in the Vuoksi catchment, and Rutajoki in the Kymijoki catchment in central Finland (Figure 1, Appendix 1). All the streams are characterized by mainly forested riparian zones and watersheds. Their mean channel widths ranged from 3 to 23 m, and their mean discharge ranged from 0.2 to 7 m s^{-1}.

Since 2008, the effluent-receiving streams have been characterized by highly fluctuating water quality, being at their worst in 2010 as indicated by 230 mg SO_4 L^{-1}, 61 mg Na L^{-1}, 2 mg Mn L^{-1} in Kalliojoki and 3133 mg SO_4 L^{-1}, 926 mg Na L^{-1}, 45 mg Mn L^{-1} in Lumijoki (Talvivaara Sotkamo Oy, 2010). At the time of the egg incubations in 2014–2015 the quality of the stream waters had improved since 2010 (Table 1). Yet, the mining effects were still apparent, with a slight acidification of the streams compared to the 1990s prior to start of the mining operations in the black shales area (Loukola-Ruskeenniemi et al., 1998), and salinification, especially in the Vuoksi watershed, towards the south and outside the black shale area (Loukola-Ruskeenniemi et al., 1998; More specific stream characterizations are available in Arola et al., 2019).

The study lake Kalliojärvi has a surface area of 0.3 km^2, maximum depth of five to six meters, and volume of 0.7 million m^3. It is surrounded mainly by coniferous forests and some peat bogs. The water is stained yellow to brownish with mean DOC (dissolved organic carbon) of 10 mg L^{-1} DOC (Table 1). It is located 3 km north from the Terrafame Talvivaara mine factory area at the Oulujoki watershed. Having received the salinification-causing mining effluents from the factory area since 2008, the lake salinification contamination started in March 2010 and became evident in autumn 2010 when the lake transformed ectogenically meromictic (stratified due to salt-related water density contrasts) with mean SO_4 at 2100 mg L^{-1}, Na at 677 mg L^{-1}, and Mn at 11 mg L^{-1} in the hypolimnion, with corresponding levels in the epilimnion being 18–29 % lower (Hertta database; Talvivaara Sotkamo Oy, 2010). At that time SO_4 and Na levels were two orders of magnitude higher, and Mn one order of magnitude higher in the lake compared to levels measured in 2008. At the time of the egg incubations, the lake was still permanently stratified with specific conductivity 27–816 μS cm^{-1} in the epilimnion and 716–6707 μS cm^{-1} in the hypolimnion (Table 1).

The stream incubations were intended to mimic natural egg incubation habitats typical for those whitefish forms laying their eggs on stream beds and their estuaries such as the northern densely-rakered whitefish ecotype from River Koitajoki (Haakana & Huuskonen, 2008). The floating lake incubation device was installed in the littoral zone corresponding to the natural lake shoreline egg incubation habitat of the lake spawning slow-growing blue whitefish (Kallio-Nyberg & Koljonen, 1988; Karjalainen & Viljanen, 1994); the epilimnion unit corresponding to shallow shoreline habitats and the hypolimnion unit corresponding to deeper habitats. Floating incubation devices were used to minimize effects of sedimentation on egg survival. The units were also intended to provide information on how lake stratification influenced egg survival. The epilimnion unit was exposed to somewhat better water quality above the salinification halocline, and the hypolimnion unit to poorer water quality below the halocline.

Prior to the in situ incubations, eggs of 10 whitefish females were fertilized with milt of 20 males in the Enonkoski hatchery on 11 November 2014. A hatchery brood stock of northern densely-rakered whitefish ecotype from River Koitajoki maintained by the Natural Resources Institute Finland (Luke) was used. The eggs were transported into the field sites in 500 mL plastic bottles (50 eggs per bottle) that were filled to the top with the hatchery O_2-saturated water and kept cold on melting ice in an insulated box, at a temperature of 1–2 °C. Eggs were transplanted into Lake Kalliojärvi in November 2014 beneath newly formed 9 cm ice 24–48 hours post fertilization. The eggs were incubated on site for 112 and 147 days until removed either on the first (March, ice cover 62 cm), or the second lifting round (April, ice cover 68 cm). Eggs were also transplanted to the stream sites on the same occasions and left in place for 111–114 and 146–150 days, until removed during the first lifting round in March, or the second one in April.

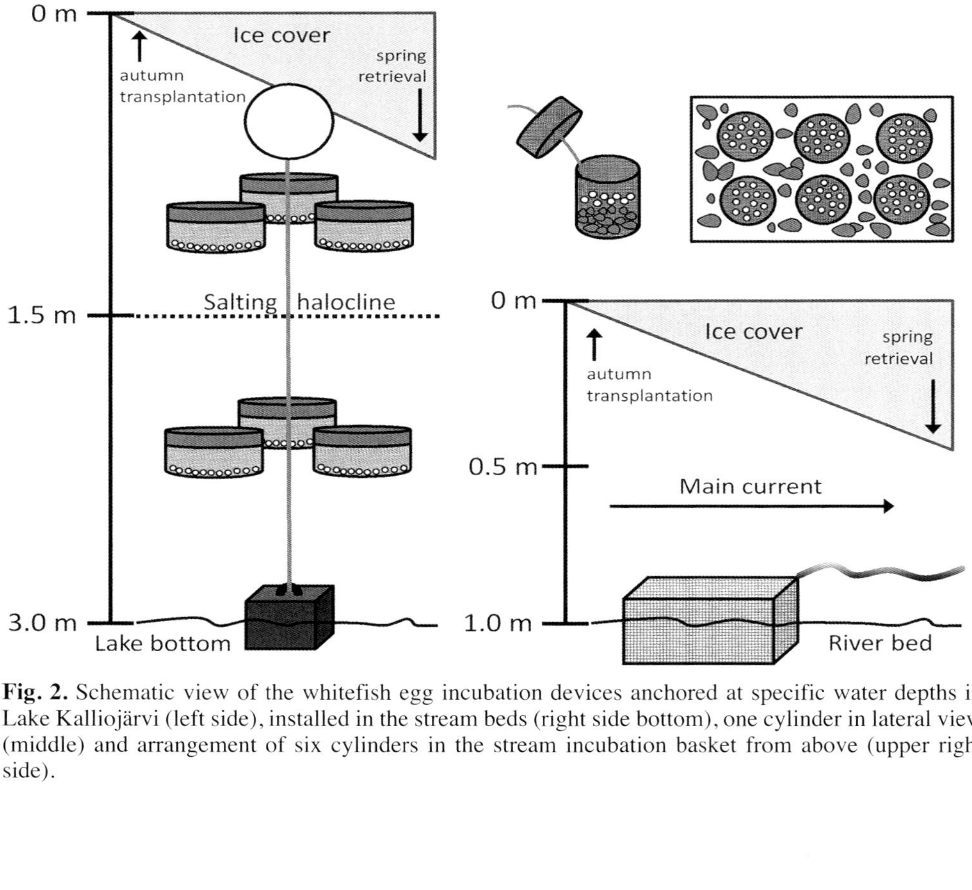

Fig. 2. Schematic view of the whitefish egg incubation devices anchored at specific water depths in Lake Kalliojärvi (left side), installed in the stream beds (right side bottom), one cylinder in lateral view (middle) and arrangement of six cylinders in the stream incubation basket from above (upper right side).

The egg incubation device in the stream beds was composed of six incubation cylinders inside a plastic basket (380 × 270 × 150 mm, polypropylene) that was partly buried in the stream gravel (Figure 2). Fifty eggs were transplanted into each cylinder (2 mm mesh size, nylon Sefar Nitex 03-200/54, glued with hot adhesive, volume 2–2.7 dL), and the cylinders were filled with gravel (main particle size 8–16 mm, min < 2 mm, max 22.4 mm) and sand (main particle size 0.5–8.0 mm). Eggs were placed on top, leaving approximately a 20–30 mm space between them and the cylinder lid. Use of sand and space for water to flow freely was intended to mimic natural incubation conditions of the species in the river bed, and prevent excess agglomeration of dead eggs that can lead to dispersion of mould to clean eggs. Additionally, a nylon sock was placed over each cylinder to prevent escape of the eggs or possible hatchlings. Finally, the incubation baskets were filled with gravel (main particle size 16–32 mm) up to the cylinder sand line where the eggs resided sealed with plastic-covered metal mesh (12.7 mm mesh size) to ensure that the cylinders would stay in the basket, and supported with stones. The monthly measured incubation depths and current velocities (flow meter, Höntzsch) varied between 8–61 cm and 5–76 cm s^{-1} from October to December, and 9–45 cm and 1–49 cm s^{-1} from March to April, respectively. The baskets were placed in microhabitats that correspond to the natural spawning sites of whitefish (Haakana & Huuskonen, 2008) by current velocity, water depth, particle size, and temperature.

In the lake, whitefish eggs were incubated in floating containers above the lake salinification halocline, and 1 m above the lake bottom (Figure 2). The floating egg incubation device in the lake was composed of two incubation units, and installation depths could be varied with a main rope according to any site-specific needs. The main rope was bottom-anchored and positioned below the ice cover with a pontoon. The incubation systems, upper and lower, were installed depth-specifically with unit-specific additional lead-weights attached to the units. Each unit was composed of triplicate cylinders with 1 mm mesh size, 13 cm diameter stainless steel bottom and 2 cm side height. The cylinders were attached to each other with stainless steel handles using wing screws and then into the main rope with ropes. Sieve fabrics (≤1 mm mesh size) were tightened over the units. Fifty eggs were transplanted in each cylinder into both the epilimnion (1.2 m) and hypolimnion (2.2. m) units in a 3-meter deep location in the littoral zone (Figure 2). Besides the sieve fabric, a nylon sock was also placed over each unit in order to prevent escape of the eggs or hatched larvae.

Egg samples were collected twice during the incubation period, in early March and early April. Exact incubation sites were located by GPS recordings and plastic ribbons attached to shoreline vegetation and to the incubation basket on transplantation. At both the first and second lifting rounds in the lake, half of the cylinders were retrieved from the site in their incubation water, and living and dead eggs were counted for mortality calculations. During the first lifting round in the streams, the eggs from 3 cylinders from each basket were sampled and the empty cylinder places were filled with gravel (main particle size 16–32 mm). During the second lifting round in the streams, the remaining 3 cylinders were collected.

Water temperature (lake: Professional Plus, YSI; streams: temperature loggers, Thermochron®, Eclo), pH and specific conductivity (Professional Plus, YSI), and oxygen concentration (ProOdo, YSI) were measured in the streams and lake incubation depths in the beginning of incubations, and during the samplings in early March and April (Table 1). At the same time, water samples for both DOC and dissolved metal concentration analyses were taken using methods described in Arola et al. (2019) and analyzed with Total Organic Carbon

Analyzer (TOC-L, Shimadzu) and ICP-OES (Inductively Coupled Plasma Optical Emission Spectrometry, Optima 8300, Perkin-Elmer; limit of quantifications specified according to USEPA, 2001). Most of the sulfur was expected to occur as sulfate in the well aerated streams, but this was most likely not the case in the lake hypolimnion. To enable lake and stream comparisons, sulfur concentration was used instead and as a proxy of sulfate concentrations.

Embryonic mortality for both incubation periods was calculated as log-scale total mortality $Z_T = -\ln((N_{end}/N_0)+0.01)$, where N_{end} is the number of living eggs at the end of the incubation period and N_0 is the initial number of eggs in each cylinder. The intent here was to evaluate total mortality during an incubation, with a log transformation to better approximate parametric statistical assumptions and not to calculate a per unit time rate, and thus there was no adjustment for the duration of the incubations. Since there were a few cases (4 cases of total 66) when $N_{end} = 0$, a value 0.01 was added to the equation. Since particle accumulation into the cylinders (observed in 3 cylinders in Jormasjoki and Tervajoki and in 2 cylinders in Kalliojoki) or freezing of the cylinders (observed in 1 and 3 cylinders in Lumijoki and Tervajoki, respectively) occurred at some of the stream sites, only the clean and unfrozen cylinders were included in analyses. In all analyses, statistical significance was evaluated at the 0.05 level. The values of Z_T were analysed by the 2-way ANOVA to evaluate whether there were

Table 2. Spearman's rank correlation coefficients (R) between total instantaneous embryonic mortality rate, Z_T, and water quality parameters for all the egg incubation sites, the streams, and Lake Kalliojärvi. Significant correlations ($p < 0.05$), which do not address the potential for combined effects, are shown in bold.

	all		**streams**		**Lake Kalliojärvi**	
water quality parameter	**R**	*p*	**R**	*p*	**R**	*p*
temperature, °C	**0.280**	0.023	-0.113	0.414	**0.841**	0.001
pH	-0.107	0.392	-0.113	0.415	-0.280	0.377
specific conductivity, µS cm^{-1}	0.220	0.076	-0.048	0.729	**0.841**	0.001
max. specific conductivity, µS cm^{-1}	**0.263**	0.033	0.056	0.690	**0.841**	0.001
O_2, mg L^{-1}	**-0.284**	0.021	0.165	0.234	**-0.841**	0.001
DOC, mg L^{-1}	**-0.385**	0.001	-0.088	0.528	**-0.729**	0.007
Al, mg L^{-1}	**0.304**	0.013	-0.112	0.421	**0.841**	0.001
Ca, mg L^{-1}	0.134	0.285	-0.012	0.933	**0.841**	0.001
Cu, mg L^{-1}	**0.312**	0.011	-0.076	0.587	**0.878**	0.0002
Fe, mg L^{-1}	0.147	0.240	-0.035	0.799	0.505	0.094
K, mg L^{-1}	-0.080	0.523	-0.200	0.146	0.505	0.094
Mg, mg L^{-1}	0.148	0.236	-0.097	0.484	**0.841**	0.001
Mn, mg L^{-1}	**0.335**	0.006	-0.068	0.627	**0.841**	0.001
Na, mg L^{-1}	**0.347**	0.004	0.018	0.898	**0.841**	0.001
Ni, mg L^{-1}	**0.321**	0.009	0.053	0.705	0.437	0.155
S, mg L^{-1}			-0.088	0.525		
Sr, mg L^{-1}	0.124	0.322	-0.076	0.586	**0.841**	0.001
Zn, mg L^{-1}	-0.172	0.168	0.070	0.617	-0.280	0.377

* Data not included for sulphur correlations in the lake and all the sites. See Materials and methods for additional information.

differences between the first and second lifting rounds and among the incubation positions (between different depths in a lake and between the mining-influenced and reference sites in streams). Because there was no statistical difference in the Z_T between first and second lifting rounds (see Results and Discussion), the Z_T from both lifting rounds were combined for the correlation analyses. Association between untransformed water quality factors and Z_T was inspected by Spearman's rank correlation coefficient for the whole dataset (all the streams and the lake) and separately for the stream and the lake data, with analysis by IBM SPSS Statistics 24.0. Because in the lake there can be correlation between the epilimnion and the hypolimnion, the correlation coefficients are presented as indicators for possible associations for further investigations. Because sulphur (S) in the lake can exist both as sulfate and sulfide, which have different properties, S correlations for the lake and all the data are not included in Table 2. Reference data for whitefish egg mortality was taken from the 71–106 day egg incubations in the hypolimnion of Lake Pyhäselkä (Eastern Finland) in 1985–1998 (Huuskonen et al., 1999).

Results and discussion

Whitefish egg mortality was higher in Lake Kalliojärvi than in the streams (Figure 3). Especially in the lake but also in the streams, the mortality was much higher than the mortalities observed in experimental incubations under hatchery conditions (< 20%; Karjalainen et al.,

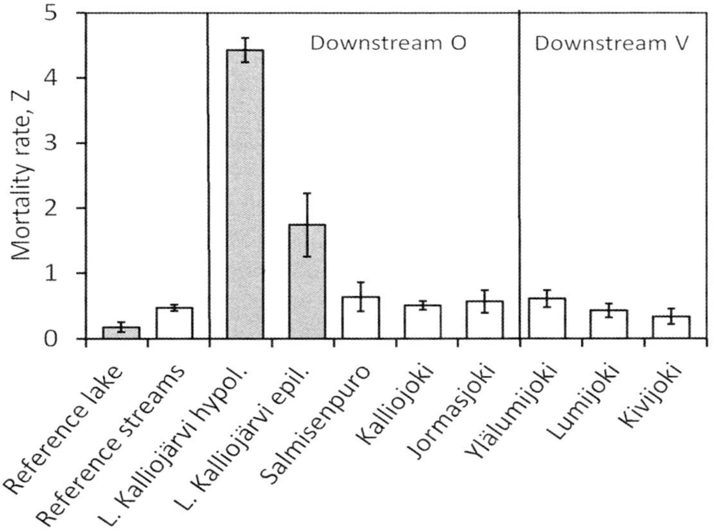

Fig 3. Whitefish total instantaneous embryonic mortality rate as Z_T (±SE) in the mining affected Lake Kalliojärvi hypolimnion and epilimnion, and the affected streams in the Oulujoki (O) and the Vuoksi (V) watersheds. The reference streams are situated in the Oulujoki, the Vuoksi and the Kymijoki watersheds. Data for the reference lake was obtained from Huuskonen et al. (1999).

2015). Both in the lake and streams the total percentage mortality was slightly higher in the second than in the first lifting round. In the lake, mortality averaged 84% (SD = 28) and 87% (SD = 23) in the first and second lifting round, respectively. The total mortality of the mining-influenced streams was 36% (SD = 15) and 43% (SD = 18) in the first and second lifting round, respectively. In the reference streams, the total mortality was 36% (SD = 15) and 39% (SD = 14) in the first and second lifting round, respectively. However, there was no statistically significant difference in Z_T of the lake (ANOVA, F = 0.435, $df_1 = 3$, $df_2 = 8$, $p = 0.519$) or the streams (ANOVA, F = 1.045, $df_1 = 3$, $df_2 = 50$, $p = 0.312$) between the lifting rounds.

In the lake hypolimnion, the mortality was very high (mean = 99.7%) corresponding to mean Z_T value of 4.4. In the epilimnion, below the ice cover at 1.2 m depth, egg mortality was also high (mean = 72%, corresponding to mean Z_T value of 1.7). Z_T differed significantly between the epilimnetic and hypolimnetic incubations (ANOVA, F = 22.566; df = 3,8; $p = 0.001$). Egg mortality was considerably higher in both water layers than the mean total mortality of eggs incubated earlier in the hypolimnion of Lake Pyhäselkä, where it was 17% (SD = 27), corresponding to mean Z_T value of 0.2. However, the incubation time in Lake Pyhäselkä was shorter, only 71–106 days (Huuskonen et al., 1999).

In the streams with high oxygen levels throughout the egg development, whitefish eggs survived better despite high but transient specific conductivity peaks (exceeding 1300 μS cm^{-1}) and low pH values (5.2 ± 0.6), similar to those measured in the hypolimnion of the lake (Tables 1–2, Figure 3). Despite the elevated concentrations of several metals and sulfate in the mine-affected streams, the Z_T did not differ significantly between the mining-influenced and reference streams (Table 2, Figure 3). Spearman's rank correlations were not significant between water quality parameters and egg mortality in the study streams of the Talvivaara area. Haakana & Huuskonen (2008) observed lower egg mortality of whitefish (Z_T ranged from 0.01 to 0.88 in the experimental incubations in River Koitajoki). In those experiments, a shorter incubation time (only 29–55 days) was used and incubations were with eyed eggs, which does not allow direct comparison with our results.

In Lake Kalliojärvi, specific conductivity and concentrations of SO_4, Na, and most of the metals, were higher in the hypoliminon than in the epilimnion (Table 1). The mean epilimnion specific conductivity was 371 (±340) μS cm^{-1} over the incubation period with high variation (Table 1). This was two orders of magnitude higher than the mean value in the lake epilimnion before the beginning of the mining in 2008 (Talvivaara Sotkamo Oy, 2010). Lake salinity increased over the course of the study (specific conductivity at the depth of 0.5 m: 35, 120, and 589 μS cm^{-1}; at 1.5 m: 128, 747, and 815 μS cm^{-1}; at 2 m: 321, 824 and 901 μS cm^{-1}; and at the depth of 2.5 m: 716, 942, and 6707 μS cm^{-1} in November, March and April, respectively).

Spearman's rank correlations between the instantaneous total mortality rate and water quality for all the incubation sites were significant and positive for temperature, maximum specific conductivity, Al, Cu, Mn, Na and Ni. Significant negative associations were observed between Z_T and oxygen concentration and DOC. Water quality characteristics probably responsible for the high egg mortality in the lake were low oxygen concentration due to the ectogenic meromixis and the effluent metals Al, Cu, Mn, Na and Ni, although DOC at 10 mg C L^{-1} may have diminished metal bioavailability to some extent (Vuorinen et al., 1998; Holland et al., 2014; Table 2). The lowest oxygen concentration was 1.1 mg O_2 L^{-1} in the lake hypolimnion (Table 1). A significant positive correlation between whitefish egg survival and water oxygen concentration has been observed by Haakana & Huuskonen (2008). Low pH can be harmful for whitefish egg survival (Arola et al., 2019). Also the bioavailability of many metals can be enhanced in low pH. The low pH of the streams and the lake (range 4.0–6.8, Table 1) was an additional factor, which may have increased the egg mortality in the lake and streams both through direct stress by low pH and indirectly through higher bioavailability of metals (Vuorinen et al., 1998; Keinänen et al., 2003; Holland et al., 2014). In this study we used sulfur concentration as a proxy for sulfate concentration. Sulfate reducing bacteria common in lake sediments can facilitate sulfate conversion to sulfide. It is well known sulfides have very different ecotoxicological properties compared to sulfate, because sulfides can react with metals to precipitate them as metal sulfides (Cohen 2006). This would have rendered lower exposure of the whitefish eggs to metals in the Lake Kalliojärvi hypolimnion.

The median concentration of Mn was well over the lower range of the no-effect concentrations, and based on S concentration, SO_4 concentrations were likely also usually over the no-effect threshold (Table 1). The highest no-effect concentration for whitefish embryos has been estimated experimentally in soft water in the range of 0.04–13 mg L^{-1} and 6–29 mg L^{-1} for Mn and SO_4, respectively, in a continuous mixture exposure (Arola et al., 2017). High egg mortality in the lake was probably due to a combination of salinification, oxygen depletion near the lake bottom, and exposure to metals. Possible combinations include additive, synergistic and antagonistic interactions between these factors.

In Lake Kalliojärvi, there was a clear thermocline at approximately 1.5 m depth, and water temperatures in the lake during the ice cover period were roughly 1 °C in the epilimnion and 4 °C in the hypolimnion. These temperatures are suitable for embryonic development of whitefish (Karjalainen et al., 2015). The observed correlation between temperature and mortality was likely largely due to the influence of other factors associated with stratification, rather than temperature as a direct causative factor. However, possible effects of temperature cannot be totally excluded.

The in situ incubation method integrates water quality effects through the whole of the embryonic development period, typically from five to seven months in boreal regions. Relevant water quality characteristics include temperature, oxygen saturation, and pH, as well as turbidity, solids, and biologically inessential and essential metals below their harmful levels. It should be noted the method may not always be sensitive in capturing the effect of any specific anthropogenic impact to water quality because catchment-specific natural events or regional human activities can also affect embryo mortality. Because water quality characteristics critical for fish development are likewise crucial for many other freshwater organisms, the method may have applicability beyond the assessment of fish reproduction success, as suggested by Pander & Geist (2010). The presented whitefish in situ egg incubation method integrates water quality variables critical for successful development of many aquatic organisms.

As in most field experiments, our in situ incubation method is subject to natural conditions that may affect its successful completion. Unpredictable ice conditions, floods, dryness, and silt accumulation can complicate result interpretation for water quality assessment, a phenomenon also noticed by Arola et al. (2019). Additionally, floods or droughts may necessitate retransplantation of the incubation devices. Finally, for reliable interpretation of the results, it would be essential to interpret the on-site incubation success in comparison to both representative reference sites and the incubation success of the eggs in the hatchery from where the eggs originated.

In all, whitefish embryos were relatively tolerant to elevated but transient levels of salinity and metals as long as the water oxygen levels were sufficient. Both the field-applied floating and the river-bed-buried egg incubation devices proved to be functional on-site tools for water quality assessment.

Acknowledgements

We thank Enonkoski hatchery for the whitefish eggs, Ari Väisänen for the elemental analyses, and Olli Nousiainen, Maija Hannula, Mervi Koistinen, Leena Siitonen and Anssi Lensu for technical assistance. We are especially grateful for the contributions of two anonymous reviewers and associate editor Jim Bence for editorial comments and linguistic corrections, which improved our message considerably. The study was financed by the Academy of Finland (281800), Finnish Doctoral Programme on Environmental Science and Technology (EnSTe), Emil Aaltonen Foundation and Olvi Foundation.

References

Arola, H. E., Karjalainen, J., Vehniäinen, E. R., Väisänen, A., Kukkonen, J. V. K. & Karjalainen, A. K., 2017: Tolerance of whitefish (*Coregonus lavaretus*) early life stages to manganese sulfate is affected by the parents. – Environ. Toxicol. Chem. 36: 1343–1353.

Arola, H. E., Karjalainen, A. K., Syrjänen, J. T., Hannula, M., Väisänen, A. & Karjalainen J. 2019: Assessment of fish embryo survival and growth by in situ incubation in acidic boreal streams undergoing biomining effluents. – Arch. Environ. Contam. Toxicol. 76: 51–65.

Cohen, R. R. H., 2006: Use of microbes for cost reduction of metal removal from metals and mining waste streams. – J. Clean. Prod. 14: 1146–1157.

Dhote, S. & Dixit, S., 2009: Water quality improvement through macrophytes – A review. – Environ. Monit. Assess. 152: 149–153.

Eklöv, A., 2003: Egg and fry survival of Arctic char in Vättern 1993–2001. – In: Lindell, M. & Halldén, A (eds.): Fishing and fish. Report of Vätternvårdsförbundet 62, Jönköping, Sweden, pp. 81–85. (in Swedish)

Eklöv, A., Greenberg, L., Brönmark, C., Larsson, P. & Berglund, O., 1998: Comparison Between the 1960s and 1990s. – Freshw. Biol. 40: 771–782.

Haakana, H. & Huuskonen, H., 2008: The endangered whitefish (*Coregonus lavaretus pallasi*) population in the Koitajoki River, eastern Finland : the present state and threats. – Advanc. Limnol. 63: 519–533.

Harris, G.S., 1973: A simple egg box planting technique for estimating the survival of eggs deposited in stream gravel. – J. Fish Biol. 5: 85–88.

HERTTA version 5.7. Open database of the Finnish Environment Institute. Available at: http://wwwp2.ymparisto.fi/scripts/oiva.asp. (in Finnish)

Holland, A., Duivenvoorden, L. J. & Kinnear, S. H. W., 2014: Influence of Aldrich humic acid and metal precipitates on survivorship of mayflies (*Atalophlebia* spp.) to acid mine drainage. – Environ. Toxicol. Chem. 33: 567–572.

Huuskonen, H., Väisänen, P. & Karjalainen, J., 1999: Fish and fishing industry. In: Huuskonen, H., (ed.): Pielisjoki and Pyhäselkä monitoring report 2. – University of Joensuu, Karelian Institute, Working Papers. (in Finnish).

Kallio-Nyberg, I. & Koljonen, M.-L., 1988: A stock registry for Finnish whitefish. – Finn. Fish. Res. 9: 49–60.

Karjalainen, J. & Viljanen, M., 1994: Size-dependent differences in the early life history of whitefish (*Coregonus lavaretus* L.) and vendace (*Coregonus albula* (L.)) in Saimaa lake system (Finland). – Arc. Hydrobiol. 130: 229–239.

Karjalainen, J., Keskinen, T., Pulkkanen, M. & Marjomäki, T. J., 2015: Climate change alters the egg development dynamics in cold-water adapted coregonids. – Environ. Biol. Fishes 98: 979–991.

Kauppi, S., Mannio, J., Hellsten, S., Nystén, T., Jouttijärvi, T., Huttunen, M., Ekholm, P., Tuominen, S., Porvari, P., Karjalainen, A., Sara-aho, T., Saukkoriipi, J., & Maunula, M., 2013: Assessment of the potential impacts on water environment caused by the gypsum pond leakage at the Talvivaara mine. – Reports of the Finnish Environment Institute 11, Helsinki, Finland. (in Finnish)

Keinänen, M., Tigerstedt, C., Kålax, P. & Vuorinen, P. J., 2003: Fertilization and embryonic development of whitefish (*Coregonus lavaretus lavaretus*) in acidic low-ionic-strength water with aluminum. – Ecotoxicol. Environ. Saf. 55: 314–329.

Loukola-Ruskeeniemi K, Uutela A, Tenhola M. & Paukola T., 1998: Environmental impact of metalliferous black shales at Talvivaara in Finland, with indication of lake acidification 9000 years ago. – J. Geochem. Explor. 64:395–407.

Manny, B., Jude, D. & Eshenroder, R., 1989: Field test of a bioassay procedure for assessing habitat quality on fish spawning grounds. – Trans. Am. Fish Soc.118: 1–4.

Mac, M.J., Edsall, C. C. & Seelye J. G., 1985: Survival of Lake Trout Eggs and Fry Reared in Water from the Upper Great Lakes. – J. Great Lakes Res. 11: 520–529.

Mebane, C. a., Eakins, R. J., Fraser, B. G. & Adams, W. J., 2015: Recovery of a mining-damaged stream ecosystem. – Elem. Sci. Anthr. 3: 42.

Mohr, L. C., Mills, K. H. & Klaverkamp, J. F., 1990: Survival and Development of Lake Trout (*Salvelinus namaycush*) embryos in an Acidified Lake in Northwestern Ontario. – Can. J. Fish Aquat. Sci. 47: 236–243.

Monod, G., 1985: Egg Mortality of Lake Geneva Charr (*Salvelinus alpinus* L.) Contaminated by PCB and DDT Derivatives. – Bull. Environ. Contam. Toxicol. 35: 531–536.

Nilsson, N., 2014: Short report on grayling culturing and incubation techniques and reintroduction. – FAKTA från Vätternvårdsförbundet 4. Vätternvårdsförbundet, Jönköping, Sweden, pp. 1–14. (in Swedish)

Næsje, T. F., Vuorinen, J. A. & Sandlund, O. T., 2004: Genetic and morphometric differentiation among sympatric spawning stocks of whitefish (*Coregonus lavaretus* L.) in Lake Femund, Norway. – J. Limnol. 63: 233–243.

Pander, J. & Geist, J., 2010: Salmonid-egg floating boxes as bioindication for riverine water quality and stocking success. – J. Fish Biol. 76: 2584–2590.

Pander, J., Schnell, J., Sternecker, K. & Geist, J., 2009: The "egg sandwich": A method for linking spatially resolved salmonid hatching rates with habitat variables in stream ecosystems. – J. Fish Biol. 74: 683–690.

Riekkola-Vanhanen, M., 2013: Talvivaara mining company – From a project to a mine. – Miner. Eng. 48: 2–9.

Riekkola-Vanhanen, M., 2010: Talvivaara Sotkamo mine–bioleaching of a polymetallic nickel ore in subarctic climate. – Nov. Biotechnol. 10: 7–14.

Salmelin, J., Leppänen, M. T., Karjalainen, A. K., Vuori, K. M., Gerhardt, A. & Hämäläinen, H., 2017: Assessing ecotoxicity of biomining effluents in stream ecosystems by in situ invertebrate bioassays: A case study in Talvivaara, Finland. – Environ. Toxicol. Chem. 36: 147–155.

Sheng, Y., Chen, F., Sheng, G. & Fu, J., 2012: Water quality remediation in a heavily polluted tidal river in Guangzhou, South China. – Aquat. Ecosyst. Heal. Manag. 15: 219–226.

Shutes, R. B. E., 2001: Artificial wetlands and water quality improvement. – Environ. Int. 26: 441–447.

Syrjänen, J., Kiljunen, M., Karjalainen, J., Eloranta, A. & Muotka, T., 2008: Survival and growth of brown trout *Salmo trutta* L. embryos and the timing of hatching and emergence in two boreal lake outlet streams. – J. Fish Biol. 72, 985–1000.

Talvivaara Sotkamo Oy. 2010: Talvivaara Mine Monitoring report. Part IV. Surface waters. – Pöyry Finland Oy, Oulu, Finland (in Finnish).

Tenhola, M. & Tarvainen, T., 2008: Element concentrations in stream water and organic stream sediment in Finland in 1990, 1995, 2000 and 2006. – Geological Survey of Finland, Report of Investigation 172. Helsinki, Finland. (in Finnish)

US-EPA., 2001: US-EPA METHOD 200.7, Revision 4.4, Cincinnati.

Vuorinen, P. J., Keinänen, M., Peuranen, S. & Tigerstedt, C., 1998: Effects of iron, aluminium, dissolved humic material and acidity on grayling (*Thymallus thymallus*) in laboratory exposures, and a comparison of sensitivity with brown trout (*Salmo trutta*). – Boreal Environ. Res. 3: 405–419.

Manuscript received: 14 December 2017
Revisions requested: 7 May 2018
Modified version received: 4 June 2018
Accepted: 5 March 2020

Appendix 1. The Z value (and corresponding mortality as a percentage) of whitefish embryos in clean cylinders during the specific incubation period from transplanting until sampling. The coordinates (N and E) and the watershed information (O = Oulujoki, V = Vuoksi and K = Kymijoki) for each study site is given as well.

Site	Site code	N	E	Watershed	Transplanting date	Sampling date	Cylinder number	Mortality (%)	Z
Kalliojärvi, E	–	64°00'48"	28°00'19"	O	14.11.2014	5.3.2015	1	28	0.31
Kalliojärvi, E	–	64°00'48"	28°00'19"	O	14.11.2014	5.3.2015	2	86	1.90
Kalliojärvi, E	–	64°00'48"	28°00'19"	O	14.11.2014	5.3.2015	3	92	2.41
Kalliojärvi, H	–	64°00'48"	28°00'19"	O	14.11.2014	5.3.2015	1	100	4.61
Kalliojärvi, H	–	64°00'48"	28°00'19"	O	14.11.2014	5.3.2015	2	98	3.51
Kalliojärvi, H	–	64°00'48"	28°00'19"	O	14.11.2014	5.3.2015	3	100	4.61
Kalliojärvi, E	–	64°00'48"	28°00'19"	O	14.11.2014	9.4.2015	4	84	1.77
Kalliojärvi, E	–	64°00'48"	28°00'19"	O	14.11.2014	9.4.2015	5	98	3.51
Kalliojärvi, E	–	64°00'48"	28°00'19"	O	14.11.2014	9.4.2015	6	42	0.53
Kalliojärvi, H	–	64°00'48"	28°00'19"	O	14.11.2014	9.4.2015	4	100	4.61
Kalliojärvi, H	–	64°00'48"	28°00'19"	O	14.11.2014	9.4.2015	5	100	4.61
Kalliojärvi, H	–	64°00'48"	28°00'19"	O	14.11.2014	9.4.2015	6	100	4.61
Kalliojoki	S1	64°01'08"	28°02'23"	O	13.11.2014	9.4.2015	4	50	0.67
Kalliojoki	S1	64°01'08"	28°02'23"	O	13.11.2014	9.4.2015	5	30	0.34
Kalliojoki	S1	64°01'08"	28°02'23"	O	13.11.2014	9.4.2015	6	42	0.53
Kalliojoki	S1	64°01'08"	28°02'23"	O	13.11.2014	5.3.2015	1	40	0.49
Salmisenpuro	S2	64°00'06"	27°99'77"	O	13.11.2014	5.3.2015	2	32	0.37
Salmisenpuro	S2	64°00'06"	27°99'77"	O	13.11.2014	5.3.2015	3	16	0.16
Salmisenpuro	S2	64°00'06"	27°99'77"	O	13.11.2014	9.4.2015	4	40	0.49
Salmisenpuro	S2	64°00'06"	27°99'77"	O	13.11.2014	9.4.2015	5	64	0.99
Salmisenpuro	S2	64°00'06"	27°99'77"	O	13.11.2014	9.4.2015	6	80	1.56
Jormasjoki	S3	64°07'41"	28°05'30"	O	13.11.2014	2.3.2015	1	50	0.67
Jormasjoki	S3	64°07'41"	28°05'30"	O	13.11.2014	2.3.2015	2	56	0.80
Jormasjoki	S3	64°07'41"	28°05'30"	O	13.11.2014	2.3.2015	3	22	0.24
Ylälumijoki	S4	63°56'41"	27°57'12"	V	12.11.2014	3.3.2015	1	48	0.63
Ylälumijoki	S4	63°56'41"	27°57'12"	V	12.11.2014	3.3.2015	2	68	1.11
Ylälumijoki	S4	63°56'41"	27°57'12"	V	12.11.2014	3.3.2015	3	14	0.14
Ylälumijoki	S4	63°56'41"	27°57'12"	V	12.11.2014	7.4.2015	4	46	0.60

Appendix 1. cont.

Site	Site code	N	E	Water-shed	Transplanting date	Sampling date	Cylinder number	Mortality (%)	Z
Ylälumijoki	S4	63°56'41"	27°57'12"	V	12.11.2014	7.4.2015	5	54	0.76
Ylälumijoki	S4	63°56'41"	27°57'12"	V	12.11.2014	7.4.2015	6	36	0.43
Lumijoki	S5	63°56'06"	27°55'27"	V	12.11.2014	3.3.2015	1	58	0.84
Lumijoki	S5	63°56'06"	27°55'27"	V	12.11.2014	3.3.2015	2	42	0.53
Lumijoki	S5	63°56'06"	27°55'27"	V	12.11.2014	3.3.2015	4	24	0.26
Lumijoki	S5	63°56'06"	27°55'27"	V	12.11.2014	3.3.2015	5	26	0.29
Lumijoki	S5	63°56'06"	27°55'27"	V	12.11.2014	3.3.2015	6	22	0.24
Kivijoki	S6	63°54'54"	27°54'58"	V	12.11.2014	3.3.2015	1	32	0.37
Kivijoki	S6	63°54'54"	27°54'58"	V	12.11.2014	3.3.2015	2	34	0.40
Kivijoki	S6	63°54'54"	27°54'58"	V	12.11.2014	3.3.2015	3	40	0.49
Kivijoki	S6	63°54'54"	27°54'58"	V	12.11.2014	7.4.2015	4	18	0.19
Kivijoki	S6	63°54'54"	27°54'58"	V	12.11.2014	7.4.2015	5	24	0.26
Kivijoki	S6	63°54'54"	27°54'58"	V	12.11.2014	7.4.2015	6	28	0.31
Välijoki	R1	63°54'14"	28°00'22"	V	12.11.2014	4.3.2015	1	44	0.56
Välijoki	R1	63°54'14"	28°00'22"	V	12.11.2014	4.3.2015	2	56	0.80
Välijoki	R1	63°54'14"	28°00'22"	V	12.11.2014	4.3.2015	3	48	0.63
Joutenjoki	R2	63°53'37"	28°06'33"	V	12.11.2014	4.3.2015	1	40	0.49
Joutenjoki	R2	63°53'37"	28°06'33"	V	12.11.2014	4.3.2015	2	58	0.84
Joutenjoki	R2	63°53'37"	28°06'33"	V	12.11.2014	4.3.2015	3	34	0.40
Joutenjoki	R2	63°53'37"	28°06'33"	V	12.11.2014	6.4.2015	4	32	0.37
Joutenjoki	R2	63°53'37"	28°06'33"	V	12.11.2014	6.4.2015	5	24	0.26
Joutenjoki	R2	63°53'37"	28°06'33"	V	12.11.2014	6.4.2015	6	24	0.26
Tervajoki	R3	64°09'28"	28°35'09"	O	12.11.2014	2.3.2015	1	22	0.24
Tervajoki	R3	64°09'28"	28°35'09"	O	12.11.2014	2.3.2015	2	22	0.24
Tervajoki	R3	64°09'28"	28°35'09"	O	12.11.2014	2.3.2015	3	16	0.16
Varisjoki	R4	64°24'13"	27°30'53"	O	13.11.2014	2.3.2015	1	64	0.99
Varisjoki	R4	64°24'13"	27°30'53"	O	13.11.2014	2.3.2015	2	30	0.34
Varisjoki	R4	64°24'13"	27°30'53"	O	13.11.2014	2.3.2015	3	30	0.34
Varisjoki	R4	64°24'13"	27°30'53"	O	13.11.2014	8.4.2015	4	54	0.76
Varisjoki	R4	64°24'13"	27°30'53"	O	13.11.2014	8.4.2015	5	52	0.71
Varisjoki	R4	64°24'13"	27°30'53"	O	13.11.2014	8.4.2015	6	50	0.67
Rutajoki	R5	61°59'26"	25°58'06"	K	13.11.2014	3.3.2015	1	26	0.29
Rutajoki	R5	61°59'26"	25°58'06"	K	13.11.2014	3.3.2015	2	28	0.31
Rutajoki	R5	61°59'26"	25°58'06"	K	13.11.2014	3.3.2015	3	28	0.31
Rutajoki	R5	61°59'26"	25°58'06"	K	13.11.2014	10.4.2015	4	20	0.21
Rutajoki	R5	61°59'26"	25°58'06"	K	13.11.2014	10.4.2015	5	50	0.67
Rutajoki	R5	61°59'26"	25°58'06"	K	13.11.2014	10.4.2015	6	42	0.53

Advanc. Limnol. **66**, p. 277–292 **Article**
Biology and Management of Coregonid Fishes – 2017

Investigation into the role of water velocity on broad whitefish (*Coregonus nasus*) habitat use in the Arctic Red River during spawning migration

Zoya A. Martin[1], Ross F. Tallman[2,*], and Eva C. Enders[2]

With 6 figures and 1 table

Abstract: Rivers are dynamic environments to which fish must adapt; this is magnified in Arctic rivers due to drastic seasonal changes. In this study, we looked at the variation in habitat use during broad whitefish (*Coregonus nasus*) spawning migration; specifically, what water velocity were the fish swimming against and if any areas of the natural environment proved to be a barrier to broad whitefish migration (i.e., are velocities too high for fish passage). Broad whitefish were captured during their natural fall migration up the Arctic Red River, a tributary of the Mackenzie River in the Northwest Territories. Using gillnets, their spatial position in the water column was determined and correlated with measured water velocities for that same position. In addition, we conducted swimming performance tests in the field. We found that the river system had very low water velocity, where 72% of the habitat was flowing at 0.0 or 0.01 m s^{-1}. From the swimming performance tests, we observed that broad whitefish sustained swimming speeds 40- to 60-times greater than the water velocities found in their river habitat during spawning migration. Consequently, under the natural conditions monitored in this research, water velocity did not appear to be a barrier to broad whitefish migration. Broad whitefish have adapted to their environment by timing their migration to a period of low velocity to decrease energetic expenditures of migration.

Keywords: broad whitefish, migration, water velocity, swimming performance

Introduction

Fish select habitats depending on how well the habitat meets the fish's survival needs (Wootton, 1996). For riverine fish there are numerous factors that influence habitat use, such as water temperature (Jonsson, 1991), salinity (deMarche, 1989), dissolved oxygen (Kramer, 1987), substrate composition, cover, prey availability, and predation risk (Boussu, 1954; Allouche & Gaudin, 2001). Water velocity has been noted as being one of the most influential

Authors' addresses:
[1] Fisheries and Oceans Canada, 630 Mivvik Street, Iqaluit, NU X0A 0H0, Canada
[2] Fisheries and Oceans Canada, 510 University Crescent, Winnipeg, MB R3T 2N6, Canada
[*] Corresponding author: ross.tallman@dfo-mpo.gc.ca

DOI: 10.1127/adv_limnol/2021/0079 1612-166X/21/0079 $ 4.00

factors for fish with respect to habitat use (DeGraaf & Bain, 1986; Heggenes et al., 1999; Nislow et al,. 1999; Copp & Vilizzi, 2004). Presently, no research has been conducted on water velocity preference for Arctic fish species in the Mackenzie River system, Canada. Understanding the role of water velocity with respect to fish habitat use is critically important as it allows decision-makers to understand the effects of climate warming and potential anthropogenic changes on the environment and to mitigate impacts on fish habitat by considering these factors.

Rivers are dynamic aquatic systems whose physical properties are constantly changing in volume, shape, and size, over multiple time scales from momentary to millennia (Cushing & Allan, 2001). Water velocity within rivers varies vertically and horizontally within the water column (Hynes, 1972) and temporally from hour-to-hour, season-to-season (Pielou, 1994). Temperate and Arctic rivers have four major hydrological events annually: snow melt, outflow at spring break-up, ice-free summer, and ice-covered winter (Pielou, 1994). Due to the extreme nature of the Arctic environment, these events are more dramatic and can limit fish habitat in Artic rivers where, for example, the ice-covered winter may last for up to eight months (Wrona et al., 2005) and the ice development can be deep enough to freeze rivers to the bottom (McBean, 2005). Subsequently, Arctic fish species have developed numerous ways of adapting to this environment, with the most common adaptation being migration (Wrona et al., 2005). Migrations are physically demanding and energetically expensive (Northcote, 1982; Howland et al., 2000).

Broad whitefish (*Coregonus nasus*) is an amphidromous Arctic species with a complex life history involving extensive migrations. Broad whitefish are distributed throughout North America and North Eurasia above the 60th parallel (Scott & Crossman, 1973) and they are abundant in the lower Mackenzie River (downstream of Fort Good Hope) and associated tributaries. Broad whitefish are an important cultural and subsistence food for indigenous people in the Northwest Territories (Treble & Tallman, 1997).

Broad whitefish is also an iteroparous species (Howland et al., 2009; Chang-Kue & Jessop, 1992). Each year, the broad whitefish population in the Mackenzie River system is divided into two groups: spawners and non-spawners (Thera, 1998). Sexually mature broad whitefish begin migrating in July and August from their coastal overwintering and feeding grounds along Richard's Island and the Tuktoyaktuk Peninsula (Lawrence et al., 1984) into the central delta where they wait in holding pools (Chang-Kue & Jessop, 1983; Reist & Chang-Kue, 1997). In September and October, the fish continue migrating upstream from the central delta to the spawning sites (Chang-Kue & Jessop, 1983; Howland et al., 2009). Broad Whitefish have a thick and heavyset body that is less streamlined than lake whitefish (*Coregonus clupeaformis*) (Scott & Crossman, 1973). There have been a few studies that have examined broad whitefish biology and life history (Thera, 1998; Tallman & Reist, 1997; Tallman et al., 2002), migration (Chang-Kue & Jessop, 1983; 1991; 1992; Howland et al., 2009), condition, and growth (Fechhelm et al., 1992; 1995; Tallman, 1997). Broad whitefish are classified as subcarangiform swimmers, meaning they undulate their body in propulsive waves (Webb, 1975). Jones et al. (1973) tested broad whitefish critical swimming velocities (U_{crit}) in a laboratory to determine culvert length limitations to fish passage. In contrast, in this study, we analysed broad whitefish swimming capacity during spawning migration directly in the field using fixed swim tests.

The specific objectives of this study were to (1) determine broad whitefish habitat use during spawning migration, (2) analyse if water velocity is a critical factor in habitat selection, and (3) study the swimming endurance during spawning migration conditions. To achieve our objectives, velocity profiles of the Arctic Red River were collected and fish positions in the river were determined. In addition, we conducted the swimming performance tests with broad whitefish to assess if there were sections in the Arctic Red River that would function as barriers for fish migration.

Materials and methods

Study site

The Arctic Red River is one of several large tributaries of the Mackenzie River in the Northwest Territories, Canada (Figure 1). It originates from a glacier and flows north-northwest through the Mackenzie Mountain range towards the Mackenzie River (Lloyd, 1943). The Arctic Red River is approximately 450 km long, with channel widths ranging from 200 m (upstream) to 500 m (at the mouth) and water depths of up to 10 m (Howland, 1997). Discharge fluctuates greatly over the year, with peak discharge of ~2000 m^3 s^{-1} occurring in spring and summer (May to September) and drastic discharge drop off (< 200 m^3 s^{-1}) occurring in late fall and early winter (October to November) (Environment and Climate Change Canada, Water Survey). Broad whitefish likely use spawning sites in the Arctic Red River as documented by Traditional Knowledge and scientific studies (Stein et al., 1973; Chang-Kue & Jessop, 1991).

Velocity profiles

Water velocity profiles were measured during the spawning migration (October 2007) using a Marsh-McBirney Flo-mate 2000 model. The entire river width could not be sampled due to ice and weather conditions. Velocity profiles were started at the nearest point to shore and at depth. The probe was slowly placed into the water to minimize water disruption, sensor end facing upstream, to a maximum of 760 cm (cable length), or to 1 cm above the bottom, whichever came first. The probe was gently raised to the next vertical interval (10, 20, or 30 cm). This process was repeated for the entire vertical plane, until just below the ice. For surface readings taken just below the ice, the probe was fully submerged. Once an entire vertical profile was taken, the probe was removed from the water and moved to the next hole along the horizontal axis. The velocity measurements were replicated four times along the same transect, averaged, and graphed in Sigma Plot 10.0.1, using the colour contour graph option.

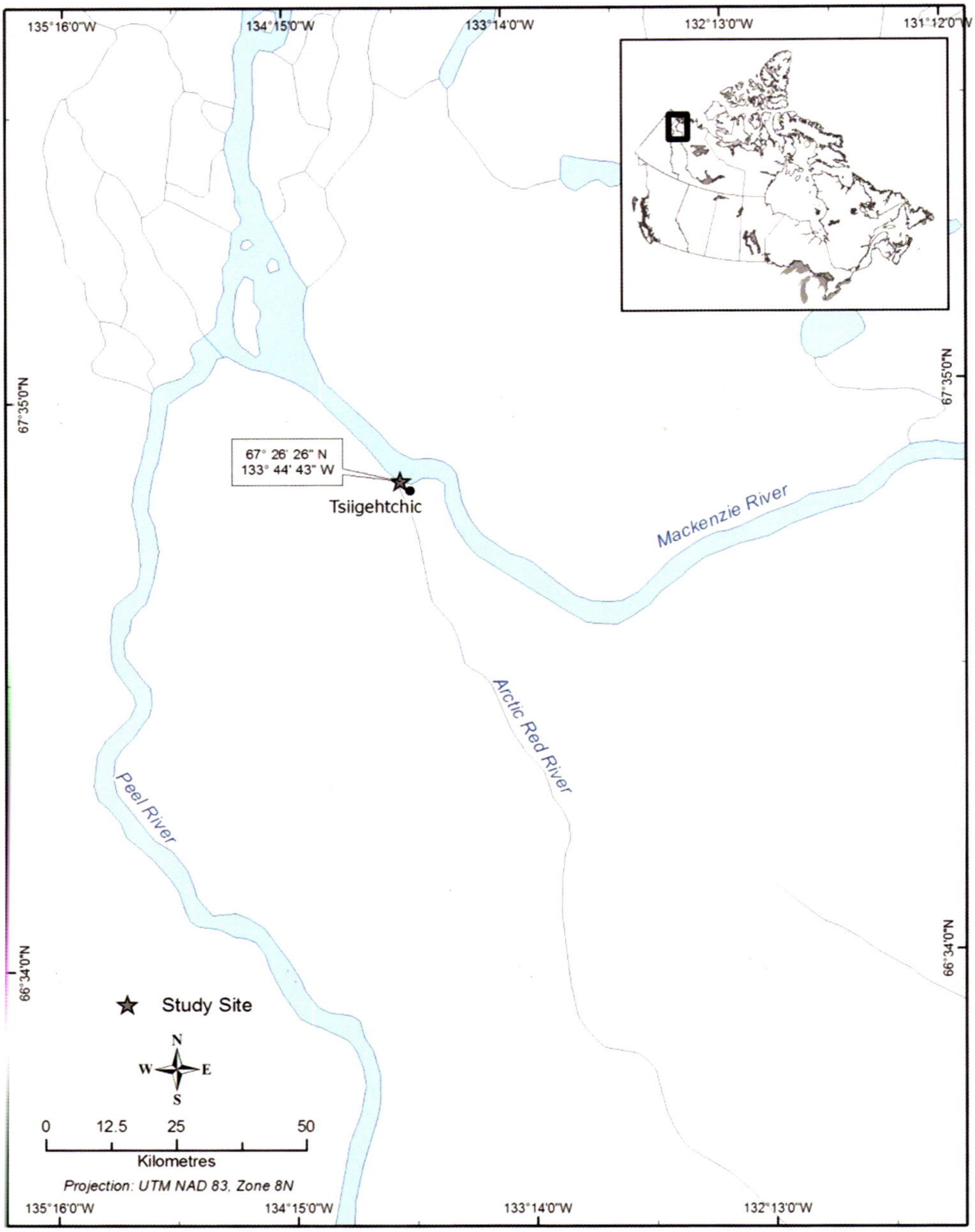

Fig. 1. Map of the study site located on the Arctic Red River, in the Lower Mackenzie River Valley, Northwest Territories, Canada.

Fish position

Broad whitefish were collected from the Arctic Red River from 15 October to 12 November 2007 using gillnets (36.58 m long, 1.83 m tall, double leaded sink line with four 9.14 m mesh panels of 11.43 cm, 8.89 cm, 10.16 cm, 7.62 cm mesh) set along the same transect where velocity profile measurements were taken, to determine fish position in the river. The nets were set under the ice using the willow branch method (Hubert, 1996) perpendicular to the shore in the main stem of the river. The nets had to be set 1.8 m below the ice to ensure that the net would not become stuck in the newly forming ice. When the nets were checked, the following information was collected for each fish: horizontal location (cm), vertical location (cm), mesh size, fork length (mm) and round weight (g). The physical location of the fish in the gillnet was then converted to its position in the water column and correlated with the corresponding water velocity. A chi-square analysis was used to determine if broad whitefish were randomly distributed in the water column or if they preferred certain water velocities.

Swimming performance – fixed velocity tests

In a sampling tent set up on the river ice of the Arctic Red River, fixed (fatigue) velocity tests were conducted to develop a swim curve for broad whitefish using a swim tunnel (DT90 Qubit Systems, test area of 70 cm x 20 cm x 20 cm; water velocity between 0.05–1.50 m s^{-1}). The water supply for the swim tunnel was pumped directly from the river through a hole in the ice by a submersible pump. The water was consistently 0.5 °C during all swim tests.

A total of 38 broad whitefish were individually captured for the fatigue test experiments using a gillnet that was set in proximity to the testing site and checked as soon as a fish was suspected to be caught due to a line that was attached to the net vibrating or moving through the hole in the ice. Only undamaged and active fish were selected for the experiments by carefully removing the fish from the gillnet. If a fish was not easily removed from the net, the mesh was cut.

Fish were then given a 60 min acclimation period (Jones et al., 1974, Welch, 1979) in the swim tunnel after being removed from the gillnet. A water velocity of 0.345 m s^{-1} was used during the acclimation period. This speed initialized a rheotactic response as determined in a preliminary laboratory experiment. After the acclimation period, the water velocity was steadily increased within 30 s to one of 12 test velocities at which fish were exercised for 120 min or until exhaustion. The different sub-maximum swimming speeds (Hammer, 1995) tested were: 0.345, 0.425, 0.515, 0.555, 0.670, 0.775, 0.845, 0.930, 1.045, 1.105, 1.265, and 1.305 m s^{-1}. After 120 min, or when a fish remained on the back grate for 5 s after being encouraged to swim with sudden changes in water velocity (Jones et al., 1974; Peake, 2004) or showed signs of stress (e.g., excessive gill movement, thrashing, rolling over), the test was ended and the velocity was immediately dropped to 0.345 m s^{-1}. There were 29 successful test trials. Once an experiment was completed, the fish was left to rest for at least 10 min before being released back into the river.

Three individual trials were completed for each velocity between 0.345–0.930 m s^{-1}. All individual trials at velocities 1.045–1.305 m s^{-1} were pooled because it was difficult to get fish to swim at these velocities. Fish were randomly assigned swim test speeds prior to fish capture and no individual fish was tested more than once. Fish were tested throughout the spawning season, ensuring a random sampling of swimming capacities from all parts of the spawning run. The relationship between swim speed and endurance was analysed using a non-linear regression analysis. In addition, the endurance time from the individual trials for each velocity was averaged and compiled to develop a swim curve, which indicates the average duration (length of time) a fish can swim at a given velocity. A non-linear regression analysis was applied to the swim curve to correlate fish length and swimming endurance.

Results

Velocity profiles

Most of the study site in the Arctic Red River (72%) was characterised by very low water velocities (< 0.01 m s^{-1}) during broad whitefish migration. The highest water velocity measured was 0.09 m s^{-1}. The distribution of velocities throughout the water column was as expected; the lowest velocities were observed near the banks and the bottom of the river, the highest velocities away from the banks and the bottom (Figure 2).

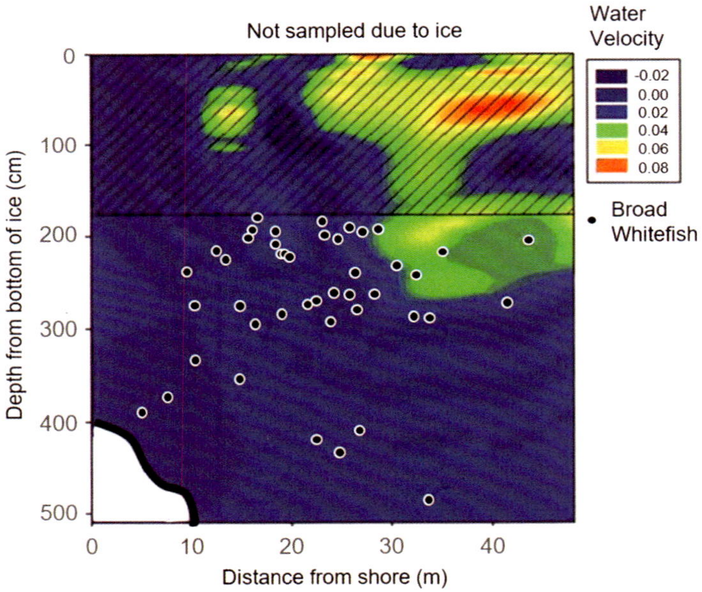

Fig. 2. Location of broad whitefish captured in the Arctic Red River with associated water velocity from the current profiles. Note that the hatched area at the top of the graph represents where the nets were not set. The nets were set 1.8 m beneath the ice to ensure that they would not freeze into the ice as it was forming and reforming. The black line in the bottom left-hand corner depicts the river bottom in this area.

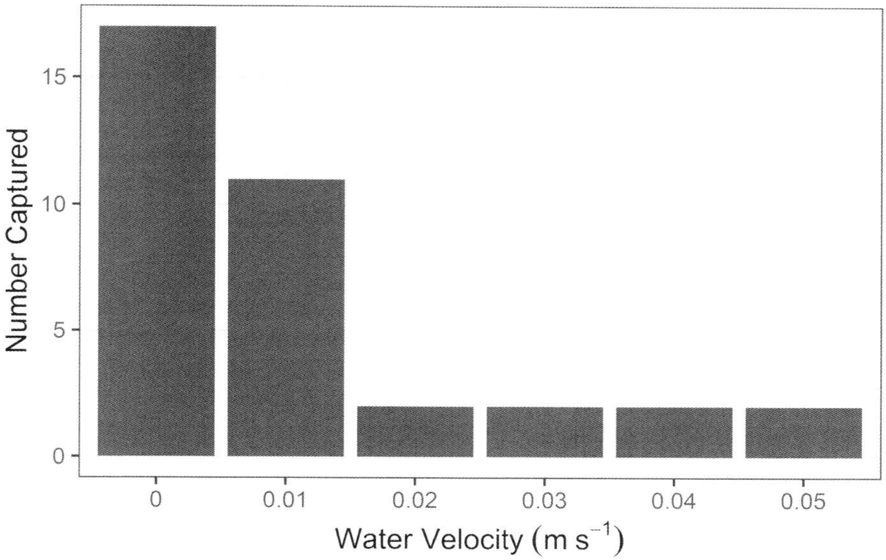

Fig. 3. Number of broad whitefish captured at different water velocities in the Arctic Red River, Northwest Territories, Canada.

Fish position

Broad whitefish (n = 36) do not migrate near the river bed as expected, but rather seem to be distributed more within the middle of the water column (Figure 2). Individual fish were captured at water velocities of 0.00 m s^{-1} to 0.05 m s^{-1} but none were captured at water velocities > 0.06 m s^{-1} (Figure 3). When captured, 78% of broad whitefish were swimming in 0.0 m s^{-1} (47%) or 0.01 m s^{-1} (31%) water. In this low velocity field, broad whitefish did not seem to have a particular velocity preference (χ^2-test; α = 0.95, calculated $\chi^2 = 9.69 < \chi^2_{tab0.95} = 11.070$).

Swimming performance – fixed velocity tests

High variability in swimming endurance between individuals was observed at all swimming speeds, ranging from 8–120 min (Table 1) with 120 min being the maximum test duration. The overall swimming performance of broad whitefish decreased with increasing swimming speed ($p = 0.0098$; Figure 4). The highest endurance time was observed at a swimming speed of ~0.6 m s^{-1} (Figure 5), which corresponds to ~1.2 body lengths s^{-1} for the tested broad whitefish. The relationship between fish length (ranging from 435–565 mm) and endurance was not statistically significant ($p > 0.05$; Figure 6).

Table 1. Swimming performance data of broad whitefish from the Arctic Red River at the time of their spawning migration.

Date	Fork Length (mm)	Weight (g)	Water Velocity (m s^{-1})	Exhaustion Time (mins)
9 November	530	2365	0.345	120
8 November	486	1512	0.345	31
8 November	458	1188	0.345	59
22 October	461	1553	0.425	120
23 October	446	1051	0.425	39.62
8 November	491	1607	0.425	50.75
8 November	493	1416	0.425	120
23 October	512	2030	0.515	32.08
24 October	479	1545	0.555	40.17
7 November	510	2352	0.555	69
8 November	475	1566	0.555	120
24 October	531	1961	0.67	120
8 November	545	2156	0.67	95.17
10 November	n/a	n/a	0.67	84
25 October	565	2669	0.775	9
7 November	470	1623	0.775	78.5
8 November	485	1678	0.775	120
25 October	n/a	1747	0.845	33.17
8 November	476	1640	0.845	31
10 November	534	1725	0.845	120
7 November	518	2151	0.93	29
9 November	435	1123	0.93	5.67
6 November	506	1672	1.105	11
6 November	518	2136	1.105	37.17
6 November	497	1880	1.045	12.55
9 November	520	2303	1.045	21
9 November	460	1189	1.105	10
6 November	527	1837	1.265	55.33
6 November	495	1571	1.265	8
6 November	509	1890	1.305	30.5

Discussion

During broad whitefish migration, the discharge in the Arctic Red River is very low. Consequently, habitat use of broad whitefish during this time period does not seem to be influenced by current because the water velocities were relatively uniform and low. In addition, the swimming capacity of broad whitefish indicates that the Arctic Red River does not pose a barrier to migration due to water velocity. Broad whitefish can swim against water veloc-

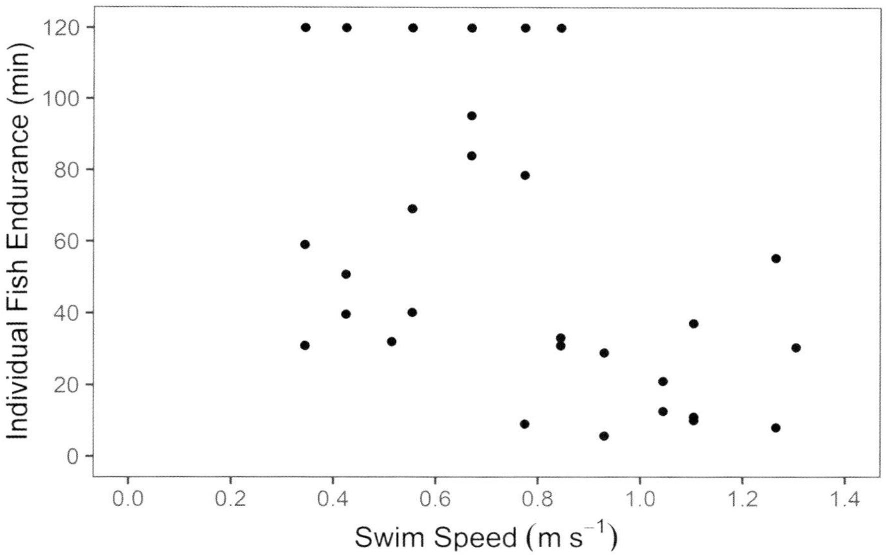

Fig. 4. Plot of individual broad whitefish fixed swim test results (n = 29, $p = 0.0098$). Maximal duration of the swim test was 120 min. Six fish did not fatigue.

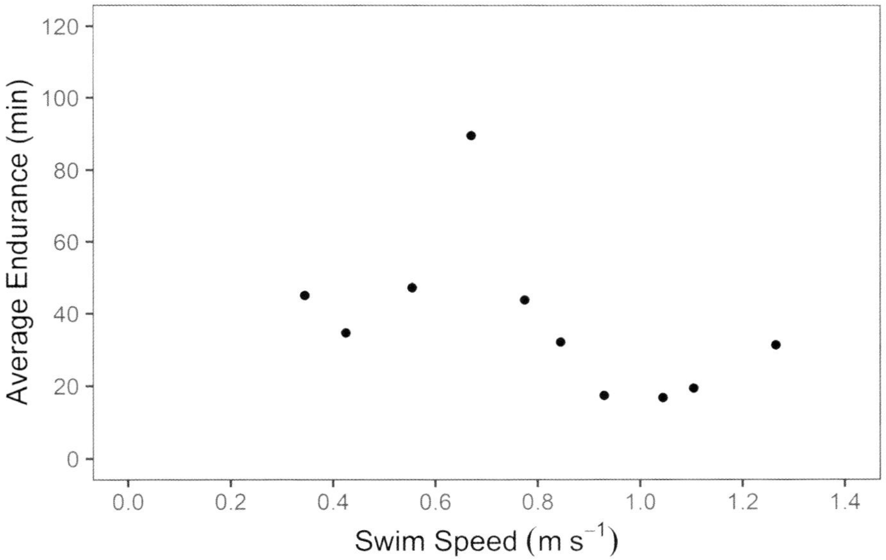

Fig. 5. Swim curve for broad whitefish, which is the relationship between the swim speed (m s^{-1}) and the average endurance time (min).

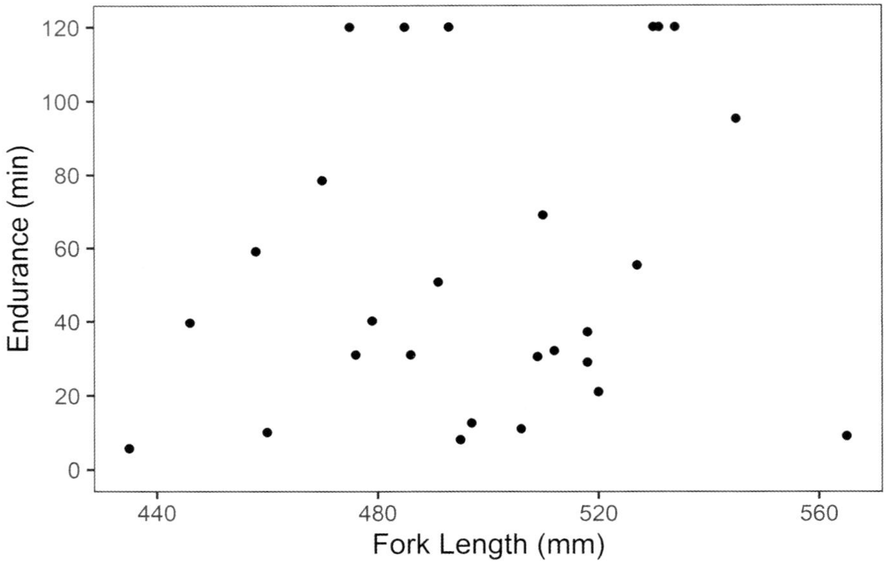

Fig. 6. Plot of fish fork length (mm) and swimming endurance (min) (n = 29; $p > 0.05$).

ities 40- to 60-times higher than the velocities measured in the Arctic Red River. This information together indicates that broad whitefish do not appear to be limited in habitat use by water velocity during their spawning migration in the Arctic Red River.

Water velocity in the Arctic Red River

During the time period of broad whitefish migration in September to November, the Arctic Red River has much lower water velocities than many temperate rivers at the same time of year. In many places, the water in the Arctic Red River is actually stagnant (< 0.01 m s^{-1}), which is most likely caused by the back-watering of the Mackenzie River that occurs during freeze up. The back-watering happens because the Mackenzie River freezes from the mouth of the river south towards the headwaters, causing flooding upstream of ice jams and ice development (Sudgen, 1982; Lawford, 1994). Additionally, the Arctic Red River is a glacier fed river (Lloyd, 1943; Tallman et al., 2002) and dropping temperatures cease the melting of the glacier (Pielou, 1998). The combination of these factors explains the low water velocity measured in the Arctic Red River during the spawning migration of broad whitefish.

Broad whitefish habitat use – water velocity

In this low velocity field, broad whitefish migrated near the center of the water column rather than close to the river bed or the river banks, which is in contrast to other upstream migrating fish species, but is likely attributed to the lack of variation in water velocity throughout the water column and the cross section. In high flows, other species such as Pacific salmon (*Oncorhynchus* spp.) are known to swim during upstream migrations near the river bed or the river banks in areas with the lowest water velocity (Hinch & Rand, 1998; Quinn, 2005). Since there is little difference in the water velocity throughout the Arctic Red River, broad whitefish are not limited in their migration route to the river bed or the river banks. In fact, when water velocity is low and consistent in the water column the river mimics a lake situation and it can be assumed that habitat is selected for reasons other than water velocity. Considering fish swimming biomechanics in a situation of low water velocity, it is not advantageous for fish to swim near the bottom or shore, as physical objects (e.g., banks, rocks, logs) limit the undulatory motion of the fish's body. In particular, the amplitude of the fish's caudal fin is limited, thereby restricting propulsion (Webb, 1975). Choosing the middle of the water column to migrate is likely of higher advantage for broad whitefish. By utilizing low velocity waters and avoiding physical obstructions in the river, fish experience maximum propulsion capacities.

Due to ice formation, the top of the gillnets were set at depth (1.8 m). We can only speculate that some of that area would have been available for migrating broad whitefish. However, due to the jagged nature of ice development in the Arctic Red River, it is expected that fish would avoid direct contact with the underside of the developing surface ice. Due to bank restriction of the undulatory motion and potential ice damage to fish, it is likely that broad whitefish will have more success by travelling in the center of the water column.

Swimming performance – fixed velocity tests

The swimming performance tests showed that broad whitefish are able to swim in a sustained manner at speeds 40- to 60-times faster than the water velocities measured in the Arctic Red River during their spawning migration. According to Brett (1964), if a fish can swim for a maximum duration of 200 min, it is categorised as continuous swimming. Jones et al. (1974) used a maximum of 100 min for classifying continuous swimming in 100 m culverts. In our study, we used 120 min, which provided a slightly longer test than suggested by Jones et al. (1974), but still allowed for many fish to be tested within the short field season. To our knowledge, this is the first study that tested the swimming performance of broad whitefish in their natural environment with low water temperature during the spawning run.

Jones et al. (1973) tested the swimming capacity of 24 broad whitefish in a laboratory setting at water temperatures of 12–13 °C using a range in water velocity from 0.10 m s^{-1} to 1.03 m s^{-1}. The objective of the study was to provide guidance for culvert passage success for broad whitefish. Jones et al. (1973) described a proportional relationship between fish length (mm) and maximum water velocity a fish can withstand and concluded that broad whitefish were weak swimmers. Jones et al. (1973) determined that a 480 mm broad whitefish could only sustain a swimming speed of 0.42 m s^{-1} for 10 min at 12 °C. In contrast to Jones et al.

(1973), we found that broad whitefish were able to swim at much higher speeds for longer than 10 min in colder water (0.5 °C), but we were not able to establish a correlation between fish length and swimming endurance. However, our study highlighted the variability in swimming endurance between individuals at the same test speeds. Likewise, Bernatchez & Dodson (1985) documented high variability in swimming performance of lake whitefish. Despite the intra-specific variability, the general trend observed in our study was a decreased endurance time with increasing swimming speeds for broad whitefish.

Broad whitefish may have an optimal swim speed at approximately 1.2 body lengths s^{-1} (BL s^{-1}), similar to lake whitefish and cisco (*Coregonus artedii*) (Bernatchez & Dodson, 1985). Weihs (1973) and Videler (1993) noted that the optimal swimming speed across fish species was between 1.0 and 1.2 BL s^{-1}, which they argued was the most energetically favourable swimming speed and resulted in maximum endurance for minimum effort.

Swimming performance tests assume that all fish will swim to maximum endurance at maximum speeds (Peake, 2004). In reality, fish in forced swim tests may not swim at their optimal level due to a combination of things: behavioural refusal to swim, restriction of fin amplitude resulting in decreased force per tail beat (Webb, 1975), and the inability to use energy saving strategies (Peake, 2008). Consequently, forced swim tests may underestimate the actual swimming potential of a fish. Despite limitations, forced swim tests are widely accepted and used as a research tool to determine fish swimming capacities.

Chudobiak (1995) studied the body morphology of two populations of broad whitefish in the Mackenzie River system (i.e., Arctic Red River and Travaillant Lake) to test if body shape influenced migration distance. Broad whitefish from Travaillant Lake are known to be land-locked for most of the year due to ice development (Chudobiak, 1995) whereas the Arctic Red River population is known to migrate extensive distances between overwintering, feeding, and spawning grounds (Chang-Kue & Jessop, 1991). Chudobiak (1995) hypothesised that the migratory patterns of broad whitefish from the Arctic Red River would have resulted in a more streamlined body morphology compared to broad whitefish from Travaillant Lake. However, Chudobiak (1995) found no significant difference between the body morphology of Arctic Red River and Travaillant Lake broad whitefish populations. In addition, Bernatchez & Dodson (1985) noted that comparisons of coregonids and other salmonids swimming stamina suggest that migration is not an influential factor in the selection of body morphology. The water velocity profiles obtained in our study also suggests that the aquatic environment in the Arctic Red River during broad whitefish migration resembles a lake environment more than riverine habitat, providing more evidence to support the findings of Chudobiak (1995) and Bernatchez & Dodson (1985). This may help to explain why broad whitefish in the Mackenzie River system do not exhibit the hydrodynamiclly efficient characteristics (e.g., fusiform body shape) of other salmonids that travel upstream in fast flowing rivers like the Fraser River in British Columbia, Canada (Hinch & Rand, 1998).

Impact of this research

A greater appreciation for the swimming capacities of broad whitefish and the environmental conditions they face during their spawning migration is critically important to understanting the potential impacts of climate warming and anthropogenic developments. If climate warming continues, it will result in more glacial melt and higher discharge for rivers like the Arctic Red River. Additionally, climate warming may alter the timing of freeze up and reduce the effects of river ice jamming during broad whitefish migration. Higher discharges for longer periods and a mismatch in the timing of river ice jamming may affect broad whitefish by making the migration routes more energetically consuming because the fish would be swimming against higher water velocities. In addition to climate change, the Arctic is being developed at a rapid pace, which results in a need for access and roads. With increased roads there will be more culverts and bridges built, which may alter river flows and affect broad whitefish migration by reducing available habitat or making the migration more energetically expensive. Understanding the current migration conditions for broad whitefish gives decision-makers the opportunity to mitigate impacts from climate warming and/or anthropogenic development.

Acknowledgements

We thank the Gwich'in Renewable Resource Board (GRRB) and the Tsiigehtchic Renewable Resource Council (RRC) for support, advice and approvals for the research. Without the countless hours of effort and endless work from the field assistants, this research would not have happened – thank you: George Niditchi, Lawrence Blake, Patrick Turko, Jason McCloud, Daniel Martin and Steve Pawlychyn. Lastly, we would like to thank biologists and researchers who gave time and thought to this research along the way, thank you: M. VanGerwen-Toyne, Dr. T. Loewen, C. Day, Dr. K. Howland, K. Chang-Kue, C. Katopodis, Dr. C. Schwarz, Dr. M. Abrahams, Dr. G. Anderson, and Dr. G. Daveron. Funding for this research was provided by Fisheries and Oceans Canada (DFO) and Natural Science and Engineering Research Council of Canada (NSERC).

References

Allouche, S. & Gaudin, P., 2001: Effects of avian predation threats, water flow and cover on growth and habitat use by chub, Leuciscus cephalus, in an experimental stream. – Oikos 94: 481–492.

Bernatchez, L. & Dodson, J. J., 1985. Influence of temperature and current speed on the swimming capacity of Lake Whitefish (*Coregonus clupeaformis*) and Cisco (*C. artedii*). – Can. J. Fish. Aquat. Sci. 42(9): 1522–1529.

Boussu, M. F., 1954: Relationship between trout populations and cover on a small stream. – J. Wildl. Management 18(2): 229–239.

Brett, J. R., 1964: The respiratory metabolism and swimming performance of young sockeye salmon. – J. Fish. Res. Board Can. 21: 1183–1226.

Chang-Kue, K. T. J. & Jessop, E. F., 1983: Tracking the movements of adult Broad Whitefish (*Coregonus nasus*) to their spawning grounds in the Mackenzie River, Northwest Territories. In: D. G. Pincock [ed] Proceedings fourth international conference on wildlife biotelemetry, August 1983. Applied Microelectronics Institute, P.O. Box 1000, Halifax, NS.

Chang-Kue, K. T. J. & Jessop, E. F., 1991: Coregonid migrations and Broad Whitefish studies in the Mackenize Delta Region. In: P. Marsh & C. S. L. Ommanney [eds] Mackenzie Delta Environmental Interactions and Implications of Development. Minister of Supply and Services Canada.

Chang-Kue, K. T. J. & Jessop, E. F., 1992: Coregonid migration studies at Kukjuktuk Creek, a coastal drainage on the Tuktoyaktuk Peninsula, Northwest Territories. – Can. Tech. Rep. Fish. Aquat. Sci. 1811.

Chudobiak, D. H., 1995: An examination of lacustrine and estuarine populations of Mackenzie Broad Whitefish (*Coregonus nasus*): the role of migration and commercial exploration on life history variation. M.Sc. Thesis, University of Manitoba, Winnipeg.

Copp, G. H. & Vilizzi, L., 2004: Spatial and ontogenetic variability in the microhabitat use of stream-dwelling Spined Loach (*Cobitis taenia*) and Stone Loach (*Barbatula barbatula*). – J. Appl. Ichthyol. 20(6): 440–451.

Cushing, C. E. & Allan, J. D., 2001: Streams: Their ecology and life. Academic Press: Boston.

DeGraaf, D. A. & Bain, L. H., 1986. Habitat use by and preferences of juvenile Atlantic salmon in two Newfoundland rivers. – Trans. Am. Fish. Soc. 115: 671–681.

deMarch, B. G. E., 1989: Salinity tolerance of larval and juvenile Broad Whitefish (*Coregonus nasus*). – Can. J. Zool. 67: 2392–2397.

Environment and Climate Change Canada Water Survey, general website: http://www.wsc.ec.gc.ca/staflo/index_e.cfm?cname=main_e.cfm, last visited June 2, 2010. Link to Arctic Red River station: http://www.wsc.ec.gc.ca/staflo/index_e.cfm?cname=flow_daily.cfm, last visited June 2, 2010.

Fechhelm, R. G., Griffiths, W. B., Bryan, J. D., Gallaway, B. J. & Wilson, W. J., 1992: Modeling of in situ temperature and growth relationships for yearling Broad Whitefish in Prudhoe Bay, Alaska. – Trans. Am. Fish. Soc. 121: 1–12.

Fechhelm, R. G., Griffiths, W. B., Bryan, J. D., Gallaway, B. J. & Wilson, W. J., 1995: Intra- and interseasonal changes in the relative condition and proximate body composition of Broad Whitefish from the Prudhoe Bay Region of Alaska. – Trans. Am. Fish. Soc. 124: 508–519.

Hammer, C., 1995: Fatigue and exercise tests with fish. – Comp. Biochem. Physiol. 112A(1): 1–20.

Heggenes, J., Bagliniere, J. L. & Cunjak, R. A., 1999: Spatial niche variability for young Atlantic salmon (*Salmo salar)* and brown trout (*S. trutta)* in heterogeneous streams. – Ecol. Freshw. Fish 8: 1–21.

Hinch, S. G. & Rand, P. S., 1998: Swim speeds and energy use of upriver- migrating Sockeye Salmon (Oncorhynchus nerka): Role of local environment and fish characteristics. – Can. J. Fish. Aquat. Sci. 55(8): 1821–1831.

Howland, K. L., 1997: Migration patterns of freshwater and anadromous Inconnu, Stenodus leucichthys, within the Mackenzie River system. M.Sc. Department of Biological Sciences, University of Alberta. Edmonton, AB.

Howland, K. L., Tonn, W. M. & Tallman, R. F., 2000: Migration patterns of freshwater and anadromous Inconnu in the Mackenzie River system. – Trans. Am. Fish. Soc. 129: 41–59.

Howland, K. L., VanGerwen-Toyne, M. & Tallman, R., 2009: Modeling the migratory patterns and habitat use of migratory coregonids in the Mackenzie River system. – Am. Fish. Soc. Symp. 69.

Hubert, W. A., 1996: Passive capture techniques. In: B. R. Murphy & D. W. Willis [eds.] Fisheries techniques 2,nd edition. American Fisheries Society, Maryland.

Hynes, H. B. N., 1972: The ecology of running water. University of Toronto Press: Toronto.

Jones, D. R., Kiceniuk, J. W. & Bamford, O. S., 1973. An evaluation of the swimming performance of several fish species from the Mackenzie River. Fisheries and Marine Services Report, Winnipeg, Manitoba.

Jones, D. R., Bamford, O. S. & Kiceniuk, J. W., 1974: Evaluation of the swimming performance of several fish species from the Mackenzie River. – J. Fish. Res. Board Can. 31: 1641–1647.

Jonsson, N., 1991: Influence of water flow, water temperature and light on fish migration in rivers. – Nord. J. Freshw. Res. 66: 20–35.

Kramer, D. L., 1987: Dissolved oxygen and fish behaviour. – Environ. Biol. Fishes 18(2): 81–92.

Lawford, R. G., 1994: Knowns and unknowns in the hydroclimatology of the Mackenzie River basin. In: S. J. Cohen [ed.] Mackenzie Basin Impact Study (MBIS) Interim Report #2: Proceedings of the

Sixth Biennial AES/DIAND meeting on Northern Climate & mid study workshop of the Mackenzie Basin Impact Study.
Lawrence, M. J., Lacho, G. & Davies, S., 1984: A survey of the coastal fishes of the Southeastern Beaufort Sea. – Can. Tech. Rep. Fish. Aquat. Sci. 1220.
Lloyd, T., 1943. The Mackenzie waterway: a northern supply route. – Geogr. Rev. 33(3): 415–434.
McBean, G., 2005: Arctic climate: Past and present. In: C. Symon, L. Arris, & B. Heal. [eds.] Arctic climate impact assessment. Cambridge Press: New York.
Nislow, K. H., Folt, C. L. & Parrish, D. L., 1999: Favorable foraging locations for young Atlantic salmon: application to habitat and population restoration. – Ecol. Appl. 9: 1085–1099.
Northcote, T. G., 1982: Mechanisms of fish migration in rivers. In: J. D. McCleave, G. P. Arnold, J. J. Dodson, & W. H. Neill [eds.] Mechanisms of migration in fishes. Plenum Press: New York.
Peake, S., 2004. An evaluation of the use of critical swimming speed for determination of culvert water velocity criteria for smallmouth bass. – Trans. Am. Fish. Soc. 133: 1472–1479.
Peake, S. J., 2008: Swimming performance and behaviour of fish species endemic to Newfoundland and Labrador: A literature review for the purpose of establishing design and water velocity criteria for fishways and culverts. – Canadian Manuscript Report of Fisheries and Aquatic Sciences 2843.
Pielou, E. C., 1994: A naturalist's guide to the Arctic. The University of Chicago Press: Chicago.
Pielou, E. C., 1998: Freshwater. University of Chicago Press: Chicago.
Qubit Systems, http://www.qubitsystems.com, last visited June 01, 2010.
Quinn, T. P., 2005: The behavior and ecology of Pacific Salmon and Trout. University of Washington Press: Seattle.
Reist, J. D. & Chang-Kue, K. T. J., 1997: The life history and habitat usage of Broad Whitefish in the Lower Mackenzie River basin. In: R. F. Tallman & J. D. Reist [eds.] The Proceedings of the Broad Whitefish workshop: The biology, traditional knowledge and scientific management of Broad Whitefish (*Coregonus nasus* (Pallas)) in the lower Mackenzie River. – Can. Tech. Rep. Fish. Aquat. Sci. 2193. xi + 219 pp.
Scott, W. B. & Crossman, E. J., 1973: Freshwater fishes of Canada. – Fish. Res. Bd. Can. 184.
Stein, J. N., Jessop, C. S., Porter, T. R. & Chang-Kue, K. T. J., 1973: An evaluation of the fish resources of the Mackenzie River Valley as related to pipeline development. Volume 1. Prepared by Department of the Environment, Fisheries Services for the Environment Social Program, Northern Pipelines.
Sudgen, D., 1982: Arctic and Antarctic: A modern geographical synthesis. Basil Blackwell: Oxford.
Tallman, R. F., 1997. Life history variation and population dynamics: consequences for fisheries management. In: R. F. Tallman & J. D. Reist. [eds.] pp. 147–154. The proceedings of the Broad Whitefish workshop: the biology, traditional knowledge and scientific management of broad whitefish *Coregonus nasus*, Pallas, in the lower Mackenzie River. – Can. Tech. Rep. Fish. Aquat. Sci. 2193. xi + 219 pp.
Tallman, R. F., Abrahams, M. V. & Chudobiak, D. H., 2002: Migration and life history alternatives in a high latitude species, the Broad Whitefish, *Coregonus nasus* Pallas. – Ecol. Freshw. Fish 11: 101–111.
Tallman, R. F. & Reist, J. D., 1997: The proceedings of the Broad Whitefish workshop: the biology, traditional knowledge and scientific management of broad whitefish *Coregonus nasus*, Pallas, in the lower Mackenzie River. – Ecol. Freshw. Fish 2193. xi + 219 pp.
Thera, T. M., 1998: A quantitative life-cycle model to identify research priorities and test management strategies for the Mackenzie River Broad Whitefish *(Coregonus nasus* Pallas*))*. M.Sc. Thesis, Department of Zoology, University of Manitoba, Winnipeg.
Treble, M. A. & Tallman, R. F., 1997: An assessment of the exploratory fishery and investigation of the population structure of Broad Whitefish (*Coregonus nasus*) from the Mackenzie River Delta, 1989–1993. – Can. Tech. Rep. Fish. Aquat. Sci. 2180.
Videler, J. J., 1993: Fish swimming. Chapman & Hall: New York.
Webb, P. W., 1975: Hydrodynamics and energetics of fish propulsion. – Bull. Fish Res. Bd. Can. 190.
Weihs, D., 1973: Optimal fish cruising speed. – Nature 245(5419): 48–50.
Welch, H. E., 1979: Swimming performance of Arctic Char from the Saqvaqjuac River, Northwest Territories. – Department of Fisheries and the Environment Technical Report. 120.

Wootton, R. J., 1996: Ecology of teleost fishes 2nd edition. Kluwer Academic Publishers: The Netherlands.

Wrona, F. J., Prowse, T. D. & Reist, J. D., 2005: Freshwater ecosystems and fisheries. In: C. Symon, L. Arris, B. Heal [eds.] Arctic climate impact assessment. Cambridge University Press: New York.

Manuscript received: 15 December 2017
Revisions requested: 18 April 2018
Modified version received: 7 June 2018
Accepted: 20 July 2018

Advanc. Limnol. **66**, p. 293–308
Biology and Management of Coregonid Fishes – 2017

Article

Early life history of cisco and lake whitefish in Chaumont Bay, Lake Ontario: distribution and lack of predation by alewife and rainbow smelt

Ellen George[1,*], Darran Crabtree[2], Matthew Hare[1], and Lars Rudstam[1]

With 5 figures and 1 table

Abstract: Interest in research and restoration of coregonines has been increasing in the Great Lakes region as managers gain greater understanding of the important role these species play in the native food web. Although the larval life stage is a critical time period in coregonine life history and ultimately affects adult population size and stability, little is known about the factors that drive distribution of larval coregonines. Additionally, predation by alewife and rainbow smelt is suspected to have contributed to the initial collapse of coregonine populations, and may be inhibiting their recovery today. The purpose of our study was to assess the density and distribution of cisco and lake whitefish larvae in Chaumont Bay, Lake Ontario, and to identify whether predation by alewife or rainbow smelt was affecting the larval population. Larval coregonines were collected with light traps and neuston nets in the spring of 2014, and predator presence was determined with nighttime acoustic and gillnet sampling. We found no evidence of predation by alewife and smelt in Chaumont Bay. Cisco larvae were found in high densities and were distributed widely throughout the bay, whereas lake whitefish larvae were scarce.

Keywords: *coregonus*, larvae, acoustics, predation, Great Lakes

Introduction

Coregonines such as cisco (*Coregonus artedi*) and lake whitefish (*C. clupeaformis*) were once some of the most ecologically and economically important fishes in the Laurentian Great Lakes (Eshenroder et al., 2016). They provided an important prey source for large predators such as Atlantic salmon (*Salmo salar*) and lake trout (*Salvelinus namaycush*), and supported an extensive and lucrative commercial fishery. Cisco, however, have been susceptible to overfishing, habitat degradation, and the impacts from invasive species, which

Authors' addresses:
[1] Cornell University, Department of Natural Resources, 111 Fernow Hall, Ithaca, NY 14853, USA
[2] The Nature Conservancy of New York, 274 Goodman St. N, Rochester, NY 14607, USA
[*] Corresponding author: emg239@cornell.edu

DOI: 10.1127/adv_limnol/2021/0080 1612-166X/21/0080 $ 4.00
www.schweizerbart.de

reduced many native fish populations across the Great Lakes. The cisco population in Lake Ontario collapsed in mid 1900s, and numbers have remained low in the following decades (Christie et al., 1987; Connerton et al., 2014; Hurley & Christie, 1977). Chaumont Bay contains the last known remnant spawning population of cisco in American waters of Lake Ontario (George et al., 2017b). Although there is evidence of a few recent successful year classes, recruitment remains sporadic and the drivers behind these recruitment patterns are unknown.

Coregonines such as cisco and lake whitefish are known for exhibiting "boom and bust" population cycles, in which years with large year classes are followed by periods of low recruitment (Ebener et al., 2008; Rook et al., 2013; Stockwell et al., 2009; Taylor et al., 1987). In Lake Superior, periods of low cisco recruitment are thought to be due to high mortality during the larval stage (Hatch et al., 1988). The larval stage is a critical time period for fish, as year-class strength is often determined by the end of the first growing season (Diana, 2004). A multitude of environmental factors can affect larval survival, including timing of and conditions during emergence, availability of zooplankton prey, predation, and environmental conditions. Wind intensity has been both positively and negatively correlated with lake whitefish and cisco recruitment success (Claramunt et al., 2010; Miller, 1952), and cisco larvae can be transported away from spawning areas by wind driven currents (Oyadomari & Auer, 2008). Because the influence of these factors on larval populations is likely to affect future adult population size and stability (Miller et al., 1988; Taylor & Freeberg, 1984), larval population size is often used to predict future recruitment patterns in both marine and freshwater species (Pritt et al., 2014; Sammons & Bettoli, 1998).

There is concern that predation on cisco larvae by alewife (*Alosa pseudoharengus*) and rainbow smelt (*Osmerus mordax*) could be affecting larval populations of cisco in the Great Lakes. The appearance of alewife or rainbow smelt has been associated with the decline of several cisco populations across the Great Lakes basin (Crowder, 1980; Krueger & Hrabik, 2005; Loftus & Hulsman, 1986; Smith, 1970). Both of these invasive species are able to consume coregonine larvae: alewife will eat lake whitefish up to 18 mm total length (Gorsky & Zydlewski, 2013), and rainbow smelt will consume lake whitefish up to 34 mm total length. Rainbow smelt have been shown to consume large portions of cisco larval populations, from 3–11% in Black Bay, Lake Superior and up to 37–100% in Thunder Bay, Lake Superior (Myers et al., 2009; Selgeby et al., 1978). Predation on cisco larvae by rainbow smelt was intense in Twelve Mile Lake, Ontario: smelt ate an average of 8.4 larvae per smelt per day, which when combined with natural mortality was predicted to result in 100% mortality of lake whitefish and a severely reduced survivorship for cisco as well (Loftus & Hulsman, 1986). Smelt predation on larval cisco may have contributed to their collapse in Lake Superior, and a combination of alewife and smelt predation have been implicated in the recruitment failure of other Great Lakes coregonine populations (Crowder, 1980; Swenson, 1978). Alewife are known to be present in the nearshore areas of Lake Ontario during the spring (Klumb et al., 2003; Krueger et al., 1995) when larval cisco are present in the area.

The purpose of this project was to assess the density and distribution of cisco and lake whitefish larvae in Chaumont Bay, Lake Ontario, and to identify whether predation by alewife or rainbow smelt was affecting the larval population. We collected coregonine larvae by light trap and surface neuston net tows in April and May 2014. Presence of predators was determined by nighttime acoustic and gillnet sampling during the time period that larvae were present in the bay. The relationship between larval density and abiotic factors such as water temperature, wind speed, and direction were examined to identify drivers of larval distribution.

Methods

Larval collections

Larvae were collected in Chaumont Bay, Lake Ontario in the spring of 2014 using light traps and neuston nets. Sampling with light traps began as soon as the ice started to break up and areas of open water were accessible from shore. After ice out, when the bay was navigable by boat, we also began setting light traps offshore. A total of 16 light trap sites were sampled one to four times each between 19 April and 13 May 2014 (Figure 1). Light traps were constructed from Plexiglass in a quatrefoil design (Killgore, 1994) and were illuminated by white chemical glow sticks. Light traps were set at night between 20:00 and 2:00 and allowed to fish for approximately three hours. Collected larvae were fixed in 95% ethanol.

Larvae were sampled by neuston net once the bay was ice free. Six sites were sampled during daylight hours once a week for three weeks between 7 May and 19 May 2014 (Figure 1). During sampling, a 1.0 m × 0.5 m neuston net with 150 μm mesh was towed in a wide circular pattern in the upper 2 m of the water column for approximately 5 minutes. This process was repeated a second time, for a total of two replicates per site per day. A flow meter suspended in the center of the net frame allowed us to calculate the water volume sampled. Samples were preserved in 95% ethanol. Surface water temperature was recorded for each sampling site and date using a handheld YSI Model 55 probe.

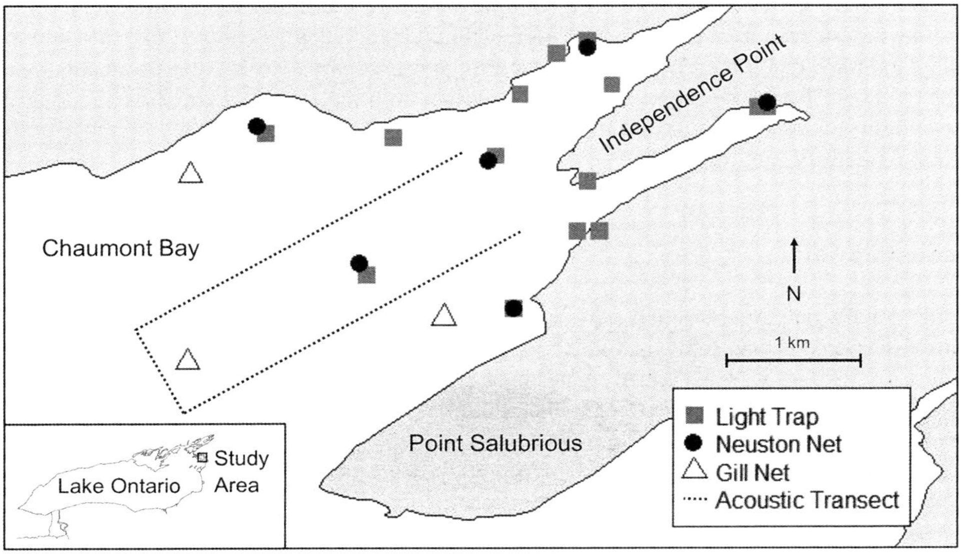

Fig. 1. Map of sampling locations in Chaumont Bay, Lake Ontario.

Genetic identification

Because cisco and lake whitefish larvae in Chaumont Bay cannot be reliably differentiated based on physical characteristics (George et al., 2017a), larvae were identified to species using genetic barcoding of the mitrochondrial cytochrome *c* oxidase I gene. Twenty-five larvae were randomly selected from each sample for species identification. For samples containing less than 25 larvae, the entire sample was identified. Larvae were measured and photographed under a dissecting scope fitted with a Q Imaging Go-3 Camera, and images were analyzed using ImagePro Plus v. 7.0.0.591 software. Larvae were classified by life stage as either yolk-sac larvae or mesolarvae, defined as larvae whose yolk sac had already been absorbed, and may have reached the pelvic bud stage but had not yet developed juvenile characteristics such as scales or a full complement of fin rays. A total of 726 larvae across all dates, sites, and methods were genetically identified to species using genetic barcoding of the mitochondrial cytochrome *c* oxidase I (COI) gene, as described in George et al. (2017a). Confirmed adult cisco and lake whitefish fin clip tissue samples from various locations in the Great Lakes, including Chaumont Bay, were used as DNA reference samples. DNA was extracted from the larvae using the DNeasy Blood and Tissue Kit (Qiagen, Valencia CA). Extracted DNA was quantified using spectrophotometry (Thermo Scientific NanoDrop ND 8000). Polymerase chain reaction (PCR) was used to amplify COI from 200–250 ng DNA using primers VR1_t1 and VF2_t1 according to the procedures described in Ivanova et al. (2007). Species were identified by analyzing the restriction fragment length polymorphisms (RFLP) of the COI region. Sequences for cisco and lake whitefish were selected from GenBank (www.ncbi.nlm.nih.gov/sites/gquery; cisco accession numbers: EU523944, EU523943, and EU523945, lake whitefish accession numbers: EU523957, EU523958, and EU523959), and a restriction enzyme that would differentially cut the COI region in cisco and lake whitefish was determined using RestrictionMapper v.3.0 (www.restrictionmapper.org). The enzyme *Eco109*I was chosen to create a unique banding pattern for each species. Restriction enzyme digests were performed in a 15 μL reaction that included 10 Units of *Eco109*I and the manufacturer's recommended buffer (New England BioLabs). Restriction fragments were separated on 2% agarose gels, stained with ethidium bromide, and photographed under ultraviolet light. Banding patterns of the known species samples were compared with those of the larvae to identify each fish to species.

Acoustics

Adult alewife and rainbow smelt were sampled using acoustics and vertical gillnets. Acoustic data collection and data analysis followed the standard procedures described in Parker-Stetter et al. (2009). Data were collected along one transect around Johnson Shoal (Figure 1). We used a Biosonics 123 kHz unit, a pulse length of 0.4 ms and a ping rate of 1 ping sec^{-1}. Data were recorded directly onto a laptop computer. The unit was calibrated by the manufacturer in February 2014, and was found to be within 0.9 dB of this calibration using field calibrations with a standard target in July 2014.

We analyzed the data with Echoview version 6.4 (Myriax 2017). Single targets were considered fish if the target strength was > –60 dB. This is a common lower threshold for target strength in the Great Lakes (Warner et al., 2002) and for alewife in smaller lakes (Rudstam et al., 2011). Echo integration values calculated with the appropriate lower threshold (–66 dB in the target strength domain) were transformed into fish density by dividing with the average backscattering cross section (back-transformed target strength). As most single targets measures from age-1 and older alewife and smelt are larger than –52 dB and because targets smaller than –52 dB may be from smaller fish that are not likely to be larval fish predators (Rudstam et al., 2002), we report both densities of all fish larger than –60 dB and of all fish larger than –52 dB.

Vertical gillnets were set during acoustic sampling to evaluate the species composition of fish in Chaumont Bay. Each net was 21 m long by 6 m deep and consisted of seven 3-m-wide panels of different bar-mesh sizes (6.2, 8, 10, 12.5, 15, 19, and 25 mm). These mesh sizes are effective for catching alewives 50–250 mm in length (Warner et al., 2002). Most age-1 alewives are expected to be larger than 50 mm by the beginning of May. Gillnets were set in approximately 4 m of water at the two shallow stations and in 9 m of water at the deep station (Figure 1). At the deep station we set two nets, one from the surface to 6 m depth and one from 3 m depth to the bottom at 9 m.

Statistics

Statistical analysis and figure construction were completed using R version 3.0.1 (2013). Maps were constructed using open source bathymetric data from the Great Lakes Information Network Mapping and GIS Database (2015) and the maptools (Bivand and Lewin-Koh, 2017) package for R. Weather data from Station USW00094790 in Watertown, NY was obtained from the National Oceanic and Atmospheric Administration National Centers for Environmental Information database (https://www.ncdc.noaa.gov/cdo-web/). The proportion of genetically identified cisco and lake whitefish in the 25 fish subsample was used to estimate the total catch of cisco and lake whitefish for each sampling event by multiplying the proportion by the total coregonine larval catch in the sample. Cisco larval density was transformed using the Box-Cox power transformation (Box & Cox, 1964) to meet assumptions of normality. The relationships between transformed cisco larval density and environmental factors such as location, date, and water temperature were examined using one-way and two-way analysis of variance (ANOVA) tests.

Results

A total of 7,919 coregonine larvae were collected in Chaumont Bay in April and May 2014: 35 were caught in light traps, and 7,884 were collected with neuston nets. Of these, 726 larvae were genetically identified to species using mitochondrial RFLP barcoding. The vast majority of the larvae (712, or 98%) were identified as cisco, with only a small portion (14, or 2%) identified as lake whitefish. Collected larvae represented a range of developmental stages, from newly hatched yolk-sac larvae to larger mesolarvae that had developed pelvic fin buds and some dorsal and caudal fin rays.

Cisco

Cisco larvae were caught beginning on the first night of light trap sampling, 19 April 2014 (Figure 2). Light trap catches of cisco peaked on 21 April 2014 and declined during the following three weeks. Light trap catches were typically low, with a median catch of just one larvae per trap. An exception was the light trap set at Sawmill Bay on 21 April 2014, which collected 16 cisco larvae (Figure 3). Light trap sites that experienced the highest cisco catches included traps in Sawmill Bay, on Point Salubrious near the mouth of Sawmill Bay, and in a shallow, weedy area near the Chaumont town boat launch (mean catches across all sampling events of 5.3, 1.0, and 1.0 larvae, respectively). No larvae were caught in light traps set at Johnson Shoal, Independence Point, or on the western end of Point Salubrious.

Cisco larvae were collected at all six neuston net sites during all three weeks of sampling (Figure 4). There was a statistically significant difference in Box-Cox transformed cisco larval densities across sampling dates (one-way ANOVA; $F = 20.37$, $p < 0.001$). Densities were highest in the first week of sampling, then decreased throughout the sampling period. The highest densities were collected at Point Salubrious, Duck Bay, and Independence Point, with peak densities of 566, 284, and 215 larvae 100 m^{-3}, respectively. The lowest densities were collected near the Chaumont town boat launch and over Johnson Shoal (2 larvae 100 m^{-3} at both sites).

The majority of cisco larvae caught in light traps were in the yolk-sac stage (97.5%, or 27 total larvae). During neuston net sampling, the majority of larvae caught in the first week were in the yolk-sac stage (62%, 7 May 2014; Figure 5). However, by the second week of

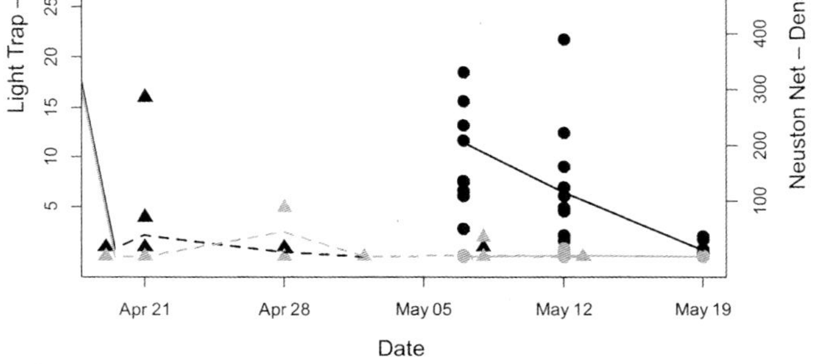

Fig. 2. Catches of cisco (black) and lake whitefish (gray) larvae from Chaumont Bay, Lake Ontario in April and May 2014. Light trap (triangle) catches are given as total catch, whereas neuston net (circle) catches are given as density (larvae 100 m^{-3}). Lines indicate mean catches for light trap (dashed) and neuston net (solid) data.

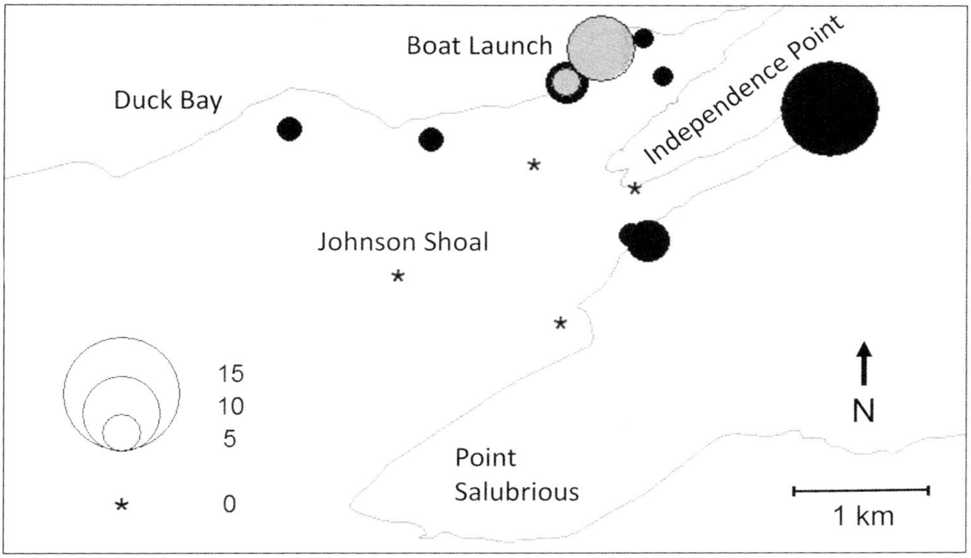

Fig. 3. Mean number of cisco (black) and lake whitefish (gray) larvae caught in light traps in Chaumont Bay across all sampling dates, April and May 2014.

neuston net sampling this had switched, and mesolarvae dominated the catches during the rest of the sampling period (90% on 12 May 2014, 98% on 19 May 2014).

The distribution of cisco larvae in the bay changed during the neuston net sampling period (Figure 4). There was a statistically significant difference in cisco density across both site and date (two-way ANOVA; Site, $F = 6.05$, $p < 0.001$; Date, $F = 38.88$, $p < 0.001$). Between the first and second week of neuston net sampling, cisco larval densities rose at Independence Shoal, Sawmill Bay, and the Chaumont town boat launch and fell at Johnson Shoal, Duck Bay, and Point Salubrious. In the third week, densities decreased at all six sampling sites. Although densities of cisco larvae at Johnson Shoal were comparable to nearshore sites such as Independence Point and Sawmill Bay during the week of 7 May (136 larvae 100 m^{-3}), they fell to a comparatively low density during the following week of 14 May (9 larvae 100 m^{-3}) and remained low in the third week. In contrast, densities were highest at nearshore sites such as Point Salubrious, Independence Point, Duck Bay, and Sawmill Bay throughout the sampling period.

Lake whitefish

Lake whitefish catches were extremely low throughout the sampling period, as cisco larvae dominated both light trap and neuston net samples. Lake whitefish first appeared in light trap samples on 28 April 2014, approximately one week after the first cisco were collected (Figure 2). The peak lake whitefish light trap catch was five larvae at a site near the Chaumont town boat launch (Figure 3).

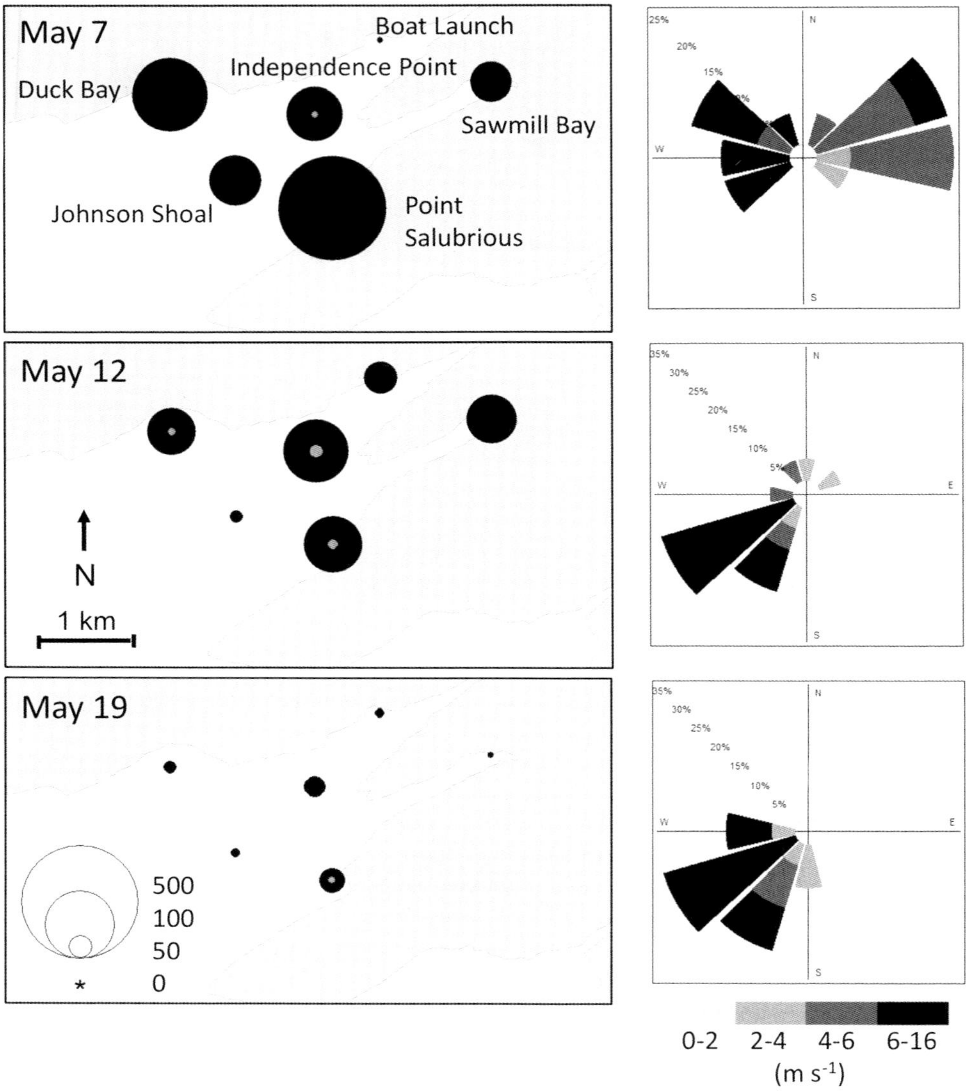

Fig. 4. Density of cisco (black) and lake whitefish (gray) larvae (larvae 100 m^{-3}) caught by neuston net at six sites in Chaumont Bay, Lake Ontario over three weeks, May 2014. Wind roses display the hourly average wind speed (m s^{-1}) and direction for 24 hours prior to the start of sampling.

During neuston net sampling, lake whitefish were only caught at Point Salubrious, Independence Point, and Duck Bay (Figure 4). The peak lake whitefish density of 16 larvae 100 m^{-3} occurred at Independence Point on 12 May 2014.

The majority of lake whitefish larvae collected in light traps were in the mesolarvae stage (90%). During the first week of neuston net sampling, a single yolk-sac larvae was collected

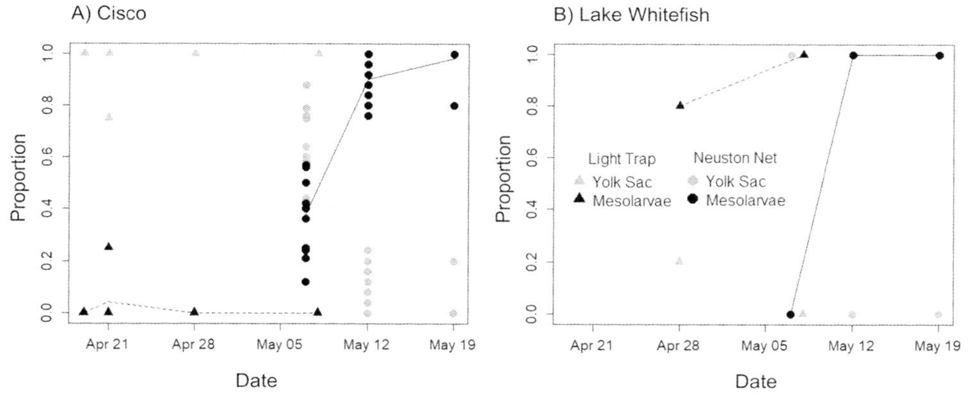

Fig. 5. A) Proportion of yolk sac (gray) and mesolarvae (black) cisco caught in Chaumont Bay, Lake Ontario in light traps (triangles) and neuston nets (circles). Mean proportions for each sampling day are included for both light trap (dashed line) and neuston net (solid line) data. B) Proportion of yolk sac and mesolarvae lake whitefish caught in Chaumont Bay; parameters as above.

(Figure 5). During the second two weeks, exclusively mesolarvae were collected. However, this represents a very small sample size, with only five lake whitefish larvae collected in light traps and seven in neuston nets.

Environment

Wind speed and direction remained fairly consistent throughout the sampling period (Figure 4). The prevailing wind direction was from the southwest, with a mean hourly wind speed of 8.4 m s^{-1} between 27 April and 19 May 2014. There were six storm events during the sampling period, which was defined as any day with wind gust speeds greater than 20 m s^{-1} for six or more consecutive hours. Storm events occurred on 29 April, 2 May, 4 May, 10 May, 13 May, and 15 May 2014.

Temperatures in the top 1 m of the water column rose steadily throughout the duration of the study from a minimum of 4.3 °C on 21 April 2014 and a maximum of 18.4 °C on 12 May 2014. There was no statistically significant relationship with cisco larval density and water temperature within individual sampling days (one-way ANOVA; $F = 2.74$, $p = 0.107$).

Acoustics and gillnets

No alewife or rainbow smelt were caught in gillnets on either sampling date. Species collected included yellow perch (*Perca flavescens*), walleye (*Sander vitreus*), rock bass (*Ambloplites rupestris*), spottail shiner (*Notropis hudsonius*), emerald shiner (*Notropis atherinoides*), golden shiner (*Notemigonus crysoleucas*), longnose gar (*Lepisosteus osseus*), round goby (*Neogobius melanostomus*), and white perch (*Morone americana*) (Table 1). Acoustic echo-

Table 1. Vertical gillnet catches from Chaumont Bay for two sampling dates in May 2014. Total length (mm) is given for each fish caught; if multiple individuals of a single species were caught on a sampling date, their mean total length ± SD is reported.

Species	**9 May 2014** Total Catch (TL in mm)	**23 May 2014** Total Catch (TL in mm)
emerald shiner	1 (92)	4 (88.5 ± 13.5)
golden shiner	3 (126.3 ± 19.3)	
spottail shiner	3 (111 ± 6.4)	1 (114)
rock bass	1 (161)	
round goby		1 (63)
longnose gar	1 (385)	
walleye		1 (595)
white perch		1 (320)
yellow perch	1 (174)	1 (129)

grams on 9 May 2014 showed an estimated density of 477 fish ha^{-1} of fish over –60 dB, and of 79 fish ha^{-1} of fish over –52 dB. Acoustic echograms on 23 May 2014 showed an estimated density of 1835 fish ha^{-1} of fish over –60 dB, and 210 fish ha^{-1} of fish over –52 dB. Single targets over –60 dB are in the larval fish size range, at approximately 20 mm TL and longer. Fish over –52 dB are larger, and with most age-1 alewife falling at or above this value.

Discussion

Cisco larvae were found in high densities and were distributed throughout the sampling area in Chaumont Bay. The mean density of larval cisco in Chaumont Bay was 112 larvae 100 m^{-3}, with a peak density of 566 larvae 100 m^{-3}. For comparison, the mean density of larval cisco collected in neuston net tows in Thunder Bay, Lake Superior was 47.4 larvae 100 m^{-3}, with a peak density of 231.7 larvae 100 m^{-3} (Myers et al., 2008). Therefore, larval cisco densities in Chaumont Bay in 2014 exceeded those of Thunder Bay, Lake Superior in 2006. Chaumont Bay larval cisco densities were highest during the first week of neuston net sampling, and decreased during the following two weeks. The decline in time is likely due to both mortality and gear avoidance. It is likely that the larvae were large enough to evade our sampling gear during the later sampling events, which has been noted in other larval coregonine surveys in Lake Ontario (Pritchard, 1931) and inland lakes (Cahn, 1927; Clady, 1976).

Although Johnson Shoal is where the majority of cisco eggs are deposited in the fall (George et al., 2017b), this site had low larval cisco densities for all three weeks of neuston net sampling, and no larvae were collected in light traps over the shoals. The highest density over the shoals occurred in the first week of neuston net sampling (7 May 2014), and fell during the following two weeks. In contrast, densities remained high at most nearshore sites and even increased relative to the shoals. This suggests that cisco larvae are moving away from the spawning site soon after hatching, and may prefer shallow nearshore sites that act as nursery areas. This is in agreement with findings from other locations, where cisco were found to aggregate close to shore in shallow, protected bays (Greeley & Greene, 1931; Pritchard, 1931). In many species and systems larval transport is controlled by wind driven surface currents. For example, walleye in Lake Erie (Zhao et al., 2009) and yellow perch in Lake Michigan (Dettmers et al., 2005) are reliant on wind patterns to transport larvae to nursery areas. However, these two species hatch at approximately 5–8 mm and are presumably less motile than the larger cisco, which hatch at approximately 10–12 mm (Auer, 1982). This in conjunction with previous studies suggests this aggregation nearshore is likely active, not passive (Clady, 1976; Faber, 1970). Although wind patterns and currents have been found to contribute to larger-scale movements of coregonine larvae (Claramunt et al., 2010; Hoff, 2004; Oyadomari & Auer, 2008), the distribution pattern of cisco in this area of Chaumont Bay do not appear to be driven by wind. For example, during a southwest wind like the one observed on 12 May 2014 (Figure 5), we would expect larvae to congregate in northwestern embayments such as near the boat launch or Sawmill Bay if wind was the primary factor driving larval distribution. However, larvae were distributed fairly evenly around all nearshore sites along the bay on that date. Additionally, we would expect larval distribution on 7 May to follow a different pattern than other dates due to the unusual bidirectional winds that day, but larval distributions remained relatively consistent during that sampling event as well. Overall, we did not find any relationship between wind speed and direction and larval distribution. Chaumont Bay is almost fully enclosed, with peninsulas and islands sheltering the bay on almost all sides. Therefore, while wind and currents may affect distribution in other systems or species (Dettmers et al., 2005; Oyadomari & Auer, 2008), larval distribution of coregonines in more sheltered areas is likely influenced more by active aggregation inshore than by weather.

Cisco larval distribution did not appear to be related to water temperature, as there was no statistically significant relationship between a location's water temperature and cisco density. Nearshore areas often act as nursery habitats for larval fish, and this is commonly attributed to warmer inshore waters and more zooplankton prey than offshore areas (Roseman et al., 2005; Roseman & O'Brien, 2013; Zhao et al., 2009). Therefore, we expected to see cisco larvae congregating in areas of warmer water. Chaumont Bay, however, is shallow throughout with a maximum depth of 9 m. Water temperatures remained fairly consistent across sites, with a maximum temperature range of just 3 °C on 12 May 2014. On this date the temperature ranged between 15.4 and 18.4 °C, which is within the range for optimal cisco growth identified by McCormick et al. (1971). The lack of relationship between water temperature and larval distribution may be due to the low variance in temperature across sites.

Very few lake whitefish were caught in this study. Lake whitefish were only caught near Duck Bay, Independence Point, and Point Salubrious in neuston net samples, which mimics the distribution of peak cisco larval abundance in Chaumont Bay. Lake whitefish were also collected near the Chaumont town boat launch in light trap samples, where McKenna & Johnson (2009) collected a high density of coregonine larvae. Therefore, lake whitefish distribution appears similar to cisco distribution in Chaumont Bay, but their low density makes this inference uncertain. Lake whitefish and cisco have been found to follow the same distribution patterns in other systems, and the two are often found schooling together (Davis & Todd, 1998; Pritchard, 1931). Lake whitefish hatch out larger, overcome gape limitation for food items such as *Daphnia* before cisco, and are more aggressive feeders than cisco, which suggests that larval cisco may be outcompeted by lake whitefish (Auer, 1982; Davis & Todd,

1998; Savino & Hudson, 1995). However, the extreme difference in density between the two species, with cisco approximately one order of magnitude higher, means it is unlikely that the lake whitefish population was large enough to have had much of a competitive effect on cisco in Chaumont Bay in 2014.

Cisco yolk-sac larvae were caught on the first night of light trap sampling, when there was still a large amount of ice on Chaumont Bay. This suggests that the larvae were hatching out during ice breakup. The timing of ice breakup is closely tied to both cisco and lake whitefish larval emergence. Loftus and Hulsman (1986) observed the highest cisco densities just after ice breakup in Twelve Mile Lake, Ontario, and Colby and Brooke (1973) collected cisco larvae on the day Michigan's Pickerel Lake became ice free. Although lake whitefish hatching is also associated with ice breakup (Hart, 1931; Miller, 1952), the timing of emergence between the two species is poorly known and may vary with location. It is unclear from our data whether cisco and lake whitefish larvae hatch at the same time, or if emergence is staggered. Whereas cisco larvae appeared in light traps immediately, lake whitefish larvae were not caught until the following week (Figure 3). This is similar to observations made by Roseman & O'Brien (2013), who noted that catches of lake whitefish larvae peaked later than cisco in northern Lake Huron. However, four out of the five lake whitefish larvae collected in light traps were mesolarvae, which suggests that they had emerged some time prior to that sampling date (Figure 5). In contrast, the majority of cisco larvae caught in light traps were yolk-sac larvae, which suggests a more recent hatching date. Pritchard (1931) noted that cisco emerged three to four weeks later than lake whitefish in the Bay of Quinte, which he assumed reflected the disparity in spawning time between the two species. Due to the small sample size of lake whitefish larvae, it is difficult to draw firm conclusions about the timing of lake whitefish hatching relative to cisco. It appears that cisco and lake whitefish emerged at roughly the same time, perhaps within a week of each other, due to the simultaneous switch from predominantly yolk-sac larvae to predominantly mesolarvae in neuston net samples in the week between 7 May and 12 May 2014 (Figure 5). However, this hypothesis is preliminary and requires evaluation by future studies.

We found no evidence that alewife or rainbow smelt predation affected cisco larval densities in Chaumont Bay in 2014. No alewife or rainbow smelt were captured in gillnets at any site on either of the two sampling dates. Additionally, the density of adult fish targets in acoustic echograms was low, with a maximum density of 477 fish ha^{-1} on 9 May 2014. Therefore, it is unlikely that predation by alewife or rainbow smelt is occurring in Chaumont Bay. This is contrary to what we expected, as alewife have been known to be present and feeding on the larvae of lake trout and yellow perch in nearshore areas of Lake Ontario in April and May (Brandt et al., 1987; Krueger et al., 1995). Conditions in Chaumont Bay were within the tolerance ranges of alewife in May of 2014. Water temperatures at the end of our sampling period were within the preferred temperature range of adult and young of the year alewife (11–20 °C, Brandt et al., 1980). Additionally, cisco larvae in Chaumont Bay were at the upper limit – but still within the range of – alewife gape limitation. Alewife will consume lake whitefish larvae up to 18 mm TL (Hoagman, 1974), and the mean total length of cisco larvae at the end of our study was 17.9 ± 1.9 mm. It is possible that alewife may not move into the semi-enclosed bays of eastern Lake Ontario until later in the season. For example, alewife were not found in nearby barrier-enclosed Sandy Pond until late May (Krueger et al., 1995). Therefore, large semi-enclosed bays such as Chaumont Bay could offer some refuge from predation (Loftus & Hulsman, 1986; Mumby et al., 2018). As alewife population sizes and distributions change year to year, a longer term, multi-year acoustic and gillnet study combined with gut content analysis would be necessary in order to determine whether alewife predation on cisco larvae ever occurs in Chaumont Bay, and if not, what factors prevent this from happening.

As Chaumont Bay contains the last known spawning location of cisco in the American waters of Lake Ontario, the high larval densities collected in 2014 is encouraging for the future success of the population. As interest in cisco and lake whitefish research and restoration grows across the Great Lakes, information on larval behavior and factors influencing larval population dynamics will be crucial for designing effective studies and evaluating long term trends. For example, researchers sometimes identify spawning habitats by locating areas of high larval density: our study suggests that cisco larvae quickly and actively move away from the spawning site to nearshore nursery habitats, limiting the effectiveness of larval surveys as a tool to find spawning locations on a fine scale. Additionally, our study found no evidence of predation by alewife or rainbow smelt, in contrast to other populations where predation appears to play a larger role in larval survival. A lack of predation pressure from alewife and rainbow smelt may be one reason why the Chaumont Bay spawning population has managed to persist, while other spawning populations in Lake Ontario have disappeared.

Acknowledgements

This research was funded by The Nature Conservancy of New York through a generous grant from the Margaret L. Wendt Foundation and by New York Sea Grant (R/XG-23), with additional in-kind support from the U.S. Geological Survey Great Lakes Science Center, U.S. Geological Survey Lake Ontario Biological Station, and the New York State Department of Environmental Conservation. Special thanks to Michael Connerton (NYSDEC), Stevie Adams, David Klein, Cody Mendoza, Brian Roat (TNC), Curtis Karboski (USGS LOBS, US Fish & Wildlife Service), and Lyndsie Collis (Cornell Biological Field Station) for field assistance. Genetic identifications were conducted with assistance from Harmony Borchardt-Weir. Thanks to Dr. Patrick Sullivan (Cornell) for statistical consultation, and Wendylee Stott (USGS-GLSC) for guidance on genetic barcoding techniques.

References

Auer, N. A., 1982: Identification of larval fishes of the Great Lakes Basin with emphasis on the Lake Michigan drainage. Special Publication 82–3 of the Great Lakes Fishery Commission, Ann Arbor, MI.

Bivand, R. & Lewin-Koh, N., 2017: maptools: Tools for reading and handling spatial objects. R package version 0.9-2. <https://CRAN.R-project.org/package=maptools>

Box, G. E. P. & Cox, D. R., 1964: An analysis of transformations. – J. R. Stat. Soc. Ser. B 26: 211–252.

Brandt, S. B., Magnuson, J. J. & Magnuson, J. J., 1980: Thermal habitat partitioning by fishes in Lake Michigan. – Can. J. Fish. Aquat. Sci. 37: 1557–1564.

Brandt, S. B., Mason, D. M., Macneill, D. B., Coates, T. & Gannon, J. E., 1987: Predation by alewives on larvae of yellow perch in Lake Ontario. – Trans. Am. Fish. Soc. 116: 641–645. doi:10.1577/1548-8659(1987)116<641:PBAOLO>2.0.CO;2

Cahn, A. R., 1927: An ecological study of southern Wisconsin fishes: the brook silverside (*Labidesthes sicculus*) and the cisco (*Leucichthys artedi*) in their relations to the region. Illinois Biol. Monogr. 11.

Christie, W. J., Scott, K. A., Sly, P. G. & Strus, R. H., 1987: Recent changes in the aquatic food web of eastern Lake Ontario. – Can. J. Fish. Aquat. Sci. 44: s37–s52.
Clady, M. D., 1976: Distribution and abundance of larval ciscoes, *Coregonus artedii*, and burbot, *Lota lota*, in Oneida Lake. – J. Great Lakes Res. 2: 234–247.
Claramunt, R. M., Muir, A. M., Sutton, T. M., Peeters, P. J., Ebener, M. P., Fitzsimons, J. D. & Koops, M. A., 2010: Measures of larval lake whitefish length and abundance as early predictors of year-class strength in Lake Michigan. – J. Great Lakes Res. 36: 84–91. doi:10.1016/j.jglr.2010.02.005
Colby, P. J. & Brooke, L. T., 1973: Effects of temperature on embryonic development of lake herring (*Coregonus artedii*). – J. Fish. Res. Board Canada 30: 799–810.
Connerton, M. J., Lantry, J. R., Walsh, M. G., Daniels, M. E., Hoyle, J. A., Bowlby, J. N., Johnson, J. H., Bishop, D. L. & Schaner, T., 2014: Offshore pelagic fish community, in: Adkinson, A. C., Morrison, B. J. (eds.), The State of Lake Ontario in 2008. – Great Lakes Fishery Commission, pp. 42–59.
Crowder, L. B., 1980: Alewife, rainbow smelt and native fishes in Lake Michigan: competition or predation? – Environ. Biol. Fishes 5: 225–233.
Davis, B. M. & Todd, T. N., 1998: Competition between larval lake herring (*Coregonus artedi*) and lake whitefish (*Coregonus clupeaformis*) for zooplankon. – Can. J. Fish. Aquat. Sci. 55: 1140–1148.
Dettmers, J. M., Janssen, J., Pientka, B., Fulford, R. S., Jude, D. J., Dettmers, J., Pientka, B., Janssen, J., Fulford, R. & Jude, D., 2005: Evidence across multiple scales for offshore transport of yellow perch (*Perca flavescens*) larvae in Lake Michigan. – Can. J. Fish. Aquat. Sci. 62: 2683–2693. doi:10.1139/F05-173
Diana, J., 2004: Biology and ecology of fishes, 2nd ed. Biological Sciences Press, Cooper Publishing Group, Traverse City, Michigan.
Ebener, M. P., Stockwell, J. D., Yule, D. L., Gorman, O. T., Hrabik, T. R., Kinnunen, R. E., Mattes, W. P., Oyadomari, J. K., Schreiner, D. R. & Geving, S., 2008: Status of cisco (*Coregonus artedi*) in Lake Superior during 1970–2006 and management and research considerations. Gt. Lakes Fish. Comm. Spec. Publ.
Eshenroder, R. L., Vecsei, P., Gorman, O. T., Yule, D. L., Pratt, T. C., Mandrak, N. E., Bunnell, D. B. & Muir, A. M., 2016: Ciscoes of the Laurentian Great Lakes and Lake Nipigon. Ann Arbor, MI.
Faber, D. J., 1970: Ecological observations on newly hatched lake whitefish in South Bay, Lake Huron, in: Lindsey, C. C., Woods, C. S. (eds.), Biology of Coregonid Fishes. University of Manitoba Press, Winnipeg, Canada, pp. 481–500.
George, E. M., Hare, M. P., Crabtree, D. L., Lantry, B. F. & Rudstam, L. G., 2017a: Comparison of genetic and visual identification of cisco and lake whitefish larvae from Chaumont Bay, Lake Ontario. – Can. J. Fish. Aquat. Sci. 75(8): 1329–1336.
George, E. M., Stott, W., Young, B. P., Karboski, C. T., Crabtree, D. L., Roseman, E. F. & Rudstam, L. G., 2017b: Confirmation of cisco spawning in Chaumont Bay, Lake Ontario using an egg pumping device. – J. Great Lakes Res. 43: 204–208. doi:10.1016/j.jglr.2017.03.024
Gorsky, D. & Zydlewski, J., 2013: Experimental evaluation of size-dependent predation by adult post-spawned rainbow smelt on larval lake whitefish. – North Am. J. Fish. Manag. 33: 163–169. doi:10.1080/02755947.2012.750632
Greeley, J. R. & Greene, C.W., 1931: A biological survey of the St. Lawrence watershed. Supplement to 20th Annual Report 1930. New York Conservation Department, Albany.
Hart, J. 1931: The spawning and early life history of the whitefish, *Coregonus clupeaformis* (Mitchill), in the Bay of Quinte, Ontario. Contrib. – Can. Biol. Fish. 6(1): 165–214.
Hatch, J. T., Underhill, J. C. & Hoyt, R. D., 1988: Abundance, distribution, growth, and mortality of larval lake herring in western Lake Superior, in: Hoyt, R.D. (Ed.), American Fisheries Society Symposium 5. pp. 96–103.
Hoagman, W. J., 1974: Feeding by alewives (*Alosa pseudoharengus*) on larval lake whitefish (*Coregonus clupeaformis*) in the laboratory. – J. Fish. Res. Board Canada 31: 229–230.
Hoff, M. H., 2004: Biotic and abiotic factors related to lake herring recruitment in the Wisconsin waters of Lake Superior, 1984–1998. – J. Great Lakes Res. 30: 423–433.
Hurley, D. A. & Christie, W. J., 1977: Depreciation of the warmwater fish community in the Bay of Quinte, Lake Ontario. – J. Fish. Res. Board Canada 34: 1849–1860. doi:10.1139/f77–251

Ivanova, N. V., Zemlak, T. S., Hanner, R. H. & Hebert, P. D. N., 2007: Universal primer cocktails for fish DNA barcoding. – Mol. Ecol. Notes 7: 544–548. doi:10.1111/j.1471-8286.2007.01748.x

Killgore, J., 1994: Design and application of a larval fish trap, WRP Technical Note FW-EV-3.1.

Klumb, R. A., Rudstam, L. G., Mills, E. L., Schneider, C. P. & Sawyko, P. M., 2003: Importance of Lake Ontario embayments and nearshore habitats as nurseries for larval fishes with emphasis on alewife (*Alosa pseudoharengus*). – J. Great Lakes Res. 29: 181–198.

Krueger, C. C., Perkins, D. L., Mills, E. L. & Marsden, E. J., 1995: Predation by alewives on lake trout fry in Lake Ontario: role of an exotic species in preventing restoration of a native species. – J. Great Lakes Res. 21: 458–469.

Krueger, D. M. & Hrabik, T. R., 2005: Food web alterations that promote native species: the recovery of cisco (*Coregonus artedi*) populations through management of native piscivores. – Can. J. Fish. Aquat. Sci. 62: 2177–2188. doi:10.1139/f05-132

Loftus, D. H. & Hulsman, P. F., 1986: Predation on larval lake whitefish (*Coregonus clupeaformis*) and lake herring (*C. artedii*) by adult rainbow smelt (*Osmerus mordax*). – Can. J. Fish. Aquat. Sci. 43: 812–818.

McCormick, J. H., Jones, B. R. & Syrett, R. F., 1971: Temperature requirements for growth and survival of larval ciscos (*Coregonus artedii*). – J. Fish. Board Canada 28: 924–927.

McKenna, J. E. & Johnson, J. H., 2009: Spatial and temporal variation in distribution of larval lake whitefish in eastern Lake Ontario: signs of recovery? – J. Great Lakes Res. 35: 94–100. doi:10.1016/j.jglr.2008.10.004

Miller, R. B., 1952: The relative strengths of whitefish year classes as affected by egg plantings and weather. – J. Wildl. Manage. 16: 39–50.

Miller, T. J., Crowder, L. B., Rice, J. A. & Marschall, E. A., 1988: Larval size and recruitment mechanisms in fishes: toward a conceptual framework. – Can. J. Fish. Aquat. Sci. 45: 1657–1670.

Mumby, J. A., Johnson, T. B., Stewart, T. J., Halfyard, E. A., Weidel, B. C., Walsh, M. G., Lantry, J. R. & Fisk, A. T., 2018: Feeding ecology and niche overlap of Lake Ontario offshore forage fish assessed with stable isotopes. – Can. J. Fish. Aquat. Sci. 75(5): 759–771. doi:10.1139/cjfas-2016-0150

Myers, J. T., Jones, M. L., Stockwell, J. D. & Yule, D. L., 2009: Reassessment of the predatory effects of rainbow smelt on ciscoes in Lake Superior. – Trans. Am. Fish. Soc. 138: 1352–1368. doi:10.1577/T08-131.1

Myers, J. T., Stockwell, J. D., Yule, D. L. & Black, J. A., 2008: Evaluating sampling strategies for larval cisco (*Coregonus artedi*). – J. Great Lakes Res. 34: 245–252. doi:10.3394/0380-1330(2008)34[245:ESSFLC]2.0.CO;2

Myriax Software Pty Ltd. 2012: Echoview 6.4. Hobart, Tasmania, Australia. <https://www.echoview.com>

Oyadomari, J. K. & Auer, N. A., 2008: Transport and growth of larval cisco (*Coregonus artedi*) in the Keweenaw current region of Lake Superior. – Can. J. Fish. Aquat. Sci. 65: 1447–1458. doi:10.1139/F08-068

Parker-Stetter, S. L., Rudstam, L. G., Sullivan, P. J. & Warner, D. M., 2009: Standard operating procedures for fisheries acoustic surveys in the Great Lakes. – Gt. Lakes Fish. Comm. Spec. Publ. 9–1, 180.

Pritchard, A. L., 1931: Spawning habits and fry of the cisco (*Leucichthys artedi*) in Lake Ontario. – Contrib. Can. Biol. Fish. 6: 225–240.

Pritt, J. J., Roseman, E. F. & O'Brien, T. P., 2014: Mechanisms driving recruitment variability in fish: comparisons between the Laurentian Great Lakes and marine systems. – ICES J. Mar. Sci. 71, 2252–2267. doi:10.1093/icesjms/fsu080

Rook, B. J., Hansen, M. J., Gorman, O. T., 2013: Biotic and abiotic factors influencing cisco recruitment dynamics in Lake Superior during 1978–2007. – North Am. J. Fish. Manag. 33: 1243–1257. doi:10.1080/02755947.2013.837122

Roseman, E. F., O'Brien, T. P., 2013: Spatial distribution of pelagic fish larvae in the northern main basin of Lake Huron. – Aquat. Ecosyst. Heal. Manag. 16: 311–321.

Roseman, E. F., Taylor, W. W., Hayes, D. B., Tyson, J. T. & Haas, R. C., 2005: Spatial patterns emphasize the importance of coastal zones as nursery areas for larval walleye in western Lake Erie. – J. Gt. Lakes Res. 31: 28–44. doi:10.1016/S0380-1330(05)70288-4

Rudstam, L. G., Brooking, T. E., Krueger, S. D., Jackson, J. R. & Wetherbee, L., 2011: Analysis of compensatory responses in land-locked Alewives to Walleye predation: a tale of two lakes. – Trans. Am. Fish. Soc. 140: 1587–1603. doi:10.1080/00028487.2011.639265

Rudstam, L. G., Vandevalk, A. J. & Scheuerell, M. D., 2002: Comparison of acoustic and Miller high-speed sampler estimates of larval fish abundance in Oneida Lake, New York. – Fish. Res. 57: 145–154.

Sammons, S. M. & Bettoli, P. W., 1998: Larval sampling as a fisheries management tool: early detection of year-class strength. – North Am. J. Fish. Manag. 18: 137–143. doi:10.1577/1548-8675(1998)018<0137:LSAAFM>2.0.CO;2

Savino, J. F., Hudson, P. L., 1995: Feeding competition between larval lake whitefish and lake herring, In: Biology and Management of Coregonid Fishes – 1993. E. Schweizerbart'sche Verlagsbuchhandlung, Stuttgart, Germany, pp. 153–162.

Selgeby, J. H., MacCallum, W. R., Swedberg, D. V., 1978: Predation by rainbow smelt (*Osmerus mordax*) on lake herring (*Coregonus artedii*) in western Lake Superior. – J. Fish. Res. Board Canada 35: 1457–1463.

Smith, S. H., 1970: Species interactions of the alewife in the Great Lakes. – Trans. Am. Fish. Soc. 99: 754–765. doi:10.1577/1548-8659(1970)99<754:SIOTAI>2.0.CO;2

Stockwell, J. D., Ebener, M. P., Black, J. A., Gorman, O. T., Hrabik, T. R., Kinnunen, R. E., Mattes, W. P., Oyadomari, J. K., Schram, S. T., Schreiner, D. R., Seider, M. J., Sitar, S. P. & Yule, D. L., 2009: A synthesis of cisco recovery in Lake Superior: implications for native fish rehabilitation in the Laurentian Great Lakes. – North Am. J. Fish. Manag. 29: 626–652. doi:10.1577/M08-002.1

Swenson, W. A., 1978: Influence of turbidity on fish abundance in western Lake Superior. Environmental Protection Agency, Office of Research and Development, Environmental Research Laboratory.

Taylor, W. W. & Freeberg, M. H., 1984: Effect of food abundance on larval lake whitefish, *Coregonus clupeaformis* Mitchill, growth and survival. – J. Fish Biol. 25: 733–741.

Taylor, W. W., Smale, M. A. & Freeberg, M. H., 1987: Biotic and abiotic determinants of lake whitefish (*Coregonus clupeaformis*) recruitment in northeastern Lake Michigan. – Can. J. Fish. Aquat. Sci. 44: s313–s323.

Warner, D. M., Rudstam, L. G. & Klumb, R. A., 2002: In situ target strength of Alewives in freshwater. – Trans. Am. Fish. Soc. 131: 212–223. doi:10.1577/1548-8659(2002)

Zhao, Y., Jones, M. L., Shuter, B. J. & Roseman, E. F., 2009: A biophysical model of Lake Erie walleye (*Sander vitreus*) explains interannual variations in recruitment. – Can. J. Fish. Aquat. Sci. 66: 114–125. doi:10.1139/F08–188

Manuscript received: 12 January 2018
Revisions requested: 27 April 2018
Modified version received: 27 June 2018
Accepted: 11 September 2018

Aquaculture and rearing

Advanc. Limnol. **66**, p. 311–327
Biology and Management of Coregonid Fishes – 2017

Article

Rearing and stocking of coregonids: a comparison of aquaculture practices in Eurasia and North America

Josef Wanzenböck*

With 1 figure

Abstract: The stocking of coregonids began with translocations to water bodies devoid of this group of fishes. The initial motivation was to create additional exploitation opportunities; however, today this is done primarily to create refuge populations. Dedicated brood fish to obtain gametes are typically taken from natural populations or cultured in ponds (sometimes cultured with carp), in net cages, earthen and concrete ponds or tanks. Generally, brood fish attain ripeness under culture conditions without intervention, however, hormonal treatment is occasionally applied. Gametes can be stripped, eggs artificially fertilized, disinfected and incubated in bell jars or Zuger jars. Larvae are commonly reared in ponds, illuminated net cages, or tanks and fed live or formulated feeds. Fingerling production occurs in ponds, net cages, or tanks under various rearing densities and may continue until marketable sizes have been attained. Stocking of natural waters is mostly conducted with larvae, early juveniles, or age-0 fingerlings. Various marking methods (e.g., fluorochromes for larvae, microtags, spray marking, or fin clipping for juveniles) allow analyses of stocking effectiveness across different developmental stages released. The comparison of aquaculture practices among continents reveals more similarities than differences and disparities seem to be related primarily to differential socio-economic context and background.

Keywords: whitefish, vendace, bloater, cisco, *Coregonus lavaretus*, *Coregonus clupeaformis*, *Coregonus albula*, *Coregonus hoyi*, *Coregonus artedi*, supportive breeding, full-scale production

Introduction

The historical relationship between coregonids and humans started with exploitation of natural populations using a variety of capture methods. Among the earliest anthropogenic interventions in coregonid demography and evolution was to transfer individuals into lakes originally devoid of these fishes; either lakes within the species natural range (e.g., high altitude lakes in Norway [Sandlund et al., 2013]) or lakes outside the natural range of coregonids. In Europe, the transfer of whitefishes (*Coregonus lavaretus*) to south of the Alps into lakes of

Author's address:
University of Innsbruck, Research Department for Limnology Mondsee, Mondseestraße 9, 5310 Mondsee, Austria
* Corresponding author: josef.wanzenboeck@uibk.ac.at

DOI: 10.1127/adv_limnol/2021/0073 1612-166X/21/0073 $ 4.25
www.schweizerbart.de

Italy is an example (Corti et al., 1995). In Eurasia such stocking efforts have been made in Lake Sevan in Armenia (Gabrielyan & Khosrovyan, 2004) and into many lakes of central Asia (Petr, 1999). In North America, early transfers (late 19th century) occurred in the state of Maine as documented in Wood (2016); however, many more undocumented transfers are indicated for other states as well. The same holds for Canada (Bodaly, 1986; Lasenby et al., 2001; Kerr, 2006). The original motivation of such transfers was to enhance harvest opportunities. However, in recent decades such transfers have also been made for conservation purposes, to create refuge populations (Winfield et al., 2012; Maitland & Lyle, 2013; Cook et al., 2014).,

Fluctuations in abundance, which are usually stronger in vendace (*C. albula*) and ciscoes (*C. artedi*) than in whitefish (*C. lavaretus/clupeaformis*), led to increased research efforts to understand population dynamics of commercially exploited stocks. This was intensified after populations declined following lake eutrophication after World War II (e.g., Eckmann, 2013) and also during the second half of the 20th century following a multitude of pressures on coregonid populations, including overfishing, invasive species, reproductive failures due to eutrophication, and toxic substances. Examples of collapsing stocks include lake whitefish (*C. clupeaformis)* in the Great Lakes of North America during the 1950s and 1960s (Ebener et al., 2008) and of ciscoes during the 1970s (Stockwell et al., 2009). In Europe, widely fluctuating yields of vendace (*C. albula*) led to fishery management concerns (Marjomäki et al., 2004). Depressed stocks and low yields led to increased interest in rearing coregonids to compensate for low harvests via stock enhancement. A series of studies, specifically on larval rearing and start-feeding with dry feeds began in the 1970s and 1980s (see section on larval and juvenile rearing for details). However, rearing of coregonids can be traced back into the 19th century in Europe, when carp pond aquaculture was developed into co-culture with whitefish (*C. lavaretus*) in South Bohemia (Šusta 1898). Similarly, early rearing efforts for whitefish (*C. clupeaformis*) were reported from the late 19th century in North America (Kerr, 2006).

Dwindling stocks of coregonids motivated initiation of many aquaculture programs to rescue populations from vanishing completely or to provide various levels of stock enhancement. In parallel, the idea emerged to develop intensive production of marketable sized fish without reliance on wild populations. Regardless of the motivation, the aquaculture of coregonids has been developed intensively for decades and matured, at least in some countries, into viable commercial enterprises.

The goal of this review is to summarize developments in coregonid culture and stocking efforts from a practical and methodological perspective. This compilation of relevant literature should serve as a knowledge base for novices as well as experts in the field of coregonid aquaculture.

Life cycle

Arrangement of subsequent sections follow the life cycle of the majority of coregonid species (i.e., vendace (*C. albula* complex), ciscoes (*C. artedi* complex), European whitefish (*C. lavaretus* complex) and North American lake whitefish (*C. clupeaformis* complex) (Figure 1). Although specific performances in aquaculture are reported (and acknowledged) for different species, strains, and forms, little practical consequences can be detected, because rearing protocols are generally similar for all the major coregonid groups mentioned above. Therefore, this review summarizes information on a broad taxonomic level, only occasionally referring to specific lower taxonomic categories.

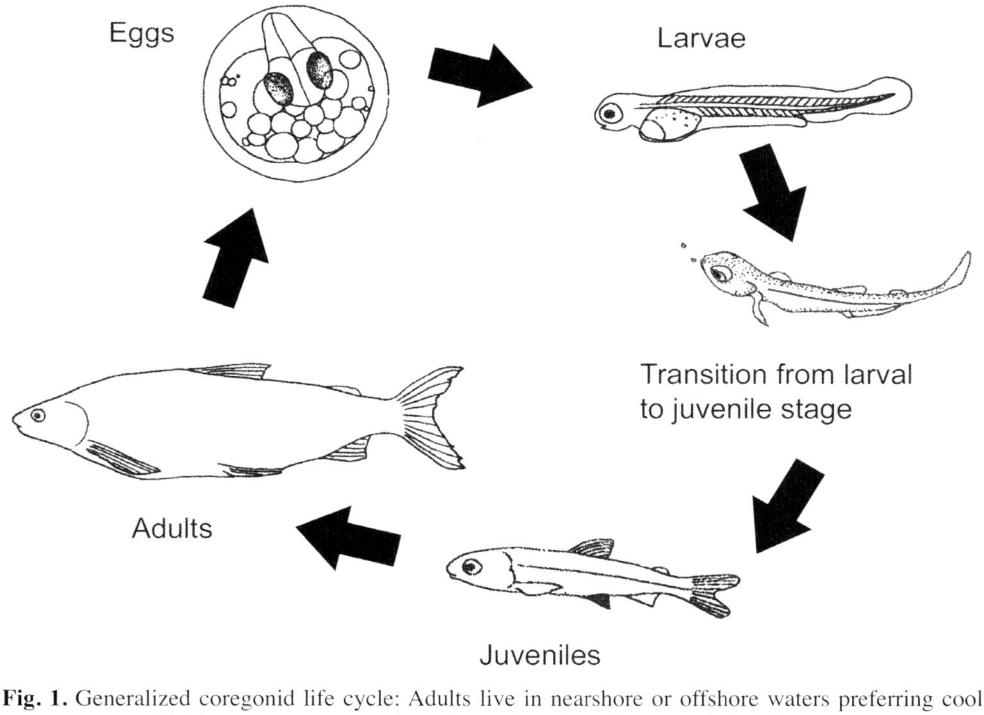

Fig. 1. Generalized coregonid life cycle: Adults live in nearshore or offshore waters preferring cool temperatures and high oxygen concentrations. Spawning takes place mostly in fall and early winter and eggs are deposited mainly nearshore over gravel and sand. Eggs develop over winter and larvae hatch in spring, often when ice breaks up. Larvae start feeding on zooplankton and grow with rising temperatures nearshore, often schooling. In whitefish, transition to the juvenile stage takes place (40–60 days after hatching, 50–70 mg fresh weight, Forstner et al., 1983). During summer juveniles move gradually to deeper offshore waters. Drawings by Sabine Wanzenböck.

Adults and brood stock

Adult fish from both wild populations and captive brood stocks have been used to acquire gametes for propagation purposes. Fish from wild populations are mostly caught using gillnets on known or presumed spawning grounds (Johnson et al., 2017; Fischer et al., 2016). Coregonids often use sandy to rocky nearshore areas for spawning (George et al., 2017; Ventling-Schwank & Livingstone, 1994) in autumn or winter, when water temperatures fall below 7–10 °C (Salojärvi, 1982; Reshetnikov & Bogdanov, 2011). Depending on strains, whitefish, vendace and ciscoes occasionally spawn in deeper offshore areas and at different times of the year (e.g., Müller, 2007). Some whitefish strains spawn in pelagic offshore areas and are caught using floating gillnets (Eckmann, 1991). Trap nets are used in North America's Great Lakes, inland lakes (Harris, 1992), and the Baltic Sea (Lundin et al., 2015) to catch coregonids, including for purposes of gamete collection. Rarely are other capture methods reported for coregonids in order to obtain brood fish, although commercial or survey catch methods include beach seines (for vendace: Sandlund et al., 1991; whitefish: Sandlund et al., 2012; Kristofferson, 1978; Atlantic whitefish (*C. huntsmani*): Whitelaw et al., 2015) or purse seines (Irish pollan (*C. autumnalis*): Harrod, 2002). Recently, angling has been increasingly used as a method to obtain ripe coregonids, improving survival probabilities following capture and stripping of gametes (Whitelaw et al., 2015; Internet 1). Capturing brood fish with lethal methods (gillnets) is sometimes preferred if done in cooperation with or by commercial fishermen, because stripped brood fish may be marketed within otherwise closed seasons. In anadromous/potamodromous populations the use of seine nets is common (e.g., Sandlund et al., 2012), however, other methods may be used such as dip netting (Jokikokko & Huhmarniemi, 2014) or electrofishing. Electroshocking may effect egg quality of coregonids (Roach, 1996), but has been found to be of minor practical importance in culturing whitefish (Oberlercher & Wanzenböck, 2016).

Obtaining gametes from brood stock held in captivity is an important step to relieve pressures affecting wild populations and to increase levels of control. Captive stocks are often held under different levels of rearing intensity, for example from near-natural pond environments to fully controlled indoor tank environments, sometimes using recirculating aquaculture systems (RAS). The most extensive form of culturing coregonid brood stock involves large, drainable ponds without using additional feeding. Depending on climatic conditions, ponds vary in depth to provide enough cool and oxygen-rich water. As already mentioned, one of the earliest records of whitefish culture is given by Šusta (1898) describing co-culture of whitefish with common carp (*Cyprinus carpio*) in ponds of South Bohemia. Šusta reasoned that carp is a benthic feeder and zooplankton resources may be used more effectively adding a zooplanktivore to increase total fish production. Šusta tried different strains of whitefish including fish from Scandinavian, Alpine, and Southern Baltic sources (from Lakes Peipus [= Chud] and Lake Miedwie [= Madüsee]) and even North American lake whitefish. After several years of experimentation, Šusta concluded that "Maraena" whitefish from Lake Miedwie (Madüsee) was most suitable. This practice of culturing whitefish with carp is still conducted in South Bohemia and adjacent northern Austria (Winkler et al., 2011). Culturing whitefish brood stocks in large, drainable ponds is also reported from Finland (Heinimaa, 2011 oral presentation). Brood stocks of coregonids are also frequently held in smaller earthen or concrete ponds, comparable to rainbow trout (*Oncorhynchus mykiss*) culturing

(Szczepkowski et al., 2010), however, the exact dimensions are rarely mentioned. Net pens in fresh water are used in Russia for brood stock cultivation (Kostiunichev et al., 2012). Indoor tanks of various dimensions and forms are widely used as flow-through systems or recirculating systems, as well as intergrades between the two (Gillet, 1991; Szczepkowski et al., 2010; Whitelaw et al., 2015; Fischer et al., 2016; Loftus, 2017).

Gametes can be collected passively by collecting fertilized eggs from natural spawning, which may occur in tanks when adequate light regimes and water cooling schedules are provided (Gillet, 1991; Whitelaw et al., 2015), or actively by stripping eggs and sperm from ripe (free flowing) fish (Fischer et al., 2016; Johnson et al., 2017). Mostly the dry method is used in aquaculture settings, however, the wet method (stripping eggs and sperm into a bucket filled with water) may be more feasible when fertilization is done directly on fishing vessels, specifically to avoid freezing of gametes. One of the great advantages of coregonids is their readiness to become fully ripe (ovulating, free flowing) in aquaculture settings. However, a difficulty may be the extensive time windows of individual females in a group becoming fully ripe, which may span several weeks or even months (Gillet, 1991; Wanzenböck et al., 2012). Therefore, hormone treatments may be applied to shorten time periods in which the brood stock (specifically females) has to be checked regularly for ripeness (*C. lavaretus*: Mikolajczyk et al., 2007; Svinger & Kouril, 2014; *C. hoyi*: Presello, 2016). Synchronizing female spawning readiness (as well as male-female synchronization) can be one of the challenges of successful captive broodstock management. Recently, attempts to produce sex-reversed, all-female stocks of whitefish (*C. lavaretus*) were reported by Król et al. (2017).

Gametes and egg incubation

Once gametes are obtained they may be used immediately for fertilization or sperm may be subjected to cryopreservation and used later. Although cryopreservation protocols have been developed and refined for European whitefish (Lahnsteiner et al., 1995; Ciereszko et al., 2008; Sarosiek et al., 2016) they were found less suitable for the North American Bloater (*C. hoyi*) (Presello, 2016). Cryopreservation of sperm typically includes mixing with cryoprotectives and dilution chemicals (extenders) and quickly freezing in cryogenic straws over liquid nitrogen or in a cryogenic freezer. Semen quality is commonly assessed based on motility parameters such as percentage of motile sperm, straight line velocity, curvilinear velocity, linearity and amplitude of lateral head displacement and typically involves Computer Assisted Sperm Analysis (CASA; Nynca et al., 2012; Presello, 2016; Gallego & Asturiano, 2018). Egg quality is commonly assessed based on chemical composition, either of lipid (Mueller et al., 2017) or carbohydrate levels (Lahnsteiner, 2005). Fertilized eggs may be subjected to disinfection using iodophor solutions applied during hardening (Lahnsteiner & Kletzl, 2016) or afterwards (Fischer et al., 2016). Egg stickiness (Murray et al., 2013) is rarely a problem when incubating eggs, and may be removed by gentle stirring of freshly fertilized eggs for 30–60 minutes. Incubation of eggs is mostly done in modified McDonald type bell jars (Fischer et al., 2016) or in Zug (Zuger) jars (Sebesta et al., 2018). The rolling eggs are ideally supplied with oxygen (Czerkies et al., 2001) and may therefore show higher hatching rates compared to unagitated ones. However, they may hatch earlier compared to unagitated eggs (Naesje & Jonsson, 1988) and occasionally lower hatching rates were documented

(Lahnsteiner & Kletzl, 2006) in Zuger jars. Water temperature should be < 7 °C to ensure normal development and low percentages of malformations, which is highly consistent among species (*C. lavaretus*: Eckmann, 1987; Cingi et al., 2010; *C. clupeaformis*: Price, 1940; *C. albula*: Luczynski, 1985; *C. artedi*: Colby & Brooke, 1973). Time to hatching is temperature dependent in a non-linear manner under constant or fluctuating regimes (for constant temperatures see references given in previous sentence; for fluctuating temperatures see Mueller et al., 2015, Lim et al., 2017 [*C. clupeaformis*], and Karjalainen et al., 2016 [*C. lavaretus*]).

Larval and juvenile rearing

Extensive larval and juvenile production occurs in ponds by stocking newly hatched larvae, leaving them more or less unattended and collecting fingerlings in autumn (Bodaly, 1986; Leskelä et al., 2007). A more intensive form of larviculture consists of rearing in illuminated net cages by which living zooplankton is attracted from the surrounding water to serve as food. Even more intensive and controllable systems consist of rearing larvae in (mostly indoor) tanks and providing them with live (Lahnsteiner et al., 2009) or frozen zooplankton (Medgyesy & Wieser, 1982) typically taken from nearby lakes or ponds. Alternatively, initiation of feeding with live feed is done using newly hatched *Artemia* nauplii (Drouin et al., 1986; Pangle et al., 2003; Borchert et al., 2017). However, a clear trend is evident since the 1980's to develop initial feeding protocols based on artificial formulated dry microdiets as detailed below in a brief history of coregonid larviculture.

Early experimental studies on the feeding behaviour of coregonid larvae were published by Braum (1964) and Hoagman (1974). Soon after, experimental trials were started with the goal of developing coregonids for aquaculture (Eckmann, 1974; Eckmann & Kausch, 1976; Kausch & Zimmermann, 1976), as summarized by Gunkel (1979). Those studies were, without exception, conducted using indoor tanks. However, first experiments to raise whitefish in illuminated net cages were conducted simultaneously (Marciak, 1979; Uryn, 1979). Subsequent experiments concentrated on initial feeding using various artificial diets based on yeast, beef liver, and fish meal supplemented with fish oil (Dabrowski et al., 1984; Bergot et al., 1986; Rösch & Dabrowski, 1986). However, there were also studies comparing pond rearing and net cages (Champigneulle et al., 1986) and the technique of rearing in illuminated cages was further developed (Zaugg & Pedroli, 1986), including economical aspects (Jäger, 1986). During the following years the focus remained on artificial diets for larvae (Europe: Rösch, 1988; Dabrowski & Poczyczyński, 1988; Koskela, 1988; North America: Zitzow & Millard, 1988) and illuminated net cages (Mamcarz, 1988). Artificial diets continued to dominate studies on larval rearing, but were refined by incorporating the effects of temperature and illumination, specifically in Germany (Rösch, 1992; Segner & Rösch, 1992), France (Rojas-Beltran et al., 1992a,b), Poland (Mamcarz & Kozlowski, 1992), and Finland (Koskela, 1992; Rissanen & Koskela, 1992). Important experiences in rearing whitefish were also reported from Canada (Harris & Hulsman, 1991; Harris, 1992) and Russia (Ryzhkov, 1992). Reviews of the techniques used were published by Rösch (1995), Mamcarz (1995) and Dobosz & Kuzminski (1997). In addition, specific studies were conducted on feeding rates under elevated temperature regimes (Rissanen, 1995), effects of feed composition on body composition (Koskela, 1995), of egg quality (Rojas-Beltran & Gillet, 1995), and on the rearing in brackish water (Schurno et al., 1995). The focus shifted to investigations on stocking and related marking methods (see below) and larval and juvenile rearing received less attention, with some exceptions (Enz et al., 2001; Pangle et al., 2003). In Europe, aquaculture of coregonids remained an experimental and scientific endeavor and could not be translated into viable economic enterprises, with two notable exceptions. First, co-culture of whitefish with carp in South Bohemia and northern Austria as described above and, second, whitefish aquaculture in Finland (Vielma et al., 2003; Jokinen et al., 2003; Siikavuopio et al., 2012). In North America, aquaculture programs for coregonids were typically initiated and sustained by governmental organizations mainly for restoration stocking or stock enhancement (Hooper, 2006). However, development of commercial artificial microdiets for fish larvae continued (Holt et al., 2011), and renewed interest in coregonid larviculture outside Finland is evident. In Europe, disadvantages for whitefish (*C. lavaretus*) larviculture in illuminated net cages have been identified because of increased parasite loads (Sichrowsky et al., 2013). Therefore, a trend towards intensive indoor larviculture is apparent. Specifically, the suitability of new generations of artificial larval microdiets were intensively explored in recent years involving mainly *C. lavaretus* and *C. peled* (Leithner & Wanzenböck, 2015; Lahnsteiner & Kletzl, 2015; Borchert et al., 2017; Stejskal et al., 2018; Esmaeilzadeh-Leithner & Wanzenböck, 2018). In North America there is ongoing and renewed interest in restoration and enhancement of coregonids (Bronte et al., 2017), and consequently more studies on larviculture of coregonids have appeared from the Great Lakes (*C. artedi*: Fischer et al., 2016; Johnson et al., 2017; *C. hoyi*: Loftus, 2017 oral presentation) and elsewhere (Whitelaw et al., 2015). Interestingly, studies on both continents revealed largely consistent results. Several studies identified similar commercial dry feeds to be suitable for initial feeding of coregonids (i.e., Gemma Micro for cisco [Fischer et al., 2016] and for European whitefish [Esmaeilzadeh-Leithner & Wanzenböck, 2018]).

Fingerlings and grow-out

Production of age-0 juveniles and grow-out to marketable-size fish or brood fish has been differentially emphasized. For large-scale juvenile production in ponds, harvest levels of 5000–15000 fingerlings (9–12 cm, 4–10 g) per hectare have been reported (Heinimaa, 2011 oral presentation). Fingerlings may be sold to fish managers of lakes for stocking or they might be used for extended grow-out to marketable-size fish. The latter is done in Finland primarily using net cages in marine or brackish environments similar to salmon production. The transition to salt water is a challenge and is often facilitated using vaccinations against vibriosis and furunculosis (Lönnström et al., 2001; Koskela et al., 2004). Larvae reared in illuminated net cages might be transferred to larger net cages as they grow and are trained to accept dry diets, typically trout or salmon starter feeds (protein content: 50–60%, fat: approx. 10%) and gradually switching to grower feeds (approx. 45% protein, 30% fat). Fish might also be transferred to indoor or outdoor tanks and fed salmonid dry diets for grow-out. Most often, however, the grow-out of fingerlings to table fish is done using juveniles raised intensively on dry diets (see previous section). Various tank systems are applied and mostly commercial salmonid feeds are used (Harris, 1992; Fischer et al., 2016; Szczepkowski et al.,

2006; Siikavuopio et al., 2012; Goebel et al., 2017). In Finland, specific feeds for whitefish (*C. lavaretus*) were developed (Ruohonen et al., 2003; Vielma et al., 2003; Jokinen, 2003). Recirculating aquaculture systems (RAS) are increasingly used for coregonid grow-out (Dalsgaard et al., 2013; Wunderlich et al., 2011; Fischer et al., 2016; Matousek et al., 2017). In RAS systems the water from fish tanks is filtered mechanically, mostly with drum filters, and biologically using various biofilters. The water is stripped of CO_2 and enriched with O_2 and sometimes disinfected (often using UV light and/or ozone) before water is returned to the fish tanks. A recent advancement in coregonid culture is the establishment of a genetic breeding program for whitefish in Finland (Quinton et al., 2007; Kause et al., 2011; Kankainen et al., 2016; Janhunen et al., 2017). They used a multi-trait animal model to specifically select for growth (both in fresh and in salt water), age-at-maturity, and shape.

Stocking and marking

Stocking of coregonids is primarily done with larval and juvenile fish (Van Oosten, 1942; Todd, 1986a). For many stocking programs the rationale is to overcome large and unpredictable mortality during the egg stage. Eggs are incubated using the methods described above and newly hatched, unfed larvae are stocked to lakes (e.g., Lake Constance: Todd, 1986b; Eckmann, 2012). When the goal is to produce juveniles, they might be stocked to ponds (Salojärvi, 1986; Bodaly, 1986; Leskelä et al., 2007; Heinimaa, 2011) or illuminated net cages (Sichrovsky et al., 2013). Hatching may be delayed using thermal controls in order to stock larvae when more favourable zooplankton densities have developed in spring (Luczynski, 1984). Marking methods for larval coregonids are based on incorporation of fluorescence dyes (fluorochromes) into otholiths by immersion of eggs (Ruhlé & Winecki-Kühn, 1992; Rojas-Beltran et al., 1998) or larvae (Nagiec & Nagiec, 1983; Dabrowski & Tsukamoto, 1986; Eckmann et al., 1998; Martyniak et al., 2013) or indirectly with feed (Johnson et al., 2017; Stanczak et al., 2017). Measuring the effectiveness of stocking coregonid larvae and early juveniles has been attempted several times (Todd, 1986a; Champigneulle & Gerdeaux, 1992; Eckmann et al., 1998; Eckmann, 2012) revealing variable results. Stocking age-0 fingerlings (often produced in ponds or net cages) is widespread (Bodaly, 1986; Salojärvi, 1988) and overcomes mortality risks during early development. Marking fingerlings can be accomplished using microtags (Meng et al., 1986; Fischer et al., 2016), spray-marking (Leskelä et al., 1998; Leskelä et al., 2004), passive integrated transponder tags (Zakęś et al., 2017), or fin clipping (Fischer et al., 2016). Effectiveness of stocking with various developmental stages was assessed in North America (Todd, 1986a; reviewed in Lasenby et al., 2001) and Europe (Salojärvi, 1986; Salojärvi & Huusko, 1990; Gerdeaux, 2004; Leskelä et al., 2004; Eckmann et al., 2007). Modeling of stocking different life stages and effects on whitefish population dynamics under climate change was undertaken by Ficker et al. (2016).

Conclusions

The comparison of aquaculture practices between continents reveals more similarities than differences. Methods applied correspond widely, as they have been taken from internationally published literature or have been developed based on similar requirements of different coregonid species. The corresponding optimal temperature ranges for egg development serve as an example, along with the identification of similar, highly successful commercial dry feeds for larval start-feeding. Literature reviewed here revealed higher numbers of publications for European coregonids, however, they often focus on particular details of coregonid culture. Publications on North American coregonids include more complete culture manuals or protocols covering the entire life cycle (Harris, 1992; Fischer et al., 2016). Comparable European manuals are rarely accessible since they are often published in non-English languages such as Finnish (e.g., Koskela et al., 2002). Over time, the approaches towards coregonid cultivation and enhancement were largely similar, however, in recent decades disparities in aquaculture practices between continents seem to be related primarily to different socio-economic context and approaches. In Eurasia the production of stocking-size fish, specifically of age-0 juveniles, is mainly done in low intensity situations (i.e., in ponds of variable sizes). There are fairly large markets for stocking-size European whitefish based on private producers. The production of whitefish in high intensity systems is clearly dedicated to farming of marketable-sized fish of 300–500 g fresh weight. In North America the production of age-0 juveniles is mainly accomplished within governmental programs and typically conducted in intensively managed systems with goals to produce fish for restoration and stock enhancement.

References

Bergot, P., Charlon, N. & Durante, H., 1986: The effects of compound diets feeding on growth and survival of coregonid larvae. – Arch. Hydrobiol. Spec. Issues Advanc. Limnol. 22: 265–272.

Borchert, R., Horn, T. & Luft, P., 2017: Maraena whitefish (*Coregonus maraena*) larvae reveal enhanced growth during first feeding with live *Artemia* nauplii. – Arch. Polish Fish. 25: 3–10.

Bodaly, R. A., 1986. Biology, exploitation and culture of coregonid fishes in Canada. – Advanc. Limnol. 22: 1–31.

Braum, E., 1964: Experimentelle Untersuchungen zur ersten Nahrungsaufnahme von Jungfischen von Blaufelchen (*Coregonus wartmanni* BLOCH), Weißfelchen (*Coregonus fera* Jurine) und Hechten (*Esox lucius* L.). – Arch. Hydrobiol. (Suppl. 28): 183–244.

Bronte, C. R., Bunnell, D. B., David, S. R., Gordon, R., Gorsky, D., Millard, M. J., Read, J., Stein, R. A. & Vaccaro, L., 2017: Report from the Workshop on Coregonine Restoration Science. – U.S. Geological Survey Open-File Report 2017 – 1081. 23 p. https://doi.org/10.3133/ofr20171081

Champigneulle, A., Boutry, E., Dewaele, P. & Maufoy, C., 1986: Rearing of larvae of lake Leman coregonids in France. Preliminary data on the production in small ponds, illuminated cages and tanks. – Arch. Hydrobiol. Spec. Issues Advanc. Limnol. 22: 241–264.

Champigneulle, A. & Gerdeaux, D., 1992: Survey of experimental stockings [1983–85] of Lake Geneva with spring-prefed *Coregonus lavaretus* fry [3-4.5 CM]. – Pol. Arch. Hydrobiol. 39: 721–729.

Ciereszko, A., Dietrich, G. J., Wojtczak, M., Sobocki, M., Hliwa, P., Kuzminski, H., Dobosz, S., Sowinska, M. & Nynca, J., 2008: Characterization and cryopreservation of whitefish (*Coregonus lavaretus* L.) semen from Lake Lebsko. – Fundam. Appl. Limnol. 173: 59–65.

Cingi, S., Keinänen, M., & Vuorinen, P. J., 2010: Elevated water temperature impairs fertilization and embryonic development of whitefish *Coregonus lavaretus*. – J. Fish Biol. 76: 502–521.
Colby, P. J. & Brooke, L. T., 1973: Effects of temperature on embryonic development of lake herring (*Coregonus artedii*). – J. Fish. Res. Board Can. 30: 799–810.
Cook, A. M., Bradford, R. G. & Bentzen, P., 2014: Hydroacoustic tracking of the endangered Atlantic whitefish (*Coregonus huntsmani*); comparative analysis from wild and hatchery reared populations. – Environ. Biol. Fishes 97: 955–964.
Corti , M., De Bonfils, G., Natili, G., Arlati, G. & Cataudella, S., 1995: Whitefishes (genus Coregonus) in Italy: Species distinction and geographic variation. – Bolletino di zoologia 62: 305–312. DOI: 10.1080/11250009509356080
Czerkies, P., Brzuzan, P., Kordalski, K. & Luczynski, M., 2001: Critical partial pressures of oxygen causing precocious hatching in *Coregonus lavaretus* and *C. albula* embryos. – Aquaculture 196: 151–158.
Dabrowski, K., Charlon, N., Bergot, P. & Kaushik, S., 1984: Rearing of coregonid (*Coregonus schinzi palea* cuv. et val.) larvae using dry and live food I. Preliminary data. – Aquaculture 41: 11–20.
Dabrowski K. & Tsukamoto K., 1986: Tetracycline tagging in coregonid embryos and larvae. – J. Fish Biol. 29: 691–698.
Dabrowski, K. & Poczyczyński, P., 1988: Laboratory experiment and mass rearing of coregonid fish fed exclusively on dry diets. – Aquaculture 69: 307–316.
Dalsgaard, J., Lund, I., Thorarinsdottir, R., Drengstig, A., Arvonen, K. & Pedersen, P. B. 2013: Farming different species in RAS in Nordic countries: Current status and future perspectives. – Aquac. Eng. 53: 2–13.
Dobosz, S. & Kuzminski, H., 1997: Full cycle production of the Pomeranian Gulf whitefish. – Pol. Arch. Hydrobiol. 44: 287–292.
Drouin, M. A., Kidd, R. B. & Hynes, J. D., 1986: Intensive culture of lake whitefish (*Coregonus clupeaformis* Mitchill) using *Artemia* and artificial feed. – Aquaculture 59: 107–118.
Ebener, M. P., Kinnunen, R. E., Schneeberger, P. J., Mohr, L. C., Hoyle, J. A. & Peeters, P., 2008: Management of commercial fisheries for lake whitefish in the Laurentian Great Lakes of North America. – In: Schechter, M. G., Leonard, N. J., Taylor, W. W. (eds.): International governance of fisheries ecosystems: learning from the past, finding solutions for the future. – American Fisheries Society, Bethesda, Maryland, pp. 99–143.
Eckmann, R., 1974: Das Wachstum der Brütlinge des Sandfelchens *Coregonus fera* Jurine, bei Anfütterung mit Nauplien von *Artemia salina* und verschiedenen künstlichen Futtermitteln. – Zulassungsarbeit für das wissenschaftliche Lehramt an Gymnasien. – Limnologisches Institut der Universität Freiburg, Konstanz.
Eckmann, R., 1987: A comparative study on the temperature dependence of embryogenesis in three coregonids (*Coregonus* spp) from Lake Constance. – Schweizerische Zeitschrift für Hydrologie – Swiss Journal of Hydrology 49: 353–363.
Eckmann, R., 1991. A hydroacoustic study of the pelagic spawning behavior of whitefish (*Coregonus lavaretus*) in Lake Constance. – Can. J. Fish. Aquat. Sci. 48: 995–1002.
Eckmann, R., 2012: Massive stocking with hatchery larvae may constrain natural recruitment of whitefish stocks and induce unwanted evolutionary changes. – Advanc. Limnol. 63: 325–336.
Eckmann, R., 2013: A Review of the Population Dynamics of Coregonids in European Alpine Lakes. – Advanc. Limnol. 64: 3–24. http://dx.doi.org/10.1127/1612-166X/2013/0064-0002
Eckmann, R. & Kausch, H., 1976: Fütterung von Felchenbrut mit künstlichen Futtermitteln. – Der Fischwirt 26: 9–11.
Eckmann, R., Czerkies, P., Helms, C. & Kleibs, K., 1998: Evaluating the effectiveness of stocking vendace (*Coregonus albula* (L.)) eleutheroembryos by alizarin marking of otoliths. – Advanc. Limnol. 50: 457–463.
Eckmann, R., Kugler, M. & Ruhlé, C., 2007: Evaluating the success of large-scale whitefish stocking at Lake Constance. – Advanc. Limnol. 60: 361–368.
Enz, C. A., Schäffer, E. & Müller, R., 2001: Importance of Diet Type, Food Particle Size, and Tank Circulation for Culture of Lake Hallwil Whitefish Larvae. – N. Am. J. Aquacult. 63: 321–327.

Esmaeilzadeh-Leithner, S. & Wanzenböck, J., 2018: Suitability of two agglomerated commercial microdiets for rearing larvae of different strains of *Coregonus lavaretus* under cold-water conditions. – Aquac. Nutr. 24: 260–268.

Ficker, H., Mazzucco, R., Gassner, H., Wanzenböck, J. & Dieckmann, U., 2016: Stocking strategies for a pre-alpine whitefish population under temperature stress. – Ecol. Modell. 320: 170–176.

Fischer, G. J., Holmes, K. L. & Wiermaa, E. A., 2016: Lake herring (*Coregonus artedi*) intensive culture manual. – Downloaded (15.1.2018): https://www.uwsp.edu/cols-ap/nadf/Project%20Results/Project%20Reports/Lake%20Herring/UWSP%20NADF%20Lake%20Herring%20Manual.pdf

Forstner, H., Hinterleitner, S., Mähr, K. & Wieser, W., 1983: Towards a Better Definition of «Metamorphosis» in Coregonus sp.: Biochemical, Histological, and Physiological Data. Canadian Can. J. Fish. Aquat. Sci. 40: 1224–1232.

Gabrielyan, B. & Khosrovyan, A., 2004: Stock and fishery dynamics of *Coregonus lavaretus* in changing ecological conditions of Lake Sevan, Armenia. – Ecohydrology & Hydrobiology 4: 519–525.

Gallego, V. & Asturiano, J. F., 2018: Sperm motility in fish: technical applications and perspectives through CASA-Mot systems. – Reproduction, Fertility and Development 30: 820–832.

Gerdeaux, D., 2004: The recent restoration of the whitefish fisheries in Lake Geneva: the roles of stocking, reoligotrophication, and climate change. – Ann. Zool. Fenn. 41: 181–189.

Gillet, C., 1991: Egg production in a whitefish (*Coregonus shinzi palea*) brood stock: effects of photoperiod on the timing of spawning and the quality of eggs. – Aquat. Living Resour. 4: 33–39.

Goebel, S. E., Baer, J. & Geist, J., 2017: Effects of temperature and rearing density on growth of juvenile European whitefish (*Coregonus macrophthalmus*) in aquaculture. – Fundam. Appl. Limnol. 189: 257–266.

Gunkel, G., 1979: Laboratory experiments on the cultivation of young whitefish, *Coregonus fera* J.: Food intake, gross growth-efficiency and growth of the fry. 211–242. – In: Styczynska – Jurewicz, E. T., Backiel, E., Jaspers & G. Persoone (eds.) Cultivation of Fish Fry and its Live Food. European Mariculture Society (now: European Aquaculture Society), Special Publication No. 4 (1979), 534 pp.

Harris, K., 1992: Techniques used for the fully-intensive culture of lake whitefish (*Coregonus clupeaformis*) larvae and yearlings in Ontario, Canada. – Pol. Arch. Hydrobiol. 39: 713–720.

Harris, K. C. & Hulsman, P. F., 1991: Intensive culture of lake whitefish (*Coregonus clupeaformis*) from larvae to yearling size using dry feeds. – Aquaculture 96: 255–268.

Harrod, C., Griffiths, D., Rosell, R. & McCarthy, T. K., 2002: Current status of the pollan (*Coregonus autumnalis* Pallas 1776) in Ireland. – Advanc. Limnol. 57: 627–638.

Heinimaa, P., Koskela, J., Koskinen, H., Määttä, V. & Vehviläinen, H., 2011: Aquaculture of Coregonids in Finland. Oral presentation during the 11th International Symposium on the Biology and Management of Coregonid Fishes, held in Mondsee, Austria. – Downloaded (16.1.2018) at http://www.qhyyw.cn/upload/2013-12/31/HeinimaaAquacultureofCoregonidsinFinland.pdf

Hoagman, W. J., 1974: Vital activity parameters as related to the early life history of larval and post-larval lake whitefish (*Coregonus clupeaformis*). – In: Blaxter, J.H.S. (ed.) The early life history of fish, pp. 547–558. Springer, Berlin, Heidelberg.

Hofer, R. & Bürkle, O., 1986: Daily food consumption, gut passage rate and protein utilization in whitefish larvae (Coregonus sp.). – Arch. Hydrobiol. Spec. Issues Advanc. Limnol. 22: 189–196.

Holt, G. J., Webb, K. A. & Rust, M. B., 2011: Microparticulate diets: Testing and evaluating success. – In: Joan Holt G. (ed.): Larval fish nutrition pp. 353–372. Chichester: John Wiley & Sons, 435.

Hooper, G. W., 2006. Techniques used for the intensive culture of Lake Whitefish (*Coregonus clupeaformis*) in Ontario, Canada. In Aquaculture Canada^OM 2004–Proceedings of Contributed Papers–Canadian Freshwater Aquaculture Symposium. AAC Special Publication No. 11. Part of the 21st Annual Meeting of the Aquaculture Association of Canada, Québec City, Québec, October 17–20, 2004. (p. 169). http://aquacultureassociation.ca/wp-content/uploads/bsk-pdf-manager/2017/01/Canadian-Freshwater-Aquaculture-Symposium-Aquaculture-Canada-2004-Proceedings-of-Contributed-Papers.pdf#page=171

Internet 1: Video showing angling for brood stock of whitefish by the local anglers' association of Irrsee (Austria). Comment in German. Downloaded from http://www.sab.at/aktuell/sab-videos/video/11-schonende-laichgewinnung-am-irrsee-teil-1.html on July 23, 2018.

Jäger, T., 1986: Economic aspects of a coregonid culture in illuminated net cages. – Arch. Hydrobiol. Spec. Issues Advanc. Limnol. 22: 231–240.
Janhunen, M., Nousiainen, A., Koskinen, H., Vehviläinen, H. & Kause, A., 2017: Selection strategies for controlling muscle lipid content recorded with a non-destructive method in European whitefish, *Coregonus lavaretus*. – Aquaculture 481: 229–238.
Johnson, J. E., Fiedler, D. G., Hughes, M. & Espinoza, E., 2017: Pilot Cisco Egg Take and Culture Study. Michigan Department of Natural Resources, Fisheries Report 18, Lansing. https://www.michigan.gov/documents/dnr/FR18_553471_7.pdf
Jokikokko, E. & Huhmarniemi, A., 2014: The large-scale stocking of young anadromous whitefish (*Coregonus lavaretus*) and corresponding catches of returning spawners in the River Tornionjoki, northern Baltic Sea. – Fish. Manag. Ecol. 21: 250–258.
Jokinen, E. I., Vielma, J., Aaltonen, T. M. & Koskela, J., 2003: The effect of dietary phosphorus deficiency on the immune responses of European whitefish (*Coregonus lavaretus* L.). – Fish Shellfish Immunol. 15: 159–168.
Kankainen, M., Setälä, J., Kause, A., Quinton, C., Airaksinen, S. & Koskela, J., 2016: Economic values of supply chain productivity and quality traits calculated for a farmed European whitefish breeding program. – Aquac. Econ. Manag. 20: 131–164.
Karjalainen, J., Jokinen, L., Keskinen, T. & Marjomäki, T. J., 2016: Environmental and genetic effects on larval hatching time in two coregonids. – Hydrobiologia 780: 135–143.
Kausch, H. & Zimmermann, C., 1976: Nahrungsausnutzung und Wachstum junger Sandfelchen (*Coregunus fera* Jurine 1825) bei Fütterung mit Teichplankton. – Arch. Hydrobiol. Supplement 48 (Falkau-Arbeiten 10): 191–206.
Kause, A., Quinton, C., Airaksinen, S., Ruohonen, K. & Koskela, J., 2011: Quality and production trait genetics of farmed European whitefish. – J. Anim. Sci. 89: 959–971.
Kerr, S. J., 2006. An historical review of fish culture, stocking and fish transfers in Ontario, 1865–2004. Fish and Wildlife Branch. Ontario Ministry of Natural Resources. Peterborough, Ontario. 154 p. + appendices. www.ontla.on.ca/library/repository/mon/16000/259553.pdf
Koskela, J., 1988: Rearing of larvae of the whitefish *Coregonus muksun* Pallas with artificial diets. – Finnish Fish. Res. 9: 333–337.
Koskela, J., 1992: Growth rates and feeding levels of European whitefish (*Coregonus lavaretus*) under hatchery conditions. – Pol. Arch. Hydrobiol. 39: 731–737.
Koskela, J., 1995: Influence of dietary protein levels on growth and body composition of whitefish (*Coregonus lavaretus*). – Arch. Hydrobiol. Spec. Issues Advanc. Limnol. 46: 331–338.
Koskela, J., Määttä, V., Vielma, J., Rahkonen, R., Forsman, L., Setälä, J. & Honkanen, A., 2002: Siian kasvatus ruokakalaksi (Table fish farming of whitefish). Riista-ja kalatalouden tutkimuslaitos, Helsinki (in Finnish). https://jukuri.luke.fi/bitstream/handle/10024/537238/951-76-359-X-siian-kasvatus-2002-opt.pdf?sequence=3
Koskela, J., Rahkonen, R., Pasternack, M. & Knuutinen, H., 2004: Effect of immunization with two commercial vaccines on feed intake, growth, and lysozyme activity in European whitefish (*Coregonus lavaretus* L.). – Aquaculture 234: 41–50.
Kostiunichev V. V., Kniazeva L. M. & Shumilina, A. K., 2012: Metodicheskie rekomendatsii po yrashchivaniiui formirovaniiu remontno-matochnykh stad sigovykh ryb (peliad', chir, muksun) v industrial'nykh uslovi iakh na iskusstvennykh kormakh [Methodical recommendations on breeding and formation of brood stock of whitefishes (peled, roundnose whitefish, muksun) in industrial conditions using artificial feeds]. – Sbornik metodicheskikh rekomendatsii po industrial'nomu vyrashchivaniiu sigo vykh ryb dlia tselei vosproizvodstva i tovarnoi akvakul'tury. Saint-Petersburg, GosNIORKh, pp. 103–131.
Kristofferson, A. H., 1978: Evidence for the existence of subpopulations of lake whitefish, *Coregonus clupeaformis* (Mitchill) in Lake Winnipeg. Master Thesis, University of Manitoba. 94 pp. https://mspace.lib.umanitoba.ca/bitstream/handle/1993/3517/Kristofferson,%20Evidence%20For.pdf?sequence=1
Król, J., Hliwa, P., Polewacz, A., Stabińska, A., Dobosz, S. & Ocalewicz, K., 2017: Effect of 11β-hydroxyandrostenedione on European whitefish *Coregonus lavaretus* (Linnaeus, 1758). –Anim. Reprod. Sci. 184: 187–195.

Lahnsteiner, F., 2005: Carbohydrate metabolism of eggs of the whitefish, *Coregonus* spp. during embryogenesis and its relationship with egg quality. – Comp. Biochem. Physiol. B, Biochem. Mol. Biol. 142: 46–55.

Lahnsteiner, F. & Kletzl, M., 2006: High mortality of embryos of a distinct autochthonous Austrian coregonid population during Zuger jar incubation. – J. Fish Biol. 69: 923–927.

Lahnsteiner, F. & Kletzl, M., 2015: On-feeding and juvenile production of coregonid species with formulated dry feeds: Effects on fish viability and digestive enzymes. – J. Agric. Sci. 7: 48–58.

Lahnsteiner, F. & Kletzl, M., 2016: Disinfection of non-hardened *Coregonus lavaretus* eggs with iodophor solution: effect on embryo and larvae viability and on egg hardening. – Aquaculture Research 47: 3694–3696.

Lahnsteiner, F., Weismann, T. & Patzner, R. A., 1995: A uniform method for cryopreservation of semen of the salmonid fishes *Oncorhynchus mykiss* (Walbaum), *Salmo trutta f. fario* L., *Salmo trutta f. lacustris* L., *Coregonus* sp.. – Aquac. Res. 26: 801–807. doi:10.1111/j.1365-2109.1995.tb00873.x

Lahnsteiner, F., Kletzl, M. & Weismann, T., 2009: The risk of parasite transfer to juvenile fishes by live copepod food with the example *Triaenophorus crassus* and *Triaenophorus nodulosus*. – Aquaculture 295: 120–125.

Lasenby, T. A., S. J. Kerr & G. W. Hooper. 2001: Lake whitefish culture and stocking: An annotated bibliography and literature review. – Fish and Wildlife Branch, Ontario Ministry of Natural Resources. Peterborough, Ontario. 72 p. + appendices. Downloaded (17.1.2018) from: http://www.ontla.on.ca/library/repository/mon/3000/10294113.pdf

Leithner, S. & Wanzenböck, J., 2015: Rearing larvae of different strains of Coregonus lavaretus under cold water conditions: Comparison of a special cold-water line with a standard agglomerated microdiet. – J. Agric. Sci. 7: 28–36. doi:10.5539/jas.v7n5p28

Leskelä, A., Friman, T. & Hudd, R., 1998: Stress response of whitefish fingerlings marked with the fluorescent pigment spraying method. – Advanc. Limnol. 50: 479–485.

Leskelä, A., Jokikokko, E., Huhmarniemi, A., Siira, A. & Savolainen, H., 2004: Stocking results of spray-marked one-summer old anadromous European whitefish in the Gulf of Bothnia. – Ann. Zool. Fenn. 41: 171–179.

Leskelä, A., Sutela, T. & Ingman, H., 2007: Quality, diet and growth of one-summer old European whitefish (*Coregonus lavaretus* L.) fingerlings produced in ponds and net-cages and released in the Finnish Archipelago Sea. – Advanc. Limnol. 60: 213–220.

Lim, M. Y. T., Manzon, R. G., Somers, C. M., Boreham, D. R. & Wilson, J. Y., 2017. The effects of fluctuating temperature regimes on the embryonic development of lake whitefish (*Coregonus clupeaformis*). – Comp. Biochem. Physiol. A, Mol. Integr. Physiol. 214: 19–29.

Lönnström, L. G., Rahkonen, R., Lunden, T., Pasternack, M., Koskela, J. & Gröndahl, A., 2001: Protection, immune response and side-effects in European whitefish (*Coregonus lavaretus* L.) vaccinated against vibriosis and furunculosis. – Aquaculture 200: 271–284.

Loftus, K., 2017: Development of culture practices and captive broodstocks for (*Coregonus hoyi*) to support bi-national efforts to restore the species to Lake Ontario. Oral presentation during the 13th International Symposium on the Biology and Management of Coregonid Fishes, held in Bayfield, Wisconsin, USA.

Luczynski, M., 1984: A technique for delaying embryogenesis of vendace (*Coregonus albula* L.) eggs in order to synchronize mass hatching with optimal conditions for lake stocking. – Aquaculture 41: 113–117.

Luczynski, M., 1985: Survival of *Coregonus albula* (L.)(Teleostei) embryos incubated at different thermal conditions. – Hydrobiologia 121(1): 51–58.

Lundin, M., Calamnius, L. & Fjälling, A., 2015: Size selection of whitefish (*Coregonus maraena*) in a pontoon trap equipped with an encircling square mesh selection panel. – Fish. Res. 161: 330–335. DOI: 10.1016/j.fishres.2014.08.020.

Maitland, P. & Lyle, A. A., 2013: Ex situ and in situ approaches, including assisted reproduction, for the conservation of native species of charr (Salmonidae) and whitefish (Coregonidae) in Scotland. – Int. Zoo. Yearb. 47: 129–139. DOI: 10.1111/j.1748-1090.2012.00192.x

Mamcarz, A., 1988: Development of schooling behaviour in coregonid larvae in illuminated cages. – Finnish Fish. Res. 9: 232–327.

Mamcarz, A., 1995: Rearing of coregonid (*Coregonus* sp.) larvae in illuminated cages: a review. – Arch. Hydrobiol. Spec. Issues Advanc. Limnol. 46: 287–292.

Mamcarz, A. & Kozlowski, J., 1992: Rearing peled (*Coregonus peled* Gmel.) larvae in illuminated cages with supplemental utilization of artificial feed. – Pol. Arch. Hydrobiol. 39: 703–711.

Marciak, Z., 1979: Food preference of juveniles of three coregonid species reared in cages. Pages 127-137. – in: Styczynska – Jurewicz, E., Backiel, T., Jaspers, E. & Persoone, G. (eds.) Cultivation of Fish Fry and its Live Food. – European Mariculture Society (now: European Aquaculture Society), Special Publication No. 4: 534 pp.

Martyniak, A., Stańczak, K., Kozłowski, J., Mierzejewska, K., Wziątek, B., Lejk, A. M. & Hliwa, P., 2013: Alizarin mark retention in the otoliths of whitefish (*Coregonus lavaretus f. lavaretus* L.) from Lake Łebsko, Poland. – Advanc. Limnol. 64: 83–89.

Marjomäki, T. J., Auvinen, H., Helminen, H., Huusko, A., Sarvala, J., Valkeajärvi, P., Viljanen, M. & Karjalainen, J., 2004: Spatial synchrony in the inter-annual population variation of vendace (*Coregonus albula* (L.)) in Finnish lakes. – Ann. Zool. Fenn. 41: 225–240.

Matousek, J., Stejskal, V., Prokesova, M. & Kouril, J., 2017: The effect of water temperature on growth parameters of intensively reared juvenile peled *Coregonus peled*. – Aquac. Res. 48: 1877–1884.

Medgyesy, N. & Wieser, W., 1982: Rearing whitefish (Coregonus lavaretus) with frozen zooplankton by means of a new feeding apparatus. – Aquaculture 28: 327–337.

Meng, H. J., Müller, R. & Geiger, W., 1986: Growth, mortality and yield of stocked coregonid fingerlings identified by microtags. – Arch. Hydrobiol. Spec. Issues Advanc. Limnol. 22: 319–325.

Mikolajczyk, T., Kuzminski, H., Dobosz, S., Goryczko, K. & Enright, W. J., 2007: The effects of Gonazon™, a commercially available GnRH analogue, on induction of ovulation and egg quality in cultured European whitefish. – Advanc. Limnol. 60: 187–194.

Mueller, C. A., Eme, J., Manzon, R. G., Somers, C. M., Boreham, D. R. & Wilson, J. Y., 2015: Embryonic critical windows: changes in incubation temperature alter survival, hatchling phenotype, and cost of development in lake whitefish (*Coregonus clupeaformis*). – J. Comp. Physiol. B 185: 315–331.

Mueller, C. A., Doyle, L., Eme, J., Manzon, R. G., Somers, C. M., Boreham, D. R. & Wilson, J. Y., 2017: Lipid content and fatty acid profile during lake whitefish embryonic development at different incubation temperatures. – Comp. Biochem. Physiol. A, Mol. Integr. Physiol. 203: 201–209.

Müller, R., 2007: The re-discovery of the vanished» Edelfisch» *Coregonus nobilis* Haack, 1882, in Lake Lucerne, Switzerland. – Advanc. Limnol. 60: 419–430.

Murray, D. S., Bain, M. M. & Adams, C. E., 2013: Adhesion mechanisms in European whitefish *Coregonus lavaretus* eggs: is this a survival mechanism for high-energy spawning grounds? – J. Fish Biol. 83: 1221–1233.

Næsje, T. F. & Jonsson, B., 1988: Impacted stress: a causal agent of reduced whitefish (*Coregonus lavaretus*) egg incubation time. – Can. J. Fish. Aquat. Sci. 45: 27–31.

Nagiec, M. & Nagiec, C., 1983: Marking of juvenile whitefish (*Coregonus lavaretus* L.) by tetracycline antibiotics. – Roczniki Nauk Rolniczych. Seria H Rybactwo 100: 107–114.

Nynca, J., Dietrich, G. J., Fopp-Bayat, D., Dietrich, M. A., Słowińska, M., Liszewska, E., Karol, H., Martyniak, A. & Ciereszko, A., 2012: Quality parameters of fresh and cryopreserved whitefish (Coregonus lavaretus L.) semen. – J. Appl. Ichthyol. 28: 934–940. doi:10.1111/jai.12055

Oberlercher, T. M. & Wanzenböck, J., 2016: Impact of electric fishing on egg survival of whitefish, Coregonus lavaretus. – Fish. Manag. Ecol. 23(6): 540–547.

Pangle, K. L., Sutton, T. M. & Brown, P. B., 2003: Evaluation of practical and natural diets for juvenile lake herring. – N. Am. J. Aquac. 65: 91–98.

Petr, T., 1999: Fish and Fisheries at high altitudes: Asia. – FAO Fisheries Technical Paper No. 385. http://www.fao.org/docrep/003/x2614e/x2614e00.htm#TopOfPage

Presello, A. J., 2016: Brood Stock Establishment through Hormonal Induction of Gamete Expression and Cryopreservation of Spermatozoa in Bloaters (*Coregonus hoyi*). University of Windsor, Electronic Theses and Dissertations. 5784. https://scholar.uwindsor.ca/etd/5784

Price, J. W., 1940: Time-temperature relations in the incubation of the whitefish, *Coregonus clupeaformis* (Mitchill). – J. Gen. Physiol. 23: 449–468. DOI: 10.1085/jgp.23.4.449

Quinton, C. D., Kause, A., Ruohonen, K. & Koskela, J., 2007: Genetic relationships of body composition and feed utilization traits in European whitefish (*Coregonus lavaretus* L.) and implications for selective breeding in fishmeal-and soybean meal-based diet environments. – J. Anim. Sci. 85: 3198–3208.

Reshetnikov, Y. S. & Bogdanov, V. D., 2011: Features of Reproduction of Whitefishes. – J. Ichthyol. 51: 432–456.

Rissanen, I., 1995: The favourable feeding rate of whitefish (*Coregonus lavaretus* L s.l.) in first feeding at 11 °C temperature. – Arch. Hydrobiol. Spec. Issues Advanc. Limnol. 46: 325–330.

Rissanen, I. & Koskela, J., 1992: Intensive cultivation of various strains of *Coregonus lavaretus*, *Coregonus peled*, and hybrids during the first two rearing seasons. – Pol. Arch. Hydrobiol. 39: 739–749.

Roach, S. M., 1996: Influence of Electrofishing on the survival of Arctic Grayling, Chinook Salmon, Least Cisco, and Humpback Whitefish Eggs. – Alaska Department of Fish and Game, Fishery Manuscript No. 96–1

Rösch, R., 1988: Mass rearing of *Coregonus lavaretus* larvae on a dry diet. – Finnish Fish. Res. 9: 345–351.

Rösch, R., 1992: Food intake and growth of larvae of *Coregonus lavaretus* effect of diet and light. –Pol. Arch. Hydrobiol. 39: 671–676.

Rösch, R., 1995: Rearing of coregonid (*Coregonus* sp.) larvae in tanks: a review. – Arch. Hydrobiol. Spec. Issues Advanc. Limnol. 46: 293–300.

Rösch, R. & Dabrowski, K., 1986: Tests of artificial food for larvae of *Coregonus lavaretus* from Lake Constance. – Arch. Hydrobiol. Spec. Issues Advanc. Limnol. 22: 273–282.

Rojas-Beltran, R. & Gillet, C., 1995: The quality of eggs and larvae of whitefish *Coregonus lavaretus* L. from Lake Léman: effect of female origin. – Arch. Hydrobiol. Spec. Issues Advanc. Limnol. 46: 309–314.

Rojas-Beltran, R., Ruhlé, C., Kugler, M. & Galán, S., 1998: Preliminary study of a mass-marking method for coregonid eggs. – Advanc. Limnol. 50: 465–470.

Rojas-Beltran, R., Balvay, G. & Tunowski, J., 1992a: Survival, growth and feeding of *Coregonus lavaretus* L. fry using three stocking practices in cages submerged in Lake Geneva (France). – Pol. Arch. Hydrobiol. 39: 693–702.

Rojas-Beltran, R., Champigneulle, A., Gillet, C. & Le Rouilly, N., 1992b: Influence of egg source, initial characteristics, and rearing conditions on the growth, survival, and development of *Coregonus lavaretus* L. larvae initially fed on a dry diet. – Pol. Arch. Hydrobiol. 39: 683–691.

Ruhlé, C. & Winecki-Kühn, C., 1992: Tetracycline marking of coregonids at the time of egg fertilization. – Aquat. Sci. 54: 165–175.

Ruohonen, K., Koskela, J., Vielma, J. & Kettunen, J., 2003: Optimal diet composition for European whitefish (*Coregonus lavaretus*): analysis of growth and nutrient utilisation in mixture model trials. – Aquaculture 225(1): 27–39.

Ryzhkov, L. P., 1992: Consumption, assimilation, and utilization of food substances and energy by *Coregonus lavaretus* L. – Pol. Arch. Hydrobiol. 39: 641–649.

Salojärvi, K., 1982: Spawning ecology, larval food supplies and causes of larval mortality in the whitefish (*Coregonus lavaretus* L.)[Finland]. – Pol. Arch. Hydrobiol. 29: 159–178.

Salojärvi, K., 1986: Review of whitefish (*Coregonus lavaretus* L.) fingerling rearing and stocking in Finland. – Arch. Hydrobiol. Spec. Issues Advanc. Limnol. 22: 99–114.

Salojärvi, K., 1988: Effect of the stocking density of whitefish (Coregonus lavaretus L. sl) fingerlings on the fish yield in Lake Peranka, Northern Finland. – Finnish Fish. Res. 9: 407–416.

Salojärvi, K. & Huusko, A., 1990: Results of whitefish, Coregonus lavaretus L., fingerling stocking in the lower part of the Sotkamo water course, northern Finland. – Aquac. Res. 21: 229–244.

Sandlund, O. T., Jonsson, B., Næsje, T. F. & Aass, P., 1991: Year-class fluctuations in vendace, *Coregonus albula* (Linnaeus): Who's got the upper hand in intraspecific competition? – J. Fish Biol. 38: 873–885.

Sandlund, O. T., Diserud, O. H. & Næsje, T. F., 2012: Lessons to learn from 123 years of catch data from a small scale whitefish fishery. – Advanc. Limnol. 63: 371–382.

Sandlund, O. T., Hesthagen, T. & Brabrand, Å., 2013: Coregonid introductions in Norway: well-intended and successful, but destructive. – Advanc. Limnol. 64: 341–358.
Sarosiek, B., Dryl, K., Judycka, S., Dobosz, S., Grudniewska, J. & Kowalski, R. K., 2016: Cryopreservation method for whitefish (*Coregonus lavaretus*) semen possible for use in large-scale fertilization. – Aquac. Res. 47: 4038–4042.
Schurno, M., Schulz, N. & Kuhmann, W., 1995: Rearing of whitefish (*Coregonus lavaretus balticus*) using two different start dry diets and a zooplankton diet in brackish environment. – Arch. Hydrobiol. Spec. Issues Advanc. Limnol. 46: 331–338.
Sebesta, R., Kucharczyk, D., Nowosad, J., Sikora, M. & Stejskal, V., 2018: Effect of temperature on growth and survival of maraena whitefish *Coregonus maraena* (Bloch 1779) larvae in controlled conditions. – Aquac. Res. 49(9): 3151-3157. https://doi.org/10.1111/are.13778
Segner, H. & Rösch, R., 1992: Larvae of *Coregonus lavaretus* fed with dry diet show reversible starvation symptoms during early rearing. – Pol. Arch. Hydrobiol. 39: 623–632.
Sichrowsky, U., Schabetsberger, R., Gassner, H., Kaiser, R., Boufana, B. & Psenner, R., 2013: Cradle or plague pit? Illuminated cages increase the transmission risk of parasites from copepods to coregonids. – Aquaculture 392: 8–15.
Siikavuopio, S., Knudsen, R., Amundsen, P. & Stainar – Saether, B., 2012: Growth performance of European whitefish (*Coregonus lavaretus* (L.)) under a constant light and temperature regime. – Aquac. Res. 43: 1592–1598.
Stańczak, K., Mierzejewska, K., Król, J. & Hliwa, P., 2017: The use of live and frozen *Artemia salina* nauplii enriched with fluorochromes for mass-marking vendace *Coregonus albula* (L.) larvae. – J. Appl. Ichthyol. 33(6): 1173–1177.
Stejskal, V., Matousek, J., Prokesova, M., Podhorec, P., Sebesta, R. & Drozd, B., 2018: Combined effect of weaning time and co-feeding duration on growth and survival of peled *Coregonus peled* (Gmelin) larvae. – Aquac. Nutr. 24: 434–441.
Stockwell, J. D., Ebener, M. P., Black, J. A., Gorman, O. T., Hrabik, T. R., Kinnunen, R. E., Mattes, W. P., Oyadomari, J. K., Schram, S. T., Schreiner, D. R., Seider, M. J., Sitar, S. P. & Yule, D. L., 2009: A Synthesis of Cisco Recovery in Lake Superior: Implications for Native Fish Rehabilitation in the Laurentian Great Lakes. – N. Am. J. Fish. Manag. 29: 626–652. doi:10.1577/M08-002.1
Šusta, J., 1898: Fünf Jahrhunderte der Teichwirtschaft zu Wittingau: Ein Beitrag zur Geschichte der Fischzucht mit besonderer Berücksichtigung der Gegenwart. Mit einer Übersichtskarte des Wittingauer Teichgebietes (in German). – Herrcke & Lebeling, Stettin.
Svinger, V. W. & Kouril, J., 2014: Synchronization of ovulation in cultured northern whitefish (*Coregonus peled*, Gmelin 1788) using [D-Arg^{6}Pro^{9}Net]-sGnRH analogue and its effect on egg quality. – Aquac Res. 45: 834–847. doi:10.1111/are.12025
Szczepkowski, M., Szczepkowska, B. & Krzywosz, T., 2006: The impact of water temperature on selected rearing indices of juvenile whitefish (*Coregonus lavaretus* (L.)) in a recirculating system. – Arch. Polish Fish. 14: 95–104.
Szczepkowski, M., Szczepkowska, B., Krzywosz, T., Wunderlich, K. & Stabiński, R., 2010: Growth rate and reproduction of a brood stock of European whitefish (*Coregonus lavaretus* L.) from Lake Gaładuś under controlled rearing conditions. – Arch. Polish Fish. 18(1): 3–11.
Todd, T. N., 1986a: Artificial propagation of coregonines in the management of the Laurentian Great Lakes. – Advanc. Limnol. 22: 31–50.
Todd, T. N., 1986b: Stocking and natural recruitment of larval coregonines in the Bodensee. – Advanc. Limnol. 22: 337–342.
Uryn, B. A., 1979: Farming of juvenile whitefish *Coregonus lavare*tus (L.) in submerged illuminated cages. 289–297 in: Styczynska – Jurewicz, E., T. Backiel, E. Jaspers & G. Persoone (eds.) Cultivation of Fish Fry and its Live Food. – European Mariculture Society (now: European Aquaculture Society), Special Publication No. 4 (1979): 534 pp.
Van Oosten, J., 1942: Relationship between the plantings of fry and production of whitefish in Lake Erie. – Trans. Am. Fish. Soc. 71: 118–121.
Ventling-Schwank, A. R. & Livingstone, D. M., 1994: Transport and burial as a cause of whitefish (*Coregonus* sp.) egg mortality in a eutrophic lake. – Can. J. Fish. Aquat. Sci. 51: 1908–1919.

Vielma, J., Koskela, J., Ruohonen, K., Jokinen, I. & Kettunen, J., 2003: Optimal diet composition for European whitefish (*Coregonus lavaretus*): carbohydrate stress and immune parameter responses. – Aquaculture 225: 3–16.

Wanzenböck, J., Pamminger-Lahnsteiner, B., Winkler, K. & Weiss, S. J., 2012: Experimental evaluation of the spawning periods of whitefish (*Coregonus lavaretus* complex) in Lake Mondsee, Austria. – Fund. Appl. Limnol. Advanc. Limnol. 63: 89–97.

Winfield, I. J., Adams, C. E., Bean, C. W., Durie, N. C., Fletcher, J. M., Gowans, A. R., Harrod, C., James, J. B., Lyle, A. A., Maitland, P. S. & Thompson, C., 2012: Conservation of the vendace (*Coregonus albula*), the UK's rarest freshwater fish. – Advanc. Limnol. 63: 547–559.

Winkler, K., Pamminger-Lahnsteiner, B., Wanzenböck, J., Weiss, S., 2011: Hybridization and restricted gene flow between native and introduced stocks of Alpine whitefish (*Coregonus* sp.) across multiple environments. – Mol. Ecol. 20: 456–472.

Whitelaw, J., Manríquez-Hernández, J., Duston, J., O'Neil, S. F. & Bradford, R. G., 2015: Atlantic Whitefish (*Coregonus huntsmani*) Culture Handbook. – Fisheries and Oceans Canada, Science Branch, Maritimes Region. Can. Manuscr. Rep. Fish. Aquat. Sci. 3074: vii + 55p. http://publications.gc.ca/collections/collection_2015/mpo-dfo/Fs97-4-3074-eng.pdf

Wood, J., 2016: Current Status of Lake Whitefish in Maine; an Update to MDIFW's 2001 Whitefish Assessment. – Resource Management Documents. Paper 14. http://digitalmaine.com/brm_docs/14

Wunderlich, K., Szczepkowska, B., Szczepkowski, M., Kozłowski, M. & Piotrowska, I., 2011: Impact of daily feed rations for juvenile common whitefish *Coregonus lavaretus* (L.), on rearing indicators and oxygen requirements. – Arch. Polish Fish. 19: 23–30.

Zakęś, Z., Wunderlich, K., Szczepkowski, M. & Rożyński, M., 2017: Tagging juvenile European whitefish (*Coregonus lavaretus* (L.)) with passive integrated transponders—Impact of fish size on growth performance and tag retention. – Aquac. Res. 48(12): 5791–5796.

Zaugg, B. & Pedroli, J.C., 1986: The rearing of young fish in illuminated net cages in Lake Neuchatel, Switzerland. – Arch. Hydrobiol. Spec. Issues Advanc. Limnol. 22: 215–230.

Zitzow, R. E. & Millard, J. L., 1988: Survival and growth of lake whitefish (*Coregonus clupeaformis*) larvae fed only formulated dry diets. – Aquaculture 69: 105–113.

Manuscript received: 17 January 2018
Revisions requested: 26 April 2018
Modified version received: 13 August 2018
Accepted: 5 February 2019

Advanc. Limnol. **66**, p. 329–341
Biology and Management of Coregonid Fishes – 2017

Article

Suitability of different whitefish species from upper Lake Constance for aquaculture

Susanne Goebel[1,2], Jan Baer[1,*,**], and Juergen Geist[2,**]

With 2 figures and 2 tables

Abstract: Decreasing yields of whitefish in upper Lake Constance have prompted considerable interest in exploring the potential for local coregonid aquaculture. This study set out to assess and compare the performance of three local species (*Coregonus macrophthalmus*, *Coregonus arenicolus* and *Coregonus wartmanni*) with an aquaculture-adapted strain of *C. lavaretus* from Finland (JALO-strain, which is a hatchery-reared domestic broodstock) under standard aquaculture conditions. Larvae were raised from eggs over 100-day periods in consecutive years using standardized aquaculture conditions and a commercial pellet diet, with survival and growth monitored as performance indicators. The average egg diameters of *C. arenicolus* and JALO-strain were similar, and significantly larger than those of the other two local species. Growth and survival of both large-egged species was greater than in *C. wartmanni*. Offspring of large *C. macrophthalmus* spawners reached similar length and survival like *C. arenicolus*, but specific growth rates were significantly lower. Eggs from the JALO-strain exhibited similar survival to *C. arenicolus*, and JALO offspring showed significantly better growth rates than any of the three wild forms. Hence, while the offspring of wild coregonids from Lake Constance are less adapted to aquaculture conditions than JALO-strain, the potential for *C. arenicolus* appears promising, particularly if an optimized breeding program capable of maximizing growth can be realized.

Keywords: *Coregonus arenicolus*, *Coregonus macrophthalmus*, *Coregonus wartmanni*, aquaculture suitability, fish farming, local production

Introduction

Whitefish (family Coregonidae) are highly valued for human consumption (Goebel et al., 2017) and stocks have great economic importance (Dreßler, 2013) around the lakes where they occur. Lake Constance, on the borders of Germany, Austria and Switzerland, currently supports three different coregonid species: the nearshore spawning *Coregonus macrophthalmus* (Nüsslin, 1882), the pelagic-spawning *Coregonus wartmanni* (Bloch, 1784) and the ben-

Authors' addresses:
[1] Fisheries Research Station Baden-Württemberg, Argenweg 50/1, 88085 Langenargen, Germany
[2] Technical University of Munich, TUM School of Life Sciences, Department of Life Science Systems, Aquatic Systems Biology Unit, Mühlenweg 22, 85354 Freising, Germany
* Corresponding author: jan.baer@lazbw.bwl.de
**Orcid ID J. Baer: 0000-0001-8388-6684, Orcid ID J. Geist: 0000-0001-7698-3443

DOI: 10.1127/adv_limnol/2021/0059 1612-166X/21/0059 $ 3.25
www.schweizerbart.de

thopelagic-spawning *Coregonus arenicolus* (Kottelat, 1997). All three species have been targeted by professional fishermen for centuries, but yields have declined strongly for two decades. Reasons include reduced phosphorus levels (Baer et al., 2016) and the rapid increase in numbers of three-spined stickleback in the pelagic zone, which has resulted in competition and predation effects on the whitefish larvae (Rösch et al., 2017). In addition, fisheries-induced size selection has been discussed, but appears unlikely to be a main driver (Gum et al., 2014).

Local demand for Lake Constance whitefish (*Coregonus* spp.) from restaurants and markets can no longer be met by the local fishermen, and imported whitefish currently contribute about 50 % to the local market (Dreßler, 2013). Such imports are controversial, both in terms of greatly increased ecological cost of transportation over long distances, and in terms of production chain transparency and customer satisfaction (Madin & Macreadie, 2015). The rearing of local whitefish in flow-through aquaculture system appears to be an attractive yet unexplored alternative (Baer et al., 2016, Goebel et al., 2017a, b), which requires an assessment of the suitability of the three local species for aquaculture.

Supplemental stocking with whitefish larvae has become routine in many different European lakes since the 1980s, following declines in natural coregonid stocks. These activities have prompted several whitefish rearing studies (e.g., Dabrowski, 1984; Dabrowski et al., 1984; Dabrowski & Kaushik, 1985; Luczynski et al., 1986; Champigneulle, 1988; Lahnsteiner & Kletzl, 2015; Hundt et al., 2015), a number of which concerned the rearing of *C. macrophthalmus* and *C. wartmanni* from Lake Constance (Flüchter, 1980; Eckmann et al., 1986; Roesch & Dabrowski, 1986; Roesch, 1987, 1988, 1995; Ruhlé, 1986; Troschel, 1988). This body of work suggests that the success of larval rearing is strongly dependent on first feeding regimes and on the nutritional quality of first feeds, with lipid content being one of the most important nutritional factors affecting survival and growth (Watanabe et al., 1983; Stejskal et al., 2018). In the last decade especially, the quality of larval feeds has greatly improved and successful rearing is now possible exclusively using dry feed (Leithner & Wanzenböck, 2015). However, since most of the larvae raised in European aquaculture are stocked directly back into natural lakes at a very young age, there is little information on whitefish performance during production beyond larval stages. Since pronounced differences in performance under artificial conditions can occur between species or strains (Rösch & Dabrowski, 1986; Leithner & Wanzenböck, 2015), an essential first step towards full aquaculture must be to identify the most suitable species or strains for regional production. To date, the only established aquaculture of whitefish resulting in significant production in Europe is that of *Coregonus lavaretus* in Finland, where the production began with an aptitude test of domestic whitefish forms (Quinton et al., 2007) with regard to survival, growth, dry feed acceptance, and susceptibility to disease (Heinimaa, pers. comm.). This has led to a breeding program and the successful domestication of the anadromous 'JALO'-strain (Siikavuopio et al., 2012) over about 25 years (Heinimaa, pers. comm). JALO production reached 1155 t in 2013 (http: // statdb.luke.fi/PXWeb/pxweb/en/LUKE/LUKE__06%20Kala%20ja%20riista__02%20 Rakenne%20ja%20tuotanto__10%20Vesiviljely/?tablelist=true&rxid=001bc7da-70f4-47c4- a6c2-c9100d8b50db) and the strain now makes up nearly the entire whitefish aquaculture production in Finland (Kankainen et al., 2016). JALO-strain *C. lavaretus* was thus identified as a suitable control for the current study.

This is the first study to directly compare the suitability of all three naturally occurring Lake Constance whitefish species for an aquaculture purpose using the traditional Zug jars breeding and subsequent transfer into a flow-through aquaculture system. Some early experiments were conducted addressing growth of *C. macrophthalmus* and *C. wartmanni* (Rösch, 1987; Eckmann, 1987; Rösch, 1995), but these were all based on feeds which are not produced anymore, with pronounced differences in nutrient and component composition to the pellet diets used in modern aquaculture. To the best of our knowledge, the suitability of *Coregonus arenicolus* for aquaculture has never been assessed before. The lack of essential practical information is a barrier to fish farmers considering the potential for Lake Constance whitefish aquaculture.

We compared growth and survival of wild offspring from three Lake Constance whitefish species (*C. macrophthalmus, C. wartmanni,* and *C. arenicolus*) in parallel with offspring of the domesticated Fennoscandinavian JALO-strain, for the first 100 days after hatching under state-of-the-art aquaculture conditions (e.g., fed with dry feed under constant temperature regime). We hypothesized that the domesticated aquaculture-adapted JALO-strain would outperform all three local species, but that the differences might be small enough to justify an attempt at establishing a local form in aquaculture.

Material and methods

Experimental design

The study was conducted during the winters of 2012/2013 and 2013/2014. In December 2012 and 2013, specimens of all three local whitefish species were caught by gillnet on their traditional spawning grounds in upper Lake Constance (Eckmann, 1987; Rösch, 1987; Hirsch et al., 2013): *C. wartmanni* in the pelagic offshore zone near the surface, *C. macrophthalmus* in shallow parts near the shore and *C. arenicolus* in the shallow littoral zone. Given the contiguous nature of the spawning grounds of *C. macrophthalmus* and C. *arenicolus*, the identity of all individuals used for spawning was confirmed before stripping and fertilization of eggs in order to avoid hybridization. This confirmation was achieved by counting the gill rakers on the first left gill arch: according to Nümann (1978) the mean number of gill rakers for *C. arenicolus* is 25–29, for *C. macrophthalmus* it is 33–43 and for *C. wartmanni* it is 30–40. After mating of fish was done by dry method and group fertilization for 3–5 females and 3–5 males per strain, the eggs of all three species were incubated in the hatchery of the "Fischbrutanstalt Langenargen" according to standard procedures (water temperature 1–2 °C, Rösch, 1995). Whitefish eggs of the JALO-strain were imported in January 2013 and 2014 as eye-point-eggs and incubated in Zug jars in the aquaculture facilities of the Fisheries Research Station Baden-Württemberg. In order to synchronize hatching, the incubation temperature of near-hatch eyed eggs was elevated from 1 °C to 7 °C by a heated-water injection system (gradually adjusted over 12 h), inducing a simultaneous mass-hatching of eggs. Shortly before hatching (in February 2013 and 2014) the diameter [mm] of approximately 150 eye-point-eggs of all four species was measured under a dissecting microscope (AxioVision Zeiss) to the nearest 0.01mm. After hatching, a total of approximately 48,000 healthy yolk sac larvae (12,000 individuals each of *C. macrophthalmus, C. wartmanni, C. arenicolus* and the JALO-strain) were distributed randomly by volumetric measurement into sixteen rectangular 50 L plastic tanks (60 cm*30 cm*28 cm, flat bottom, siphon at the surface with mesh size 60 μm each; four tanks per group; 3,000 individuals per tank; density: 60 larvae L^{-1}) in the aquaculture facilities of the Fisheries Research Station Baden-Württemberg. The tanks were supplied with a constant flow-through of water (~1 L min^{-1}) and a oxygen saturation of around 100%. The water temperature was maintained at 7.0 °C ± 0.2 (standard deviation, SD) until 20 days post hatch, during which time the yolk sacs of all larvae were completely resorbed. The water temperature was then increased slowly over 12 h up to 14.5 °C ± SD 0.3 and remained stable until test termination at day 100. While greater growth rates are known to be possible at warmer temperatures (Goebel et al., 2017a), a temperature below 15 °C was chosen to minimize the risk of disease (i.e., furunculosis *Aeromonas salmonicida* [Rintamäki & Valtonen, 1991] or bacterial gill infections [Harris, 1992]). Fish were fed only a commercial dry feed (sizes 0.1–0.2; 0.2–0.3 and 0.3–0.6 mm according to fish size; crude protein 64 %, crude fat 9 %, 12% ash, gross energy 19.8 KJ g^{-1}) from the same manufacturer (Emsland Aller Aqua, Germany) in both years. Feeding took place five times per day on six days per week using automatic feeders, with the same regime maintained throughout the study following Koskela (1988a) and Rösch (1995), except that feed amounts were increased from 3 g per tank per day on days 5–19 to 6 g per tank per day on days 20–100. A photoperiod regime of 24 h day^{-1} was maintained by artificial lighting (Lumilux daylight lamps, 300 lx). The experiment was terminated after 100 days. Sampling took place at two days post-hatch, 20 days post-hatch and every 20 days thereafter, with 20 larvae collected at random from each tank. Larvae were anaesthetized and killed with clove oil (concentration: 0.1 ml L^{-1}, exposure time: 5 min). According to the standard protocol by Rösch (1988), the total length (mm) and body mass [expressed as dry mass (mg), dried for 24 h at 80 °C in aluminium trays, transferred into an excicator for no further mass loss] were recorded from formalin preserved samples to ensure comparability. The behaviour of the fish in all tanks (e.g., schooling activity, food acceptance) was observed daily and their reaction to disturbance (e.g., after each sampling with a dip net) was recorded with the primary purpose of identifying any unusual behaviour or disease issue that may bias the results. Tanks were siphoned daily to remove food, faeces, and dead fish, which were counted. The specific growth rates (SGR; d^{-1}) were calculated as follows:

$$SGR = \frac{(\ln w_{final} - \ln w_{intitial})}{t} \cdot 100$$

where w_{final} and $w_{initial}$ are the final and initial mean dry weights per tank in g and t is the time in experimental days from Day 2 to Day 100.

The number of fish in each tank was counted individually at the end of the trial so that absolute and cumulative mortality (at 20 days post hatch) could be calculated. Values were expressed as a percentage of the number of stocked larvae.

This study was conducted according to the German Animal Welfare Act (TierSchG) (BGBI, 1972) and with the official approval of the Referat Tierschutz / Regierungspräsidium Tübingen (AZ 35/9185.81-8/ Versuch-Nr. FFS 1/2).

Statistical analyses

Due to nonparametric distribution of some data-sets, the mean lengths and dry weights of fish at 2, 20, 40, 60, 80, and 100 days post hatch were tested for statistical differences by Wilcoxon test for each pair (Sokal & Rohlf, 2003). The Wilcoxon test (rank sums) was used to test for statistical differences in egg diameter between years. *Post hoc* comparisons for egg diameter were made by Wilcoxon test for each pair (Sokal & Rohlf, 2003) after testing for homoscedasticity (Levene test). Differences in SGR between the four groups were analysed using Tukey's HSD test. *Post hoc* comparisons of mortality rates were made after root transformation using Tukey's HSD test (Hayter, 1984).

Results were considered statistically significant at $p < 0.05$. All statistics were performed by JMP (SAS Institute Inc. Cary, North Carolina, USA), Version 13.0.

Results

Parental stock

In 2012/2013 the spawning individuals of *C. wartmanni* and *C. macrophthalmus* used were of similar size (*C. wartmanni*: TL 31 cm, mean weight 280 g; *C. macrophthalmus*: TL 31 cm, mean weight 270 g), whereas spawning *C. arenicolus* were somewhat larger (TL 42 cm, mean weight 650 g). In 2013/2014 spawners of both *C. arenicolus* and *C. wartmanni* were similar in size to the previous year's stocks (*C. arenicolus* TL 40 cm, 620 g; *C. wartmanni* (TL 31 cm, 310 g; while spawning *C. macrophthalmus* were larger in than the previous year (TL 38 cm, mean weight 550 g).

Due to the fact that the eggs of the JALO-strain were obtained from a large commercial brood stock (group fertilization), the exact length and weight of the spawners were not available. However, according to Heinimaa (pers. comm), they had approximately the same length distribution and mean weight as *C. arenicolus*.

Egg comparison

In both years, the eggs of JALO-strain fish were significantly larger than those of the native Lake Constance whitefish species (Table 1). Among the local whitefish species, in both years eggs from *C. arenicolus* were significantly (10–15%) larger than those of *C. macropthalmus* and *C. wartmanni* (Table 1). The egg diameter of *C. arenicolus* did not differ significantly between years (Wilcoxon, $p > 0.05$), but the eggs of *C. wartmanni* and *C. macrophthalmus* were significantly larger in 2014 than in 2013 (Wilcoxon, $p < 0.05$). Conversely, the eggs of the JALO-strain were significantly smaller in 2014 than in 2013 (Wilcoxon, $p < 0.05$).

Table 1. Comparison of egg diameter in mm and SGR of three local whitefish species of Lake Constance (*C. wartmanni, C. macrothphalmus* and *C. arenicolus*) with a Fennoscandinavian strain (JALO) in the years 2013 and 2014 (mean values ± SD, different letters in superscripts indicate significant differences in egg diameter: Wilcoxon test with $p < 0.05$, SGR: Tukey-HSD test with $p < 0.05$).

Year	Parameter	*C. wartmanni*	*C. macrophthalmus*	*C. arenicolus*	JALO
2013	Egg diameter (mm)	$2.49^{d} \pm 0.155$	$2.58^{c} \pm 0.117$	$2.86^{b} \pm 0.128$	$2.92^{a} \pm 0.147$
	SGR	$4.10^{b} \pm 0.39$	$4.11^{b} \pm 0.27$	$4.68^{a,b} \pm 0.28$	$5.22^{a} \pm 0.28$
2014	Egg diameter (mm)	$2.67^{c} \pm 0.120$	$2.69^{c} \pm 0.096$	$2.82^{b} \pm 0.076$	$2.87^{a} \pm 0.142$
	SGR	$3.42^{c} \pm 0.12$	$3.64^{c} \pm 0.20$	$4.17^{b} \pm 0.39$	$5.28^{a} \pm 0.19$

Mortality/survival

Cumulative mortality at day 20 post-hatch was less than 10% for each group and no significant difference was observed between species (Tukey HSD test, $p > 0.05$). At the end of the trial in 2013, no significant difference was detected between the mortality rates of *C. arenicolus* and the JALO-strain (19.5% ± SD 5.3 vs 12.2% ± SD 3.5; Tukey HSD test, $p > 0.05$), but the mortalities of *C. macrophthtalmus* and *C. wartmanni* (36.3% ± SD 15.2 and 41.2% ± SD 7.4) were significantly higher (Tukey HSD test, $p < 0.05$). In 2014, *C. wartmanni* again showed the highest mortality rates (35.1% ± SD 3.6; Tukey HSD test, $p < 0.05$), but no difference was observed in mortality between the other three groups (*C. arenicolus* 24.6% ± SD 3.5, JALO-strain 24.4% ± SD 3.3; *C. macrophthalmus* 16.0% ± SD 2.2).

Growth

In both years of the experiment, *C. wartmanni* larvae exhibited the lowest total lengths of any species after hatching, after 20 days, and at the end of the trial (Table 2, Figure 1). Compared to *C. arenicolus* and the JALO-strain, dry mass of *C. wartmanni* was also significantly lower at Day 60 (Figure 1) and Day 80 (Figure 2) in 2013. Of the three local species, *C. arenicolus* larvae reached the greatest total length (Table 2) and the highest dry weight (Figure 1, Figure 2) at the end of the trials in both years. However, the differences in TL and mean weight between *C. arenicolus* and *C. macrophthalmus* were not significant in 2014 (Table 2, Figure 2). In addition, in 2013 the larvae of *C. arenicolus* were significantly larger than the other local species after hatching and after 20 days. From Day 80 post-hatch, specimens of the JALO-strain were significantly longer and had higher dry weights than any of the local whitefish species (Table 2, Figure 1, Figure 2).

In both years, the SGR achieved by JALO-strain and *C. arenicolus* were significantly higher than those of *C. wartmanni* or *C. macrophthalmus* at the end of the trial (Table 1). The growth rates of *C. macrophthalmus* and *C. wartmanni* were consistently lower than for *C. arenicolus* in both years, but the difference was only significant in 2014 (Tukey HSD test, $p > 0.05$) (Table 1).

Table 2. Comparison of larvae lengths in mm of three local whitefish species of Lake Constance (*C. wartmanni*, *C. macrothphalmus* and *C. arenicolus*) with a Fennoscandinavian strain (JALO) between day 2 and 100 post hatch in 2013 and 2014 (mean values ± SD, different letters in superscripts indicate significance, Wilcoxon test: $p < 0.05$).

	Days post hatch	*C. wartmanni*	*C. macrophthalmus*	*C. arenicolus*	JALO-strain
2013	2	$10.32^{c} \pm 0.374$	$11.29^{b} \pm 0.420$	$11.73^{a} \pm 0.155$	$11.05^{b} \pm 0.204$
	20	$12.04^{c} \pm 0.262$	$12.71^{b} \pm 0.237$	$13.42^{a} \pm 0.275$	$13.06^{a,b} \pm 0.535$
	40	$17.39^{b} \pm 0.734$	$17.38^{b} \pm 1.108$	$19.48^{a} \pm 1.889$	$19.73^{a} \pm 1.062$
	60	$24.93^{b,c} \pm 1.912$	$23.05^{c} \pm 0.747$	$27.64^{a,b} \pm 3.795$	$29.68^{a} \pm 3.599$
	80	$31.56^{c} \pm 1.88$	$30.55^{c} \pm 1.861$	$38.97^{b} \pm 6.518$	$43.45^{a} \pm 5.107$
	100	$38.89^{c} \pm 1.838$	$38.86^{c} \pm 2.931$	$49.60^{b} \pm 4.281$	$56.53^{a} \pm 4.183$
2014	2	$10.93^{b} \pm 0.114$	$12.14^{a} \pm 0.208$	$11.94^{a} \pm 0.166$	$10.38^{c} \pm 0.286$
	20	$12.64^{d} \pm 0.152$	$14.00^{a} \pm 0.294$	$13.29^{c} \pm 0.229$	$13.58^{b} \pm 0.138$
	40	$15.51^{b} \pm 0.429$	$17.71^{a} \pm 0.935$	$18.33^{a} \pm 0.792$	$17.38^{a} \pm 1.146$
	60	$21.63^{a} \pm 1.267$	$22.43^{a} \pm 1.108$	$22.88^{a} \pm 0.792$	$20.95^{a} \pm 1.645$
	80	$29.22^{b} \pm 2.865$	$35.37^{a} \pm 3.173$	$27.51^{b} \pm 0.416$	$38.22^{a} \pm 1.352$
	100	$34.30^{c} \pm 1.352$	$40.14^{b} \pm 2.66$	$43.75^{b} \pm 4.288$	$57.86^{a} \pm 1.7$

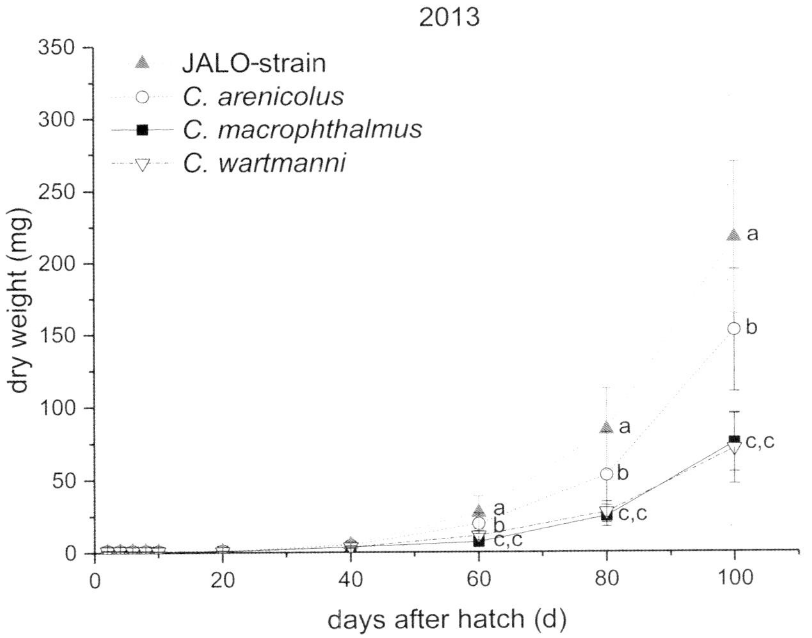

Fig. 1. Dry weight of the three local whitefish species of Lake Constance (*C. arenicolus* (open circle), *C. macrophthalmus* (black quadrat), *C. wartmanni* (open triangle)) compared with a Fennoscandinavian strain (JALO (grey triangle)) as mean ± standard deviation between day 2 and 100 post hatch in 2013, different letters indicate significant differences, Wilcoxon test: $p < 0.05$.

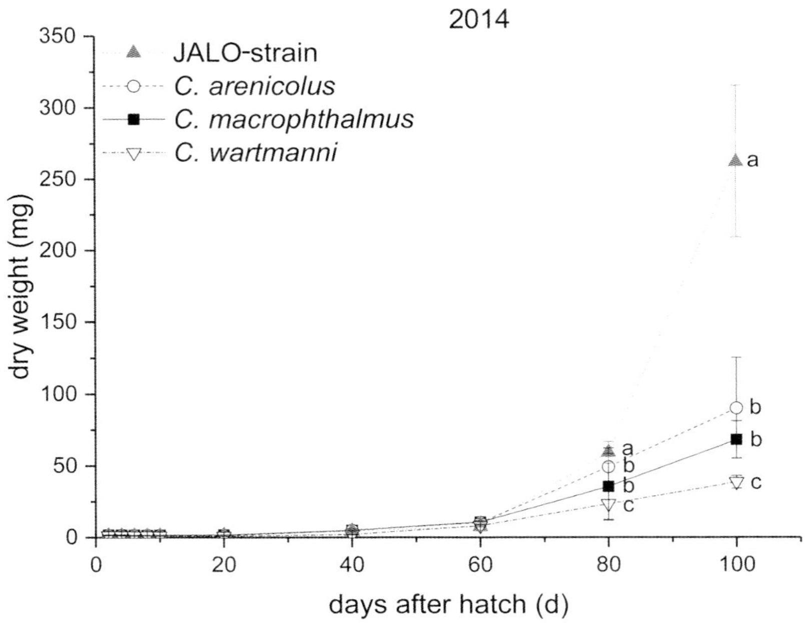

Fig. 2. Dry weight of the three local whitefish species of Lake Constance (*C. arenicolus* (open circle), *C. macrophthalmus* (black quadrat), *C. wartmanni* (open triangle)) compared with a Fennoscandinavian strain (JALO (grey triangle)) as mean ± standard deviation between day 2 and 100 post hatch in 2014, different letters indicate significant differences, Wilcoxon test: $p < 0.05$.

Behaviour/handling

All groups, observed by two people during the whole study period, showed schooling behaviour after 35 days, but while larvae of *C. macrophthalmus*, *C. arenicolus* and JALO-strain swam mainly near the surface before schooling, young *C. wartmanni* larvae were distributed throughout the water column. The schooling of *C. macrophthalmus* seemed to be size dependent, because in 2014 larger larvae were active earlier and began schooling earlier than in 2013. In addition, the food acceptance between the groups was different: *C. arenicolus* and JALO-strain larvae showed a high acceptance of dry feed from day 8–10 post hatch, followed by *C. macrophthalmus* (10–12 days), whereas *C. wartmanni* were relatively slow to accept dry food after yolk sac resorption and acceptance was low. Responses to the disturbance caused by dip-net sampling and tank cleaning also differed between species, with *C. arenicolus*, *C. macrophthalmus* and the JALO-strain showing dip-net avoidance behaviour approximately 18–20 days post hatch, while *C. wartmanni* did not develop this behaviour until up to 27 days post hatch. *C. wartmanni* larvae appeared particularly sensitive, with shed fish scales appearing at the bottom of the tanks after each disturbance, an observation that was not made in any of the other species. Whilst all of these findings are based on descriptive observations only, they are important for the management of fish raised in aquaculture facilities.

Discussion

Based on performance during the first 100 days post-hatch, this study provides comparative information regarding the suitability of three local species of Lake Constance whitefish for rearing under typical aquaculture conditions, benchmarked against the domesticated Fennoscandinavian JALO-strain of *C. lavaretus*. The results suggest that all four species can be reared under aquaculture conditions, but with significant differences in performance between species. The hypothesis that the aquaculture-adapted JALO-strain would show highest growth and survival, even outside its native geographical region, was confirmed, yet the comparatively high growth and survival rates of *C. arenicolus* identify it as a promising candidate for fish farming. The larger eggs and larger post-hatch larvae observed in this species may well play a role in their subsequent performance.

The offspring of the JALO-strain fish performed better than those of local Lake Constance whitefish species in nearly every measured parameter. This outcome was expected, given the 25 years the strain has adapted to aquaculture conditions (Heinimaa, pers. comm.). The European whitefish breeding programme in Finland aims to maximise feed conversion ratios on novel diets through analysis of the genetic relationship between body composition (growth) and feed utilization traits (Quinton et al., 2006, 2007, 2008). These traits have economic importance in terms of both product quality (body composition, see Kause et al., 2011) and productivity (increased growth rates, higher survival) (Quinton et al., 2006), and it is likely that several traits disadvantageous in aquaculture (e.g., slow growth, pronounced escapement behaviour) have already been selectively eliminated from this strain.

In this study *C. arenicolus* revealed an unexpected and impressive performance as indicated by its high survival rate and strong growth over the first 40 days, which was similar to the domesticated JALO-strain. Indeed, for a brief period shortly after hatching, larvae of *C. arenicolus* were even longer than those of the JALO-strain. This raises the very realistic prospect that a *C. arenicolus* breeding programme selecting for growth rate might quickly produce a local strain able to perform at least as well as the JALO-strain, possibly within a very short timescale. A selective program for Atlantic salmon (*Salmo salar*) showed marked improvement in growth and feed conversion efficiency (feed intake and feed utilization) within only five generations of selective breeding (Thodesen et al., 1999).

The rapid growth of *C. arenicolus* compared to the other two local whitefish species is most probably a result of differences in their life cycles, habitat, and feeding preferences. Under natural conditions, differences in growth between species might be explained by distinct habitat preferences. Commercial fishermen target *C. arenicolus* in the warm shallow waters of the littoral zone throughout the year, while *C. wartmanni* and *C. macrophthalmus* feed primarily in the cooler pelagic zone. Since growth of whitefish is positively temperature-dependent (Goebel et al., 2017; Siikavuopio, 2015; Rösch & Dabrowski, 1986), a greater growth potential in *C. arenicolus* appears likely. However, this cannot explain the results of our laboratory study where all fish were maintained at a constant temperature of 14.5 °C, unless this temperature exceeds the optimum for the two pelagic species, which is unlikely. In terms of feeding preferences, *C. arenicolus* is a benthic feeder, whereas the other two species are primarily pelagic planktonic feeders. This factor may be decisive. Benthic foraging has previously shown to be a positive factor for adaptation to aquaculture conditions (Jobling et al., 1993). A preference for warmer water and for foraging on the bottom may both be useful pre-adaptations that enhance the suitability of *C. arenciolus* for aquaculture.

In addition to the promising growth performance, *C. arenicolus* also showed better survival rates than *C. wartmanni* and *C. macrophthalmus* when hatched from small eggs (as in 2013). Eckmann (1987) and Rösch (1986, 1988) showed that whitefish survival is directly linked to egg size and the condition of the larvae. This appears to be corroborated for *C. wartmanni* and *C. macrophthalmus* in the current study, with higher survival rates observed in 2014 when larvae were hatched as larger individuals from larger eggs. However, the survival of *C. arenicolus* did not differ significantly from that of the domesticated JALO-strain, despite smaller egg-size. This may be interpreted as further evidence of the greater potential of *C. arenicolus* for aquaculture over *C. wartmanni* and *C. macrophthalmus*, which achieved significantly lower (*C. wartmanni*) or highly fluctuating (*C. macrophthalmus*) survival rates. Egg size may be an important factor influencing subsequent performance. Rösch (1987) showed that the size of the eggs of *C. macrophthalmus* is related to the body weight of the spawner, and in the second year of this study the larger eggs of *C. macrophthalmus* did indeed come from larger spawners. However, there does not appear to be any such correlation in *C. wartmanni* (Rösch, 1987) and even if larger spawners could be caught, they would most probably not yield larger eggs or larvae. Random measurements of some eggs of some larger females in the last years (data not shown) underlined this hypothesis.

Another outcome that may point to greater suitability of *C. arenicolus* for aquaculture purposes is the observed behaviour of *C. arenicolus* larvae, which were seen to swim relatively actively near the surface and commenced schooling behaviour at 18–20 days post hatch. The larvae of *C. wartmanni*, on the other hand, were distributed throughout the water column, were much less active and did not begin schooling until much later (28 days post hatch). The schooling of *C. macrophthalmus* was comparable to that of *C. arenicolus*, but seemed to be size dependent: larger larvae, like those observed in 2014, were active earlier and began schooling earlier than in 2013. Early schooling may explain the rapid acceptance of dry food by *C. arenicolus*: swimming activity increases the likelihood of encountering food. The high mortality rates of *C. macrophthalmus* and *C. wartmanni* in 2013 seem to be directly related to low activity and poor food acceptance, because the digestive tracts of dead larvae were empty in most cases. These results for *C. wartmanni* match observations by Rösch & Dabrowski (1986). In contrast, Wieser et al. (1992) found no differences in feed acceptance between *C. wartmanni* and *C. macrophthalmus*. Other authors observing *C. lavaretus* fed with a commercial, agglomerated larval microdiet have also recorded differences in growth and survival related to low feed acceptance within the first four weeks (Leithner & Wanzenböck, 2015). To date, the reason for such differences remains unclear (Leithner & Wanzenböck, 2015), but the high feed acceptance of JALO-strain larvae suggests that domestication enhances this trait. Indeed, the feeding behaviour of JALO-strain larvae is comparable to that of domesticated rainbow trout (i.e., swimming actively towards offered feed and reacting positively to movements on the water surface).

No problems were observed during the routine disturbance of sampling and tank cleaning (siphoning of sedimented faeces and feed) in JALO-strain, *C. arenicolus* and *C. macrophthalmus*. In contrast, *C. wartmanni* appeared very sensitive to disturbance. Even though disturbance was kept to a minimum during this experiment (e.g., with counting only every 20th day and very careful cleaning), shed scales of *C. wartmanni* could be found in the water after each event and this may have contributed to higher mortality, as rates increased a few days after sampling or cleaning (data not shown). This is in line with Rösch (1988) who also observed increased mortality rates post-disturbance in this species. Along with low growth rates and poor feed acceptance this problem severely limits the potential for this species in aquaculture.

In conclusion, the low survival, poor dry feed acceptance and sensitivity to disturbance of *C. wartmanni* all indicate that it cannot be recommended for aquaculture at this stage. The moderate growth rates, but high dry feed acceptance and handling tolerance of *C. macrophthalmus* make it a more promising candidate and it should be noted that the use of large spawners of *C. macrophthalmus* (resulting in larger eggs and larger larvae) may further increase its potential growth rate.

However, the high growth, high survival and apparent tolerance of disturbance exhibited by *C. arenicolus* in this study single it out as by far the most promising candidate for future aquaculture in the Lake Constance region, especially since consumer preference is for a product with genuine local provenance. The species already compares favourably with the domesticated JALO-strain of whitefish, and the establishment of a breeding program to improve growth and other important parameters (e.g., survival, dry feed acceptance) in *C. arenicolus* would be a helpful next step to further improve the performance of this species in aquaculture. It needs to be acknowledged that the presented work only considered performance from eggs to juvenile fish to an age of 100 days whilst the production performance of different strains when they are more close to commercial size is equally important and should also be tested as a next step.

Acknowledgements

Funding from the Deutsche Bundesstiftung Umwelt (DBU) is gratefully acknowledged. The authors express their thanks to the cooperation partner (Fischbrutanstalt Langenargen) and to the fisherman A. Revermann as well as to the colleagues of the Regierungspräsidium Tübingen M. Konrad, M. Bopp and C. Wenzel, who enabled the authors to conduct the whitefish assay. The authors wish to thank Amy-Jane Beer for checking the English.

References

Baer, J., Eckmann, R., Rösch, R., Arlinghaus, R. & Brinker, A., 2016: Managing Upper Lake Constance fishery in a multi-sector policy landscape: beneficiary and victim of a century of anthropogenic trophic change. – In: Song, A. M., Bower, S. D., Onyango, P., Cooke, S. J. & Chuenpagdee, R. (ed.): Inter-Sectoral Governance of Inland Fisheries. TBTI Publication Series, St. John's, NL Canada.

Champigneulle, A., 1988: A first experiment in mass-rearing of coregonid larvae in tanks with a dry food. – Aquaculture 74: 249–262.

Dabrowski K., 1984: The feeding of fish larvae: present state of the art and perspectives. – Reprod. Nutr. Develop. 24 (6): 807–833.

Dabrowski, K., Charlon, N., Bergot, P. & Kaushik, S. J., 1984: Rearing of coregonid (*Coregonus schinzi palea* Cuv. et Val.) larvae using dry and live food. I. Preliminary data. – Aquaculture 41: 11–20.

Dabrowski, K. R. & Kaushik, S. J., 1985: Rearing of coregonid (*Coregonus schinzi palea* Cuv. et Val.) larvae using dry and live food. III. Growth of fish and developmental characteristics related to nutrition. – Aquaculture 48: 123–135.

Dreßler, H. G., 2013: Marktsituation für Bodensee-Felchen (Coregonen) aus Baden-Württemberg. – Produkt + Markt Agribusiness Consulting 1–16.
Eckmann, R., 1987: A comparative study on the temperature dependence of embryogenesis in three coregonids (*Coregonus* spp.) from Lake Constance. – Schw. Z. Hydrol. 49: 353–362.
Eckmann, R., Rösch, R., Ortlepp, J. & Kleifld, G., 1986: Survival and growth of coregonid larvae from Lake Constance fed on zooplankton of different origin. – Arch. Hydrobiol. Beih. Ergebn. Limnol 22: 203–214.
Flüchter, J., 1980: Review of the present knowledge of rearing whitefish (Coregonidae) larvae. – Aquaculture 19: 191–208.
Goebel, S. E., Baer, J. & Geist, J., 2017a: Effects of temperature and rearing density on growth of juvenile European whitefish (*Coregonus macrophthalmus*) in aquaculture. – Fund. Appl. Limnol. 189(3): 257–266.
Goebel, S. E., Gaye-Siessegger, J., Baer, J. & Geist, J., 2017b: Comparison of body composition and sensory quality of wild and farmed whitefish (*Coregonus macrophthalmus* [Nüsslin, 1882]. – J. Appl. Ichthyology 33 (3): 366–373.
Gum, B., Geist, J., Eckenfels, S. & Brinker, A., 2014: Genetic diversity of Upper Lake Constance whitefish *Coregonus* spp. under the influence of fisheries: a DNA study based on archived scale samples from 1932, 1975, and 2006. – J. Fish. Biol. 84: 1721–1739.
Harris, K. C., 1992: Techniques used for the fully-intensive culture of Lake whitefish (*Coregonus clupeaformis*) larvae and yearlings in Ontario, Canada. – Pol. Arch. Hydrobiol. 39: 93–100.
Hayter, A. J., 1984: A proof of the conjecture that the Tukey-Kramer multiple comparisons procedure is conservative. – Annals of Statistics 12: 61–75.
Hirsch, P. E., Eckmann, R., Oppelt, C. & Behrmann-Godel, J., 2013: Phenotypic and genetic divergence within a single whitefish form – detecting the potential for future divergence. – Evolutionary Applications 6: 1119–1132.
Hundt, M., Brüggemann, J., Grote, B., Bischoff, A. A., Martin-Creuzburg, D., Gregs, R. & Buck, B. H., 2015: Fatty acid composition of *Turbatrix aceti* and its use in feeding regimes of *Coregonus maraena* (Bloch, 1779): is it really a suitable alternative to *Artemia nauplii*? – J. Appl. Ichthyol. 31(2): 343–348.
Jobling, M., Jørgensen, E. H., Arnesen, A. M. & Ringø, E., 1993: Feeding, growth and environmental requirements of Arctic charr: a review of aquaculture potential. – Aquaculture International 1: 20–46.
Kankainen, M., Setälä, J., Kause, A., Quinton, C., Airaksinen, S. & Koskela, J., 2016: Economic values of supply chain productivity and quality traits calculated for farmed European whitefish breeding program. – Aquaculture Economics & Management 20(2): 131–164.
Kause, A., Quinton, C., Airaksinen, S., Ruohonen, K. & Koskela, J., 2011: Quality and production trait genetics of farmed European whitefish, *Coregonus lavaretus*. – J. Anim. Sci. 89: 959–971.
Koskela, J., 1988a: Rearing of larvae of the whitefish *Coregonus muksun* Pallas with artificial diets. – Finnish Fish. Res. 9: 333–337.
Lahnsteiner, F. & Kletzl, M., 2015: On-Feeding and juvenile production of Coregonid species with formulated dry feeds: Effects on fish viability and digestive enzymes. – J. Agric. Sci. 7(11): 48–58.
Leithner, S. & Wanzenböck, J., 2015: Rearing larvae of different strains of *Coregonus lavaretus* under cold water conditions: Comparison of a special cold-water line with a standard agglomerated microdiet. – J. Agric. Sci. 7(5): 28–36.
Luczynski, M., Majkowski, P., Bardega, R. & Dabrowski, K. 1986: Reaing of larvae of four coregonid species using dry and live food. – Aquaculture 56: 179–185
Madin, E. M. P. & Macreadie, P. I., 2015: Incorporating carbon footprints into seafood sustainability certification and eco-labels. – Marine Policy 57: 178–181.
Quinton, C. D., Kause, A. & Koskela, J., 2006: A switch from fish- to plant-protein based feeds will not harm the current breeding program for European whitefish: Evidence from genetic analysis of feed utilization traits. – Maataloustieteen Päivät 2006. www.smts.fi
Quinton, C. D., Kause, A., Koskela, J. & Ritola, O., 2007a: Breeding salmonids for feed efficiency in current fishmeal and future plant-based diet environments. – Genet. Sel. Evol. 39: 431–446.
Quinton, C. D., Kause, A., Ruohonen, K. & Koskela, J., 2007b: Genetic relationship of body composition and feed utilization traits in European whitefish (*Coregonus lavaretus* L.) and implications for

selective breeding in fishmeal- and soybean meal-based diet environments. – J. Anim. Sci. 85: 3198–3208.

Rintamäki, P. & Valtonen, E. T., 1991: *Aeromonas salmonicida* in Finland: pathological problems associated with atypical and typical strains. – J. Fish Diseases 14: 323–331.

Rösch, R., 1987: Egg- size of pelagic and nearshore spawning Coregonids (*Coregonus lavaretus* L.) from Lake Constance correlated with the fish weight. – Arch. Hydrobiol. 109(4): 519–523.

Rösch, R., 1988: Mass rearing of *Coregonus lavaretus* larvae on a dry diet. – Finnish Fish. Res. 9: 345–351.

Rösch, R., 1995: Rearing of coregonid (*Coregonus* sp.) larvae in tanks: a review. – Arch. Hydrobiol. Spec. Issues Advanc. Limnol. 46: 293–300.

Rösch, R. & Dabrowski, K., 1986: Tests of artificial food for larvae of *Coregonus lavaretus* from Lake Constance. Arch. Hydrobiol. Beih. Ergebn. Limnol. 22: 273–282.

Rösch, R., Baer, J., & Brinker, A., 2017: Impact of the invasive three-spined stickleback (*Gastrosteus aceleatus*) on relative abundance and growth of native pelagicwhitefish (*Coregonus wartmanni*) in Upper Lake Constance. – Hydrobiologia 824: 243–254.

Rühlé, G., 1986: Contribution to the problem of differentiation of "Blaufelchen" (*Coregonus lavaretus wartmanni* L.) and "Gangfisch" (*Coregonus lavaretus macrophthalmus* L.) in Lake Constance. – Arch. Hydrobiol. Advanc. Limnol. 22: 283–289.

Siikavuopio, S. I., Knudsen, R., Amundsen, P.-A. & Sæther, B. S., 2012: Growth performance of European whitefish (*Coregonus lavaretus* L.) under constant light and temperature regime. – Aquaculture Research 43: 1592–1598.

Siikavuopio, S. I., Knudsen, R., Amundsen, P.-A., Sæther, B. S. & James, P., 2013: Effects of high temperature on growth of European whitefish (*Coregonus lavaretus* L.). – Aquaculture Res. 44: 8–12.

Sokal, R. R. & Rohlf, F. J. 2003: Biometry. – New York: Freeman, W. H. and Company.

Stejskal, V., Matousek, J., Prokesova, M., Podhorec, P., Sebesta, R. & Drozd, B. 2018: Combined effect of weaning time and co-feeding duration on growth and survival of peled (*Coregonus peled* (Gmelin) larvae. – Aquaculture Nutrition 24: 434–441.

Thodesen, J., Grisdale-Helland, B., Helland, S. J. & Gjerde, B., 1999: Feed intake, growth and feed utilization of offspring from wild and selected Atlantic salmon (*Salmo salar*). – Aquaculture 180: 237–246.

Troschel, H. J., 1988: Bestimmung der maximalen Tagesration von Blaufelchen *Coregonus lavaretus* L. bei Fütterung mit lebendem Zooplankton in Überschuss. Diplomarbeit, Universität Freiburg, Freiburg 90 pp.

Watanabe, T., Kitajima, C. & Fujita, S., 1983: Nutritional values of live organisms used in Japan for mass propagation of fish: a review. – Aquaculture 36: 193–201.

Wieser, W., Laich, A. & Medgyesy, N., 1992: Energy allocation and yield and cost of growth in young *Esox lucius* and *Coregonus lavaretus* (Teleostei): influence of species, prey type and body size. – J. Exp. Biol. 169: 165–179.

Manuscript received: 12 November 2017
Revisions requested: 13 April 2018
Modified version received: 11 May 2018
Accepted: 11 September 2018

Advanc. Limnol. **66**, p. 343–361
Biology and Management of Coregonid Fishes – 2017

Article

Effects of diet on growth and survival of intensively-reared bloater (*Coregonus hoyi*) fry

Jennifer L. Smith[1], Timothy D. Drew[1], Ryan Zheng[1], Chris C. Wilson[2], and Kevin K. Loftus[1,*]

With 3 figures, 2 tables, and 1 appendix

Abstract: Efforts to restore endangered and extirpated species typically focus on charismatic or economically important species, with less charismatic species receiving less attention despite their economic and/or ecological values. The historical collapse and extirpation of four native, deepwater coregonid forage species in Lake Ontario has hampered recovery efforts for more charismatic top predators that supported recreational and/or commercial fisheries, despite an abundance of mostly non-native prey fish in offshore waters. In support of a binational plan to re-establish elements of the native fish community in Lake Ontario, we assessed the suitability of several commercially-available larval diets and diet supplements for captive rearing of bloater (*Coregonus hoyi*) during early life stages to support reintroduction efforts. Hatched larvae and fry from wild egg collections were reared under controlled environmental conditions at two Ontario hatcheries to examine comparative growth and survival of fish at early (0–12 weeks post-hatch) and mid (12–24 weeks post-hatch) rearing stages using five commercial diets (Otohime, Aglonorse, Gemma Micro, O.Range and EWOS). Previous unpublished studies in Ontario identified Otohime as a good diet for bloater; however, import restrictions created the need to identify a reliably accessible alternative. Growth and survival were broadly similar across diets at both hatcheries, with more readily available diets providing as good or better growth than Otohime. Subsequent trials adding dietary supplements to a basal Gemma Micro diet did not significantly improve either growth or survival. These findings represent progress towards the feasibility and cost-effectiveness of captive rearing of a locally extirpated native coregonid, as part of the broader binational effort to rebuild the native fish community in the Laurentian Great Lakes.

Keywords: *Coregonus hoyi*, bloater, diet, growth, survival, restoration, culture, intensive rearing, conservation aquaculture

Authors' addresses:
[1] Ontario Ministry of Natural Resources and Forestry, Fish and Wildlife Services Branch, Fish Culture Section, 300 Water Street, Peterborough, ON K9J 3C7, Canada
[2] Ontario Ministry of Natural Resources and Forestry, Science and Research Branch, Aquatic Research and Monitoring Section, 2140 East Bank Drive, Peterborough, ON K9J 7B8, Canada
[*] Corresponding author: kevin.loftus@ontario.ca

DOI: 10.1127/adv_limnol/2021/0065 1612-166X/21/0065 $ 4.75
www.schweizerbart.de

Introduction

The restoration of extirpated, endangered, or threatened species is a growing field in conservation biology (Ewen et al., 2012; Jachowski et al., 2016). Although most efforts to date have focused on charismatic or economically important species (Seddon et al., 2005), species at lower trophic levels are essential for food web productivity (Ewen et al., 2012; Jachowski et al., 2016). In the Laurentian Great Lakes, restoration efforts have largely focused on the rehabilitation or reintroduction of top predators of socioeconomic importance such as lake trout (*Salvelinus namaycush*) (Eshenroder et al., 1995; Martinez et al., 2009), Atlantic salmon (*Salmo salar*) (Parrisch et al., 1998), and walleye (*Sander vitreus*) (Roseman et al., 2010). While these efforts have generally garnered public support, rates of success have been mixed. More recently, there has been a growing interest in the recovery of a variety of "at risk" non-game fish species such as blackside dace (*Chrosomus cumberlandensis*) (Rakes et al., 1999, 2013), spotfin chub (*Cyprinella monacha*) (Shute et al., 2005), bloodfin darter (*Nothonotus sanguifluus*) (Rakes et al., 1999) and in numerous government-sponsored, species-at-risk recovery plans.

Commercial fisheries in Lake Ontario historically targeted native coregonids as well as top predators such as lake trout and Atlantic salmon (Bogue, 2000). Lake trout were reduced to a fraction of their historic numbers by the 1950s, and has been the subject of rehabilitation efforts for over half a century (Eshenroder et al., 1995); Atlantic salmon were extirpated from Lake Ontario by the late 1890s and have been the focus of an ambitious reintroduction effort for the past decade (Grieg et al., 2003). These species were historically supported by a diverse prey fish community consisting of four deepwater coregonid species [blackfin cisco (*Coregonus nigripinnis*), shortjaw cisco (*C. zenithicus*), kiyi (*C. kiyi*), bloater (*C. hoyi*)], deepwater sculpin (*Myoxocephalus thompsoni*), and cisco (*C. artedi*). All four deepwater cisco species were largely extirpated from Lake Ontario by the 1950s due to the combined effects of degraded water quality, predation by sea lamprey (*Petromyzon marinus*), commercial fishing, and introduction of exotic planktivores (Bogue, 2000; Zimmerman & Krueger, 2009; Eshenroder et al., 2016). Bloater was the last deepwater cisco species to disappear from Lake Ontario, with the last confirmed observation in 1983 (Mills et al., 2005).

Multi-year rehabilitation efforts for lake trout and Atlantic salmon in Lake Ontario continue to face ongoing challenges (Eshenroder et al., 1995; Bogue, 2000; Lake Ontario Bi-national Biodiversity Conservation Strategy Working Group, 2009; Zimmerman & Krueger, 2009). The success of these efforts to date has been less than hoped, and fisheries biologists, scientists, and managers have concluded that the loss of their historic deepwater prey community, combined with the negative effects of the thiaminase-rich invasive planktivores – alewife (*Alosa pseudoharengus*) and rainbow smelt (*Osmerus mordax*) – have impeded recovery efforts (Eshenroder et al., 1995; Zimmerman & Krueger 2009; Lake Ontario Partnership, 1998; Lake Ontario Bi-national Biodiversity Conservation Strategy Working Group, 2009). It is hoped that reintroducing and re-establishing at least one of these species would re-occupy their historical niche, improve food web structure and function, increase the diversity and stability of the offshore pelagic forage fish community, and reduce the chances of reproductive failure resulting from the consumption of thiamine-rich prey species (Lake Ontario Partnership, 1998; Lake Ontario Bi-national Biodiversity Conservation Strategy Working Group, 2009).

A bi-national plan for restoring deepwater cisco to Lake Ontario was developed that aims to re-establish a self-sustaining population of at least one deepwater cisco species within 25 years (Connerton et al., 2010). The plan identifies several key strategies including developing and refining husbandry practices for bloater, which is the focus of this paper. Partners in the plan include the Ontario Ministry of Natural Resources and Forestry (OMNRF), New York State Department of Environmental Conservation (NYSDEC), United States Fish and Wildlife Service (USFWS), Great Lakes Fishery Commission, and United States Geological Survey (USGS).

Staff at the OMNRF White Lake Fish Culture Station first began culturing bloater in winter 2011 after the station received fertilized wild eggs from USFWS partners who collected spawn from Lake Michigan bloaters that January and February. As virtually no published information on culture techniques was available for bloater, and relatively little published information on their early life history, OMNRF opted to use its culture protocol for lake whitefish (*C. clupeaformis*) as a starting point because the agency has more than 30 years of successful experience culturing that species (Harris and Hulsman, 1991; Harris, 1992; Hooper, 2006). This information was supplemented by information on the culture of related species such as cisco (G . Ketola, U.S. Geological Survey Tunison Laboratory of Aquatic Sciences, pers. comm.; Johnson et al., 2012; Fischer et al., 2016) and European whitefish (*C. lavaretus*) and by site visits to a number of coregonid culture facilities in Finland in 2014. Over the next few years, OMNRF's White Lake staff experimented with a variety of different diets and rearing practices in an attempt to reliably achieve acceptable growth and survival rates. USGS staff also began culturing bloater in winter 2011 using their experience with cisco as a starting point (G. Ketola, pers. comm.).

Methods

This study examined the effects of diet on growth and survival of bloater from hatch to 12 weeks post-hatch and from 12 to 24 weeks post hatch at two OMNRF fish culture stations [White Lake (44°46'11"N, 76°44'50"W) and Normandale (42°43'9"N, 80°20'24"W)] in 2015 and 2016. Newly-hatched bloater larvae have limited yolk reserves and normally begin feeding almost immediately (Rice et al., 1987). Due to their relatively small size at time of hatch (0.003 g) they require small, 'micro' diets (less than 0.5 mm). Our interest in examining the performance of different diets was driven by a need to find a cost-effective and reliably accessible alternative to Otohime, a Japanese diet that bloater, cisco, and lake whitefish perform well on (Ketola, pers. comm.; Metcalf, 2014; OMNRF, unpublished) but is becoming increasingly difficult to import into Canada. Of the few larval diets available for import into Ontario, Gemma Micro (Skretting, USA), AgloNorse® (Tromsø Fiskeindustri AS, Norway), and O.Range (Inve Aquaculture, Inc., USA) show the most promise, as they are designed to have higher palatability and lower sinking rates than traditional salmonid diets, and are also available in much smaller sizes.

We also examined the effects of several diet supplements, both living and non-living, on growth and survival during the first few weeks of rearing. Several fish species, particularly those which are underdeveloped, very small, and usually planktivorous at the time of hatch have been shown to benefit from the use of live feed or other supplements, alone or in combination with commercially prepared diets, during the first few weeks of rearing. Live feeds, in particular, are thought to elicit a stronger feeding response than non-living, particulate feeds because they actively swim in the water. Examples of species that have been shown to benefit from the use of live supplements include lake whitefish (Harris and Hulsman, 1991), cisco (G. Ketola, pers. comm., but also see Pangle et al., 2003), bloater (G. Ketola, pers. comm.), Atlantic whitefish (Whitelaw et al., 2015), walleye (Colesante et al., 1986), and others (Treece & Davis, 2000).

Gamete collection and shipment

Ripe adult bloater in western Lake Michigan were captured in 2015 and 2016 using bottom trawls by USFWS staff between January and March and spawned on-site (Hanson et al., 2016; Holey et al., 2021). Fertilized eggs were couriered overnight at 4 °C to NYSDEC Cape Vincent Fisheries Station, then transported to the Canadian border where they were transferred to OMNRF White Lake Fish Culture Station staff and driven to White Lake. Fertilized eggs from the first few weeks of collection were kept at White Lake and those from the final few weeks were shipped to Normandale, to keep the hatching window relatively short at each station.

Incubation

Upon arrival at each fish culture station, fertilized eggs were externally disinfected using 100 ppm Ovadine® (1% available iodine) for ten minutes. Eggs were incubated in egg hatching jars in mixed-family groups based on capture date until eyed. Eyed eggs were then pooled, counted volumetrically, and randomly redistributed into 2 L conical hatching jars (24 at White Lake, 18 at Normandale) at 15,000 eggs jar^{-1} in 2015 and 14,000 eggs jar^{-1} in 2016. Each jar was mounted over an individual 500 L fiberglass conical tank (light green wall colour), and water flows in the egg jars were adjusted to keep eggs gently rolling. In all trials, except at White Lake in 2015, dead eggs were enumerated and removed daily in order to provide an estimate of the number of fish in each tank upon hatch (start of experiment). At time of hatching, fry dropped into the rearing tank immediately below each hatching jar.

General husbandry practices

Water supply and temperature – the White Lake station is surface water-fed, deriving its water from White Lake via deep and shallow water lines. Water was filtered using 34 µm drum filters to prevent the introduction of zooplankton that exist in the water supply. Water temperatures during Phase 1 in both years ranged from just below 10 °C at the start of the study and increased over time to approximately 12 °C. It was then capped by mixing water from deep and shallow lines, as earlier work by Metcalf (2014) suggested that survival rates would decline as temperatures increased beyond 12 °C. Normandale received blended water from both wells and surface water, with temperatures close to 10 °C over the course of the study. Water supplies at both stations were passed through aeration towers to remove excess nitrogen and ensure sufficient oxygen levels. Temperature, dissolved oxygen, and ammonia were monitored weekly throughout the study (Appendix 1).

Rearing units and flow rates – During the Phase 1 rearing trials (described below), all fry were raised in 1 m diameter, 500 L conical tanks (Dura-Tech Industrial and Marine Ltd). Flow rates were initially set at 0.5 exchanges per hour, and were increased to 1.0 exchange per hour at 4 to 6 weeks where they remained for the balance of the study. Tank inflows were set just above the surface after observing high mortalities and difficulties getting fry onto feed in previous years; positioning the inflow above the water surface helped spread feed across the tank surface, reduced surface tension, and helped make the feed more accessible below the water surface to the pelagic fry. Water was introduced into the tanks approximately 7.5 cm from the outer side-wall, initially angled to minimize in-tank velocities during the first 3–5 weeks and subsequently changed over time to facilitate the establishment of circular flows.

During the Phase 2 rearing trials at White Lake, all fry were raised in 1400 L, 1.5 m diameter flat-bottomed tanks (PR Aqua). Normandale did not change units between phases. Flow rates for the Phase 2 trials were initially set to 0.5 exchanges per hour, and increased to 1.0 exchange per hour after 4 weeks. Water inflow was maintained just above the water surface, approximately 7.5 cm from the outer side-wall of the tank, at an angle to facilitate circular flows.

Lighting – At White Lake in 2015, lighting was full overhead fluorescent (~400 lux at water surface) for approximately 6 hours per day during feeding and cleaning and low level lights for the remainder of the 18 hour day at 3 lux. In 2016, lighting was set at 20–40 lux for approximately 18 hours per day. Lights were increased to 60 lux during daily cleaning for approximately 6 hours. At Normandale in 2015, the room was lit with fluorescent lighting (40 Lux) between 8:00 a.m. and 4:30 p.m., and more dimly lit (3 Lux) from 4:30 p.m. until 8:00 am with floor-level emergency lighting. In 2016, dimmer-equipped LED lights were positioned over each tank and adjusted to produce a light intensity of approximately 50 Lux 24 hours per day at the water surface. Lighting levels varied between the stations and years due to differences in infrastructure and changes to the lighting systems between 2015 and 2016.

Daily care/cleaning – The conical tanks were fitted with bottom screens sized to allow the direct discharge of as much waste as possible, while ensuring that live fish and mortalities would not pass through. The sloping walls of all tanks were cleaned daily; vertical side walls were cleaned only when required, as they tended to remain clean. At the end of the cleaning process, waste feed, feces, and mortalities were siphoned from the bottom of each tank, visually inspected to assess the accumulated waste feed and feces, and used for mortality enumeration. Fish health monitoring included daily observations to assess fry behaviour and to look for signs of distress, such as elevated mortality, fin damage, or gill damage.

Experimental design

Phase 1 diet trials: (0–12 weeks post-hatch)

Feeding – As outlined in Table 1, tanks with newly-hatched fry were randomly allocated to different diet treatments, using four tank replicates per treatment at White Lake and three replicates per treatment at Normandale. Feeding was initiated one day after 50% hatch was achieved; for each feed type, fry were initially fed at a high rate (measured as % body weight day^{-1}) and frequency to ensure that feed was not limiting. Feed particle sizes ranged from 150 μm at the start of Phase 1 to 840 μm (White Lake) or 300 μm (Normandale) at the end of the trial. (see Table 2 for more details regarding diets). At White Lake in 2015, fry were initially hand-fed 40% of their body weight per day at 30-min intervals over 8 hours. Once fry were feeding well, the feeding rate was gradually reduced over the remaining weeks to approximately 8% by the end of the study. In 2016, fry at White Lake were initially fed at 30% of their body weight day^{-1}, declining to 3% by the end of the study using Arvo-Tec automatic feeders. At Normandale, fry were fed in 2015 using Sweeney vibratory feeders at an initial rate of 40% of their body weight day^{-1}, declining to 5% by the end of Phase 1, and at an initial rate of 25% of their body weight day^{-1} in 2016, declining to 3% by the end of the study. Due to differences in feed delivery systems, fry at White Lake in 2016 were fed every 5 minutes for 24 hours a day whereas fry at Normandale in both years were fed at 30 minute intervals between 8:00 a.m. and 4:00 p.m. and at one hour intervals from 4:00 p.m. to 8:00 a.m. Feeding behaviour, rates of waste food accumulation and water quality were closely monitored at both facilities to ensure *ad libitum* feeding while ensuring that water quality was acceptable.

Several Phase 1 planned diet treatments listed in Table 1 had to be abandoned. Although both hatcheries intended to test the effect of adding live *Artemia* to some diets, the treatments at both stations were terminated due to problems associated with separating *Artemia* from their shells, and subsequent fry mortalities from oesophageal blockage.

Growth/weight estimation – At the start of each experiment, and bi-weekly thereafter, 100 fry were randomly netted from each tank in groups of 10, blotted dry, and weighed to the nearest 0.001 g. As this sampling process proved lethal, measurement-related mortalities were recorded separately and not factored into mortality and survival estimates.

Survival rate estimation – Dead fish were removed from each tank each day. Mortalities at White Lake were counted three times per week during the first few weeks of the study (2015) when fish were small and difficult to count. It is possible that early mortality was underestimated during the first few weeks of the Phase 1 trials due to the rapid decomposition of young fry mortalities. After a few weeks, as the fish grew larger and became easier to count, mortalities were enumerated daily. Mortalities at Normandale were enumerated daily throughout the entire duration of the experiment in both years and at White Lake in 2016. At the end of each experiment, by which time fish were comparatively large and easy to enumerate, each tank was carefully inventoried. The overall survival rate was calculated by comparing the final number of survivors to the initial estimate of fry in each tank (fish used for lethal weight samples were removed from initial estimates). Comparing the adjusted survival rate at the end of each experiment to the observed number of mortalities enabled estimation of unseen mortality levels.

Table 1. Experimental design for Phase 1 feeding trials (first 12 weeks post-hatch) and Phase 2 (12 to 24 weeks post-hatch) in 2015 and 2016 at the White Lake and Normandale hatcheries, showing year, location, feed treatments, numbers of replicates per treatment, duration, and start date.

Year	Station	Feed treatments	Starting Density (fish L^{-1})	Replicates	Duration	Start Date
		Phase 1 (first 12 weeks post-hatch)				
2015	White Lake	Otohime AgloNorse Gemma Micro O.Range Gemma Micro + *Artemia** AgloNorse + *Artemia**	27	4	12 weeks	27 April
	Normandale	Otohime AgloNorse Gemma Micro O.Range AgloNorse + *Artemia** Gemma Micro + *Artemia**	30	3	12 weeks	20 April
2016	White Lake	Gemma Micro Gemma Micro + Golden Pearl	27	4	12 weeks	27 April
	Normandale	Gemma Micro Gemma Micro + *Artemia* (0–2 weeks)** Gemma Micro + *Artemia* (0–4 weeks)** Gemma Micro + *Euglena* (0–2 weeks)*** Gemma Micro + Golden Pearl (0–3 weeks)	25	3	12 weeks	27 April
		Phase 2 (12–24 weeks post hatch)				
2015	White Lake	Otohime AgloNorse Gemma Micro EWOS	6	4	12 weeks	22 July
2016	White Lake	AgloNorse Gemma Micro	9	4	12 weeks	21 July
	Normandale	AgloNorse Gemma Micro EWOS	6	6	12 weeks	21 July

* Treatments were terminated due to problems associated with separating *Artemia* from their shells, and subsequent mortality effects (oesophageal blockage).
** Used Shell Free E-Z Egg (Brine Shrimp Direct). Eggs were hatched and enriched prior to feeding.
*** Live *Euglena* was sourced from Noble Gen (Peterborough, Ontario, Canada).

Table 2. Sizes and compositions of diets used.

Diet	Size (µm)	Ingredients	Protein (%)	Oil (%)	Ash (%)	Fiber (%)	Phosphorus (%)
Gemma Micro 150	100–200	fish meal, wheat, dried seaweed, fish oil, corn starch, vitamins, minerals	59	4	14	0.2	1.3
Gemma Micro 300	200–500						
Gemma Micro 500	400–700						
O.Range Start-S	100–200	marine proteins, plant starches, plant proteins, marine oils, minerals, lechithin, vitamins, yeasts, amino acids, preservatives	54	13	11	1	1.3
O.Range Start-L	200–300						
O.Range Grow-L	500–800						
Otohime A2	150–250	krill meal, fish meal, squid meal, potato starch, wheat flour, fish oil, feed yeast, yeast extract, xanthan gum, calcium phosphate, guar gum, betaine, licorice plant extract, apple extract B and C also have brewer's yeast and wheat germ	53	8	16	3	2.2
Otohime A	250						
Otohime B1	250–360		51	12	15	3	2.3
Otohime B2	360–650						
Otohime C1	580–840		51	11	15	3.5	2.3
Otohime C2	840–1410						
AgloNorse 1	100–200	Fish meal, fish hydrolysates, fish oil, krill oil, soy lecithin, starch, vitamin and mineral mix	58–60	17–20	10	< 4	5–6
AgloNorse 2	200–300						
AgloNorse 3	300–500						
AgloNorse 4	600–900						
AgloNorse 5	900–1200						
EWOS #0 Micro	300–600	fish meal, wheat, fish oils, blood meal (porcine), yeast extract, vitamin premix, mineral premix, artificial or natural color additive (astaxanthin).	53	20	11	1	1.5
EWOS #1 Micro	430–1000						
EWOS #2 Micro	850–1700						

Phase 2 diet trials: (12–24 weeks post-hatch)

Following the collection of final weight and inventory data at the end of Phase 1 trials, all fish to be used in the Phase 2 experiments were pooled and randomly redistributed into the Phase 2 tanks as per the experimental design described in Table 1. Phase 2 diet trials were conducted at White Lake in both 2015 and 2016, using four replicate tanks per treatment; Phase 2 trials were only carried out at Normandale in 2016, using six replicate tanks per treatment (Table 1).

Feeding – Fish in Phase 2 trials at White Lake were initially fed using Arvo-Tec automatic feeders every 30 minutes for 20 hours of the day at a rate of 5.5% body weight per day, declining to 3% body weight per day by the end of the study in 2015. See Table 2 for more details regarding diets. In 2016, White Lake feeding rates were 5% and 3% at the start and end of the study, respectively. At Normandale (2016 only), the initial feeding rate was 15% body weight per day, dropping to 3% by the end of the study, otherwise following the same feeding intervals and methods as in Phase 1. Waste feed accumulation was carefully monitored throughout the trials to ensure that feeding rates were not limiting and that excess feed was not negatively affecting water quality. Feed particle sizes ranged from 300 μm at the start of Phase 2 to 1700 μm by the end of the Phase at both stations (Table 2).

Sampling protocols – Growth was measured biweekly by randomly sampling 10 groups of 10 fish from a tank, weighing them using a wet method in which fish were netted, excess water was removed by dabbing the net full onto paper towel, fish were counted into a container of water on a zeroed scale and weighed, and then returned to the tank after weighing. Dead fish were removed from each tank on a daily basis and summed to generate total mortality estimates. As the weighing method for Phase 2 was nonlethal, there was no need to factor in sampling related losses associated with the collection of growth data.

Effect of dietary supplements on early growth and survival

Follow-up trials in 2016 examined the effectiveness of adding diet supplements to improve growth and survival of early fry (Table 1). Using Gemma Micro as a base diet, both hatcheries tested the effect of adding Golden Pearl as a supplement, at a rate of 40:60 Golden Pearl:Gemma Micro. In addition, Normandale tested the efficacy of adding live *Artemia* (~5 nauplii bloater^{-1} day^{-1}) and *Euglena* (30 bloater^{-1} day^{-1}) to the Gemma Micro diet, with three replicate tanks per treatment. To avoid the previous problems with *Artemia* shells, Shell Free E-Z Egg™ *Artemia* (Brine Shrimp Direct) were hatched and enriched prior to feeding. Live *Euglena* was sourced from Noble Gen (Peterborough, Ontario, Canada).

Statistical analysis

For each set of trials, potential statistical differences in growth and survival among diet treatments were analyzed using a one-way analysis of variance (ANOVA). Holm-Sidak post-hoc method was used where significant differences were detected. We used a Student's *t*-test to analyze differences when only two treatment groups were used. Data from the two hatcheries were tested separately due to differences in rearing infrastructure between the two facilities. Similarly, data from each year of the experiments were analyzed separately because of changes in rearing practices between years, as well as increased experience with bloater requirements among hatchery personnel.

Results

Phase 1 (0–12 weeks post-hatch)

At twelve weeks after hatching, the diet treatments resulted in significant growth differences at both hatcheries (Figure 1A). At the White Lake hatchery, the ANOVA showed a significant effect of diet ($F_{3,12} = 12.031$, $p < 0.001$), with larvae reared on the Gemma Micro diet being significantly larger (0.212 ± 0.016 g, mean weight) than those fed either Otohime, AgloNorse, or O.Range (mean weights of 0.119 ± 0.005 g, 0.143 ± 0.012 g, and 0.119 ± 0.014 g, respectively) (Figure 1A). At Normandale, 12-week old fry also showed significant differences in growth among diet treatments (Figure 1A): in this instance, fry reared on O.Range were significantly smaller ($F_{3,8} = 13.833$, $p = 0.002$) at 0.175 ± 0.001 versus the Otohime, AgloNorse, and Gemma Micro diets (mean weights of 0.267 ± 0.013 g, 0.263 ± 0.014 g, and 0.230 ± 0.009 g, respectively). Growth differences among the latter three diets were not significant (Figure 1A). No significant differences in survival to 12 weeks were observed among diet treatments at either hatchery (Figure 1B). Means at both hatcheries were comparable, ranging from 33.5 ± 4.4% to 52.3 ± 8.7% at White Lake and 36.1 ± 3.6% to 43.5 ± 7.4% at Normandale (Figure 1B), with the greatest mortality occurring within the first three weeks post-hatch (data not shown).

Phase 2 (12–24 weeks post-hatch)

For the second growth phase (12 to 24 weeks post-hatch), no significant differences in growth or survival were detected among diet treatments at either hatchery (Figure 2). Mean weights among the four diets averaged 3.290 ± 0.145 g at White Lake in 2015 (Figure 2A); in the follow-up trials at White Lake in 2016, the AgloNorse and Gemma Micro feeds resulted in larger fingerlings with mean weights of 3.712 ± 0.485 g and 4.316 ± 0.130 g, respectively (Figure 2A). Parallel trials at Normandale also showed nonsignificant differences between the AgloNorse and Gemma Micro diets, resulting in mean weights of 1.506 ± 0.054 g and 1.510 ± 0.054 g respectively (Figure 2A). Inclusion of EWOS as an additional diet treatment at Normandale did not result in any significant differences (Figure 2A). Weight differences between fish reared at the two hatcheries likely reflect differences in local rearing conditions, and were not tested statistically. Survival rates between weeks 12 to 24 post-hatch were much higher than in the first 12 weeks of growth (Phase 1 trials), and were not significantly different among treatments (Figure 2B). Survival rates at White Lake improved from 2015 to 2016 (Figure 2B). We removed an outlier from the EWOS treatment group at White Lake in 2015 from the analysis (only 3 replicates used).

Effect of dietary supplements on early growth and survival

The addition of supplements to the Gemma Micro diet in 2016 for early feeding (first 12 weeks post-hatch) did not result in significant differences in growth or survival at either hatchery (Figure 3) based on *t*-tests (White Lake: $t_6 = 0.120$, $p > 0.05$) and ANOVA (Norman-

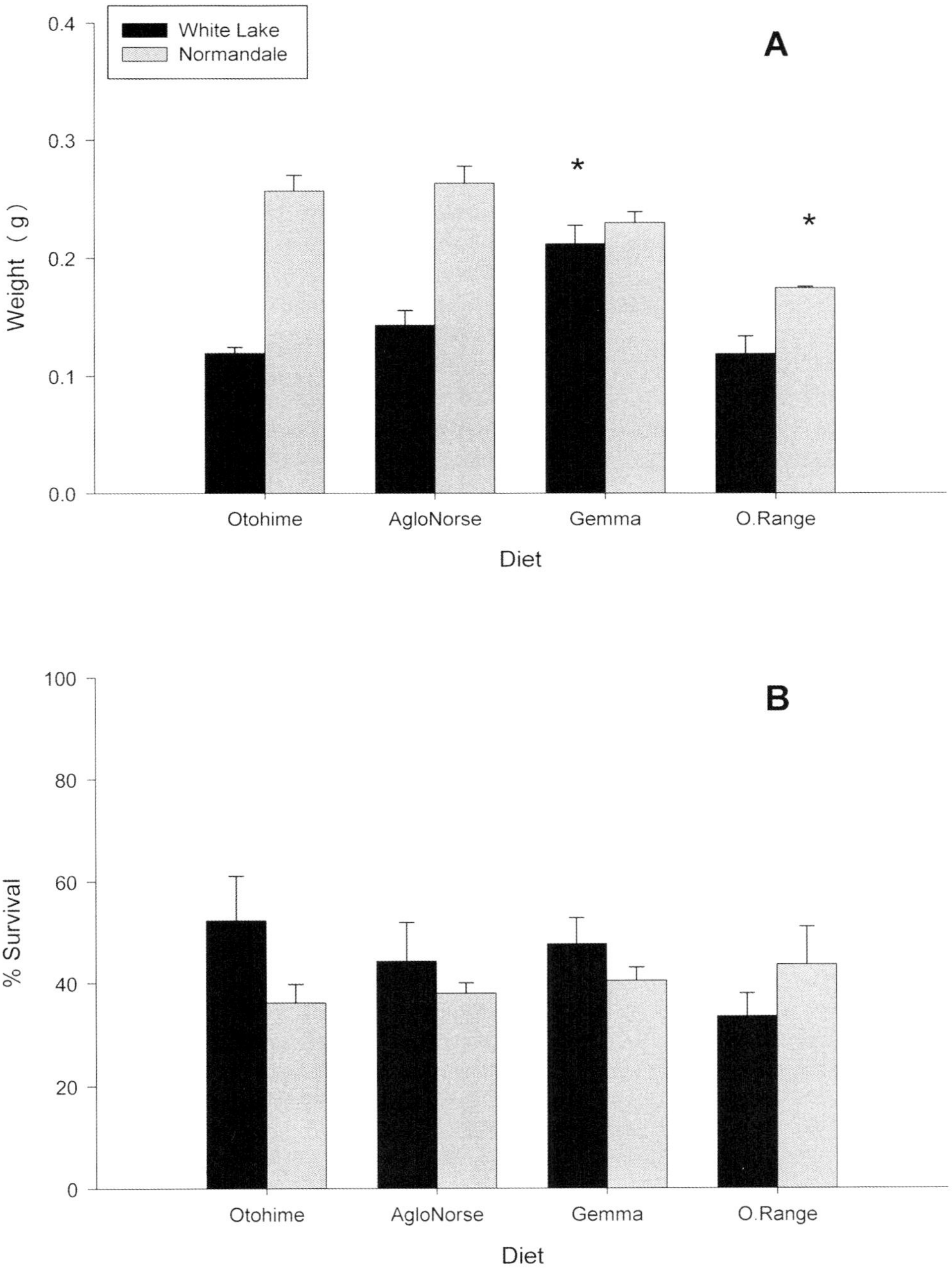

Fig. 1. Effects of diet treatments on (A) weight in grams and (B) percent survival of 12 week old bloater for trials in 2015 at the OMNRF White Lake (black bars) and Normandale (grey bars) hatcheries, showing means (± standard error) for each treatment. Diets are indicated on the horizontal axis. Asterisks indicate significantly different ($p < 0.05$) results among diet treatments within each station.

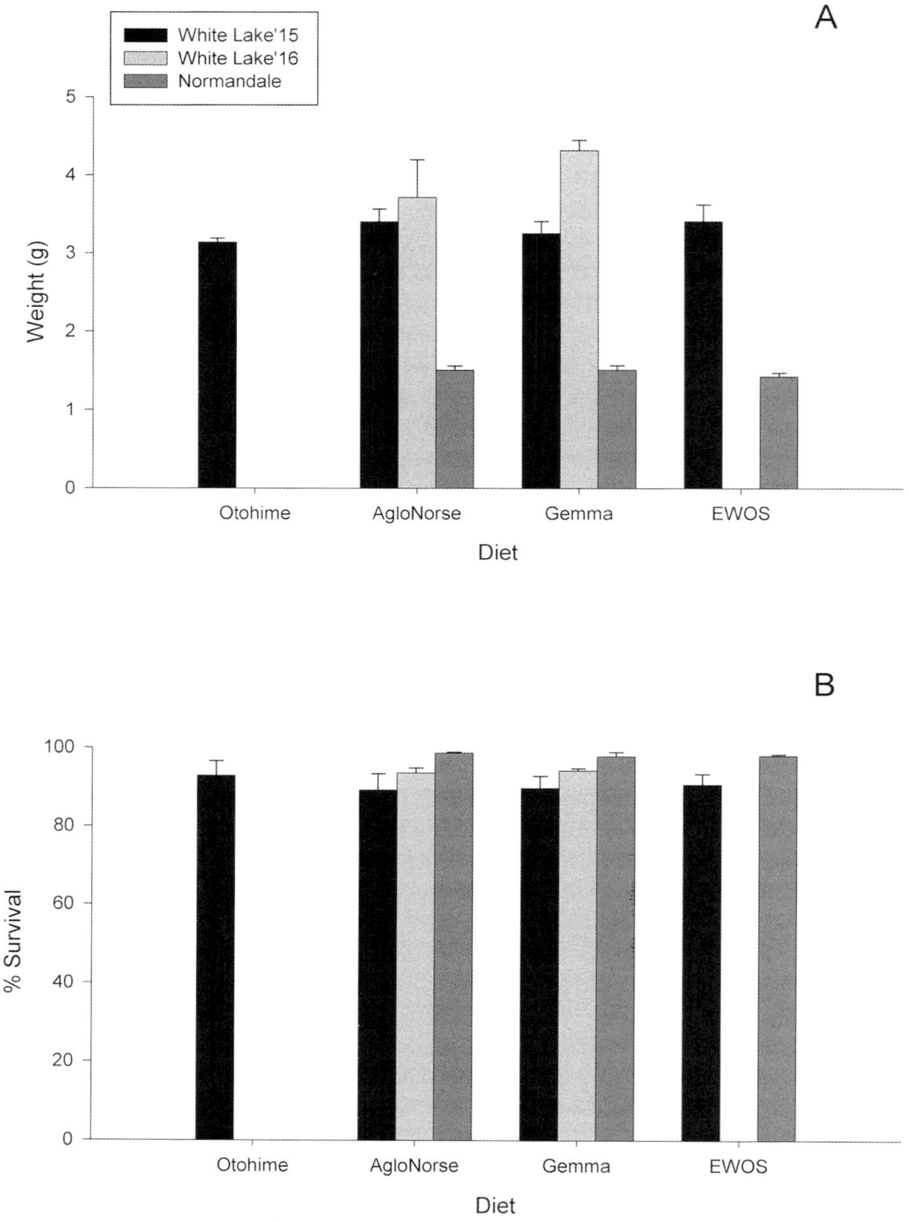

Fig. 2. Effects of diet treatments on (A) weight in grams and (B) percent survival of bloaters at 24 weeks post-hatch for trials at White Lake in 2015 (black bars) and 2016 (light grey bars) and at Normandale (dark grey bars) in 2015, showing means (± standard error) for each treatment. Diets are indicated on the horizontal axis; an absence of bars indicates that diet was not tested at that station/year. Statistical tests within each station and year failed to detect significant differences among treatments.

dale: $F_{4,10} = 2.542, p > 0.05$). Survival of Gemma Micro fed fish was higher in 2016 than in 2015 at White Lake, although these differences were not statistically tested. Weight differences between fish reared at the two hatcheries likely reflect differences in local rearing conditions, and were therefore not tested statistically. Apparent growth benefits of using *Artemia* as a supplement at Normandale were offset by slightly lower survival in these treatments, although in both cases differences were not significant (Figure 3).

Discussion

The results of this study showed that the available commercial diets were broadly similar for growth and survival of both bloater larvae and bloater fry, with no significant differences in survival in either the Phase 1 or Phase 2 trials. The comparable performance of juvenile bloaters on each of the diets during the Phase 1 trials indicates that any of these could be used for production rearing of bloaters in the weeks immediately following hatch, with some potential growth advantage for the Gemma Micro diet. If this size advantage continues through to stocking, it could provide fish with a significant advantage in the wild. This has been shown in lake trout (Gunn et al., 1987) and reviewed by Miller et al. (1988). As the differences in growth during this phase were not consistent between the two hatcheries, the choice of which diet(s) to use will likely depend on availability and cost. Of the diets tested in this study, only O.Range and Gemma Micro were locally available and accessible without an import permit at the time of the study, making them viable options for use at the time in Ontario. More recently, AgloNorse can now be imported without a permit and based on the results of this study may also be a viable option in Ontario. Although the feeding rates in this study might seem high in comparison with initial feeding rates for newly hatched salmon and trout, they are consistent with other fish species that hatch as larvae, such as cisco which are initially fed at 25% of their body weight per day (Fischer et al., 2016). By comparison, Binkowski & Rudstam (1994) found that 1 g bloater consumed approximately 50% of their body weight day^{-1} at 8 °C.

For the second growth phase (12 to 24 weeks post-hatch), no significant differences in growth or survival were detected among diet treatments at either hatchery, indicating that all of the diets tested are suitable for this bloater life stage. Given this information, the decision as to which diet to use in a particular situation will likely also be based upon practical considerations such as availability and cost. As EWOS is readily available in Ontario and is less expensive than the other diets tested, it will likely remain the diet of choice in Ontario for the second growth phase. Survival rates between 12 to 24 weeks post-hatch were much higher than in the first 12 weeks of growth (Phase 1 trials) and there were no significant differences among treatments. The lower survival rate in phase 1 was expected and likely due to the challenges associated with getting newly hatched larvae to feed before their yolk reserves were depleted. Similar challenges have been experienced with walleye (Summerfelt et al., 2011), lake whitefish (Harris & Hulsman, 1991), cisco (G. Ketola, pers. comm.; Fischer et al., 2016) and bloater (G. Ketola, pers. comm.). Rice et al. (1987) noted 50% mortality for unfed bloater larvae hatched and raised in laboratory conditions, with some surviving as long as 40 days after hatching. It should also be noted that White Lake produced much larger fish during Phase 2 than Normandale. This was likely due to the warmer temperatures at White

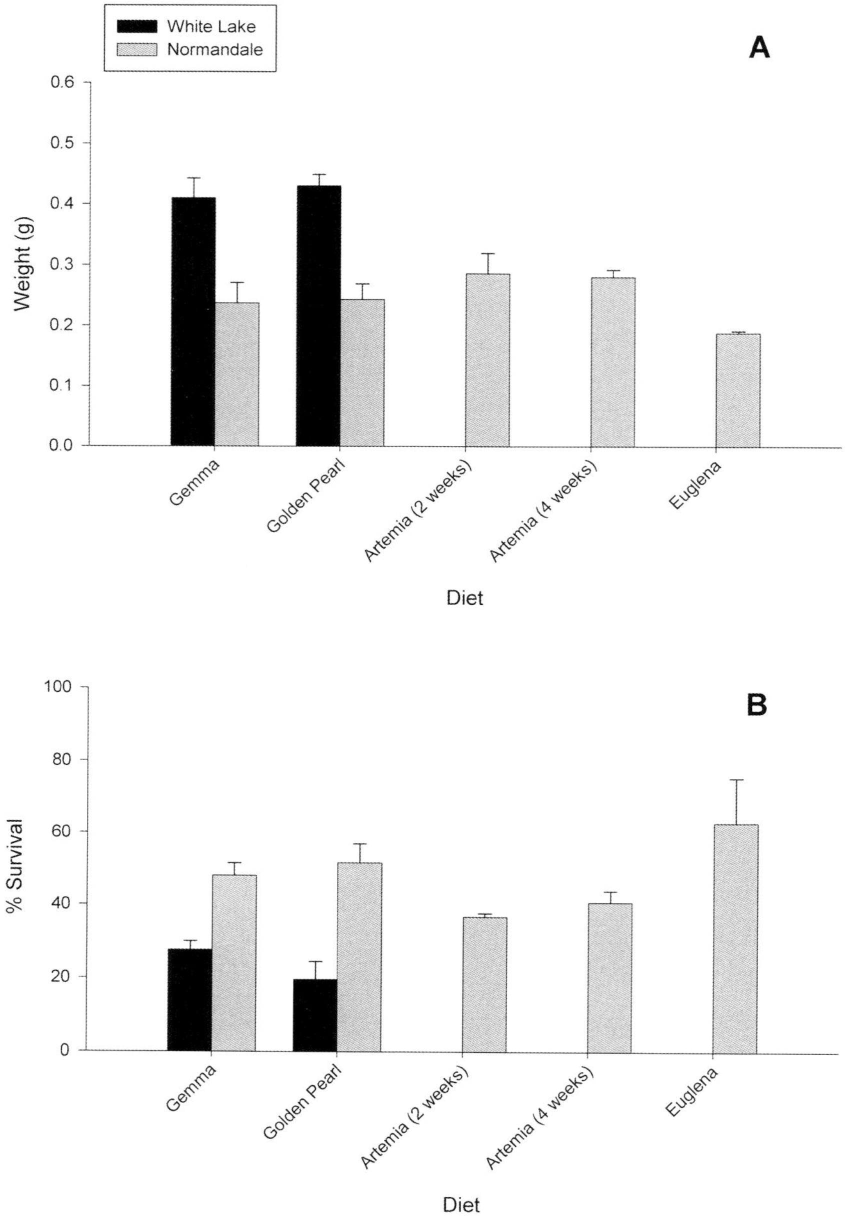

Fig. 3. Effects of diet supplements on (A) weight in grams and (B) percent survival of 12 week old bloater at the OMNRF White Lake (black bars) and Normandale (shaded bars) hatcheries in 2016, showing means (± standard error) for each treatment. All treatments used Gemma Micro as a base diet in combination with different supplement types/durations. The different supplements are indicated are indicated on the horizontal axis. Only one supplement (Golden Pearl) was tested against Gemma Micro at White Lake Fish Culture Station.

Lake during this phase (Appendix 1). Previous studies conducted in 2013 and 2016 at White Lake demonstrated a significant positive effect of relatively small temperature changes on growth rates in bloater in both the Phase 1 and Phase 2 periods (Metcalf, 2014; OMNRF, unpublished). Additionally, some of the differences in survival and growth could be associated with the differences in lighting regimes and feeding periods, although neither has been tested.

The addition of supplements to the Gemma Micro diet in 2016 for early feeding (first 12 weeks post-hatch) did not result in significant differences in growth or survival at either hatchery. Our results are consistent with data for cisco (Pangle et al., 2003), but contrasted with findings for other coregonid studies including *C. schinzi palea* (Dabrowski et al., 1984) and lake whitefish (Drouin et al., 1986). In both cases, larvae fed *Artemia* nauplii had higher survival than those on a dry diet alone. Rice et al. (1987) compared growth and survival of bloater larvae fed *Artemia* nauplii *ad libidum* (~2200 nauplii L^{-1}, twice per day), but did not include a dry diet treatment in their comparison. Bochert and colleagues (2017) found that larval *Corgeonus maraena* achieved the highest growth rates when fed live brine shrimp nauplii (*ad libitum*) followed by a mix of commercial dry diets but comparable growth was achieved by providing continuous (24 hour) dry feed. In our study, we provided relatively small quantities of live *Artemia* and *Euglena* for 14 and 28 (*Artemia* only) days in order to help stimulate feeding responses rather than to serve as a primary food source to the larval bloater. Alternatively, Stejskal et al. (2018) found that feeding *Coregonus peled* larvae 500–700 *Artemia* metanauplii $fish^{-1}$ day^{-1} for at least 20 days post hatch before weaning to dry diets produced a higher yield than 10, 15, 25 or 30 days. *Euglena* is a novel feed option and there is no research on feeding rates available. In larval sea bream (*Sparus auratus*), larvae consumed twice as much microdiet when visual and chemical *Artemia* stimuli were present (Kolkovski et al., 1997*a*). Other studies investigating *Artemia* as a larval diet supplement provided > 1000 nauplii $fish^{-1}$ day^{-1} (Colesante et al., 1986; Kolkovski et al., 1997*b*); it is possible that the numbers of *Artemia* and *Euglena* provided in our studies were simply too low to stimulate a feeding response or provide any significant benefit. If so, then, additional studies utilizing higher concentrations of these live supplements may be warranted. We also found that Golden Pearl, a non-living feed supplement which, according to the manufacturer is designed to replace live *Artemia*, did not provide a significant survival or growth advantage to larval bloater in the present study.

Aside from hatchery performance, other factors including cost, reliability, labour requirements and impacts on water quality must also be evaluated when comparing diets and diet supplements. For example, the preparation and feeding of live *Artemia*, whether as a supplement or as a sole food source, is labour intensive, and the final product may vary in availability and nutritional value (Sorgeloos, 1980; Watanabe et al., 1983). As such, decisions about the use of live *Artemia* must balance the potential additional labour costs with the potential benefits in growth and survival. Conversely, formulated feeds offer financial and time savings while providing standardized nutritional values (Drouin et al., 1986; Larscheid et al., 1999). Further testing of live supplements is recommended, including live, decapsulated, and enriched *Artemia*, as well as *Euglena* and perhaps other live supplements such as rotifers.

Because this is one of the first records of bloater culture, we were unable to find substantial published information against which to compare the hatchery performance (measured as final weights and survival rates) that we achieved. Rice et al. (1987) achieved mean dry weights of bloater larvae of up to 2.5 mg at 30 days post-hatch based on a diet of live *Artemia*, but terminated their study after 30 days. That said, the growth and survival we observed were generally similar to those obtained in recent years at the Tunison Laboratory of Aquatic Sciences (G. Ketola, pers. comm.; R. Chiavelli, pers. comm.).

The results of this study are an important first step in developing culture practices for bloater and other deepwater ciscoes. These findings suggest that we can successfully culture bloater larvae and fry using locally available diets and achieve reasonable survival and growth to 24 weeks post-hatch. This study also lays the groundwork for investigating culture practices of other deepwater ciscoes. Further research into other aspects of bloater culture in Ontario are either complete, in progress or planned, including but not limited to effects of temperature, density, and rearing unit type on growth and survival (Metcalf, 2014; OMNRF, unpublished). Additional work on broodstock development is well underway (OMNRF, unpublished) including research into the use of hormone induction to improve the performance of broodfish (Presello et al., 2021). Research is also underway to examine post-stocking behaviour and survival of bloater stocked into Lake Ontario using acoustic telemetry (T. Johnson, OMNRF, pers. comm.). This and other studies investigating bloater husbandry practices are crucial steps towards successfully reintroducing the species to Lake Ontario and potentially other lakes as well.

Acknowledgements

Financial support was provided by the Great Lakes Fish and Wildlife Restoration Act (Regional Project F15AP01089 – Development of Propagation Strategies to Support Reintroduction of Deepwater Coregonids in Lake Ontario), the Canada-Ontario Agreement Respecting Great Lakes Water Quality, and the Ontario Ministry of Natural Resources and Forestry. The authors are particularly grateful to the staff at the OMNRF White Lake and Normandale fish culture stations who cared for the fish throughout this work. The authors also wish to acknowledge the advice, support and leadership of our bi-national partners in the restoration initiative that this research supports, including the Great Lakes Fishery Commission (John Dettmers and Gary Isbell), the New York State Department of Environmental Conservation (Steve Lapan), the OMNRF Lake Ontario Management Unit (Andy Todd), the U.S. Fish and Wildlife Service (Mark Holey, Roger Gordon) and the U.S. Geological Survey (James H. Johnson, retired).

References

Binkowski, F. P. & Rudstam, L. G., 1994: Maximum daily ration of Great Lakes bloater. – Trans. Am. Fish. Soc. 123: 335–343.

Bogue, M. B., 2000: Fishing the Great Lakes: an Environmental History. – University of Wisconsin Press, Madison, WI.

Bochert, R., Horn, T. & Luft, P., 2017: Maraena whitefish (*Coregonus maraena*) larvae reveal enhanced growth during first feeding with live *Artemia* nauplii. – Arch. Pol. Fish. 25: 3–10.

Colesante, R. T., Youmans, N. B. & Ziolkoski, B., 1986: Intensive culture of walleye fry with live food and formulated diets. – Progr. Fish-Cult. 48: 33–37.

Connerton, M., Stewart, T., LaPan, S. & Isbell, G., 2010: Research supporting deepwater cisco reintroduction in Lake Ontario. – New York State Department of Environmental Conservation. Presentation.

Dabrowski, K., Charlon, N., Bergot, P. & Kaushik, S., 1984: Rearing of coregonid (*Coregonus schinzi palea cuv. et val.)* larvae using dry and live food I. Preliminary data. – Aquaculture 41(1): 11–2.

Drouin, M. A., Kidd, R. B. & Hynes, J. D., 1986: Intensive culture of lake whitefish (*Coregonus clupeaformis* Mitchill) using *Artemia* and artificial feed. – Aquaculture 59: 107–118.
Eshenroder, R. L., Payne, N. R., Johnson, J. E., Bowen, C. & Ebener, M. P., 1995: Lake trout restoration in the Great Lakes: an evolutionary, ecological, and ethical perspective. – J. Great Lakes Res. 21: 518–529.
Eshenroder, R. L., Vecsei, P., Gorman, O. T., Yule, D. L., Pratt, T. C., Mandrak, N. E., Bunnell, D. B. & Muir, A. M., 2016: Ciscoes (*Coregonus*, subgenus *Leucichthys*) of the Laurentian Great Lakes and Lake Nipigon. – In: Great Lakes Fishery Commission: Miscellaneous Publication 2016-01.
Ewen, J. G., Armstrong, D. P., Parker, K. A. & Seddon, P. J., (eds) 2012: Reintroduction Biology: Integrating Science and Management. – In: Conservation Science and Practice 9. – Wiley-Blackwell, New York, NY.
Fischer, G. J., 2014: Experience with the early rearing of lake herring (*C. artedi*). – In: Presentation at OMNRF Fish Culture Section Annual Meeting. – University of Wisconsin-Stevens Point, Northern Aquaculture Demonstration Facility, Stevens Point, WI.
Fischer, G. J., Holmes, K. L. & Wiermaa, E. M., 2016: Lake herring (*Coregonus artedi*) intensive culture manual. – University of Wisconsin-Stevens Point, Northern Aquaculture Demonstration Facility, Wisconsin.
Greig, L., Ritchie, B., Carl, L. & Lewis, C. A., 2003: Potential and strategy for restoration of Atlantic Salmon in Lake Ontario: a workshop report. – Ontario Ministry of Natural Resources, Peterborough ON. pp 39.
Gunn, J. M., McMurtry, M. J., Bowlby, J. N., Casselman, J. M. & Liimatainen, V. A., 1987: Survival and growth of stocked lake trout in relation to body size, stocking season, lake acidity, and biomass of competitors. – Trans. Am. Fish. Soc. 116: 618–627.
Hanson, S. D., Gordon, R., Holey, M. E., Treska, T. J. & Wehse, R., 2016: Fertilized egg collections from Lake Michigan Wild Bloater, 2016. – Fisheries Program, U.S. Fish and Wildlife Service, Region 3.
Harris, K. C., 1992: Techniques used for fully-intensive culture of lake whitefish (*Coregonus clupeaformis*) larvae and fingerlings in Ontario, Canada. – Pol. Arch. Hydrobiol. 39: 713–720.
Harris, K. C. & Hulsman, P.F., 1991: Intensive culture of lake whitefish (*Coregonus clupeaformis*) from larvae to yearling size using dry feeds. – Aquaculture 96: 255–268.
Holey, M. E., Hanson, S. D., Gordon, R. R., Drew, T. D., Mackey, G. E. & Connerton, M. J., 2021: Collecting viable deepwater cisco gametes from Lake Michigan for propagation – lessons learned. – Advanc. Limnol. 66: 47–64.
Hooper, G. W., 2006: Techniques used for the intensive culture of lake whitefish (*Coregonus clupeaformis*) in Ontario, Canada. – Proceedings of the National Freshwater Aquaculture Symposium, Aquaculture Canada 2004. – In: AAC Special Publication, Quebec City, Quebec, pp. 169–172.
International Union for Conservation of Nature & Species Survival Commission (IUCN SSC), 2013: Guidelines for Reintroductions and Other Conservation Translocations Version 1.0. – IUCN Species Survival Commission, Gland, Switzerland.
Lake Ontario Bi-national Biodiversity Conservation Strategy Working Group, 2009: The Beautiful Lake: A Bi-national Biodiversity Conservation Strategy for Lake Ontario. – Nature Conservancy and Nature Conservancy Canada.
Lake Ontario Partnership, 1998: Lakewide Management Plan for Lake Ontario. – U.S. Environmental Protection Agency, Environment Canada, New York State Department of Environmental Conservation, Ontario Ministry of the Environment.
Jachowski, D. S., Millspaugh, J. J., Angermeier, P. L. & Slotow, R. (eds), 2016: Reintroduction of Fish and Wildlife Populations. – University of California Press, Oakland, CA.
Johnson, J., Fielder, D., Hughes, M. & Espinoza, R., 2012: Pilot cisco egg take and culture study. – In: Michigan Department of Natural Resources Fisheries Report. 18: 1–2.
Kolkovski, S., Arieli, A. & Tandler, A., 1997a: Visual and chemical cues stimulate microdiet ingestion in sea bream larvae. – Aquacult. Int. 5: 527–536.
Kolkovski, S., Koven, W. & Tandler, A., 1997b: The mode of action of *Artemia* in enhancing utilization of microdiet by gilthead seabream *Sparus aurata* larvae. – Aquaculture 155: 193–205.

Larscheid, J., Christianson, J., Geengerke, T. & Johnson, W., 1999: Survival, growth, and abundance of pellet-reared and minnow-reared muskellunge stocked in northwestern Iowa. – N. Am. J. Fish. Manage. 19: 230–237.

Martinez, P. J., Bigelow, P. E., Deleray, M. A., Fredenberg, W. A., Hansen, B. S., Horner, N. J., Lehr, S. K., Schneidervin, R. W., Tolentino, S. A. & Viola, A. E., 2009: Western lake trout woes. – Fisheries. 34: 424–442.

Metcalf, L., 2014: Rearing Deepwater Cisco (*Coregonus hoyi*) in captivity from hatch. – Master of Science Major Paper, Department of Animal and Poultry Science, University of Guelph, ON.

Miller, T. J., Crowder, L. B., Rice, J. A. & Maraschall, E. A., 1988: Larval size and recruitment mechanisms in fishes: toward a conceptual framework. – Can. J. Fish. Aquat. Sci. 45: 1657–1670.

Mills, E. L., Casselman, J. M., Dermott, R., Fitzsimons, J. D., Gal, G., et al., 2005: A synthesis of ecological and fish-community changes in Lake Ontario, 1970–2000. – Great Lakes Fishery Commission Technical Report 67.

Pangle, K. L., Sutton, T. M. & Brown, P. B., 2003: Evaluation of practical and natural diets for juvenile lake herring. – N. Am. J. Aquacult. 65: 91–98.

Parrish, D. L., Behnke, R. J., Gephard, S. R., McCormick, S. D. & Reeves, G. H., 1998: Why aren't there more Atlantic salmon (*Salmo salar*)? – Can. J. Fish. Aquat. Sci. 55: 281–287.

Presello, A. J., Smith, J. L., Drew, T. D., Loftus, K. K., Johnston, T., Wilson, C. C. & Pitcher, T. E., 2021: Induction of free-flowing gametes to establish a reintroduction broodstock of bloaters (*Coregonus hoyi*) for Lake Ontario. – Advanc. Limnol. 66: 363–379.

Rakes, P. L., Shute, J. R. & Shute, P. W., 1999: Reproductive behavior, captive breeding, and restoration ecology of endangered fishes. – Env. Biol. Fish. 55: 31–42.

Rakes, P. L., Petty, M. A., Shute, J. R., Ruble, C. L. & Mattingly, H. T., 2013: Spawning and captive propagation of Blackside Dace, *Chrosomus cumberlandensis*. – Southeast Nat. 12: 162–170.

Rice, J. A., Crowder, L. B. & Binkowski, F. P., 1987: Evaluating potential sources of mortality for larval bloater (*Coregonus hoyi*): starvation and vulnerability to predation. – Can. J. Fish. Aquat. Sci. 44: 467–472.

Seddon, P. J., Soorae, P.S. & Launay, F., 2005: Taxonomic bias in reintroduction projects. – Animal Conservation. 8: 51–58.

Shute, J. R., Rakes, P. L. & Shute, P. W., 2005: Reintroduction of four imperiled fishes in Abrams Creek, Tennessee. – Southeastern Naturalist. 4: 93–110.

Sorgeloos, P., 1980: The use of the brine shrimp in aquaculture – In Persoone, G., Sorgeloos, P., Roels, O. and Jaspers, E. (eds.):The Brine Shrimp *Artemia*, volume 3: Ecology, Culturing, Use, and Aquaculture – Wetteren, Belgium: Universal Press, pp. 25–46.

Stejskal, V., Matousek, J., Prokesova, M., Podhorec, P., Sebesta, R. & Drozd, B., 2018. Combined effect of weaning time and co-feeding duration on growth and survival of peled *Coregonus peled* (Gmelin) larvae. Aquaculture Nutrition 24: 434–441.

Summerfelt, R. C., Johnson, J. A. & Clouse, C. P., 2011: Culture of walleye, sauger and hybrid sauger. – In: Barton, B. A. (ed.): Management, Culture, Walleye, and Sauger. Am. Fish. Soc., Bethesda, Maryland, pp. 451–570.

Treece, G. D. & Davis, D. A., 2000: Culture of small zooplankters for the feeding of larval fish. In: Southern Regional Aquaculture Center, No. 701.

Valentine, S. A., Bauman, J. M. & K. T. Scribner., 2017: Effects of alternative food types on body size and survival of hatchery-reared Lake Sturgeon larvae. – N. Am. J. Aquacult. 79: 275–282.

Watanabe, T., Kitajima, C. & Fujita, S., 1983: Nutritional values of live organisms used in Japan for mass propagation of fish: a review. – Aquaculture. 34: 115–143.

Whitelaw, J., Manriquez-Hernandez, J., Duston, J., O'Neil, S. F. & Bradford, R. G., 2015: Atlantic Whitefish (*Coregonus huntsmani*) Culture Handbook. – In: Canadian Manuscript Report of Fisheries and Aquatic Sciences, 3074. – Fisheries and Oceans Canada, Dartmouth, Nova Scotia.

Zimmerman, M. S. & Krueger, C. C., 2009: An ecosystem perspective on re-establishing native deepwater fishes in the Laurentian Great Lakes. – N. Am. J. Fish. Manage. 29: 1352–1371.

Manuscript received: 16 January 2018
Revisions requested: 13 April 2018
Modified version received: 6 September 2018
Accepted: 17 September 2018

Appendix 1: Average weekly water temperatures (°C) used for juvenile bloater culture at White Lake and Normandale Fish Culture Stations for (a) the first 12 weeks post hatch (Phase 1 trials) and (b) weeks 13–24 weeks post hatch (Phase 2 trials).

(a)

Week	**1**	**2**	**3**	**4**	**5**	**6**	**7**	**8**	**9**	**10**	**11**	**12**
Year						**White Lake**						
2015	9.9	10.3	9.8	14.0	NA	NA	12.5	NA	12.9	12.4	12.4	12.4
2016	9.8	11.8	12.0	12.1	11.7	11.8	11.5	11.9	11.5	11.7	11.9	12.0
						Normandale						
2015	9.6	8.8	9.4	10.3	10.1	10.0	10.6	10.3	10.4	10.4	9.8	9.9
2016	10.3	9.6	10.0	10.1	10.1	10.8	10.9	10.6	10.3	10.4	10.4	10.7

(b)

Week	**13**	**14**	**15**	**16**	**17**	**18**	**19**	**20**	**21**	**22**	**23**	**24**
Year						**White Lake**						
2015	12.4	12.7	11.9	12.4	12.4	12.2	12.4	12.1	12.1	12.1	12.2	12.3
2016	12.1	11.9	12.1	11.9	12.1	12.0	12.0	12.1	12.1	12.0	11.7	11.4
						Normandale						
2016	11.0	11.4	11.3	11.3	11.7	11.5	11.4	11.1	11.3	10.8	10.6	10.3

Advanc. Limnol. **66**, p. 363–379
Biology and Management of Coregonid Fishes – 2017

Article

Induction of free-flowing gametes to establish a reintroduction broodstock of bloaters (*Coregonus hoyi*) for Lake Ontario

Alexander J. Presello[1], Jennifer L. Smith[2], Timothy D. Drew[2], Kevin K. Loftus[2], Thomas A. Johnston[3], Chris C. Wilson[4], and Trevor E. Pitcher[1,5,*]

With 5 figures

Abstract: Animals raised in captivity commonly exhibit reproductive dysfunction of varying degrees ranging from diminished to absent reproduction. This observation holds true for the bloater (*Coregonus hoyi*); a deepwater cisco extirpated from Lake Ontario. Efforts to rear bloaters in captivity for creating a broodstock for Lake Ontario reintroduction efforts have been met with complications, including a significant reduction of egg and sperm expression in females and males, respectively. Therefore, we examined whether the injection of an exogenous hormone (Leutenizing Hormone Releasing Hormone analog, LHRHa) at two times of the year (Early: December-January & Late: January-February), with two different concentrations (40 & 80 $\mu g\ kg^{-1}$; using N = 1,322 individuals) could induce gamete expression in males and females. We measured the proportion of males and females with free-flowing gametes and measured gonadosomatic index and egg diameter for all treatment groups. The exogenous hormone injections were more effective at inducing the gamete expression of females. LHRHa treatments had a significant effect as to whether females, but not males, were expressing free-flowing gametes. Furthermore, there were no significant differences between the bloaters' GSI for either sex amongst the treatment groups. Finally, egg diameters were significantly different among the free-flowing eggs of the females from the different treatments. Overall, the use of LHRHa is an effective tool in promoting reproduction for female bloaters and will be one tool among many to help produce a captive broodstock for reintroduction efforts for bloaters to Lake Ontario.

Keywords: *Coregonus hoyi*, reproductive dysfunction, egg quality, sperm, induction

Authors' addresses:
[1] University of Windsor, Department of Biological Sciences, 401 Sunset Avenue, Windsor, ON N9B 3P4, Canada
[2] Ontario Ministry of Natural Resources and Forestry, Fish and Wildlife Services Branch, Fish Culture Section, 300 Water Street, Peterborough, ON K9J 3C7, Canada
[3] Ontario Ministry of Natural Resources and Forestry, Cooperative Freshwater Ecology Unit, Laurentian University, 935 Ramsey Lake Road, Sudbury, ON P3E 2C6, Canada
[4] Ontario Ministry of Natural Resources and Forestry, Science and Research Branch, Aquatic Research and Monitoring Section, 2140 East Bank Drive, Peterborough, ON K9J 7B8, Canada
[5] University of Windsor, Great Lakes Institute for Environmental Research, 401 Sunset Avenue, Windsor, ON N9B 3P4, Canada
[*] Corresponding author: tpitcher@uwindsor.ca

DOI: 10.1127/adv_limnol/2021/0074 1612-166X/21/0074 $ 4.25
www.schweizerbart.de

Introduction

Many fish species around the world are bred in captivity for a variety of reasons. Some are bred for food, while others are bred for conservation purposes. A tremendous challenge often faced in captive breeding efforts is the establishment of a self-sustaining population of brood fish (Snyder et al., 1996). Often, this difficulty can be attributed to some form of reproductive dysfunction brought on by inadequate environmental conditions (e.g., rearing density), diet, behavioral incompatibility, or inbreeding depression (Danielle & Murray, 1986; Setchell et al., 1987; Milliam, et al., 1988; Yamamoto et al., 1989; Merola, 1994). However, the incorporation of reproductive biological strategies, such as the use of exogenous hormones, has improved the effectiveness of captive breeding efforts of many species including amphibians (Browne et al., 2006) and fishes (Crim et al., 1988; Mylonas, 1992; Wojtczak et al., 2005).

It is well documented that the reproduction of hatchery-reared fish can be controlled through the manipulation of various environmental aspects such as water temperature and photoperiod (King & Pankhurst, 2007; Malison et al., 1998). Species for which there is comprehensive information regarding necessary ecological and biological aspects of their reproduction have been shown to benefit from these environmental manipulations (King & Pankhurst, 2007; Lafferty et al., 1999). However, there are still some species among those in aquaculture today for which either the relevant information surrounding their reproduction is unknown or the appropriate environmental manipulations are neither practically nor economically feasible (e.g., migration, depth, or turbidity) (Mylonas et al., 2010). Alternatively, another common method of controlling fish reproduction that does not solely rely on environmental cues exists; the use of exogenous hormones. The use of exogenous hormones to manipulate and control fish reproduction has been utilized in aquaculture for many years and is founded on the understanding of reproductive endocrinology of fish (e.g., Noori et al., 2010; Crim et al., 1983).

The reproductive cycle of fish can be separated into two distinct phases. The first phase is referred to as spermatogenesis and vitellogenesis in males and females, respectively. These initial phases are primarily associated with the proliferation, growth, and differentiation of gametes while the second stage, spermiation and final oocyte maturation (FOM) constitute their maturation and preparation for release (Mylonas & Zohar, 2001). In general, to initiate the reproductive endocrine cascade there must first be adequate environmental stimuli (e.g., appropriate water temperature, depth, light conditions and photoperiod, and turbidity cues) present to elicit the release of gonadotropin releasing hormone (GnRH) from the hypothalamus. GnRH then stimulates the release of gonadotropic hormones such as follicle stimulating hormone (FSH) and luteinizing hormone (LH) from the anterior pituitary. Endocrine control of reproduction depends primarily on FSH during the first stage of reproduction while LH is the primary gonadotropic hormone of the second phase. By administering an exogenous hormone, the reproductive processes can be initiated without the presence of otherwise necessary environmental stimuli which, as mentioned previously, can be costly or impractical to create in a fish hatchery setting.

Often, the need to control the reproductive processes of cultured fish arises from the observation of some reproductive dysfunction of the broodstock. Mylonas & Zohar (2001) identified the unpredictable occurrence or absence of final oocyte maturation as the most commonly observed reproductive dysfunction in cultured fish. While females appear to be more commonly affected by a dysfunction, males, too, can experience dysfunction in the form of reduced volume and increased viscosity of semen (Vermeirssen et al., 1998). Analogs of either gonadotropic hormone releasing hormone (GnRHa) or luteinizing hormone releasing hormone (LHRHa) are the most common exogenous hormones used in aquaculture when attempting to alleviate this reproductive dysfunction (Zohar & Mylonas, 2001).

GnRHa and LHRHa are both classified as gonadotropic releasing hormones as their physiological function is to stimulate the release of gonadotropic hormones from the anterior pituitary. Their efficacy of relieving reproductive dysfunction in fish appears to vary among species and depends on many factors such as vector of administration, dosage, timing and duration of administration, and environmental influences (Crim & Glebe, 1984; Billard et al., 1984). Typically, the exogenous hormone is administered through one of two main methods: injection using a needle and syringe or the implantation of a slow-dissolving pellet. The appropriate dosage of a hormone can vary greatly among species but there is generally an accepted range of approximately 10–100 $\mu g\ kg^{-1}$. Pellets provide a slower and longer lasting release of hormone compared to injections, however, it is much more difficult to determine the exact dosage a fish may be receiving at a given point in time (Crim et al., 1988; Garcia, 1989). As different species may have different spawning seasons, a hormonal administration time point that is effective for one species may prove ineffective for another. Other studies suggest that environmental factors, such as water temperature, can play an important role in determining the efficacy of the administered hormone in the induction of reproductive processes in hatchery-reared fish (King & Pankhurst, 2007). Often, there is no single optimal potential strategy to overcome reproductive dysfunction in cultured fish, especially for those species whose ecological and biological aspects of reproduction are not well-known (Crim et al., 1983; Crim & Glebe, 1984; King & Pankhurst, 2007). Such is the case with the bloater (*Coregonus hoyi*), an important fish species native to four of the Laurentian Great Lakes.

The bloater was extirpated from Lake Ontario in the early 1950s (Clemens & Crawford, 2009). Multiple factors were implicated such as fishing pressure, predator-prey ratios (Christie, 1973), increased food competition with exotic species including alewives (*Alosa pseudolarengus*) and rainbow smelt (*Osmerus mordax*), as well as predation by sea lamprey (*Petromyzon marinus*), and reduced water quality (Smith, 1972; Christie, 1973). In the wild, bloaters spawn via external fertilization at depths ranging from approximately 40 to 100 m (Becker, 1983) with an average egg diameter of approximately 1.95 mm (Dryer & Beil, 1968). Additionally, adult bloaters have been found in water temperatures between 4 and 11 °C (TeWinkle & Fleischer, 1999). Given these natural environmental conditions, it is not surprising there are inherent difficulties (e.g., reproductive dysfunction) of raising these fish in captivity for conservation purposes.

The main goal of the Great Lakes Fish and Wildlife Restoration Act Regional Project entitled *Development of Propagation Strategies to Support Reintroduction of Deepwater Coregonids in Lake Ontario (2014)*, is "to establish a self-sustaining population of one or more species of deepwater ciscoes in Lake Ontario within 25 years". To achieve this goal, the project details two objectives: (1) to secure reliable sources of gametes from a self-sustaining broodstock by 2012 and (2) increase current culture capacity and stock 500,000 individuals by 2015. Since the launch of the restoration program in 2010, the principal source of gametes has been wild collections in the deep waters of Lake Michigan during the winter (late January to early March). Given the difficulty of collecting gametes at this time of year, and the absence of well-developed husbandry practices, project participants decided to start developing a captive broodstock as a back-up strategy, beginning with the 2011 year class.

Conservation efforts via a partnership between the United States Fish and Wildlife Service, Ontario Ministry of Natural Resources and Forestry (OMNRF), the Great Lakes Fishery Commission, and the United States Geological Survey have been ongoing since 2010. As part of the initiative, the OMNRF White Lake Fish Culture Station (WLFCS) attempted to produce a self-sustaining broodstock of bloaters for their annual reintroduction into Lake Ontario, but experienced difficulties including reproductive issues. For example, hatchery-reared bloaters exhibited reproductive dysfunction in the form of absence of females expressing free-flowing eggs and males producing diminishing amounts of semen. Due to low levels of egg production in the 2011 year class during the 2014–2015 spawning season at WLFCS (compared to the consistent, albeit reduced semen expression in males), we elected to focus primarily on the quality of the eggs, rather than the sperm.

In this study, the efficacy of the use of an exogenous hormone (LHRHa) to overcome the observed reproductive dysfunctions exhibited by hatchery-reared bloaters was examined. During the development of the Ontario-based bloater broodstock it was commonly observed that there existed an asynchrony between sexes in terms of when they produced free-flowing gametes (usually 2–4 weeks in span between males and females, with males producing gametes prior to females) or a complete absence of free-flowing eggs in sexually mature females. We assume this asynchrony is due to a lack of normal ecological parameters in the fish culture facility, including density, sex ratio, lighting and temperature (among others), but at this time we have no quantitative data that can test these alternative hypotheses. Finally, because the production of eggs by the bloaters had been relatively low until recently, the egg diameter of both free-flowing eggs and eggs that have yet to be released were also examined and compared to the diameter of wild bloater eggs from Lake Michigan.

Materials and methods

Broodstock

Bloater brood stocks were held in 4 m^3 circular units that were 2 m in diameter and 1.3 m deep. Temperatures ranged between 12 °C during the summer months (mid-June to mid-September) and gradually decreased to 3 °C in the winter (mid-December to mid-March). Fish were fed a combination of Otohime EP1, EP2 and EWOS 2 mm salmonid diets. Fish were fed to satiation and amounts were reduced during spawning as dictated by feeding response. Feeding times and amounts were controlled and delivered using an Arvo-Tec feeding system. Lighting was controlled by a Sunmatch photoperiod controller and simulated sunrise, sunset, and daily light levels based on local latitude.

The sexually mature individuals from this study were derived from wild-caught bloater gametes collected from Lake Michigan in January–March 2012. In fall 2015, males and females from this broodstock population (N = 1,322 for the experiment) were randomly assigned to one of four experimental treatments; control, sham control, low dosage, and high dosage (see Figure 1). Following their respective treatments, each fish was checked in subsequent weeks to determine whether they were expressing free-flowing gametes. This

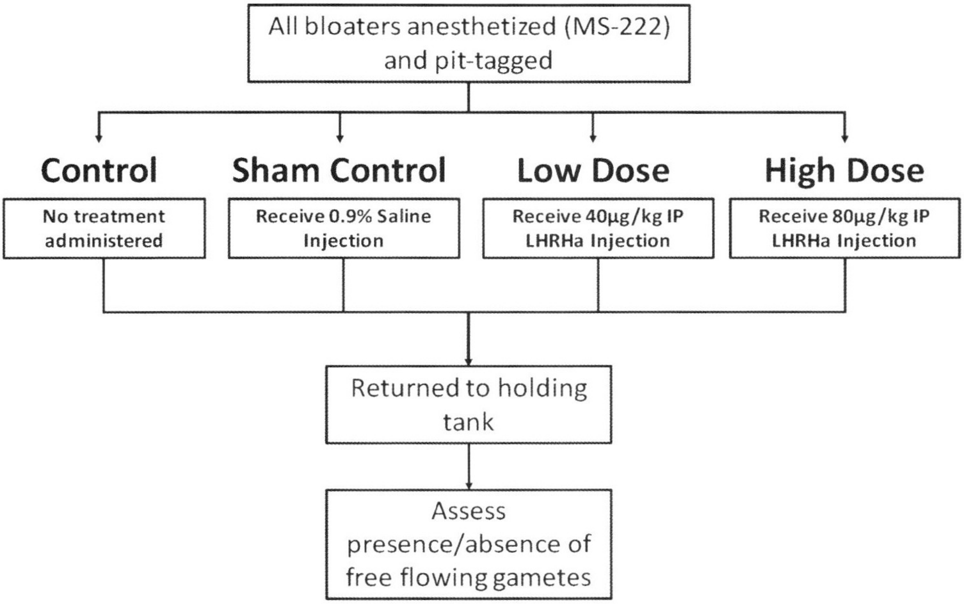

Fig. 1. Experimental design for the bloater (*Coregonus hoyi*) Luteinizing Hormone Releasing Hormone Analogue (LHRHa) treatment protocol. All fish were anesthetized and pit-tagged for identification purposes. There were four treatment groups: a control (no injection), a sham control (0.9% saline intraperitoneal (IP) injection), low dose (0.9% saline + 40 µg kg^{-1} (LHRHa) IP injection) and high dose (0.9% saline + 80 µg kg^{-1} LHRHa IP injection). Following treatment, fish were returned to holding tanks and the presence or absence of free-flowing gametes was assessed at regular intervals. The sample size for the "Early" time point was 241 males and 451 females for a total of 692 fish and for the "Late" time point it was 241 males and 399 females for a total of 640 fish.

experimental design was carried out twice, once between 14 December 2015 and 20 January 2016 (hereafter "Early"), and with another group of fish between 18 January 2016 and 24 February 2016 (hereafter "Late").

LHRHa injection protocol

Treatment injections took place over two days (half the individuals on day one and half the individuals on the second day) for both time points (Early and Late). Each individual was anesthetized using tricaine methane-sulfonate (MS-222). Once each fish was anesthetized it was checked immediately for expression of free-flowing gametes (eggs or semen) by gentle abdominal massage. Any fish found to be expressing free-flowing gametes was placed in a recovery tank to be excluded from the study because the efficacy of exogenous hormone at inducing free-flowing gamete expression could not be examined in these individuals. Individuals first had their sex guessed (bloaters are sexually monomorphic) by an experienced technician in an attempt to randomly assign an approximately equal number of fish of each sex to a treatment group (see details below). However, the sex ratio of the 2012 bloater cohort was approximately 2:1 in favor of females. Once it was determined a fish was not expressing free-flowing gametes, it was weighed (to the nearest gram) and total length (to the nearest mm) and girth just anterior to the dorsal fin (i.e., the widest part of the fish, to the nearest mm) were measured. Each fish received a pit-tag, which was injected lateral to the dorsal fin. Following these measurements, each fish (n = 692 [241 males, 451 females] in Early, n = 640 [241 males, 399 females] in Late) was randomly assigned to one of four treatments: control (C; n = 175 [52 males, 123 females] in Early, n = 160 [65 males, 95 females] in Late), sham control (S; n = 172 [65 males, 107 females] in Early, n = 160 [64 males, 96 females] in Late), low dose (L; n = 172 [58 males, 114 females] in Early, n = 160 [55 males, 105 females] in Late), and high dose (H; n = 173 [66 males, 107 females] in Early, n = 160 [57 males, 103 females] in Late). Each control fish was returned to a recovery tank after it was measured. Fish in the low dose group received an intraperitoneal priming injection (50%) of LHRHa (Syndel Laboratories Ltd., Vancouver, B.C.) in 0.9% saline, just below the pelvic fin, equivalent to 20 $\mu g\ kg^{-1}$ while high dose individuals received a similar injection but at a concentration of 40 $\mu g\ kg^{-1}$. Sham control individuals received an intraperitoneal injection of 0.9% saline of the same volume that a fish of identical mass would receive had it received an LHRHa injection (i.e., low or high dose treatments). Following treatment for both the Early and Late groups, half of the individuals (first day of injections) were put into one recovery tank and half (second day of injections) into another tank. Each tank contained individuals from all treatment groups to eliminate tank effects. This protocol was repeated for all fish from each of the treatments seven days following the initial handling and injections, this time to administer the resolving injection (50%) of LHRHa for the low and high fish, a second saline injection for sham fish and only anesthesia administration and handling for control fish. This brought the total amount of LHRHa injected to 40 $\mu g\ kg^{-1}$ for those individuals receiving a low dose and 80 $\mu g\ kg^{-1}$ for those receiving a high dose, which is consistent with other species in the literature (e.g., Billard et al., 1984; Crim & Glebe, 1984). To date, there is little data regarding appropriate injection concentrations of LHRHa for coregonids (but see Wojtczak et al., 2005) and as such we chose two concentrations within those used in the Salmonidae literature. Additionally, at this time, fish were first checked by abdominal massage to produce free-flowing gametes. All individuals were also checked again for free-flowing gametes at three, four and five weeks following their priming injections, which is consistent with other research regarding exogenous hormone injection in fish (e.g., Crim et al., 1988; Wojtczak et al., 2005) and is within the speculated spawning season of wild bloaters (Becker, 1983). Also, the average water temperatures during the Early and Late injections were 4 and 1 °C, respectively. For all treatment and checks following the initial treatment, fish were identified by pit-tag number and recorded for either expressing free-flowing gametes or not on the date of the check.

Gonadosomatic index (GSI) measurement

Weighing of hatchery-reared bloater gonads for gonadosomatic index (GSI) measurements took place during the third week after the priming injection. Prior to handling, all individuals were euthanized using MS-222. All individuals were weighed to the nearest gram using an electric scale and their girth was measured using a flexible tape measure, both, a second time in addition to the morphological measurements taken during the injection protocol. Each male (n = 38; 3 high, expressing and 8 control, 9 sham, 12 low and 6 high non-expressing) and female (n = 47; 7 control, 7 sham, 5 low and 6 high, expressing females and 7 control, 5 sham, 4 low and 6 high, non-expressing) were dissected using a sagittal incision along the ventral midline so that the gonads could be extracted. All gonads were placed into medium plastic weigh boats and weighed on an electronic scale (to the nearest milligram) for the calculation of GSI (mass of the gonads divided by whole body mass).

Egg quality measurements

Eggs were collected from captive bloater females during the third week after the priming injection for both the Early and Late groups (i.e., same time as GSI measurement, see above). Additionally, unfertilized, wild bloater eggs from Lake Michigan were collected by staff from the United States Fish and Wildlife Service (USFWS) and delivered to WLFCS on 28 January 2016, approximately twenty-four hours later. These females, subsequently referred to as the "wild" treatment (n = 24), were anesthetized using MS-222, and processed in the field. Prior to handling, all experimental females at WLFCS (n = 26; 9 low and 7 high, expressing and 5 control and 5 sham non-expressing females for Early, and n = 47; 7 control, 7 sham, 5 low and 6 high, free-flowing females and 7 control, 5 sham, 4 low and 6 high, non-expressing females for Late), plus an additional group of non-experimental females from WLFCS (10 expressing and 10 non-expressing for each of Early and Late groups) were anesthetized using MS-222. These latter females, subsequently referred to as the "hatchery" treatment, were of the same 2012 cohort as the experimental fish but were not part of the LHRHa Injection Protocol, and thus, were anesthetized only once. The anaesthetized experimental and hatchery females had their morphological measurements taken as in the injection protocol (see above). If a female was expressing free-flowing gametes, they were collected by gentle abdominal massage into medium plastic weigh boats. Once the free-flowing eggs were extracted or the female was not yet expressing them, each female was dissected using a sagittal incision along the ventral midline.

Egg quality was measured as diameter, dry mass, and total lipid content. One subset of eggs from each female was carefully placed on filter paper cut to fit inside a small petri dish. These eggs were carefully separated using steel forceps and were then photographed using a Celestron Handheld Digital Microscope Pro with each photograph including approximately 20 eggs (n = 352 subsets, mean = 22 eggs per subset, range = 10–37). Following this imaging, the Celestron Portable Capture Pro software was used to measure the diameters of each individual egg (mm). A second subset of eggs (~ 5 g) from each female was used for determinations of dry mass and total lipid content. Dry mass per egg was used as an alternate measure of egg size, to determine if observed patterns in egg diameter may be related to hydration status of the eggs. These eggs were frozen, then freeze-dried for one week. For each female, three replicates of 30 eggs each were weighed to determine mean dry mass per egg. The freeze-dried eggs were then ground to a powder with a mortar and pestle, and total lipid content (% of dry mass) was estimated gravimetrically following a chloroform:methanol

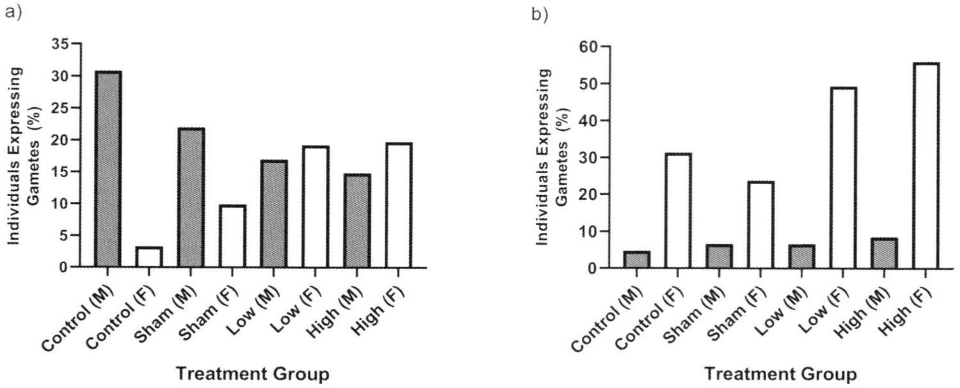

Fig. 2. Percentage of bloaters (*Coregonus hoyi*) that expressed free-flowing gametes during the Early (a) and Late (b) time points (see Methods for details) at White Lake Fish Culture Station in Sharbot Lake, Ontario. Males are indicated by dark gray bars and females by open bars for each of the treatment groups (control, sham, low and high). Note that in (a) the y axis ranges from 0–35% while in (b) the y-axis ranges from 0–60%.

extraction procedure outlined previously (Moles et al., 2008). Ova lipid extractions were performed in duplicate, and a third extraction was performed if the CV exceeded 10%.

Results

LHRHa injections

Cumulatively, LHRHa treatments of the Early bloaters had a significant effect as to whether females (chi-squared test: $X^2 = 19.355$, $p < 0.0005$, Figure 2a), but not males (chi-squared test: $X^2 = 4.76$, $p = 0.19$, Figure 2a), were expressing free-flowing gametes. Similarly, treatment of the Late bloaters had a significant effect as to whether females (chi-squared test: $X^2 = 23.07$, $p < 0.0001$, Figure 2b), but not males (chi-squared test: $X^2 = 0.94$, $p = 0.82$ Figure 2b), were expressing free-flowing gametes.

Gonadosomatic index (GSI)

The GSI of non-expressing male bloaters (i.e., not producing free-flowing milt) was not significantly different among the treatment groups (One-way ANOVA: $F_{3,31} = 0.96$, $p = 0.42$). Similarly, the GSI of both expressing (One-way ANOVA: $F_{3,21} = 2.20$, $p = 0.12$) and non-expressing (One-way ANOVA: $F_{3,18} = 0.61$, $p = 0.62$) female bloaters was not significantly different among the treatment groups (Figure 3).

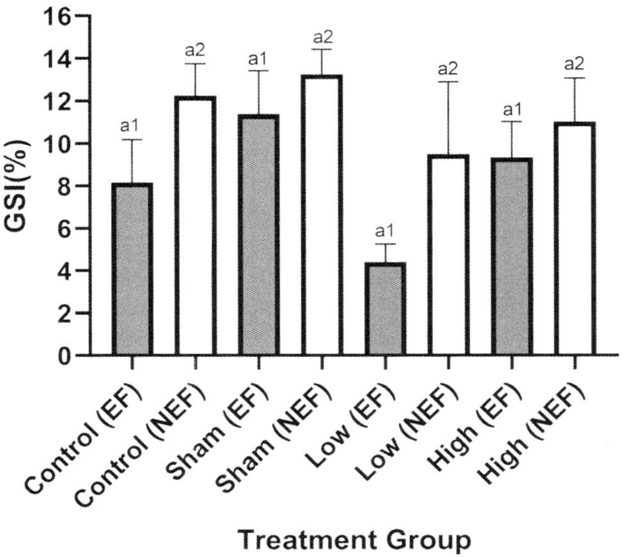

Fig. 3. Mean (+ standard error) gonadosomatic index (GSI) of female bloaters (*Coregonus hoyi*) at White Lake Fish Culture Station in Sharbot Lake, Ontario. GSI is the ratio of gonad mass to total body mass for an individual. Individuals that expressed free-flowing gametes between 25 January and 24 February (Late sample) are indicated by dark gray bars and individuals that did not (gonads were surgically excised) are indicated by open bars. Treatment means without a letter in common (with the same numbered subscript) for the same expression status were significantly different ($p < 0.05$) and subscripts correspond to individual one-way ANOVAs.

Egg quality

Early bloaters of the control, sham, and hatchery groups that were non-expressing, showed no significant differences in mean egg diameter (One-way ANOVA: $F_{2,17} = 0.45$, $p = 0.65$). However, mean egg diameter was significantly different among the expressing females of the low, high, and wild groups (One-way ANOVA: $F_{2,37} = 16.90$, $p < 0.0001$), with wild eggs being significantly larger than both low and high dose eggs. Similarly, non-expressing Late bloaters of the control, sham, low, high, and hatchery groups showed no significant differences in mean egg diameter (One-way ANOVA: $F_{4,27} = 0.77$, $p = 0.56$, Figure 4). But, for expressing Late bloaters, mean egg diameter was significantly different among the control, sham, low, high, hatchery, and wild groups (One-way ANOVA: $F_{5,53} = 6.74$, $p < 0.0001$, Figure 4) with wild, low, and control eggs being significantly larger than hatchery high and sham eggs.

Our analyses of egg dry mass and lipid content included models with maternal TL as a covariate to account for possible ontogenetic effects. Wild fish were generally smaller than the captive fish examined in this study (mean TL of 210 mm and 256 mm, respectively). For the wild Lake Michigan bloater (all females expressing), egg dry mass was positively related to female TL (regression analysis, $F_{1,22} = 5.24$, $p = 0.032$, $R^2 = 0.19$), and egg lipid content was negatively related to female TL ($F_{1,22} = 5.91$, $p = 0.024$, $R^2 = 0.21$). In contrast, for the

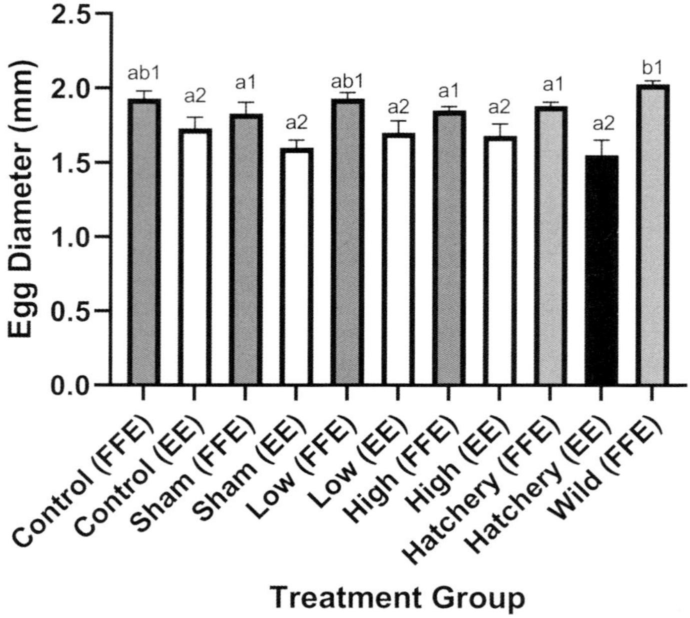

Fig. 4. Mean (+ standard error) egg diameter (mm) of bloater (*Coregonus hoyi*) from both captive broodstock at White Lake Fish Culture Station (WLFCS) in Sharbot Lake, Ontario and wild females from Lake Michigan. Egg diameters measured from free-flowing eggs are indicated by dark gray bars while egg diameters measured from surgically excised eggs are indicated by open bars for each treatment group (control, sham, low, high, hatchery and wild, defined in text) for the Late sample. In the case of an absent bar, no data could be collected for that group. Treatment means without a letter in common (with the same numbered subscript) for the same egg status were significantly different ($p < 0.05$) and subscripts correspond to individual one-way ANOVAs.

captive bloater in the WLFCS, there was a significant negative relationship between egg dry mass and maternal TL for expressing females (partial-$F_{1,41} = 5.87$, $p = 0.020$), but not for non-expressing females, and no significant relationship between egg lipid content and maternal TL in either expressing or non-expressing females. In subsequent analyses, egg traits were analyzed by ANCOVA, and *post hoc* tests were carried out on least-square means adjusted to a common maternal size of 245 mm TL.

Analyses of egg dry mass and lipid content indicated that there was very little variation attributable to treatment timing (i.e., Early versus Late injection timepoints), somewhat more variation attributable to the state of female ovulation at the time of sampling (i.e., expressing vs. non-expressing), and the most variation attributable to female treatment (i.e., injection treatment, hatchery, wild). Similar to the pattern observed for egg diameter (Figure 4), both egg dry mass and lipid content tended to be slightly higher in expressing than non-expressing females, and thus, tests among female treatments were conducted separately for these two groups. For non-expressing females, there were no significant differences in either egg dry mass (Tukey-Kramer adjusted multiple comparisons, $p > 0.39$) or egg lipid content ($p > 0.11$) between any treatment pairs. In contrast, for expressing females, significant

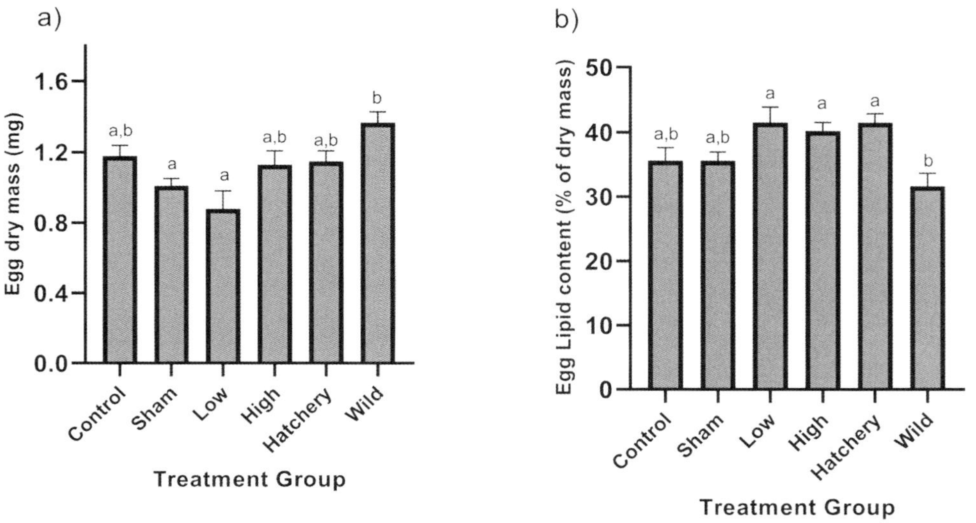

Fig. 5. Mean (+ standard error) egg size (mg dry; left) and egg lipid content (% of dry mass; right) of bloater (*Coregonus hoyi*) from both captive broodstock at White Lake Fish Culture Station (WLFCS) in Sharbot Lake, Ontario and wild females from Lake Michigan. All measurements were on eggs of expressing females (i.e., eggs free-flowing), and means were adjusted to a standard female size of 245 mm TL. Treatment groups are defined in text. Treatment means without a letter in common were significantly different (Tukey-Kramer adjustment for multiple comparisons, $p < 0.05$).

differences were observed among treatments, primarily due to the inclusion of wild females in the comparisons (Figure 5). Captive bloater tended to produce eggs that were both smaller and of higher lipid content than their wild counterparts, but there were no significant differences in either trait among the five captive treatments (Figure 5).

Discussion

We have shown that intraperitoneal injections of leuteinizing hormone releasing hormone analog (LHRHa) are effective in inducing the expression of free-flowing gametes in hatchery-reared bloaters, but only for females. Expression of free-flowing eggs from hatchery-reared bloaters at the levels observed in this study, have not been previously reported. Injection of LHRHa did not appear to have a significant effect on GSI for either sex, and did not appear to significantly alter egg size or lipid content. However, we did observe differences in egg quality among the treatment groups of this study, and the contrast was greatest between wild fish and all other treatments in captivity.

Male response to LHRHa injection

Males of the Early group of bloaters did not appear to benefit from the LHRHa injections. Results indicated that the prevalence of free-flowing gametes in males was higher in control (31%), and sham control (22%) treatments than in low (17%) and high (15%) LHRHa dosage treatments in the five weeks following injection. Similarly, for males of the Late group the prevalence of free-flowing gametes following treatment was not markedly higher for low (7%) or high (9%) dosage treatments compared to control (5%) and sham control (6%) treatments. These results are contradictory to what is typically observed following exogenous hormone injection of other hatchery-reared fish such as European whitefish (*Coregonus lavaretus*) (Wojtczak et al., 2005). Wojtczak et al. (2005) injected 33 whitefish with GnRHa (25–32 μg kg^{-1}) at the beginning of the spawning season (November) and all fish produced free-flowing semen – mostly within 16 days after injection.

The difference between the responses of male European whitefish (Wojtczak et al., 2005) and male bloater to hormone injection may be related to the timing of injection relative to the natural spawning cycle. The spawning cycle of European whitefish is well known, and injections were delivered just prior to the expected spawn time. However, the exact spawn timing of bloater is not well documented, either in the field or captivity, and our hormone injections may have been too late in the spawning cycle to be effective. It is possible that the males (Early) experienced reduced levels of plasma gonadotropins due to increased plasma androgen levels via a negative feedback loop within the HPG axis (Soma et al., 1996). That is, while the males were producing free-flowing semen (i.e., during their natural spawning season), their plasma androgen levels may have already been elevated, and thus, by injecting LHRHa, a gonadotropin which eventually triggers the release of androgens from the testes, the abnormally high androgen levels reduced natural gonadotropin release from the pituitary, lowering plasma androgen levels and, consequently, stopping free-flowing semen expression in some males (Nagahama, 1994). Finally, most of the males (Late) may also have spent their semen reserves earlier in the season, preventing the LHRHa injections from inducing further semen expression.

Female response to LHRHa injection

Contrary to the male bloaters, females experienced significantly greater prevalence of free-flowing gamete expression following the LHRHa injections. Females from the Early group that received low (19%) and high (20%) doses of LHRHa experienced greater levels of free-flowing gamete expression as compared to sham control (10%) and control (3%) groups over the five weeks post-treatment. Similarly, in the Late females, low (49%) and high (46%) dose females experienced significantly higher frequency of gamete expression as compared to sham control (24%) and control (30%) females. The higher level of gamete expression in all treatments in January–February compared to Early may indicate that the natural spawning season of the bloater is closer to the former time period. This increased level of free-flowing gamete expression following exogenous hormone injection is what is typically observed in hatchery-reared fish such as brown trout (*Salmo trutta*) (Noori et al., 2010) and Atlantic salmon (*Salmo salar*) (Crim & Glebe, 1984). Noori et al. (2010) achieved cumulative percent ovulations ranging from approximately 50% in control to 100% (in under 30 days post injection) in individuals who received a 100 μg kg^{-1} injection. Similarly, Crim & Glebe (1984) found that 94% of female Atlantic salmon had expressed free-flowing gametes within 9 days of LHRHa pellet implantation (27 μg kg^{-1}) when it was conducted 4 weeks prior to the natural spawning season.

Gonadosomatic index

There were no significant differences observed in GSI of bloater among treatments in this experiment for either sex. This observation is consistent with earlier studies that have examined exogenous hormone application and GSI. For example, Trudeau et al. (1991) observed that after implanting testosterone or estradiol (both 100 μg g^{-1}) pellets into female goldfish (*Carassius auratus*), there was no significant difference in GSI at any point during its spawning season. Additionally, there appears to be a poor correlation between GSI and the different stages of reproductive development (i.e., expressing free-flowing gametes or not), depending on which species of fish was examined (DeVlaming et al., 1982). Not accurately knowing the spawning season of captively-reared bloaters prior to this experiment made GSI measurement for male bloaters difficult. In this study, it appeared that most male bloaters had stopped producing free-flowing semen by the time the GSI measurements took place (8 February 2016). However, in the future, it would be beneficial to measure the reproductive hormone levels (e.g., estradiol, testosterone, vitellogenin) in conjunction with the GSI and gamete expression (i.e., free-flowing or not) status of the bloaters to better characterize and determine the physiological effects of LHRHa on the bloater reproductive cycle.

Egg quality

For the captive bloater females, we found that egg size, and possibly lipid content, tended to be higher for expressing females (i.e., eggs free-flowing) than for non-expressing females, regardless of treatment. This trend was evident for egg size both when measured as diameter and dry mass, suggesting that the size effect is not related to hydration at the time of ovulation. The implication is that either captive female bloaters continue to provision their eggs right up to the time of ovulation, or those producing larger eggs are also those most likely to ovulate, either naturally or through hormonal induction. We also found that egg quality did not vary greatly among the various hormonal treatments applied to captively-reared bloater, consistent with similar research on other salmonids (Arabaci et al., 2004). This is encouraging, as it suggests that hormonal treatment can be used to promote ovulation without compromising egg quality.

We found that the greatest contrast in bloater egg quality was between wild females and captively-reared females of all treatments. Relationships between egg quality and maternal size differed between captive and wild bloater, and captively-reared females appeared to produce smaller and more lipid-rich eggs than their wild counterparts at a standard body size. Captive-rearing has been shown to influence egg quality in a variety of fish species (Mylonas & Zohar, 2001; Heath et al., 2003; Mylonas et al., 2010; Johnston, 2018). The divergence in egg traits between female bloater in captivity and those in their wild source population was evident over a single generation, suggesting a phenotypically plastic response, possibly due to changes in environmental conditions (temperature, photoperiod) and/or nutritional status. The observed differences may also be attributable to age and size structure differences between the two groups, as egg quality appears to be related to combined effects of age, size, and growth in some salmonids (Johnston, 2018). In this study, all captive female bloater were the same age (3.5 years) whereas the wild female bloater, though of a smaller mean size, may have represented a wider diversity of age classes, growth histories, and spawning histories.

Conclusions

Captive-rearing and broodstock development of bloater is still in the early research stages. Reliable gamete production and spawning is a key element in this process. Intraperitoneal LHRHa injections can effectively induce free-flowing gamete expression in hatchery-reared female bloater with minimal (< 1%) mortality, and minimal effects on GSI and egg quality. We could not demonstrate a similar effect on gamete expression in male bloater. Further research into the timing of spawning for bloater in captivity and whether males and females should be housed separately prior to spawning may allow us to optimize the timing of hormone injection to increase the frequency of ovulation further in females and increase the success of semen release in males. Future studies could benefit from injecting males even earlier than our "Early" treatment (in early November) and females in mid-January (i.e., at the beginning of their respective observed spawning seasons) (Crim & Glebe, 1984; Billard et al., 1984). Another prominent factor which affects the reproduction of fish in captivity is their diet (reviewed in Izquierdo et al., 2001). For example, Duray et al. (1994) observed that when dietary lipid level was increased for rabbitfish (*Siganus guttatus*) there were significant increases in both fecundity and hatching percentage. All of these avenues of research should prove useful in the successful development of a bloater broodstock.

Acknowledgements

The research was supported by the Great Lakes Restoration Initiative, Ontario Ministry of Natural Resources and Forestry. We are grateful to the staff at the White Lake Fish Culture Station for assistance.

References

Arabaci, M., Diler, I. & Sari, M., 2004: Induction and synchronization of ovulation in rainbow trout, *Oncorhynchus mykiss*, by administration of emulsified buserelin (GnRHa) and its effect on egg quality. – Aquaculture 237: 475–484.

Becker, G. C., 1983: Fishes of Wisconsin. Madison (WI): University of Wisconsin Press. pp. 356–360.

Billard, R., Reinaud, P., Hollebecq, M. G. & Breton, B., 1984: Advancement and synchronization of spawning in *Salmo gairdneri* and *S. trutta* following administration of LRH-A combined or not with pimozide. – Aquaculture 43: 57–66.

Browne, R. K., Seratt, J., Vance, C. & Kouba, A., 2006: Hormonal priming, induction of ovulation and in-vitro fertilization of the endangered Wyoming toad (*Bufo baxteri*). – Reprod. Biol. Endocrinol. 4: 34.

Christie, W. J., 1974: Changes in fish species composition of the Great Lakes. – J. Fish. Res. Board Can. 31: 827–854.

Christie, W. J., 1973: A review of the changes in the fish species composition of Lake Ontario. Great Lakes Fishery Commission Technical Report 23: 65 p.

Clemens, B. J. & Crawford, S. S., 2009: The ecology of body size and depth use by bloater (*Coregonus hoyi* Gill) in the Laurentian Great Lakes: patterns and hypotheses. – Reviews in Fisheries Science 17: 174–186.

Crim, L. W. & Glebe, B. D., 1984: Advancement and synchrony of ovulation in Atlantic salmon with pelleted LHRH analog. – Aquaculture 43: 47–56.

Crim, L. W., Evans, D. M. & Vickery, B. H., 1983: Manipulation of the seasonal reproductive cycle of the landlocked Atlantic salmon (*Salmo salar*) by LHRH analogues administered at various stages of gonadal development. – Can. J. Fish. Aquat. Sci. 40: 61–67.

Crim, L. W., Sherwood, N. M. & Wilson, C. E., 1988: Sustained hormone release. II. Effectiveness of LHRH analog (LHRHa) administration by either single time injection of cholesterol pellet implantation on plasma gonadotropin levels in a bioassay model fish, the juvenile rainbow trout. – Aquaculture 74: 87–95.

Danielle, A. & Murray, N. D., 1986: Effects of inbreeding in the Budgerigar (*Melopsittacus undulatus*) (Aves: *Psittacidae*). – Zoo Biol. 5: 233–238.

DeVlaming, V. Grossman, G. & Chapman, F., 1982: On the use of the gonadosomatic index. – Comp. Biochem. Physiol. 73A: 31–39.

Dryer, W. R. & Beil, J., 1968: Growth changes of the bloater (*Coregonus hoyi*) of the Apostle Islands region of Lake Superior. – Trans. Am. Fish. Soc. 97: 146–158.

Duray, M., Kohno, H. & Pascual, F., 1994: The effect of lipid enriched broodstock diets on spawning and on egg and larval quality of hatchery-bred rabbitfish (*Siganus guttatus*). – Philipp J. Sci. 31: 42–57.

Garcia, L. M., 1991: Spermiation response of mature rabbitfish, *Siganus guttatus* Bloch, to luteinizing hormone releasing hormone analogue (LHRHa) injection. – Aquaculture 97: 291–299.

Garcia, L. M., 1989: Dose-dependent spawning response of mature female sea bass, *Lates calcarifer* (Bloch), to pelleted luteinizing hormone-releasing hormone analogue (LHRHa). Aquaculture 77: 85–96.

Hansen, T., Karlsen, Ø., Taranger, G. L., Hemre, G., Holm, J. C. & Kjesbu, O. S., 2001: Growth, gonadal development and spawning time of Atlantic cod (*Gadus morhua*) reared under different photoperiods. – Aquaculture 203: 51–67.

Heath, D. D., Fox, C. W. & Heath, J. W., 1999: Maternal effects on offspring size: variation through early development of chinook salmon. Evolution 53: 1605–1611.

Heath, D. D., Heath, J. W., Bryden, C.A., Johnson, R.M., & Fox, C.W., 2003: Rapid evolution of egg size in captive salmon. – Science 299: 1738–1740.

Izquierdo, M. S., Fernández-Palacios, H. & Tacon, A. G., 2001: Effect of broodstock nutrition on reproductive performance of fish. – Aquaculture 197: 25–42.

Johnston, T. A. 2018. Egg size and lipid content of lake trout (*Salvelinus namaycush*) in the wild and in captivity. – Can. J. Fish. Aquat. Sci. 75(12): 2123–2135.

King, H. R. & Pankhurst, N. W., 2007: Additive effects of advanced temperature and photoperiod regimes and LHRHa injection on ovulation in Atlantic salmon (*Salmo salar*). – Aquaculture 273: 729–738.

Lafferty, K. D., Swift, C. C. & Ambrose, R. F., 1999: Extirpation and recolonization in a metapopulation of an endangered fish, the tidewater goby. – Conserv. Biol. 13: 1447–1453.

Lubzens, E., Young, G., Bobe, J. & Cerda, J., 201: Oogenesis in teleosts: how fish eggs are formed. – Gen. Comp. Endocrinol. 165: 367–389.

Malison, J. A., Procarione, L. S., Kayes, T. B., Hansen, J. F. & Held, J. A., 1998: Induction of out-of-season spawning in walleye (*Stizostedion vitreum*). – Aquaculture 163: 151–161.

Merola, M., 1994: A reassessment of homozygosity and the case for inbreeding depression in the cheetah. – Conserv. Biol. 8: 961–971.

Milliam, J. R., Roudybush, T. E., & Grau, C. R., 1988: Influence of environmental manipulation and nest-box availability on reproductive success of captive Cockatiels (*Nymphicus bollandicus*). – Zoo Biol. 7: 25–34.

Moles, M. D., Johnston, T.A., Robinson, B. W., Leggett, W. C., & Casselman, J. M., 2008: Is gonadal investment in walleye (*Sander vitreus*) dependent on body lipid reserves? A multipopulation comparative analysis. – Can. J. Fish. Aquat. Sci. 65: 600–614.

Mylonas, C. C. & Zohar, Y., 2001: Use of GnRHa-delivered systems for the control of reproduction of fish. – Rev. Fish. Biol. Fisheries 10: 463–491.

Mylonas, C. C., Fostier, A. & Zanuy, S., 2010: Broodstock management and hormonal manipulations of fish reproduction. – Gen. Comp. Endocrinol. 165: 516–534.

Mylonas, C. C., Hinshaw, J. M. & Sullivan, C. V., 1992: GnRHa-induced ovulation of brown trout (*Salmo trutta*) and its effects on egg quality. – Aquaculture 106: 379–392.

Nagahama, Y., 1994. Endocrine regulation of gametogenesis in fish. – Int. J. Dev. Biol. 38: 217–229.

Noori, A., Amiri, B. M., Mirvaghefi, A. & Baker, D. W., 2010: LHRHa-induced ovulation of the endangered Caspian brown trout (*Salmo trutta caspius*) and its effect on egg quality and two sex steroids: testosterone and 17α-hydroxyprogesterone. – Aquac. Res. 41: 871–877.

Olito, C., Loopstra, D. & Hansen, P., 2001: Acceleration of sexual maturation of Chinook salmon using luteinizing hormone-releasing hormone analog. – N. Am. J. Aquac. 63: 208–214.

Setchell, K. D. R., Gosselin, S. J., Welsh, M. B., Johnston, J. O., Balistreri, W. F., Kramer, L. W., Dresser, B. L. & Tarr, M. J., 1987: Dietary estrogens a probable cause of infertility and liver disease in captive cheetahs. – Gastroenterology 93: 225–233.

Slater, C. H., Schreck, C. B. & Amend, D. F., 1995: GnRHa injection accelerates final maturation and ovulation/spermiation of sockeye salmon (*Oncorhynchus nerka*) in both fresh and salt water. – Aquaculture 130: 279–285.

Snyder, N. F., Derrickson, S. R., Beissinger, S. R., Wiley, J. W., Smith, T. B., Toone, W. D & Miller, B., 1996: Limitations of captive breeding in endangered species recovery. – Conserv. Biol. 10: 338–348.

Soma, K. K., Francis, R. C., Wingfield, J. C. & Fernald, R. D., 1996: Androgen regulation of hypothalamic neurons containing gonadotropin-releasing hormone in cichlid fish: integration with social cues. – Horm. Behav. 30: 216–226.

Taranger, G. L., Haux, C., Stefansson, S. O., Björnsson, B. J., Walther, B. T. & Hansen, T., 1998: Abrupt changes in photoperiod affect age at maturity, timing of ovulation and plasma testosterone and oestradial-17β profiles in Atlantic salmon, *Salmo salar*. – Aquaculture 162: 85–98.

Taranger, G. L., Stefansson, S. O. & Hansen, T., 1992: Advancement and synchronization of ovulation in Atlantic salmon (*Salmo salar* L.) following injections of LHRH analogue. – Aquaculture 102: 169–175.

TeWinkel, L. M., & Fleischer, G. W., 1999: Vertical migration and nighttime distribution of adult bloaters (*Coregonus hoyi*) in Lake Michigan. – Trans. Am. Fish. Soc. 128: 459–474.

Trudeau, V. L., Peter, R. E. & Sloley, B. D., 1991: Testosterone and estradiol potentiate the serum gonadotropin response to gonadotropin releasing hormone in goldfish. – Biol. Reprod. 44: 951–960.

Vermeirssen, E. L. M., Scott, A. P., Mylonas, C. C., & Zohar, Y., 1998: Gonadotrophin-releasing hormone agonist stimulates milt fluidity and plasma concentrations of 17,20b-dihydroxylated and 5b-reduced, 3a-hydroxylated C21 steroids in male plaice (*Pleuronectes platessa*). – Gen. Comp. Endocrinol. 112: 163– 177.

Wojtczak, M., Kuźmiński, H., Dobosz, S., Mikołajczyk, T., Dietrich, G., Kowalski, R., Kotłowksa, M., Enright, W. J. & Ciereszko, A., 2005: Milt characteristics in European whitefish (*Coregonus lavaretus*) in relation to season and hormonal stimulation with a gonadotropin-releasing hormone analogue. – Advanc. Limnol. 60: 171–185.

Yamamoto, J. T., K. M. Shields, J. R. Milliam, T. E. Roudybush, & C. R. Grau, 1989: Reproductive activity of force-paired Cockatiels (*Nymphicus bollandicus*). – Auk 106: 86–93.

Zohar, Y. & Mylonas, C. C., 2001: Endocrine manipulations of spawning in cultured fish: from hormones to genes. – Aquaculture 197: 99–136.

Manuscript received: 15 December 2017
Revisions requested: 20 April 2018
Modified version received: 5 September 2018
Accepted: 20 September 2018

Evolutionary ecology and genetics

Advanc. Limnol. **66**, p. 383–402
Biology and Management of Coregonid Fishes – 2017

Article

Status of cisco (*Coregonus artedi*) ecomorphs in Lake Huron, 1917–2016, with speculations about phenotypic plasticity in shorthead cisco

Randy L. Eshenroder[1,*], Chris M. Olds[2], Yu-Chun Kao[3], Chris L. Davis[4], Devin N. Kinney[5], and Andrew M. Muir[1]

With 5 figures and 4 tables

Abstract: What was formerly viewed as one species within a species flock endemic to the Great Lakes, cisco (*Coregonus artedi*) is recognized now as a group of ecomorphs that inhabited the shallow waters of each Great Lake. In Lake Huron, two ecomorphs, typical *artedi*, a widespread dominant, and *manitoulinus*, reported only from one location in the North Channel, had been described based on samples collected in 1917. In this study of Lake Huron, conducted in 2016, putative typical *artedi* was found only in Georgian Bay and then only in small numbers, indicating that it is no longer prominent. *Manitoulinus* changed little morphologically between 1917 and 2016 and spawns where originally described. An ecomorph described previously from one location in the main basin and named *albus*-like was here renamed shorthead cisco to clarify its relationship to the other shallow-water ciscoes of the Great Lakes. Based on size-corrected linear measurements, the morphology of shorthead cisco was found to vary significantly across four locations in northern waters. Within two locations, insignificant differences in linear measurements and gill-raker number among nearby spawning aggregations, when plotted as deviations from the mean, clustered such that the overall morphology of each aggregation could be described as over or under expressed. We hypothesize that these differences in morphological expression among nearby spawning aggregations resulted from early-life-stage plasticity and subsequent homing of adults to natal habitats.

Keywords: cisco, *Coregonus artedi*, ecomorph, Lake Huron, species flock, morphology, gill raker number, size correction, linear measurement

Authors' addresses:

[1] Great Lakes Fishery Commission, 2200 Commonwealth Blvd., Ste. 100, Ann Arbor, MI 48105, USA
[2] U.S. Fish and Wildlife Service, Alpena Fish and Wildlife Conservation Office, 480 W. Fletcher St., Alpena, MI 49707, USA
[3] Michigan State University, Department of Fisheries and Wildlife, Center for Systems Integration and Sustainability, 1405 South Harrison Road, East Lansing, MI 48823, USA
[4] Ontario Ministry of Natural Resources and Forestry, Lake Huron Upper Great Lakes Management Unit, 1450 Seventh Avenue East, Owen Sound, ON N4K 2Z1, Canada
[5] University of Michigan, School for Environment and Sustainability, 440 Church Street, Ann Arbor, MI 48109, USA
[*] Corresponding author: randye@glfc.org

DOI: 10.1127/adv_limnol/2021/0066 1612-166X/21/0066 $ 5.00
www.schweizerbart.de

Introduction

The historical cisco complex (*Coregonus*, subgenus *Leucichthys*) in Lake Huron (Figure 1) comprised nine forms of which two were shallow-water forms while the remaining seven were deepwater forms (Koelz, 1929; Eshenroder et al., 2016). Five deepwater forms extant in the 1950s (two were extirpated by then) are thought to have introgressed into a hybrid swarm over the next two decades, the timing dependent on basin (Eshenroder et al., 2016). The shallow-water forms do not appear to have introgressed with the deepwater forms, and thus their status can be traced from 1917–1924 (Koelz 1929) to the present. The overall goal of this paper is to describe the status of Lake Huron's shallow-water cisco community as a prelude to efforts, now under consideration, to introduce shallow-water ciscoes from elsewhere in the Great Lakes or from elsewhere in Lake Huron.

Based on Turgeon and Bernatchez (2003), the systematics of Great Lakes ciscoes requires revision. Koelz's nomenclature wherein he considered his "main forms" to be proper species was not widely accepted once Hile (1938) showed that the morphology of cisco (*Coregonus artedi*) could vary substantially between year classes in the same inland lake. Turgeon and Bernatchez (2003) recommended that all of the continental ciscoes be considered part of a *C. artedi* complex with distinctions made for populations that represented evolutionarily significant units. Accepting this revision in taxonomic perspective while cognizant of the need for fish names, Eshenroder et al. (2016) employed a nomenclature wherein the specific and subspecific names used by Koelz (1929) were retained as names of convenience. Thus, for the shallow-water ciscoes discussed here, *C. artedi artedi* became typical *artedi*, *C. a. manitoulinus* became *manitoulinus*, and *C. a. albus* became simply *albus*. Further, as regards terminology, we prefer ecomorph over form, when it is clear that the forms under discussion differ ecologically. Form denotes a taxonomic unit differing in only one character from others in a larger unit (Lawrence, 1989) and, as such, conveys only the barest amount of information.

The discovery in Lakes Huron and Michigan of a shallow-water cisco not described by Koelz (1929) created a need for a new designation, resulting in a quasi-name, "*albus*-like" (Eshenroder et al., 2016). This designation was based on Koelz's (1929) separation of *albus* from typical *artedi* across lakes, mainly on *albus* having a deeper body. This designation has since proved to be ambiguous, in part, because Eshenroder et al. (2016) showed that their newly described form differed substantially from *albus* of Lake Erie. Here, to correct this ambiguity, we use shorthead cisco as a name of convenience to indicate its morphological distinctiveness from *albus* of Lake Erie and to emphasize its most distinguishing morphological feature – a short head. In keeping with Page et al. (2013), shorthead cisco is not upper cased (it is not considered a species) and is not italicized to avoid a perception that it is a subspecies, a classification also rejected by Page et al. (2013).

Typical *artedi* was reported by Koelz (1929) to be the only form of shallow-water cisco in Lake Huron except that, in a single location in the North Channel, a form he named *manitoulinus* occurred (Figure 1). He noted that Saginaw Bay was the most-important spawning location in the main basin for typical *artedi*, although Thunder Bay was important too (Figure 1). Where or if typical *artedi* spawned in Georgian Bay and the North Channel was not determined. *Manitoulinus* presumably spawned in Whalesback Channel (Figure 2), where Koelz located it on 11 November 1917, just before spawning would have been expected to

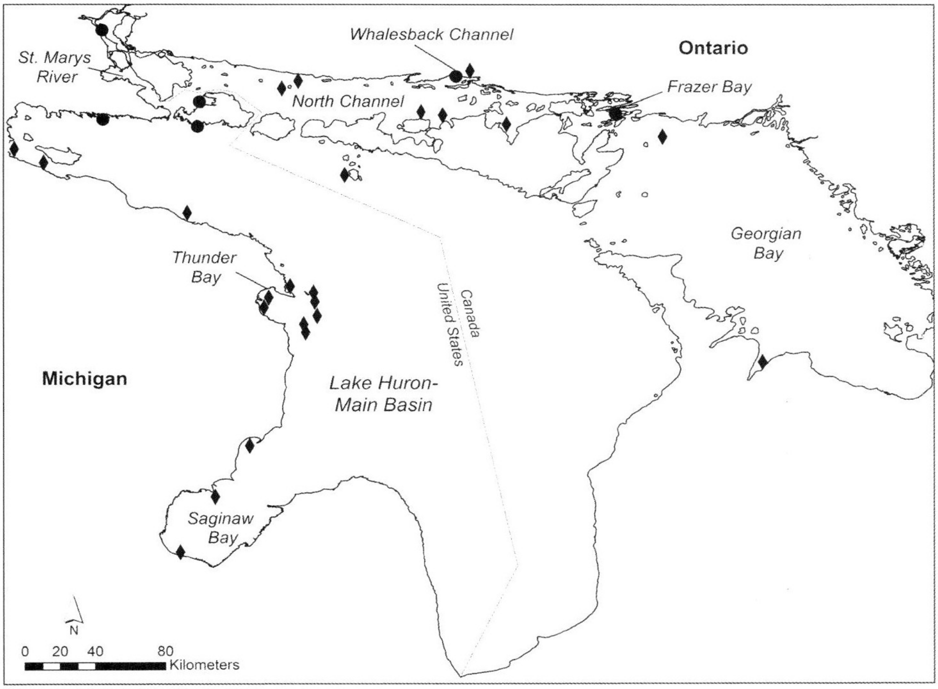

Fig. 1. Lake Huron locations where typical *artedi* and *manitoulinus* (diamonds) were collected by Koelz (1929) and where shorthead cisco, *manitoulinus*, and putative typical *artedi* were collected in 2016 (dots). All *manitoulinus* collected at Whalesback Channel and putative typical *artedi* collected at Frazer Bay.

commence. Typical *artedi* is presumed, based on no landings from Saginaw Bay, to have been extirpated from the main basin by the early 1960s. Small amounts of *C. artedi* still appear in the catch record (Baldwin et al. 2009), but these are likely the hybrid-swarm ciscoes mentioned above.

Yule et al. (2013) reported the occurrence of ciscoes with morphology consistent with typical *artedi*, *albus*, or *manitoulinus* in the St. Marys River, along the south shore of Drummond Island, or in the North Channel (Figure 2). Their findings were based on a discriminant function applied to a subset of morphological data enumerated by Koelz (1929). However, several of their measurements taken from contemporary ciscoes differed from the methodology of Koelz (1929), creating uncertainty regarding their form assignments. Moreover, they were not aware of the presence of shorthead cisco, which was described three years after they published. Its absence from their discriminant function also detracts from their form assignments.

The general question, then, is what forms of shallow-water cisco persist in northern Lake Huron. More specifically, the objectives of this paper are to (1) determine morphotype for contemporary collections of shallow-water cisco, using a subset of Koelz's (1929) morphometric ratios and meristics, (2) determine differences, if any, between contemporary and

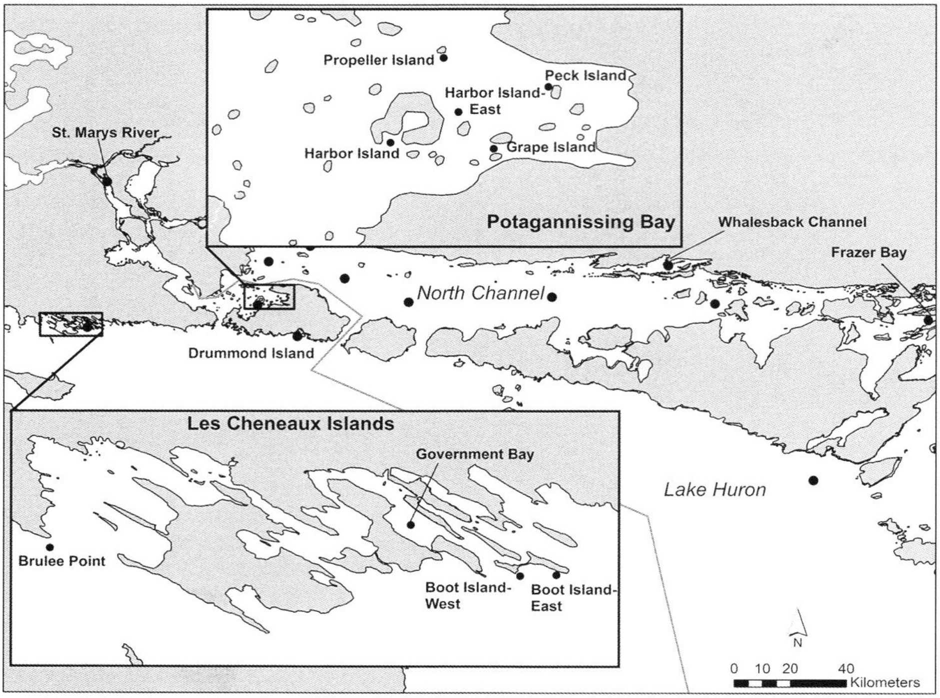

Fig. 2. Within location sampling sites at the Les Cheneaux Islands and Potagannissing Bay where shorthead cisco were collected in 2016. See Fig. 1 for placement of insets.

historical morphotypes, using the criteria for notable morphological differences in Eshenroder et al. (2016), (3) compare contemporary morphotypic variation using a simple ratio method (Koelz, 1929; Eshenroder et al., 2016) and a size-corrected statistical method, and (4) discuss the implications for research and for rehabilitation of shallow-water ciscoes in Lake Huron.

Methods

Materials

Contemporary collections were made in 2016 with bottom-set and suspended graded-mesh gillnets fished in shallow water at six locations just before or during the spawning season in November (Table 1, Figure 1). At two of these locations having irregular shorelines (Les Cheneaux Islands and Potagannissing Bay), samples were collected at multiple sites (Figure 2). After capture, contemporary samples were frozen whole and later thawed for morphological workup. The historical morphological data used in this study were taken from Koelz (1929). He provided locations (his Table 70; our Figure 1), dates (all in 1917–1919), depths of capture, and sample sizes. Almost all of his samples came from bottom-set gillnets

Table 1. Sampling locations/sites in northern Lake Huron where three forms of shallow-water cisco were collected in 2016.

Location/Site	Form/Ecomorph	Month/day	N	Lat. & Long.
Les Cheneaux Islands	Shorthead cisco		142	
Boot Island East		Nov. 21-25	36	45.9524, -84.2568
Boot Island West		Nov. 20-25	42	45.9552, -84.2804
Brulee Point		Oct. 31-Nov. 1	12	45.9653, -84.4585
Government Bay		Nov. 1-25	52	45.9732, -84.3218
St. Marys River	Shorthead cisco	Nov. 8	30	46.4337, -84.2498
Potagannissing Bay	Shorthead cisco		141	
Grape Island		Nov. 3	34	46.0531, -83.7247
Harbor Island Bay		Nov. 3	30	46.0470, -83.7648
Harbor Island East		Nov. 3	49	46.0625, -83.7403
Peck Island		Nov. 3	14	46.0612, -83.7063
Propeller Island		Nov. 3	14	46.0809, -83.7465
Drummond Island	Shorthead cisco	Oct. 13	29	45.9281, -83.6595
Whalesback Channel	*Manitoulinus*	Nov. 11	2	46.1950, -82.4537
		Nov. 13	5	46.1912, -82.4833
		Nov. 19	12	46.1998, -82.4645
Frazer Bay	Typical *artedi*	Oct. 16	4	45.9618,-81.6410

deployed from commercial fishing boats. Although there are several sources of morphological data in Koelz (1929), we used what he referred to as "representative" fish, i.e., those for which he also provided standard length and that were digitized by Yule et al. (2013). In all, Koelz (1929) provided metrics for 40 representative typical *artedi*, all basins combined, and ten *manitoulinus*. To minimize error resulting from different individuals making measurements and counts on contemporary samples, those authors involved in laboratory work (CMO and CLD) were jointly trained by AMM and RLE. CMO then worked up all of our contemporary samples, except for Whalesback Channel, which were worked up by CLD and RLE. Images were taken of each contemporary sample to allow for post facto quality control.

Data treatment

Our comparisons of morphology among historical and contemporary forms were based on eight morphometrics (body dimensions) and one meristic (counts) selected by Eshenroder et al. (2016) from a subset of 32 morphological variables enumerated by Koelz (1929). These nine metrics (Figure 3) comprised five measurements favored by Koelz and another four found to be especially definitive in subsequent studies of cisco morphology (Eshenroder et al., 2016).

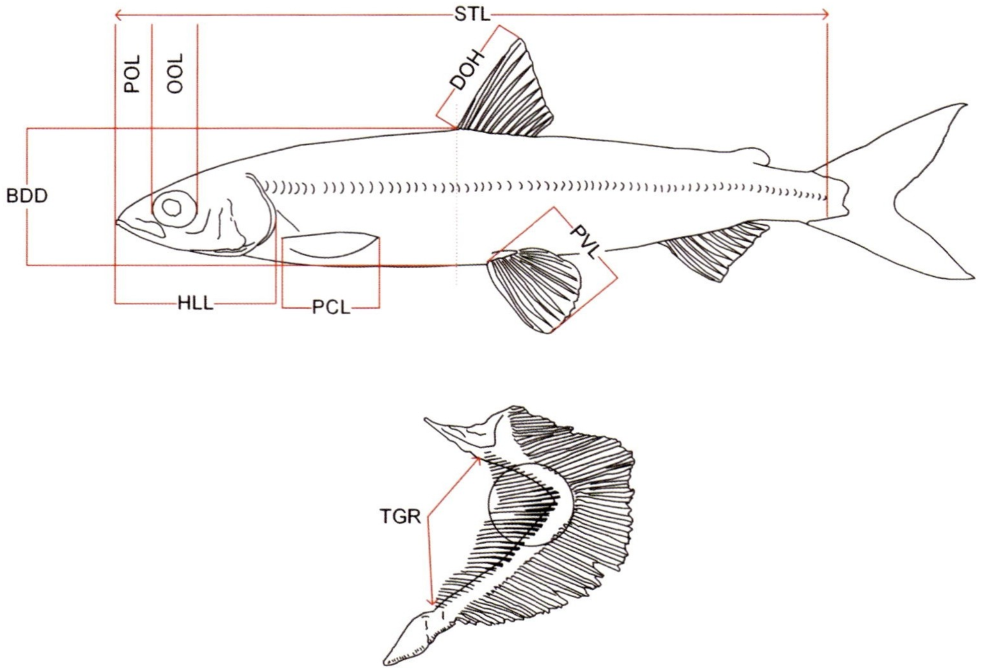

Fig. 3. Morphometric and meristic metrics used in this study (refer to Table 2 for abbreviations).

All morphological data were analyzed using two methods. The first method involved calculating ratios for historical and contemporary data in the manner of Koelz (1929). Small dimensions from the head (snout, orbital, and maxillary lengths) were standardized by dividing them into head length; the remaining morphometrics (body depth, head length, dorsal fin height, and paired fin lengths) were standardized by dividing them into standard length. With this method, smaller ratios imply larger body parts. Ratios, however, can be biased by size differences among samples (Zelditch et al., 2012). Therefore, our second method involved size correction (only contemporary data) followed by MANOVA. Total gill-raker counts, the only meristic, were found to vary little over the range of lengths used in this study (see also Figure 7 in Eshenroder et al. 2016) and were not standardized for analysis with ratios or MANOVA.

Morphometric methods of measurement differed between historical and contemporary collections. Koelz (1929) measured with a divider across the horizontal plane of a fish going directly from point to point, say, for the maxillary, from the anterior-most tip of the premaxillary to the distal end of the maxillary bone. Eshenroder et al. (2016) measured on a horizontal plane with the head and caudal peduncle propped up to achieve, as much as possible, a flat body surface. Therefore, Koelz's measurements of body parts that cut sharply across a horizontal plane, as does the maxillary, are longer than those in Eshenroder et al. (2016). This difference in methods necessitated correction of the historical snout and maxillary ratios by 0.95 and 0.84, respectively, in Eshenroder et al. (2016). The ratios that Koelz (1929) used to quantify paired fin lengths also required adjustment because he used what he called fin bases as numerators, whereas the contemporary ratios use standard length as numerators. The fin bases used by Koelz for the pectoral and pelvic fins were the distances between the insertions of the pectoral and pelvic fin and of the pelvic and anal fins, respectively. His paired-fin-length ratios were converted to ratios based on standard length by dividing by 0.32 (pectoral fin) and 0.25 (pelvic fin) (Eshenroder et al., 2016).

Statistical methods

We employed the same criteria used by Eshenroder et al. (2016) to distinguish between contemporary and historical morphotypes. A statistical approach was not used because a statistical refinement of the ratio method does not solve the problem of size bias. For all eight morphometrics, means in pairwise comparisons were considered (notably) different if they were separated by twice or more the smallest of the two SDs. For gill rakers, means in pairwise comparisons were considered notably different, if they differed by more than the smallest SD. Before testing for notable differences among sampling locations, we tested for notable differences within locations at our two locations having multiple sampling sites – Les Cheneaux Islands and Potagannissing Bay. If all nine variables were not notably different, we aggregated the within location (site) data for pairwise comparisons across locations.

Our second approach to distinguish morphotypes used MANOVA (Zar, 1999) with size-corrected data. This analysis was restricted to comparisons among contemporary collections having > 12 individuals. MANOVA was not used to distinguish between historical and contemporary collections because Koelz (1929) enumerated very few individual samples (those provided with standard length) for any one basin of Lake Huron.

Allometric effects on morphometrics were size corrected using Lleonart et al. (2000). This method converts an observed morphometric, M, to a theoretical value, M^*, that corresponded to a reference standard length of 320 mm, as

$$M^* = M \times (320 / STL)^{\beta} \tag{1}$$

where STL is the observed standard length (mm) and β is a shape factor in the allometric equation $M = \alpha \times STL\ \beta$. A reference standard length of 320 mm was selected because it is close to the median value of mean standard lengths across sampling locations, which ranged from 290 to 333 mm.

For each sampling location, a least-squares method was used to estimate β value(s) in equation (1). For the two locations with multiple sampling sites, Les Cheneaux Islands and Potagannissing Bay, an analysis of covariance (ANCOVA; Zar 1999) model was used to test whether there was a need to use different β values at each site:

$$\log(M) \sim \log(STL) + Site + \log(STL) \times Site \tag{2}$$

where Site is a factorial variable representing different sampling sites within a sampling location (Les Cheneaux Islands or Potagannissing Bay). A different β value was used for each site when the interaction term log(STL) × Site became significant at $p = 0.01$.

A three-step procedure was used to distinguish cisco morphotypes based on our eight size-corrected morphometrics and one meristic (total gill rakers).

Step 1 – MANOVA was used to test whether means of the nine variables were equal across sampling sites within the Les Cheneaux Islands and Potagannissing Bay. If means did not differ at $p = 0.01$ based on Wilk's test (Zar, 1999), data were aggregated for the next step. If the means were significantly different, analysis of variance (ANOVA) followed by Tukey's post hoc tests (Zar, 1999) was used to test whether the means of each of these nine variables in pairwise comparisons were equal across locations.

Step 2 – MANOVA was used to test whether the means of the nine variables were equal across our five sampling locations, including individual sites at locations with significant differences among sites. If the means did not differ at $p = 0.01$ based on Wilk's test, we stopped here. Otherwise, we moved on to step 3.

Step 3 – ANOVA followed by Tukey's post hoc tests (Zar, 1999) was used to test whether the means of each of these nine variables in pairwise comparisons were equal across locations.

All statistical analysis was done in R (R Development Core Team, 2017) using the package "agricolae" (de Mendiburu, 2017).

Results

Ratio comparisons

Based on morphological ratios and counts for contemporary samples, no notable differences in morphology were detected in pairwise comparisons among sites within the Les Cheneaux Islands and Potagannissing Bay (data not shown). Additionally, no notable differences were found among four of the six more-spatially separated locations: Les Cheneaux Islands (site data combined), Drummond Island, St. Marys River, and Potagannissing Bay (site data combined) (Table 2). At sites within the Les Cheneaux Islands and Potagannissing Bay and at the St. Marys River and Drummond Island locations, none of the means for our eight morphometrics differed in pairwise comparisons by more than 2 SDs, and the sole meristic, total gill rakers, did not differ by more than 1 SD. Inasmuch as cisco from the Les Cheneaux Islands location described in Eshenroder et al. (2016) is renamed shorthead cisco here, the spawning populations at Drummond Island, St. Marys River, and Potagannissing Bay should be considered shorthead cisco, too.

Contemporary ciscoes from Whalesback Channel [*manitoulinus* of Koelz (1929)] and Frazer Bay were notably different morphologically in pairwise comparisons with all four populations of shorthead ciscoes and between themselves (Table 2; Figure 4). Of the nine metrics compared, Whalesback Channel ciscoes differed from shorthead cisco populations in one to five metrics, depending on location. Specifically, Whalesback Channel ciscoes had a longer head, taller dorsal fin, longer pectoral fin (Les Cheneaux Island population only), longer pelvic fin (Les Cheneaux Islands and Drummond Island populations only), and fewer gill rakers (all except Les Cheneaux Islands population). Contemporary ciscoes from Frazer Bay were notably different from all shorthead cisco populations in at least one pairwise comparison of morphometrics except for orbital and maxillary lengths, but the differences were

A. Typical *artedi*, Frazer Bay, North Channel, collected by C. Davis, 16 Oct. 2016, Ont. Minist. Nat. Resour. For. Specimen 05, 195 mm STL.

B. *Manitoulinus*, Whalesback Channel, North Channel, collected by C. Davis, 18 Nov. 2016, Ont. Minist. Nat. Resour. For. Specimen 03, 280 mm STL.

C. Shorthead cisco, Boot Island east, Les Cheneaux Islands, Lake Huron, collected by C. Olds, 21 Nov. 2016, USFWS Specimen 008, 325 mm STL.

Fig. 4. Images of the three extant shallow-water cisco morphotypes discussed in this study: A, typical *artedi*; B, *manitoulinus*; C, shorthead cisco.

inconsistent across shorthead populations. Frazer Bay cisco had notably fewer gill rakers than all shorthead cisco populations and differed notably from Whalesback Channel cisco in having a shallower body, shorter head, shorter dorsal fin, shorter paired fins, and fewer gill rakers (Table 2).

Based on ratios, historical typical *artedi* was notably different in pairwise comparisons with shorthead cisco populations in from one to eight metrics, depending on location. Specifically, historical typical *artedi* had a shallower body, longer head (Les Cheneaux Island population only), shorter orbit (St. Marys River population only), shorter maxillary (St. Marys River and Potagannissing Bay populations only), shorter dorsal fin (St. Marys River and Potagannissing Bay populations only), shorter pectoral fin (St. Marys River population only), shorter pelvic fin (St. Marys River and Potagannissing Bay populations only), and fewer gill rakers (Table 2). Of the four shorthead cisco populations, the St. Marys River population is the most differentiated morphologically from historical typical *artedi*. As compared to historical typical *artedi*, Frazer Bay (contemporary) cisco had a notably longer maxillary and dorsal fin and notably fewer gill rakers. Despite these differences, the shallow bodies and long heads of Frazer Bay cisco are indicative of typical *artedi*, resulting in a provisional classification of typical *artedi* for Frazer Bay cisco.

Table 2. Mean and, in parentheses, standard deviation of eight morphometrics and one meristic (total gill rakers, TGR) for historical and contemporary shallow-water cisco in Lake Huron. Mean values that are not sharing a lower-case letter were notably different based on Eshenroder et al. (2016): notable differences were ≥2 SD for morphometrics and ≥1 SD for TGR, both based on the smaller SD in pairwise comparisons. STL = standard length, BDD = body depth, HLL = head length, POL = preorbital length, OOL = orbital length, MXL = maxillary length, DOH = dorsal fin height, PCL = pectoral fin length, and PVL = pelvic fin length.

	N	STL/ BDD	STL/ HLL	HLL/ POL	HLL/ OOL	HLL/ MXL	STL/ DOH	STL/ PCL	STL/ PVL	TGR
Historical										
Typical *artedi*	40	4.4[a] (0.35)	4.4[ab] (0.19)	4.1[ab] (0.18)	4.1[a] (0.25)	3.4[a] (0.20)	7.5[a] (0.68)	6.6[abcd] (0.58)	6.9[a] (0.53)	47.1[a] (2.22)
Manitoulinus	10	3.6[b] (0.18)	4.1[c] (0.11)	4.1[ab] (0.17)	3.7[b] (0.11)	3.2[ab] (0.12)	5.7[b] (0.77)	5.2[e] (0.21)	5.6[b] (0.61)	45.7[b] (1.34)
Contemporary										
Les Cheneaux Islands (shorthead cisco)	142	3.8[bc] (0.26)	4.9[d] (0.19)	4.2[ab] (0.17)	3.9[ac] (0.16)	3.2[ab] (0.13)	7.0[ac] (0.55)	6.5[bf] (0.34)	6.5[ac] (0.35)	49.1[cde] (1.68)
Saint Marys River (shorthead cisco)	29	3.6[b] (0.20)	4.7[ad] (0.16)	4.2[ab] (0.27)	3.7[bc] (0.15)	3.1[b] (0.12)	6.5[bcd] (0.42)	6.0[fg] (0.25)	6.2[bcd] (0.34)	50.2[d] (1.91)
Potagannissing Bay (shorthead cisco)	140	3.7[bc] (0.30)	4.8[ad] (0.17)	4.3[a] (0.23)	3.9[ac] (0.16)	3.1[b] (0.13)	6.5[bcd] (0.46)	6.1[cfg] (0.32)	6.1[bcd] (0.33)	49.4[cd] (2.15)
Drummond Island (shorthead cisco)	29	3.9[bc] (0.23)	4.8[ad] (0.18)	4.2[ab] (0.23)	3.8[ab] (0.19)	3.1[ab] (0.25)	6.9[ad] (0.35)	6.4[abdf] (0.41)	6.4[ad] (0.30)	50.3[cd] (2.30)
Whalesback Channel (*manitoulinus*)	19	3.5[b] (0.27)	4.2[bc] (0.26)	4.1[ab] (0.19)	4.0[ac] (0.13)	3.1[b] (0.09)	5.0[e] (0.27)	5.8[dg] (0.45)	5.6[b] (0.32)	47.7[ae] (1.50)
Frazer Bay (typical *artedi*)	4	4.1[ac] (0.38)	4.6[a] (0.12)	4.0[b] (0.13)	3.7[ab] (0.19)	3.0[b] (0.11)	6.0[b] (0.29)	6.8[ab] (0.40)	6.7[a] (0.15)	46.5[f] (0.58)

Table 3. Estimates of the factors α and β and coefficients of determination (R^2) for the allometric regression $M = \alpha \times STL^{\beta}$ used to calculate size-corrected measurements (M) to a reference standard length of 320 mm for shallow-water ciscoes collected in 2016 from northern Lake Huron. All regression models were significant at $p = 0.01$, except the DOH model for Saint Marys River and the POL model for Whalesback Channel, both of which were significant at $p = 0.05$. Shorthead cisco at all locations except *manitoulinus* at Whalesback Channel. See Table 2 for abbreviations.

Location		BDD	HLL	POL	OOL	MXL	PCL	PVL	DOH
Les Cheneaux Islands	α	0.19	0.41	0.15	0.18	0.18	0.22	0.39	0.53
	β	1.06	0.88	0.81	0.79	0.82	0.94	0.84	0.77
	R^2	0.80	0.92	0.79	0.81	0.80	0.85	0.83	0.68
Saint Marys River	α	3.00	0.60	0.12	0.10	0.39	1.46	2.10	1.78
	β	0.59	0.82	0.85	0.91	0.70	0.63	0.56	0.58
	R^2	0.23	0.60	0.27	0.49	0.58	0.41	0.23	0.18
Potagannissing Bay	α	1.33	0.34	0.07	0.07	0.10	0.25	0.49	1.31
	β	0.72	0.92	0.94	0.95	0.93	0.92	0.81	0.63
	R^2	0.41	0.84	0.67	0.77	0.74	0.72	0.67	0.44
Drummond Island	α	0.24	0.30	0.07	0.12	0.12	0.08	0.13	0.17
	β	1.01	0.94	0.95	0.86	0.90	1.12	1.03	0.97
	R^2	0.96	0.98	0.95	0.96	0.90	0.97	0.98	0.97
Whalesback Channel	α	0.36	1.75	1.32	0.62	0.71	0.66	1.75	2.92
	β	0.96	0.65	0.45	0.59	0.61	0.77	0.60	0.53
	R^2	0.43	0.41	0.25	0.28	0.30	0.32	0.42	0.42

Contemporary Whalesback Channel cisco were notably different from historical *manitoulinus* in having a smaller orbit, taller dorsal fin, shorter pectoral fin, and more gill rakers. This comparison is limited by the few *manitoulinus* samples (10) enumerated by Koelz (1929). Nonetheless, the contemporary samples indicate the persistence of a *manitoulinus* form in Whalesback Channel where they were sampled and identified by Koelz a century earlier (Table 2).

Size-corrected comparisons

MANOVA showed that size-corrected measurements and total gill rakers were different within the Les Cheneaux Islands (Wilk's lambda = 0.66, $p < 0.01$) but were not different within Potagannissing Bay (Wilk's lambda = 0.68, $p = 0.05$). Within Les Cheneaux Islands sites, only body depth was different ($F_{3,138} = 8.30$, $p < 0.01$). Size-corrected body depths for Les Cheneaux Islands sites are not provided because, as explained in the discussion, they most-likely reflect differences only in when fish were ripe, partially spent, or spent. However, relative variations (%) from the mean across sites for all nine of our metrics are provided for the Les Cheneaux Islands and Potagannissing Bay (Figure 5A,B). These percentages can be applied to the combined-site values in Table 4 to derive size-adjusted values for sites. Although these variations from the mean were not significant (excluding body depth at the

Table 4. Mean and, in parentheses, standard deviation of eight morphological measurements after size-correction to a reference standard length of 320 mm for shallow-water ciscoes collected in 2016 from northern Lake Huron. Values for total gill rakers were not corrected. Mean values that are not sharing a lower-case letter were significantly different based on ANOVA followed by Tukey's tests at p = 0.01 level. Shorthead cisco at all locations except *manitoulinus* at Whalesback Channel.

	N	BDD	HLL	POL	OOL	MXL	DOH	PCL	PVL	TGR
Les Cheneaux Islands	142	85.5[ab] (5.82)	65.4[a] (2.28)	15.6[a] (0.84)	16.7[a] (0.84)	20.7[a] (1.11)	49.1[a] (2.54)	49.4[a] (2.45)	45.5[a] (3.04)	49.1[ab] (1.68)
Saint Marys River	29	91.6[c] (4.88)	68.8[b] (2.22)	16.3[b] (1.07)	18.3[b] (0.82)	22.5[b] (0.66)	53.9[bc] (2.02)	52.6[b] (2.66)	50.1[b] (2.99)	50.2[a] (1.91)
Potagannissing Bay	140	87.0[b] (6.69)	67.4[b] (2.41)	15.8[ab] (0.92)	17.3[c] (0.81)	21.5[c] (1.03)	52.4[bd] (2.65)	52.6[b] (2.65)	49.9[b] (3.15)	49.4[a] (2.15)
Drummond Island	29	82.3[a] (4.82)	66.7[ab] (2.20)	16.0[ab] (1.00)	17.3[c] (0.81)	21.4[ac] (1.68)	50.7[ad] (2.86)	49.9[a] (2.27)	46.3[a] (2.32)	50.3[a] (2.30)
Whalesback Channel	19	91.7[bc] (6.99)	74.0[c] (3.87)	17.7[c] (0.95)	18.6[b] (1.20)	23.4[b] (1.28)	54.7[c] (4.31)	55.2[c] (2.69)	61.7[c] (2.73)	47.7[b] (1.50)
Overall	359	**86.6 (6.50)**	**67.0 (3.12)**	**15.9 (1.02)**	**17.2 (1.01)**	**21.4 (1.30)**	**51.2 (3.28)**	**51.3 (3.09)**	**48.5 (4.8)**	**49.4 (2.00)**

Les Cheneaux Islands), they are of interest because the values at each site unexpectedly tended to cluster. Within the Les Cheneaux Islands, the deviations from the mean for the Brulee Point and Government Bay clusters were positive whereas the clusters for Boot Island west and Boot Island east were negative. The deviations from the mean were more pronounced within Potagannissing Bay. The Harbor Island Bay and Peck Island clusters were positive, the Harbor Island east and Grape Island clusters centered on the mean, and the cluster for Propeller Island was negative.

MANOVA showed that size-corrected measurements and total gill rakers differed across our five locations with Les Cheneaux Islands and Potagannissing Bay sites combined (Wilk's lambda = 0.20, $p < 0.01$). ANOVA showed that all size-corrected measurements and total gill rakers differed in pairwise comparisons across locations at $p = 0.01$ (Table 4). Whalesback Channel differed from at least one of the other four locations across all nine metrics. As expected, fewer differences were evident across the shorthead cisco populations than between shorthead cisco and *manitoulinus*. For example, no differences were evident for head length and total gill rakers across shorthead cisco populations. The number of significant pairwise comparisons across all four shorthead cisco populations (27 possible) varied from 17 for the St. Marys River to 10 for Drummond Island (Table 4). These comparisons, like the comparisons based on ratios, show that the St. Marys River population is the most differentiated of all of the shorthead cisco populations. The deviations from the mean for all nine metrics at our five locations tended to cluster as did the variations within locations, but the deviations among locations were larger (Figure 5C). Whereas the clusters within locations varied from the mean by no more than ±2%, the clusters among locations varied by no more than ±4%.

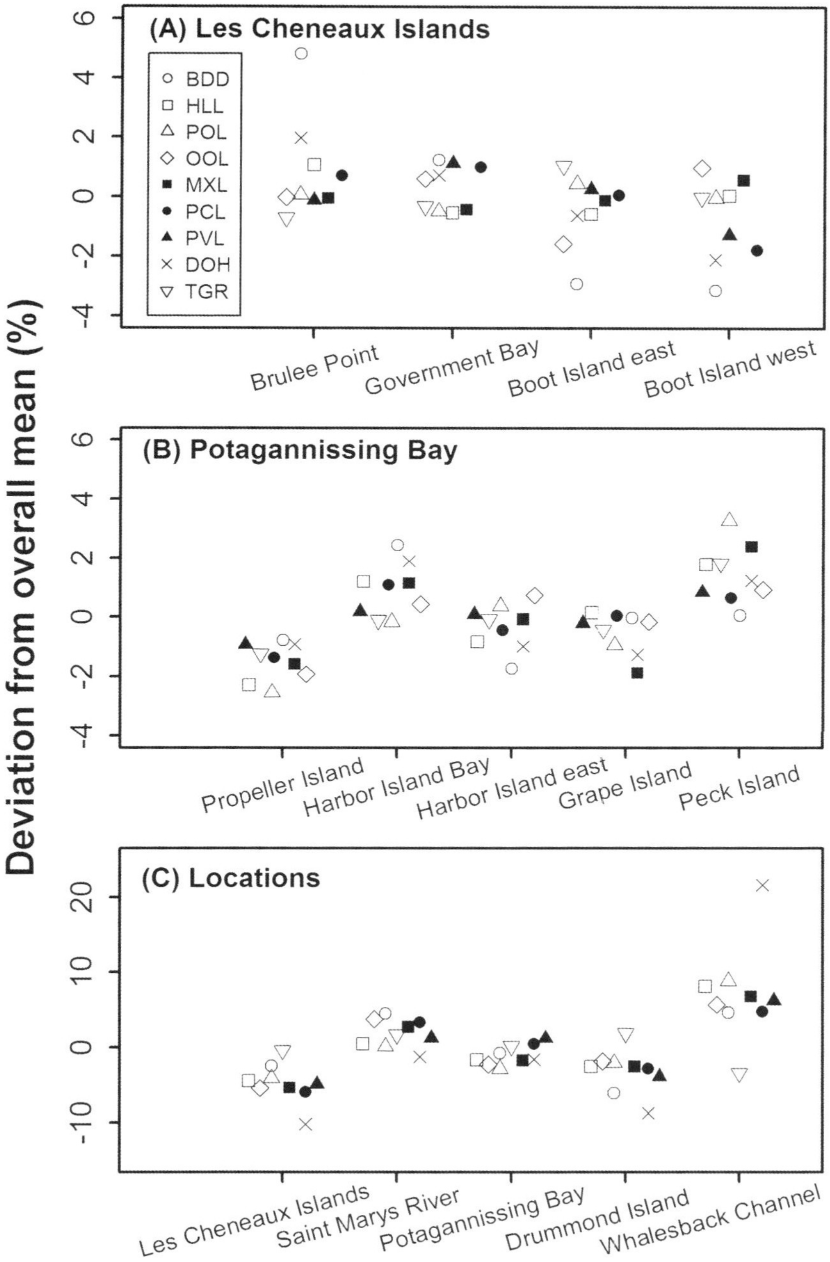

Fig. 5. Deviations from the overall means for nine morphological variables associated with shallow-water ciscoes collected in 2016 within the Les Cheneaux Islands (A) and Potagannissing Bay (B) and at five locations (C), all in northern Lake Huron. Shorthead cisco at all locations except *manitoulinus* at Whalesback Channel. Refer to Table 2 for abbreviations.

Discussion

Origin of shorthead cisco

Eshenroder et al. (2016) dismissed as unlikely a very-recent (post Koelz) origin of shorthead cisco owing to the marked differentiation between it and typical *artedi* and to the fact that W. Koelz did not sample the locations inhabited by shorthead cisco. Still, cisco populations in the main basin were undergoing morphological instability as early as 1956 when S. Smith last collected (Eshenroder et al., 2016), leaving almost 60 years for a new shallow-water form to arise by introgression, a mechanism that resulted over the same period in the hybrid-swarm (deepwater) morphotype (Eshenroder et al., 2016). The origin-by-introgression hypothesis, though, is unattractive because, unlike the introgression event among deepwater ciscoes, there is no obvious shallow-water candidate for hybridization with typical *artedi*. As for differentiation by natural selection on typical *artedi*, the amount of differentiation between typical *artedi* and contemporary shorthead cisco is exceptional for Great Lakes ciscoes over such a short period (see Table 6 in Eshenroder et al., 2016). Selection, nonetheless, was likely favored during the last century by the disappearance of 13 cisco forms, which would have resulted initially in diminishing populations more-likely to diverge. Of the surviving eight forms, the maximum number of changes in nine morphological metrics was two and that occurred only once, in *hoyi* of Lake Superior (Eshenroder et al., 2016). This record suggests that the four Lake Huron forms of shorthead cisco (discussed above) were unlikely to have differentiated from typical *artedi* by from one to eight (out of nine) morphological metrics in just over a half-century. Moreover, such accelerated differentiation would have had to occur in four separate locations, which, too, detracts from, but does not eliminate, this hypothesis. Jacobson et al. (2018) provide additional support for morphological stability in typical *artedi*. This form changed little after being transplanted from Lake Superior into inland lakes approximately 80 years earlier.

Ratios indicated that putative typical *artedi* and *manitoulinus*, the two cisco forms described by Koelz (1929) for Lake Huron, persist. Additionally, a third well-differentiated form, shorthead cisco, which Koelz did not describe, is abundant in northern waters. Typical *artedi*, though, was found only in Georgian Bay (Frazer Bay), and its abundance there is uncertain. We had too few samples of typical *artedi* to determine if it differs morphologically from Koelz's (1929) description. Our classification was based on body depth and head length, two morphometrics reasonably definitive for this form in Lake Huron. Even with more samples, it will be difficult to determine whether typical *artedi* has remained morphologically stable over nearly a century because Koelz (1929) enumerated only five typical *artedi* from Georgian Bay. *Manitoulinus* appears to be much the same morphologically now as when discovered by Koelz in 1917, except contemporary *manitoulinus* has a visibly (and statistically) taller dorsal fin. Here, too, the small number of *manitoulinus* samples worked up by Koelz ($n = 10$) precludes a more definitive analysis of its morphological stability.

Koelz (1929) did not sample the northern waters of the main basin where shorthead ciscoes are now abundant (Figure 1), which explains why he was unaware of this form. He sampled the nearby North Channel six times in October–November, found that typical *artedi* was common, but did not describe the shorthead morphotype. Potagannissing Bay, however, is essentially the west end of the North Channel (Figure 2). Whether shorthead cisco that we sampled in Potagannissing Bay migrates eastward after spawning is unclear. Two shorthead cisco were taken in mid-water trawls in the North Channel in 2016 (CMO, unpublished data). Shorthead cisco may have replaced typical *artedi* in the North Channel after Koelz collected in 1917, but more sampling is required to support this inference.

Resampling of Les Cheneaux Islands cisco in 2016 showed that preorbital length in Eshenroder et al. (2016), which was based on sampling in 2015, was too short. This error resulted from application of too much caliper pressure to the inside of the orbit (Figure 3), a delicate structure. Eshenroder et al. (2016), in their Appendix Table 15, give a head-length-to-preorbital-length ratio (HLL/POL) of 4.7 ± 0.3 (mean ± SD), whereas the correct value is 4.2 ± 0.2 (our Table 2). The same ratio for Lake Michigan in Appendix Table 14 in Eshenroder et al. (2016) may, for the same reason, be in error, too.

Differences based on size-corrected statistical models

Statistical treatment of contemporary size-corrected data for shorthead cisco resulted in significant pairwise morphological differences within and between locations that were not detected with ratios. Based on statistical models, only one morphological difference, body depth, was significantly different within locations (sites) and then only at one of two locations (Les Cheneaux Islands). We propose that this significant difference within a location resulted from partially and fully spent fish in samples collected during spawning as opposed to prespawning samples such as at Brulee Point. All shorthead cisco samples were collected as part of a survey of spawning aggregations and of egg takes just at the Les Cheneaux Islands. Gravid shorthead cisco collected from Brulee Point on 31 October – 1 November had deeper bodies than those collected nearby on 21–25 November, when eggs were collected (Figure 5). Across shorthead cisco populations, those collected earliest, such as at Drummond Island on 13 October, had the shallowest bodies, suggesting these fish were not as gravid as those collected on 31 October – 1 November at Brulee Point. Differences in collection times amounting only to weeks makes estimation of body depth tenuous during the spawning period. Such differences can also induce bias in geometric-morphometric approaches (Zelditch et al., 2012) as reported by Jacobson et al. (2018) for Lake Superior cisco.

In contrast to our results at nearby sites within locations, significant morphological differences in pairwise comparisons among five more-widely separated locations were evident, but less so among shorthead cisco and more so between *manitoulinus* and shorthead cisco. The detection of morphological structuring among shorthead cisco spawning populations that are as close as 40 km by water (Figure 1) implies natal homing. Residency and local adaptation do not explain morphological structuring because, for example, the St. Marys River and Potagannissing Bay spawning locations are not inhabited by cisco year around (Westerman and Van Oosten, 1939). Moreover, the number of pairwise differences among locations did not appear to correlate with geographical distance. The St. Marys River population is the most differentiated while the Drummond Island population is the least differentiated, yet of the four populations these two are intermediate in distance, suggesting again little mixing among populations. The differentiation of the St. Marys River population from the other shorthead populations may relate to its spawning in a connecting channel between Lakes Superior and Huron. Whether this population spawns in a riverine environment is, however, unknown. Our samples were collected in an embayment below a rapids where the river widens. Genetic data or tagging, or both, will be needed to confirm the existence of natal homing as the differences among shorthead cisco spawning locations could be attributable to phenotypic plasticity (discussed later), an ability of a genotype to produce varying phenotypes in response to environmental cues (Parsons et al., 2011).

We could not, upon gross inspection, detect patterns across locations in the shape factor (β) used to correct for allometric growth. For example, the shape factor for orbital length varied from 1.07 for Les Cheneaux Island samples to 0.63 for St. Marys River samples (Table 3). A shape factor of 1.00 indicates isometric growth. A shape factor less than one indicates that the body part is developing at a slower rate than fish length, and a factor greater than 1.00 indicates the body part is developing at a faster rate than fish length. Relatively lower coefficients of determination (R^2) in our St. Marys River and Whaleback Channel regressions (Table 3) may have been statistical artifacts resulting, respectively, from an abbreviated size range (300–365 mm) and a small sample size (N = 19).

Application to research and management

Although simple ratios allowed for the classification of shorthead cisco over a large area, the ratio convention of Eshenroder et al. (2016) was not able to detect more-subtle morphometric variations among shorthead populations. Statistical models are obviously superior to conventions like ratios that harken back to Koelz's time, when statistical approaches were seldom used in systematics. Further, the use of size-corrected morphometrics in our statistical models eliminated noise owing to allometric differences among populations. Ratios and statistical models used together are an effective means of evaluating morphological variation. The ratio approach is needed to relate contemporary data to the descriptions of Koelz (1929) and Eshenroder et al. (2016), and statistical models are needed to detect more-subtle morphological variations. We did not conduct a shape analysis using geometric morphometrics (G-M) because of the problem of comparing contemporary shapes to shapes generated from images of museum specimens. Our linear measurements, all based on bones, are not affected by fixation in formalin and storage in alcohol as are soft tissues (Kelly et al., 1975; G. R. Smith, U. Michigan Museum Zoology, pers. comm.). The positions of pectoral and pelvic girdles and sliding landmarks, often used to capture ventral body shape, are affected considerably by shrinkage of soft tissues, and would require correction in a G-M analysis involving comparisons of museum specimens and specimens not chemically preserved.

Once morphological differences among samples are determined to be valid statistically, the question becomes how did they originate. Do morphological differences among samples result from genetic variations or simply from phenotypic plasticity (Pfennig et al., 2010), or both? When deviations from the means of individual metrics within and among locations for shorthead ciscoes are graphed in relation to a zero baseline, a clustering effect is noticeable (Figure 5). That is, deviations at a particular site or location tended to vary in the same direction in relation to the overall mean. Clusters for sites within a location (Les Cheneaux Islands and Potagannissing Bay) varied by approximately ±2% from the baseline, and clusters for locations varied even more, by approximately ±4%. Clustering is not an artifact of size correction. Measurements across sites within a location were corrected using the same exponents in equation one. Moreover, total gill rakers, a metric not size corrected, clustered with the eight morphometrics that were size corrected, indicating that clustering is a feature of development in shorthead cisco.

If clustering at nearby sites results from plastic responses to slightly different natal environments to which spawning adults (our samples) are homing, phenotypic plasticity is producing site-specific morphotypes that, in terms of our measurements, vary on a continuum from over- to under-expressed. These somewhat subtle differences in shorthead cisco morphotypes among locations explain why each spawning location requires its own shape factor (β) for size correction. To allow for differences in expression among locations, straying between locations must be limited or clustering would be undetectable owing to mixing of over-expressed and under-expressed morphotypes. This hypothesis is speculative, but is subject to testing with acoustic tags or genetic markers, or both. Acoustic tagging would indicate whether spawning fish within a location tend to spawn on the same site in successive years, and genetic markers would indicate whether shorthead cisco populations at our sampling locations are on distinct evolutionary trajectories.

We speculate that, in Lake Huron, a divergence of shorthead cisco and typical *artedi* resulted in a form (typical *artedi*) that occupied a mainly offshore planktivore niche and another form (shorthead cisco) that occupied an inshore niche featuring, but not restricted to, benthic feeding. For shallow-water ciscoes like typical *artedi* and shorthead cisco, the profundal lakebed would be out of reach. In fact, occupancy by St. Marys River shorthead cisco of warmer (inshore waters) as compared to colder offshore waters was shown by Joukhadar et al. (2002), based on otolith oxygen isotopes. Moreover, Great Lakes whitefishes with similarly short heads, Round Whitefish (*Prosopium cylindraceum*) and Lake Whitefish (*C. clupeaformis*), are known bottom feeders (Koelz, 1929; Kao et al., 2016). The one form of deepwater cisco from the Great Lakes with a short, rounded nose, shortnose cisco (*C. reighardi*), has the shortest head of any of its seven sister (deepwater) forms (Koelz, 1929; Eshenroder et al., 2016), although its preference for bottom feeding is unknown. Too, a short head (and body) has been linked to bottom feeding in benthic ecomorphs of Arctic Charr (Parsons et al., 2011). More directly, shorthead cisco in Lake Michigan in spring is known to feed predominately on Round Goby (*Neogobius melanostomus*), a bottom-dwelling introduced fish (pers. comm., David Clapp, Michigan DNR). Diet data for Lake Huron shorthead cisco are lacking.

In fact, seven of the nine metrics for Lake Michigan shorthead cisco deemed accurate (excludes snout and orbit lengths, see above) are less expressed than in Lake Huron shorthead cisco and are extremes for Great Lakes ciscoes, including deepwater ciscoes (Table 2; Eshenroder et al., 2016). These observations suggest that the Lake Michigan form is more derived than the Lake Huron form and suggest, too, that the Lake Michigan form evolved from the Lake Huron form, possibly through selection on the rate and timing of development (heterochrony; Parsons et al., 2011) on an already under-expressed phenotype. Though speculative, this hypothesis explains, for example, the origin of the very-short paired fins that otherwise would appear to be less effective in creating lift in a pelagic fish (Webb 1994) – the shortened fins came along as baggage with selection for bottom feeding on the genes that regulate plasticity.

Shorthead cisco and typical *artedi* appear to be diverged in spawning behavior, too. Analysis of microsatellite samples of typical *artedi* from across Lake Superior indicates a lack of structure consistent with a metapopulation whereas samples of our study populations of shorthead cisco indicate genetic structure, even in nearby populations (pers. comm., Wendylee Stott, Great Lakes Science Center). The genetic structure of historical typical *artedi* of Lake Huron (or Michigan) has not been established. We propose that shorthead cisco was selected for substrate spawning (lithophil of Balon, 1975) near inshore structures such as reefs and points to provide separation from the much-more abundant typical *artedi* and to enable imprinting before larvae could be swept away by currents. Typical *artedi* in the Apostle Islands area of Lake Superior, for instance, spawn pelagically away from shore (pelagophil of Balon, 1975), and, as a result, larvae are vulnerable to entrainment in surface currents that are known to transport typical *artedi* larvae for considerable distances (Oyadomari and Auer, 2008).

Manitoulinus remains as distinctive as when Koelz (1929) described it – in fact he thought it resembled closely only blackfin cisco, his *C. nigripinnis nigripinnis*, which is, surprisingly, a deepwater cisco. Two features of *manitoulinus* are definitive and both may relate to where it spawns. First, it is blackish in color like *nigripinnis*, which Koelz attributed to the tannic waters of Whalesback Channel. Second, it has a very short caudal peduncle. In some adults the posterior insertion of the anal fin and the posterior point that defines standard length are only millimeters apart. Also, the short caudal peduncle results in a recurved posterior ventral profile (Figure 4) that is otherwise unknown for other forms of Great Lakes cisco (Koelz, 1929; Eshenroder et al., 2016). This shortening suggests a reduction in vertebrae, which may result from early life stages incubating in river water as opposed to lake water. Whalesback Channel (Figure 2) receives the outflow of the Spanish River, the largest tributary to the North Channel, and releases it through narrow passages between islands. The channel is essentially an enlargement of the Spanish River with the river's thermal environment. Price (1940) reported that Lake Whitefish embryos reared in warmer water were uniformly shorter at a given stage of developments. Within these treatments, many of the abnormal embryos were distorted in their mid-body and tail regions, making his counts of somites, from which the vertebrae develop (Morin-Kensicki et al., 2002), futile. Price's observations suggest fewer vertebrae in lake whitefish reared in warmer water. Ice breakup on rivers would precede that on lakes resulting in a warmer early environment for embryos and perhaps reduced numbers of vertebrae. Rearing or transplantation experiments would confirm or disprove whether the unusual geology of the Spanish River is the cause of the short caudal peduncle in *manitoulinus*.

Our findings are relevant to management. In response to what appears to be a pronounced shortage of planktivorous fishes in the main basin of Lake Huron (Riley et al., 2008; Kao et al., 2016), the Lake Huron Committee, operating under the aegis of the Great Lakes Fishery Commission, is proposing to transplant shorthead cisco from the northern main basin to more southerly waters of the main basin. In effect, shorthead cisco would become an alternative for typical *artedi*, now likely extirpated in this basin (Eshenroder et al., 2016). Four considerations are important here. One, spawning populations of shorthead cisco are unknown in the main basin south of the north shore even though these waters have been devoid of typical *artedi* for over 50 years (Eshenroder et al., 2016). Two, shorthead cisco spawning populations in Lake Huron are associated with relatively small bays, some very sheltered, and this type of habitat is in short supply in the central and southern waters of the main basin. Three, shorthead cisco appears to be a facultative bottom feeder and is a questionable alternative for typical *artedi*, which had been widespread in offshore surface waters (Koelz, 1929). Four, transplanting shorthead cisco to areas near or in Saginaw Bay could complicate an ensuing introduction of typical *artedi* into Saginaw Bay, its historical breeding grounds. Even if transplanted shorthead cisco do not reproduce, to avoid introgression it would be prudent to wait for stocked shorthead cisco to reach senescence before introducing typical *artedi*. This wait could be problematic for maintenance of infrastructure like hatcheries as maximum age of shorthead cisco is 23 years (Eshenroder et al., 2016). Artificial establishment of cisco ecomorphs in areas of Lake Huron where they were not known to occur should be carefully thought out and the options thoroughly documented and justified.

Acknowledgements

Mark Ebener collected the St. Marys River and Drummond Island ciscoes for us for which we are much indebted. Daniel Yule was gracious in providing his digital files compiled from Koelz (1929). We thank Thomas Pratt for alerting us to Lleonart et al. (2000) as a simple method of size correction. The findings and conclusions in this article are those of the authors and do not necessarily represent the views of the U.S. Fish and Wildlife Service.

References

Baldwin, N. A., Saalfeld, R. W., Dochoda, M. R., Buettner, H. J. & Eshenroder, R. L., 2009: Commercial fish production in the Great Lakes 1867–2006. (Accessible at http://www.glfc.org/databases/commercial/commerc.php).

Balon, E. K., 1975: Reproductive guilds of fishes: a proposal and definition. – J. Fish. Res. Board Can. 32: 821–864.

De Mendiburu, F., 2017: Agricolae: Statistical procedures for agricultural research R Package Version 1.2–8. (accessible at https://CRAN.R-project.org/package=agricolae).

Eshenroder, R. L., Vecsei, P., Mandrak, N. E., Yule, D. L., Gorman, O. T., Pratt, T. C., Bunnell, D. B. & Muir, A. M., 2016: Ciscoes (*Coregonus*, subgenus *Leucichthys*) of the Laurentian Great Lakes and Lake Nipigon. – Gt. Lakes Fish. Comm. Misc. Pub. 2016–1.

Hile, R., 1938: Morphometry of the cisco, *Leucichthys artedi* (Le Sueur), in the lakes of the Northeastern Highlands, Wisconsin. – *In* The collected papers of Ralph Hile, 1928–1973. *Edited by* U.S.F.W. Serv.

Jacobson, P. C., Emms, S. K., Cruise, J. L., Zimmer, K. D., Grow, R. C., Neilsen, J., Tipp, A. R. & Miller, L. M., 2018: Retention of morphological and ecological traits of Lake Superior cisco *Coregonus artedi* after translocation into inland lakes. – J. Great Lakes Res. 44: 289–298.

Joukhadar, Z., Patterson, W. P., Todd, T. N. & Smith, G. R., 2002: Temperature history of *Coregonus artedi* in the St. Marys River, Laurentian Great Lakes, inferred from oxygen isotopes. – Advanc. Limnol. 57: 453–461.

Kao, Y.-C., Adlerstein, S. A. & Rutherford, E. S., 2016: Assessment of top-down and bottom-up controls on the collapse of alewives (*Alosa pseudoharengus*) in Lake Huron. – Ecosystems: 1–29.

Kelly, T. M., Jones, J. D. & Smith, G. R., 1975: Historical changes in mercury contamination in Michigan walleyes (*Stizostedion vitreum vitreum*). – J. Fish. Res. Board Can. 32: 1745–1754.

Koelz, W., 1929: Coregonid fishes of the Great Lakes. Bull. U.S. Bur. Fish. DOC.1048: 297–643.

Lawrence, E., 1989: Henderson's dictionary of biological terms. 10th edition. John Wiley & Sons, New York.

Lleonart, J., Salat, J. & Torres, G. J., 2000: Removing allometric effects of body size in morphological analysis. – J. Theor. Biol. 205: 85–93.

Morin-Kensicki, E. M., Melancon, E. & Eisen, J. S., 2002: Segmental relationship between somites and vertebral column in zebrafish. – Development 129: 3851–3860.
Oyadomari, J. K. & Auer, N. A., 2008: Transport and growth of larval cisco (*Coregonus artedi*) in the Keweenaw Current region of Lake Superior. – Can. J. Fish. Aquat. Sci. 65: 1447–1458.
Page, L. M., Espinosa-Perez, H., Findley, L. T., Gilbert, C. R., Lea, R. N., Mandrak, N. E., Mayden, R. L. & Nelson, J. S., 2013: Common and scientific names of fishes from the United States, Canada, and Mexico, 7th edition. – Amer. Fish. Soc. Spec. Pub. 34, Bethesda, Maryland.
Parsons, K. J., Robinson, B. W. & Hrbek, T., 2003: Getting into shape: An empirical comparison of traditional truss-based morphometric methods with a newer geometric method applied to New World cichlids. – Environ. Biol. Fishes 67: 417–431.
Parsons, K. J., Sheets, H. D., Skulason, S. & Ferguson, M. M., 2011: Phenotypic plasticity, heterochrony and ontogenetic repatterning during juvenile development of divergent Arctic charr (*Salvelinus alpinus*). – J. Evol. Biol. 24: 1640–1652.
Pfennig, D. W., Wund, M. A., Snell-Rood, E. C., Cruickshank, T., Schlichting, C. D. & Moczek, A. P., 2010: Phenotypic plasticity's impacts on diversification and speciation. – Trends Ecol. Evol. 25: 459–467.
Price, J. W., 1940: The embryology of the whitefish, *Coregonus clupeaformis* (Mitchill) Part I. – Ohio J. Sci. 34: 287–305.
Riley, S. C., Roseman, E. F., Nichols, S. J., O'Brien, T. P., Kiley, C. S. & Schaeffer, J. S., 2008: Deepwater demersal fish community collapse in Lake Huron. – Trans. Am. Fish. Soc. 137: 1879–1890.
R Development Core Team. 2017: R: A language and environment for statistical computing. – R Foundation for Statistical Computing, Vienna.
Turgeon, J. & Bernatchez, L., 2003: Reticulate evolution and phenotypic diversity in North American ciscoes, *Coregonus* spp. (Teleostei: Salmonidae): implications for the conservation of an evolutionary legacy. – Conserv. Genet. 4: 67–81.
Webb, P. W., 1994: The biology of fish swimming. In Maddock, L., Bone, Q. & Rayner, J. M. V. (eds), Mechanics and physiology of annimal swimming, pp. 45–62. – Cambridge University Press.
Westerman, F. A. & Van Oosten, J., 1939: Report to the Michigan State Senate on the fisheries of Potagannissing Bay, Michigan. Michigan Department Conservation.
Yule, D. L., Moore, S. A., Ebener, M. P., Claramunt, R. M., Pratt, T. C. & Salawater, L. L., 2013: Morphometric variation among spawning cisco aggregations in the Upper Great Lakes: are historic forms still present? – Advanc. Limnol. 64: 119–132.
Zar, J. H., 1999: Biostatistical analysis. Prentice-Hall, New Jersey.
Zelditch, M. L., Swiderski, D. L. & Sheets, H. D., 2012: Geometrics morphometrics for biologists: a primer, 2nd ed. Elsevier, Boston.

Manuscript received: 15 December 2017
Revisions requested: 20 April 2018
Modified version received: 16 May 2018
Accepted: 15 June 2018

Advanc. Limnol. **66**, p. 403–425 **Article**
Biology and Management of Coregonid Fishes – 2017

Genetic species identification of coregonines from juvenile assessment and commercial fisheries in Lake Erie, Detroit River, and St. Clair River

Wendylee Stott[1,*], Tom MacDougall[2], Edward F. Roseman[3], Stephen Lenart[4], Justin Chiotti[5], Daniel L. Yule[6], and James Boase[5]

With 2 figures and 6 tables

Abstract: Cisco (*Coregonus artedi*) were once found in all five Laurentian Great Lakes, but are now widespread in only Lake Superior with reduced populations in Lakes Michigan, Huron, and Ontario, and are considered extirpated from Lake Erie. However, fish identified as cisco are sometimes captured as by-catch of commercial gillnet and trawl fisheries in Lake Erie and in larval assessment surveys on the St. Clair and Detroit Rivers which connect Lake Huron to Lake Erie. We used microsatellite DNA variation to determine if these fish were cisco, bloater (*C. hoyi*), or lake whitefish (*C. clupeaformis*) and compared the genetic profiles of fish identified as cisco or bloater to genetic profiles of contemporary cisco and bloater collected from around Lake Huron and cisco from the 1950s from Lake Erie. Microsatellite DNA variation allowed us to distinguish among the species with over 90% accuracy and we found that most of the fish identified as cisco in the field were bloater. Significant differences in allelic diversity and genetic distance were found among contemporary and historical samples of cisco from Lake Erie and Lake Huron, while bloater collections are from a single genetic population. The lack of population structure among bloater collections from Lake Huron did not allow us to determine precise geographic origins of fish identified as bloater. The appearance of coregonine species other than lake whitefish in the Detroit and St. Clair Rivers and Lake Erie may be a sign that restoration efforts and water quality improvements are promoting a resurgence of native species in a novel environment.

Keywords: individual assignment tests, species identification, coregonines, historical diversity, Lake Erie, connecting channels

Authors' addresses:
[1] Michigan State University, Department of Fisheries & Wildlife, 13 Natural Resources Building, East Lansing, MI 48824, USA
[2] Ontario Ministry of Natural Resources and Forestry, Lake Erie Management Unit, 49 Passmore Ave., Unit 7, Port Dover, ON N0A 1N0, Canada
[3] U.S. Geological Survey, Great Lakes Science Center, 1451 Green Rd., Ann Arbor, MI 48105, USA
[4] Michigan Department of Natural Resources, Charlevoix Fisheries Research Station, 96 Grant Street, Charlevoix, MI 49720, USA
[5] U.S. Fish and Wildlife Service, Detroit River Substation, 28403 Old North Gibraltar Rd., Gibraltar, MI 48173, USA
[6] U.S. Geological Survey, Great Lakes Science Center, Lake Superior Biological Station, 2800 Lake Shore Drive East, Ashland, WI 54806, USA
[*] Corresponding author: wstott@contractor.usgs.gov

DOI: 10.1127/adv_limnol/2021/0067 1612-166X/21/0067 $ 5.75
www.schweizerbart.de

Introduction

Several coregonine species have been described in the Laurentian Great Lakes, but only two, lake whitefish (*Coregonus clupeaformis*) and cisco (*C. artedi*) were distributed across all five lakes and bloater (*C. hoyi*) were endemic to all lakes except Lake Erie (Koelz, 1929). Coregonine species play an important role in energy transfer in the Great Lakes and support commercial and subsistence fisheries (Eshenroder et al., 2016). Since the early 20th century, the scale of these fisheries has declined in many lakes and has disappeared altogether in others. Saginaw Bay in Lake Huron, Lake Erie, and the Detroit River once supported substantial commercial fisheries (Todd, 1986; Kinnunen, 2003; Dobiesz et al., 2005; Mohr & Nalepa, 2005; Baldwin et al., 2006; Riley et al., 2008). The Detroit and St. Clair Rivers are natural waterways connecting Lake Huron and Lake Erie. The rivers are important migratory routes for a variety of species and, along with Saginaw Bay in Lake Huron, once provided spawning habitat for lake whitefish and cisco (Goodyear et al., 1982; Roseman et al., 2007; Prichard et al., 2017). The loss of spawning habitat via eutrophication, removal of habitat from the Detroit River to improve shipping channels, and overfishing (Smith, 1968; Roseman et al., 2007) contributed to the decline of lake whitefish and cisco in southern Lake Huron and Lake Erie. While lake whitefish stocks in Lakes Huron and Erie have recovered from declines in the 1920s and 1950s (Mohr & Ebener, 2005), cisco have disappeared from Saginaw Bay, the Detroit and St. Clair Rivers, and Lake Erie, and only a few populations remain in northern Lake Huron and Georgian Bay (Lake Huron) (Dobiesz et al., 2005; Riley et al., 2008).

Recent improvements to fish habitat and water quality in the St. Clair and Detroit Rivers may be connected to the capture of adult lake whitefish in spawning condition from the Detroit River in November 2005; something that had not been observed in almost 80 years (Roseman et al., 2007; Prichard et al., 2017). Since 2005, additional spawning lake whitefish and fertilized lake whitefish eggs have been collected on an annual basis (e.g., Pritt et al., 2015; Prichard et al., 2017; Fischer et al., 2018) and in 2010 and 2011, juvenile coregonines that did not appear to be lake whitefish were captured in the Detroit and St. Clair Rivers. In addition, commercial fishermen have periodically surrendered individual fish identified as cisco from Canadian waters of Lake Erie over the last 20 to 30 years. While spawning lake whitefish continue to appear in the Detroit River, no spawning cisco have been found in the Detroit River or Saginaw Bay. This has led biologists to wonder about the source of coregonines collected in the Detroit and St. Clair Rivers and Lake Erie. While it was likely that coregonines captured in Lake Erie came from Lake Huron via the St. Clair and Detroit Rivers, it is possible that they might represent a remnant spawning stock in Lake Erie (e.g., Coldwater Task Group, 2013). Cisco spawning stocks had been reported at various sites in Lake Erie before the fishery collapsed in the early 1900s (Goodyear et al., 1982), including Port Stanley and Port Dover which are close to the location where many of the recent commercial catches have occurred. However, based on a morphological assessment of some of the commercially caught cisco from Lake Erie, it has been hypothesized that they were not cisco, but were bloater or lake whitefish (Eshenroder et al., 2016).

Microsatellite DNA markers can be used to identify species, hybrids, and population of origin of individual fish (e.g., Rasmussen & Morrissey, 2008). If baseline or learning samples representing the genotypes of unclassified samples can be acquired, genetic profiles of the unknown samples can be compared to the learning samples and a likelihood of association can be calculated (Utter & Ryman, 1993; Cornuet et al., 1999). While contemporary samples of lake whitefish, cisco, and bloater are available to test the hypothesis that the unknown coregonines were lake whitefish, cisco, or bloater, determining if any fish identified as cisco originated from a remnant Lake Erie population is more challenging due to the lack of a contemporary population of cisco in Lake Erie to provide a baseline sample. Fortunately, archived tissues such as fish scales can provide a source of DNA for the analysis of historical population structure and species composition (Nielsen et al., 1997). The U.S. Geological Survey-Great Lakes Science Center (USGS-GLSC) has an archive of scale samples collected during assessment surveys conducted by fishery biologists since the 1920s. Cisco scales sampled between 1950 and 1955 during annual surveys conducted by the U.S. Fish and Wildlife Service (USFWS) and U.S. Bureau of Commercial Fisheries represent some of the final collections of cisco from Lake Erie. These scales may provide a suitable genetic profile to test the hypothesis that the commercial catches from Lake Erie represent a remnant cisco population. Therefore, we used contemporary and historical samples of lake whitefish, bloater, and cisco from Lake Huron and Lake Erie to: 1) determine the species of juvenile and adult coregonines and 2) determine whether any fish identified as cisco or bloater are like contemporary bloater, cisco from Lake Huron, or historical cisco collections from Lake Erie.

Materials and methods

Baseline sample collection

Previous genetic analyses using mitochondrial and microsatellite DNA loci (Turgeon & Bernatchez, 2003) suggested that bloater and cisco represent a single genetic group in the Great Lakes and recent morphological analyses suggested that contemporary deepwater cisco from Lake Huron are the result of introgression among deepwater ciscoes including bloater (Eshenroder et al., 2016). However, since assessment surveys conducted by the USGS-GLSC, Ontario Ministry of Natural Resources and Forestry (OMNRF), and USFWS still classify coregonines caught in deep waters of the main basin of Lake Huron as bloater, we will use this identification convention hereafter. Species were identified based on differences in morphology, depth of capture, and, for the spawning collections, on the timing of the spawning period. Lake whitefish and cisco spawn during the fall. Lake whitefish spawn earlier than cisco at warmer water temperatures while bloater spawn during the winter (Lane et al., 1996). Bloater are found in benthic and pelagic regions of the Great Lakes ranging in depths of 10 m to 180 m, cisco are more pelagic (27 m to 46 m) and while lake whitefish are found at depths of more than 100 m, they are typically found in shallower waters (Wells, 1968; Scott & Crossman, 1973). Morphological differences were used to distinguish among the species. Lake whitefish have sub-terminal mouths while bloater and cisco have terminal mouths. The bloater's lower jaw is more extended than the cisco and they have a flattened dorsal head profile as compared to cisco (Koelz, 1929; Eshenroder et al., 2016).

We sampled lake whitefish, cisco, and bloater from several sites on Lakes Huron and Erie to capture as much of the within species genetic diversity as possible. Site locations, sample sizes, and dates are summarized in Table 1 and Figure 1. Lake whitefish were collected from the main basin and Georgian Bay in Lake Huron during a tagging study (Ebener et al., 2010)

Table 1. Summary of collection sites for bloater, cisco, lake whitefish, suspected cisco, and juvenile coregonines used in genetic species and population identification. Grid number refers to Ontario Commercial 5" grid system for Lake Erie. Map Code refers to the number or letter representing each site on Figure 1.

Map Code	Field Identification	Sample Site	Collection Month	Collection Year	Sample Waterbody	Sample Size
1	Cisco	Government Bay	11	2015	Lake Huron	118
2	Cisco	Boot Island	11	2015	Lake Huron	103
2	Lake whitefish	Boot Island	11	2006	Lake Huron	110
3	Cisco	Potagannissing Bay	11	2016	Lake Huron	51
4	Cisco	Drummond Island	10	2010	Lake Huron	47
5	Bloater	Cheboygan	9	2014	Lake Huron	40
6	Lake whitefish	La Salle Island Reef	11	2004	Lake Huron	106
7	Lake whitefish	Beavertail Point	11	2003	Lake Huron	53
8	Lake whitefish	Stevenson Bay	11	2003	Lake Huron	60
9	Lake whitefish	Detour	11	2002	Lake Huron	90
10	Lake whitefish	Hammond Bay Harbor	11	2006	Lake Huron	70
11	Bloater	Rogers City	9	2014	Lake Huron	46
12	Lake whitefish	Middle Island	11	2006	Lake Huron	70
13	Bloater	Alpena	9	2014	Lake Huron	51
13	Lake whitefish	Alpena	5	2002	Lake Huron	69
14	Bloater	Stokes Bay	7	2003	Lake Huron	38
15	Bloater	Tobermory	9	2014	Lake Huron	60
15	Lake whitefish	Tobermory	12	2006	Lake Huron	79
16	Bloater	Au Sable Point	9	2014	Lake Huron	32
17	Lake whitefish	Douglas Point	11	2004	Lake Huron	68
18	Bloater	Harbor Beach	9	2014	Lake Huron	52
19	Lake whitefish	Saginaw Bay	11	2004	Lake Huron	96
20	Lake whitefish	Southern Main Basin	12	2007	Lake Huron	50
21	Lake whitefish	Bono	11	2002	Lake Erie	72
22	Lake whitefish	Toussaint Reef	11	2006	Lake Erie	27
23	Lake whitefish	East Sister Island	11	2007	Lake Erie	20
24	Lake whitefish	Middle Island	10	2007	Lake Erie	70
25	Lake whitefish	Kellys Island	11	1997	Lake Erie	90
26	Lake whitefish	Cedar Point	11	1998	Lake Erie	50
27	Lake whitefish	Niagara	12	2001	Lake Erie	44
28	Cisco	Wheatley	11	1954	Lake Erie	44
29	Cisco	Erie	10	1953	Lake Erie	35
A	Unidentified coregonine	St. Clair River	5	2010	St. Clair River	2
B	Unidentified coregonine	Detroit River	12	2011	Detroit River	12
C	Suspected cisco	Grid 21	3	2006	Lake Erie	1
D	Suspected cisco	Grid 28	4	2010	Lake Erie	1

Table 1. cont.

Map Code	Field Identification	Sample Site	Collection Month	Collection Year	Sample Waterbody	Sample Size
E	Suspected cisco	Grid 39	5	2003	Lake Erie	1
F	Suspected cisco	Grid 41	4	2014	Lake Erie	1
F	Suspected cisco	Grid 41	6	2003	Lake Erie	1
G	Suspected cisco	Grid 239	7	2005	Lake Erie	2
H	Suspected cisco	Grid 240	6	2005	Lake Erie	1
I	Suspected cisco	Grid 204	8	1999	Lake Erie	1
J	Suspected cisco	Grid 205	9	2003	Lake Erie	1
J	Suspected cisco	Grid 205	9	2003	Lake Erie	1
K	Suspected cisco	Grid 167	9	2002	Lake Erie	1
K	Suspected cisco	Grid 167	5	2007	Lake Erie	1
K	Suspected cisco	Grid 167	6	2010	Lake Erie	3
K	Suspected cisco	Grid 167	7	2011	Lake Erie	1
K	Suspected cisco	Grid 167	4	2011	Lake Erie	1
K	Suspected cisco	Grid 167	5	2011	Lake Erie	1
K	Suspected cisco	Grid 167	7	2013	Lake Erie	1
K	Suspected cisco	Grid 167	9	2002	Lake Erie	1
K	Suspected cisco	Grid 167	5	2007	Lake Erie	1
L	Suspected cisco	Grid 155	11	2012	Lake Erie	1
M	Suspected cisco	Grid 192	4	1996	Lake Erie	1
N	Suspected cisco	Grid 195	4	1995	Lake Erie	1
O	Suspected cisco	Grid 168	9	1999	Lake Erie	1
P	Suspected cisco	Grid 141	7	2015	Lake Erie	2
P	Suspected cisco	Grid 141	10	2001	Lake Erie	1
Q	Suspected cisco	Grid 105	5	2014	Lake Erie	1
Q	Suspected cisco	Grid 105	6	2015	Lake Erie	1
Q	Suspected cisco	Grid 105	7	2015	Lake Erie	1

and from western Lake Erie and during spawning surveys conducted by Ohio Department of Natural Resources personnel (e.g., Ohio Division of Wildlife, 2011). Lake whitefish were collected in November and December close to spawning grounds. Cisco were collected during gamete collections by USFWS for hatchery broodstock development in 2015 and 2016 in northern Lake Huron and a collection from Southern Drummond Island (Lake Huron) was used in a study of cisco morphology (Yule et al., 2013). Historical Lake Erie cisco samples were collected in October and November 1953 and 1954 during annual surveys conducted by the USFWS and U.S. Bureau of Commercial Fisheries and represent sites where cisco spawning occurred in the past and are close to the site where most of the recent catches of suspected cisco have occurred. Samples from sites on the north (Wheatley ON Canada) and south shores (Erie OH USA) of Lake Erie were used (Figure 1). Bloater were collected from Lake Huron during USGS-GLSC forage fish surveys between 1998 and 2014.

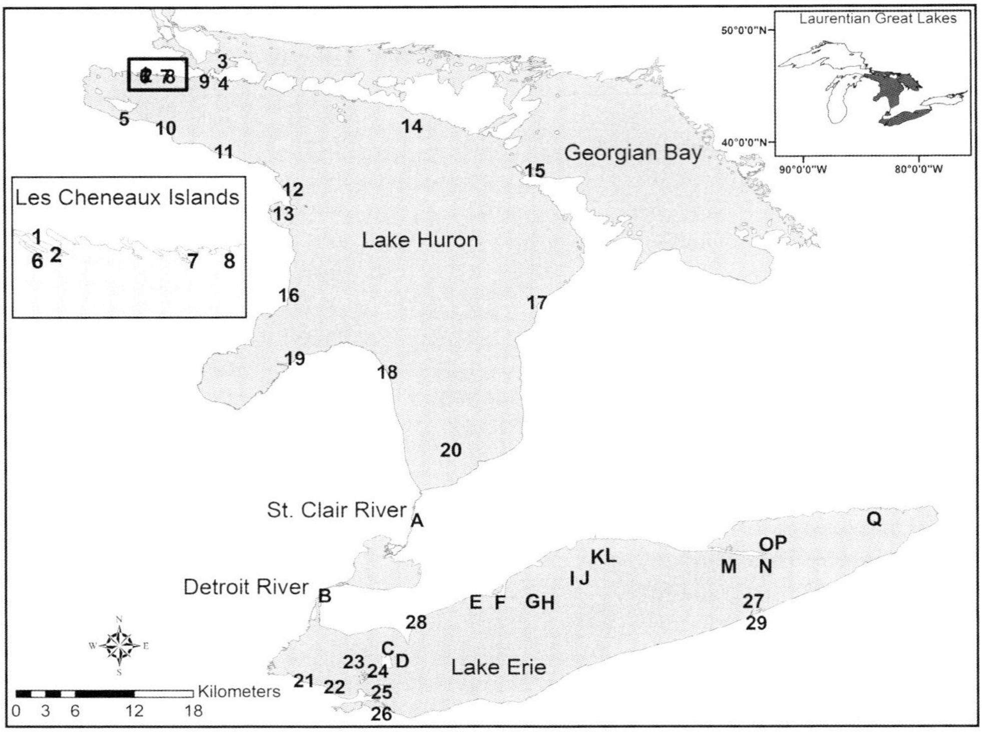

Fig. 1. Location of sample collection sites for baseline samples for species identification and sources of suspected cisco and juvenile coregonines collected from the Detroit and St. Clair Rivers and Lake Erie. Numbers and letters correspond to the Map Number field in Table 1. The numbers represent reference collections and letters the locations of suspected cisco and juvenile coregonines. The inset map in the upper right-hand corner shows the two Laurentian Great Lakes featured in the study and the inset map on the left-hand side is an enlargement of the rectangle surrounding sites in the Les Cheneaux Islands in northern Lake Huron.

Samples of juvenile coregonines and suspected cisco were collected by USFWS and OMNRF biologists. Samples were collected in the Detroit and St. Clair Rivers in 2010 and 2011 during fyke netting surveys designed to capture metamorphosing sea lamprey during the peak of their downstream fall outmigration (Detroit River) and to assess the performance of rehabilitated spawning reefs in the St. Clair River (e.g., Bouckaert et al., 2014; Manny et al., 2015; Prichard et al., 2017; Fischer et al., 2018). Samples from Lake Erie were surrendered by commercial fishers over several years and archived by the OMNRF.

DNA extraction and microsatellite DNA amplification

DNA was extracted from fin clips (contemporary samples) and scales (historical samples) using the DNeasy Blood and Tissue Kit® (Qiagen Inc., Valencia CA USA). DNA concentration was estimated using a Cary UV-Vis (Agilent, Santa Clara CA USA) spectrophotometer. Contemporary samples were standardized to a concentration of 100 ng μl^{-1} and the historical samples to 20 ng μl^{-1}.

Microsatellite DNA loci developed for coregonines (Bernatchez et al., 1996; Patton et al., 1997; Turgeon et al., 1999; Rogers et al., 2004; Favé & Turgeon, 2008) and salmonids (Estoup et al., 1993; Angers et al., 1995) were used to create genetic profiles of the reference samples, juvenile coregonines from the Detroit and St. Clair Rivers, and suspected cisco from Lake Erie. Seven primer multiplexes were used 1) *Bwf*1/*C2*-157, 2) *Bwf*2/*Cocl*23, 3) *Cisco*-181/*Cisco*-200, 4) *Cisco*-106/*Cisco*-126, 5) *Cisco*-179/*Cisco*-183, 6) *Cisco*-90/*Cisco*-59/*Bwf*2, and 7) *CoclLav*32/*Str*-60. The remaining primers were used in single reactions (*CoclLav*6, *CoclLav*27, *Sfo*23, and *Sfo*8). All PCR reactions were performed in a volume of 15 μl including 0.5 to 0.7 U *Taq* polymerase (Promega Co., Madison WI USA), 1X running buffer (Promega Co., Madison WI USA), 0.2 mM of each dinucleotide (Promega Co., Madison WI USA), 1.2 to 2.0 mM $MgCl_2$, and 0.1 to 0.3 μM of each primer. One of the

Table 2. Polymerase chain reaction conditions and multiplex groupings for microsatellite DNA primers used to analyze coregonines collected from Lakes Huron and Erie.

Primer	Dye Label	Multiplex	Primer Concentration (uM)	Annealing Temperature (°C)	Reference
*Bwf*1	6FAM	1	0.15	60	Patton et al., 1997
C2-157	HEX	1	0.10		Turgeon et al., 1999
*Bwf*2	6FAM	2	0.15	55	Patton et al. 1997
*Cocl*23	6FAM	2	0.30		Bernatchez, 1996
Cisco-181	6FAM	3	0.20	60	Turgeon et al., 1999
Cisco-200	HEX	3	0.60		Turgeon et al., 1999
Cisco-106	HEX	4	0.35	55	Favé & Turgeon, 2008
Cisco-126	6FAM	4	0.15		Turgeon et al., 1999
Cisco-179	HEX	5	0.15	55	Favé & Turgeon, 2008
Cisco-183	6FAM	5	0.50		Favé & Turgeon, 2008
Cisco-90	NED	6	0.30	57	Turgeon et al., 1999
Cisco-59	NED	6	0.55		Favé & Turgeon, 2008
*Bwf*2	6FAM	6	0.25		Patton et al., 1997
*CoclLav*6	HEX		0.10	60	Rogers et al., 2004
*CoclLav*32	6FAM	7	0.10	60	Rogers et al., 2004
Str-60	6FAM	7	0.10		Estoup et al., 1993
*CoclLav*27	HEX		0.20	55	Rogers et al., 2004
*Sfo*23	6FAM		0.25	58	Angers et al., 1995
*Sfo*8	NED		0.25	58	Angers et al., 1995

two primers for each locus was labelled with a fluorescent label. Primer sources, fluorescent dyes used as labels, and reaction conditions are summarized in Table 2. The historical samples were amplified twice as suggested by Nielsen et al. (1997), using 2 μl of the first reaction, 0.1 mM of each nucleotide, 0.2U *Taq* polymerase (Promega Co. Madison WI), 0.1 μM of each primer, and 1.0 mM $MgCl_2$; both reactions were genotyped. A 3130xl Genetic Analyzer (Life Technologies, Foster City CA USA) was used for electrophoretic separation of PCR products. One microlitre of each PCR reaction was diluted in 9 μl H_2O, then 2μl of the dilution was mixed with 13μl HiDi formamide (Life Technologies, Foster City CA USA) and 0.2 μl of a size standard (400HD ROX; Life Technologies, Foster City CA USA). The mixture was incubated at 95 °C for 4 min. and then chilled for 3 min. Genetic Analyzer 3.0 (Life Technologies, Foster City CA USA) was used to estimate DNA fragment sizes and genotypes were assigned using GeneMapper 3.7 (Life Technologies, Foster City CA USA).

Species assignment

The ability to distinguish among species and populations of ciscoes was tested using the program ONCOR 1.0 (Anderson et al., 2008). ONCOR uses the Bayesian method of Rannala & Mountain (1997) to assign individuals to the baseline populations with the greatest probability of producing an individual's genotype. Simulations of 100 mixtures of fish originating from a single baseline sample (i.e., 100% from one sample) and leave-one-out tests were performed to assess the accuracy of the assignment test.

Juvenile coregonines from the Detroit River and suspected cisco from Lake Erie were assigned to species using ONCOR and the program GENECLASS 2.0h (Piry et al., 2004) because different programs that use Bayesian methods sometimes give different results due to differences in the way algorithms are implemented (Frantz et al., 2009). Individuals were assigned to a species using the highest probability (ONCOR) and the highest assignment score (GENECLASS). If the results were not the same for ONCOR and GENECLASS, the species assignment was recorded as 'inconclusive' and the fish was not analyzed further.

Population assignment

Genetic profiles of contemporary and historical cisco and bloater from Lake Erie and Lake Huron (Figure 1; Table 1) were used to assess origins of fish classified as bloater or cisco. Genotypes were tested for linkage disequilibrium and conformation to Hardy-Weinberg expectations using the program GENEPOP 4.0.7 (Raymond & Rousset, 1995). The Markov chain (Guo & Thompson, 1992) was run with 250 batches of 2,000 iterations; these values minimized the standard error values for the significance estimator that was calculated using Fisher's exact test. Probability values were adjusted using a sequential Bonferroni method (Rice, 1989). MICROCHECKER v.2.2.3 (van Oosterhout et al., 2004) was used to test for the possibility of scoring errors, allelic dropout, and null alleles. GENEPOP 4.0.7 was used to test for linkage disequilibrium among all loci to confirm that all loci were segregating independently using 2,000 dememorization steps before 250 batches, each with 5,000 iterations.

Relationships among the collections were visualized by constructing a neighbor-joining tree (Saitou & Nei, 1987) of Nei's genetic distance (Nei et al., 1983) using the program POPULATIONS 1.2.32 (Langella, 2002). Support for nodes was calculated from 1,000 bootstrap pseudoreplications and TREEVIEW 1.6.6 (Page, 1996) was used to visualize the tree. Only nodes with greater than 70% support were labelled on the diagram of the tree; a value of 70% or greater usually corresponds to a probability of 95% or more that the corresponding node is real (Hillis & Bull, 1993). Allelic variance among collections ($F_{st}(\theta)$) (Wright, 1931) was estimated and tested for deviation from zero using 1,000 permutations of the data in the program ARLEQUIN 3.1 (Excoffier et al., 1992). Collections that clustered together based on the neighbor-joining tree and had $F_{st}(\theta)$ estimates that were not significantly different were grouped as populations for the assignment tests. Accuracy assignments and individual assignment tests were performed as described above.

Results

Species assignment

Ten loci (*Bwf*1, *C*2-157, *Bwf*2, *Cocl*23, *CoclLav*6, *CoclLav*32, *Str*-60, *CoclLav*27, *Sfo*23, and *Sfo*8) could be amplified in bloater, cisco and lake whitefish using the same size bins to assign amplicon sizes to alleles. There appeared to be two loci amplified using *Sfo*8, but only the one with a smaller range of alleles was used in the analysis. Only samples with data for at least 7 loci were used in the analysis.

Leave-one-out tests and 100% analysis conducted using ONCOR indicated it was possible to discriminate among the three species (Table 3). Average assignment accuracy among all

Table 3. Assessment of assignment accuracy for microsatellite DNA loci used to identify species (top rows) and populations (bottom rows) of coregonines collected from Lakes Huron and Erie. The first number presented under the leave-one-out test results is the percent of individuals assigned correctly and the second number is the number of individuals. Leave-one-out tests and 100% simulations were conducted using ONCOR. BLT=bloater, CIS=cisco, CI=confidence interval. Average=average assignment over 100 simulated populations with all individuals from one species or population.

Species/Population	Leave-One-Out Test				100% Simulation	
	Bloater	Cisco	Lake whitefish		Average	95% CI
Bloater	93.7/134	6.3/9	0.0/0		99.6	97.9, 100.0
Cisco	6.8/14	93.2/192	0.0/0		99.5	97.9, 100.0
Lake whitefish	0.2/2	0.1/1	99.7/1156		100.0	100.0, 100.0
	BLT-Huron	CIS-Les Cheneaux Is.	CIS-Drummond Is.	CIS-Lake Erie		
BLT-Huron	75.7/128	5.9/10	5.3/9	13.0/22	97.8	94.0, 100.0
CIS-Les Cheneaux Is.	9.0/17	64.6/122	21.2/40	5.3/10	96.5	90.7, 100.0
CIS-Drummond Is.	4.7/2	32.6/14	60.5/26	2.3/1	76.3	68.2, 85.1
CIS-Lake Erie	30.4/7	8.7/2	13.0/3	47.8/11	94.9	90.1, 99.3

Table 4. Results of assignment tests for species and population assignments. The assignment and probability or score (percentage) from the analysis using ONCOR, GENECLASS, and the final call are given. Map codes from Table 1 are in parentheses after the site name. BLT=bloater, CIS=cisco.

	Species Assignment				
Site	**GENECLASS Assignment**	**Percent**	**ONCOR Assignment**	**Prob.**	**Final Call**
St. Clair R (A)	Cisco	62.8	Bloater	0.834	Inconclusive
St. Clair R (A)	Bloater	99.3	Bloater	0.999	Bloater
Detroit R (B)	Bloater	50.2	Bloater	0.895	Bloater
Detroit R (B)	Bloater	98.8	Bloater	0.999	Bloater
Detroit R (B)	Cisco	83.5	Bloater	0.625	Inconclusive
Detroit R (B)	Bloater	99.9	Bloater	1.000	Bloater
Detroit R (B)	Bloater	100.0	Bloater	1.000	Bloater
Detroit R (B)	Bloater	91.6	Bloater	0.989	Bloater
Detroit R (B)	Bloater	99.0	Bloater	0.999	Bloater
Detroit R (B)	Bloater	99.0	Bloater	0.999	Bloater
Detroit R (B)	Cisco	58.7	Bloater	0.875	Inconclusive
Detroit R (B)	Bloater	82.3	Bloater	0.979	Bloater
Detroit R (B)	Bloater	100.0	Bloater	1.000	Bloater
Detroit R (B)	Bloater	85.4	Bloater	0.983	Bloater
Grid 105 (Q)	Bloater	99.1	Bloater	0.999	Bloater
Grid 105 (Q)	Bloater	99.1	Bloater	0.999	Bloater
Grid 105 (Q)	Bloater	99.9	Bloater	1.000	Bloater
Grid 141 (P)	Bloater	98.4	Bloater	0.998	Bloater
Grid 141 (P)	Bloater	93.1	Bloater	0.991	Bloater
Grid 141 (P)	Bloater	93.3	Bloater	0.992	Bloater
Grid 155 (L)	Bloater	99.3	Bloater	0.999	Bloater
Grid 167 (K)	Bloater	99.8	Bloater	1.000	Bloater
Grid 167 (K)	Bloater	100.0	Bloater	1.000	Bloater
Grid 167 (K)	Bloater	99.1	Bloater	0.999	Bloater
Grid 167 (K)	Bloater	94.6	Bloater	0.993	Bloater
Grid 167 (K)	Bloater	100.0	Bloater	1.000	Bloater
Grid 167 (K)	Bloater	100.0	Bloater	1.000	Bloater
Grid 167 (K)	Bloater	92.6	Bloater	0.991	Bloater
Grid 167 (K)	Bloater	98.1	Bloater	0.998	Bloater
Grid 167 (K)	Cisco	62.4	Bloater	0.836	Inconclusive
Grid 167 (K)	Bloater	100.0	Bloater	1.000	Bloater
Grid 167 (K)	Bloater	72.6	Bloater	0.957	Bloater
Grid 168 (O)	Bloater	54.7	Bloater	0.911	Bloater
Grid 192 (M)	Cisco	82.6	Bloater	0.641	Inconclusive
Grid 195 (N)	Bloater	98.3	Bloater	0.998	Bloater
Grid 204 (I)	Bloater	98.3	Bloater	0.998	Bloater
Grid 205 (J)	Cisco	100.0	Cisco	0.998	Cisco

Table 4. cont.

Site	Species Assignment				
	GENECLASS Assignment	Percent	ONCOR Assignment	Prob.	Final Call
Grid 205 (J)	Lake whitefish	100.0	Lake whitefish	0.999	Lake whitefish
Grid 21 (C)	Bloater	100.0	Bloater	1.000	Bloater
Grid 239 (G)	Cisco	75.6	Bloater	0.732	Inconclusive
Grid 239 (G)	Bloater	72.7	Bloater	0.957	Bloater
Grid 240 (H)	Cisco	51.7	Bloater	0.888	Inconclusive
Grid 28 (D)	Cisco	87.4	Bloater	0.550	Inconclusive
Grid 39 (E)	Cisco	59.4	Bloater	0.852	Inconclusive
Grid 41 (F)	Cisco	89.8	Cisco	0.844	Cisco
Grid 41 (F)	Bloater	98.8	Bloater	0.999	Bloater
Site	Population Assignment				
	GENECLASS Assignment	Percent	ONCOR Assignment	Prob.	Final Call
St. Clair R (A)					
St. Clair R (A)					
Detroit R (B)	BLT-Huron	79.5	BLT-Huron	0.890	BLT-Huron
Detroit R (B)	BLT-Huron	99.8	BLT-Huron	0.999	BLT-Huron
Detroit R (B)					
Detroit R (B)	BLT-Huron	95.7	BLT-Huron	0.996	BLT-Huron
Detroit R (B)	BLT-Huron	76.0	BLT-Huron	0.946	BLT-Huron
Detroit R (B)	CIS-Lake Erie	92.8	CIS-Lake Erie	0.969	CIS-Lake Erie
Detroit R (B)	CIS-Drummond Is.	61.2	BLT-Huron	0.848	Inconclusive
Detroit R (B)	BLT-Huron	95.3	BLT-Huron	0.970	BLT-Huron
Detroit R (B)					
Detroit R (B)					
Detroit R (B)	BLT-Huron	93.5	BLT-Huron	0.957	BLT-Huron
Detroit R (B)	BLT-Huron	72.1	BLT-Huron	0.919	BLT-Huron
Grid 105 (Q)	CIS-Lake Erie	57.6	CIS-Lake Erie	0.541	CIS-Lake Erie
Grid 105 (Q)					
Grid 105 (Q)	CIS-Drummond Is.	73.2	BLT-Huron	0.998	Inconclusive
Grid 141 (P)	CIS-Lake Erie	28.1	BLT-Huron	0.531	Inconclusive
Grid 141 (P)	BLT-Huron	54.0	BLT-Huron	0.964	BLT-Huron
Grid 141 (P)					
Grid 155 (L)	BLT-Huron	100.0	BLT-Huron	1.000	BLT-Huron
Grid 167 (K)	BLT-Huron	85.0	BLT-Huron	0.968	BLT-Huron
Grid 167 (K)	BLT-Huron	66.4	BLT-Huron	0.882	BLT-Huron
Grid 167 (K)	BLT-Huron	99.2	BLT-Huron	0.995	BLT-Huron
Grid 167 (K)	CIS-Lake Erie	98.0	CIS-Lake Erie	0.974	CIS-Lake Erie
Grid 167 (K)	BLT-Huron	75.5	BLT-Huron	0.813	BLT-Huron
Grid 167 (K)	CIS-Drummond Is.	43.8	BLT-Huron	0.957	Inconclusive

Table 4. cont.

Site	Species Assignment				
	GENECLASS Assignment	Percent	ONCOR Assignment	Prob.	Final Call
Grid 167 (K)					
Grid 167 (K)					
Grid 167 (K)					
Grid 167 (K)	BLT-Huron	94.0	BLT-Huron	0.964	BLT-Huron
Grid 167 (K)	CIS-Lake Erie	55.1	CIS-Lake Erie	0.518	CIS-Lake Erie
Grid 168 (O)					
Grid 192 (M)					
Grid 195 (N)	BLT-Huron	83.8	BLT-Huron	0.895	BLT-Huron
Grid 204 (I)					
Grid 205 (J)					
Grid 205 (J)					
Grid 21 (C)	BLT-Huron	93.1	BLT-Huron	0.949	BLT-Huron
Grid 239 (G)					
Grid 239 (G)	CIS-Lake Erie	95.5	CIS-Lake Erie	0.987	CIS-Lake Erie
Grid 240 (H)					
Grid 28 (D)					
Grid 39 (E)					
Grid 41 (F)					
Grid 41 (F)	BLT-Huron	86.1	BLT-Huron	0.985	BLT-Huron

species was 95.6% and most mis-assignments were between bloater and cisco (Table 3). Genetic profiles for the baseline samples were used to determine the species of the juvenile coregonines and suspected cisco using the Bayesian approach implemented in ONCOR and in GENECLASS. Thirty-seven of the 46 individuals were classified the same way by ONCOR and in GENECLASS; samples that were not classified the same way were scored as 'inconclusive'. One sample was classified as a lake whitefish, 2 as cisco, 34 as bloater and 9 as inconclusive (Tables 4 and 5). All 9 samples that were not assigned the same way by both programs were classified as a cisco using GENECLASS and as a bloater using ONCOR (Table 3).

Population assignment

A different sub-set of the loci were used for population assignments (*Bwf*1, *Bwf*2, *C2*-157, *Cisco*-59, *Cisco*-90, *CoclLav*27, and *CoclLav*6). Two of the primers (*Cisco*-59, *Cisco*-90) were not used for species assignments because they did not amplify loci in lake whitefish, and 5 loci used to identify species did not amplify consistently in the historical cisco samples from Lake Erie (*Cocl*23, *CoclLav*32, *Str*-60, *Sfo*23, and *Sfo*8).

Genetic profiles of contemporary cisco and bloater from 13 locations in Lakes Huron and Erie (Table 1; Figure 1) were used to assess the origins of fish classified as cisco or bloater. Genotypes were tested for linkage disequilibrium and conformation to Hardy-Weinberg expectations as described above. After a Bonferroni correction for multiple tests, there was no evidence of linkage disequilibrium and two of the locus-site combinations deviated from Hardy-Weinberg expectations (*Bwf*1 Cisco-Government Bay and *CoclLav*27 Cisco-Erie). MICROCHECKER detected an excess of homozygotes at the same locus-site combinations. Since there were no trends in deviations from Hardy-Weinberg expectations, no corrections to allele frequencies were made for subsequent analyses.

Estimates of $F_{st}(\theta)$ (Table 6) and the neighbor-joining tree depicting Nei's genetic distance among collections (Figure 2) were used to define genetic populations of bloater and cisco. Bloater and cisco were on separate branches of the dendrogram separated by a node with 70% bootstrap support as was the node separating the cisco from Lake Huron and Lake Erie (Figure 2; Table 1). Collections from the Les Cheneaux Islands (Boot Island and Government Bay) and Drummond Island (Potagannissing Bay and Drummond Island) were on weakly supported nodes (45% and 40% support respectively). Clusters of bloater collections did not follow a geographic pattern and none of the nodes had bootstrap support above 20%. Allelic variance estimates as measured by $F_{st}(\theta)$ (Table 6) showed similar patterns as the neighbor-joining tree in some cases; bloater and cisco from Lake Huron were distinct, no estimates of $F_{st}(\theta)$ were significantly greater than zero among the bloater collections, and between the Lake Erie cisco collections (CIS-Wheatley and CIS-Erie; Table 6). In contrast to the pattern depicted by the neighbor-joining tree (Figure 2), the historical Lake Erie collections exhibited little allelic variance when compared to some of the bloater collections (e.g., CIS-Wheatley and BLT-Alpena; Table 6). Estimates of $F_{st}(\theta)$ were significantly different among the historical Lake Erie collections and contemporary Lake Huron cisco collections (Table 6). Estimates of $F_{st}(\theta)$ were not greater than zero between collections from the Les Cheneaux Islands (Boot Island and Government Bay) and between collections from Drummond Island (Potagannissing Bay and Drummond Island).

Based on these results, collections were grouped into four baseline groups; 1) Lake Huron bloater, 2) Lake Erie cisco, 3) Les Cheneaux Island cisco (Boot Island and Government Bay), and 4) Drummond Island cisco (Potagannissing Bay and Drummond Island). Assignment accuracy rates were lower among collections than they were when species identifications were performed (Table 3); the average assignment accuracy among all populations was 62.2%. Lake Huron bloater could be identified with 75% accuracy and the assignment accuracies for cisco populations ranged between 48 and 65% accuracy; the largest sources of error were due to mis-assignments between Lake Huron bloater and Lake Erie cisco as suggested by $F_{st}(\theta)$ values (Table 6). Ten of the 36 fish classified as cisco or bloater were not included in the population assignment analysis because they were missing genotype data for *Cisco*-59 and *Cisco*-90. Four fish could not be assigned to a population, 17 were assigned to the Lake Huron bloater group, and 5 to the Lake Erie cisco group (Table 4). All the fish assigned to the Lake Erie cisco group were identified as bloater (Table 4).

Table 5. Results of assignment tests for species assignments summarized by sample site. Grid number refers to Ontario Commercial 5" grid system for Lake Erie. Map Code refers to the number or letter representing each site on Figure 1. – = No individuals assigned to the category.

			Species Assignment							
Map ID	Collection Site	Sample Size	Bloater		Cisco		Lake whitefish		Inconclusive	
			Number	% of Total	Number	% of Total	Number	% of Total	Number	% of Total
A	St. Clair River	2	1	50.0	–	–	–	–	1	50.0
B	Detroit River	12	10	83.3	–	–	–	–	2	16.7
Q	Grid 105	3	3	100.0	–	–	–	–	–	–
P	Grid 141	3	3	100.0	–	–	–	–	–	–
L	Grid 155	1	1	100.0	–	–	–	–	–	–
K	Grid 167	11	10	90.9	–	–	–	–	1	9.1
O	Grid 168	1	1	100.0	–	–	–	–	–	–
M	Grid 192	1	–	–	–	–	–	–	1	100.0
N	Grid 195	1	1	100.0	–	–	–	–	–	–
I	Grid 204	1	1	100.0	–	–	–	–	–	–
J	Grid 205	2	–	–	1	50.0	1	50.0	–	–
C	Grid 21	1	1	100.0	–	–	–	–	–	–
G	Grid 239	2	1	50.0	–	–	–	–	1	0.5
H	Grid 240	1	–	–	–	–	–	–	1	100.0
D	Grid 28	1	–	–	–	–	–	–	1	100.0
E	Grid 39	1	–	–	–		–	–	1	100.0
F	Grid 41	2	1	50.0	1	50.0	–	–	–	–

Table 6. Pairwise $F_{st}(\theta)$ values among 13 collections of bloater and cisco from Lakes Huron and Erie. Comparisons in bold italic type were not significantly different from zero after Bonferroni correction. Map codes from Table 1 are included in parentheses. BLT=bloater, CIS=cisco.

	BLT-Cheboygan (5)	**BLT-Rogers City (11)**	**BLT-Alpena (13)**	**BLT-Stokes Bay (14)**	**BLT-Tobermory (15)**	**BLT-Au Sable Point (16)**	**BLT-Harbor Beach (18)**	**CIS-Government Bay (1)**	**CIS-Boot Is (2)**	**CIS-Potagannissing Bay (3)**	**CIS-Drummond Is (4)**	**CIS-Wheatley (28)**	**CIS-Erie (29)**
BLT-Cheboygan (5)	*												
BLT-Rogers City (11)	***–0.027***	*											
BLT-Alpena (13)	***–0.030***	***–0.056***	*										
BLT-Stokes Bay (14)	***–0.022***	***–0.032***	***–0.025***	*									
BLT-Tobermory (15)	***–0.008***	***–0.064***	***–0.025***	***–0.029***	*								
BLT-Au Sable Point (16)	***–0.024***	***–0.070***	***–0.002***	***–0.023***	***–0.015***								
BLT-Harbor Beach (18)	***–0.018***	***–0.042***	***–0.003***	***–0.032***	***–0.020***	***–0.015***	*						
CIS-Government Bay (1)	0.068	0.023	0.089	0.078	0.100	0.087	0.076	*					
CIS-Boot Is (2)	0.074	0.025	0.090	0.086	0.104	0.088	0.071	***–0.003***	*				
CIS-Potagannissing Bay (3)	0.091	0.045	0.067	0.103	0.106	0.074	0.053	***–0.017***	***–0.012***	*			
CIS-Drummond Is (4)	0.078	***0.006***	0.085	0.084	0.108	0.095	0.074	0.012	0.010	***–0.005***	*		
CIS-Wheatley (28)	***0.006***	***–0.004***	0.013	0.018	0.023	***0.003***	***0.002***	0.036	0.045	0.047	0.044	*	
CIS-Erie (29)	***–0.033***	***–0.019***	***–0.023***	***–0.019***	***–0.027***	***–0.041***	***–0.023***	***0.001***	0.012	0.013	***–0.004***	***–0.009***	*

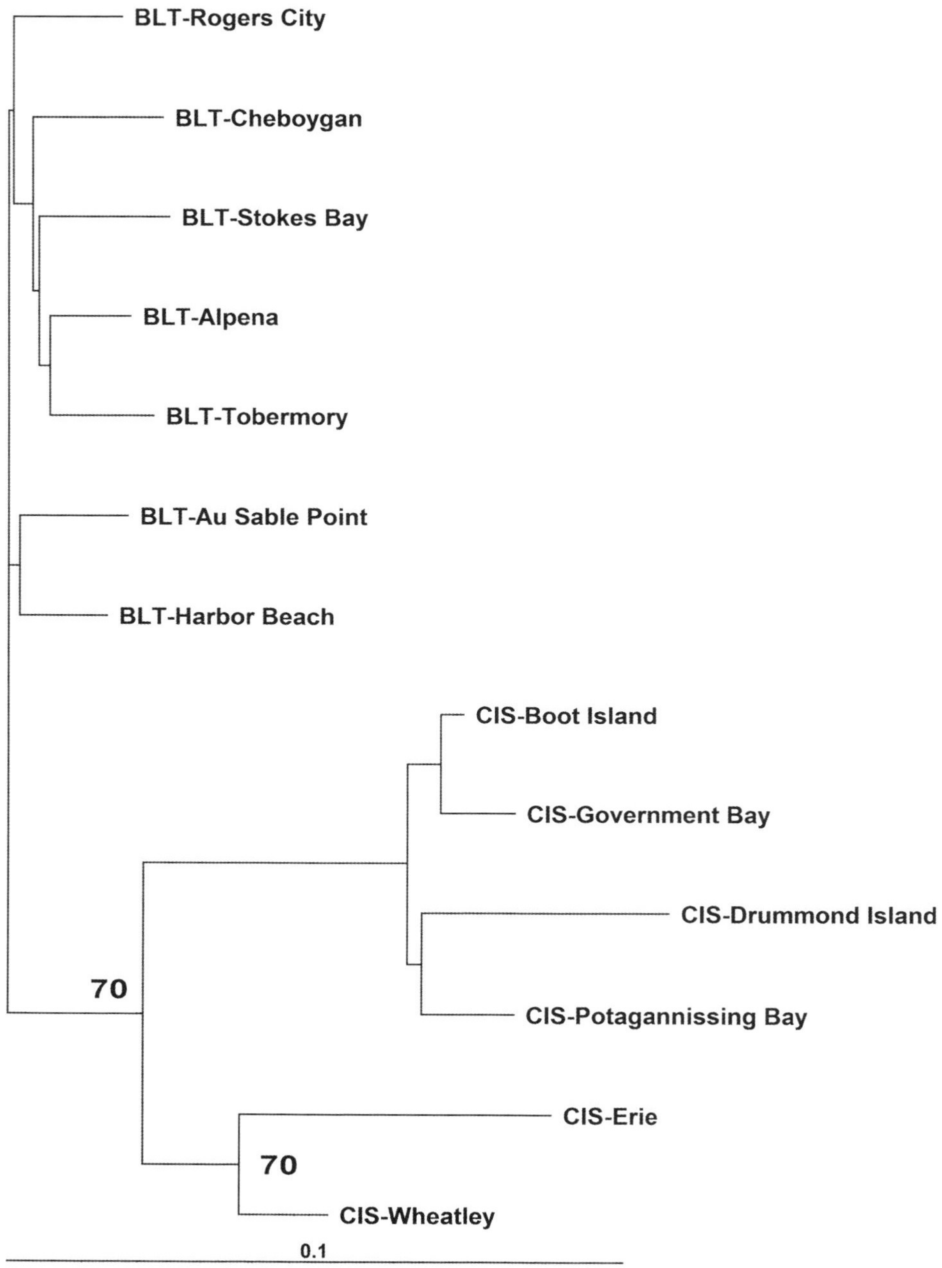

Fig. 2. Neighbor-joining tree depicting Nei's genetic distance (Nei et al., 1983) among collections of bloater and cisco from Lakes Erie and Huron. A scale of bar of genetic distance is included at the bottom of the diagram. Support for nodes was calculated from 1,000 bootstrap pseudoreplications. Only nodes with greater than 70% support are labeled. BLT=bloater, CIS=cisco.

Discussion

Genetic approaches to species and stock identification can be used with other assessment methods to provide information about stock-based contributions to a fishery, habitat use, diet, and migration patterns. Genetic methods can supplement morphology-based species identification and can be employed when the sample has been damaged or is collected at a life stage that does not have diagnostic morphological characters (Ko et al., 2013; Overdyk et al., 2015). Juvenile coregonines fall into the latter category and even sub-adults can be difficult to identify (Auer, 1982; Eshenroder et al., 2016; George et al., 2017). In this study, we demonstrated that microsatellite DNA loci could be used to distinguish among bloater, cisco, and lake whitefish with greater than 90% accuracy. We determined that 23 fish originally identified as cisco by commercial fishers from Lake Erie were bloater, two were cisco, and one was a lake whitefish. All juvenile coregonines collected from the Detroit and St. Clair Rivers were identified as bloater. Further, we found that genetic profiles of the bloater from the Detroit and St. Clair Rivers and Lake Erie were like those of bloater from Lake Huron.

Microsatellite DNA loci could be used to identify coregonine species with greater than 90% accuracy. However, nine of the samples could not be identified with confidence. Several factors could contribute to an ambiguous assignment; missing data, incomplete or inaccurate reference data, presence of hybrids in baseline or unidentified samples, or an insufficient number of loci (Utter & Ryman, 1993). One of the samples that could not be assigned to a species was missing data at one locus and another was missing data at three loci. Filling in gaps in the data may allow the samples to be classified. While most of the samples from Lake Erie and the Detroit and St. Clair Rivers were identified as bloater from Lake Huron, four had inconclusive population assignments and five had species identifications that were inconsistent with population assignments. Missing baseline data can bias the results of individual assignment tests (Manel et al., 2002). The reference samples used for species identification were collected from the main basin and northern Lake Huron and the western basin of Lake Erie, but no samples of cisco from the southern main basin of Lake Huron or Georgian Bay were included in the analysis. Additional samples from these areas may improve our ability to assign more fish with greater confidence. No lake whitefish from Georgian Bay (Lake Huron) were included in the analysis, but even without them accuracy of assignment of a fish as a lake whitefish was higher than it was for bloater and cisco. The sample sizes used to generate the baseline data were uneven, over 1,000 lake whitefish were included compared to 312 bloaters and 319 contemporary ciscoes. The differences in sample sizes reflect differences in abundance and geographic distributions of the three species but increasing the number of cisco and bloater in the baseline samples and increasing the number of loci may improve the ability to distinguish between them.

Four genetic populations could be identified among the bloater and cisco collections using microsatellite DNA loci. The bloater collections represented a single group and three populations of cisco were identified; Lake Erie cisco, and to a lesser extent, Les Cheneaux Island cisco, and Drummond Island cisco. Additional markers may improve resolution among collections. For example, in an on-going project surveying cisco genetic diversity across the Great Lakes using all eleven microsatellite DNA loci described in the Materials and Methods, stronger support was observed for differentiation among cisco collections from northern Lake Huron (W. Stott, unpublished data). The degree of genetic divergence among groups can have an impact on performance of individual assignment tests. As values of $F_{st}(\theta)$ decline below 0.1, the performance of assignment tests also declines (Cornuet et al., 1999). Low levels of genetic divergence between deepwater ciscoes and cisco have been reported previously (Turgeon & Bernatchez, 2003; Favé & Turgeon, 2008). The average estimate of allelic variance ($F_{st}(\theta)$) was 0.028 between contemporary cisco and bloater and was -0.009 between bloater and historical cisco. This may account for the discrepancies between the species and population assignment observed in some of the bloater samples. Increasing the number of loci used in the analysis by adding more microsatellite DNA loci or conducting a genome-wide survey of single nucleotide polymorphisms may improve assignment accuracy.

All commercial catch samples from Lake Erie were identified as cisco in the field. This led biologists to hypothesize that there was still a population of cisco in Lake Erie that had persisted at low numbers (Coldwater Task Group, 2013). However, the data presented here indicate that most of these fish were actually Lake Huron bloater. While it is difficult to determine the species of juvenile coregonines, these fish were older; ranging in size from 170–440mm total length. These fish were subsequently re-examined during a Great Lakes-wide survey of contemporary coregonine morphology and most were re-classified as bloater or in the terminology of Eshenroder et al. (2016) as 'swarm cisco'.

Eshenroder et al. (2016) concluded that morphological changes in the deepwater cisco community of Lake Huron were the result of hybridization among deepwater ciscoes as the deepwater cisco community collapsed. A previous analysis of gill raker counts in bloater and cisco collected between 1917 and 1985 concluded that bloater and cisco had hybridized (Todd & Stedman, 1989). Different hypotheses exist regarding the differences between genetic and morphological data. As suggested by Turgeon & Bernatchez (2003), there may be a single taxon of cisco (*C. artedi* (*sensu lato*)) in the Great Lakes that exhibits morpho- and ecotypic variation and the genetic variation we observed represents population level rather than species level variation. In their assessment of changes in gill raker counts, Todd & Stedman (1989) suggested that introgression between bloater and cisco and decreasing water temperatures accounted for the increases in gill raker count they observed. Since bloaters were much more abundant than cisco in the main basin of Lake Huron, the genetic contributions of cisco to bloater populations would be too small to shift allele frequencies significantly, thus preserving the genetic differences we observed between cisco and bloater. Contemporary cisco from northern Lake Huron clustered more closely with the historical Lake Erie samples than with contemporary bloater samples. If contemporary bloater from Lake Huron are cisco X bloater hybrids then we would have expected them to be similar to contemporary cisco and we would not have been able to distinguish between the two species with over 90% accuracy, while an introgressed deepwater cisco group may have remained genetically distinct from cisco in northern Lake Huron. Further genetic analysis of contemporary and historical samples from the main basin and Saginaw Bay (Lake Huron) combined with morphological data are needed to address this question.

The appearance of bloater in Lake Erie, where they were not previously found (Koelz, 1929) (although deepwater ciscoes were observed in small numbers (e.g., Scott & Smith, 1962)) may be a result of changes in abundance and distribution of other coregonines. Koelz (1929) determined that bloater preferred shallower water as compared to other deepwater ciscoes such as kiyi (*C. kiyi*), and that there was little overlap among species with different depth preferences. More recently, Bunnell et al. (2012) showed that bloater was captured at greater depths after other deepwater ciscoes were extirpated from Lake Michigan and suggested that bloater would be able to occupy the deeper waters of Lake Erie if introduced. Cisco have been extirpated from Lake Erie and lake whitefish populations have fluctuated since the late 1980s and exhibited a steady decline since 2009 (Coldwater Task Group, 2017). Depth preference of lake whitefish has shifted to shallower waters in the eastern basin of Lake Erie (Rennie et al., 2015). In the past, the habitat in Lake Erie may not have been suitable for bloater and/or competition with lake whitefish and cisco may have prevented establishment of bloater populations, but different conditions today may allow bloater to occupy habitat in Lake Erie. As densities of bloater increase in the southern basin of Lake Huron (Prichard et al. 2016), they may be seeking new habitat in Lake Erie.

Based on genetic species assignments of coregonine fish captured in the Detroit and St. Clair Rivers and Lake Erie, larval and juvenile bloater from Lake Huron are using the connecting channels of the Great Lakes. Restoring connectivity among coregonines in the Great Lakes may help improve overall ecosystem health (DuFour et al., 2015; Pritt et al., 2015). For example, restoration of a forage fish like cisco can provide a healthier prey item for resurging lake trout (*Salvelinus namaycush*) populations in Lakes Michigan and Huron than the non-native alewife (*Alosa pseudoharengus*) and rainbow smelt (*Osmerus mordax*) (Zimmerman & Krueger, 2009). Sturgeon (*Acipenser fulvescens*), walleye (*Sander vitreus*), and lake whitefish have all used rehabilitated spawning shoals in the Detroit River (Pritt et al., 2015; Prichard et al., 2017; Fischer et al., 2018) and improved connectivity may be responsible for larval transport of other species such as deepwater sculpin (*Myoxocephalus thompsonii*) (Roseman et al., 1998, 2014; Welsh et al., 2017) from Lake Huron. In this study, bloater from Lake Huron found in Lake Erie may also have passed through the St. Clair and Detroit Rivers as larvae or as juveniles. The appearance of coregonine species other than lake whitefish in the Detroit and St. Clair Rivers may be a sign that restoration efforts and water quality improvements are promoting a resurgence of native species in a novel environment. It remains to be seen whether the Lake Erie environment is supportive of bloater beyond occasional occurrences.

Acknowledgements

The authors would like to thank the following for their assistance with this project: Kära Davidson (USGS-GLSC), Mckenzie Smith (USGS-GLSC). Bo Bunnell (USGS-GLSC), and Randy Eshenroder (Great Lakes Fishery Commission) provided useful comments and insights. Funding for this project was provided by the Canada/Ontario Agreement and the Great Lakes Restoration Initiative. U.S. Geological Survey fish collections on annual assessments were funded by the U.S. Geological Survey Ecosystems Mission Area. Handling of fishes followed the guidelines provided in the "Guidelines for the use of fishes in research" published by the American Fisheries Society, Bethesda, MD. The authors would also like to thank the U.S. Fish and Wildlife Service Sea Lamprey Control Program for data collection efforts. The findings and conclusions in this article are those of the author(s) and do not necessarily represent the views of the U.S. Fish and Wildlife Service. Any use of trade, firm or product names is for descriptive purposes only and does not imply endorsement by the U.S. Government.

References

Anderson, E. C., Waples, R. S. & Kalinowski, S. T., 2008: An improved method for predicting the accuracy of genetic stock identification. – Can. J. Fish. Aquat. Sci. 65: 1475–1486.

Angers, B., Bernatchez, L., Angers, A. & Desgroseillers, L., 1995: Specific microsatellite loci for brook charr reveal strong population subdivision on a microgeographic scale. – J. Fish Biol. 47(A): 177–185.

Auer, N., 1982: Identification of larval fishes of the Great Lakes basin with emphasis on the Lake Michigan drainage. Great Lakes Fishery Commission, Ann Arbor, MI 48105. Special Pub. 82–3. 744 pp.

Baldwin, N. A., Saalfeld, R. W., Dochoda, M. R., Buettner, H. J. & Eshenroder, R. L., 2006: Commercial Fish Production in the Great Lakes 1867–2000. [http: //www.glfc.org/databases/commercial/commerc.php]

Bernatchez, L., Vuorinen, J. A., Bodaly, R. A. & Dodson, J. J., 1996: Genetic evidence for reproduction isolation and multiple origins of sympatric trophic ecotypes of whitefish (*Coregonus*). – Evolution 50: 624–635.

Bouckaert, E. K., Auer, N. A., Roseman, E. F. & Boase, J., 2014: Verifying success of artificial spawning reefs in the St. Clair–Detroit River System for lake sturgeon (*Acipenser fulvescens* Rafinesque, 1817). – J. Appl. Ichthyol. 30: 1393–1401.

Bunnell, D. B., Eshenroder, R. L., Krause, A. E. & Adams, J. V., 2012: Depth segregation of deepwater ciscoes (*Coregonus* spp.) in Lake Michigan during 1930–1932 and range expansion of Coregonus hoyi into deeper waters after the 1990s. – Arch. Hydrobiol. 63: 3–24.

Coldwater Task Group, 2013: Report of the Lake Erie Coldwater Task Group, March 2013. Presented to the Standing Technical Committee, Lake Erie Committee of the Great Lakes Fishery Commission. Ann Arbor, Michigan, USA. [http: //www.glfc.org/pubs/lake_committees/erie/CWTG_docs/annual_reports/CWTG_report_2013.pdf]

Coldwater Task Group, 2017: 2016 Report of the Lake Erie Coldwater Task Group, March 2017. Presented to the Standing Technical Committee, Lake Erie Committee of the Great Lakes Fishery Commission. Ann Arbor, Michigan, USA. [http: //www.glfc.org/pubs/lake_committees/erie/CWTG_docs/annual_reports/CWTG_report_2017.pdf]

Cornuet, J. M., Piry, S., Luikart, G., Estoup, A. & Solignac, M., 1999: New methods employing multilocus genotypes to select or exclude populations as origins of individuals. – Genetics 153: 1989–2000.

Dobiesz, N. E., McLeish, D.A., Eshenroder, R. L., Bence, J. R., Mohr, L. C., Ebener, M. P., Nalepa, T. F., Woldt, A. P., Johnson, J. E., Argyle, R. L. & Makarewicz, J. C., 2005: Ecology of the Lake Huron fish community, 1970–1999. – Can. J. Fish. Aquat. Sci. 62: 1432–1451.

DuFour, M. R., May, C. J., Roseman, E. F., Ludsin, S. A., Vandergoot, C. S., Pritt, J. J., Fraker, M. E., Davis, J. J., Tyson, J. T., Miner, J. G. & Marschall, E. A., 2015: Portfolio theory as a management tool to guide conservation and restoration of multi-stock fish populations. – Ecosphere 6: 1–21.

Ebener, M. P., Brenden, T. O., Wright, G.M., Jones, M.L. & Faisal, M., 2010: Spatial and temporal distributions of lake whitefish spawning stocks in northern lakes Michigan and Huron, 2003–2008. – J. Great Lakes Res. 36(S1): 38–51.

Eshenroder, R. L, Vecsei, P., Gorman, O. T., Yule, D. L., Pratt, T. C., Mandrak, N. E., Bunnell, D. B. & Muir, A. M., 2016: Ciscoes (*Coregonus*, subgenus *Leucichthys*) of the Laurentian Great Lakes and Lake Nipigon [online]. Available from: www.glfc.org/pubs/misc/Ciscoes_of_the_Laurentian_Great_Lakes_and_Lake_Nipigon.pdf [accessed 24 November 2017].

Estoup, A., Presa, P., Krieg, F., Vaiman, D. & Guyomard, R., 1993: (CT)n and (GT) n microsatellites: a new class of genetic markers for *Salmo trutta* L. (brown trout). – Heredity. 71: 488–496.

Excoffier, L., Smouse, P. & Quattro, J., 1992: Analysis of molecular variance inferred from metric distances among DNA haplotypes: Application to human mitochondrial DNA restriction data. – Genetics 131: 479–491.

Favé, M.-J. & Turgeon, J., 2008: Patterns of diversity in Great Lakes bloaters (*Coregonus hoyi*) with a view to future introduction in Lake Ontario. – Conserv. Genet. 9: 281–293.

Fischer, J. L., Pritt, J. J., Roseman, E. F., Prichard, C. G., Craig, J. M., Kennedy, G. W. & Manny, B. A., 2018: Lake Sturgeon, Lake Whitefish, and Walleye Egg Deposition Patterns with Response to Fish Spawning Substrate Restoration in the St. Clair-Detroit River System. – Trans. Amer. Fish. Soc. 147: 79–93.

Frantz, A. C., Cellina, S., Krier, A., Schley, L., & Burke, T., 2009: Using spatial Bayesian methods to determine the genetic structure of a continuously distributed population: clusters or isolation by distance? – J. Appl. Ecol. 46: 493–505. doi: 10.1111/j.1365-2664.2008.01606.x

George, E. M., Hare, M. P., Crabtree, D. L., Lantry, B. F. & Rudstam, L. G., 2018: Comparison of genetic and visual identification of cisco and lake whitefish larvae from Chaumont Bay, Lake Ontario. – Can. J. Fish. Aquat. Sci. 75: 1329–1336.

Goodyear, C. D., Edsall, T. A., Ormsby-Dempsey, D. M., Moss, G. D. & Polanski, P. E., 1982: Atlas of spawning and nursery areas of Great Lakes fishes. FWS/OBS-82/52. Volumes 1–14 Washington, DC: U.S. Fish and Wildlife Service.

Guo, S. W. & Thompson, E. A., 1992: Performing the exact test of Hardy-Weinberg proportions for multiple alleles. – Biometrics 48: 361–372.

Hillis, D. M. & Bull, J. J., 1993: An empirical test of bootstrapping as a method for assessing confidence in phylogenetic analysis. – Syst. Biol. 42: 182–192.

Kinnunen, R. E., 2003: Great Lakes Commercial Fisheries. Michigan Sea Grant Extension, East Lansing, MI.

Ko, H. L., Wang, Y. T., Chiu, T. S., Lee, M. A., Leu, M. Y., Chang, K. Z., Chen, W. Y. & Shao, K. T., 2013: Evaluating the accuracy of morphological identification of larval fishes by applying DNA barcoding. – PLoS One 8: e53451.

Koelz, W., 1929: Coregonid fishes of the Great Lakes. Bull. U.S. Bur. Fish. Doc. 1048: 297–643.

Lane, J. A., Portt, C. B. & Minns, C. K., 1996: Spawning habitat characteristics of Great Lakes fishes. – Can. MS Rep. Fish. Aquat. Sci. 2368: 48p.

Langella, O., 2002: Populations 1.2.30. http: //bioinformatics.org/~tryphon/populations/ [accessed July 2007].

Manel, S., Berthier, P. & Luikart, G., 2002: Detecting wildlife poaching: identifying the origin of individuals with Bayesian assignment tests and multilocus genotypes. – Conserv. Bio. 16: 650–659.

Manny, B. A., Roseman, E. F., Kennedy, G., Boase, J. C., Craig, J. M., Bennion, D. H., Read, J., Vaccaro, L., Chiotti, J., Drouin, R. & Ellison, R., 2015: A scientific basis for restoring fish spawning habitat in the St. Clair and Detroit Rivers of the Laurentian Great Lakes. – Restoration Ecol. 23: 149–156.

Mohr, L. C. & Ebener, M. P., 2005: Status of lake whitefish (*Coregonus clupeaformis*) in Lake Huron. – In: Mohr, L. C. and Nalepa, T. F. (Eds). Proceedings of a workshop on the dynamics of lake whitefish (*Coregonus clupeaformis*) and the amphipod Diporeia spp. in the Great Lakes. – Great Lakes Fishery Commission Technical Report 66: 105–125.

Mohr, L. C. & Nalepa, T. F., (Eds.) 2005: Proceedings of a workshop on the dynamics of lake whitefish (*Coregonus clupeaformis*) and the amphipod *Diporeia* spp. in the Great Lakes. – Great Lakes Fish. Comm. Tech. Rep. 66.

Nei, M., Tajima, F. & Tateno, Y., 1983: Accuracy of estimated phylogenetic trees from molecular data. – J. Mol. Evol. 19: 153–170.

Nielsen, E. E., Hansen, M. M. & Loeschcke, V., 1997: Analysis of microsatellite DNA from old scale samples of Atlantic salmon *Salmo salar* a comparison of genetic composition over 60 years. – Mol. Ecol. 6: 487–492.

Ohio Division of Wildlife (ODW), 2011: Ohio's Lake Erie Fisheries, 2010. Annual status report. Federal Aid in Fish Restoration Project F-69-P. Ohio Department of Natural Resources, Division of Wildlife, Lake Erie Fisheries Units, Fairport and Sandusky, 140 pp. http: //www.dnr.state.oh.us/Portals/9/pdf/eStatus2010.pdf

Overdyk, L. M., Braid, H. E., Crawford, S. S. & Hanner, R.H., 2015: Extending DNA barcoding coverage for Lake Whitefish (*Coregonus clupeaformis*) across the three major basins of Lake Huron. – DNA Barcodes 3: 59–65.

Page, R. D. M., 1996: TREEVIEW: an application to display phylogenetic trees on personal computers. – Comp. Appl. Biosci. 12: 357–358.

Patton, J. C., Gallaway, B. J., Fechhelm, R. G. & Cronin, M. A., 1997: Genetic variation of microsatellite and mitochondrial DNA markers in broad whitefish (*Coregonus nasus*) in the Colville and Sagavanirktok rivers in northern Alaska. – Can. J. Fish. Aquat. Sci. 54: 1548–1556.

Piry, S., Alapetite, A., Cornuet, J.-M., Paetkau, D., Baudouin, L. & Estoup, A., 2004: GeneClass2: A Software for genetic assignment and first-Generation migrant detection. – J. Hered. 95: 536–539.

Prichard, C. G., Roseman, E. F., O'Brien, T. P. & Riley, S., 2016: Large-Scale Changes in Bloater Growth and Condition in Lake Huron. – Trans. Amer. Fish. Soc. 145: 1241–1251. http: //dx.doi.org/10.1080/00028487.2016.1214176

Prichard, C. G., Craig, J. M., Roseman, E. F., Fischer, J. L., Manny, B. A. & Kennedy, G. W., 2017: Egg deposition by lithophilic-spawning fishes in the Detroit and Saint Clair Rivers, 2005–14. –U.S. Geological Survey Scientific Investigations Report 2017–5003, 20 p., https: //doi.org/10.3133/sir20175003.

Pritt, J. J., Roseman, E. F., Ross, J. E. & DeBruyne, R. L., 2015: Using larval fish community structure to guide long-term monitoring of fish spawning activity. – North Am. J. Fish. Mana. 35: 241–252.

Rannala, B. & Mountain, J. L., 1997: Detecting immigration by using multilocus genotypes. Proc. Natl. Acad. Sci. USA – 94: 9197–9221.

Rasmussen, R. S. & Morrissey, M. T., 2008: DNA-based methods for the identification of commercial fish and seafood species. – Compr. Rev. Food Sci. Food Saf. 7: 280–295.

Raymond, M. & Rousset, F., 1995: GENEPOP (version 1.2): population genetics software for exact tests and ecumenicism. – J. Hered. 86: 248–249.

Rennie, M. D., Weidel, B.C., Claramunt, R. M. & Dunlop, E. S., 2015: Changes in depth occupied by Great Lakes lake whitefish populations and the influence of survey design. – J. Great Lakes Res. 41: 1150–1161.

Riley, S. C., Roseman, E. F., Nichols, S. J., O'Brien, T. P., Kiley, C. S. & Schaeffer, J. S., 2008: Deepwater demersal fish community collapse in Lake Huron. – Trans. Am. Fish. Soc. 137: 1879–1890.

Riley, S. C. & Roseman, E. F., 2013: Status of the offshore demersal fish community. – In: The state of Lake Huron in 2010. Edited by S. C. Riley. – Great Lakes Fish. Comm. Spec. Pub. 13–01, pgs.21–28.

Rice, W. R., 1989: Analyzing tables of statistical tests. – Evolution. 43: 223–225.

Rogers, S. M., Marchand, M.-H. & Bernatchez, L., 2004: Isolation, characterization and cross-salmonid amplification of 31 microsatellite loci in lake whitefish (*Coregonus clupeaformis*, Mitchill). – Mol. Ecol. Notes 4: 89–92.

Roseman, E. F., Kennedy, G. W., Boase, J., Manny, B. A., Todd, T. N. & Stott, W., 2007: Evidence of lake whitefish spawning in the Detroit River: implications for habitat and population recovery. – J. Great Lakes Res. 33: 397–406.

Roseman, E. F., Jude, D. J., Coon, T. G., Raths, M. K. & Taylor, W. W., 1998: Occurrence of deepwater sculpin (*Myoxocephalus thompsoni*) in western Lake Erie. – J. Great Lakes Res. 24: 479–483.

Roseman, E. F., 2014: Diet and habitat use by age-0 deepwater sculpins in northern Lake Huron, Michigan and the Detroit River. – J. Great Lakes Res. 40 (Suppl 2): 110–117.

Saitou, N. & Nei, M., 1987: The neighbor-joining method: a method for reconstructing phylogenetic trees. – Mol. Biol. Evol. 4: 406–425.

Scott, W. B. & Smith, S. H., 1962: The occurrence of the longjaw cisco, *Leucichthys alpenae*, in Lake Erie. – J. Fish. Res. Board Can. 19: 1013–1023.

Smith, S. H., 1968: Species succession and fishery exploitation in the Great Lakes. – J. Fish. Res. Board Can. 25: 667–693.

Scott, W. B. & Crossman, E. J., 1973: Freshwater fishes of Canada. – Fish. Res. Board Can. Bull. Vol. 184.

Todd, T. N., 1986: Artificial propagation of coregonines in the management of the Laurentian Great Lakes. – Arch. Hydrobiol. Ergebn. Limnol. 22: 31–50.

Todd, T. N. & Stedman, R. M., 1989: Hybridization of ciscoes (*Coregonus* spp.) in Lake Huron. – Can. J. Zool. 67: 1679–1685.

Turgeon, J., Estoup, A. & Bernatchez, L., 1999: Species flock in the North American Great Lakes: molecular ecology of lake Nipigon ciscoes (Teleostei: coregonidae: coregonus). – Evolution. 53: 1857–1871.

Turgeon, J. & Bernatchez, L., 2003: Reticulate evolution and phenotypic diversity in North American ciscoes, *Coregonus* ssp. (Teleostei: Salmonidae): implications for the conservation of an evolutionary legacy. – Conserv. Genet. 4: 67–81.

Utter, F. & Ryman, N., 1993: Genetic markers and mixed stock fisheries. – Fisheries 18: 11–21.

van Oosterhout, C., Hutchinson. W. F., Wills, D. P. M. & Shipley, P., 2004: Micro-checker: software for identifying and correcting genotyping errors in microsatellite data. – Mol. Ecol. Notes. 4: 535–538.

Wells, L., 1968: Seasonal depth distribution of fish in southeastern Lake Michigan. – US Fish Wildlife Serv. Fish. Bull. 67: 1–15.

Welsh, A. B., Scribner, K., Stott, W. & Walsh, M. G., 2017: A population on the rise: The origin of deepwater sculpin in Lake Ontario. – J. Great Lakes Res. 43: 863–870

Wright, S., 1931: Evolution in Mendelian populations. – Genetics 16: 97–159.

Yule, D. L., Moore, S. A., Ebener, M. P., Claramunt, R. M., Pratt, T. C., Salawater, L. L. & Connerton, M. J., 2013: Morphometric variation among spawning cisco aggregations in the Laurentian Great Lakes: are historic forms still present? – Arch. Hydrobiol. 64: 119–132.

Zimmerman, M. S. & Krueger, C. C., 2009: An ecosystem perspective on re-establishing native deepwater fishes in the Laurentian Great Lakes. – N. Am. J. Fish. Manage. 29: 1352–1371.

Manuscript received: 12 January 2018
Revisions requested: 20 April 2018
Modified version received: 26 June 2018
Accepted: 20 July 2018

Obituary for Professor Miroslaw Luczynski, Olsztyn, Poland

Roland Rösch*

Professor Mirek Luczynski died suddenly on 3 February 2018, leaving an unexpected void in the lives of his family, friends, and colleagues. When he passed away, Mirek was a Professor at the University of Warmia and Mazury in Olsztyn, Poland, where he established a large and respected research group in the Faculty of Environmental Sciences and Fisheries. Mirek began his scientific career studying whitefish physiology and later focused on whitefish genetics. His novel approaches to research provided valuable insights to both fishery managers and academics alike. Mirek recognized the importance of sharing research results with the rest of the world through international publications and was staunchly committed to learning and improving his English. He stressed the importance of this skill with anyone who would listen, and regularly instructed courses on scientific writing in English.

Mirek played an instrumental role in establishing and directing the cooperative agreement between the University of Warmia and Mazury and Offenburg University of Applied Science in Germany. This partnership is still active today with a routine exchange of students between both universities. In addition, he was part of a group that was responsible for the twinning of Olsztyn, Poland and Offenburg, Germany. I met Mirek for the first time in Thonon-les-Bains, Lake Geneva, France, during the 2nd International Coregonid Symposium in 1984. He went on to organize two International Coregonid Symposia, the first in 1993 and the second in 2005. Mirek was editor or co-editor of several of the published proceedings that have result-

Author's address:
Fischereiforschungsstelle des Landes Baden-Württemberg, Argenweg 50/1, 88085 Langenargen, Germany
* Corresponding author: roland.roesch@t-online.de

DOI: 10.1127/adv_limnol/2021/0083 1612-166X/21/0083 $ 0.50
www.schweizerbart.de

ed from the Symposiums. These lasting contributions will continue to serve as a foundation for future research on coregonines.

Mirek was a productive scientist who made valuable contributions to the field of fisheries, but I would be remiss if I did not emphasize that his greatest quality was that he was a true friend. Mirek listened to others in a way that let them know he cared about them. He was a gracious and welcoming host, as some of us were lucky enough to visit with him and his family in their lovely home. He was a great friend and scientist and will certainly be missed by the small, but close-knit community of coregonid researchers.

Mirek, we will miss you.